2024-25年合格目標

大卒程度 公務員試験

⑰ 社会学

はしがき

1 「最新の過去問」を掲載

2023年に実施された公務員の本試験問題をいち早く掲載しています。公務員試験は年々変化しています。今年の過去問で最新の試験傾向を把握しましょう。

2 段階的な学習ができる

公務員試験を攻略するには，さまざまな科目を勉強することが必要です。したがって，勉強の効率性は非常に重要です。『公務員試験 本気で合格！過去問解きまくり！』では，それぞれの科目で勉強すべき項目をセクションとして示し，必ずマスターすべき必修問題を掲載しています。このため，何を勉強するのかをしっかり意識し，必修問題から実践問題（基本レベル→応用レベル）とステップアップすることができます。問題ごとに試験種ごとの頻出度がついているので，自分にあった効率的な勉強が可能です。

3 満足のボリューム（充実の問題数）

本試験問題が解けるようになるには良質の過去問を繰り返し解くことが必要です。『公務員試験 本気で合格！過去問解きまくり！』は，なかなか入手できない地方上級の再現問題を収録しています。類似の過去問を繰り返し解くことで知識の定着と解法パターンの習得を図れます。

4 メリハリをつけた効果的な学習

公務員試験の攻略は過去問に始まり過去問に終わるといわれていますが，実際に過去問の学習を進めてみると戸惑うことも多いはずです。『公務員試験 本気で合格！過去問解きまくり！』では，最重要の知識を絞り込んで学習ができるインプット（講義ページ），効率的な学習の指針となる出題傾向分析，受験のツボをマスターする10の秘訣など，メリハリをつけて必要事項をマスターするための工夫が満載です。

※本書は，2023年９月時点の情報に基づいて作成しています。

みなさんが本書を徹底的に活用し，合格を勝ち取っていただけたら，わたくしたちにとってもそれに勝る喜びはありません。

2023年11月吉日

株式会社　東京リーガルマインド
LEC総合研究所　公務員試験部

本書の効果的活用法

STEP1 出題傾向をみてみよう

各章の冒頭には，取り扱うセクションテーマについて，過去9年間の出題傾向を示す一覧表と，各採用試験でどのように出題されたかを分析したコメントを掲載しました。志望先ではどのテーマを優先して勉強すべきかがわかります。

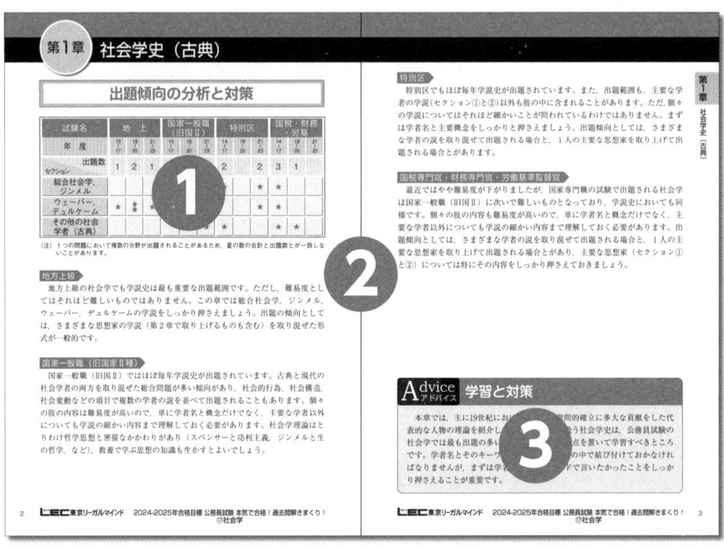

第1章 社会学史（古典）

出題傾向の分析と対策

試験名	地上			国家一般職（旧国Ⅱ）			特別区			国税・財務・労基		
年度	15-17	18-20	21-23	15-17	18-20	21-23	14-17	18-20	21-23	14-17	18-20	21-23
出題数 / セクション	1	2	1	[illegible]	[illegible]	[illegible]	2		2	3	1	
総合社会学，ジンメル				[illegible]	[illegible]	[illegible]	★		★	★		
ウェーバー，デュルケーム	★	★★	★	[illegible]	[illegible]	[illegible]			★	★		
その他の社会学者（古典）				[illegible]	[illegible]	★	★			★	★	

（注）１つの問題において複数の分野が出題されることがあるため，星の数の合計と出題数とが一致しないことがあります。

地方上級

地方上級の社会学でも学説史は最も重要な出題範囲です。ただし，難易度としてはそれほど難しいものではありません。この章では総合社会学，ジンメル，ウェーバー，デュルケームの学説をしっかり押さえましょう。出題の傾向としては，さまざまな思想家の学説（第２章で取り上げるものも含む）を取り混ぜた形式が一般的です。

国家一般職（旧国家Ⅱ種）

国家一般職（旧国Ⅱ）ではほぼ毎年学説史が出題されています。古典と現代の社会学者の両方を取り混ぜた総合問題が多い傾向があり，社会的行為，社会構造，社会変動などの項目で複数の学者の説を並べて出題されることもあります。個々の肢の内容は難易度が高いので，単に学者名と概念だけでなく，主要な学者以外についても学説の細かい内容まで理解しておく必要があります。社会学理論はとりわけ哲学思想と密接なかかわりがあり（スペンサーと功利主義，ジンメルと生の哲学，など），教養で学ぶ思想の知識も生かすとよいでしょう。

2　LEC東京リーガルマインド　2024-2025年合格目標 公務員試験 本気で合格！過去問解きまくり！ ⑰社会学

第1章 社会学史（古典）

特別区

特別区でもほぼ毎年学説史が出題されています。また，出題範囲も，主要な学者の学説(セクション①と②)以外も肢の中に含まれることがあります。ただ，個々の学説についてはそれほど細かいことが問われているわけではありません。まずは学者名と主要概念をしっかりと押さえましょう。出題傾向としては，さまざまな学者の説を取り混ぜて出題される場合と，１人の主要な思想家を取り上げて出題される場合とがあります。

国税専門官・財務専門官・労働基準監督官

最近ではやや難易度が下がりましたが，国家専門職の試験で出題される社会学は国家一般職（旧国Ⅱ）に次いで難しいものとなっており，学説史においても同様です。個々の肢の内容も難易度が高いので，単に学者名と概念だけでなく，主要な学者以外についても学説の細かい内容まで理解しておく必要があります。出題傾向としては，さまざまな学者の説を取り混ぜて出題される場合と，１人の主要な思想家を取り上げて出題される場合とがあり，主要な思想家（セクション①と②）については特にその内容をしっかり押さえておきましょう。

Advice アドバイス 学習と対策

本章では，主に19世紀にお[illegible]学問的確立に多大な貢献をした代表的な人物の理論を紹介し[illegible]扱う社会学史は，公務員試験の社会学では最も出題の多い[illegible]点を置いて学習すべきところです。学者名とそのキーワ[illegible]の中で結び付けておかなければなりませんが，まずは学者[illegible]ドで言いたかったことをしっかり押さえることが重要です。

LEC東京リーガルマインド　2024-2025年合格目標 公務員試験 本気で合格！過去問解きまくり！ ⑰社会学　3

❶ 出題傾向一覧

章で取り扱うセクションテーマについて，過去9年間の出題実績を数字や★で一覧表にしています。出題実績も9年間を3年ごとに区切り，出題頻度の流れが見えるようにしています。志望先に★が多い場合は重点的に学習しましょう。

❷ 各採用試験での出題傾向分析

出題傾向一覧表をもとにした各採用試験での出題傾向分析と，分析に応じた学習方法をアドバイスします。

❸ 学習と対策

セクションテーマの出題傾向などから，どのような対策をする必要があるのかを紹介しています。

●公務員試験の名称表記について

本書では公務員試験の職種について，下記のとおり表記しています。

地上	地方公務員上級（※1）
東京都	東京都職員
特別区	東京都特別区職員
国税	国税専門官
財務	財務専門官
労基	労働基準監督官
裁判所職員	裁判所職員(事務官)／家庭裁判所調査官補(※2)
裁事	裁判所事務官（※2）
家裁	家庭裁判所調査官補（※2）
国家総合職	国家公務員総合職
国Ⅰ	国家公務員Ⅰ種（※3）
国家一般職	国家公務員一般職
国Ⅱ	国家公務員Ⅱ種（※3）
国立大学法人	国立大学法人等職員

（※1）道府県，政令指定都市，政令指定都市以外の市役所などの職員
（※2）2012年度以降，裁判所事務官（2012～2015年度は裁判所職員）・家庭裁判所調査官補は，教養科目に共通の問題を使用
（※3）2011年度まで実施されていた試験区分

STEP2 「必修」問題に挑戦してみよう

「必修」問題はセクションテーマを代表する問題です。まずはこの問題に取り組み，そのセクションで学ぶ内容のイメージをつかみましょう。問題文の周辺には，そのテーマで学ぶべき内容や覚えるべき要点を簡潔にまとめていますので参考にしてください。

本書の問題文と解答・解説は見開きになっています。効率よく学習できます。

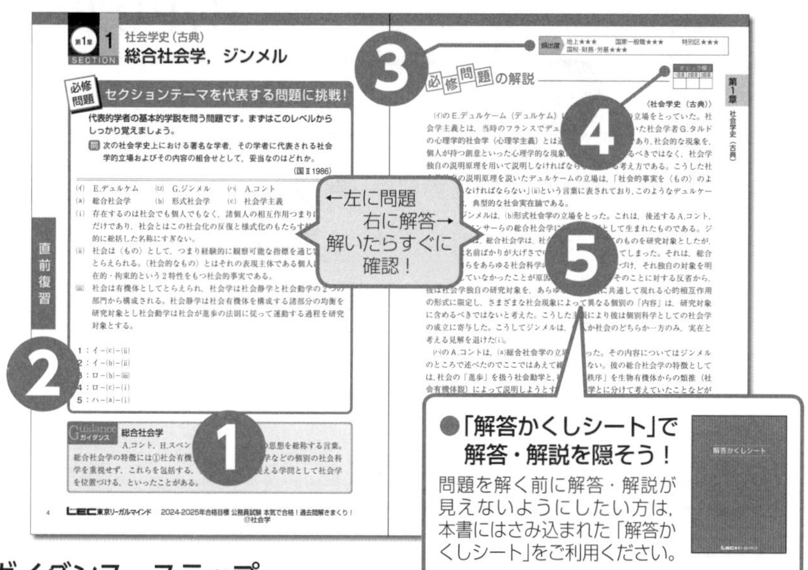

❶ガイダンス，ステップ

「ガイダンス」は必修問題を解くヒント，ひいてはテーマ全体のヒントです。

「ステップ」は必修問題において，そのテーマを理解するために必要な知識を整理したものです。

❷直前復習

必修問題と，後述の実践問題のうち，ＬＥＣ専任講師が特に重要な問題を厳選しました。試験の直前に改めて復習しておきたい問題を表しています。

❸頻出度

各採用試験において，この問題がどのくらい出題頻度が高いか＝重要度が高いかを★の数で表しています。志望先に応じて学習の優先度を付ける目安となります。

❹チェック欄

繰り返し学習するのに役立つ，書き込み式のチェックボックスです。学習日時を書き込んで復習の期間を計る，正解したかを○×で書き込んで自身の弱点分野をわかりやすくするなどの使い方ができます。

❺解答・解説

問題の解答と解説が掲載されています。選択肢を判断する問題では，肢１つずつに正誤と詳しく丁寧な解説を載せてあります。また，重要な語句や記述は太字や色文字などで強調していますので注目してください。

STEP3 テーマの知識を整理しよう

必修問題の直後に，セクションテーマの重要な知識や要点をまとめた「インプット」を設けています。この「インプット」で，自身の知識を確認し，解法のテクニックを習得してください。

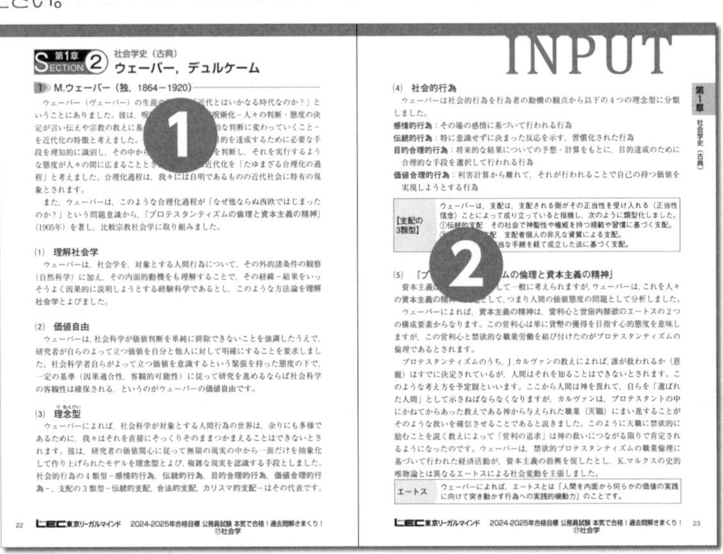

第1章 SECTION ② 社会学史（古典）

ウェーバー，デュルケーム

1 M.ウェーバー（独，1864－1920）

ウェーバー（ヴェーバー）の生涯の[illegible]「近代とはいかなる時代なのか？」ということにありました。彼は，呪[illegible]呪術化－人々の判断・態度の決定が言い伝えや宗教の教えに基[illegible]的な判断に変わっていくこと－を近代化の特徴と考えました。[illegible]目的を達成するために必要な手段を理知的に識別し，その中から[illegible]を判断し，それを実行するような態度が人々の間に広まることとさ[illegible]近代化を「たゆまざる合理化の過程」と考えました。合理化過程は，我々には自明であるものの近代社会に特有の現象とされます。

また，ウェーバーは，このような合理化過程が「なぜ他ならぬ西欧ではじまったのか？」という問題意識から，「プロテスタンティズムの倫理と資本主義の精神」(1905年）を著し，比較宗教社会学に取り組みました。

(1) 理解社会学

ウェーバーは，社会学を，対象とする人間行為について，その外的諸条件の観察（自然科学）に加え，その内面的動機をも理解することで，その経緯－結果をいっそうよく因果的に説明しようとする経験科学であるとし，このような方法論を理解社会学とよびました。

(2) 価値自由

ウェーバーは，社会科学が価値判断を単純に排除できないことを強調したうえで，研究者が自らのよって立つ価値を自分と他人に対して明確にすることを要求しました。社会科学者自らがよって立つ価値を意識するという緊張を持った態度の下で，一定の基準（因果適合性，客観的可能性）に従って研究を進めるならば社会科学の客観性は確保される，というのがウェーバーの価値自由です。

(3) 理念型（りねんけい）

ウェーバーによれば，社会科学が対象とする人間行為の世界は，余りにも多様であるために，我々はそれを直接にそっくりそのままつかまえることはできないとされます。彼は，研究者の価値関心に従って無限の現実の中から一面だけを抽象化して作り上げられたモデルを理念型とよび，複雑な現実を認識する手段としました。社会的行為の4類型－感情的行為，伝統的行為，目的合理的行為，価値合理的行為－，支配の3類型－伝統的支配，合法的支配，カリスマ的支配－はその代表です。

22 LEC東京リーガルマインド 2024-2025年合格目標 公務員試験 本気で合格！過去問解きまくり！ ⑰社会学

INPUT

第1章 社会学史（古典）

(4) 社会的行為

ウェーバーは社会的行為を行為者の動機の観点から以下の4つの理念型に分類しました。

感情的行為：その場の感情に基づいて行われる行為

伝統的行為：特に意識せずに決まった反応を示す，習慣化された行為

目的合理的行為：将来的な結果についての予想・計算をもとに，目的達成のために合理的な手段を選択して行われる行為

価値合理的行為：利害計算から離れて，それが行われることで自己の持つ価値を実現しようとする行為

【支配の3類型】	ウェーバーは，支配は，支配される側がその正当性を受け入れる（正当性信念）ことによって成り立っていると指摘し，次のように類型化しました。 ①伝統的支配　その社会で神聖性や権威を持つ規範や習慣に基づく支配。 ②[illegible]支配　支配者個人の非凡な資質による支配。 [illegible]当な手続を経て成立した法に基づく支配。

(5) 「プ[illegible]ムの倫理と資本主義の精神」

資本主義[illegible]して一般に考えられますが，ウェーバーは，これを人々の資本主義の精[illegible]として，つまり人間の価値態度の問題として分析しました。

ウェーバーによれば，資本主義の精神は，営利心と世俗内禁欲のエートスの2つの構成要素からなります。この営利心は単に貨幣の獲得を目指す心的態度を意味しますが，この営利心と禁欲的な職業労働を結び付けたのがプロテスタンティズムの倫理であるとされます。

プロテスタンティズムのうち，J.カルヴァンの教えによれば，誰が救われるか（恩寵）はすでに決定されているが，人間はそれを知ることはできないとされます。このような考え方を予定説といいます。ここから人間は神を畏れて，自らを「選ばれた人間」として示さねばならなくなりますが，カルヴァンは，プロテスタントの中にかねてからあった教えである神から与えられた職業（天職）にまい進することがそのような救いを確信させることであると説きました。このように天職に禁欲的に励むことを説く教えによって「営利の追求」は神の救いにつながる限りで肯定されるようになったのです。ウェーバーは，禁欲的プロテスタンティズムの職業倫理に基づいて行われた経済活動が，資本主義の勃興を促したとし，K.マルクスの史的唯物論とは異なるエートスによる社会変動を主張しました。

エートス	ウェーバーによれば，エートスとは「人間を内面から何らかの価値の実践に向けて突き動かす行為への実践的機動力」のことです。

LEC東京リーガルマインド 2024-2025年合格目標 公務員試験 本気で合格！過去問解きまくり！ ⑰社会学 23

❶「インプット」本文

セクションテーマの重要な知識や要点を，文章や図解などで整理しています。重要な語句や記述は太字や色文字などで強調していますので，逃さず押さえておきましょう。

❷サポートアイコン

「インプット」本文の内容を補強し，要点を学習しやすくする手助けになります。以下のようなアイコンがありますので学習に役立ててください。

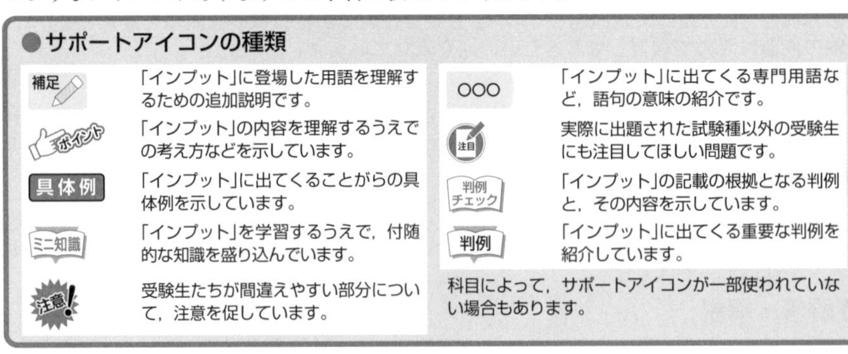

●サポートアイコンの種類

補足	「インプット」に登場した用語を理解するための追加説明です。
ポイント	「インプット」の内容を理解するうえでの考え方などを示しています。
具体例	「インプット」に出てくることがらの具体例を示しています。
ミニ知識	「インプット」を学習するうえで，付随的な知識を盛り込んでいます。
注意！	受験生たちが間違えやすい部分について，注意を促しています。
○○○	「インプット」に出てくる専門用語など，語句の意味の紹介です。
注目	実際に出題された試験種以外の受験生にも注目してほしい問題です。
判例チェック	「インプット」の記載の根拠となる判例と，その内容を示しています。
判例	「インプット」に出てくる重要な判例を紹介しています。

科目によって，サポートアイコンが一部使われていない場合もあります。

STEP4 「実践」問題を解いて実力アップ!

「インプット」で知識の整理を済ませたら，本格的に過去問に取り組みましょう。「実践」問題ではセクションで過去に出題されたさまざまな問題を，基本レベルから応用レベルまで収録しています。

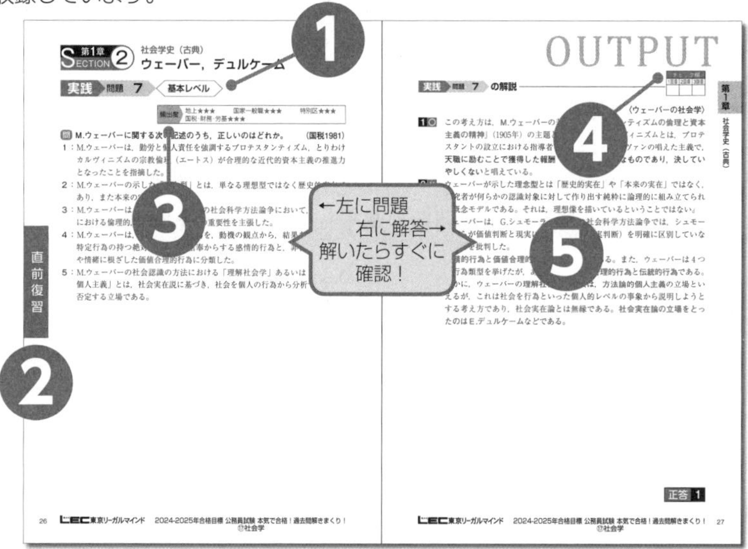

❶難易度

収録された問題について，その難易度を「基本レベル」「応用レベル」で表しています。

1周目は「基本レベル」を中心に取り組んでください。2周目からは，志望先の採用試験について頻出度が高い「応用レベル」の問題にもチャレンジしてみましょう。

❷直前復習，❸頻出度，❹チェック欄，❺解答・解説

※各項目の内容は，STEP 2 をご参照ください。

STEP5 「章末CHECK」で確認しよう

章末には，この章で学んだ内容を一問一答形式の問題で用意しました。
知識を一気に確認・復習しましょう。

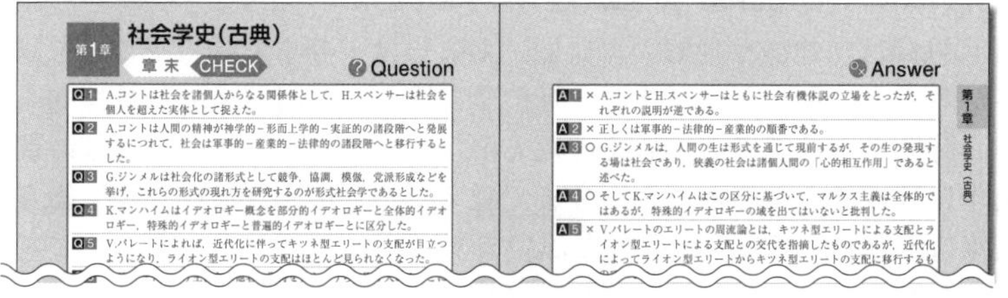

LEC専任講師が，『過去問解きまくり！』を使った「オススメ学習法」をアドバイス！⇒

講師のオススメ学習法

どこから手をつければいいのか?

まず各章の最初にある「出題傾向の分析と対策」を見て，その章の中で出題数が多いセクションがどこなのかを確認してください。

そのセクションは捨ててしまうと致命傷になりかねません。必ず取り組むようにしてください。逆に出題数の少ないセクションは軽く扱ってしまってもよいでしょう。

各セクションにおいては，①最初に必修問題に挑戦し，そのセクションで学ぶ内容のイメージをつけてください。②次に必修問題の次ページから始まる知識確認によって，そのセクションで学習する考え方や公式を学びます。③そして，いよいよ実践問題に挑戦です。実践問題の基本レベルの問題を解いてみましょう。

演習のすすめかた

過去問題集は何度も繰り返し解くことが大切です。出題の箇所やそのされ方などは一定のパターンがあります。過去問題集を繰り返し解いていくことで，この項目はこの部分をひっかけてくる，といったパターンが見えてきます。最低 3 回（3 周）は過去問題集を繰り返しやりましょう。

❶ 1 周目（基礎的知識の確認）

まずは力試しのつもりで過去問題集を 1 回通してやりましょう。テキストで学んだ知識はまだ十分身についていないでしょうが，問題集を解いて覚える，というくらいの気持ちで挑戦してもらえればと思います。テキストの内容をしっかり覚えてから問題集に取り組もうとする人がいますが，それでは遅すぎます。知識がまだ不十分でもかまいませんので，すぐに過去問題集に取り組んでください。

❷ 2 周目（知識の十分な理解）

過去問題集を 1 周通してやってみて，テキストで学んだ基本的知識もある程度身についたかと思います。今度は解説もしっかり覚えるようにして，各問題にじっくり取り組んでみましょう。

❸ 3 周目以降や直前期（知識・理解再確認）

3 周目以降は，知識や理解の再確認，あるいは，今まで覚えたことを試験まで持続させるためのものとなります。社会学に限らず，暗記系の科目は知らなければいくら時間をかけて考えてもまったく解けませんし，知っていれば時間をかけずに簡単に解けます。ですから，今まで覚えたことを忘れないために繰り返し過去問題集に取り組んでもらえればと思います。

一般的な学習のすすめかた（目標正答率60～80%）

社会学の分野をひととおり学習する場合です。

全体的に学習することで，さまざまな職種や問題に対応することができることから，安定して合格に必要な得点をとることを目指します。

セクション1から順にすべての範囲を解いてください。国家一般職や国税専門官等を受験する方は実践問題の応用レベルにも挑戦していきましょう。

ほどほどに学習する場合のすすめかた（目標正答率50 ～70%）

試験まで時間はあるが，この科目にあまり時間をかけられない場合です。

頻出分野に絞って演習をすることにより，効率よく合格に必要な得点をとることを目指します。

学習のすすめかたは，最初に確認した「出題傾向の分析と対策」の中で出題数が多い分野を優先的に学習します。目指す職種が決まっている方はその職種の出題数に応じて分野の調整をしてください。

具体的には社会学史, 社会調査, 社会集団の優先順位が高く, 次にパーソナリティ, 現代社会，家族，都市・地域と続きます。特に社会学史は内容が抽象的で理解が難しいと思いますが，どの試験種でも必ず最低1問は出題されますので何度でもテキストや過去問題集に当たってしっかりと学習してください。

短期間で学習する場合のすすめかた（目標正答率50 ～60%）

試験までの日数が少なく，短期間で最低限必要な学習をする場合です。

学習効果が高い問題に絞って演習をすることにより，最短で合格に必要な得点をとることを目指します。

学習のすすめかたは，以下の「講師が選ぶ『直前復習』30問」に掲載されている問題を解くのみです。

直前復習

講師が選ぶ「直前復習」30問

必修問題26問 ＋

実践3	実践70	実践168
実践4	実践84	実践178
実践7	実践93	実践179
実践10	実践108	実践194
実践22	実践122	実践197
実践27	実践130	実践200
実践32	実践136	実践218
実践37	実践151	実践225
実践38	実践153	実践235
実践43	実践160	実践241

目次 CONTENTS

国家公務員試験が変わります！

人事院や裁判所をはじめとして，2024（令和６）年度から国家公務員試験の筆記試験が大きく変更されます。下記以外にもさまざまな点で変更があるので，2024（令和６）年度以降の受験生は要注意です！

≪基礎能力試験の変更≫（人事院の例）

基礎能力試験では，①出題数の削減，②試験時間の短縮，③知能分野の比率増加，④知識分野問題の時事問題化，⑤新たに情報分野からの出題が発表されています。

2023（令和５）年度以前		2024（令和６）年度以降
〈総合職・大卒程度試験〉		
40題／ ３時間 ［知能分野27題］ 文章理解⑪ 判断・数的推理（資料解釈を含む）⑯ ［知識分野13題］ 自然・人文・社会（時事を含む）⑬	⇒	30題／ ２時間20分 ［知能分野24題］ 文章理解⑩ 判断・数的推理（資料解釈を含む）⑭ ［知識分野６題］ 自然・人文・社会に関する時事，情報⑥
〈一般職/専門職・大卒程度試験〉		
40題／ ２時間20分 ［知能分野27題］ 文章理解⑪・判断推理⑧ 数的推理⑤・資料解釈③ ［知識分野13題］ 自然・人文・社会（時事を含む）⑬	⇒	30題／ １時間50分 ［知能分野24題］ 文章理解⑩・判断推理⑦ 数的推理④・資料解釈③ ［知識分野６題］ 自然・人文・社会に関する時事，情報⑥

≪専門記述試験の変更≫

国家公務員のうち国家総合職試験で，専門記述試験の①解答数の削減，②解答時間の短縮が発表されています。

2023（令和５）年度以前		2024（令和６）年度以降
〈総合職〉		
〈院卒者行政〉〈法律〉〈経済〉 〈政治・国際〉区分 ３題解答／ ４時間	⇒	〈院卒者行政〉〈法律〉〈経済〉 〈政治・国際・人文〉区分 ２題解答／ ３時間
〈上記以外の区分〉 ２題解答／ ３時間30分	⇒	〈上記以外の区分〉 ２題解答／ ３時間

2023年８月28日現在の情報です。

2024年，国家公務員試験が変わります！！

～変更のポイントと対策法をすっきり解説！～

2024年から変わる「国家公務員採用試験」。どこがどう変わるのか，どんな対策をすればよいのか，LEC講師がわかりやすく解説します。

岡田 淳一郎 LEC専任講師

動画はこちらからアクセス！ ⇒

二次元コードを読み込めない方はこちら↓

lec.jp/koumuin/kakomon24_25/

※動画の視聴開始日・終了日は，専用サイトにてご案内します。

※ご視聴の際の通信料は，お客様負担となります。

社会学をマスターする10の秘訣

❶ 過去問は合格への羅針盤。

❷ 学者と学説名，用語を押さえろ。

❸ 一日もはやく全体イメージをつかめ。

❹ 漫然と勉強するな。まずは過去問を解け。

❺ 二度出る問題は，三度出る。

❻ 出題者のメッセージを読み取れ。

❼ 過去問を使って知識のエッジを研ぎ澄ませ。

❽ 手を広げるな。ど真ん中を繰り返せ。

❾ 実力は急に伸びない。日々の研鑽がスパートにつながる。

❿ できないことは気にするな！　本番が勝負だ！

第1章

社会学史（古典）

SECTION

① 総合社会学，ジンメル
② ウェーバー，デュルケーム
③ その他の社会学者（古典）

第1章 社会学史（古典）

出題傾向の分析と対策

試験名	地　上			国家一般職 （旧国Ⅱ）			特別区			国税・財務 ・労基		
年　度	15 | 17	18 | 20	21 | 23	15 | 17	18 | 20	21 | 23	15 | 17	18 | 20	21 | 23	15 | 17	18 | 20	21 | 23
出題数 セクション	1	2	1	1	1	2	2		2	3	1	
総合社会学, ジンメル							★		★	★		
ウェーバー, デュルケーム	★	★ ★	★	★	★	★			★	★		
その他の社会 学者（古典）						★	★			★	★	

（注）１つの問題において複数の分野が出題されることがあるため，星の数の合計と出題数とが一致しないことがあります。

地方上級

地方上級の社会学でも学説史は最も重要な出題範囲です。ただし，難易度としてはそれほど難しいものではありません。この章では総合社会学，ジンメル，ウェーバー，デュルケームの学説をしっかり押さえましょう。出題の傾向としては，さまざまな思想家の学説（第２章で取り上げるものも含む）を取り混ぜた形式が一般的です。

国家一般職（旧国家Ⅱ種）

国家一般職（旧国Ⅱ）ではほぼ毎年学説史が出題されています。古典と現代の社会学者の両方を取り混ぜた総合問題が多い傾向があり，社会的行為，社会構造，社会変動などの項目で複数の学者の説を並べて出題されることもあります。個々の肢の内容は難易度が高いので，単に学者名と概念だけでなく，主要な学者以外についても学説の細かい内容まで理解しておく必要があります。社会学理論はとりわけ哲学思想と密接なかかわりがあり（スペンサーと功利主義，ジンメルと生の哲学，など），教養で学ぶ思想の知識も生かすとよいでしょう。

特別区

特別区でもほぼ毎年学説史が出題されています。また，出題範囲も，主要な学者の学説（セクション①と②）以外も肢の中に含まれることがあります。ただ，個々の学説についてはそれほど細かいことが問われているわけではありません。まずは学者名と主要概念をしっかりと押さえましょう。出題傾向としては，さまざまな学者の説を取り混ぜて出題される場合と，１人の主要な思想家を取り上げて出題される場合とがあります。

国税専門官・財務専門官・労働基準監督官

最近ではやや難易度が下がりましたが，国家専門職の試験で出題される社会学は国家一般職（旧国Ⅱ）に次いで難しいものとなっており，学説史においても同様です。個々の肢の内容も難易度が高いので，単に学者名と概念だけでなく，主要な学者以外についても学説の細かい内容まで理解しておく必要があります。出題傾向としては，さまざまな学者の説を取り混ぜて出題される場合と，１人の主要な思想家を取り上げて出題される場合とがあり，主要な思想家（セクション①と②）については特にその内容をしっかり押さえておきましょう。

Advice アドバイス 学習と対策

本章では，主に19世紀における社会学の学問的確立に多大な貢献をした代表的な人物の理論を紹介しています。本章で扱う社会学史は，公務員試験の社会学では最も出題の多いところですから，重点を置いて学習すべきところです。学者名とそのキーワードをしっかりと頭の中で結び付けておかなければなりませんが，まずは学者がそのキーワードで言いたかったことをしっかり押さえることが重要です。

社会学史（古典）
総合社会学，ジンメル

必修問題 セクションテーマを代表する問題に挑戦！

代表的学者の基本的学説を問う問題です。まずはこのレベルからしっかり覚えましょう。

問 次の社会学史上における著名な学者，その学者に代表される社会学的立場およびその内容の組合せとして，妥当なのはどれか。

（国Ⅱ1986）

(イ) E.デュルケム　(ロ) G.ジンメル　(ハ) A.コント

(a) 総合社会学　(b) 形式社会学　(c) 社会学主義

(i) 存在するのは社会でも個人でもなく，諸個人の相互作用つまりは社会化だけであり，社会とはこの社会化の反復と様式化のもたらす統一を概念的に総括した名称にすぎない。

(ii) 社会は〈もの〉として，つまり経験的に観察可能な指標を通じ客観的にとらえられる。〈社会的なもの〉とはそれの表現主体である個人に対し外在的・拘束的という２特性をもつ社会的事実である。

(iii) 社会は有機体としてとらえられ，社会学は社会静学と社会動学の２つの部門から構成される。社会静学は社会有機体を構成する諸部分の均衡を研究対象とし社会動学は社会が進歩の法則に従って運動する過程を研究対象とする。

1：イ－(c)－(ii)
2：イ－(b)－(ii)
3：ロ－(b)－(iii)
4：ロ－(c)－(i)
5：ハ－(a)－(i)

Guidance ガイダンス **総合社会学**

A.コント，H.スペンサーら社会学創成期の思想を総称する言葉。総合社会学の特徴には①社会有機体論，②経済学，法学などの個別の社会科学を重視せず，これらを包括する，社会を全体的に捉える学問として社会学を位置づける，といったことがある。

直前復習

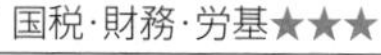

チェック欄 1回目 2回目 3回目

〈社会学史（古典）〉

(イ)の**E.デュルケーム（デュルケム）**は，(c)**社会学主義**の立場をとっていた。社会学主義とは，当時のフランスでデュルケームと対立していた社会学者**G.タルド**の**心理学的社会学（心理学主義）**とは逆の立場を表す呼称であり，社会的な現象を，個人が持つ創意といった心理学的な現象に還元して説明するべきではなく，社会学独自の説明原理を用いて説明しなければならないとする考え方である。こうした社会学独自の説明原理を説いたデュルケームの立場は，「**社会的事実を〈もの〉のように考察しなければならない**」(ii)という言葉に表されており，このようなデュルケームの考えは，典型的な**社会実在論**である。

(ロ)の**G.ジンメル**は，(b)**形式社会学**の立場をとった。これは，後述するA.コント，そしてH.スペンサーらの総合社会学に対する批判として生まれたものである。ジンメルによれば，総合社会学は，社会にかかわるすべてのものを研究対象としたが，結果的には名前ばかりが大げさで中身のないものとなってしまった。それは，総合社会学が自らをあらゆる社会科学の上位部門として位置づけ，それ独自の対象を明確に自覚していなかったことが原因であるとされる。そのことに対する反省から，彼は社会学独自の研究対象を，あらゆる社会現象に共通して現れる**心的相互作用の形式**に限定し，さまざまな社会現象によって異なる個別の「内容」は，研究対象に含めるべきではないと考えた。こうした主張により彼は個別科学としての社会学の成立に寄与した。こうしてジンメルは，個人か社会のどちらか一方のみ，実在と考える見解を退けた(i)。

(ハ)の**A.コント**は，(a)**総合社会学**の立場をとった。その内容についてはジンメルのところで述べたのでここではあえて繰り返さない。彼の総合社会学の特徴としては，社会の「進歩」を扱う**社会動学**と，社会の「秩序」を生物有機体からの類推（**社会有機体説**）によって説明しようとする**社会静学**とに分けて考えていたことなどがある(iii)。

よって，正解は肢1である。

正答 1

社会学史（古典）
総合社会学，ジンメル

社会学創成期のコント，スペンサーの社会学を総合社会学といいます。

1 A.コント（仏，1798－1857）

コントはsociologieという語を初めて世に出し，「社会学の父」とよばれています。彼は師C.H.サン＝シモンを受け継ぎ**実証主義**を唱え，フランス革命後の社会の再組織化という実践的な意図を持って社会学を構想しました。

コントは社会を，個人や諸集団といった部分が分業に基づいて有機的に結び付いた1つの実体と捉えました（**社会有機体説**）。そして，有機的全体としての社会を把握するために社会学を次の2つの分野に分類しました。

社会静学：社会の現在の構造を解明する

社会動学：社会の歴史的な発展を解明する

コントは歴史的な発展を**3段階の法則**として提示しました。

人間精神の発展	神学的段階→形而上学的段階→実証的段階
社会の発展	軍事的段階→　法律的段階　→産業的段階
政治の発展	神政　→　王政　→共和制

2 H.スペンサー（英，1820－1903）

(1) 社会進化論

スペンサーは**社会有機体説**の立場から，人口の増加に伴う社会の量的拡大によって**適者生存の法則**がはたらき，社会は単純なものから複雑なものへと機能分化していくとしました。これはちょうど生物の世界で単細胞生物が進化して多細胞生物となっていく過程と同等であり，**社会も進化**によって，異質性と諸部分の相互依存性が増大すると説きました。

(2) 軍事型社会・産業型社会

社会は「**軍事型社会から産業型社会へ**」と進化するとされます。

〈軍事型社会〉

軍事的統制が，中央集権的政治統制を生み，個人を国家・社会全体に奉仕させる強制的な社会

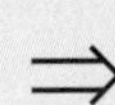

〈産業型社会〉

個人が自由かつ自発的に産業に従事し，自治的組織の運営に参加する共存的な社会

3 G.ジンメル（独，1858－1918）

(1) 形式社会学

ジンメルは総合社会学を批判して社会学の研究対象とは何かを追求し，形式社会学を確立しました。

ジンメルは「社会」を総合社会学のように個人を超えたものではなく，個人間の**心的相互作用**として捉えました。このような相互作用は，それを生み出す本能や関心に基づいてはいますが，それらが実現されるには**形式**を伴います。たとえば，支配－服従，党派形成，内集団－外集団といった事態は，人々の間に相互作用が行われるときに普遍的に見いだされます。

ジンメルは，これらを**社会化の諸形式**とよび，これを研究するものとして社会学（**形式社会学**）を構想しました。一方，政治，経済，宗教などは「社会化の内容」とよばれ，このような「内容」と区別された「形式」を研究するところに社会学の独自の位置を見いだそうとしました。

(2) 社会圏の交差（交錯）・個人の分化，社会の分化

ジンメルは，人々の相互作用の及ぶ範囲を**社会圏**とよびました。このような個人の社会圏は，社会の発展とともに範囲が拡大し，分化も進みます。こうして，1人の人間が他者と結ぶつながりは，その人間の中で複雑に絡みあうようになり，その人独特の「個性」が発展します。彼は，近代化の進展に伴い，個人の分化と社会の分化が同時に進展すると論じました。

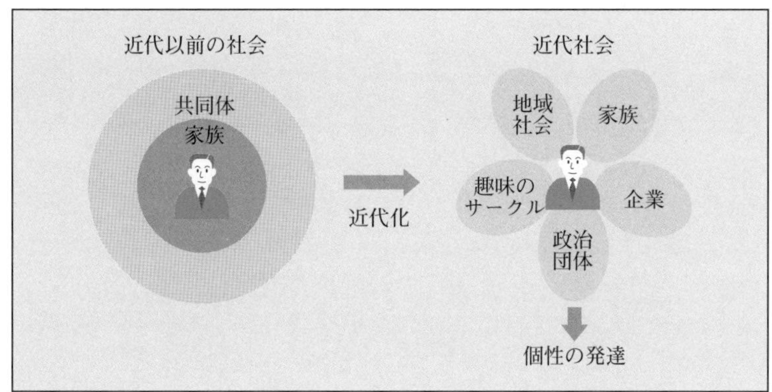

第1章
SECTION
1
社会学史（古典）
総合社会学，ジンメル

実践 問題 1 基本レベル

頻出度 地上★★★ 国家一般職★★★ 特別区★★★
国税·財務·労基★★★

問 スペンサーの社会有機体説の考え方として最も適当なのは，次のうちどれか。

（地上1997）

1：建物が立ち並び，車や人が行き交っているとしても，それがそのまま社会であるわけでない。つきつめていくと，実在するのは結局，具体的な個人としての人間でしかない。

2：人間は何かを欲し，それを獲得するために行動する。この一定の目的をもった人間の行動が社会を変革していくのであり，社会は人間の意識に規定される。

3：存在するのは，社会でも個人でもなく，諸個人の相互作用だけであり，社会学とは，その反復と様式化のもたらす統一概念を総括した名称にすぎない。

4：社会事象は，外側から客観的に分析されるものではなく，各人の体験そのものから，いわば内側からそのあり方が把握されていくものである。

5：社会は単なる個人の集合ではなく，諸部分が相互に関連しあって1つの全体をなしているものであり，それは，単純なものから複雑なものへと進化していく。

チェック欄

1回目	2回目	3回目

実践 問題 1 の解説

〈スペンサーの社会学〉

1 ×　実在するのは，「具体的な個人としての人間でしかない」というのは**社会名目論**の考えである。これは社会を個々の人間を超えた1つの実体を持ったものと捉える**社会実在論と対極の立場**であり，社会を名ばかりのものにすぎないとし，真に実在するのは個々の人間だけであるとする。このような立場は，**H.スペンサーの社会有機体説とは対立的**である。

2 ×　「社会は人間の意識に規定される」とするのは，心理学的社会学（**心理学主義**）である。この立場は，社会現象とは究極的には人間の心理によって基礎づけられており，それゆえ心理学的に説明されなければならないとするものである。この考え方は，**スペンサーの社会有機体説と対立的**である。

3 ×　社会を諸個人間の（**心的**）**相互作用**として捉えるべきであるとしたのは**G.ジンメル**である。

4 ×　社会事象の分析単位を個人に求め，個人の心理や行動，および個人の相互作用などから分析しようとするのは，**方法論的個人主義**の手法である。

5 ○　**スペンサー**は生物進化論になぞらえて**社会進化論**を提唱し，この立場から**社会有機体説**を唱えた。これは社会があたかも生物有機体のように「諸部分が相互に関連しあって1つの全体をなしている」とみるものである。

正答 5

実践 問題 2 基本レベル

頻出度 地上★★★ 国家一般職★★★ 特別区★★★ 国税·財務·労基★★★

問 スペンサーの社会変動論に関する記述として，妥当なのはどれか。

（特別区2021）

1：スペンサーは，「実証哲学講義」を著し，人間精神が，神学的，形而上学的，実証的という段階に発展するのに対応して，人間社会も，軍事的，法律的，産業的という段階に発展するという，３段階の法則を提唱した。

2：スペンサーは，「社会学原理」を著し，社会進化論の立場から，社会は，単純社会から複合社会へ，また，軍事型社会から産業型社会へと進化するとした。

3：スペンサーは，「社会闘争の機能」を著し，主要な２つの階級の対立と闘争が，全体社会の構造変動を引き起こすとし，労使関係における階級闘争の制度化を主張した。

4：スペンサーは，脱工業化社会とは，経済では財貨の生産からサービスの生産へと移行し，職業構成では専門職·技術職階層が優位に立つ社会であるとした。

5：スペンサーは，マルクスの唯物史観に反対し，伝統的社会，離陸のための先行条件期，離陸期，成熟への前進，高度大衆消費時代の５段階に区分した経済成長段階説を展開した。

実践 問題 2 の解説

〈スペンサーの社会学〉

1 × 『実証哲学講義』を著し，**人間精神が３段階に変化すると，人間社会もそれに呼応して発展するとした**のはA.コントである。『実証哲学講義』は1830～1842年に全６巻が公表された。「社会学（sociologie）」という語はこの第４巻で初めて用いられた。彼によれば，諸学問は，数学，天文学，物理学，化学，生物学の順番で実証化されていき，社会学の登場で完結する。

2 ○ H.スペンサーの『社会学原理』は，彼が生涯をかけて完成させた『総合哲学体系』全10巻（1860～1896年）の中の１巻である。**彼は社会を１つの有機体として捉え，進化論を社会理論に導入した。**『社会学原理』において指摘されている社会と生物有機体との類似点は，①ともに成長する点，②成長によってその構造が単純なものから複雑なものになる点，③その諸部分の間に相互依存がある点，④全体の生命および発展は構成単位の生命および発展から独立する点である。

3 × 『社会闘争の機能』（1978年）はL.A.コーザーの著作である。コーザーはR.ダーレンドルフとともに闘争理論（紛争理論）を代表する社会学者である。コーザーはR.K.マートンに師事し，同じ闘争理論とよばれていてもマルクス主義に依拠したダーレンドルフとは若干スタンスが異なっている。つまり，彼は，それまでの機能主義においては病理的事態とみなされていた闘争の順機能的側面を発見し，機能主義の中に闘争を導入していくことを目指した。

4 × これはD.ベルに関する説明である。ベルは『脱工業社会の到来』（1973年）において，産業構造の中心が，財の生産（第２次産業）からサービス（第３次産業）へ移行する脱工業社会が到来し，そこでは理論的知識，知的技術が重視され，テクノクラート（専門職・技術職階層）が社会の中で重要な役割を果たすようになると捉えた。

5 × これはW.ロストウに関する説明である。ロストウは『経済成長の諸段階』（1960年）で，どの社会も本肢にある経済発展段階をたどって高度大衆消費社会に至るのであり，資本主義と社会主義はそれへとたどり着く道筋の違いにすぎない（収斂理論）として，社会主義を社会発展の最終段階とするK.マルクスの説を否定した。

正答 2

社会学史（古典）

総合社会学，ジンメル

実践 問題 3 基本レベル

頻出度	地上★★★　国家一般職★★★　特別区★★★ 国税·財務·労基★★★

問 G.ジンメルの社会学に関する次の記述のうち，妥当なのはどれか。

（東京都1988）

1：ジンメルは，人間の動機，関心や目的などに関わる文化内容と，人間の結合の過程においてみられる社会化の形式とを，科学的な抽象によって分離して考察すべきであって，後者こそが社会学に固有な学問領域となりうるとしている。

2：ジンメルは，進歩と秩序の調和によって社会の再組織化を図ることを実践的課題としたうえで社会学を社会静学と社会動学とに区分し前者は秩序の理論に，後者は進歩の理論に相当するとしている。

3：ジンメルは，人間の自己疎外と人間関係の物象化とが資本主義社会のなかで一般化したことを指摘し，人類はこの自己疎外と物象化とに絶縁し，本来あるべき類的存在に立ち戻るべきであるとしている。

4：ジンメルは，超歴史的な形式よりも，現実の社会と知識やイデオロギーなどの関連に注目し，精神や宗教的理念，主観的態度が社会の発展にどのような影響を及ぼすかに注目すべきであるとしている。

5：ジンメルは，社会学の対象となる社会的事実は諸個人の単なる総和ではなく，諸個人の化合からなる体系であり，社会的事実はそれ自体全体的なものとして，外部から客観的に考察すべきであるとしている。

直前復習

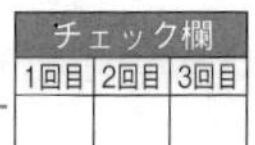

実践 問題 3 の解説

〈ジンメルの社会学〉

1 ○ G.ジンメルは，社会におけるあらゆる事象を扱ったために，固有の研究領域を持たないA.コントやH.スペンサーの総合社会学を，空虚で内容が乏しいとして批判した。そしてジンメルは，社会事象によってそれぞれ異なる「内容」を捨象したうえで，あらゆる社会事象に共通して見られる，個人間の心的相互作用の形式のみを社会学の固有の研究対象として扱う形式社会学を提唱した。

2 × 進歩と秩序によって，混迷している社会を再組織化するという実践的意図を持っていたのは，ジンメルによって批判された総合社会学の提唱者で，「社会学」という用語の提唱者でもあるフランスの社会学者コントである。

3 × これはジンメルの考え方ではなく，K.マルクスの疎外論の考え方である。

4 × 「知識やイデオロギーなどの関連」というところから，本肢はK.マンハイムなどに代表される知識社会学の考え方であることがわかる。

5 × 社会的事実を外部から客観的に（モノのように）考察しなければならない，と唱えたのはジンメルと同年生まれのフランスの社会学者E.デュルケームである。

正答 1

社会学史（古典）
総合社会学，ジンメル

実践 問題 4 応用レベル

頻出度 地上★ 国家一般職★★★ 特別区★★★ 国税·財務·労基★★★

問 コントトの社会学に関する記述として，妥当なのはどれか。 (東京都2008)

1：彼の社会学のうち社会静学とは，生物学でいう生理学に相当し，進歩の理論である。

2：彼の社会学のうち社会動学とは，生物学でいう解剖学に相当し，秩序の理論である。

3：彼は，スペンサーの社会学の影響を受け，実証主義に基づいた考え方を示し，適者生存という言葉を残した。

4：彼は，社会進化論の立場から，進化とは，同質なものから異質なものへの変化であるとともに，単純なものから複雑なものへの変化であるとした。

5：彼は，人間の精神は，神学的段階，形而上学的段階を経て実証的段階に達し，社会は，軍事的段階から，法律的段階，産業的段階へと発展するとした。

直前復習

実践 問題 4 の解説

チェック欄 | 1回目 | 2回目 | 3回目

〈コントの社会学〉

1 × A.コントは社会学を社会静学と社会動学の２つの部門からなるものとしたが，社会静学と社会動学の説明が肢１と肢２で逆になっている。本肢は社会動学の説明である。社会静学は，肢２にあるように，生物学における解剖学に相当し，社会を構成する諸部分の相互作用や秩序の研究を行うものである。

2 × 本肢は社会静学の説明である。社会動学は，生物学における生理学に相当し，社会の歴史的な発展を解明するものである。

3 × 適者生存とは，H.スペンサーがその社会進化論の中で用いた言葉である。彼は同時代の生物進化論を学んで，進化論的な思想を自己の社会理論の基本に据えた。

4 × 本肢もスペンサーの社会進化論の説明である。スペンサーは，社会の進化を生物の進化になぞらえた。社会も進化によって，生物のように異質性と諸部分の相互依存性が増大すると説き，それを本肢のような言葉で表した。

5 ○ コントは，社会の歴史的発展について研究し，これを３段階の法則として定式化した。人間の精神が神学的段階，形而上学的段階，実証的段階と発展するのに従って，社会は軍事的段階，法律的段階，産業的段階と発展し，また政治体制も神政，王政，共和制と発展するものとされた。

正答 5

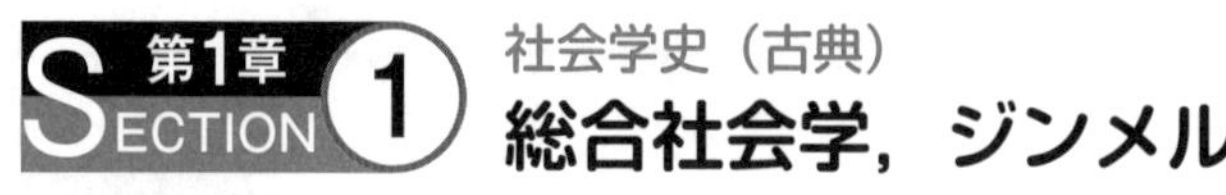

社会学史（古典）
総合社会学，ジンメル

実践 問題 5 応用レベル

頻出度	地上★	国家一般職★★★	特別区★★★
	国税·財務·労基★★★		

問 コントの社会変動論に関する記述として，妥当なのはどれか。（東京都2002）

1：彼は，社会を生命をもつ有機体であるとみなし，社会は強制的協力による軍事型社会から自発的協力による産業型社会へと進化すると論じた。

2：彼は，人間の精神は神学的，形而上学的，実証的の三段階を経て進歩し，これに対応して社会も軍事的，法律的，産業的時期の過程をたどると論じた。

3：彼は，社会的，歴史的現実を構成するものを社会過程，文明過程，文化運動の３つに区分し，社会過程と文明過程は連続して発展していくのに対し，文化運動には連続性はなく，固有の歴史的事象であるとした。

4：彼は社会を連帯のあり方によって，未開社会のような環節的社会と産業社会に代表される有機的社会に分類し，社会は機械的連帯から有機的連帯へ変動すると論じた。

5：彼は，農業革命による第一の波，産業文明の出現による第二の波に引き続き，第三の波はまったく新しい生活様式をもたらすと論じた。

実践 問題 5 の解説

〈コントの社会学〉

1 × 本肢の内容はH.スペンサーの説である。スペンサーは**単純かつ同質的な社会**から**複雑かつ異質的な社会**へと進化していくという図式を提示した。

2 ○ **A.コントの3段階の法則**の説明である。コントは人間精神の進歩に従って社会や政治の形態が発展するとした。

3 × **M.ウェーバー**の弟である**A.ウェーバー**の**文化社会学**の基本概念の説明である。ウェーバーは，**文明過程**は**社会過程**と同様に直線的・累積的な進歩をたどるが，**文化運動**は一回的・創造的な進展をたどるとした。

4 × 本肢は**E.デュルケーム**の説である。デュルケームは社会発展を分業の発達という視点から捉えた。

5 × 本肢は**A.トフラー**の**第三の波論**の説明である。トフラーのいう第三の波とは，コンピュータ化，情報化などとよばれる技術的革新で，これによって生活，経済，政治までもが大きな変化を遂げるとされた。

正答 2

第1章 SECTION 1 社会学史（古典） 総合社会学，ジンメル

実践 問題 6 応用レベル

頻出度	地上★	国家一般職★★★	特別区★★★
	国税·財務·労基★★★		

問 ジンメルの形式社会学に関する記述として，妥当なのはどれか。

（東京都2003）

1：彼は機能的社会観を否定し，個人のみに実在を認める社会名目論と社会を実在とする社会実在論とを結合し，概念実在論という観点から個別科学としての形式社会学を確立した。

2：彼は，社会は人間の相互作用すなわち社会化において成立するとし，この相互作用を形式と内容に分け，社会学が対象とするのは，人々の社会化過程の形式的側面であるとした。

3：彼は，社会化の形式として上下関係，競争，模倣，分業，党派形成等を指摘し，企業体，宗教団体，学校といった集団の種類によって，実現される形式が異なることを見出した。

4：彼は闘争理論を示し，社会化の一形式である闘争は，それ自体すでに対立する者の間の緊張を解消する作用があり，対立する各集団において，成員間の内部的結合を弱めるとした。

5：彼は，形式をつくり出すものは生であり，生は，つくり出した形式と衝突することなくさらに上の存在を目指し，形式を結晶化させることによって，文化を創造するとした。

実践 問題 6 の解説

チェック欄		
1回目	2回目	3回目

〈ジンメルの社会学〉

1 × G.ジンメルは,「個人」のみを実在とする社会名目論と「社会」を実在とする社会実在論は，ともに概念を実在するもの（概念実在論）と捉えてしまっていると批判し，あるのは個人でも社会でもなく諸個人の心的相互作用であるとした。また，機能的社会観を否定したという部分も妥当でない。ジンメルは，支配－服従，結束－敵対などの相互作用が「社会」であるとしたが，こうした立場からすれば，社会とは何かしら「でき上がった実体」ではなく（これでは社会実在論になってしまう），常に（支配－服従のような相互作用として）はたらき，生成しているものと捉えられる。このように社会をそのはたらきにおいて見ようとしたことから，彼の社会観は「機能的社会観」ともよばれる。

2 ○ 肢１の解説で述べたように，ジンメルは社会を諸個人の心的相互作用であるとし，さらにこうした心的相互作用を形式と内容に分け，特に前者の形式を社会学の固有の研究対象とした。

3 × ジンメルが社会の「内容」ではなく「形式」に着目したのは，社会関係の内容や目的はそれぞれの場合において異なるものの，そうした違いを超えて形式の側面は普遍的に抽出することが可能だからであった。たとえば，経済団体と政治団体の場合，それぞれの内容や目的はまったく異なるが（経済団体は経済的利益を目的とし，政治団体は政治的理念の実現を目的とする），形式の側面においては両者は共通するものを持つ（上位の者が下位の者を支配したり指導したりするといったこと）。したがって，本肢の記述はジンメルの意図とは正反対のものとなっている。

4 × ジンメルは闘争をきわめて積極的な社会化と捉えており，集団同士の闘争は集団の集中化を，集団内の闘争は集団内の要素の間に新たな緊密化をもたらすとしている。

5 × 形式は人間の生が形成するものではあるが，ジンメルによれば，時としてそうした形式自体が目的と化し，人間の生を疎外したり抑圧したりすることもある。つまり，形式と生は常に整合的なものであるわけではない。彼はこれを「文化の悲劇」とよんだ。よって本肢の記述では，「生は，つくり出した形式と衝突することなく」という部分が妥当でない。

正答 2

第1章 2 SECTION

社会学史（古典）ウェーバー，デュルケーム

必修問題 セクションテーマを代表する問題に挑戦！

ウェーバーについての問題です。それぞれの肢は代表的社会学者の学説を説明したものとなっています。正解でない肢についてもしっかり学習しておきましょう。

問 M.ウェーバーに関する次の記述のうち，妥当なのはどれか。

（地上1994）

1：行為論的基礎に立った社会体系論を展開し，機能－構造分析とよばれる社会学の一般理論の構築に努力した。

2：社会学の対象としての社会的事実の観察と説明の方法を定式化し，実証的・客観的社会学の基礎をつくった。

3：形式社会学の創始者として知られるが，晩年には一般社会学，哲学的社会学の基礎をつくった。

4：方法論として価値判断と科学認識の関連のあるべき姿を示し，社会的行為のみが実在するとする方法論的個人主義を唱えた。

5：機能主義パラダイムの整備に寄与し，アノミー論，準拠集団論でも影響ある議論を展開し，さらに経験的な知識社会学を提唱し，マス・コミュニケーションや科学の研究も行った。

直前復習

Guidance ガイダンス　社会実在論（実体論）と社会名目論（唯名論）

社会学では「個人と社会の関係」「社会というものをいかに捉えるか」に関して，対立する２つの考え方がある。

①　社会実在論（実体論）

社会を「個々の人間を超えた何かしら実体を備えたもの」とみる見方

②　社会名目論（唯名論）

社会を「実体的なものとは捉えず，人間同士の個々の関係に還元してみる」見方

社会実在論と社会名目論は方法論の側から見ると，それぞれ方法論的集合（全体）主義と方法論的個人主義となる。

頻出度	地上★★★　国家一般職★★★　特別区★★★ 国税·財務·労基★★★

チェック欄		
1回目	2回目	3回目

必修問題の解説

〈ウェーバーの社会学〉

1 × 本肢前半の記述はT.パーソンズについてのものである。パーソンズは『社会システム論』（1951年）を著し，社会システムを，比較的安定した状態を保っている構造の分析と，システム内の各要素（個人や下位システム）がそうした構造を維持するために果たす作用である機能の分析によって説明し，このような分析法を構造－機能分析とよんだ。パーソンズはのちに，このような立場をＡＧＩＬ図式へと発展させていく。ちなみに本肢の記述の「機能－構造」という考え方はパーソンズのものではなく，彼の弟子にあたるN.ルーマンの考え方である。

2 × 本肢の記述はE.デュルケームについてのものである。デュルケームはA.コントの実証主義を継承し，自立した科学としての社会学の確立を目指し，社会を個人の心理に還元して説明するG.タルドの学説を批判した。そのうえで社会的事実は，「モノのように」客観的に考察されねばならないと主張した。

3 × 本肢の記述はG.ジンメルのものである。ジンメルは，個々の社会現象によって異なる具体的な「内容」を捨象し，あらゆる社会現象に共通して存在する心的相互作用における形式のみを研究対象とする形式社会学を唱えた。

4 ○ M.ウェーバーは，社会科学上の認識にあたっては，**社会科学者は自らの価値観を自覚したうえで，科学的認識と価値判断を厳密に区別しなければならない**と説いた。また，社会学の方法論としては，社会的行為（他者の振る舞いに向けられた行為）を，その動機を理解することによって因果的に説明する理解社会学を提唱した。このような，社会を構成する要素である個人の行為から社会を説明しようとする立場は，方法論的個人主義とよばれ，社会を個々の要素に還元せず，それ独自の理論で説明するデュルケームらの方法論的集合主義と区別される。

5 × 本肢の記述はR.K.マートンについてのものである。マートンは機能概念について，①要素や下位システムがシステム全体に対してプラスの作用をしているか，マイナスの作用をしているかによって，順機能と逆機能を区別し，②顕在的機能（行為者が予期していた機能）と潜在的機能（行為者が予期していなかった機能）という，下位概念を提出した。ほかに，具体的・経験的調査研究と抽象的な理論とを架橋する中範囲の理論でも有名である。

正答 4

第1章 SECTION 2 社会学史（古典）ウェーバー，デュルケーム

1 M.ウェーバー（独，1864−1920）

ウェーバー（ヴェーバー）の生涯の関心は「近代とはいかなる時代なのか？」ということにありました。彼は，呪術からの解放・脱呪術化－人々の判断・態度の決定が言い伝えや宗教の教えに基づくものから，合理的な判断に変わっていくこと－を近代化の特徴と考えました。合理化とは，一定の目的を達成するために必要な手段を理知的に識別し，その中から最も効率的な手段を判断し，それを実行するような態度が人々の間に広まることとされます。彼は近代化を「たゆまざる合理化の過程」と考えました。合理化過程は，我々には自明であるものの近代社会に特有の現象とされます。

また，ウェーバーは，このような合理化過程が「なぜ他ならぬ西欧ではじまったのか？」という問題意識から，『プロテスタンティズムの倫理と資本主義の精神』（1905年）を著し，比較宗教社会学に取り組みました。

(1) 理解社会学

ウェーバーは，社会学を，対象とする人間行為について，その外的諸条件の観察（自然科学）に加え，その内面的動機をも理解することで，その経緯－結果をいっそうよく因果的に説明しようとする経験科学であるとし，このような方法論を理解社会学とよびました。

(2) 価値自由

ウェーバーは，社会科学が価値判断を単純に排除できないことを強調したうえで，研究者が自らのよって立つ価値を自分と他人に対して明確にすることを要求しました。社会科学者自らがよって立つ価値を意識するという緊張を持った態度の下で，一定の基準（因果適合性，客観的可能性）に従って研究を進めるならば社会科学の客観性は確保される，というのがウェーバーの価値自由です。

(3) 理念型（りねんけい）

ウェーバーによれば，社会科学が対象とする人間行為の世界は，余りにも多様であるために，我々はそれを直接にそっくりそのままつかまえることはできないとされます。彼は，研究者の価値関心に従って無限の現実の中から一面だけを抽象化して作り上げられたモデルを理念型とよび，複雑な現実を認識する手段としました。社会的行為の４類型－感情的行為，伝統的行為，目的合理的行為，価値合理的行為－，支配の３類型－伝統的支配，合法的支配，カリスマ的支配－はその代表です。

(4) 社会的行為

ウェーバーは社会的行為を行為者の**動機**の観点から以下の４つの理念型に分類しました。

感情的行為：その場の感情に基づいて行われる行為

伝統的行為：特に意識せずに決まった反応を示す，習慣化された行為

目的合理的行為：将来的な結果についての予想・計算をもとに，目的達成のために合理的な手段を選択して行われる行為

価値合理的行為：利害計算から離れて，それが行われることで自己の持つ価値を実現しようとする行為

【支配の3類型】	ウェーバーは，支配は，支配される側がその正当性を受け入れる（正当性信念）ことによって成り立っていると指摘し，次のように類型化しました。 ①伝統的支配　その社会で神聖性や権威を持つ規範や習慣に基づく支配。 ②カリスマ的支配　支配者個人の非凡な資質による支配。 ③合法的支配　正当な手続を経て成立した法に基づく支配。

(5) 『プロテスタンティズムの倫理と資本主義の精神』

資本主義は経済的な現象として一般に考えられますが，ウェーバーは，これを人々の**資本主義の精神**の問題として，つまり人間の価値態度の問題として分析しました。

ウェーバーによれば，**資本主義の精神**は，**営利心**と**世俗内禁欲のエートス**の２つの構成要素からなります。この営利心は単に貨幣の獲得を目指す心的態度を意味しますが，この営利心と禁欲的な職業労働を結び付けたのがプロテスタンティズムの倫理であるとされます。

プロテスタンティズムのうち，J.カルヴァンの教えによれば，誰が救われるか（恩寵）はすでに決定されているが，人間はそれを知ることはできないとされます。このような考え方を**予定説**といいます。ここから人間は神を畏れて，自らを「選ばれた人間」として示さねばならなくなりますが，カルヴァンは，プロテスタントの中にかねてからあった教えである神から与えられた職業（**天職**）にまい進することがそのような救いを確信させることであると説きました。このように天職に禁欲的に励むことを説く教えによって「営利の追求」は神の救いにつながる限りで肯定されるようになったのです。ウェーバーは，禁欲的プロテスタンティズムの職業倫理に基づいて行われた経済活動が，資本主義の勃興を促したとし，K.マルクスの史的唯物論とは異なる**エートス**による社会変動を主張しました。

エートス	ウェーバーによれば，エートスとは「人間を内面から何らかの価値の実践に向けて突き動かす行為への実践的機動力」のことです。

2 E.デュルケーム（仏，1858－1917）

社会現象は，人間が作り出すものであるため，それは個々の人間の感情や意思，行動によって説明できると一般には思われています。しかし，デュルケーム（デュルケム）は，社会現象は個人的な動機から説明できるとする考え方を徹底して批判しました。個々の人間を超えたところに社会（社会的事実）は存在し，これが個々の人間に影響を与え，社会の現実を作っているというのがデュルケームの一貫した思想でした。

(1) 社会的事実

社会的事実とは，①個人に外在した実在であること，②個人を外側から拘束するものである，と定義され，知識や思想，世論，集合的感情，神話のほか自殺率などがこれに含まれます。

(2) 集合意識（集合表象）

集合意識とは，社会的事実の典型例とされるものです。社会の中で客観的に認知され，諸個人に外在し，意識に内面化されているすべての象徴，認識のはたらきのことをいいます。神話，民話，思想，知識などがこれにあたります。デュルケームは，特に晩年にはこの集合意識に関心を寄せました。

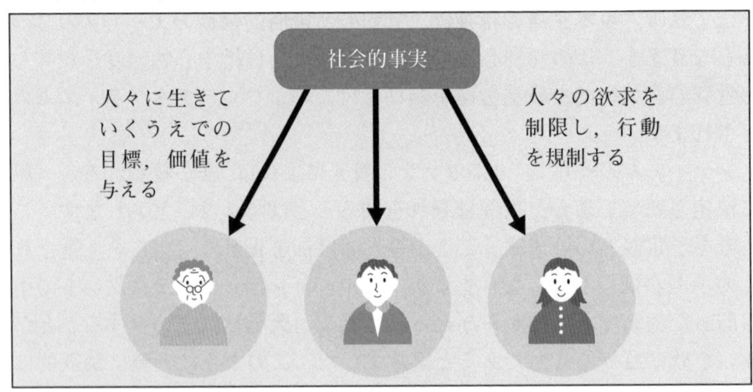
社会的事実
人々に生きていくうえでの目標，価値を与える
人々の欲求を制限し，行動を規制する

(3) 社会学主義

社会現象を生物学的あるいは心理学的な要因に還元せず，社会的要因すなわち社会的事実によって説明しようとする立場を指します。「社会的事実をモノのように観察せよ」とは，デュルケームの社会学主義を示す有名な言葉です。

(4) 機械的連帯・有機的連帯

デュルケームは，最初の著書である『社会分業論』（1893年）において，近代化がもたらす社会変動を考察しました。彼は社会を分業の発達という視点から捉え，これを**機械的連帯から有機的連帯**への発展として定式化しました。

分業の発展 ↓

機械的連帯：同じ伝統の下で生きるといった単なる類似に基づく連帯
⇒「環節的社会」を形成…同質的な人々の没個性的な社会
有機的連帯：異質な独自の個性を持った人々の分業に基づく連帯
⇒「有機的社会（組織的社会，職業的社会）」を形成…独自の個性を持つ異質な人々が密接な有機的な結び付きを発達させた社会

また，デュルケームは，有機的連帯に発展しない分業の異常形態を**アノミー的分業**とよびました。

(5) 自殺の４類型：『自殺論』

デュルケームは『自殺論』（1897年）において，各社会ごとに一定に推移する自殺率に注目し，一見まったく個人的な現象と思われる自殺を個人的動機ではなく社会的原因によって説明しました。彼は自殺を社会的原因によって４類型－**自己本位的自殺・集団本位的自殺・アノミー的自殺・宿命的自殺**－に区別しました。

自殺の４類型	
	集団本位的自殺：集団の規範・価値に絶対服従することから生じる自殺
	自己本位的自殺：社会や集団の統合が弱まり，過度に個人の孤立化が進んだ状態で生じる自殺
	アノミー的自殺：社会的規範が弛緩して欲求が増大し，それによる不満や虚無感から生じる自殺
	宿命的自殺：欲求に対する規制が強すぎて，著しい閉塞感から生じる自殺

社会学史（古典）

ウェーバー，デュルケーム

実践 問題 7 基本レベル

頻出度 地上★★★ 国家一般職★★★ 特別区★★★ 国税･財務･労基★★★

問 M.ウェーバーに関する次の記述のうち，正しいのはどれか。 （国税1981）

1：M.ウェーバーは，勤労と個人責任を強調するプロテスタンティズム，とりわけカルヴィニズムの宗教倫理（エートス）が合理的な近代的資本主義の推進力となったことを指摘した。

2：M.ウェーバーの示した「理念型」とは，単なる理想型ではなく歴史的実在であり，また本来の実在でもある。

3：M.ウェーバーは，G.シュモーラーとの社会科学方法論争において，経験科学における倫理的，実践的な価値判断の重要性を主張した。

4：M.ウェーバーは，人間の社会的行為を，動機の観点から，結果を考慮せずに特定行為の持つ絶対的価値への信奉からする感情的行為と，非合理的な感情や情緒に根ざした価値合理的行為に分類した。

5：M.ウェーバーの社会認識の方法における「理解社会学」あるいは「方法論的個人主義」とは，社会実在説に基づき，社会を個人の行為から分析することを否定する立場である。

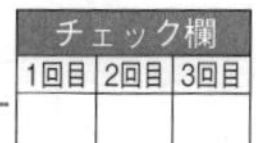

実践 問題 7 の解説

〈ウェーバーの社会学〉

1 ○ この考え方は，M.ウェーバーの著書『プロテスタンティズムの倫理と資本主義の精神』（1905年）の主題となっている。カルヴィニズムとは，プロテスタントの設立における指導者の１人であるＪ.カルヴァンの唱えた主義で，**天職に励むことで獲得した報酬（金銭）は，神聖なものであり，決していやしくない**と唱えている。

2 × ウェーバーが示した理念型とは「歴史的実在」や「本来の実在」ではなく，研究者が何らかの認識対象に対して作り出す純粋に論理的に組み立てられた概念モデルである。それは，理想像を描いているということではない。

3 × ウェーバーは，G.シュモーラーたちとの社会科学方法論争では，シュモーラーらが価値判断と現実に対する認識（事実判断）を明確に区別していないことを批判した。

4 × 感情的行為と価値合理的行為の説明が逆である。また，ウェーバーは４つの行為類型を挙げたが，あとの２つは目的合理的行為と伝統的行為である。

5 × 確かに，ウェーバーの理解社会学の方法は，方法論的個人主義の立場といえるが，これは社会を行為といった個人的レベルの事象から説明しようとする考え方であり，社会実在論とは無縁である。社会実在論の立場をとったのはE.デュルケームなどである。

正答 1

ウェーバー，デュルケーム

実践 問題 8 基本レベル

頻出度	地上★★★　国家一般職★★★　特別区★★★ 国税·財務·労基★★★

問 マックス・ウェーバーの支配の３類型に関する次の記述のうち，正しいのはどれか。
（特別区1987）

1：カリスマ的支配におけるカリスマとは，ギリシア語の「恩寵の賜物」，すなわち，予言者，呪術者，英雄などの神的性格や特殊能力を意味する。したがってこの支配の形態は，文化が高度に発達し情報が氾濫する現代社会では起こりえない。

2：伝統的支配は，長期にわたる歴史のなかで伝統として守られてきたものを支配の道具とするがゆえに，近代先進国においてはまったく見られなくなった正当性の形態である。

3：合法的支配は，「法制化された秩序の合法性，および，この秩序によって支配権を与えられた支配者の命令権の合法性に対する信頼」に基づいて成立するものであり，典型的な例としては，合法的に政権を掌握したヒットラー，ナポレオン，スターリンらがあげられる。

4：カリスマ的支配もそれが長期に及び，伝統性・合法性の裏打ちもなされることにより，カリスマ性も変化してくる。

5：ウェーバーの支配の３類型は，現実に適合する型であって，３類型が組み合わさって現象することはありえないとしている。

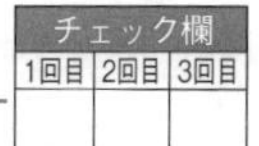

実践 問題 8 の解説

〈ウェーバーの社会学〉

1 × 今日のように，情報が大量に氾濫した社会においては，情報を意図的に操作することによって，カリスマ的指導者を作り上げることが，より容易になっているとも考えられる。

2 × 近代の先進諸国においても，**伝統的支配**がまったく見られないとはいい切れない。たとえば，ヨーロッパの国々においては王政をとっている国が存在する。さらにいえば，現実の支配はそのほとんどが３つの類型が混在しているものである。肢５の解説参照。

3 × ヒトラー，ナポレオン，スターリンといった人々は，合法的に政権を掌握したのかもしれないが，その後の政権維持を見ると，非合法的手段が用いられた部分が多く，むしろ支配者個人のカリスマ性によっていたと考えられる。

4 ○ **カリスマ的支配は，奇跡など，指導者個人の非日常的な能力や魅力に依拠**している。よって，その支配が長期化した場合は，そのカリスマ性は恒常的なものとなり，指導者個人の属性よりも，合法性を持つもの，もしくは伝統的なものとして尊重されることになる。もちろんその反対に，旧態的なものとして批判され，合理化への道をたどることもある。

5 × M.ウェーバーの支配の３類型は，**理念型**であり，現実にそのまま純粋なかたちで存在するわけではなく，現実と比較し論述や仮説設定のための認識手段として仮想されたものである。よって，現実の支配現象はこれらの３つの類型が混在しているものであり，その点からも，肢１と肢２は誤りと考えられる。

正答 4

第1章 SECTION ② 社会学史（古典）

ウェーバー，デュルケーム

実践 問題 9 基本レベル

頻出度 地上★★★ 国家一般職★★★ 特別区★★★ 国税･財務･労基★★★

問 É.デュルケムの理論に関する記述として最も妥当なのはどれか。

（国税・財務・労基2017）

1：彼は，社会の存続要件について分析し，社会規範の在り方について検討した上で，社会の発展に資すると考えられる概念を「理念型」と名付け，それを発見することが社会学の根本課題であるとした。

2：彼は，個人の外にあって個人に強制力を持つ，集団の信念や慣行，思考の様式などの社会的潮流を「社会的性格」と呼び，これらを心理現象として観察することを社会学の方法的規準とした。

3：彼は，相互に類似した同質的な成員が結合した「機械的連帯」の社会から，独立した人格を持った異質の成員が自らの個性を能動的に生かしながら，分業に基づいて相互に結びつく「有機的連帯」へと移行するという社会変動を想定した。

4：彼は，集団規範の維持について検討した結果，集団規範に同調するよりも個人主義に依拠する方が，結果的に集団意識が強まり，社会の安定が図られるとし，「方法論的個人主義」の立場を採った。

5：彼は，自殺を社会環境との関連で分析し，社会規範への服従などの結果として生じる自殺の型を「アノミー的自殺」と呼び，その具体的な例として，伝統社会に見られる殉死，名誉を守り恥辱を逃れるための軍人の自殺などを挙げた。

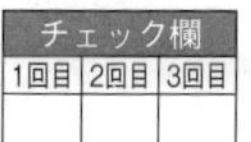

実践 問題 9 の解説

〈デュルケームの社会学〉

1 × 「理念型」はE.デュルケーム（デュルケム）ではなく，**M.ウェーバー**の概念である。また，理念型の説明自体も誤っている。ウェーバーのいう理念型とは，研究者の価値関心に従って無限の現実の中から一面だけを抽象化して作り上げられたモデルをいう。

2 × 本肢の記述は，**「社会的事実」**についてのものである。**「社会的性格」**とは，フランクフルト学派の**E.フロム**が提唱した概念で，1つの集団の成員の大部分が持っているパーソナリティ構造の中核であり，その集団に共通な基本的経験と生活様式の結果として形成されたものと定義される。

3 ○ **デュルケーム**は彼の最初の大著である**『社会分業論』**において，**分業**の進展によって，人々の連帯が**機械的連帯**から**有機的連帯**へと移行し，社会も，前者の連帯に基づく**環節的社会**から後者の連帯による**有機的社会（職業的社会，組織的社会）**へと変化すると主張した。ただし，分業の進展は常に有機的連帯を生み出すとは限らず，現代社会では無規制・無計画な生産，弱肉強食の市場・階級関係といった**アノミー的分業**が生じていると捉えた。

4 × デュルケームが**方法論的個人主義**の立場をとったとする記述が誤りである。特定の社会現象や社会的行為に対して，個人の意識，心理の側から説明しようとする立場を方法論的個人主義，社会の側から説明しようとする立場を**方法論的全体主義**という。デュルケームは，個人ではなく何らかの集団を基体とし，個人に対して外在的でありながら，拘束性を有する社会的事実によって社会を説明しようとしたのであり，よって方法論的全体主義の立場に立っている。方法論的個人主義の代表的な思想家は**M.ウェーバー**である。

5 × デュルケームが自殺を社会環境との関連で分析したことは正しいが，本肢にある説明は**「アノミー的自殺」**ではなく，**「集団本位的自殺」**についてのものである。アノミー的自殺とは，伝統的規範秩序の崩壊により社会の個人に対する欲求の規制度が弱まり，個人の物質的欲求が無際限に広がる「無限の病」から生じる虚無感，あるいは欲望が満たされない挫折感を原因として起こる自殺をいう。

正答 3

ウェーバー，デュルケーム

実践 問題 10 基本レベル

頻出度	地上★★★ 国家一般職★★★ 特別区★★★ 国税·財務·労基★★★

問 **E.デュルケムが指摘した19世紀後半のヨーロッパ社会における自殺の統計的傾向に関する次の記述のうち，妥当なのはどれか。** （国Ⅱ1996）

1：国内外の状況が安定し平和な状態にある際には自殺は少ないのに対し，戦争のような政治的危機の時代に自殺は増加する。

2：年齢の影響を除去すると既婚者は独身者より自殺率が小さいが既婚者の自殺免疫性は家族の密度に反比例する。

3：自由業の人や金利生活者など有閑階級の人は他の職業の人々に比べて自殺率が低い。

4：人とのつながりが深い反面，閉鎖的な性質を持つ農村地域は他人との関係が希薄な大都市を持つ地域よりも自殺率が大きい。

5：カトリック教徒の多い国や州はプロテスタントの多い国や州より自殺率が小さく，ユダヤ教徒の自殺率はカトリック教徒よりなお小さい。

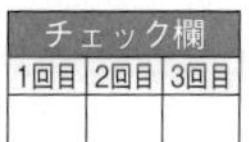

実践 問題 10 の解説

〈デュルケームの社会学〉

1 × E.デュルケーム（デュルケム）の『自殺論』では，社会が安定し平和な状態と戦争のような危機的状況のそれぞれにおける自殺率の比較に関して，前者の場合のほうが後者の場合に比べて高いことが指摘された。このような傾向は，平和時においては個人と社会の一体感，すなわち社会の凝集性が弱まることを要因とした**自己本位的自殺**が増加することによるとされる。

2 × 確かに，既婚者の自殺率は未婚者のそれよりも低いが，「既婚者の自殺免疫性は家族の密度に反比例する」という部分は妥当でない。**デュルケームによれば，家族の密度が高くなるほど，自殺を回避する傾向，すなわち自殺の免疫性は高まる**。つまり，両者は比例関係にあるといえる。

3 × 自由業の人や金利生活者などの有閑階級の人々は，ほかの職業（たとえば農業従事者）と比較した場合，消費への関心が非常に強いために，欲求の肥大化，すなわち「無限の病」に陥る危険性が高い。そして，欲求が満たされないことへの焦燥感などから，デュルケームのいう**アノミー的自殺**が増加すると考えられる。

4 × 肢２の解説で述べたように，**デュルケームによれば，集団の密度と自殺の免疫性は比例関係にある**。したがって，人とのつながりが深い農村地域においては，大都市地域よりも自殺の免疫性が高くなるため，自殺率は低くなる。

5 ○ **集団の凝集性，あるいは社会的統合度という尺度で比較した場合，高い順にユダヤ教社会，カトリック社会，プロテスタント社会となる**。肢２の解説でも述べたように，これは自殺免疫性の高い順ともいうことができ，逆に自殺率の高い順に並べると，プロテスタント社会，カトリック社会，ユダヤ教社会となる。したがって，本肢の記述は妥当である。

正答 5

実践 問題 11 基本レベル

頻出度	地上★★★　国家一般職★★★　特別区★★★ 国税·財務·労基★★★

問 デュルケムの自殺類型のなかの「アノミー的自殺」に関する次の記述のうち，妥当なのはどれか。 （地上1987）

1：デュルケムは，社会連帯の基礎を信念体系に置き，個人の成長過程や社会の変動過程の心理的危機やその不安から生じる自己破壊行為を「アノミー的自殺」と呼んだ。

2：デュルケムは，社会の統合力が弱く，個人が自己を超越した献身の対象を見失って生きる意味を自覚できない自殺類型を「アノミー的自殺」と呼んだ。

3：社会の規範の規制力が弱まったり解体することにより，個人の欲望が無限的に拡大することにより触発されるのが「アノミー的自殺」である。

4：社会的統合が極めて強く，社会により自殺が義務づけられたり，奨励されたりするために社会集団が崩壊する場合を「アノミー的自殺」と呼ぶ。

5：社会規範の規制が強すぎるために個人の欲望が過度に抑圧される自殺類型を「アノミー的自殺」と呼んだ。

チェック欄

1回目	2回目	3回目

実践 問題 11 の解説

〈デュルケームの社会学〉

1 ×　本肢の記述にある「社会連帯の基礎を……心理的危機やその不安」という部分は，E.デュルケームのアノミー概念ではなく，**S.デ・グレージア**が『疎外と連帯』（1948年）の中で用いたアノミー概念についてのものである。

2 ×　**デュルケーム**は**『自殺論』**（1897年）において，自殺を個別に検討するのではなく，統計の上に表れるような社会的な現象として捉え，その原因を生存当時の個人の心理状態に見いだすのではなく，特定の社会における個人の集団への愛着度（統合力または凝集性）と，個人的欲求に対する社会的規範の規制度（統制力）という２つの社会的要因に見いだし，それらの強弱によって自殺の４類型を提示した。本肢の記述にあるような社会の統合力が弱いことによって生じる自殺は，その中でも**自己本位的自殺**とよばれるものである。

3 ○　本肢の記述にある「社会の規範の規制力が弱まったり解体することにより，個人の欲望が無限的に拡大する」ことは，社会の統制力の弱化を意味しており，それによって生じる自殺をデュルケームは**アノミー的自殺**とよんだ。

4 ×　本肢の記述にある「社会的統合が極めて強く，社会により自殺が義務づけられたり，奨励されたりする」ことにより生じる自殺をデュルケームは**集団本位的自殺**とよんだ。

5 ×　本肢の記述にある「社会規範の規制が強すぎるために個人の欲望が過度に抑圧される」ことにより生じる自殺をデュルケームは**宿命的自殺**とよんだ。

正答 3

第1章 SECTION ② 社会学史（古典）

ウェーバー，デュルケーム

実践 問題 12 基本レベル

頻出度 地上★★★ 国家一般職★★★ 特別区★★★ 国税·財務·労基★★★

問 デュルケムの社会変動論に関する記述として，妥当なのはどれか。

（特別区1998）

1：デュルケムは，特定エリート集団の支配は，被支配者から優秀な人材を補充したとしても永続的なものでなく，最終的にはエリート集団は他の集団に取って代わられるとした。

2：デュルケムは，社会進化の基準を社会の一般的な適応能力の増大に置き，社会の発展を原始社会，中間社会及び近代社会の三段階に分類した。

3：デュルケムは，類似した個人が没個性的に結合した機械的連帯の社会が，異質の機能を担った個性的な個人が分業に基づく特定の関係で結ばれる有機的連帯の社会へ移行するとした。

4：デュルケムは，集中的な軍事統制を特徴とする軍事型社会が，生活の大半が産業によって成立する産業型社会へ進化するとした。

5：デュルケムは，社会変動の要因を人間精神という観念的因子に求め，社会は軍事的・法律的及び産業的という三段階の進歩の過程をたどるとした。

実践 問題 12 の解説

〈デュルケームの社会学〉

1 × 本肢は，E.デュルケーム（デュルケム）の社会変動論ではなく，V.パレートのエリートの周流論の説明である。パレートによれば，エリートの地位は恒常的なものでなく，「結合の残基」を持つエリート（キツネ型エリート）と「集合体維持の残基」を持つエリート（ライオン型エリート）が順次交代していくとされている。

2 × 本肢は，T.パーソンズの社会進化論の説明である。パーソンズによれば，「原始（未開）社会」は文字を持たない社会，「中間社会」は文字を持つ社会である。また，「中間社会」は，法が伝統に依存しているのに対し，「近代社会」は，法の合理的な制定手続と合理的な運用がその特徴となる。

3 ○ デュルケームは，同質的な人々の結合である機械的連帯の環節的社会から，個性を持つ異質な人々が互いの個性を生かしながら関係しあう有機的連帯による有機的社会（または「組織的社会」「職業的社会」）への社会発展を描いた。

4 × 本肢は，H.スペンサーの社会進化論の説明である。スペンサーによれば，軍事型社会は，主としてほかの社会に対して自己を保持していくが，産業型社会は，自然界に対して自己を保持していく類型である。

5 × 本肢は，A.コントの社会発展段階論の説明である。コントによれば，人間の精神のあり方が神学的→形而上学的→実証的と進化するにつれて，社会のあり方は軍事的→法律的→産業的と進化する。

正答 3

第1章 SECTION ② 社会学史（古典）

ウェーバー，デュルケーム

実践 問題 13 応用レベル

頻出度	地上★	国家一般職★★★	特別区★★★
	国税･財務･労基★★★		

問 M.ウェーバーの理解社会学について正しいのはどれか。（東京都2001）

1：彼は社会学とは，社会的行為の意味を解明しつつ理解し，それによって社会的行為の経過と結果を因果的に解明しようとする科学であるとした。

2：彼のいう理解的方法には現実的理解と説明的理解があり，前者は現実的行為をその動機にまでさかのぼって理解するもので，理解社会学の中心的概念である。

3：彼は社会的行為をその動機によって４類型に区分し，そのうち最も重要な役割を果たすものを伝統的行為の概念であるとした。

4：彼のいう価値合理的行為とは所与の条件と他者の期待を考慮し，結果として求める自分の目的のために最も適当な手段を選択する行為である。

5：彼は資本主義を発足させた原動力がプロテスタンティズムを信仰した人々の行為にあったとし，その行為を感情的行為ととらえた。

チェック欄		
1回目	2回目	3回目

実践 問題 13 の解説

〈ウェーバーの社会学〉

1 ○ M.ウェーバーによれば，社会的行為の説明は，**外的な観察だけでは不十分で，行為者の立場から行為の動機・目的・信念などを理解できて初めて，十分に説明できる**とした。

2 × ウェーバーによれば,「理解」という方法には「現実的（直接的）理解」と「説明的理解ないし動機的理解」の２つがある。前者は,感情の現実的理解（叫び声を怒りの表れと理解する），行為の現実的理解（銃を撃つと人が死ぬことを理解する）などであり，後者は動機の観点から行為を理解する（怒りから銃を撃つ，命令されて銃を撃つ……など）ものである。「現実的行為をその動機にまでさかのぼって理解する」のは説明的（動機的）理解である。

3 × 目的合理的行為，価値合理的行為，伝統的行為，感情的行為の社会的行為の４類型のうち，ウェーバーは目的合理的行為と価値合理的行為を「有意味性を持つ行為」とし，理解社会学の対象として重視した。

4 × 本肢は価値合理的行為ではなく目的合理的行為の説明である。将来的な結果の予想をもとに，自分の目的を達成するために最も適当な手段は何かを考慮してなされる目的合理的行為に対して，**価値合理的行為は，結果を考慮せず，その行為を行うこと自体に意味を見いだすような行為**である。

5 × ウェーバーの提示した感情的行為とは，突然の怒りなどがその例である。プロテスタンティズムを信仰した人々の行為は，価値合理的行為ないしは目的合理的行為であるといえる。

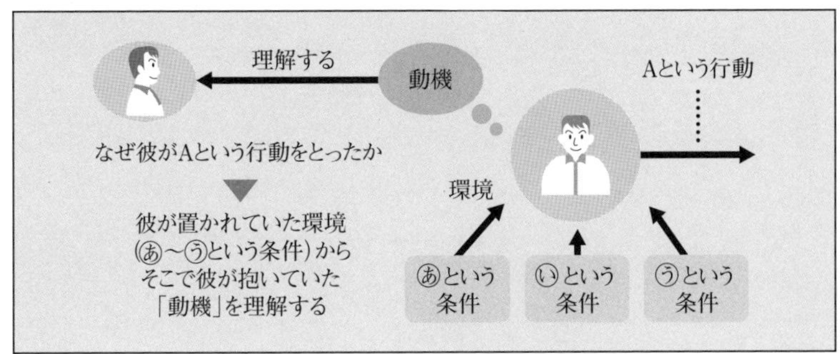

正答 1

第1章 SECTION 2 社会学史（古典）

ウェーバー，デュルケーム

実践 問題 14 応用レベル

頻出度 地上★ 国家一般職★★★ 特別区★★★ 国税·財務·労基★★★

問「資本主義の精神」と宗教倫理の関係についてのマックス・ウェーバーの所説として妥当なのは次のどれか。 (国Ⅱ1994)

1：世俗から離れた修道院という場で祈りと労働の生活を送り，蓄財を否定するという禁欲的な倫理が資本主義の精神の形成に大きく貢献した。

2：教会や修道院への寄進によって贖罪を得るという目的のために，苦しい労働に耐え勤勉に励むという禁欲的な倫理が資本主義の精神を発展させた。

3：各人の利己心に基づく経済行為は，神の見えざる手に導かれて万民に富裕をもたらすという倫理が資本主義の精神の形成に大きな役割を果たした。

4：快楽を求めることは人間の本性であり，快楽をもたらすのに役立つ貨幣の追求と蓄財は善であるという倫理が資本主義の精神を発達させた。

5：職業という世俗的活動を神の与えた使命ととらえて勤勉に励み，節約と蓄積をなすべきとする倫理が資本主義の精神の形成に大きな役割を果たした。

実践 問題 14 の解説

〈ウェーバーの社会学〉

1 × M.ウェーバーは『プロテスタンティズムの倫理と資本主義の精神』において，J.カルヴァンの「予定説」の影響により，世俗内禁欲を説くプロテスタンティズムの宗教的倫理観が，資本主義経済の発展を支えたという主張を展開した。本肢の「世俗から離れた修道院という場で……禁欲的な倫理」とは「世俗外禁欲」であり，妥当でない。

2 × 教会の腐敗に対する抗議運動から生まれたプロテスタンティズムにおいては，カトリシズムに比べて教会や修道院は重要な役割を果たさない。ウェーバーは人々に禁欲的な生活が自らの救済につながるものだと確信させ，それを合理的な職業労働の実践へと結び付けた倫理的起動力をエートスとよんだ。

3 × 「見えざる手」は経済学の父であるA.スミスが用いた言葉として有名である。

4 × 世俗内禁欲は快楽主義とは対極的な位置を占める。

5 ○ ウェーバーの主張として妥当である。

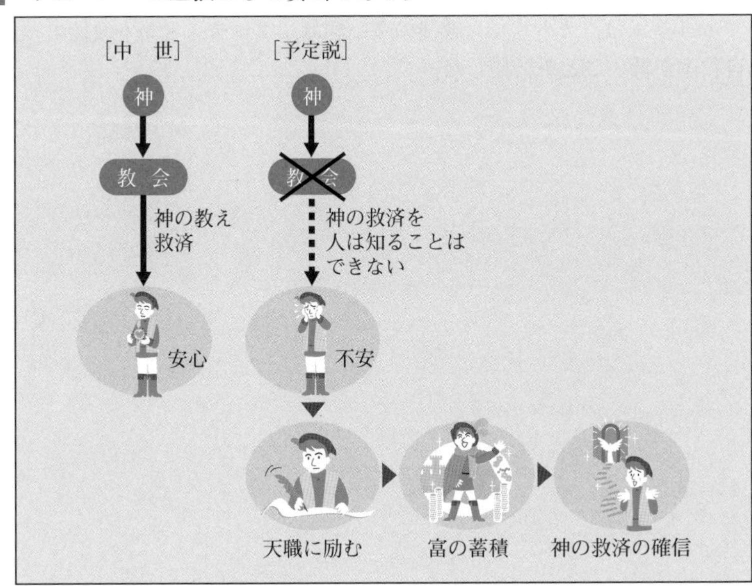

正答 5

第1章 SECTION ② 社会学史（古典）

ウェーバー，デュルケーム

実践 問題 15 応用レベル

頻出度	地上★	国家一般職★★★	特別区★★★
	国税･財務･労基★★★		

問 自殺と社会に関する次の記述のうち，妥当なのはどれか。 (国Ⅱ1990)

1：社会が人間的な欲望である金銭や名声に対する欲望を制御する力をもたないとき，人はほんのわずかな挫折があったとしても，それに耐え，無限の富や成功へと駆り立てられる。

2：戦争のような政治的危機の時代は，将来の見通しが立たないことから，平和なときより自殺率が上昇する。日本でも，全国平均自殺率は，第二次世界大戦の始まった昭和16年に史上最高を記録した。

3：現代では集団が神格化されており，このためすべての個人は集団のため犠牲になって当然であるとする「集団本位」の自殺が増え，自己の挫折による「自己本位」の自殺は減っている。

4：E.デュルケムは，自殺の動機を決定する要因として経済的要因をあげ，ＧＮＰが増加するのに伴って自殺は減少するとした。

5：E.デュルケムは，カトリック教徒の多い国は，プロテスタント教徒の多い国より自殺率が低いことを指摘した。

チェック欄		
1回目	2回目	3回目

実践 問題 15 の解説

〈デュルケームの社会学〉

1 × E.デュルケーム（デュルケム）は，著書『自殺論』において自殺という現象の背景となる社会的原因を，社会の凝集性（統合）と社会的統制力（規制）の２点に見いだし，それらの高低・強弱によって４つの異なるタイプの自殺が発生することを指摘した（自殺の４類型）。本肢の記述にあるような「社会が……欲望を制御する力をもたないとき」は，社会的統制力が弱まっている状態であり，このような状況の下では，人々は際限ない欲求，すなわち「無限の病」に陥り，絶え間ない焦燥感から自殺に追い込まれる。デュルケームは，このような自殺をアノミー的自殺とよんだ。

2 × 平和時と戦争時を比較した場合，国民の意識が敵国という脅威に向けられる戦争時のほうが，平和時よりも社会の凝集性が高くなる。反対に，平和時においては社会の凝集性が低下するため，自己本位的自殺が増大する。第２次世界大戦中の日本のように，凝集度が異常に高まる場合には，国を守るために自らの命を犠牲にするといった集団本位的自殺も発生するが，それよりも戦後の混乱期のほうが，肢１の解説で説明した「アノミー的自殺」と「自己本位的自殺」の両方が起こりやすくなり，自殺率が上昇するといえる。

3 × デュルケームは，近代化以後の社会においては，社会の凝集性が異常に高まる状況で発生する「集団本位的自殺」や，個人の欲求に対する社会の規制度が異常に強い状況下で発生する宿命的自殺は一般的でないとし，「アノミー的自殺」と「自己本位的自殺」を重視した。

4 × 肢１の解説でも述べたように，デュルケームは自殺現象に関して，社会的原因を軸とした分析を行った。

5 ○ デュルケームは，カトリック社会とプロテスタント社会のそれぞれにおける自殺率の高さを比較し，後者のほうが自殺率が高いことについて「自己本位的自殺」の傾向として説明した。**カトリック社会では教会中心の信仰態度により個人と社会の一体性が適度に保たれているが，それに比べてプロテスタント社会では個人の信仰態度のほうが強調され，教会の存在が軽視されるため，社会の凝集性が弱く，その結果自殺率が高くなるとされる。**

正答 5

第1章 3 SECTION

社会学史（古典）

その他の社会学者（古典）

必修問題 セクションテーマを代表する問題に挑戦！

パレートそのものはそれほど頻出ではありませんが，個々の肢は社会学史の重要な思想家について説明したものです。しっかり押さえておきましょう。

問 パレートの社会変動論に関する記述として，妥当なのはどれか。

（特別区2000）

1：パレートは，社会の変動過程をエリートの周流による均衡の破たんと回復の過程であるとし，直線的な進歩や進化を否定した。

2：パレートは，社会の変動を各構成体の合法則的な継起と交替としてとらえ，その合法則性の根拠は生産様式にあるとした。

3：パレートは，物質文化が非物質文化よりも急速に変化するという文化遅滞により，社会変動の不均衡が生じるとした。

4：パレートは，人間精神が神学的・形而上学的・実証的という進歩の過程をたどるように，社会も軍事的・法律的・産業的という進歩の過程をたどるとした。

5：パレートは，人々の心的状態の表現を，可変的部分である残基と恒常的部分である派生とに分け，派生の移動により社会体系の均衡がもたらされるとした。

直前復習

Guidance ガイダンス

残基と派生体

パレートは人間の非論理的行為を説明するために，感情に基づく論理の根底にある恒常的な要素である残基と，残基に基づく推論，論理（可変的要素）である派生体という概念を提示した。彼は残基として①結合，②集合体維持，③感情を外的行為によって表そうとする欲求，④社会性，⑤個人とその依存関係の保全，⑥性の６つを挙げている。

頻出度 地上★★★ 国家一般職★★★ 特別区★★★ 国税·財務·労基★★★

必修問題の解説

〈パレートの社会学〉

1 ○ エリートの周流はV.パレートの用語である。結合の残基を持つエリート（キツネ型のエリート）と，集合体維持の残基を持つエリート（ライオン型のエリート）が，それぞれの支配による歪みの発生によって交代していくというのがエリートの周流論の骨子である。**こうした2つのタイプのエリートの循環というエリートの周流論の意図は，マルクス主義のような進歩史観への批判にあった。**

2 × 生産様式を社会変動の基本に置いて，社会変動を（封建制社会から資本主義社会へ，そして社会主義社会へという）社会構成体の歴史的継起の過程と捉えたのはK.マルクスである。

3 × W.F.オグバーンの社会変動に関する説である文化遅滞説の説明である。

4 × A.コントの社会動学における3段階の法則の説明である。それぞれの社会の発展には，人間の精神状態が関連していることに注目する必要がある。

5 × パレートは非論理的行為に注目し，相対的に恒常的な部分を残基，可変的な部分を派生体とよんだ。本肢では後半の「派生の移動により社会体系の均衡がもたらされるとした」という部分も妥当でない。パレートは，残基と派生体のうち残基に注目し，**結合の残基を持つエリートと，集合体維持の残基を持つエリートとの間で支配の周流**が起こる（肢1の解説参照）とした。

正答 1

第1章 SECTION 3 社会学史（古典）

その他の社会学者（古典）

1 V.パレート（伊，1848－1923）

エリートの周流

パレートは，人間の行為，特に非論理的行為を説明するものとして２つの概念を提唱しました。それは，「残基（ざんき）」（人間の精神の根本にある原理の表現）と「派生体」（行為を自他に説明するためのレトリック）の２つです。そして彼は，特に社会のエリート層における「残基」のあり方が，歴史の動因となるとしました。

社会を支配するエリートには２つのタイプがあります。その１つが，精神の中に「結合の残基」を多く持つエリートです。彼らは説得や策略の能力に優れており，パレートはこれを「キツネ型のエリート」とよんでいます。他方，もう１つのタイプは，「集合体維持の残基」を多く持つエリートです。彼らは力を用いて支配するものであり，パレートはこれを「ライオン型のエリート」とよんでいます。

現実においては，どちらか一方のタイプのエリートが社会を支配しているが，やがてそれはいずれ没落し，それに代わってもう１つのタイプのエリートが支配するようになります。パレートは，このように**歴史上２つのタイプのエリートは順次交代し，相互に循環しあって支配が継続されている**，と指摘しました。

2 G.タルド（仏，1843－1904）

模倣の法則

タルドは，あらゆる社会的なものは，「発明」か，さもなければ「模倣」によるものであるとし，１人ないしは少数個人による革新的創造行為が出発点としてあるときは，これを他の人々が反復・再生産することによって伝播され，社会現象となるとしました。この反復・再生産が**模倣**であり，これは自発的・無意識的になされることもあれば，人工的・強制的になされることもあるけれども，これこそが，社会現象における「規則的な性質」を生み出す普遍的で根本的な要因であるとしました。

このようにしてタルドは，「**社会とは模倣である**」という命題を提示し，宗教，言語，芸術，階級，カースト，民族などの成立について論じました。

3 シカゴ学派

アメリカでは，19世紀末のシカゴ大学において初めて社会学部が創設され，アメリカにおける社会学の発展に大きく貢献しました。シカゴ学派の第一世代には，A.スモール，W.I.トマス，F.W.ズナニエッキらがいます。その後R.パークを中心として，L.ワース，E.W.バージェス，H.ホイトらが集まりました。彼らは，特に都市社会学において重要な研究をなしました。

シカゴ学派ではほかに，G.H.ミードに影響を受けたH.ブルーマーらが象徴的（シンボリック）相互作用論を創始しました。この象徴的相互作用論は，シカゴ学派のもう一方の流れを形成することになりました。

4 G.H.ミード（米，1863－1931）

シカゴ大学で哲学を講じていたミードは自我の社会性を強調する理論を展開しました。

人間は他者との相互作用を通じて社会に適合的な行為の仕方，態度，価値などを身につけ，また自分自身を他者の観点から対象化して見るようになります。具体的には，子どもは**ごっこ遊び**や**ゲーム遊び**などにおいて他者との相互作用を通じ，自我（社会的自己）を形成していきます。

ミードは，こうして形成される，自己の内部における個々の状況を認識していく「他者の眼からみた判断の枠組み」，つまり「他者の視点に立った自己の姿」を「**客我（Me）**」とよびます。一方，客我（Me）に積極的に反応していく自己の中の能動的な部分を「**主我（I）**」とよびます。

5 K.マンハイム（ハンガリー，1893－1947）

知識社会学

マンハイムは，人間が持つあらゆる知識は，その人間の視座が置かれている歴史的社会的条件によって拘束されている，すなわち**存在被拘束性**を有する，という立場から，現実に社会に存在している知識を，このような歴史社会的条件との関連から分析することが重要であるとし，このような社会学のアプローチを**知識社会学**とよびました。

全体的イデオロギー	相手の全世界観を問題として，その社会的な制約性を暴露するもの
部分的イデオロギー	相手の主張のある特定の部分だけを捉えて，その内容の虚偽性を暴露するもの
特殊的イデオロギー	相手の主張の社会的な制約性を暴露しようとする意図を自分自身には向けず，相手にだけ適用しようとするもの
普遍的イデオロギー	自己の立場をも社会的な制約に置かれていることを認め，一切の意見・主張の社会的な制約性を暴露しようとする立場から把握されたもの

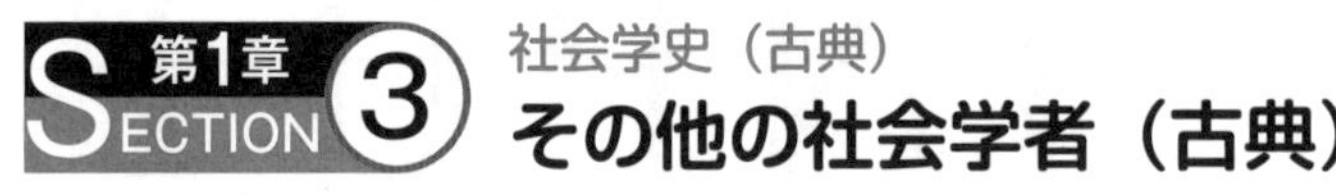

第1章 SECTION 3 社会学史（古典） その他の社会学者（古典）

実践 問題 16 基本レベル

頻出度	地上★★★	国家一般職★★★	特別区★★★
	国税·財務·労基★★★		

問 タルドの社会学理論に関する記述について妥当なのはどれか。（東京都2001）

1：彼は社会の歴史が何よりも人間の精神の進化によって支配されるものと考え，人間の精神の進化は，第一に神学的，第二に形而上学的，第三に実証的な段階を順次経過するとした。

2：彼は，カトリック思想に基づく道徳的·精神的な社会改良の必要性を説いたが，社会改良の実践に臨む前に，社会の現状調査を行うべきであるとした。

3：彼は現代を群衆の時代と見て，個人は群衆の中にいるだけで，一人のときとは全く別の方向の被暗示性，軽信性，衝動性などの特徴をもつ群集心理に容易に感染するようになると説いた。

4：彼は，社会は個人間の模倣によって成立するが，その社会は実在するものではなく名目的なもので，結局，実在するのは個人だけであると説いた。

5：彼は社会的事実を個々人の意識やその総和には還元できない一種独特の存在としてとらえることを要請し，その社会的事実を対象としてのみ固有の方法をもった社会学が成立しうると説いた。

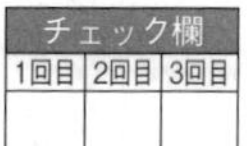

実践 問題 16 の解説

〈タルドの社会学〉

1 × A.コントの社会変動論である3段階の法則の説明である。コントは社会や政治形態は，本肢で説明されている人間精神の進化に従うかたちで変化するとした。

2 × 19世紀フランスの思想家F.ル・プレーについての説明である。ル・プレーは当時の混乱したフランス社会において，カトリシズムに基づいた伝統的・家父長的権威への帰依こそが社会を安定させるとした。また，彼は社会改良を実践する際の現地調査の重要性を説き，実際に労働者階級の家族の実態調査を行った（これは社会調査史に残る名高い調査である）。ル・プレーがこの中で夫婦中心の家族を伝統的権威に基づかない「不安定家族」とよんだことも覚えておくとよい。

3 × G.ル・ボンの群衆行動論の説明である。ル・ボンは労働者層の政治的進出に伴う混沌とした19世紀後半のフランスの社会状況を背景に，『群衆心理』において群衆行動の特異性を考察した。ちなみに，G.タルドは群衆という概念と対比させて公衆という概念を提示した。

4 ○ 社会実在論をとるE.デュルケームとは対照的な観点に立っていたタルドは，社会は個人間の模倣によって成り立つとする模倣の法則を唱えた。彼の立場は心理学的社会学（心理学主義）ともよばれる。

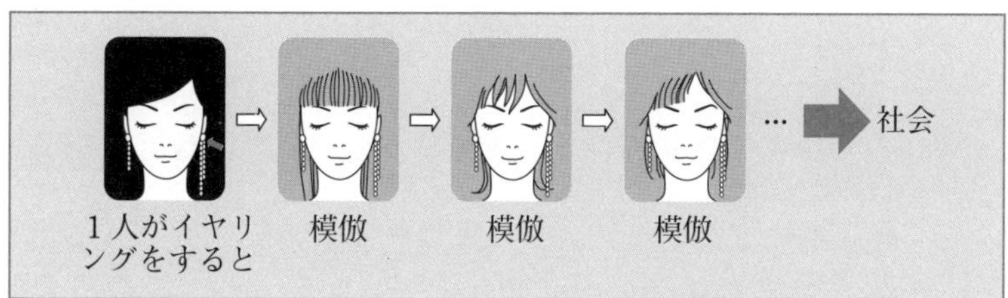

5 × 肢4の解説からもわかるとおり，タルドは社会を個人に還元して説明する社会名目論の立場をとっている。本肢は**社会実在論的な立場の代表的な人物であるデュルケームの社会学主義の説明**である。

正答 4

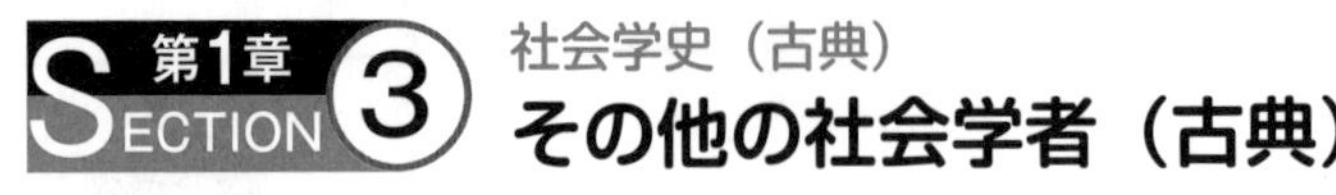

第1章 SECTION 3 社会学史（古典） その他の社会学者（古典）

実践 問題 17 基本レベル

頻出度 地上★★★ 国家一般職★★★ 特別区★★★ 国税·財務·労基★★★

問 C.H.クーリーが提唱した「鏡に映った自我」に関する記述として最も妥当なのはどれか。（国税・財務・労基2020）

1：「自我」と自己の本能的な衝動である「エス（イド）」を調整し，行動をコントロールする機能のことである。

2：人が他者との相互作用の中で，自分に対する他者の認識や評価を想像することを通して自我をつくり上げることである。

3：人の成長過程において，生得的な自我（I）が，様々な他者の役割を取得することを通して，社会に適合的な態度（me）を内在化することである。

4：恥の文化が支配する日本において，世論や嘲笑を恐れ，恥辱を回避しようとする意識のことである。

5：ある社会的地位に就いた人々が，その地位にふさわしい態度を内面化し，共通したパーソナリティを形成することである。

実践 問題 17 の解説

チェック欄 1回目 2回目 3回目

〈クーリーの社会学〉

1 × 「自我」や「エス（イド）」という概念はS.フロイトのものである。彼は，人間の人格構造は，人格に受け入れられた道徳的な命令である「超自我」と，自己の本能的な衝動である「エス（イド）」，そして両者を調整する「自我」の３つの部分からなるとする。よって，「自我」と「エス（イド）」の間に，両者を調整する媒介項があるとする記述は，フロイトのものとしても正しくない。

2 ○ 「鏡に映った自我（looking-glass self）」はC.H.クーリーの提示した重要な概念である。クーリーによれば，R.デカルトの命題「われ思う，ゆえにわれあり」は極端な唯我主義で，自我形成の社会的側面を無視しているという。ここでいう人間の，他者の反応に対する自我の対応として形成されたものが社会的自我（鏡に映った自我）であり，他人の目に映っているわれわれの像，われわれの外面に対する他者の評価や判断についての想像，それに対するわれわれの反応という３要素から成立するとされる。

3 × 自己概念に本肢にあるような２つの側面を見いだしたのはG.H.ミードである。ミードは，人間は社会化の過程で他者の自分に対する態度を自らの中に取り入れていくとし，このような他者からの反応を通じて形成されていく自己イメージを「客我（me）」とよんだ。一方，このような客我に対して，自己の内部で能動的な反応を示す部分を「主我（I）」とよび，人間の社会的行動の選択を，「主我と客我の内的対話」として理解される「自己内相互作用」の結果であるとした。

4 × 「恥の文化」という概念を用いて日本人の倫理観を分析したのはR.ベネディクトである。ベネディクトは，ある文化の特徴は特定文化全体の文脈で解釈されなければならないと主張して進化主義的文化人類学を厳しく批判した師のF.ボアズの影響を受け，『菊と刀』において，内面的な罪の自覚が個人の行動を規制する，西洋の「罪の文化」に対して，外面的・規範的強制力が個人の行動を規制する，日本の「恥の文化」を対置した。

5 × 地位のパーソナリティについての理論としては，たとえばR.リントンのそれが有名である。リントンは社会的地位を，人が生まれながらに持っている「生得的地位」と，生まれた後に自己の能力や努力によって得る「獲得的地位」とに分類した。そして，乳幼児体験とそれを規定する育児様式によって性格が形成されるという「基本的パーソナリティ」と，ある社会的地位に特有の共通した性質を示す「地位のパーソナリティ」を設定して，パーソナリティの分析に貢献した。いずれにしても，これはクーリーの「鏡に映った自我」についての説明ではない。

正答 2

第1章 SECTION 3 社会学史（古典） その他の社会学者（古典）

実践 問題 18 基本レベル

頻出度	地上★★★ 国家一般職★★★ 特別区★★★ 国税·財務·労基★★★

問 G.H.ミードが論じた「一般化された他者」の概念に関する記述として最も妥当なのはどれか。（国税・財務・労基2017）

1：自分に対する認知や評価を持ち，鏡のように，自己の在り方を映し出す他者のことである。人は，こうした大勢の他者に囲まれながら，常に自問自答を繰り返し，自己完結的に自我を確立していく。

2：認知又は内面化される他者からの社会的期待や規範の総体のことである。人は，幼少期からの他者との相互作用の積み重ねを通じて，他者の自分に対する期待を取り入れて自我を形作っていく。

3：二者間の相互行為において，自己と他者の選択がいずれも相手の選択に依存する，ダブル・コンティンジェンシーの状態における自己に対しての相手方のことである。こうした状態が起こるのは，自己と他者の間で安定的なシンボル体系が共有されていないためである。

4：人の行為を演劇と捉えるドラマトゥルギーの考え方において，観客に相当する他者のうち，自己の行為に反応を示さない他者のことである。人は，その他者にとって魅力的な人間であることを示すために，印象操作によって自己を示そうとする傾向がある。

5：自分自身について語る物語を通して自己が産み出されるという考え方において，自己が物を語る相手方のことである。人は，何らかの価値を帯びた最終地点を目指して，自己の物語を展開していく。

チェック欄

1回目	2回目	3回目

実践 問題 18 の解説

〈ミードの社会学〉

1 × これは「鏡に映った自己」についての説明であり，この概念を提示したのはC.H.クーリーである。クーリーによれば，他者の反応に対する自我の対応として形成されたものが社会的自我（鏡に映った自我）であり，他人の目に映っている我々の像，我々の外面に対する他者の評価や判断についての想像，それに対する我々の反応という3要素から成立するとされる。

2 ○ G.H.ミードによれば，子どもは他者との相互作用の積み重ねを通じて，他者の自己に対する期待を取り入れて自我を形成していくが，「ごっこ遊び」の段階では「特定の他者」の役割を取得していくのに対して，次の「ゲーム遊び」の段階では「一般化された他者」が役割取得の対象となる。この他者は，自己に認知・内面化された他者からの社会的期待や規範の総体である。

3 × 「ダブル・コンティンジェンシー」はT.パーソンズの概念である。一方の行為者の行為のありようが相手の行為者の反応いかんに相応しあっているという「二重の依存性」の事態であり，自分の行為が相手の反応によって可能か否かが決まるという，行為の不確定状況である。パーソンズは，社会化と社会統制によって個々の行為者の役割行動が適切なものへと動機づけられることでこうした不確定状況が解消され，社会システムが均衡を保つことになると捉えた。

4 × 「ドラマトゥルギー」はE.ゴフマンの社会学の方法論である。ドラマトゥルギーとは，人間生活の行為を演劇のように見立て，社会の行為者を演技者あるいは観客とみなして記述，分析する社会学の手法である。彼によれば，行為者は社会の中で，それぞれの役割期待に応じた役割演技を行っており，そうすることで相互行為が円滑になり，他者に対して了解可能な自己呈示をすることができることとなる。

5 × 「自分自身について語る物語を通して自己が生み出される」という考え方とは「ライフストーリー」のことで，G.H.ミードとは関係がない。ライフストーリーでは本人の語り（ナラティヴ），つまり口述（オーラル）を重視する。すなわち，その対象者が語る自己の物語の内容だけでなく，それを本人がいかに語るか，どのように自分の物語を作っているかに焦点を当てる研究手法である。

正答 2

第1章 SECTION 3 社会学史（古典）

その他の社会学者（古典）

実践 問題 19 応用レベル

頻出度	地上★	国家一般職★★★	特別区★★★
	国税·財務·労基★★★		

問 マンハイムに関する記述として，妥当なのはどれか。（東京都2005）

1：フランクフルト学派の中心人物であり，その著「イデオロギーとユートピア」において知識社会学を提唱し，マルクス主義者の高い支持を得た。

2：社会心理とイデオロギーの関係を論じ，社会心理を不断にイデオロギーへと転化する過程としてとらえ，これを「イデオロギーの貯水池」とよんだ。

3：人間の知識や思想は，すべての社会的諸条件によって制約されるという「知識の存在被拘束性」からイデオロギーをとらえた。

4：イデオロギーの相対化の程度に応じて，特殊的イデオロギーと普遍的イデオロギーとを区別し，マルクス主義は普遍的イデオロギーであるとした。

5：ナチス政権下のドイツからアメリカに亡命し，自由放任の立場から「自由のための計画」の実現を目指した。

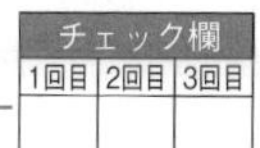

実践 問題 19 の解説

〈マンハイムの社会学〉

1 × 『イデオロギーとユートピア』は，K.マンハイムの主要著作であり，知識社会学の古典である。しかしながら，マンハイムは「フランクフルト学派の中心人物」ではない。また，肢4の解説のとおり，彼の知識社会学はマルクス主義に対する批判としての側面を持っており，マルクス主義者からの高い支持を得てはいない。なお，**フランクフルト学派第一世代の中心人物は，M.ホルクハイマーとT.アドルノ**である。

2 × 本肢は，ロシアの社会学者N.I.ブハーリンのイデオロギー論についての記述である。ブハーリンは，『史的唯物論』を著し，マルクス主義の立場から社会学を体系化させた。ロシア革命の指導的人物であり，大きな影響力を持った。

3 ○ **知識の存在被拘束性**は，マンハイムの知識社会学において最も重要な用語である。ただ，マンハイムは，知識人は相対的には不安定な存在であるため，社会的な制約が少ないと考え，**自由浮動なインテリゲンチャ**論を展開した。

4 × 「マルクス主義は普遍的イデオロギー」が誤り。自己の立場が社会的な制約を受けていることを認めるのが**普遍的イデオロギー**であるのに対して，**特殊的イデオロギー**とは自身の立場に社会的制約性を認めないものを指す。こうした区別を用いつつ，マンハイムは，**マルクス主義を特殊的イデオロギーとして批判した。**

5 × A.ヒトラーが首相に就いた1933年，ユダヤ人であるマンハイムは，ロンドンに渡り亡命生活に入った。そのため，「アメリカ」というのは誤りである。また，「自由のための計画」は自由放任の立場ではない。マンハイムによれば，**「自由のための計画」は，自由放任ではなく，かといって全体主義的な管理でもない「第三の道」**である。

正答 3

第1章 社会学史(古典)

章末 CHECK

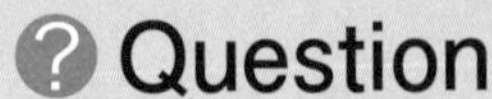

Q1 A.コントは社会を諸個人からなる関係体として，H.スペンサーは社会を個人を超えた実体として捉えた。

Q2 A.コントは人間の精神が神学的－形而上学的－実証的の諸段階へと発展するにつれて，社会は軍事的－産業的－法律的の諸段階へと移行するとした。

Q3 G.ジンメルは社会化の諸形式として競争，協調，模倣，党派形成などを挙げ，これらの形式の現れ方を研究するのが形式社会学であるとした。

Q4 K.マンハイムはイデオロギー概念を部分的イデオロギーと全体的イデオロギー，特殊的イデオロギーと普遍的イデオロギーとに区分した。

Q5 V.パレートによれば，近代化に伴ってキツネ型エリートの支配が目立つようになり，ライオン型エリートの支配はほとんど見られなくなった。

Q6 G.H.ミードのいう主我とは他者の期待を自らのうちに取り入れることによって形成された部分であり，客我とは主我に対する反応を行う自我の能動的・積極的側面のことである。

Q7 価値自由とは研究に際してはあらゆる価値観を排除し，中立な立場から概念構成を行わなければならないというM.ウェーバーのスローガンを表すものである。

Q8 M.ウェーバーは行為の４類型を提示したが，それは目的合理的行為，価値合理的行為，感情的行為，生理的行為の４つである。

Q9 M.ウェーバーは近代化を「脱魔術化」と捉え，晩年には，なぜ西洋のみに合理主義が現れたのかを解明するため比較宗教社会学の研究に没頭した。

Q10 M.ウェーバーは，宗教は世界を秩序だったコスモスと捉えることで，世界に意味を付与する機能を有するとし，それを「聖なる天蓋」とよんだ。

Q11 E.デュルケームは，個人に外在して拘束的に作用し，個人的なものから独立した社会的事象を社会的事実とよんだ。

Q12 E.デュルケームは，「機械的連帯」によって成立する社会を「環節的社会」とよんだ。

Q13 E.デュルケームは，アノミー的分業の例として産業化に伴う生産の無規制，弱肉強食の市場関係，階級間の抗争などを挙げた。

Q14 E.デュルケームは宗教の持つ，祭儀などの場での各々が密集しあうことに伴って生じる激しい集団的興奮状態の体験が社会統合機能を有すると主張した。

A1 × A.コントとH.スペンサーはともに社会有機体説の立場をとったが，それぞれの説明が逆である。

A2 × 正しくは軍事的－法律的－産業的の順番である。

A3 ○ G.ジンメルは，人間の生は形式を通じて現前するが，その生の発現する場は社会であり，狭義の社会は諸個人間の「心的相互作用」であると述べた。

A4 ○ そしてK.マンハイムはこの区分に基づいて，マルクス主義は全体的ではあるが，特殊的イデオロギーの域を出てはいないと批判した。

A5 × V.パレートのエリートの周流論とは，キツネ型エリートによる支配とライオン型エリートによる支配との交代を指摘したものであるが，近代化によってライオン型エリートからキツネ型エリートの支配に移行するものではない。

A6 × G.H.ミードは主我と客我の概念を提示し，独自の自我論を展開したが，主我と客我の説明が逆である。

A7 × 価値自由とは研究に際して前提とせざるをえない価値を自覚することであって，価値排除でも没価値でもない。

A8 × 正しくは生理的行為ではなく，伝統的行為である。

A9 ○ M.ウェーバーは，西洋の「近代化」がなぜ「合理化」という過程を経てなされたのかを問題にし，西洋近代の合理化の過程をたとえば政治支配や芸術などにも見いだしている。

A10 × これはP.L.バーガーとT.ルックマンの理論である。

A11 ○ E.デュルケームはこうした社会的事実を「モノのように」客観的に扱うことを社会学の方法として提唱した。彼のこうした社会実在論的観点は，「社会学主義」とよばれる。

A12 ○ E.デュルケームは，機械的連帯によって成立する社会を「環節的社会」，有機的連帯によって成立する社会を「有機的社会」とよんだ。

A13 ○ E.デュルケームは，『社会分業論』において，社会の分化した諸機能がうまく統合されず，対立や葛藤を生じている状態をアノミーとよび，本問にあるような例を挙げた。

A14 ○ E.デュルケームは宗教の持つこうした集団的興奮状態を集合沸騰とよび，それが有する社会統合機能を重視した。

memo

第2章

社会学史（現代）

SECTION

① 機能主義
② 意味学派
③ その他の社会学者（現代）

第2章 社会学史（現代）

出題傾向の分析と対策

試験名	地　上			国家一般職（旧国Ⅱ）			特別区			国税・財務・労基		
年　度	15-17	18-20	21-23	15-17	18-20	21-23	15-17	18-20	21-23	15-17	18-20	21-23
出題数 / セクション	2	1	2	3	4	3	1	3	3	3	2	2
機能主義					★			★	★	★		★
意味学派			★	★				★	★		★	
その他の社会学者（現代）									★	★		★
総合問題（第１章，第２章）	★★	★	★	★★	★★★	★★★	★	★		★	★	

（注）１つの問題において複数の分野が出題されることがあるため，星の数の合計と出題数とが一致しないことがあります。

地方上級

地方上級の社会学でも学説史は最も重要な出題範囲です。ただし，難易度としてはそれほど難しいものではありません。この章ではパーソンズ，マートン，意味学派の学説をしっかり押さえましょう。出題の傾向としては，さまざまな思想家の学説（第１章で取り上げるものも含む）を取り混ぜた形式が一般的です。

国家一般職（旧国家Ⅱ種）

国家一般職（旧国Ⅱ）ではほぼ毎年学説史が出題されています。古典と現代の社会学者の両方を取り混ぜた総合問題が多い傾向があり，社会的行為，社会構造，社会変動などの項目で複数の学者の説を並べて出題されることもあります。個々の肢の内容は難易度が高いので，単に学者名と概念だけでなく，主要な学者以外についても学説の細かい内容まで理解しておく必要があります。社会学理論はとりわけ哲学思想と密接なかかわりがあり，構造主義やフランクフルト学派などについては教養で学ぶ思想の知識も生かすとよいでしょう。

特別区

特別区でもほぼ毎年学説史が出題されています。また，出題範囲も，主要な学者（パーソンズ，マートン，意味学派）の学説以外も肢の中に含まれることがあります。ただ，個々の学説についてはそれほど細かいことが問われているわけではありません。まずは学者名と主要概念をしっかりと押さえましょう。出題傾向としては，さまざまな学者の説を取り混ぜて出題される場合と，１人の主要な思想家を取り上げて出題される場合とがあります。

国税専門官・財務専門官・労働基準監督官

最近ではやや難易度が下がりましたが，国家専門職の試験で出題される社会学は国家一般職（旧国Ⅱ）に次いで難しいものとなっており，学説史においても同様です。個々の肢の内容も難易度が高いので，単に学者名と概念だけでなく，主要な学者以外についても学説の細かい内容まで理解しておく必要があります。出題傾向としては，さまざまな学者の説を取り混ぜて出題される場合と，１人の主要な思想家を取り上げて出題される場合とがあり，主要な思想家（特にパーソンズやマートン）については特にその内容をしっかり押さえておきましょう。

2012（平成24）年度より新設された財務専門官では2017（平成29）年度にマートンが財務専門官独自問題として出題されました。

Advice アドバイス 学習と対策

本章では，現代の社会学理論について取り上げています。本章に登場する学者たちの理論は機能主義，意味学派などいくつかの立場に基づいています。現代の社会学理論には，こうしたいくつかの潮流があることをまず理解してください。本章の中では，前半のパーソンズとマートンが特に重要です。また，何人かの学者は教養の思想でも出題される人物です。

第2章 1 SECTION

社会学史（現代）

機能主義

必修問題 セクションテーマを代表する問題に挑戦！

パーソンズ以外にも代表的な機能主義の思想家やその他の社会学者の学説が入っています。それぞれの学説の違いをしっかり把握しておきましょう。

問 パーソンズの社会体系論に関する記述として，妥当なのはどれか。

（特別区2004）

1：パーソンズは，経験的調査を理論との有効な結合として，「中範囲の理論」を唱え，全体社会システムの諸部分を構成する個々の社会現象を分析する枠組みとして，機能分析を利用した。

2：パーソンズは，現代社会学に交換の視点を導入し，人々の相互作用は報酬の交換過程であると考え，交換動機に基づく個々人の選択の積み重ねこそが，社会状況や社会秩序を導き出すとした。

3：パーソンズは，世界の「複雑性の縮減」を社会体系論の基本概念とし，「複雑性の縮減」は，体験や行為の無数の可能性を秩序化し，意思決定により一定のものを選ぶと同時に他のものを排除するという行為によって行われるとした。

4：パーソンズは，社会状況の下での行為は演技の要素を含むものであり，日常生活状況における人々の行為を演者，共演者又は観客として相互的に入れ替わる演技過程のドラマであるとし，ドラマトゥルギーの社会学を展開した。

5：パーソンズは，複数の行為者がそれぞれ行為主体であると同時に他の行為者の行為の客体となって関連し合うとき形成される相互行為システムを社会体系とし，構造－機能主義の立場から社会体系論を展開した。

Guidance ガイダンス

T.パーソンズのＡＧＩＬ図式

国家においては

A…経済
G…政治
I…法律・共同体
L…文化・教育・家族

A 適応	G 目標達成
L 潜在的パターンの維持	I 統合

直前復習

頻出度	地上★★★　国家一般職★★★　特別区★★★ 国税･財務･労基★★★

チェック欄 1回目 2回目 3回目

必修問題の解説

〈パーソンズの社会学〉

1 ×　これは，R.K.マートンの学説である。マートンはT.パーソンズの弟子であり，彼自身も機能主義者として機能分析を利用したが，パーソンズのような，社会全体を説明する包括的な大理論を構築することはなく，そうした理論と具体的な事例を捉える経験的調査とを結び付ける中範囲の理論を提唱した。

2 ×　これは，交換理論の学説である。**交換理論は交換という概念を経済的な現象だけでなく，社会現象の説明にも用いようとする理論**である。社会学で交換理論を展開した学者としてはG.C.ホマンズとP.M.ブラウがいる。ホマンズは心理学的な視点から感情や態度といったものも交換で捉えた。ブラウはホマンズの心理学的なミクロ的視点に対して，「互酬」という概念を導入して権力や支配といったよりマクロな社会現象を説明した。交換の「動機」と本肢にあるので，この説明はミクロ的視点から交換理論を展開したホマンズの学説を指している。

3 ×　これは，N.ルーマンの学説である。ルーマンはドイツの社会学者であるがアメリカでパーソンズに学び，その影響を受けた。彼は機能主義をパーソンズから受け継ぎながらもパーソンズが社会システムをＡＧＩＬ図式に固定してしまったことを批判し，**より動態的な社会システム論を構築**した。複雑性の縮減が社会システムを生じさせるが，それはコミュニケーションを介して行われる。このコミュニケーションの連鎖が社会システムを絶えず構築，再構成するのであり，それを彼は生物学から転用したオートポイエーシスという概念で説明している。

4 ×　これは，E.ゴフマンの学説である。彼は他者との相互行為を演劇用語を用いて表現し，ドラマ理論（ドラマトゥルギー）を提唱した。人々の日常的な行為には印象操作や儀礼的無関心といった演技の要素が含まれるが，そうした社会的行為を演者，共演者，観客といった枠組みからゴフマンは捉えている。

5 ○　パーソンズの学説は初期の主意主義的行為理論から社会システム論を経て，４つの機能によって行為システムを説明するＡＧＩＬ図式へと発展した。パーソンズを批判的に継承したマートンやルーマンらの新しい機能主義社会学が登場するなど，20世紀の社会学史はパーソンズ抜きには語りえないものとなっている。

正答 5

第2章 SECTION 1 社会学史（現代）

機能主義

1 T.パーソンズ（米，1902－79）

パーソンズは，現代社会学に大きな影響を与え続けている社会学の巨人です。彼は，初期に主意主義的行為理論を，その後構造－機能主義の立場を経て，ＡＧＩＬ図式による社会システム理論を確立しました。

パーソンズの理論は，1960年代頃まで，社会学における理論の中心に君臨していました。しかし，それゆえにまた，パーソンズの理論にはさまざまな批判が加えられました。このような中から象徴的（シンボリック）相互作用論，現象学的社会学などの新しい理論の潮流が現れました。

(1) 主意主義的行為理論

初期パーソンズの問題意識は「いかにして社会秩序は可能か」ということにありました。彼は，T.ホッブズが「自然状態」を「万人の万人に対する闘争」と考えたのを批判し，人間は規範を内面化し，その規範と価値に導かれて目的を設定し，その目的を達成しようと手段を合理的に選択し行為するものと考えました。ここには，利己的に行動しようとする人間像ではなく，積極的に社会秩序の実現を目指す人間像があります。これを理論化したのが主意主義的行為理論です。

(2) 構造－機能主義（構造－機能分析）

社会の構造とは，社会の中で比較的変わりにくい安定した部分を，機能とは，諸部分が構造の維持・存続に対して果たしている作用もしくは効果を意味します。構造－機能主義とは，諸部分が社会構造の維持，存続のためにどのように作用しているかを分析することです。

(3) システム論とＡＧＩＬ図式

パーソンズは，「システム（体系）」という概念を社会学に導入し，人間の社会的行為を「ひとつのシステム」として捉えました。当初パーソンズは，文化・社会・パーソナリティの３つの行為システムを構想し，文化システムの価値基準は，学習によってパーソナリティ・システムに内面化され，また社会システムの中に制度化されて相互行為の役割期待のパターンを規定すると考えました。

パーソンズは，システムにはA（適応），G（目標達成），I（統合），L（潜在的パターンの維持）の４つの機能要件が不可欠であると考えました。彼はＡＧＩＬ図式を発展させ，先述の文化・社会・パーソナリティに行動システム（行動有機体）を加えた行為システムを提示しました。

ＡＧＩＬ図式を全体社会（国家）にあてはめると，Ａは経済，Ｇは政治，Ｉは法律・共同体，Lは文化・教育・家族にそれぞれ該当します。

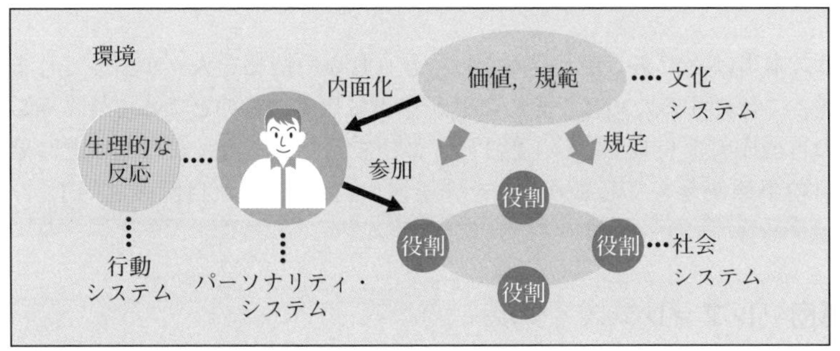

2 R.K.マートン（米，1910－2003）

(1) 中範囲の理論

マートンは，理論的枠組みを持たない社会調査が集めるまとまりのないデータと，社会システム理論のような抽象的理論との間を橋渡しする**中範囲の理論**を主張しました。

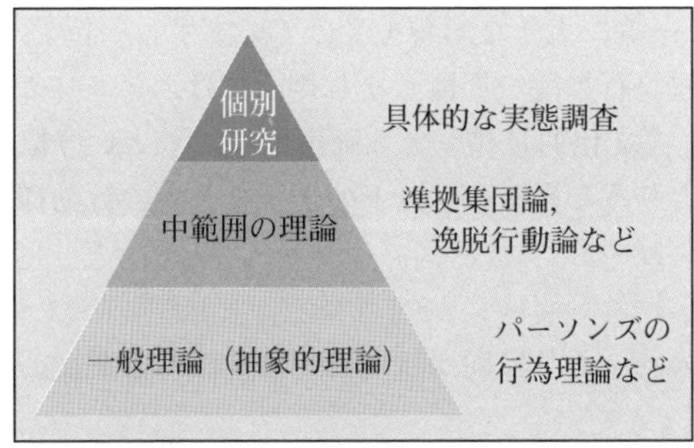

(2) 機能概念の洗練

マートンはパーソンズとともに社会学における機能分析の代表的存在です。彼は構造－機能主義とは異なる機能概念を示しました。

順機能：社会システムの活動に促進的（プラス）に作用するはたらき
逆機能：社会システムの活動に阻害的（マイナス）に作用するはたらき
顕在的機能：その行為の結果が行為者自身に意識されているもの
潜在的機能：その行為の結果が行為者自身に意識されていないもの

第2章 SECTION 1 社会学史（現代） 機能主義

(3) 予言の自己成就（自己成就的予言）・予言の自己破壊（自己破壊的予言）

マートンは，本当は真であるかどうかがはっきりしない情報を人々が信じてしまい，それに従って行動するために，そのことが本当に現実のものとなってしまうことを「予言の自己成就」（自己成就的予言）とよびました。また，これとは逆にそのことと反対の事態が起きてしまうことを「予言の自己破壊」（自己破壊的予言）とよびました。

(4) 準拠集団（レファレンス・グループ）

個人が自己の価値観や行動・態度を決定する際に影響を受けた集団のことです。準拠集団は，家族や仲間集団のように自身が所属している集団であることが一般的ですが，過去に所属していた集団や将来所属しようと考えている集団など，現在では所属していない集団も準拠集団となりえます。

(5) 逸脱行動論（緊張〈ストレイン〉理論）

マートンは，E.デュルケームのアノミー論に大きな影響を受けています。そして，独自のアノミー概念と，それに基づく逸脱行動論を展開しました。彼は，アメリカ社会における逸脱行動を分析するため，「文化的目標」と「制度的手段」という概念を提示し，その組合せから，人々がとりうる異なった以下のような５つの行動様式を類型化しました。

①**同調**……上流・中流階層の人々

金銭的成功という文化的目標を受け入れ，それに向かって人々は合法的な制度的手段を用いて，それを実現しようとする。

（例） 金銭的成功のため高等教育を受け，一流企業に入り努力する。

②**革新（改新）**……下層階層の人々

文化的目標を受け入れるが，これを実現するための合法的な手段を持たないため，非合法の活動によってこれを実現しようとする。

（例） 犯罪，麻薬の密売など

③**儀礼主義**……中流下層の人々

文化的目標を実現する可能性がほとんどないにもかかわらず，「社会的規則を遵守せよ」という命令を強く受け入れているために，その不安定感から組織の規則を過剰に遵守する。組織に自らすすんで没入しようとする。

④**逃避主義**（戦線離脱）……アルコール中毒者，浮浪者など

目標を放棄し，制度的手段も持たず，社会から完全に逃避してしまう。

⑤反抗（反乱）……革命家など

目標も手段も拒否し，新しい目標と手段を自ら創造しようとするもの。

マートンの分析では，①の同調以外の４つは，すべて社会のアノミー状態につながるため，逸脱的な行動とされました。

3 N.ルーマン（独，1927－98）

ルーマンは，パーソンズ以後の社会システム論の代表的な人物であり，現象学や現代生物学の成果を取り入れた社会システム論を展開しました。

我々が日々生活しているこの世界は，ありうべき出来事・可能性の総体としての「複雑性」が過剰な状態にあります。この「複雑性の過多」を制御していきながら「コミュニケーション」を次々と接合させていくための枠組み，つまりは「複雑性の縮減」を遂行する機能を担った概念装置がルーマンのいう「社会システム」です。

パーソンズが社会システムの構成要素を行為としたのに対し，ルーマンはコミュニケーションであると考えました。オートポイエーシスはシステムがそれを構成する要素を自ら再生産することを指す生命システムの概念ですが，ルーマンは社会システムもオートポイエーシス・システムであると主張しました。

実践 問題 20 基本レベル

頻出度 地上★★★ 国家一般職★★★ 特別区★★★
国税·財務·労基★★★

問 T.パーソンズの社会体系理論に関する記述として，妥当なのはどれか。

（特別区1997）

1：パーソンズは，相互作用における行為者が，他者の期待に対する単なる反応者でなく，積極的な行為主体であり，自由な主体者として選択的に行為するという「象徴的な相互作用論」を唱えた。

2：パーソンズは，複数の行為者がそれぞれ行為主体であると同時に，他の行為者の行為の客体となり関連し合うとき，そこに社会体系が形成されるとし，社会が体系として存続していく仕組みを「構造－機能分析」により理論化した。

3：パーソンズは，日常生活における人々の行為を演技者，共演および観客として相互に入れ換わる演技過程のドラマであるとする理論を唱え，「ドラマトゥルギーの社会学」を展開した。

4：パーソンズは，人々の相互作用を価値の交換過程であると考え，人々は他者へ渡す価値をできるだけ少なくし，他者から受け取る価値をできるだけ多くするように行動するという「交換理論」を唱えた。

5：パーソンズは，社会的事象が行為者それぞれの特有の視座と志向作用による事態への意味付与過程から生じるものであるとして，自我－他我関係に分析を加えた理論を唱え，「日常生活の社会学」とよばれる分野の方向付けをした。

チェック欄

1回目	2回目	3回目

実践 問題 20 の解説

〈パーソンズの社会学〉

1 × T.パーソンズの社会学は，「象徴的な相互作用論」ではなく，「構造－機能主義」である。象徴的（シンボリック）相互作用論は，H.ブルーマーの社会学である。その他の説明は妥当である。

2 ○ パーソンズは，構造－機能分析を用いて，社会体系（システム）論としての社会学を提示した。彼の「社会体系」とは，「相互行為のシステム」である。

3 × ドラマトゥルギーの社会学は，パーソンズではなく，E.ゴフマンの立場である。ゴフマンによれば，人はそれぞれの役割・役柄に応じた振る舞いを「それらしく」演技しているのであって，「ドラマトゥルギー」（演劇論）的に，社会的状況にある人間の行動が捉えられる。

4 × 交換理論は，G.C.ホマンズの社会学である。ホマンズは，人間の行為が個人の獲得する報酬によって動機づけられていることに注目し，人間の相互行為を交換の過程と捉え，行為は各行為者が自分が獲得する報酬を最大化することを目指すことによってパターン化されていると考えた。

5 × 「日常生活の社会学」は，A.シュッツの社会学であり，現象学的社会学である。シュッツは，E.フッサールの現象学の考え方を社会学に導入し，人間の社会を「主観的意味」によって構成されるものとした。

正答 2

第2章 SECTION 1 社会学史（現代）

機能主義

実践 問題 21 基本レベル

頻出度	地上★★★　国家一般職★★★　特別区★★★
	国税･財務･労基★★★

問 パーソンズの社会体系論に関する記述として，妥当なのはどれか。

（特別区2010）

1：パーソンズは，「社会的行為の構造」において，主意主義的行為理論を代表するマーシャル，パレート，デュルケム，ウェーバーの学説を批判的に検討することにより，象徴的相互作用論を確立した。

2：パーソンズは，全体社会に関する一般理論の構成を時期尚早とみなして反対し，これに到達する中間段階において，調査と理論を結ぶ中範囲の理論を構成するのが最も理想的であると主張した。

3：パーソンズは，集団が，活動，感情，相互作用の三つの要素から構成されると考え，これらの相互依存関係から成る社会システムとして，独自の理論図式を展開した。

4：パーソンズは，人間は言語を中心とするシンボルを扱う唯一の動物であるとし，シンボルに媒介される人間の相互作用に焦点を置き，解釈に基づく人間の主体的あり方を明らかにしようとした。

5：パーソンズは，行為システムが直面する問題を四つの体系に区分して，適応，目標達成，統合，潜在的なパターンの維持及び緊張の処理を機能要件として示し，ＡＧＩＬ図式を定式化した。

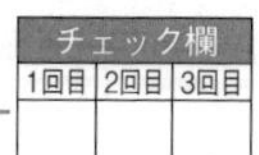

実践 問題 21 の解説

〈パーソンズの社会学〉

1 × 『社会的行為の構造』はT.パーソンズの初期の代表的著作であるが，その内容が異なっている。彼は**A.マーシャル，V.パレート，E.デュルケーム，M.ウェーバーの諸理論を検討し，そこから主意主義的行為理論を構想**した。なお，象徴的（シンボリック）相互作用論はH.ブルーマーの理論で，パーソンズのものではない。

2 × 全体社会に関する一般理論の構築を時期尚早として中範囲の理論を唱えたのはT.パーソンズの弟子であったR.K.マートンである。彼は**パーソンズの社会システム論が実証不可能な抽象的理論である**として，そのような**大理論と，社会調査の個別事例研究的な小理論とをつなぐ中間の理論を構想**し，それを中範囲の理論とよんだ。

3 × 集団を活動，感情，相互作用の３つの要素からなるシステムと捉えたのはG.C.ホマンズである。ホマンズは交換理論の学説で知られるが，彼の交換理論は，**行動心理学の立場から，人間の行動をミクロ的に分析**した。彼は人間の行動を費用－報酬という観点から捉え，物質的な財だけでなく，感情や態度などをも交換という概念で捉えた。

4 × 言語を中心としたシンボルによって媒介される人々の相互行為に焦点を置き，他者を解釈していく社会学の方法論は象徴的（シンボリック）相互作用論とよばれる。この立場は，G.H.ミードの影響を受けたH.ブルーマーらによって主張されたもので，**パーソンズのような社会の中で与えられた役割を遂行するだけの人間像を批判し，社会への人間の主体的なかかわりを重視**した。

5 ○ これはパーソンズのＡＧＩＬ図式の説明である。初期には主意主義的行為理論を構築したパーソンズだが，やがてR.ベイルズとの共同研究からシステム論の発想を取り入れ，**ＡＧＩＬ図式に代表される独自の社会システム論を構築**した。システムは適応（A），目標達成（G），統合（I），潜在的パターンの維持および緊張の処理（L）の４つの機能を必ず有し，全体社会においてはそれぞれ，Aを経済，Gを政治，Iを法律･共同体，Lを文化･教育・家族が担うとした。

正答 5

第2章 SECTION 1 社会学史（現代）

機能主義

実践 問題 22 基本レベル

頻出度 地上★★★ 国家一般職★★★ 特別区★★★ 国税・財務・労基★★★

問 パーソンズの社会体系の理論に関する記述として，妥当なのはどれか。

（特別区2014）

1：パーソンズは，社会は，社会成員の没個性的な類似による結合である機械的連帯から，社会成員の個性的な差異を基礎とした分業の発達によって生ずる結合である有機的連帯へと進化するとした。

2：パーソンズは，ＡＧＩＬ図式により，社会システムが維持・存続するためには，適応，目標達成，統合，潜在的パターンの維持及び緊張の処理という４つの機能要件が満たされなければならないとした。

3：パーソンズは，サイバネティクスの原理を行為システムに適用し，最も情報量が多いパーソナリティ・システムが他のシステムを条件付け，最もエネルギーが高い文化システムが他のシステムを制御するとした。

4：パーソンズは，経験的調査と一般的な理論との有効な結合として中範囲の理論を提唱し，全体社会システムの諸部分を構成する個々の社会現象を分析すべきであるとした。

5：パーソンズは，社会体系の参与者によって意図され認知された結果である顕在的機能と，これに対して，意図されず認知されない結果である潜在的機能との区別を明らかにした。

直前復習

実践 問題 22 の解説

〈パーソンズの社会学〉

1 × 機械的連帯・有機的連帯の概念を提唱したのはE.デュルケームである。デュルケームは，社会を，機械的連帯で成り立つ環節的社会と，有機的連帯による有機的社会（組織的社会・職業的社会）に分け，分業の進展とともに環節的社会から有機的社会に移行すると唱えた。

2 ○ T.パーソンズによれば，全体社会においてはそれぞれ適応（A）には経済，目標達成（G）には政治，統合（I）には法律・共同体，潜在的パターンの維持および緊張の処理（L）には家族・文化・教育が該当するとしている。

3 × パーソンズがＡＧＩＬ図式を発表するのは1953年であり，一方，サイバネティクスの原理をＡＧＩＬ図式に導入するのは1960年代である。パーソンズによれば，エネルギーが低く情報量の多いシステムが，エネルギーが高く情報量の低いシステムを制御し，Ｌ→Ｉ→Ｇ→Ａという流れが生じる。一方，条件づけはその逆の流れ，すなわちＡ→Ｇ→Ｉ→Ｌとなる。パーソンズはＡＧＩＬ図式を開発後に，行為システムもその図式の中にあてはめたが，そこでは文化システムがＬ，社会システムがＩ，パーソナリティ・システムがＧ，行動システムがＡに位置づけられている。よって，この場合，文化システムはエネルギーが低く情報量の多いシステムであり，パーソナリティ・システムはエネルギーが高く情報量が少ないシステムということになり，この点において本肢の記述は誤っている。

4 × 中範囲の理論を提唱したのは，R.K.マートンである。マートンはT.パーソンズに教えを受けたが，パーソンズの提唱する一般的理論の構築は社会学においては時期尚早であるとし，経験的調査と一般的理論との橋渡しとなる中範囲の理論の重要性を主張した。

5 × 顕在的機能・潜在的機能の概念を提唱したのはマートンである。マートンは，文化人類学などで従来から用いられている機能概念の一面性を批判し，社会の中に存在する制度や慣習はすべて積極的な機能（順機能）を持っているとは限らないとした。そして，順機能－逆機能，顕在的機能－潜在的機能の２対の機能概念を唱え，機能概念の精緻化を行った。

正答 2

社会学史（現代）

機能主義

実践 問題 23 基本レベル

頻出度 地上★★★ 国家一般職★★★ 特別区★★★ 国税·財務·労基★★★

問 R.K.マートンのいう「予言の自己成就」の例として妥当なのはどれか。

（法務教官1998）

1：農作物の生産過剰の予測が生産者の生産抑制を生み，生産高の急減をもたらした。

2：ある会社の株価暴落の予測が株の売り注文を増大させ，その結果，実際にその会社の株価は暴落した。

3：ドイツのナチの支配層が，ユダヤ人に関する差別的な情報を流したため，ドイツ人のユダヤ人に対する迫害が起った。

4：ある部族が雨乞いの儀式を行ったところ，雨は降らなかったが，結果として部族の連帯感が高まった。

5：ある預言者が1ヶ月以内に大地震が起ると予言したところ，予言どおり大地震が起った。

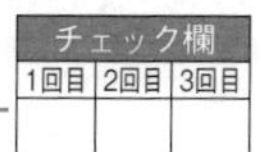

実践 問題 23 の解説

〈マートンの社会学〉

W.I.トマスは人がある状況をリアルだと感じれば，それは結果においてもリアルであると述べ，人間が自己の置かれた状況をどのように定義するかを人間観察の基本とした（状況の定義論）。R.K.マートンはこのトマスの主張に影響を受け，これを「トマスの公理」とよび，人間が状況をリアルだと定義すればそれが現実のものとなってしまうという現象を予言の自己成就論として展開した。

1 × 予言の自己成就とは，「人々がある予言を信じてしまったために予言の内容が本当に実現してしまうこと」である。本肢では，「生産過剰」を予測し，「生産急減」となったのであるから，予言は成就していない。このように予言を信じたために，予言とは逆の結果が起きてしまうことは予言の自己破壊とよばれる。

2 ○ 本肢の場合，株価が暴落した原因は，株価が暴落するという予測それ自体にあるから，予言の自己成就のケースに妥当する。

3 × 本肢の場合は，「流言」による人心の操作，「情報操作」により大衆を操作したケースといえる。

4 × 「雨乞いの儀式」は，雨を降らせることを意図した呪術的な儀式であるが，その結果，意図していなかったこととして，部族の連帯感が高まったという本肢の例は，マートンのいう潜在的機能にあたる。

5 × 本肢のケースは，予言があってもなくても大地震は発生したのであるから，それに該当しない。

正答 2

社会学史（現代）

機能主義

実践 問題 24 基本レベル

頻出度 地上★★★ 国家一般職★★★ 特別区★★★ 国税·財務·労基★★★

問 構造機能主義に関する次の文の空欄A～Dに当てはまる語句の組み合わせとして妥当なものはどれか。（地上2006）

構造機能分析理論において，順機能／逆機能などの概念群を提案し，機能分析の精密化に貢献した［ A ］は，パーソンズが一般理論を目指したのに対し，より具体的な経験的仮説の積み上げによって概念枠組みを構成する［ B ］を提唱した。この成果について生まれた用語には，株価の暴落の予想が株の売りの増大を促し，結果的に株式市場の暴落を引き起こす例などにあらわされる［ C ］や，人の感じる不満は境遇の客観的な劣悪さではなく，その人の抱く期待水準と達成水準との知覚された格差に起因することを表した［ D ］などがある。

	A	B	C	D
1：	R.ダーレンドルフ	闘争理論	マタイ効果	役割葛藤
2：	R.ダーレンドルフ	中範囲の理論	自己成就的予言	認知的不協和
3：	R.K.マートン	闘争理論	マタイ効果	相対的剥奪
4：	R.K.マートン	中範囲の理論	自己成就的予言	相対的剥奪
5：	L.フェスティンガー	認知的斉合性理論	適合性論理	認知的不協和

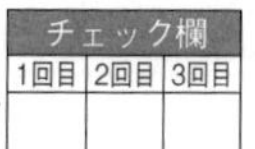

実践 問題 24 の解説

〈機能主義〉

構造－機能主義（分析）はT.パーソンズによって定式化された理論的立場である。全体的構造とその内部の諸要素間の機能によってさまざまな社会的事象を体系的に論じたパーソンズの機能主義社会学は，しかし，人間軽視，保守的，誇大妄想的など多くの批判（そのほとんどは誤解）を浴びた。弟子のR.K.マートンは機能主義の立場を受け継ぎながらも師の巨大な理論体系を十分な実証的研究を経ない時期尚早なものとして，普遍的な一般理論と具体的な個別研究をつなぐ領域の理論構築の必要性を説いた。これが**中範囲の理論**とよばれるものである。それゆえ彼はパーソンズのような壮大な理論体系は構築しなかったが，機能概念の分類（**順機能－逆機能，顕在的機能－潜在的機能**），官僚制の逆機能，**逸脱行動論（ストレイン理論）**など，個別研究の領域で優れた理論を提示していった。

株価の暴落の予想が株の売りを増大して実際に暴落を起こすのは，彼の理論的概念の１つである**予言の自己成就（自己成就的予言）**である。逆に，予想（予言）されることによって，予言された事態を人々が避けようとして，かえってその予言がはずれてしまう場合は**予言の自己破壊（自己破壊的予言）**とよばれる。また，人の感じる不満はその人が抱く期待水準と達成水準の落差に起因するというのは**相対的剥奪**の理論である。

よって，正解は肢４である。

他の選択肢について補足しておくと，**マタイ効果**もマートンの用語で，科学における研究費が優れた業績や名声，地位のある研究者の下に優先的に配分されることによって，そうでない研究者よりも実績を上げることがより有利になることを指した概念である。R.ダーレンドルフはパーソンズの体系を均衡モデルであると批判し，諸集団間の闘争を社会変動の重要な要素として強調する**闘争理論**を提唱した。L.フェスティンガーは認知的整合性理論における代表的な心理学者で，彼の「認知的不協和」の理論は，人間がある認知と不協和の認知に接したときにいかにそれを解消するかを述べたものである。また，**役割葛藤**とは，１つの地位が持つさまざまな役割（マートンはこれを**役割群**とよんだ）の間に生ずる葛藤を指す。

正答 4

社会学史（現代）
機能主義

実践 問題 25 応用レベル

頻出度	地上★	国家一般職★★★	特別区★★★
	国税・財務・労基★★★		

問 R.K.マートンの理論に関する次の記述のうち，妥当なのはどれか。

（国Ⅱ1993）

1：社会のある部分（または現象）にもたらす作用を分析するのが機能分析であるが，従来はマイナスの結果（逆機能）のみが注目されていたのに対し，彼はプラスの結果（順機能）に注目した。

2：彼は，機能概念に「顕在的機能」と「潜在的機能」という観点を導入したが，前者は主観的意図と客観的結果とが一致しない場合をさし，後者は逆に意図と結果とが一致するケースを意味する。

3：彼のアノミー論によれば，目標の強調とそのための規範の逸脱という状況は「反乱」（rebellion）であり，成功を断念し，ひたすら規範を墨守しているのが，「戦線離脱」（retreatism）である。

4：彼によれば，「準拠集団」とは，いまは所属を許されていないが，いずれ所属したいと思う集団のことであり，その「準拠集団」にあらかじめ適応してしまう状況が「先を見越した社会化」である。

5：動機という主観的範疇と機能という客観的範疇とを区別していなかった従来の機能分析のアプローチに対し，彼は，それらを区別してこそ現実的な分析が可能であるとして，機能分析をより精緻化した。

チェック欄

1回目	2回目	3回目

実践 問題 25 の解説

〈マートンの社会学〉

1 × R.K.マートンは，**順機能**とは反対の**逆機能**に注目した。マートンは，「機能」を「システムの調整ないし適応に貢献する客観的結果」と定義し，そのような結果について，順機能と逆機能を区別し，逆機能を社会構造の緊張や矛盾について研究するうえで重視した。

2 × **顕在的機能**と**潜在的機能**の説明が逆である。この潜在的機能によって，マートンは，意図しない結果を機能分析の対象とすることの重要性を指摘した。

3 × **反乱（反抗）**は，既存の目標およびそれを実現するための規範に基づいた手段の両方を拒否し，新たに目標と手段を作り出す行動様式であり，本肢にあるものは**革新（改新）**に相当する。**戦線離脱（逃避主義）**とは，既存の目標，既存の規範に基づく手段の両者を拒否する行為様式であり，本肢にあるものは儀礼主義に相当する。

4 × **準拠集団**は，所属しているかどうかとは無関係に，人々が自己と関連づけることで，態度決定や判断形成に影響を及ぼす集団である。一般には自己が所属する集団が準拠集団となるが，所属していない集団も準拠集団となる場合がある。

5 ○ マートンは，それまでの機能概念を再検討し，従来用いられていた機能概念にはさまざまな混乱があることを発見した。その1つとして彼は，行為者の「主観的な動機・目的・意図など」と「客観的結果としての機能」が明確に区別されていないことを指摘し，両者を区別することを主張した。そして，両者が一致する場合を**顕在的機能**，両者が一致せず，行為が意図された以外の機能を持つ場合を**潜在的機能**とした。

正答 5

機能主義

実践 問題 26 応用レベル

頻出度	地上★	国家一般職★★★	特別区★★★
	国税·財務·労基★★★		

問 準拠集団に関する記述として妥当なのは次のうちどれか。 （東京都1998）

1：個人がある集団に所属したいと願ってその集団規範に同調し始めたとき，社会が閉鎖的な場合に限って準拠集団はその個人にとって機能的である。

2：準拠集団は，個人が態度形成をする際に影響を与える持続的な社会関係で結ばれたものであり，一人で数種の準拠集団を持つことはない。

3：境界的な位置にいる境界人が準拠集団を選択する場合，葛藤を伴うことはなく，その境界人にとって選択は単調なものになる。

4：準拠集団には，個人がその集団に受容されたいとして集団規範に自己を一致させようとする規範的機能がある。

5：準拠集団は，個人が自己を評価する際の判断照準としての比較機能を有するが，個人が他人を評価する際の判断照準とはなり得ない。

実践 問題 26 の解説

チェック欄

1回目	2回目	3回目

〈マートンの社会学〉

1 × 「社会が閉鎖的な場合に限って」ではなく，「社会が開放的な場合」，**準拠集団は機能的でありうる**。個人がまだ所属していない集団に所属したいとき，その集団の規範にあらかじめ同調し行動様式などを身につけておくと，実際に所属したときの適応が容易になる。このような現象は**予期的社会化（先を見越した社会化）**とよばれ，準拠集団の果たす機能の１つである。もし社会が閉鎖的なら，ある集団に所属したいと望んでも所属することができず，予期的社会化の機能が成立しなくなる。

2 × **１人で数種の準拠集団を持つことは可能**である。実際に，個人が態度決定や判断形成に影響を受ける集団は，１つではなく複数かつ多様でありうるし，そのほうが一般的である。

3 × 境界人にとって，準拠集団の選択は単純ではなく，複雑なものとなる。**境界人（マージナル・マン）**は，ムラート（白人と黒人を両親に持つ子ども）や移民などに典型的に見られ，葛藤を伴う，複雑な状況に置かれている。したがって，そのパーソナリティは，精神的な不安定さ，過敏な自己意識と緊張などを特徴とする。

4 ○ 個人がある集団を準拠集団とする場合，その集団の規範に自己の行動を一致させようとするので，準拠集団は本肢のような機能を持つ。

5 × 本肢の前半の説明は妥当である。しかし，準拠集団は，ある個人が他人を評価する際の判断基準ともなりうる。たとえば，ある人が高い所得階層の集団を準拠集団としていれば，中流の所得階層の人を評価する際に「貧しい」という相対的な評価を下すかもしれない。

正答 4

社会学史（現代）

機能主義

実践 問題 27 応用レベル

頻出度 地上★ 国家一般職★★★ 特別区★★★ 国税·財務·労基★★★

問 マートンの社会学に関する記述として，妥当なのはどれか。 （東京都2004）

1：彼は，中範囲の理論を唱え，日常的調査に必要な個々の作業仮説を積み上げることではなく，社会についての包括的な概念図式を導き出すことにより，社会学を構築すべきであるとした。

2：彼は，官僚制は組織をめぐる環境条件の変化に対しても，官僚が規則に忠実に従うことで，確実に組織目標を達成することができるとし，官僚制の機能を評価した。

3：彼は，社会の機能分析において，客観的結果と主観的意向とが一致するものを潜在的機能とし，両者が異なるものを顕在的機能として，両者の概念的区別を明らかにした。

4：彼は，文化的目標と制度的手段により，社会構造を分析し，アメリカ社会では両者が一致していないため，逸脱行動が生じやすく，アノミーへの傾向が認められるとした。

5：彼は，準拠集団とは，人間が行動や評価を決定する際の拠り所となる集団であるとし，自分が実際に所属していない集団は，準拠集団になり得ないとした。

直前復習

チェック欄

1回目	2回目	3回目

実践 問題 27 の解説

〈マートンの社会学〉

1 × 中範囲の理論の説明が誤り。**R.K.マートンは中範囲の理論を提唱したが，これは日常的調査に必要な個々の作業仮説と，社会についての包括的な概念図式の中間に位置し，両者を媒介するような理論を指している**。マートンはT.パーソンズの弟子であったが，パーソンズのような壮大な体系的社会理論の構築を時期尚早と批判し，この理論を提唱した。

2 × 最後の部分が誤り。彼は，官僚制において規則に忠実に従うことが組織の目標を達成するための1つの手段にすぎなかったのに，それが目的化され，かえって合理性や能率性が阻害されるとして，それを**目的の転移**とよんだ。つまり，**彼が明らかにしたのは合理的・効率的であるはずの官僚制がもたらす逆機能**であるから，文中のように「官僚制の機能を評価した」とはいえない。

3 × 本肢中の説明は「**潜在的機能**」と「**顕在的機能**」が逆になっているので誤りである。「主観的意向」は「**当事者の視点**」，「客観的結果」は「**観察者の視点**」として考えられる。「当事者の視点」によって区別すれば，「顕在的機能」とは当事者に行為の結果が意識されているものであり，「潜在的機能」は当事者に意識されていないものを指す。マートンの機能概念は，機能主義に対するイデオロギー批判への応答としての意義を有する。

4 ○ マートンはE.デュルケームから**アノミー**の概念を転用して，**逸脱行動論**を展開した。彼は**文化的目標**と**制度的手段**という2つの要素の組合せによって，人々の行動様式を①**同調**，②**革新（改新）**，③**儀礼主義**，④**逃避主義（戦線離脱）**，⑤**反抗（反乱）の5つに分類**したが，このうち①**を除く4つを逸脱行動**としている。

5 × 「自分が実際に所属していない集団は，準拠集団になり得ない」が誤り。準拠集団とは本肢の説明のとおり「人間が行動や評価を決定する際の拠り所となる集団」のことであり，必ずしも自分が所属する集団だけではない。たとえば，自分が憧れている集団，所属したいと考えている集団も準拠集団となることがある。

正答 4

社会学史（現代）意味学派

必修問題 セクションテーマを代表する問題に挑戦！

ここに出てきている学者たちには意味学派以外の人物も含まれています。まず誰が意味学派に属しているのかをしっかり押さえたうえで，この学派の特徴を理解するとよいでしょう。

問 相互作用論に関する記述として妥当なのは次のうちどれか。

（東京都1998）

1：H.ブルーマーは，行為者間の相互作用に関する中心的事実を，二重依存性であるとして，相互作用は行為者Aが行為者Bに期待していることに依存するばかりでなく，行為者Bが行為者Aに期待していることにも依存しているとした。

2：G.H.ミードは，自我とは社会過程の一形態であり，自我の内部では，主我と他者の態度を受け入れる客我が相互作用する構造をもっているとした。

3：R.パークは，交換理論の立場から，相互作用とは，ある人の行為が他者の行為の刺激であるような事象であるとした。この場合，相互作用とは，最低２人の人間の間における，有形または無形の報酬やコストを伴う活動の交換過程を指す。

4：T.パーソンズは，シカゴ学派に属し，社会学の対象である集合行動は，共通で集合的な衝動の影響下にある人々の行動であって，この衝動は社会的相互作用の所産であるとした。

5：G.C.ホマンズは，シンボリック相互作用論の立場から，行為者の自我は客我と主我の相互作用であり，他者や事物を自分に表示するプロセスと表示されたものを解釈するプロセスによって，行為者は他者にはたらきかけることができるとした。

Guidance ガイダンス　ダブル・コンティンジェンシー

ダブル・コンティンジェンシーとは，一方の行為者の行為のありようが相手の行為者の反応いかんに相応しあっているという，一種の行為の不確定状況である。パーソンズは，ダブル・コンティンジェンシーの問題について，社会化や賞罰という２つのサンクションが相互に加えられることに解決策を求めた。しかし，ルーマンは，不確定状態であるからこそ，創発的なコミュニケーションが成立しうると積極的に考えた。

直前復習

頻出度　地上★★★　国家一般職★★★　特別区★★★
国税・財務・労基★★★

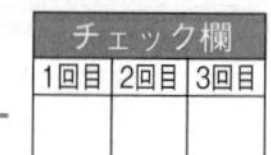

〈アメリカの代表的社会学者〉

1 × 行為者間の相互作用（相互行為）の基底にある二重の依存性（ダブル・コンティンジェンシー）の問題を取り上げたのは，T.パーソンズである。

2 ○ G.H.ミードは，通常「自我」とよばれているものには主我（I）と客我（Me）の2つの側面があることを見いだした。彼は，我々の意識を主我と客我の内的対話の過程として捉えた。

3 × 本肢の交換理論に関する説明は妥当だが，これを主張したのは，肢5のG.C.ホマンズやP.M.ブラウである。

4 × シカゴ学派に属する学者には，W.I.トマス，R.パーク，E.W.バージェス，L.ワース，R.レッドフィールド，H.ブルーマー，H.ベッカーなどがいる。社会システム論で有名なパーソンズはこの学派には属さない。なお，この集合行動の説明はブルーマーのものである。

5 × 象徴的（シンボリック）相互作用論の代表的学者は肢1のブルーマーである。ホマンズについては肢3の解説参照。

正答 2

第2章 SECTION 2 社会学史（現代）

意味学派

1 意味学派

1960年代頃からアメリカで提唱された，象徴的相互作用論，現象学的社会学，エスノメソドロジーなどが世界で注目されるようになり，T.パーソンズに対抗するもう１つの流れとなっていきました。これらの学派を総称して意味学派とよぶことがあります。

意味学派の理論は，それぞれ別の背景から登場してきた理論ですが，パーソンズ流の人間観に批判的であり，人間の「意味」を通した主体的な他者とのかかわりを生き生きと描くことを主眼に置いている点で共通しています。

(1) 象徴的（シンボリック）相互作用論（H.ブルーマー，米，1900－87）

人間が有意味な象徴（言葉，ジェスチャーなど）を用いて自分自身を示し，他者を解釈していく過程を記述していく立場です。

G.H.ミードは，自我の社会性を強調しましたが，彼の影響を受けてブルーマーは，人間の社会的行為について次のような考え方を示しました。

・人間の行為は意味に基づいてなされる。
・意味は，他の人間との社会的相互作用において形作られる。
・その意味は人間によって解釈される。

このように意味に反応する存在である人間が象徴を用いて，どのように他者とかかわるかを描こうとするのが象徴的相互作用論の立場です。

(2) ドラマトゥルギーの社会学（E.ゴフマン，加→米，1922－82）

ゴフマンは，人々の他者との相互行為をパフォーマンス，オーディエンス（観衆）といった演劇用語を用いて描写しました。

印象操作：他者との相互作用において，自己の行為を通じて他者に与える自己の印象を操作すること。

儀礼的無関心：他者との相互作用において，他者，他者の行為に儀礼的に無関心を装うような行為を指す。

役割距離：人々が演じている特定の役割に没頭するのではなく，その役割に収まりきらないもう１つの自分を表現すること。

スティグマ：スティグマとは，ある社会において他者・集団から特定の人々に対して貼られる負の表象・烙印のこと。身体上の障害，個人的な性格上の欠点，人種・民族・宗教上のものなどがスティグマの属性となりうる。

⑶ 現象学的社会学（A.シュッツ，墺→米，1899－1959）

A.シュッツは，「主観的意味」によって構成されているM.ウェーバーの理解社会学をE.フッサールの現象学の観点から再構成し，社会的世界が相互主観的な世界であることを示そうとしました。そして，このような相互主観的な日常的世界がいかにして可能なのかを解明しようとしました。

シュッツによれば，我々の意味世界は1つではなく，人は日常の生活の中でさまざまな意味世界を生き，リアリティを感じています（多元的現実）。シュッツは，このような日々の生活におけるさまざまな意味世界の中でも，人々が何気ない日常として感じている生活世界こそ，至高の現実であるとして，現象学的社会学の第一の対象をこのような生活世界に置きました。

P.バーガーとT.ルックマン
シュッツの弟子のP.バーガーとT.ルックマンは，宗教の特質を「人間社会の規範を究極的に正当化する意味世界である「コスモス（＝聖なる天蓋）」としました。
社会の近代化とともに人々の意味世界を強固に支えていた伝統的宗教が衰退し，意味世界は個人化されたかたちで存在していくとされました（見えない宗教）。

⑷ エスノメソドロジー（H.ガーフィンケル，米，1917－2011）

人々（ethno）が自分たちの社会的世界を理解するために無意識のうちに用いている方法（method）について研究する立場です。

ガーフィンケルはシュッツに学び，現象学的社会学の後継者の１人となりました。彼は，人々が会話や行動の中で意識せずに用いている暗黙の前提を主に違背実験などの手法を用いて明らかにしていくという自らの方法をエスノメソドロジーとよびました。エスノメソドロジーはH.サックスの会話分析などに引き継がれ発展していきました。

実践 問題 28 基本レベル

頻出度 地上★★★ 国家一般職★★★ 特別区★★★ 国税·財務·労基★★★

問 社会学の諸理論に関する次の記述のうち，妥当なのはどれか。

(国家一般職2017)

1：現象学的社会学とは，20世紀に確立された現象学の知見・方法・態度を取り入れた社会学を意味する。A.シュッツは，『社会的世界の意味構成』においてM.ヴェーバーの理解社会学の問題点を指摘し，理解社会学に哲学的基礎を与えた。

2：社会構築主義とは，社会的な現象や出来事は客観的に構築されており，その実在性は疑い得ないと考える立場であり，自然科学や実証主義とも親和性が高いとされている。

3：エスノメソドロジーとは，J.ハーバーマスを創始者とする社会学の理論的立場である。エスノメソドロジーでは，一般の人々が日常において秩序を維持するために駆使している様々な方法は研究の対象とされず，自然科学的な立場や手法が重要視されている。

4：T.パーソンズは，象徴的（シンボリック）相互作用論を提唱し，貨幣・権力・影響力・価値コミットメントを，行為のコントロールを可能にする「象徴的に一般化されたメディア」とみなした上で，シンボルを媒介とする相互行為を分析した。

5：E.ゴフマンは，社会構造を分析する方法として，演劇論（ドラマトゥルギー）的分析手法を取り入れた。彼は，社会を舞台としてこの手法を捉え，「全ての行為者はパフォーマーであり，パフォーマーが意識しなければならないオーディエンスなど存在しない」としている。

OUTPUT

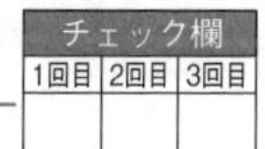

実践 問題 28 の解説

〈意味学派〉

1 ○ A.シュッツは，1932年に出版した『社会的世界の意味構成』で，M.ウェーバーの行為論をE.フッサールの現象学で精緻化した現象学的社会学を創始した。シュッツはナチスの台頭により1939年にアメリカに亡命するが，H.ガーフィンケルや，P.L.バーガー，T.ルックマンなどの弟子を育て，T.パーソンズに反発する意味学派の人々に多大な影響を与えた。

2 × 社会構築主義とは，社会的な現象や出来事は「客観的に」ではなく，人々の意識の中で主観的に構築されたものであるとする考え方であり，それらを客観的な実在とする考え方とは反対に，「その実在性は疑い得」るとする立場をとる。よって社会構築主義は，社会的な現象や出来事を客観的に把握しようとする自然科学や実証主義とは相いれないものであり，本肢の最後の一節も誤りとなる。

3 × エスノメソドロジーの創始者はH.ガーフィンケルである。エスノメソドロジーとは，人々（ethno）が自分たちの社会的世界を理解するために無意識のうちに用いている方法（method）について研究する立場である。よって本肢の第２文の記述も誤りで，エスノメソドロジーでは，一般の人々が日常に用いているさまざまな方法が研究の対象とされ，その研究の手法も自然科学のような客観的な観察によるものではなく，自らも彼らと同じ前提・方法に基づいていることを意識したものとなる。

4 × 象徴的（シンボリック）相互作用論を提唱したのはT.パーソンズではなく，H.ブルーマーである。象徴的相互作用論とは，人間が有意味なシンボル（言葉，ジェスチャーなど）を用いて自分自身を示し，他者を解釈していく過程を記述していく立場である。なお，後半の記述はパーソンズのメディア論についてとしてならば正しい。

5 × E.ゴフマンが社会の分析に演劇論（ドラマトゥルギー）的手法を取り入れたのは正しいが，後半の「パフォーマーが意識しなければならないオーディエンスなど存在しない」とする記述が誤りである。彼によれば，社会的行為は行為者（パフォーマー）が他者（オーディエンス）に対して自己を呈示するものであり，自己がその場にふさわしい人間として他者に示さなければならない。その意味で，パフォーマーは常にオーディエンスを意識しながら，自らの行為を演じているのである。

正答 1

社会学史（現代）
意味学派

実践 問題 29 基本レベル

頻出度 地上★★★ 国家一般職★★★ 特別区★★★ 国税·財務·労基★★★

問 次は，シンボリック相互作用論（象徴的相互作用論）に関する記述であるが，A，B，Cに当てはまるものの組合せとして最も妥当なのはどれか。

（労基2013）

シンボリック相互作用論は，［A］らによって展開された理論である。その前提について，［A］はその著書（日本語訳）の中で次のとおり述べている。

シンボリック相互作用論は，つまるところ，三つの明快な前提に立脚したものである。第一の前提は，人間は，ものごとが自分に対して持つ［B］にのっとって，そのものごとに対して行為するというものである。（中略）第二の前提は，このようなものごとの［B］は，個人がその仲間と一緒に参加する社会的相互作用から導き出され，発生するということである。第三の前提は，このような［B］は，個人が，自分の出会ったものごとに対処するなかで，その個人が用いる［C］の過程によってあつかわれたり，修正されたりするということである。

また，シンボリック相互作用について，［A］は同じ著書の中で次のとおり述べている。

非シンボリック相互作用は，個人が他者の行為に対して，その行為を［C］することなく直接に反応するときに生じるものである。また，シンボリック相互作用とは，その行為の［C］を含んだものである。非シンボリック相互作用は，たとえば，相手の一撃をかわすために自動的に腕を上げるボクサーの場合などのような反射的な反応に，もっともあきらかなものである。けれども，もしボクサーが，やがて相手からくる一撃を，自分をとらえようとしたフェイントだと内省的に特定化するならば，この時彼はシンボリック相互作用にかかわっている。

	A	B	C
1：	H.G.ブルーマー	意味	解釈
2：	H.G.ブルーマー	要求	予想
3：	M.ヴェーバー	意味	解釈
4：	M.ヴェーバー	意味	予想
5：	M.ヴェーバー	要求	解釈

チェック欄

1回目	2回目	3回目

実践 問題 29 の解説

〈象徴的（シンボリック）相互作用論〉

シンボリック相互作用論（象徴的相互作用論）という言葉は，1937年に，A　H.G.ブルーマーが用いたものである。ただし，ブルーマーはこの学派の始祖をG.H.ミードとしている。当時のアメリカではT.パーソンズを中心とする構造－機能分析が社会学の主流を占め，均衡性を志向する社会学理論がメインストリームをなすようになった。しかし，ミクロ社会学の立場に立つ論者からは，構造－機能分析の立場に立つ社会学理論は硬直的な社会観に基づいているという批判がなされるようになる。すなわち，人々の行為によって形成される社会は，その相互行為を通して絶えず構成，再構成を繰り返しているものであり，その中で新たなリアリティが常に作り上げられているのである。したがって，象徴的相互作用論では，シカゴ学派やプラグマティズムの経験，観察主義の長所を取り込んで，人々の生活世界，リアリティを的確に捉える社会学理論の発展が目指されたのである。

ブルーマーは，自らの社会観を以下のようにまとめている。

① **人間は，ものごとが自分に対して持つB　意味にのっとって，その物事に対して行為する。**

② **このような物事の意味は，個人がその仲間と一緒に参加する社会的相互作用から導き出され，発生する。**

③ **その意味は，個人が出会ったことに対処する過程で，個人の用いるC　解釈によって扱われたり，修正されたりする。**

彼によれば，パーソンズの社会学は，人間がすでに確立された社会の中で生活し，その範囲内で合意と秩序に基づいて行為するという前提に基づいているが，それでは流動的な社会を描くことはできないのだという。また，ブルーマーは徹底的に経験科学であることを主張し，参与観察，個人的記録，文書資料などの利用を推進する。その経験的世界への接近自体が，対象との相互作用に基づいて形成されてくるものであって，彼は特定の技法などを提示することはしない。つまり，統計的なテクニック,「科学的」方法論に固執することにも批判の眼差しを向けるのである。むしろ研究者は経験世界の豊かなありさまを感受しなければならないのだと説いた。

この象徴的相互作用論は，その後T.シブタニ，R.H.ターナー，A.L.ストラウスらによって引き継がれたほか, H.ベッカーのラベリング理論にも影響を与えている。

よって，正解は肢1である。

正答 1

社会学史（現代）

意味学派

実践 問題 30 基本レベル

頻出度	地上★★★ 国家一般職★★★ 特別区★★★ 国税·財務·労基★★★

問 次の文は，ゴフマンの社会学の理論に関する記述であるが，文中の空所Ａ～Ｃに該当する語の組合せとして，妥当なのはどれか。（特別区2018）

ゴフマンは，「行為と演技」を著し，人間の日々の生活と行為を演劇と同じものと考え，行為者をパフォーマーもしくはオーディエンスとみなす［Ａ］という手法を提起した。対面的［Ｂ］では，行為者は［Ｂ］を円滑にするために社会的状況を定義し，他者に了解可能な人間であることを示すために，視線のとり方をはじめとする［Ｃ］によって自己を呈示するとした。他者が自分にいだくイメージを壊さないことが，他者にとっても自分にとっても重要であることを指摘した。

	A	B	C
1：	オートポイエーシス	行為作用	印象操作
2：	オートポイエーシス	相互行為	学習行動
3：	スティグマ	行為作用	印象操作
4：	ドラマツルギー	行為作用	学習行動
5：	ドラマツルギー	相互行為	印象操作

チェック欄		
1回目	2回目	3回目

実践 問題 30 の解説

〈ゴフマンの社会学〉

人間生活の行為を演劇のように見立て，社会の行為者をパフォーマー（演技者）あるいはオーディエンス（観客）とみなして記述，分析するE.ゴフマンの手法は「ドラマツルギー」（ドラマトゥルギー）とよばれる。彼によれば，行為者は社会の中で，それぞれの役割期待に応じた役割演技を行っている。そうすることで対面的な「相互行為」が円滑になり，他者に対して了解可能な自己呈示をすることができるのである。こういった個人の営みを，彼は「印象操作」とよぶ。印象操作をするということは，他者が自分に抱くイメージを壊さない，という点において重要であり，予想されない事態が発生して個人がその役割期待にそぐわないちょっとした粗相を犯したときも，あたかもそれがなかったかのように儀礼的無関心を装って，他者との相互関係を損なわないようにする。

よって，Aがドラマツルギー，Bが相互行為，Cが印象操作となり，正解は肢5となる。

なお，選択肢にあるスティグマもゴフマンの重要な概念である。彼は著書『スティグマ』の中で，逸脱行動に対する「負」のイメージのシンボルである「スティグマ」を着せられた人々が，周囲の「観客」のイメージに合わせた「演技」を行い続けることを余儀なくされるという問題を正面から取り上げている。

正答 5

第2章 SECTION 2 社会学史（現代） 意味学派

実践 問題 31 基本レベル

頻出度	地上★★★　国家一般職★★★　特別区★★★　国税·財務·労基★★★

問 次は，エスノメソドロジーに関する記述であるが，A，B，Cに当てはまるものの組合せとして妥当なのはどれか。　（国税・財務・労基2012）

ガーフィンケル（Garfinkel,H.）が提唱したエスノメソドロジーは，人びとがいかにして，相互行為の過程の中で社会的［　A　］をつくりだすのか，ということに研究の焦点を当てる。［　B　］な行為やその遂行，さらにそうした行為が遂行されるローカルな文脈の構成に関心を向けるものである。

実証研究の代表的なものは，サックス（Sacks,H.）らが創始した［　C　］である。サックスは，自殺予防センターにかけられた電話，10代の少年たちのグループセラピー，一般家庭の電話などを録音し，それを詳細に書き起こして分析を試み，それらのやりとりには精巧な秩序があることを示した。

	A	B	C
1：	ネットワーク	日常的	会話分析
2：	ネットワーク	日常的	構造分析
3：	ネットワーク	演劇的	会話分析
4：	現　実	日常的	会話分析
5：	現　実	演劇的	構造分析

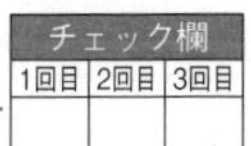

実践 問題 31 の解説

〈エスノメソドロジー〉

もともとはT.パーソンズの弟子であった**H.ガーフィンケル**は，行為者の体験や理解，視点を排除して行為者自身が秩序維持のために行為するというはたらきを一切考慮していないとしてパーソンズを批判し，決別した。A.シュッツが提示した自然的態度の意義を理解するために，わざと自然的態度を破棄する**違背実験**を行い，当たり前のこととして行っている「日常的」な行為が破棄されれば社会的生活は意味をなさなくなることを示した。これにより，人の「現実」（社会的現実）は体験のあり方によって構成されることが明らかになり，行為者の体験に忠実に従うことで理論と現実を立ち上げようと試みた。

ガーフィンケルによれば，行為が意味をなすとき，その行為の背景の行為者の属性，役割，振る舞い方の意味も内包されていて，文字どおりの行為や発言内容のみを理解しているのではない，という。だからその場で，相手に合わせた行為，コミュニケーションをすることが可能になるのである。こういった性質を反映性といい，反映性を基礎とした理解の仕組みを「解釈のドキュメント的手法」とよんでいる。こういった背景は，日常生活ではほとんど自明視されている。しかし，それが社会の秩序をなしているのである。

エスノメソドロジーは，**H.サックス**の「**会話分析**」などに引き継がれ発展を遂げている。

よって，それぞれの空欄にはA「現実」，B「日常的」，C「会話分析」が入り，正解は肢４である。

正答 4

社会学史（現代）
意味学派

実践 問題 32 応用レベル

頻出度	地上★	国家一般職★★★	特別区★★★
	国税·財務·労基★★★		

問 シュッツの社会学に関する記述として，妥当なのはどれか。 （東京都2005）

1：現象学を応用して独自の価値倫理学を展開し，コントの三段階説における神学的，形而上学的及び実証的知識は同時に共存するものと考え，それぞれの知識と社会基盤との関係を研究するものとして，知識社会学を体系化した。

2：「社会的世界の意味構成」において，M.ウェーバーの理解社会学をフッサール現象学で基礎付けることにより現象学的社会学を展開し，人々の社会的行為において自明の背景とされる生活世界の構造を解明しようとした。

3：「社会体系論」において，社会を行為システムとしてとらえ，その構成要素はパーソナリティシステム，社会システム及び文化システムという下位システムであるとした。

4：言葉を中心としたシンボルを媒介とする人間の社会的相互作用に焦点をおき，この相互作用における内的な解釈の過程に注目して，人間の積極的，主体的あり方を解明しようとした。

5：従来の社会学は，社会学的なカテゴリーを人々に押しつけていると批判し，人々が日常生活を構成していく方法を探究することにより，常識的なメカニズムを解明しようとするエスノメソドロジーを創始した。

直前復習

チェック欄

1回目	2回目	3回目

実践 問題 32 の解説

〈シュッツの社会学〉

1 × 本肢は，知識社会学の創始者の１人であるM.シェーラーについての記述である。シェーラーは，A.コントの社会学を観念史観的なものとみなし，三段階説を強く批判しつつ，マルクス主義の唯物史観も批判し，知識社会学を提示したのである。

2 ○ **A.シュッツ**の**現象学的社会学**についての記述である。シュッツは，**M.ウェーバー**の**理解社会学**を現象学によって精緻化し，社会的世界とは**相互主観的な世界**であるとし，相互行為を強調した。

3 × 社会を行為システムとして考えたのはシュッツの論敵であった**T.パーソンズ**である。本肢の記述のとおり，中期のパーソンズは，３つのシステムを提示したが，晩年は**行動システム（行動有機体）**を追加し，この４つのシステムを**行為システム**の下位システムとして提示した。

4 × **H.ブルーマー**の**象徴的（シンボリック）相互作用論**についての記述である。ブルーマーは，G.H.ミードに強い影響を受けている。本肢にある「人間の積極的，主体的あり方」とは，パーソンズの構造－機能主義に対する批判としての意義を有する。

5 × 本肢は，**H.ガーフィンケル**についての記述である。ガーフィンケルはパーソンズの弟子でもあるが，シュッツの影響を強く受け，**エスノメソドロジー**を創始した。シュッツの現象学的社会学，肢４の「象徴的（シンボリック）相互作用論」などとともに，これらは**意味学派**とよばれる。

正答 2

社会学史（現代）
意味学派

実践 問題 33 応用レベル

頻出度	地上★	国家一般職★★★	特別区★★★
	国税·財務·労基★★★		

問 ブルーマー（Blumer, H. G.）が提唱した象徴的相互作用論に関する記述として最も妥当なのはどれか。 （国Ⅰ2006）

1：人間は，他者との相互作用の中で，他者の期待を身振りや言語などの象徴を通じて内面化することにより自己（客我）を獲得し，また，この客我に対する判断・評価を通じて自己（主我）を形成する。人間の自我はこれら二つの自己が相互に影響し合うことによって成立する。

2：人間は，親や教師らとの相互作用を通じて，信仰やイデオロギーなどの象徴によりパターン化された文化体系を価値として内面化する。そして，こうした価値が内面化されることにより，社会的に意義ある行為を実現し，全体社会の安定に寄与することができる。

3：人々の間の相互作用は，人間が物事に対して与えた意味に基づいて行われる。物事がもつ意味は，物事そのものに備わっているのではなく，人々の間の相互作用の中から生じ，物事の処理において解釈され修正される。

4：社会は劇場に，そして行為する人間は演技者になぞらえる。そこでは人間は他者への印象とその結果とを考えて自己を演出する存在であり，他者との相互作用の中で自分の都合の良いように，身なり，言葉遣いなどの象徴を通して自己を提示する。

5：すべての社会秩序は，日常生活での人々の相互作用における意味付与的行為から成っている。人々の現実の言葉・身振りは，それが生起したコンテクストの中に置かれ解釈されることで，初めて確定した意味をもつのであり，社会学の研究対象はこうした解釈の過程である。

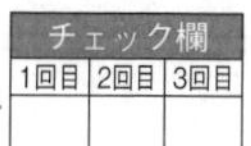

実践 問題 33 の解説

〈象徴的（シンボリック）相互作用論〉

1 × これはむしろ，H.ブルーマーが自らの社会学的立場の祖としたG.H.ミードに関する記述である。キーワードは，「客我」「主我」である。「客我（Me）」とは，他者の自己へのはたらきかけを引き受ける自己であり，「主我（I）」とは，客我に対して反応する能動的な自己である。**ミードは，人間の自我はこれら２つの自己が相互に影響しあうことによって成立するとした。**

2 × これは，むしろT.パーソンズに関する記述である。パーソンズが社会秩序，つまり本肢の中の「全体社会の安定」を記述しようとしたのに対し，ブルーマーは相互作用に着目することで，役割に埋没し社会秩序の構築に貢献する個人ではなく，意味を解釈し他者に積極的にはたらきかける個人という側面から社会を考察した。

3 ○ H.ブルーマーは，その社会観を以下の３つに整理した。①人間は，物事が自分に対して持つ意味にのっとって，その物事に対して行為する。②このような物事の意味は，個人がその仲間と一緒に参加する社会的相互作用から導き出され，発生する。③その意味は，個人が出会ったことに対処する過程で，個人の用いる解釈によって扱われたり，修正されたりする。

4 × これは，むしろE.ゴフマンの記述である。キーワードは「劇場」「演技者」「印象」という言葉である。ゴフマンによれば，行為者は社会の中でそれぞれの役割期待に応じた「役割演技」を行っている。そうすることで相互行為が円滑になり，他者に対して了解可能な自己呈示をすることができるのである。こういった個人の営みを，彼は印象操作とよんだ。

5 × これが正解肢と最も迷う肢である。しかし，以下の２点で誤りである。第一は，「コンテクストの中に置かれ解釈される」のではない。正しくは，「相互作用」の中で解釈される，である。**コンテクストつまり社会的状況ではなく，人と人のコミュニケーションの間のみで解釈される**のである。第二は，「確定した意味をもつ」という点である。**象徴的（シンボリック）相互作用論では，意味は常に解釈され修正され続ける**ものとして捉えられている。

正答 3

社会学史（現代）
意味学派

実践 問題 34 応用レベル

頻出度	地上★	国家一般職★★★	特別区★★★
	国税·財務·労基★★★		

問 エスノメソドロジーに関する記述として，妥当なのはどれか。（東京都2008）

1：ガーフィンケルは，従来の構造機能主義を肯定し，この構造機能主義の理論を発展させてエスノメソドロジーを創始した。

2：ガーフィンケルは，エスノメソドロジーを，社会のメンバーがもつ日常的な出来事やメンバー自身の組織的な企図をめぐる知識の体系的な研究であるとした。

3：サックスは，「社会的世界の意味構成」を著し，エスノメソドロジーの目的は，日常世界における自明のものを疑うことであるとした。

4：エスノメソドロジーの分析方法として，ガーフィンケルが会話分析を考案し，サックスが，この会話分析を応用して違背実験を考案した。

5：エスノメソドロジーでは，人々の日常的な言語使用の特徴としてインデックス性が指摘されたが，相互反映性は客観性に欠けるため否定された。

チェック欄

1回目	2回目	3回目

実践 問題 34 の解説

〈エスノメソドロジー〉

1 × H.ガーフィンケルがエスノメソドロジーを創始したというのは正しい。しかし，**彼はT.パーソンズの構造—機能主義のように，社会を個人の外部に存在する定型化したシステムのように捉える立場には批判的であった。**

2 ○ ガーフィンケルは，エスノメソドロジーとは，人々（ethno）が自分たちの社会的世界を理解するために用いている方法（method）についての研究であるとした。

3 × 『社会的世界の意味構成』は，現象学的社会学の創始者であるA.シュッツによるものである。

4 × 違背実験を行ったのはガーフィンケルであり，こうした会話に潜む暗黙の文脈への注目が，その後，H.サックスらによって会話分析という方法へと展開された。なお違背実験とは，我々が会話をするときに，暗黙のうちにお互いに了解している前提をあえて壊してみることで，それが壊れた場合にいかにコミュニケーションが円滑に進まないか，を証明した実験（例：友人が「どうだい？」と尋ねたときに，あえて「何がどうだいなんだ？身体がか？経済的にか？勉強か？」と問いただしてみる）である。

5 × エスノメソドロジーは，人々が会話を通して曖昧な言葉を使いながら秩序を作っていく中に，①**インデックス性（文脈依存性）**：それまでの会話の文脈で厳密でない言葉の意味が確定されていくと，②**相互反映性**：それまで曖昧な文脈であったものが，会話の中である意味が確定されることで文脈がより強まる，というふうに，文脈と意味が相互に反映しながら会話が成立していくという２つの特徴を見いだした。

正答 2

社会学史（現代）

その他の社会学者（現代）

必修問題 セクションテーマを代表する問題に挑戦！

社会学史についての問いはさまざまな理論家の学説を取りまとめて出題できるため，この形式で問われることも多いです。慣れておきましょう。

問 現代社会学の理論に関する記述として，妥当なのはどれか。

（特別区2015）

1：ガーフィンケルは，「行為と演技」の著作において，日常の相互行為を劇場のパフォーマンスとしてみるドラマトゥルギーという発想を足場として，相互行為秩序は，人々の自発的な振る舞いを通して保たれるとした。

2：ブルデューは，「ディスタンクシオン」を著し，ハビトゥスとは，個人の評価や行為を持続的に方向づけ，社会的に植えつけられた性向を指し，文化資本とは，家庭環境や学校教育などを通じて各個人に蓄積され，さまざまな社会的行動の場面において有利，不利を生み出す有形，無形の領有物であるとした。

3：ゴフマンには，「社会理論の最前線」の著作があり，社会システムが人々の日常生活の様々な拘束のもとに，認知しえない行為の諸条件と意図しない諸結果とによって自覚なく暗黙のうちに再生産している規則と資源との働きを中核とした構造化理論を提案し，行為と構造の媒介装置を問題とした。

4：ギデンズには，「社会システム理論」の著作があり，システムの自己準拠の概念を，システムが構造だけでなくすべての構成要素を自己において再生産することを強調するというオートポイエーシス概念によって補強した。

5：ルーマンは，「エスノメソドロジーの研究」を著し，エスノメソドロジーの研究は，日常活動をありきたりの日常活動の組織として，この活動をあらゆる実践的な目的にとって目に見えて合理的で報告できるものにすることであるとした。

直前復習

頻出度	地上★★★　国家一般職★★★　特別区★★★ 国税·財務·労基★★★

必修問題の解説

チェック欄		
1回目	2回目	3回目

〈現代社会学の理論〉

1 × これはE.ゴフマンについての記述である。ゴフマンは著書『行為と演技』において，他者との相互行為をパフォーマンス，オーディエンス（観衆）という視点で捉えるドラマトゥルギーを提唱した。彼はこうした演技としての社会的行為の例として，他者との相互作用においてその場にふさわしい人物という印象を与えようとする「印象操作」，他者の面子を守るために儀礼的に無関心的な行為・態度をする「儀礼的無関心」，人々が演じている特定の役割に没頭するのではなく，その役割に収まりきらないもう1つの自分を当の役割を演じてみせる「役割距離」を挙げている。

2 ○ P.ブルデューは，「ハビトゥス」をキー概念とする人間の日常行動の論理を解明し，構造主義を批判的に超克することを目指した。構造と実践との相互規定的なダイナミズムを理論的に解明した『実践感覚』はその集大成であり，『ディスタンクシオン』ではハビトゥスとともに「文化資本」の概念を鍵とする文化的再生産過程の分析を通して，社会構造が再生産または変革されるメカニズムを究明した。

3 × これはA.ギデンズについての記述である。構造化とは構造が行為の実践の条件であるとともに，その結果でもあり，社会過程は構造を条件として成立するが，構造は社会過程を通じて再生産される（構造の二重性〈再帰性〉）。また，彼は現代社会分析にも着手し，近代社会は，社会の営みが，その営みに関して新たに得た情報によって常に吟味・改善され，その結果，その営み自体の特質を本質的に変えていく（再帰性）とし，近代の社会生活は再帰性をその本質としていると捉えた。

4 × これはN.ルーマンについての記述である。ルーマンはT.パーソンズの社会システム論の静態的な性格を克服するため，現象学や現代生物学の成果を取り入れた動態的な社会システム論を展開した。ルーマンは社会を，コミュニケーションによって現実世界の複雑性を縮減し，自己と外部環境との境界線を確定し（システムの自己準拠），自らを産出していく（オートポイエーシス）システムであると捉えた。

5 × これはH.ガーフィンケルについての記述である。ガーフィンケルはA.シュッツの影響を受け，シュッツが提示した自然的態度の意義を理解するために，わざと自然的態度を破棄する「違背実験」を行い，当たり前のこととして行っている行為が破棄されれば社会的生活は意味をなさなくなることを示した。彼は，人々が会話や行動の中で意識せずに用いている暗黙の前提を明らかにしていくという自らの方法を「エスノメソドロジー」とよんだ。

正答 2

第2章 SECTION 3 社会学史（現代）

その他の社会学者（現代）

1 交換理論

(1) G.C.ホマンズ（米，1910－89）

ホマンズは，経済学の前提である「合理的に行動する人間」と行動心理学の前提である「条件づけ」という２つの観点から，人間の行動をミクロ的に分析しました。彼の理論は,「交換」の概念を, 財やサービスといった経済的なものだけでなく，態度・感情などのやりとりにも広げました。

(2) P.M.ブラウ（米，1918－2002）

ホマンズの理論が小集団の実験に基づいた行動主義心理学に依拠した，個人間の相互行為に関するきわめてミクロな研究であったのに対して，ブラウは交換理論において扱うことの難しかった支配，権力という現象を「互酬／非互酬」という概念を用いて説明しました。

交換の互酬性は社会的統合をうみ，互酬性の破綻は支配－服従をうむという「交換の両義性」に注目し，社会制度などマクロ的現象を説明可能なものとし，交換理論に新しい地平を開きました。

2 フランクフルト学派

(1) フランクフルト学派第１世代

1920年代にドイツのフランクフルト大学に創設された社会研究所に参加した研究者たちを総称してフランクフルト学派とよびます。

第１世代にはM.ホルクハイマー，T.アドルノ，E.フロム，H.マルクーゼなどがおり，第２世代ではJ.ハーバーマスが代表的人物です。

彼らの思想は批判理論とよばれ，その特徴は，①S.フロイトの精神分析の理論をK.マルクスの社会理論に統合する試み，②資本主義の支配メカニズムや管理社会化の問題を現代社会の課題として取り上げる，といったことがあります。

(2) J.ハーバーマス（独，1929－）

ハーバーマスは，人間の行為を戦略的行為，コミュニケーション的行為，演劇的行為などに分け，このうち戦略的行為は計量化し，管理，操作を目指す道具的理性が支配する行為であり，一方，コミュニケーション的行為は，他者との相互理解，合意を目指すコミュニケーション的合理性が支配する行為であるとしました。

ハーバーマスは現代社会を捉える際に，戦略的行為をシステムに，コミュニケーション的行為を生活世界に，という社会の２つの層に対応させて，人々の生活領域のいたるところにシステムの侵入が進み，戦略的行為が増大していくことを生活世界の植民地化とよんで，これを現代社会の根本問題として提起しました。

3 構造主義

(1) C.レヴィ＝ストロース（仏，1908－2009）

構造主義は，1960年代にフランスを中心に展開した現代思想の一潮流です。もともと構造主義は，言語学者F.ソシュールによって提唱された方法です。ソシュールは言語を「差異の体系」であるとしましたが，それは「言語の意味はそれが示す対象との関係によって決まるのではなく，言語体系全体（構造）の中でとる位置関係によって決まる」とするものです。レヴィ＝ストロースは，ソシュールのいう構造を，未開社会の親族組織や神話構造分析に導入し，構造人類学を提唱しました。彼の『野生の思考』（1962年）は多くの反響を呼び起こし，構造主義ブームが巻き起こりました。

(2) M.フーコー（仏，1926－84）

フーコーは，L.アルチュセール，G.カンギレムらに師事し，またF.ニーチェの系譜学，アナール学派等を引き継ぎ，知の考古学という分析方法を編み出しました。

フーコーによれば，ある一定の時代において，諸々の認識論的形象や科学，時には形式化されたシステムを生じさせるさまざまな言説的実践を結合しうるような諸関係はエピステーメ（ギリシア語で「知識」）とよばれます。

(3) P.ブルデュー（仏，1930－2002）

ブルデューはレヴィ＝ストロースを受け継いで構造主義の人類学者として出発しましたが，やがて構造主義の方法に批判的になりました。彼は『再生産』（1970年）において，構造をダイナミックな動きとして捉える文化的再生産理論を提示しました。この理論は，子どもの学歴が本人の努力といったものよりも親の職業など家庭環境に影響を受けていることを明らかにし，階級による格差を説明する理論として注目を集めています。

(4) A.ギデンズ（英，1938－）

ギデンズの社会学理論は「構造化理論」とよばれます。構造化とは構造が行為の実践の条件であるとともに，その結果でもあること，つまり社会過程は構造を条件として成立するが，構造は社会過程を通じて再生産される（「構造の二重性〈再帰性〉」）ということを指します。

第2章 SECTION 3 社会学史（現代） その他の社会学者（現代）

実践 問題 35 基本レベル

頻出度	地上★★★　国家一般職★★★　特別区★★★ 国税·財務·労基★★★

問 次のうち『ホワイトカラー』『パワーエリート』等の著作で知られるC.W.ミルズの学問的立場に関する記述として妥当なのはどれか。　（地上1992）

1：人間関係学派とも言うべき，企業，軍隊，国家等の組織の利益に積極的に貢献する研究を進める立場。

2：社会のあらゆる領域に適用可能な，一般的，抽象的理論により，社会秩序の安定を正当化する立場。

3：多種多様なトピックについて精密な調査と分析とを通じての事実の発見とその解釈に努める立場。

4：社会学的想像力と理性的思考に導かれた知的職人としての研究者に徹する立場。

5：日常的な調査に必要な小さな作業仮説と包括的な体系をめざす統合理論の中間にある理論を重視する立場。

チェック欄

1回目	2回目	3回目

実践 問題 35 の解説

〈ミルズの社会学〉

1 × 人間関係論は，経営学や行政学における研究から発展してきたもので，C.W.ミルズの社会学とは関連がない。

2 × 本肢の記述は，現代社会学の代表的理論家とされるT.パーソンズの社会学的立場について述べたものである。**ミルズ**は1959年の著書**『社会学的想像力』**において，**抽象的な概念枠組みの提示に固執し，現実的な諸問題に関する考察のための参考とならないパーソンズの理論を批判**し，それを**誇大理論**と表現した。

3 × ミルズの社会学は経験的事実を重視しているものの，それは必ずしも本肢の記述にあるような「精密な調査と分析」に力点を置くものではない。アメリカでは，多くの社会科学の領域において調査が重視される傾向にあるが，このミルズや**D.リースマン**，**J.K.ガルブレイス**，**D.ベル**のように，社会評論的活動が注目された学者も数多くいる。

4 ○ **社会学的想像力**はミルズの同名の著作で示された重要な概念である（肢2の解説参照）。ミルズは，アメリカ独自の知的伝統であるプラグマティズムの思想を根底に持ちながら，**T.ヴェブレン**の制度学派経済学や，**M.ウェーバーの理解社会学**の影響を強く受け，本肢の記述で説明されているような社会学的立場を貫徹したことで知られる。

5 × 本肢の記述は，肢2の解説で触れたパーソンズとも関係が深い**R.K.マートン**の社会学的立場について述べたものである。マートンは，初めパーソンズに師事したものの，壮大な理論の構築にこだわり現実の社会の動向から目を背けたパーソンズから独立し，経験的仮説を積み重ねて概念枠組みを構築する**中範囲の理論**を提唱した。

正答 4

社会学史（現代）その他の社会学者（現代）

実践 問題 36 基本レベル

頻出度 地上★★★ 国家一般職★★★ 特別区★★★ 国税・財務・労基★★★

問 社会学史・学説に関する次の記述のうち，妥当なのはどれか。

（国税・財務2014）

1：「社会学」の命名者として知られるA.コントは，人類の知識の発展段階を「実証的」，「形而（じ）上学的」，「理論的」の３段階で捉えた。最後の「理論的」知識の段階では，観察によって得られた確実で有用な「実証的」知識が発展し，社会の建設・改良に役立てられるとした。

2：近代社会学の「創建の父」として知られるE.デュルケムは，社会学の対象と方法の確立に努め，これを近代社会の社会問題の解明に適用した。また，デュルケムによれば，近代社会は分業・分化の進展によって特徴付けられ，そこでは機械的連帯が生み出され，現実には組織化の力が強くなっているとされる。

3：ナチズムから逃れて米国に亡命したT.W.アドルノは，K.マルクスから強い影響を受け，社会研究において用いている科学的・量的アプローチ方法を，そこからは社会変革のための基盤が用意されないとして批判した。また，アドルノは，大衆文化を文化産業によって操作されないものとして肯定的に評価した。

4：T.パーソンズは第二次世界大戦後，システムをキーワードに生物学や近代経済学，サイバネティクスなど最先端の学問成果を社会学に導入することに邁（まい）進した。『社会体系論』では，価値体系の共有による社会秩序の存立というテーゼに基づき，パーソナリティ，コミュニティ，国家という三つのシステムの連関化を論じた。

5：H.S.ベッカーにより展開されたラベリング理論は，規則に反した行動をした人が「逸脱者」のラベルを貼られることによって「逸脱」が生み出されるとするものである。この理論によれば，逸脱の定義にとって，規則に反した行動それ自体よりも，そうした行動に対する他者の反応が重要であるとされる。

チェック欄

1回目	2回目	3回目

実践 問題 36 の解説

〈社会学史〉

1 × A.コントが人類の知識の発展段階として挙げたのは「神学的」,「形而上学的」,「実証的」の3段階であり，歴史的にもこの順番に変化していくと彼は述べている。よって，最後の段階は「実証的」である。

2 × 本肢の後半の記述が誤り。E.デュルケーム（デュルケム）は，社会発展を分業の発達という視点から捉え，機械的連帯に基づく環節的社会から有機的連帯に基づく有機的社会への発展として定式化したが，近代社会では，分業において機能すべき有機的連帯が生じず，アノミー的分業状態となり，そのために現実には組織化の力が弱くなっていると捉えた。

3 × 本肢の後半の記述が誤り。フランクフルト学派のT.W.アドルノは，大衆文化は民衆を操作する手段となっているとし，管理社会化に加担していると捉えた。つまり，大衆文化は画一的であるがゆえに，人々は安心してそれを受け入れ，社会変革・改良のための思想を投げ捨て，現存の社会的風潮を肯定することで既存の社会秩序の強化に貢献している，と考えたのである。

4 × T.パーソンズが『社会体系論』を発表したのは戦後の1951年であるが，彼が価値体系の共有による社会秩序の存立というテーゼに基づいて提示した概念は「文化システム」,「社会システム」,「パーソナリティ・システム」の3つであり，その点で本肢の記述は誤っている。彼は，社会システムが均衡を保つためには行為者が構造を維持するように役割行動へと適切に動機づけられなければならず，そのために，その社会で共有される文化システムの価値基準が学習によってパーソナリティ・システムに内面化され，また社会システムの中に制度化されて，相互行為の役割期待のパターンが規定されると捉えた。なお，パーソンズはサイバネティクスの原理も自己の理論の中に取り込んでいるが，それが本格化するのは本書を書いた後の1960年代になってからである。

5 ○ H.S.ベッカーは『アウトサイダーズ』で，社会的逸脱とは，逸脱者とよばれる人々に固有な性格なのではなく，社会における特定の有力・支配集団が独自の規範に基づくルールを作り，そこからはずれた行為をなした特定の人々に対して逸脱者としてのラベルを貼ることによってつくり出されるものだと主張した。同じようにルールをはずれた行為をしていても，社会的に影響力のない弱者にはラベルが貼られやすく，これが現実の社会において社会的弱者に逸脱者が多い原因だとベッカーは考えた。

正答 5

社会学史（現代）

その他の社会学者（現代）

実践 問題 37 基本レベル

頻出度 地上★★★ 国家一般職★★★ 特別区★★★ 国税･財務･労基★★★

問 相互行為及びそれに関する用語等についての記述として最も妥当なのはどれか。 (国家一般職2014)

1：象徴的（シンボリック）相互作用論とは，H.G.ブルーマーらによって提唱されたものであり，社会を，言葉などのシンボルを媒介とする人間の相互作用過程として見るものである。

2：ドラマトゥルギーとは，E.ゴフマンが用いた用語で，社会生活において自己を装うことに反発を感じた人々が，本当の自分を示して人間関係の回復を図ろうとする営みのことである。

3：会話分析とは，H.サックスらが行ったもので，会話が行われる時間と場所に着目して量的な分析を行い，会話の文脈に依存しない客観的な行為の構造を明らかにするものである。

4：生活世界とは，A.シュッツらが用いた用語で，グローバリゼーションの進展により世界全体が一つの生活空間となり，個々の人間関係もそれに応じて変化したことを説明する概念である。

5：交換理論とは，G.C.ホマンズらによって展開されたものであり，異なる社会相互の接触により，モノや文化の交換が行われ，それが国際的な関係を活性化するというものである。

直前復習

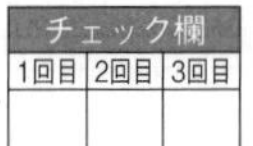

実践 問題 37 の解説

〈社会的行為・社会構造〉

1 ○ G.H.ミードの教えを受けたH.ブルーマーは，T.パーソンズの機能主義的な人間観を批判して**象徴的（シンボリック）相互作用論**を提唱した。彼は，人々は社会システムが与える役割を遂行していくだけの存在ではなく，社会的な相互行為を通じて，有意味なシンボルを用いて意味を形成し，その意味を解釈し，社会を新たに形成，変革していく主体的，積極的な存在者と捉えた。

2 × ドラマトゥルギーの定義が異なっている。ドラマトゥルギーとは，他者との相互行為をパフォーマンス，オーディエンス（観衆）といった演劇用語を用いて描写したE.ゴフマンの方法論を指す。ゴフマンは，社会的行為の中には演技としての行為，すなわち，その行為が他者の目にどのように写るかを考えてなされるものもあるとして，こうした演技としての行為をも射程に入れた新しい行為理論を構築しようとした。

3 × 「会話の文脈に依存しない客観的な行為の構造を明らかにするものである」が誤り。H.サックスはエスノメソドロジーの社会学者であるが，エスノメソドロジーは人々が会話や行動の中で意識せずに用いている暗黙の前提を明らかにしていくという手法である。サックスは，人々の会話は文脈のような暗黙の前提によって成り立っており，それによって話者同士が相手の話の意味を主観的に了解していると捉え，**会話分析**の手法を開発した。

4 × A.シュッツにおける**生活世界**の説明が間違っている。生活世界という用語はもともと現象学の創始者E.フッサールの用語で，フッサールは科学的認識以前から存在し，その認識の前提となる，人々によって直接的・知覚的に経験される世界としてこの言葉を用いたが，シュッツは，人々が日々の生活においてさまざまな意味世界（**多元的世界**）を生きる中で，それを根底的に支えている日常的世界こそ生活世界であり，**「至高の現実」**であると捉え，この生活世界の研究こそ**現象学的社会学**の最も重要な課題であるとした。

5 × G.C.ホマンズの**交換理論**の説明が間違っている。ホマンズは，経済学の前提である「合理的に行動する人間」と行動心理学の前提である「条件づけ」という2つの観点から，人間の行動をミクロ的に分析した。ホマンズは，「費用－報酬」といった観点を経済的な交換だけでなく，態度・感情などのやりとりにも広げ，自己の満足を最大化しようとする人間同士の「交換」という観点から捉えようとした。よって，彼の交換理論は本肢のようなマクロレベルな社会現象を説明することを意図したものではない。

正答 1

社会学史（現代）

その他の社会学者（現代）

実践 問題 38 基本レベル

頻出度	地上★★★　国家一般職★★★　特別区★★★ 国税·財務·労基★★★

問 社会変動論に関する次の記述のうち，妥当なのはどれか。（国税1993）

1：オグバーンは，技術の発明・発見などの「物質文化」と制度，イデオロギーなどの「非物質文化」との間で変化の速度に違いがあり，非物質文化のほうが物質文化より速く変化することが社会変動の原因であると主張した。

2：テンニースは，時代とともに社会はゲマインシャフトからゲゼルシャフトへ移行し，人間社会の本質が見失われてきつつあると警告した。

3：デュルケムは，産業社会における分業の発達を原因として，人々が「有機的に連帯」していた社会から，単に利害や打算によってのみ結合した「機械的に連帯」した社会に移行していくと主張した。

4：パレートは，社会の変動がエリートの交代による循環的過程ではなく，らせん状に発展していく過程であると主張した。

5：マルクスは，社会の発展段階について，原始共産制社会→封建制社会→奴隷制社会→資本主義社会→社会主義社会という過程をたどると主張した。

直前復習

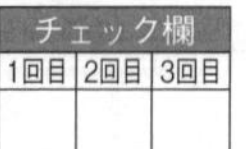

実践 問題 38 の解説

〈社会変動論〉

1 × W.F.オグバーンの文化遅滞説によれば，産業社会では，科学技術の急速な発展に伴ってまず物質文化が発展するが，価値や制度といった非物質文化が変化するのは時間的な後れをとるという。

2 ○ F.テンニースは，本質意志に基づくゲマインシャフトが選択（形成）意志に基づくゲゼルシャフトに変化するとしたが，ゲゼルシャフトによって失われる人間的な関係を補うものとして，さらにゲノッセンシャフト概念を唱えた。

3 × E.デュルケームによれば，人間の結合は，同質的な成員が没個性的に結合した機械的連帯から，異質的な成員の個性に基づく結合である有機的連帯へと発展する。それに伴って，社会も環節的社会から有機的社会（組織的社会・職業的社会）へと発展するとした。

4 × V.パレートが唱えたエリートの周流理論によれば，あるエリートが興隆・没落・交代・補充される現象は，循環的に生じている。

5 × 本肢にあるK.マルクスの史的唯物論（唯物史観）の順序のうち，封建制と奴隷制の順序が逆である。

正答 2

第2章 SECTION 3 社会学史（現代）

その他の社会学者（現代）

実践 問題 39 基本レベル

頻出度 地上★★★ 国家一般職★★★ 特別区★★★ 国税･財務･労基★★★

問 社会変動に関する次の記述のうち，妥当なのはどれか。 （国税1997）

1：A.コントは，循環論の立場から社会変動をとらえ，人間精神が神学的・形而上学的・実証的という過程を循環的にたどるように，社会もまた，軍事的・法律的・産業的という過程を循環的にたどるという「３段階の法則」を打ち立てた。

2：E.デュルケムは，「機械的連帯から有機的連帯へ」というモデルを設定し，異質的成員が機械的に結合した社会から，相互に類似した同質的成員が有機的に結合する社会に変動していくとした。

3：F.テンニースは，本質意志によって結合されたゲゼルシャフト（利益社会）の時代の後に，形成意志によって結合されたゲマインシャフト（共同社会）の時代が続くと唱えた。

4：H.スペンサーは，社会が量的に増大するとともに分化と集約が生じ，不明確で同質的な社会から明確で異質的な調和ある社会に進むとしこの社会進化の方向を「軍事型社会から産業型社会へ」という図式で示した。

5：最近の東西ドイツの統一，ソ連の崩壊に代表される東側世界の変動は，K.マルクスが考えた発展図式の最終段階の変動を，現実社会において証明する結果となっている。

チェック欄

1回目	2回目	3回目

実践 問題 39 の解説

〈社会変動論〉

1 × A.コントの社会変動論は,「循環説」ではなく, 3段階の法則である。コントによれば, 人間の精神に関して神学的・形而上学的・実証的, 社会の発展に関して軍事的・法律的・産業的, 政治の発展に関して神政・王政・共和政の各段階説を主張している。

2 × 正しくは「相互に類似した同質的成員が機械的に結合した社会から, 異質的成員が有機的に結合する社会に変動していく」となる。本肢のその他の説明は妥当である。

3 × F.テンニースは本質意志による社会をゲマインシャフト, 形成意志（選択意志）による社会をゲゼルシャフトとよんだ。また, テンニースの主張は, ゲマインシャフトからゲゼルシャフトへの発展であった。

4 ○ H.スペンサーは, 社会を有機体として捉え, 有機体の進化とともに構造・機能の分化や明確化があり, 異なる役割を担う集団や組織の相互依存関係が強まっていくことを主張した。

5 × K.マルクスの発展段階論は, 原始共産制社会→奴隷制社会→封建制社会→資本主義社会→社会主義社会である。本肢にあるような歴史的変動はマルクスの説を証明するものではない。

正答 4

第2章 SECTION 3 社会学史（現代）

その他の社会学者（現代）

実践 問題 40 基本レベル

頻出度	地上★★★　国家一般職★★★　特別区★★★　国税･財務･労基★★★

問 社会発展及び社会変動に関する次の記述のうち，妥当なのはどれか。

（国税2000）

1：H.スペンサーは，人間の精神的活動が，神学の段階から，形而上学の段階を経て，実証科学の段階に発展するという「三段階の法則」を説き，人間の社会もそれに対応して軍事的段階から法律的段階を経て産業的段階に展開すると主張した。

2：E.デュルケームは社会がそれを構成する諸部分を有効に規制するときに個人の個性化と分業の増大を促し，他方でこの個性化と分業をより高度の次元において統合しながら高水準の秩序を形成し「機械的連帯から有機的連帯へ」と漸次的に進歩すると考えた。

3：N.J.スメルサーは，社会の諸矛盾が深刻化する前に，新しい目標が次々と設定され，新秩序形成への運動が組織化されることにより，社会の構造変革が達成される過程を「価値付加プロセス」と呼んだ。

4：W.F.オグバーンは，技術上の発明の結果，物質文化が急速に進み，非物質文化との間に生じるひずみを「技術的遅滞」と呼び，このひずみが調整されることにより社会全体に変動がもたらされることになると考えた。

5：A.コントは，不完全な状態にある産業社会を「完全社会」に近づけるには，諸個人の能力と活動を淘汰して，より高度な相互適応に導く自由な競争を十分に保障しなければならないとし，自由を侵さない限り欲望が達成可能な「同等自由の法則」を重視した。

実践 問題 40 の解説

〈社会変動論〉

1 × 本肢の内容は，A.コントの社会変動論の説明である。**H.スペンサー**は，**軍事型社会**から**産業型社会**へ変動するとした。肢5の解説参照。

2 ○ **E.デュルケーム**は，社会の発展を「分業の進展」という視点で捉え，人々の結び付きは**機械的連帯から有機的連帯へ**と移っていったとした。

3 × **N.J.スメルサー**の**価値付加過程（プロセス）論**によれば，価値付加プロセスを踏んだとしても，必ず社会の構造変革が達成されるわけではない。価値付加プロセスにおいては，すべての局面において社会統制の影響があるので，たとえば成員が不満を感じたとしても，一般化された信念が拡大せずに運動が頓挫する場合もあるとされる。

4 × **W.F.オグバーン**は，**物質的文化**と**非物質的文化**の間に生じる変動の速さの差のことを**文化遅滞**とよんだ。彼はこの文化（的）遅滞によって，産業社会においてさまざまなひずみが生じているとした（文化遅滞説）。

5 × 本肢は，**スペンサー**の**社会進化論**の説明である。**適者生存**，**自由放任**を理想とするスペンサーは，**軍事型社会から産業型社会へ**という変動図式を提示したが，現代は完全な産業社会（＝完全社会）への途上であると考えていた。こうした完全な産業社会の達成のためには，個人の「完全なる自由が保障される」必要があるとし，「万人は他のすべての人が同等に所有する自由を侵さない限り，自己の欲するすべてのことを自由になしうる」とする徹底した自由思想（同等自由の法則）を主張した。

正答 2

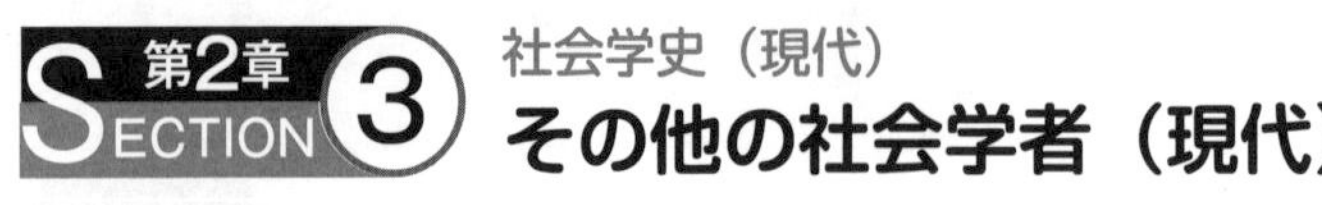

第2章 SECTION 3 社会学史（現代）

その他の社会学者（現代）

実践 問題 41 基本レベル

頻出度	地上★★★	国家一般職★★★	特別区★★★
	国税·財務·労基★★★		

問 社会変動に関する記述として，妥当なのはどれか。（特別区2004）

1：高田保馬は，観念論の立場から社会変動をとらえ，社会の量質的組立てが社会関係を規定するという第三史観を提起した。

2：ベルは，社会変動を社会の構造的分化の発展過程としてとらえ，脱工業化社会の特徴は，理論的知識が社会の革新や政策形成の源泉としての役割を果たさなくなったことにあるとした。

3：パレートは，権力の獲得のために力に訴える傾向を持つエリートが，権力の獲得のために奸智に訴える傾向を持つエリートに最終的に取って代わられるという，一定の方向性を持つ段階的な過程として社会変動をとらえた。

4：スペンサーは，社会進化論的な立場から，類似に基づく機械的連帯から分業に基づく有機的連帯へという社会変動の方向を示した。

5：オグバーンは，文化の変化を社会変動の要因としてとらえ，社会変動の不均衡は，物質文化が非物質文化に比べ速く変化することによって現れるとした。

チェック欄

1回目	2回目	3回目

実践 問題 41 の解説

〈社会変動論〉

1 × 「観念論の立場から」というのが誤り。観念という点から社会変動を説明したのは社会学者ではA.コントである。高田保馬はコントの観念史観，K.マルクスの唯物史観に対して社会（人口）を規定因とする自らの歴史観を第三史観（人口史観）とよんだ。高田は社会集団を人々の結び付きの性質から，自然的紐帯に基づく基礎社会と人為的紐帯に基づく派生社会に分類したことでも知られる。

2 × 「理論的知識が社会の革新や政策形成の源泉としての役割を果たさなくなった」というのが誤り。むしろD.ベルは従来の物質的財の生産からサービスや知識が産業の中心となる脱工業化社会においては，技術革新と政策策定の基礎となる理論的知識が重視され，その結果こうした理論的知識・知的技術を有する専門職・技術職（テクノクラート）が政策形成にも大きな力を持つようになるとした。

3 × 「一定の方向性を持つ段階的な過程として社会変動をとらえた」が誤り。V.パレートはエリートの２類型として，権力の獲得のために力に訴えるライオン型のエリートと奸智に訴えるキツネ型のエリートを挙げているが，これらはどちらかがもう一方に最終的に取って代わるといった一方向的な変化ではない。**この２つの類型はパレートによれば順次交代し，相互に循環しあうものであるとされる。**

4 × 「機械的連帯」「有機的連帯」が誤り。これはH.スペンサーではなく，E.デュルケームの概念である。正しくはそれぞれ軍事型社会，産業型社会である。スペンサーはC.ダーウィンの影響を受けた社会進化論的な立場に立って，中央集権的な軍事型社会から個人が自由に産業に従事する産業型社会へと進化すると論じた。

5 ○ W.F.オグバーンの学説は文化遅滞説とよばれる。彼は文化を道具や技術といった物質的文化と，価値体系や制度などの非物質的文化（「制度的文化」あるいは「適応的文化」とも）の２つに分け，前者の変化や進歩が著しいのに対して後者の変化が遅れることによって社会変動が起こるとした。

正答 5

その他の社会学者（現代）

実践 問題 42 応用レベル

頻出度 地上★ 国家一般職★★★ 特別区★★★ 国税·財務·労基★★★

問 フランクフルト学派の社会学理論に関する記述として，妥当なのはどれか。

（特別区2021）

1：マンハイムらは，バークレー世論研究グループとの共同研究により，「権威主義的パーソナリティ」を刊行し，反民主主義的な傾向を測定するファシズム尺度（F尺度）を考案した。

2：ハーバーマスには，「コミュニケーション的行為の理論」の著作があり，コミュニケーションの行為によって相互に了解しあう世界を生活世界とし，システムによる生活世界の植民地化が進んでいるとした。

3：ホルクハイマーは，「イデオロギーとユートピア」を著し，イデオロギーを部分的イデオロギーと全体的イデオロギーに分け，全体的イデオロギーをさらに特殊的イデオロギーと普遍的イデオロギーに区別した。

4：マルクーゼには，「自由からの逃走」の著作があり，第一次世界大戦の敗戦後，ドイツでは自由が重荷となった人々が孤独で無力となり，自由を放棄し，独裁者に服従したことを明らかにした。

5：エーバーマンは，「複製技術時代の芸術作品」を著し，複製技術の発展によって芸術作品の礼拝的価値は展示的価値となり，アウラの消滅が生じたとした。

チェック欄

1回目	2回目	3回目

実践 問題 42 の解説

〈フランクフルト学派の社会学〉

1 × 『権威主義的パーソナリティ』の著者で，ファシズム尺度（F尺度）を考案したのはT.W.アドルノである。アドルノは哲学者，社会学者であると同時に，アルバン・ベルクに学んだ作曲家でもあり，美学者，音楽学者としても大きな業績を残している。彼はG.W.F.ヘーゲルのような全体性に還元されてしまう弁証法ではなく，否定にとどまり続ける「否定弁証法」という方法をとった。なお，K.マンハイムはフランクフルト学派のメンバーではない。

2 ○ J.ハーバーマスはフランクフルト学派第2世代を代表する思想家である。西欧近代の理性がいかにして道具的理性へと腐食して真の自由や平等を奪っているかがフランクフルト学派第1世代の批判理論のテーマだったが，結局これは理性に対する全面的不信という，悲観的な結論を導くことになった。ハーバーマスは近代合理性（道具的理性）とは異なるコミュニケーション的合理性の概念を提示することで，この問題を解決しようとした。

3 × 『イデオロギーとユートピア』を著し，イデオロギーを本肢のように分類したのはK.マンハイムである。M.ホルクハイマーは1930年にフランクフルト大学の社会研究所の第2代所長に就任して，彼を中心にフランクフルト学派が形成された。彼は1937年に論文『伝統的理論と批判理論』を発表し，以後，フランクフルト学派の学説が「批判理論」とよばれるきっかけを作った。

4 × 本肢は『自由からの逃走』についての説明であるが，これはH.マルクーゼではなく，E.フロムの著作である。マルクーゼは，当初はヘーゲルや初期マルクスの学説史的研究に没頭し，その研究はG.ルカーチとともに人間主義的マルクス主義の源流の1つとなった。のちに，高度産業社会においては，労働者階級はすでに体制に組み込まれて革命の主体にはなりえないと主張して，学生運動やヒッピーに期待し，学生運動に強力な影響力を持つ思想家となった。

5 × 『複製技術時代の芸術作品』を著し，芸術作品におけるアウラの消滅を論じたのはW.ベンヤミンである。ベンヤミンはフランクフルト社会研究所の客員研究員となったが，ナチスの台頭で亡命を余儀なくされ，スペイン国境で自殺した。なお，U.エーバーマンはハーバーマスの助手で，客観的解釈学の方法論を確立し，社会化や家族研究に大きな業績を残している。

正答 2

社会学史（現代）

その他の社会学者（現代）

実践 問題 43 応用レベル

頻出度	地上★	国家一般職★★★	特別区★★★
	国税·財務·労基★★★		

問 ハーバーマスの理論に関する記述として妥当なのは次のうちどれか。

（東京都1998）

1：現代までのコミュニケーションの合理性の果たした役割を評価しつつ，今後は客体の制御可能性の上昇という道具的理性の拡充を図るべきであるとした。

2：社会秩序の確立は，システム形成によって環境世界の複雑性の縮減を図る自己準拠システムの選択的働きの結果であるとした。

3：システムはそれ自体が内部で自己の能力を判断しつつ変化していくとして，オートポイエーシスという視点を提供した。

4：機械，生物，社会などの組織体においてコミュニケーションと制御という問題を統一的に理解しようとするサイバネティックスを提唱した。

5：現代社会の病理は，経済システムや国家行政システムが生活世界を抑圧している点にあるとし，これをシステムによる生活世界の植民地化と表現した。

直前復習

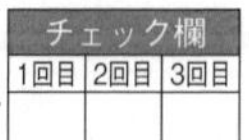

実践 問題 43 の解説

〈ハーバーマスの社会学〉

1 × まさにこの**道具的理性**こそが，**J.ハーバーマス**の批判するところのものにほかならない。ハーバーマスによると，人間の行為は4つに類型化することができる。すなわち，①目的論的・戦略的行為，②規範的行為，③演劇的行為，④コミュニケーション的行為である。このうち，本肢にある**「道具的合理性」が支配するのは①目的論的・戦略的行為**である。

2 × 本肢のように社会秩序の確立を**複雑性の縮減の過程**として捉えたのは**N.ルーマン**である。ルーマンは，人間の行為は，無際限の可能性を持つけれども，それは意味を媒介とすることによって，その行為の可能性を縮減するとした。

3 × **オートポイエーシス**とは，生物学において生命体が持つ特徴として注目されるようになった概念である。生命体は，自らとその外の環境とを区別し，外の環境から自己の保存のため物質を取り込み，それを自己の要素の再生産のために利用し，また外の環境の変化に対しては，自らを作り変えることで対応することができる。**ルーマンは，この概念を社会学に取り込み，社会システムも生命システムのように自らの要素を自ら創出し，環境に応じて自らを変化させるものであるとして，このような特徴を「社会システムのオートポイエーシス」**とよんだ。

4 × **サイバネティックス**とは，さまざまな組織体を**情報のフィードバックによる自己制御システム**として取り扱おうとする学問である。創始者は**N.ウィーナー**である。ウィーナーは，本肢のような視点から見ることによって，従来はまったく異なる存在と考えられてきた動物と機械も統一的に扱うことができるとした。

5 ○ ハーバーマスは，本肢のように現代社会の病理を**システムによる生活世界の植民地化**にあると考えた。彼は，経済システムのメディア（貨幣）や，国家行政システムのメディア（権力）などが生活世界に浸透し，支配力を振るい，そこでのコミュニケーションを破壊してしまうことを「生活世界の植民地化」とよんだ。

正答 5

その他の社会学者（現代）

実践 問題 44 応用レベル

頻出度	地上★	国家一般職★★★	特別区★★★
	国税·財務·労基★★★		

問 ホマンズの理論に関する記述として，妥当なのはどれか。（東京都2007）

1：彼は，社会現象は個人の心理や行為から解明されるとする心理学的還元主義を批判し，構造や文化といったマクロ現象について論じた。

2：彼は，集団の成員の相互の感情表現を外部体系とよび，環境と相互関連にある集団行動を内部体系とよんで，両体系の相互関連から社会体系を考察した。

3：彼は，選択的な諸行為があるときは常に，人間は，行為の結果の価値の大きさよりも，行為の結果を得られる確率が高い行為を選択するとした。

4：彼は，人間の行動について一般命題を示し，一般命題のうち価値命題は，報酬をもらえばもらうほど報酬の相対的価値は低下するとした。

5：彼は，人間の行動は報酬の関数であり，社会的行動を二人以上の人間の間でみられる，有形又は無形の報酬を伴う交換であるとする交換理論を唱えた。

チェック欄

1回目	2回目	3回目

実践 問題 44 の解説

〈ホマンズの社会学〉

1 × 心理学的還元主義を批判し，マクロ現象について論じたという説明が誤りである。G.C.ホマンズはP.M.ブラウと並んで交換理論の重要な思想家として知られる。しかし，ブラウが権力や支配といったマクロな問題を扱ったのに対して，ホマンズは行動心理学の視点から，人間行動をミクロ・レベルで分析した。

2 × 外部体系と内部体系の説明が逆である。ホマンズは『ヒューマン・グループ』の中で，小集団を成員の感情，活動，成員間の相互作用の３つの要素によって成り立つ１つのシステムと捉え，その内部の成員と集団との関係を内部体系，外的環境との関係を外部体系とよんだ。

3 × ホマンズは人間の行動について，「成功命題」「刺激命題」「価値命題」「合理性命題」「剥奪－飽和命題」「攻撃－是認命題」の６つの一般命題を提示した。この中の「合理性命題」は，人は行為の結果の価値とそれを得る確率をかけたものがより大きい行為を選択する傾向がある，というものである。よって，本肢にあるように，「常に」行為の結果の価値の大きさよりも行為の結果を得られる確率が高い行為を選択するわけではない。

4 × ホマンズが人間の行動について一般命題を提示したことは正しい。しかし，報酬をもらえばもらうほど報酬の相対的価値は低下するという命題は価値命題ではなく，剥奪－飽和命題である。価値命題とは，人は行為の結果が価値あるものであればあるほど，それを行う傾向が強くなるとする命題である。

5 ○ 肢１の解説でも述べたように，ホマンズは行動心理学の視点から，人間行動をミクロ・レベルで分析した。彼は，人間の社会的行動を他者との間に行われる，報酬を伴う交換として捉えた。しかし，経済学が有形の財の交換しか扱わないのに対し，ホマンズは他者との相互の行為，態度，感情の交流といった無形のものも交換という概念によって把握し，人間の社会的行為を分析した。

正答 5

その他の社会学者（現代）

実践 問題 45 応用レベル

頻出度 地上★ 国家一般職★★★ 特別区★★★ 国税·財務·労基★★★

問 次の文は，ギュルヴィッチの社会学理論に関する記述であるが，文中の空所A～Cに該当する語又は語句の組合せとして，妥当なのはどれか。

（特別区2021）

ギュルヴィッチは，［A］を社会学に導入し，社会的現実を，形態学的表層，社会組織，社会的範型，規則的集合行為等の10の層位において把握する「［B］」を構想した。

また，集団の持続性，集団生活のリズム，集団成員の分散の程度など15の規準によって集団を類型化し，包括社会を対象とする社会学を［C］とした。

	A	B	C
1：	現象学	組成社会	微視社会学
2：	現象学	深さの社会学	微視社会学
3：	機能主義	組成社会	微視社会学
4：	現象学	深さの社会学	巨視社会学
5：	機能主義	組成社会	巨視社会学

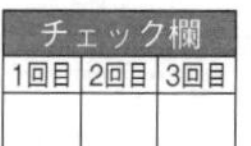

実践 問題 45 の解説

〈ギュルヴィッチの社会学〉

G.ギュルヴィッチはロシア生まれのフランスの社会学者で，A.シュッツとは異なった仕方で A 現象学 を社会学に導入し，独自の理論を構築した。

社会を多元的現実の構造として捉えたギュルヴィッチは，顕在的な社会の表層のもとに，深層的で交互に絡みあう集合的経験があると考えた。彼によれば，それらはバランスをとって成立しているのだが，ある状況が生まれることで，価値，理念，関係的行為が絡みあいつつ顕在化し，変動を引き起こすという。したがって，E.デュルケームのいう社会的事実といった表層的な現象の観察に始まり，隠された社会的潮流の内在的観察と分析が必要である，と主張した。言い換えれば，社会の構造は構造形成（構造化）と構造解体（非構造化）という側面から成り立っているのであり，その相互関係を把握する必要があるのだという。ギュルヴィッチはT.パーソンズの社会決定論，静態的社会観を批判しており，この B 深さの社会学 によって，人間の自由な投企，能動的な介入を解釈できると主張した。

また，ギュルヴィッチは一般社会学の体系を構想したが，そこで彼は，社会学の研究対象を，「社会的交渉」，「集団」，「包括（全体）社会」とし，社会的交渉の形態分析を行う「微視社会学」と，集団や包括的社会を把握する「C 巨視社会学」を提唱した。

よって，肢4が正解である。なお，選択肢にある「機能主義」にはギュルヴィッチは属しておらず，また「組成社会」の概念はF.H.ギディングスの用語である。

正答 4

第2章 SECTION 3 社会学史（現代）

その他の社会学者（現代）

実践 問題 46 応用レベル

頻出度	地上★	国家一般職★★★	特別区★★★
	国税･財務･労基★★★		

問 M.フーコーに関する記述として，妥当なのはどれか。（東京都2005）

1：「狂気の歴史」において，カントの批判哲学の影響を受け，考古学的手法による西欧近代社会の分析を行い，西欧近代において「狂気」が社会から排除されることなく，社会に受容されていった過程を明らかにした。

2：「言葉と物」において，言説の分析を通して，知の全体的な枠組みであるエピステーメは，16世紀以降の西欧社会では安定しており，歴史的変動はなかったと主張した。

3：「消費社会の神話と構造」において，消費社会の構造を記号論的に分析し，現代における消費とは，欲求による経済的消費ではなく，欲望による記号＝モノの消費であると定義した。

4：「再生産」において，社会化の過程における一定の規則性の上に個人の行動を方向づけるメカニズムをハビトゥスとよび，社会構造の再生産を可能にする機能を説明した。

5：「監獄の誕生」において，ベンサムの考察したパノプティコンとよばれる囚人の監視装置の説明を通して，近代社会における規律＝訓練型の権力論を展開した。

チェック欄

1回目	2回目	3回目

実践 問題 46 の解説

〈フーコーの社会学〉

1 × 「西欧近代において『狂気』が社会から排除されることなく，社会に受容」が誤り。また，M.フーコーがI.カントの批判哲学から影響を受けたことは間違いではないが，『狂気の歴史』に見られる知の考古学というフーコーの方法論は，F.ニーチェの系譜学の影響である。本書においてフーコーは，近代社会において「理性」が重視されるようになってから，「狂気」は非理性的なもの，あるいは「病」として，社会から排除されるようになったと指摘した。

2 × 『言葉と物』は，エピステーメの歴史的な変動を扱った書物である。そのため，エピステーメの「歴史的変動はなかったと主張」は誤りである。フーコーによれば，16世紀までは「類似」によってエピステーメが構築されていたが，17世紀に入ると，エピステーメは変動し，「同一性と差異性」によって構築されるようになった。

3 × フランスの社会学者であるJ.ボードリヤールについての記述である。

4 × P.ブルデューの『再生産』（1970年）の記述である。

5 ○ フーコーの権力論の基礎的な記述である。パノプティコンとは，中央の監視所を中心とした一望監視システムのことである。フーコーによれば，パノプティコンによって監視される者は孤立し，監視所からの視線を内面化することで主体化が進む。**こうした「規律＝訓練型の権力」は，囚人のみならず，近代社会の人間に共通している**とフーコーは指摘した。

正答 5

その他の社会学者（現代）

実践 問題 47 応用レベル

頻出度	地上★	国家一般職★★★	特別区★★★
	国税·財務·労基★★★		

問 ギデンズの構造化理論に関する次の文の空欄Ａ～Ｃにあてはまる語句の組合せとして，妥当なのはどれか。 (東京都2004)

構造化理論において，構造とは，社会システムを再生産するための，個人が依拠する[A]と[B]であると定義される。行為者は，[A]と[B]という構造特性を用いることによって他者との間に行為を形成する。他方，その構造特性は，行為によって個々の具体的場面で再生産されていく。このような行為と構造特性との相互的な関係を，構造の[C]とよんだ。

彼は，構造化理論を通して，個人と社会の二分法的な見方の克服を図り，個人と社会とは相互に基礎づけていることを示した。

	A	B	C
1：	権力	経済	二重性
2：	権力	資源	連続性
3：	規則	技術	従属性
4：	規則	資源	二重性
5：	知識	技術	従属性

チェック欄		
1回目	2回目	3回目

実践 問題 47 の解説

〈ギデンズの社会学〉

A.ギデンズは現代イギリスを代表する社会学者である。彼の**構造化理論**は，構造が社会的行為の実践の条件であると同時に，その結果でもあるとし，構造と個人の相互作用の把握を目指したものである。社会過程は構造を条件として成り立つが，その構造は社会過程によって存続・再生産される。これを**構造の二重性といい，これには構造－機能主義に対する批判が含まれている**。構造－機能主義の静態的な構造理解に対して，構造の変化や解体といったより動態的な構造把握を目論んでいる。

人間は「規則」と「資源」を活用して相互行為をする。ギデンズは構造を機能主義者のように固定的なものとは考えておらず，構造は規則のセットとして規則システムであり，また資源配分システムであると捉える。

よって，「規則」と「資源」と構造の「二重性」を選んでいる肢4が正解である。

正答 4

第2章 SECTION ③ 社会学史（現代）

その他の社会学者（現代）

実践 問題 48 応用レベル

頻出度 地上★ 国家一般職★★★ 特別区★★★ 国税·財務·労基★★★

問 行為と社会構造に関する次の記述のうち，妥当なのはどれか。（国Ⅱ2003）

1：M.ウェーバーは，社会的行為を解釈によって理解するという方法で，社会的行為の帰結を因果的に説明することを社会学の課題とした。ここで，社会的行為とは，多くの人々が同じ行動をとることと定義されている。したがって，雨が降ってきたときに大勢の人が一斉に傘を開くのは社会的行為である。

2：E.デュルケムは，法や規範のように個人にとって外在的で拘束的なものを社会的事実と呼び，社会学的研究は，社会的事実をモノのように扱わなければならないと説いた。しかし，社会的事実は自然科学と同じような方法で研究することはできず，文化科学として独自の方法論が必要であると論じた。

3：T.パーソンズは，複数の行為者から成る相互行為のシステムを社会システムとしてとらえ，人々が自発的に行為しているにもかかわらず社会システムに秩序がみられるのは，行為者が制度化された価値や規範を内面化し，それらに従いつつ各自の目的を追求しているからだと論じた。

4：J.ハバーマスは，社会における規範的構造の妥当性がどのようにして保証されるのかを問題とし，理想的な発話状況においては，コミュニケーション的行為によって，規範的構造に関する合意が形成可能であると論じた。しかし，コミュニケーション的行為ができるのはエリートだけであるから，大衆を含めた規範的合意形成はできないと考えた。

5：A.ギデンズは，構造が行為の条件であるとともに帰結でもあることを二重の条件依存性と呼んだ。構造とは社会システムを組織化している規則と資源であり，構造がなければ行為することは不可能である。行為者は，構造に関して十分な知識を持ち合わせていて，それに基づいて行為し，その帰結として，構造が再生産されるとした。

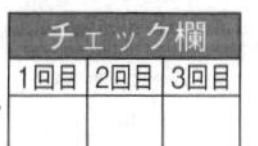

実践 問題 48 の解説

〈社会的行為・社会構造〉

1 × M.ウェーバーのいう社会的行為とは，主観的な意味（動機）に結び付いていること，何らかのかたちで他者に向けられていることなどを要件とするものであるが，多くの人々が同じ行動をすることは必ずしも社会的行為の要件ではない。さらにいえば，雨が降ってきたから傘を開くという行動は，上記の要件のうちの他者への指向という点からしても，ウェーバーのいう社会的行為に該当するとはいいがたい。

2 × E.デュルケームが『社会学的方法の規準』において社会学的な研究の方法を整備したことは事実であるが，デュルケームの方法は自然科学を範とした客観性を重んじるものであり，本肢の最後にある「文化科学として独自の方法論が必要であると論じた」という記述は，デュルケームの方法論に関するものとしては妥当でない。

3 ○ T.パーソンズの社会システム論に関する記述として妥当である。パーソンズは複数の行為者による相互行為状況を社会システムと捉え，社会システムに付きまとう二重の条件依存性（ダブル・コンティンジェンシー）（肢5の解説参照）を解消するための要件として，価値や規範の内面化を重視している。

4 × コミュニケーション的行為をなしうるのはエリートのみだとする最後の一文が妥当でない。また，理想的発話状況とはあらゆる強制や不平等を排したコミュニケーション状況のことで，暗黙のうちにさまざまな権力関係や利害関係などによって歪められた日常的なコミュニケーションを批判的に捉えるために想定されたものであり，必ずしも規範的構造に関する合意形成を指向するものではない。以上の2点において，本肢は妥当でない。

5 × 構造が行為の条件であるとともに帰結でもあるという事実を，A.ギデンズは構造の二重性とよんでいる。本肢中の二重の条件依存性とは，パーソンズが社会システム論において提示したものであり，相互行為状況において，こちらの出方は相手の出方に依存するが，その相手の出方はこちらの出方に依存しているという，社会秩序の根本問題ともいうべき事態を指す。

正答 3

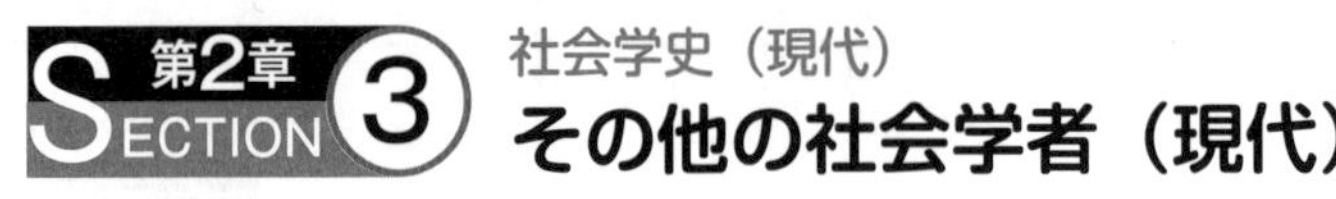

第2章 SECTION 3 社会学史（現代）

その他の社会学者（現代）

実践 問題 49 応用レベル

頻出度	地上★	国家一般職★★★	特別区★★★
	国税·財務·労基★★★		

問 社会学理論に関する次の記述のうち，最も妥当なのはどれか。（国Ⅱ2010）

1：W.リップマンのいう「ステレオタイプ」とは，ある社会的な事象に関して，複数の主体がもつイメージが合成されたもので，単純化や一面的な決めつけをしないため，総合的な判断をする際に重要な役割を果たす。

2：R.K.マートンのいう「予言の自己成就」とは，ある現象に関する予測などが，人々の行動に影響を与え，結果としてその現象が発生してしまう事態を指し，人々の主観的な思い込みによって現実が生み出される過程を示している。

3：K.マンハイムのいう「浮動的インテリゲンチャ」とは，大学教育が普及した社会において，大量の高学歴層が生み出された結果，知識を活用する安定的職業に就くことが困難になり，不安定な立場のまま批判的な発言をする集団のことを指す。

4：E.ゴフマンのいう「儀礼的無関心」とは，社会的に重要な儀式を遂行する際に存在する様々な利害対立や感情的な葛藤を表面上は無視することで，その儀式の遂行を達成することを優先し，社会秩序の安定化を図る態度のことを指す。

5：M.ウェーバーのいう「エートス」とは，政治的・軍事的な危機など非日常的な状況の中で宗教的・軍事的に超人的な能力を発揮して人々の信頼を得るような傑出した指導者や彼らの獲得する正統性のことを意味している。

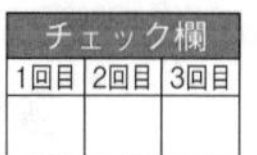

実践 問題 49 の解説

〈社会学史〉

1 × ステレオタイプとは印刷におけるステロ版を意味する言葉で，社会学においては，**特定の社会集団の中で通用している，単純化・固定された紋切り型の観念・イメージ**を指す。W.リップマンは『世論』において，人々を取り巻く環境は現実環境であるよりも人々のイメージによって捉えられた擬似環境にすぎないとし，そうした**擬似環境はステレオタイプによって形成される**とした。よって，本肢の「単純化や一面的な決めつけをしないため」という説明は誤りである。

2 ○ R.K.マートンはW.I.トマスが述べた**「状況の定義」**（トマスの公理）から，**人々がその予言を信じることによってそれが成就してしまう**予言の自己成就（自己成就的予言）と，**逆にそれがはずれてしまう**予言の自己破壊（自己破壊的予言）の二概念を提示した。本肢にある予言の自己成就の例としては，倒産のうわさによってとりつけ騒ぎが起こり，実際に倒産に追い込まれる銀行などがある。

3 × K.マンハイムは，**知識人は1つの思想に身を置くのではなく，さまざまな思想に対して距離をとる相関主義的な立場をとらねばならない**とし，そうした知識人を浮動的インテリゲンチャとよんだ。また，マンハイムは知識社会学の立場から，**人間は自分が置かれている歴史的社会的状況から切り離されて存在することはない**としてそれを存在被拘束性とよんだ。そして，**マルクス主義を，ブルジョアジーのイデオロギー性を暴露しておきながらプロレタリアートのイデオロギー性に自覚的でない特殊的イデオロギーであるとして批判**した。

4 × E.ゴフマンのいう儀礼的無関心とは，**他人の面子を守るためにあえて気づかないふり，知らないふり，すなわち無関心を装う態度**のことである。たとえば上品な貴婦人のお腹がなってしまったとき，あえて周りの人間が聞こえなかったふりをする場合などである。よって，本肢の説明は正しくない。ゴフマンは，**社会的行為には行為者が演技として行っている行為も含まれる**として，独自の行為理論であるドラマトゥルギーを構築した。

5 × これはM.ウェーバーのカリスマ的支配の説明である。エートスとは，ウェーバーによれば**「人間を内面から何らかの価値の実践に向けて突き動かす行為への実践的機動力」**であり，ウェーバーは**『プロテスタンティズムの倫理と資本主義の精神』**において，世俗内禁欲のエートスという**プロテスタンティズムの倫理が初期資本主義の発展に大きな役割を果たした**と論じた。

正答 2

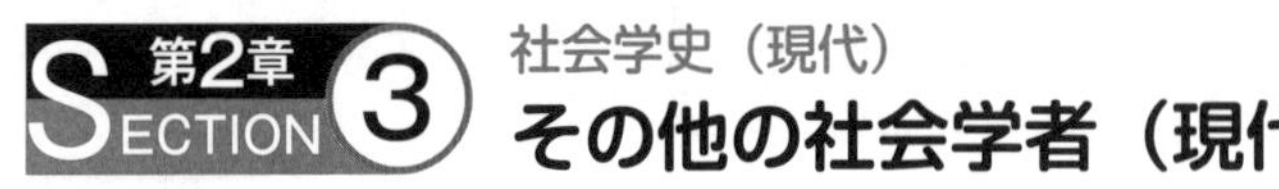

第2章 SECTION 3 社会学史（現代） その他の社会学者（現代）

実践 問題 50 応用レベル

頻出度	地上★	国家一般職★★★	特別区★★★
	国税·財務·労基★★★		

問 社会学の歴史に関する次の記述のうち，妥当なのはどれか。 （国Ⅱ1989）

1：実証主義を否定し原子論的社会観に基づく社会学を確立したA.コントは，社会は可分・個別的で，何者かの意志によって秩序だてられているとした。

2：M.ウェーバーは，歴史的個性の探求をめざすことにより科学としての普遍的認識を困難にしている，という歴史主義の限界を克服するため，理念型という概念によって，普遍的でしかも個性をとらえうる社会科学の方法的基準を導入した。

3：T.パーソンズは，中範囲の理論に基づき集団の一時的構成要素を分析して，歴史的現実としての社会状況を，全体社会の構成原理から解明しようとした。

4：総合社会学の復活を提唱していたR.M.マッキーバーは，社会学の中心題目は，社会的変化のうちの総合的変化とみられるべき現象を，自然科学的方法や公式を使って研究することにあると主張した。

5：R.マートンは，認知的不協和の理論を提唱して理論と調査の結合を説き，社会学と政治学，心理学の結合を図った。

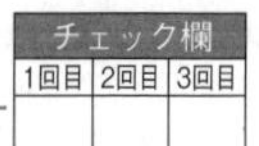

実践 問題 50 の解説

〈社会学史〉

1 × A.コントは，形而上学的な論証を排し，経験的事実を観察して，そこから法則を導き出す**実証主義**の立場をとった。本肢でいう原子論的社会観とは，社会を原子（個人）の集合として捉える，いわゆる社会名目論的な社会観であり，コントの立場とは異なる。たとえば，社会契約説のように，社会を個人と君主との，あるいは平等な個人間の契約の産物と捉える見方などが原子論的社会観の一例とされている。コントの社会観は社会を１つの**有機的な全体**として捉えているため，こうしたものとはいえない。

2 ○ M.ウェーバーは，**理念型**という認識のための道具を使って歴史的事象の個性を記述することこそが，文化科学の認識目標であると考えた。

3 × **中範囲の理論**は，R.マートンによるものである。マートンは，従来の社会学における，経験的裏付けのない理論と理論的な枠組みを持たない経験的調査研究との溝を埋めるために，社会現象を調査研究に基づいて検証し，その結果を理論的に一般化するための具体性を持った理論の必要性を説き，これを中範囲の理論とよんだ。

4 × R.M.マッキーヴァー（マッキーバー）は，直観主義者といわれる理解社会学系統の学者であり，統計的方法によって社会現象を数量化することに疑問を持ち，社会学研究における質的研究の意義を主張した。

5 × **認知的不協和の理論**を提唱したのは，アメリカの社会心理学者L.フェスティンガーである。この理論は，個人が持っている認知要素間に矛盾や不一致があるとき，認知要素に対する態度を変えるなどして，こうした不協和を低減しようとするというものである。

正答 2

第2章 SECTION ③ 社会学史（現代）

その他の社会学者（現代）

実践 問題 51 応用レベル

頻出度	地上★	国家一般職★★★	特別区★★★
	国税·財務·労基★★★		

問 社会学の方法と課題に関する次の記述のうち，妥当なのはどれか。

（国Ⅱ2000）

1：A.コントは社会学の創始者として社会学史に名を残している。彼は，自然法思想の直接的な影響の下に，社会のラディカルな批判の学として社会学を構想した。それは，彼が，フランス大革命の賛同者であったことと結び付いている。彼は，自己の創始した社会学を，新しい形而上学とも称している。

2：E.デュルケムは，M.ウェーバーと共に現代社会学の基礎を築いた人物である。彼は，社会学の固有の対象を個人的事実に置く。社会的事実は個人的事実に還元できるというのが彼の立場である。彼が社会の無規制状態（アノミー）の原因を個人の道徳的頽廃に求めるのは，その一例である。

3：M.ウェーバーは，社会学の課題をE.デュルケムとは異なるところに置く。彼は，社会を個人を超越したものとしてとらえる。そして，社会学の課題は，社会が個人を拘束する過程を実証的に分析することにあるとする。このような関心から彼は，近代資本主義が人々のエゴイズムを強化する過程を分析した。

4：R.K.マートンは，影響力の大きさにおいて，T.パーソンズと双璧をなすアメリカ合衆国の社会学者である。マートンは，社会学が経験的な調査に基づく「中範囲の理論」を指向すべきであると主張した。それは，パーソンズの社会学が一般的な理論の構築を避け，経験的な調査に重点を置くことと呼応している。

5：K.マンハイムは，社会学は現代学としての時代診断学であるべきことを主張した。現在の社会学においては，各種の現代社会の理論はこのようなマンハイムの立場を継承している。J.ボードリヤールは，現代人の日常生活がモノの消費を横軸に組織化されているとして，独自の消費社会の理論を構築した。

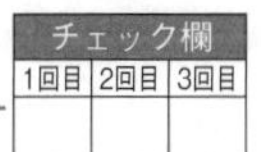

実践 問題 51 の解説

〈社会学史〉

1 × **A.コント**は，T.ホッブズ，J.ロック，J.J.ルソーとは違って自然法思想には与していない。また，コントはフランス革命は社会秩序を破壊するものだとして批判した。そして，こうした混乱を乗り越えるため形而上学的方法を批判し，**実証主義的方法**によって社会を再組織する学問として「社会学」を創始したのである。

2 × **E.デュルケーム（デュルケム）**は社会学の固有の対象を，個人的事実の集合に還元できない**社会的事実**に求めた。また，アノミーの原因も，個人的な道徳的頽廃ではなく，社会規範の弛緩に求めた。

3 × 「社会を個人を超越したものとして……実証的に分析することにあるとする」の部分は，デュルケームの立場についての説明である。また，M.ウェーバーの主張は「近代資本主義が人々のエゴイズムを強化する」というものではなく，「禁欲的なプロテスタンティズムの職業倫理に基づく経済活動が，資本主義の勃興を促した」というものである。

4 × **R.K.マートン**の**中範囲の理論**は，経験的な調査と抽象的な一般理論との中間にあって両者を架橋しようとするものであるが，彼がこのような主張をした背景には，マートンの師であったT.パーソンズの社会学が非常に抽象的なレベルの理論構築に固執していることへの批判があった。このことからわかるように本肢では最後の一文が妥当でない。

5 ○ **K.マンハイム**が1930年代から1940年代にかけて提唱した**時代診断学**は，社会学が現代社会を分析・診断して一定の処方箋を提供すべきであるとの理念に基づくものである。具体的には，ナチズムのような全体主義政府が形成される現代社会を大衆社会と捉え，個人の自由を確保しつつ，また自由放任でもない社会を構築していくための「自由のための計画」を唱えている。
J.ボードリヤールは，現代社会が生産よりも消費が優位になっている**消費社会**であるとした。そしてボードリヤールは，現代社会における消費は，モノの機能や利便性ではなく，**モノの記号的な意味合い**によって行われていると指摘した。

正答 5

第2章 SECTION 3 社会学史（現代）

その他の社会学者（現代）

実践 問題 52 応用レベル

頻出度	地上★	国家一般職★★★	特別区★★★
	国税・財務・労基★★★		

問 社会の比較研究に関する次の記述のうち，妥当なのはどれか。 （国Ⅱ1999）

1：A.トックヴィルは，西ヨーロッパに起源を持つリベラリズムが，アメリカで独自の発展を遂げていることを発見した。彼はアメリカのリベラリズムがコミュニティに社会的基盤を持っていることを指摘した。それは西ヨーロッパと，植民地時代のアメリカとの社会の比較研究としての意義を持っている。

2：E.デュルケムは，社会学の基本的な方法としての比較研究についての理論的基礎を築いた。と同時に彼はさまざまな実証的な比較研究を行った。その中で著名なのは，自殺の比較社会学的研究である。彼は，自殺が人々の社会的紐帯の衰退した近代社会に固有の現象であることを解明した。

3：M.ウェーバーは，宗教倫理と経済活動との関係をめぐる比較社会学的な研究を行った。とりわけそこでの彼の中心課題は，近代資本主義の成立過程についてのものであった。彼は西ヨーロッパと東アジアで近代資本主義が成立した宗教的基盤として，前者のキリスト教と後者の儒教にそれぞれ注目した。

4：R.ベネディクトは，比較研究によって，個別の文化のパターンを分析する方法を構築した。この方法を彼女は第２次世界大戦中と戦後の日本文化の研究にも適用した。そして数度にわたる訪日調査を通して，日本文化が仁を基調としていることを罪を基調とするアメリカ文化との対比において主張した。

5：梅棹忠夫は，文明の生態史観の立場から，独自の社会の比較研究を行った。彼は，ユーラシア大陸の両端に位置する日本と西ヨーロッパの社会とは，高度文明社会として同質のものであることを主張した。そして日本と西ヨーロッパの社会を「第一地域」として規定し，それ以外の「第二地域」と区分して規定した。

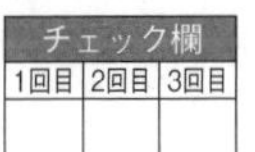

実践 問題 52 の解説

〈社会学史〉

1 × **A.トクヴィル**は，**『アメリカにおけるデモクラシー』**の中で，アメリカにおいては自由主義と民主主義が両立していることを指摘したが，アメリカのデモクラシーにおいてはコミュニティが重要な役割を果たしていることも指摘している。しかし，最後の一文が妥当でない。トクヴィルが訪れたのは，ジャクソニアン＝デモクラシー期のアメリカ（1831年）であり，この時にはすでにアメリカは独立していた。

2 × **E.デュルケーム（デュルケム）**は，本肢にあるように比較という方法を重視し，また（A.コントを継ぐ者として）**実証主義**を標榜した。したがって，本肢の前半は妥当だが，自殺研究についての説明が妥当でない。デュルケームは，自殺を近代社会に特有の現象としたわけではない。たとえば，自殺の4類型のうち集団本位的自殺や宿命的自殺は，むしろ前近代に特徴的なものとされた。

3 × M.ウェーバーは，「なぜ西欧にだけ近代化が起こったのか？」という問題意識から，仏教，儒教，ヒンズー教といった世界の代表的な宗教とキリスト教の教義とを比較分析する壮大な比較宗教社会学研究を行った。そこでは，キリスト教の教えが世俗内禁欲の経済倫理を導いたのに対して，その他の宗教の教えは，人々にこのような態度を生み出さなかったと結論づけられている。

4 × 確かに**R.ベネディクト**はそれぞれの文化に特徴的なパターンを**文化の型**として重視し，これを比較研究する方法を説いたが，後半の文章が妥当でない。ベネディクトは**『菊と刀』**において，日本の文化が「仁」ではなく**恥**の意識に基づくことを主張した。また，ベネディクトは本書を書くにあたって一度も訪日してはいない。

5 ○ **梅棹忠夫**（うめさおただお）は，地形，土壌，気候といった生態学的な要素によって，それぞれの文化，文明を理解しようとする**生態史観**の提唱者である。彼は，西ヨーロッパと日本はユーラシア大陸の両端に位置し，温暖で適度の雨量を持ち，また土地の生産力に富んでいるという恵まれた生態的条件に置かれているとし，このような地域を「第一地域」とよんだ。そして，このような好条件に恵まれたことが両地域で文明が大きく発達した要因であるとした。それに対して，ユーラシアの中央部では遊牧が基本的な生業となり，巨大な帝国が発達し，自生的な発達が起こらなかった。このような地域は「第二地域」とよばれ，中国，インド，ロシア，東ヨーロッパ，イスラム圏などがこれにあたるとされる。

正答 5

第2章 SECTION 3 社会学史（現代）

その他の社会学者（現代）

実践 問題 53 応用レベル

頻出度 地上★ 国家一般職★★★ 特別区★★★ 国税·財務·労基★★★

問 社会学的な思考法に関する次の記述のうち，最も妥当なのはどれか。

（国Ⅱ2008）

1：E.デュルケームは，客観的に存在する「社会的事実」をあたかも物のように観察し考察することが社会学の役割とする立場を批判し，宗教的な集合意識や自殺現象などの主観的側面を重視した研究を行った。

2：M.ウェーバーは，物質的な利害のみによって個人や集団の社会的な行為を説明する視点に対して，歴史や社会における宗教的，価値的な役割を重視する視点を打ち出し，これを「理念型」的方法と呼んだ。

3：R.K.マートンは，社会の壮大な抽象理論を目指す傾向を批判して，一般理論と具体的な事例の経験的な研究との橋渡しを行って，双方の発展を促すことを目的とした「中範囲の理論」を提唱した。

4：T.パーソンズの提唱した「創発特性」とは，社会システムが新しい環境の変動に適応する中で，社会の均衡状態が一時的に崩れた後，新たな均衡状態に回復する過程で出現してくる構造的特徴を意味する。

5：エスノメソドロジーとは，主に民族現象を対象にフィールドワークを積み重ね，他民族との比較分析を行った上で各民族のもつ自民族中心の視点を相対化するなど，その民族の社会を制約する文化的コードを解明する研究方法である。

チェック欄

1回目	2回目	3回目

実践 問題 53 の解説

〈社会学史〉

1 × 「客観的に存在する『社会的事実』をあたかも物のように観察し考察することが社会学の役割とする立場を批判し」という部分が誤り。**社会的事実を物のように観察することがE.デュルケームのいう社会学主義**である。

2 × 確かにM.ウェーバーは，歴史や社会における宗教や価値の役割を重視したが，本肢の最後の「これを『理念型』的方法と呼んだ」という部分が誤りである。ウェーバーがいう**理念型**とは，**社会というきわめて複雑な対象を社会科学が捉えるために必要なモデル**のことである。

3 ○ **R.K.マートン**は問題文にあるように，一般理論と経験的な研究を橋渡しするものとして**中範囲の理論**の重要性を主張した。なお，彼が批判した「社会の壮大な抽象理論を目指す傾向」とは，彼の師であるT.パーソンズについて述べられているものであることも知っておくとよい。

4 × 「創発特性」とは，諸部分（要素）には還元できない「全体がそれ自体として持っている特性」のことである。**パーソンズ**は，個々の行為の相互関係の中から現れてくる諸要素を**行為システム**の（創発）特性とした。

5 × 問題文にある「民族現象を対象にフィールドワークを積み重ね，他民族との比較分析を行って」いくのは文化人類学の方法である。**エスノメソドロジー**を主張した**H.ガーフィンケル**によれば，エスノメソドロジーとは，人々（ethno）が自分たちの社会的世界を理解するために用いている方法（method）についての研究である。

正答 3

その他の社会学者（現代）

実践 問題 54 応用レベル

頻出度 地上★ 国家一般職★★★ 特別区★★★
国税・財務・労基★★★

問 相互行為と自己に関する次の記述のうち，最も妥当なのはどれか。

（国税2010）

1：T.パーソンズは，自己と他者の欲求充足が互いに相手の出方に依存するダブル・コンティンジェンシーはあらゆる相互行為に内在している根本的な条件であり，役割期待の相補性が成り立っていれば，相互行為が十分に安定し，制度的統合は不要であるとした。

2：G.H.ミードは，個人が近代的な集団から解放されつつある21世紀の社会においては，自己は，自己が存在する広範な制度的文脈と同様に，再帰的に形成される必要があるが，この自己の形成という課題は，多様な選択肢と可能性による混乱の中で達成されることは不可能であるとした。

3：A.ギデンズは，他者の態度の組織化されたセットを「I（アイ）」，自身の経験の中に現れる共同体の態度に対するその個人の反応を「me（ミー）」とした上で，「自己」をアイとミーの間の絶え間ない内的コミュニケーションであるとした。

4：G.ジンメルは，相互行為を社会化と個人化という二つの過程が同時に進行する場としてとらえ，相互行為を通して，社会が形成されると同時に，個人も形成されるとした。また，秘密と秘密に対する配慮こそが相互行為における社会化と個人化の間の緊張を緩和しているとした。

5：E.ゴフマンは，ドラマトゥルギーというアプローチを採用し，演技をする「パフォーマー」とその演技を観る「オーディエンス」は，相互行為において，印象操作を一切することなく，それぞれが提示したアイデンティティを互いに保護しながら共同で維持しているとした。

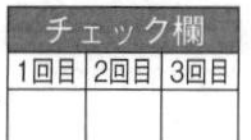

実践 問題 54 の解説

〈社会的行為・社会構造〉

1 × 「制度的統合は不要であるとした」が誤り。T.パーソンズは**社会システムがいかに人々を適切な社会的行為に結び付け，人々の社会的行為が社会システムをいかに維持するかという視点から機能主義社会学を構想**した。ダブル・コンティンジェンシー（二重の依存性）とは，**自分の社会的行為が相手の行為者の反応に依存し，一方，相手の社会的行為もこちらに依存しているという状況**を指したもので，これを可能にするのが社会化や社会統制という制度的統合であるとパーソンズは捉えた。

2 × これはG.H.ミードではなく，A.ギデンズの理論である。**ミードは自我意識が他者とのかかわりの中で形成される社会的なものであるとして，自我の中の社会的側面を社会的自己（自我）**とよんだ。彼によれば自我は，肢３の問題文にあるようにＩ（主我）とMe（客我）からなり，**自己の社会的行為を客我として主我が反省していく過程を通じて，人間は社会化されていく**と捉えた。

3 × これはA.ギデンズではなく，G.H.ミードの理論である。**ギデンズは構造主義の影響を受けながら，そうした構造が社会的行為を条件づけると同時に，社会的行為が構造の再生産を行っているとする「構造の二重性（再帰性）」を主張**した。彼のこの理論は**構造化理論**とよばれる。

4 ○ G.ジンメルは社会を個人間の心的相互作用として捉え，この**心的相互作用の形式を「社会化の諸形式」とよんで，この形式を研究する学問として形式社会学を提唱**した。本肢にあるとおり，ジンメルは近代化によって，個人の心的相互作用の範囲（彼はこれを**社会圏**と名づけた）はよりいっそう複雑化し，それとともに個人の分化と社会の分化が進むとした。また，秘密については彼の著書『秘密の社会学』で本肢の内容が説明されている。

5 × 「印象操作を一切することなく」が誤り。E.ゴフマンは**社会的行為を，演技する行為者（パフォーマー）と，それを観る他者（オーディエンス）という視点で捉え**，自らの行為論をドラマトゥルギーとよんだ。彼によれば社会的行為には当然，行為者の演技が含まれる。**印象操作**もそうした演技の１つであるが，これは他人に対して自分の印象をよりよく見せようとするものである。

正答 4

その他の社会学者（現代）

実践 問題 55 応用レベル

頻出度	地上★	国家一般職★★★	特別区★★★
	国税·財務·労基★★★		

問 社会的行為・社会的相互作用に関する次の記述のうち，妥当なのはどれか。

（国Ⅱ2004）

1：G.ジンメルは，広い意味での社会とは諸個人による心的相互作用にほかならないとして，社会を客観的な実在とする立場と社会を個人に還元する立場を共に批判し，心的相互作用の内容に従って，政治，経済，宗教などの連字符社会学が成立すると論じた。

2：M.ウェーバーは，社会的行為の類型として，目的合理的行為，価値合理的行為，感情的行為，伝統的行為の四つを挙げた。このうち目的合理的行為とは，他者の行動にある予想を抱き，その予想を自己の目的を達成するために利用する行為である。

3：T.パーソンズは，社会的行為の構成要素として，目的，手段，条件，規範の四つを挙げ，人々が自由に目的を追求しても社会秩序が崩壊しないのは，社会システムにおいて手段が合理的に配分されているからであると論じた。

4：H.ブルーマーは，人々は意味に基づいて行為しているが，その意味は相互作用の産物であり，社会とは結局，人々が相互作用しながら意味を解釈していく過程であると論じ，社会を客観的実在としてとらえる見方を批判して，現象学的社会学を提唱した。

5：E.ゴフマンは，たまたまある場所に見知らぬ人が居合わせた場合に起こる相互作用を焦点の定まらない相互作用と呼んだ。儀礼的無関心とは，そのような相互作用の一つであり，道端で倒れている人がいても見て見ぬ振りをするのは，その一例である。

実践 問題 55 の解説

〈社会的行為・社会構造〉

1 × 「連字符社会学」はG.ジンメルではなく，**K.マンハイム**の用語である。マンハイムは社会の一般原理を扱う一般社会学と，その一般原理を用いて個別的領域を扱う連字符社会学とを区別した。たとえば法社会学，宗教社会学，芸術社会学などは連字符社会学に分類される。

2 ○ **M.ウェーバー**は社会的行為を「行為者がその意図した意味に従って他者の振る舞いにかかわりを持ち，それに方向づけられて経過する行為」と定義し，本肢にあるような4つに分類した（**社会的行為の4類型**）。残る3つのうち，**感情的行為**はその場の感情に基づいて行われる行為，**伝統的行為**は習慣化された行為，**価値合理的行為**はそれを行うことで自己の持つ価値を達成しようとする行為を指す。

3 × 「手段が合理的に配分されている」が誤り。**T.パーソンズ**は初期の著作『**社会的行為の構造**』において，社会的行為の構成要素として**目的**，**手段**，**条件**，**規範**の4つを挙げた。彼によれば，社会秩序が崩壊しないのは個人が社会的規範を自己の中に内面化し，これに従って目的を設定して一定条件下で手段を合理的に選択して行為をするためである。気をつけなければならないのは，個々人は手段を合理的に選択するが，それは自分に与えられている（配分されている）手段の中から選択できるだけであって，手段そのものはすべての個々人に合理的に（つまり適切に）配分されているわけではないということである。なお，この秩序問題をパーソンズは**ホッブズ問題**とよんでいる。

4 × **現象学的社会学**はH.ブルーマーではなく**A.シュッツ**らである。ブルーマーは**象徴的（シンボリック）相互作用論**の立場をとる社会学者である。ブルーマーはパーソンズのように社会をシステムとみなす考え方に反発し，人々の相互作用が社会の本質をなすとした。

5 × 道端で倒れている人を見て見ぬ振りするのは「儀礼的無関心」とはいえない。儀礼的無関心とはたとえば，気品の漂う女性が空腹によってお腹を鳴らしても聞こえなかったふりをすること，などを指す。つまり，ある行為者の一貫した演技が不本意に崩れてしまった際，それを見た人が無関心を装ってあげ，その人の像を崩さない配慮をすることである。

正答 2

社会学史（現代）

その他の社会学者（現代）

実践 問題 56 応用レベル

頻出度 地上★ 国家一般職★★★ 特別区★★★ 国税・財務・労基★★★

問 相互作用に関する次の記述のうち，妥当なのはどれか。 （国家一般職2020）

1：M.オルソンは，大規模な集団において問題解決のための社会的コスト（社会運動への参加など）を支払わず，成果だけを得ようとするフリーライダーが発生すると主張したC.C.ホマンズの合理的選択理論を，人間関係における互酬性を重視する交換理論の立場から批判した。

2：A.シュッツは，理解社会学の観点から現象学を否定し，人間行為を解明するには現象の背後にある行為の動機の理解が不可欠であるという立場から，目的合意的行為，価値合理的行為，感情的行為，伝統的行為という社会的行為の四類型を提示した。

3：エスノメソドロジーとは，人々の日常会話の中で語られる集団の神話や歴史を分析することを意味し，その創始者であるレヴィ＝ストロースは，M.モースの贈与論に示唆を得て，子供の交換を通して親族関係が生成し，維持されるメカニズムを明らかにした。

4：G.ジンメルは，相互作用を内容と形式に分離し，形式を社会学の対象とする形式社会学の立場を批判した上で，相互作用の内容（目的・意図・関心など）を他者との合意形成とするコミュニケーション的行為の理論を提唱した。

5：E.ゴフマンは，日常生活における対面的な相互作用を研究対象とし，偶然その場に居合わせた人々が他者の存在を認知しながらも，礼儀として相手に過剰な注意を払わない作法を儀礼的無関心と呼んだ。

チェック欄

1回目	2回目	3回目

実践 問題 56 の解説

〈相互作用〉

1 × M.オルソンはフリーライダー問題を本格的に論じた学者であるので，それを批判したとする本肢の記述は誤りである。また，交換理論を唱えたのはG.C.ホマンズであって，オルソンはこの立場にはいない。ホマンズは『社会行動』（1961年）で，合理的選択理論を用いて交換理論を確立した。オルソンは『集合行為論－公共財と集団理論』（1965年）で，合理的選択理論が前提とするような人間像では，フリーライダーの問題が生じると論じている。

2 × A.シュッツは独自の現象学的社会学を確立した人物であり，よって「現象学を否定した」という記述は誤りである。また，人間の行為をその動機の理解から説明しようとし，本肢にある4つの社会的行為を挙げたのは，理解社会学を提唱したM.ウェーバーである。シュッツは『社会的世界の意味構成』で，ヴェーバーの行為理論を現象学的に精緻化した。

3 × 確かにエスノメソドロジーは人々の日常会話の分析を重要な方法として用いているが，その中で語られる集団の神話や歴史を研究の対象としているのではない。また，その創始者はH.ガーフィンケルである。C.レヴィ＝ストロースは構造主義を創始した哲学者・文化人類学者である。M.モースの『贈与論』に示唆を得たが，彼とは異なり，女性の交換（よって本肢にある「子供の交換」も誤り）の原理を無意識的な「構造」に求めた。

4 × G.ジンメルは形式社会学を提唱した人物であるので，それを批判したとする本肢の説明は正しくない。また，コミュニケーション的行為の理論を提唱したのはフランクフルト学派第2世代のJ.ハーバーマスである。なお，形式社会学およびコミュニケーション的行為の理論の方法論についての本肢の説明は正しい。

5 ○ E.ゴフマンは，『行為と演技』において，他者との相互行為をパフォーマンス，オーディエンス（観衆）といった演劇用語を用いて描写した。このため彼の理論はドラマトゥルギー（ドラマ理論）とよばれる。この儀礼的無関心もそこで示された概念の1つである。

正答 5

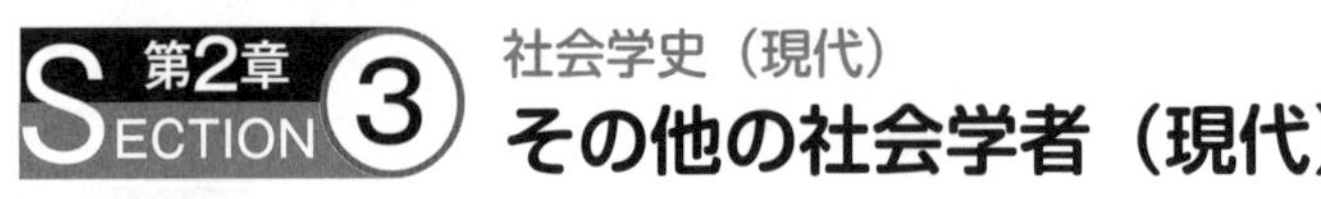

第2章 SECTION 3 社会学史（現代） その他の社会学者（現代）

実践 問題 57 応用レベル

頻出度 地上★　国家一般職★★★　特別区★★★　国税･財務･労基★★★

問 行為理論に関する次の記述のうち，妥当なのはどれか。（国Ⅱ2001）

1：社会学の主要な研究対象に当たる行為は，行動の一つの形態であるといわれる。一般に行動とは，人間や動物の活動全般を指す。これに対して，行為とはシンボルによって社会的に意味づけられた行動をいう。その意味では，政治行動は，このような行為の範疇には含まれない。

2：行動が客観的に観察されるものであるのに対して，行為は主観的に理解されるものであるといわれる。M.ウェーバーは目的と手段との関係を中心に，行為の意味を理解することを社会学の中心的な課題として提示した。そのために，彼は，感情や習慣に基づく人間の活動を社会的行為の類型から排除した。

3：M.ウェーバーは，利害と理念とを行為の対立的範疇としてとらえた。このような発想は，行為の一般理論を提起したT.パーソンズにも継承されている。すなわち，パーソンズは，行為を欲求の充足とともに価値の実現を指向するものとする。そのために，パーソンズは，代表的な功利主義者として位置付けられる。

4：G.H.ミードは個人の行為を，他者との相互作用という社会的文脈の中で問題にした。彼は，個人が，他者の役割の取得によって自己の行為を形成する過程に注目し，役割取得という概念を提示した。彼は，それを子どものプレイ（ごっこ遊び）やゲームなどを通して例示している。

5：自己の行為は，相互行為の過程で他者の行為に依存する。それは他者の行為が，自己の行為に依存することと同様である。このような行為の二重の不確実的状況をT.パーソンズは，ダブル・バインドと呼んだ。N.ルーマンは，これを自他のコミュニケーションの成立の基盤とする独自の理論を提示した。

チェック欄

1回目	2回目	3回目

実践 問題 57 の解説

〈社会的行為・社会構造〉

1 × 最後の「政治行動は，このような（社会的）行為の範疇には含まれない」という記述が妥当でない。社会的行為にはさまざまな定義があるが，たとえばM.ウェーバーの「主観的意味が付与された人間行動」という定義を見ても，政治行動が社会的行為に含まれるのは明らかである。

2 × 最後の「彼は，感情や習慣に基づく人間の活動を社会的行為の類型から排除した」という記述が妥当でない。有名なウェーバーの社会的行為の4類型は，目的合理的行為，価値合理的行為，感情的行為，伝統的行為である。

3 × 最後の「パーソンズは，代表的な功利主義者として位置付けられる」という記述が妥当でない。T.パーソンズは，その初期の主意主義的行為理論において，功利主義的な行為理解の問題点を指摘し，これを乗り越える行為理解（理論）を作り上げようとした。

4 ○ G.H.ミードは，子どもは相互行為の積み重ねの中で，ごっこ遊びを通じて個々の他者の役割期待を内面化していくだけでなく，一般化された他者のそれ（社会規範など）をも内面化していくとした。

5 × 「このような行為の二重の不確実的状況をT.パーソンズは，ダブル・バインドと呼んだ」という箇所が妥当でない。正しくはダブル・コンティンジェンシーである。ダブル・バインドとは，G.ベイトソンの概念であり，矛盾する2つの命令に同時に従わなければならないときに人が陥る混乱状況のことである。

正答 4

その他の社会学者（現代）

実践 問題 58 応用レベル

頻出度 地上★ 国家一般職★★★ 特別区★★★ 国税·財務·労基★★★

問 社会的行為に関する次の記述のうち，最も妥当なのはどれか。

（国家一般職2012）

1：T.パーソンズは，人間の行為を説明するためにパターン変数（型の変数）という概念を用いた。これは，人々が共有価値に基づきながら自発的な行為を繰り返すことで行為の多様性が減じ，次第に一定のパターンに収斂することを示すものである。

2：N.ルーマンは，行為者たちが互いの行為を予期しあって行為するダブル・コンティンジェンシー状態の不安定性や不確実性に注目した上で，社会システムには過度の複雑性を縮減していく機能があると説いた。

3：P.ブルデューは，実践的・慣習的行為の積み重ねによって形成される態度をハビトゥスと名付けた。そして，人々はこのハビトゥスを土台とすることで，社会構造とは無縁な行為を自由に展開することができるとした。

4：R.K.マートンは，社会における相互行為の分析は複雑性が非常に高く困難であるとして，社会学における研究対象を，主としてミクロレベルとマクロレベルの中間に限定する中範囲の理論を批判し，より抽象度の高い一般理論を構築することが重要であると主張した。

5：J.S.コールマンは，人間の合理的な行動に着目し合理的選択理論を展開した。この理論において想定されている典型的な行為者は，各行為者が属する社会の価値・規範を内面化し，他者の利害を考慮しつつ適切に行為する理性的な行為者である。

チェック欄		
1回目	2回目	3回目

実践 問題 58 の解説

〈社会的行為・社会構造〉

1 × T.パーソンズは文化システムの共通価値が，社会システムでは役割制度として定着し，パーソナリティ・システムで社会化を通じて内面化されるとし，その共通価値は，５つに区分されるとして，それをパターン変数とよんだ。しかし，本肢の後半が誤りである。彼は共通価値によって，徐々に行為の多様性が減少するとは述べていない。なお，５つの共通価値とは，①感情性－感情中立性，②自己中心的志向－集合体中心的志向，③個別主義－普遍主義，④所属本位－業績本位，⑤限定性－無限定性，である。

2 ○ ダブル・コンティンジェンシー問題はパーソンズが取り上げたものである。パーソンズは，このようなダブル・コンティンジェンシーの問題について，社会化や賞罰という２つのサンクションが相互に加えられることによって，人々の行動はシステムに適合したものとなり，社会の秩序は確保されるとした。しかし，N.ルーマンは，ダブル・コンティンジェンシーの下での自他の行為の未決定性こそが，自他の相互作用の創発の母胎であることを指摘した。

3 × P.ブルデューのいうハビトゥスとは，社会化の中での習得の所産で，容易に変わりにくい持続性を持ち，当人にとってほとんど意識されず，半ば自動的に作用することにある。そして，これは社会構造と行動を媒介するものとして位置づけられた。よって，「人々はこのハビトゥスを土台とすることで，社会構造とは無縁な行為を自由に展開することができる」という本肢の記述が誤りである。

4 × R.K.マートンは中範囲の理論の提唱者である。もともとはパーソンズの弟子であったマートンは，パーソンズの理論を極端に抽象度が高く実証性に堪えないとして批判し，抽象度をやや低めた中範囲の理論を提唱した。これはミクロレベルの理論とマクロレベルの理論を媒介するもので，中範囲の理論の例としては，準拠集団論，逸脱論（アノミー論），官僚制論などが挙げられる。

5 × J.S.コールマンは合理的選択論の立場に立ち，社会的交換から社会システムについて論じた。ただし，彼の想定する典型的な行為者は，本肢の記述にあるようなものではない。彼は合理的選択論の立場に立ちつつも，個人や市場は完璧な合理的選択はなしえないとし，団体組織を合理的な意思決定者とみなして，独自の社会関係資本（ソーシャル・キャピタル）理論を構築した。

正答 2

第2章 SECTION 3 社会学史（現代） その他の社会学者（現代）

実践 問題 59 応用レベル

頻出度 地上★ 国家一般職★★★ 特別区★★★ 国税·財務·労基★★★

問 社会の構造と機能に関する次の記述のうち，妥当なのはどれか。（国Ⅱ2002）

1：構造と機能とは，共に今日の社会学の中で中核的な位置を占める概念である。社会学において，構造とは社会現象の中に認められる規則性やパターンを指す。このような規則性やパターンは，通常，人間の行為にも認められる。したがって，人間の行為を構造的に分析することは，社会学の範ちゅうに属する。

2：社会学において，構造とは人々が意図的に構築する関係を指す。これは，構造が，本来建築の概念であることに由来している。したがって，社会集団の中でも，アソシエーションが構造であるのに対して，コミュニティは構造ではない。というのは，後者は，人々の間に自生的に成立する関係であるからである。

3：社会学では，社会の諸要素が社会の存続のために貢献することを機能という。それは，人体の諸器官が，人体の存続のために活動することに類比できる。その際，社会がその存続のために充足すべき課題を機能的要件という。T.パーソンズが提起したＡＤＳＬ図式は，その理論的定式化を試みたものである。

4：社会の諸要素は，社会の目的にとって，プラスに作用する場合とマイナスに作用する場合とがある。一般に前者を順機能，後者を逆機能という。この対概念は，当初，官僚制の研究から生まれた。すなわち，R.マートンが官僚制の順機能を強調したのに対して，M.ウェーバーは官僚制の逆機能に注目した。

5：社会の存続のための機能的要件が不充足になると，社会の構造に不整合が生じる。このことを通じて社会の構造が変化することを社会変動という。その際，社会学が関心をおく社会変動は，社会のすう勢的な変化よりも循環的な変化であり，景気変動や流行現象がその典型的事例である。

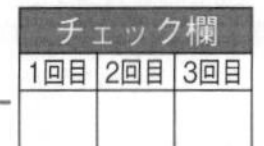

実践 問題 59 の解説

〈社会的行為・社会構造〉

1 ○ 「社会構造」概念は，社会有機体説の影響を受けて生まれたものであるが，この社会有機体説は，諸器官の間に相互依存関係が成立している生物有機体との類比から生み出されたものである。

2 × 構造を「意図的に構築する関係」としている点が妥当でない。構造は意図的に構築される関係に限られるものではなく，無意識的，自生的に生み出される関係も「構造」に含まれる。

3 × 社会が充足すべき機能的要件の組合せとしてT.パーソンズが提起したのはＡＧＩＬ図式である。

4 × R.マートン，M.ウェーバーと順機能，逆機能との組合せが逆である。マートンがいう官僚制の逆機能の例としては，目的の転移，訓練された無能力などが挙げられる。

5 × 最後の一文の内容が妥当でない。社会学は循環的変化と趨勢的な変化の両方を対象としており，どちらにより強い関心を置いているかを一概にいうことはできない。

正答 1

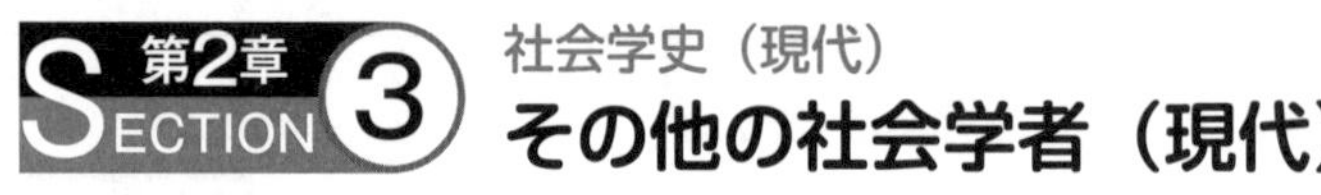

第2章 SECTION 3 社会学史（現代）

その他の社会学者（現代）

実践 問題 60 応用レベル

頻出度	地上★	国家一般職★★★	特別区★★★
	国税·財務·労基★★★		

問 相互作用に関する次の記述のうち，最も妥当なのはどれか。 (国Ⅱ2010)

1：G.ジンメルは，社会を，個人間の相互作用を生み出す衝動，関心，本能などの「内容」と，形式的な行動様式である上位と下位，競争，模倣，分業などの「社会化の諸形式」から成り立つものであると考え，これらの両方を研究対象とする総合社会学を提唱した。

2：G.H.ミードは，人間は複数の他者との相互作用の積み重ねのなかで，多様な役割期待を認識するが，それぞれの役割が相互に矛盾・対立することで他者との心理的距離が広がる現象を「一般化された他者」と概念づけた。

3：C.H.クーリーは，集団規範や価値を内面化することを目的に，人間が，家族，友人集団など身近な所属集団との相互作用を通じて，他者の行動や態度をまねるなど他者との同一化を図ろうとすることを「鏡に映った自己」と概念づけた。

4：H.G.ブルーマーは，行為者の内的側面を重視する立場から，人間の行為は意味に基づいてなされ，その意味は他者との社会的相互作用において形づくられ，解釈されるとする象徴的相互作用論を説いた。

5：T.パーソンズは，他者との相互作用を通じて取り入れた，社会的な望ましさ＝規範的志向によって人間の行為が規定されると考え，行為者の能動的な意志や努力を不可欠なものとする主意主義的行為論を批判した。

チェック欄		
1回目	2回目	3回目

実践 問題 60 の解説

〈社会的行為・社会構造〉

1 × G.ジンメルが**社会的諸現象を「内容」と「(社会化の諸) 形式」の側面に分離して把握しようとした**のは事実であるが，それぞれの説明は間違っている。政治や経済，宗教などいかなる場面においても，支配－服従，党派形成，内集団－外集団などの人々の心的相互作用は普遍的に見いだされることから，ジンメルはこれを**社会化の諸形式**とよび，**政治や経済や宗教などの「内容」は個々の諸学問（政治学や経済学，宗教学など）にまかせて，社会学はこうした形式のみを扱うべきだ**とした。そして，そうした自らの社会学を形式社会学と名づけた。

2 × **一般化された他者**の概念はG.H.ミードのものであるが，その説明が間違っている。**ミードは子どもの社会化の過程は仲間との遊びを通じてなされる**と捉えた。最初の段階では，親などの身近な人間（**重要な他者**）を**「ごっこ遊び」で模倣することによって，社会における人々のさまざまな役割を自己の中に取り入れる（役割取得）**。そして，次の段階になると**「ゲーム遊び」を通じて，その集団の中での役割を考えながら自己の役割を習得していく**ようになる。**一般化された他者**とは，このように特定の他者ではない，自己の役割取得の対象のことを指している。

3 × **鏡に映った自己**という概念は**C.H.クーリー**のものであるが，それは「他者との同一化を図ろうとする」ものではない。**クーリーは子どもが社会的な役割取得をするに際して，鏡としての他者を通じて，あるべき自己を見いだしていく**とし，それを「鏡に映った自己」と表現した。さらにクーリーはそのような**子どもが自我形成をするのに重要となる他者の集団**を**第１次集団**とよんだ。

4 ○ **H.G.ブルーマー**はG.H.ミードに学び，人々が有意味なシンボルを用いて相互作用を行う過程を記述していく**象徴的（シンボリック）相互作用論**を打ち立てた。本肢にあるとおり，**ブルーマーによれば人間の行為は他者との相互作用の中で形成され，解釈された「意味」に基づいて行われる**。このような，社会における人間の相互作用を強調した社会学は**意味学派**と総称され，**T.パーソンズの機能主義に対抗する新しい社会学説として大きな潮流**となった。

5 × 「主意主義的行為論を批判した」が誤り。主意主義的行為論は**T.パーソンズ**の初期の理論である。社会的行為はM.ウェーバーによれば行為者の意志や意図といったものを伴うが，そうした**社会的行為は他者との相互作用を取り入れた，社会的な規範的志向によって規定されるとパーソンズは捉え**た。パーソンズによれば**社会的行為は，目的，手段，条件，規範によって規定される**。

正答 4

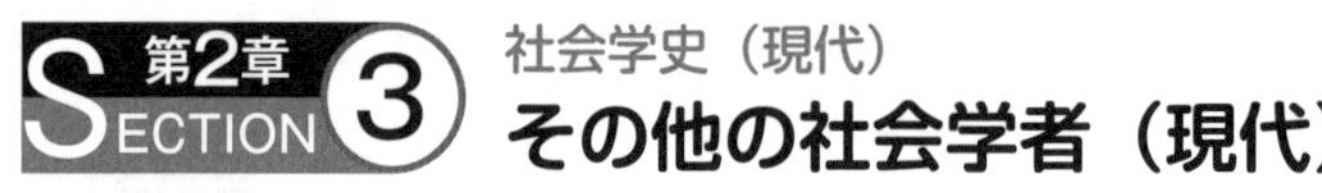

実践 問題 61 応用レベル

頻出度 地上★ 国家一般職★★★ 特別区★★★ 国税･財務･労基★★★

問 社会変動に関する次の記述のうち，妥当なのはどれか。 （国Ⅱ1995）

1：社会変動は，社会における諸矛盾のような客観的要素によって促進される。しかし，社会の構成員は共通の価値や規範により統合されているため，社会の諸矛盾を覆い隠し，現状を維持しようとすることから，社会運動のような社会の構成員自身の主体的要素は社会変動を阻止する要因になる。

2：ロストウは生産力の発展に注目して，伝統的社会，先行条件期，離陸期，成熟への前進期，高度大衆消費社会という５段階を区別する経済発展段階説を唱えた。

3：文化変動論は，社会変動を文化変動と捉える立場である。その論者の１人であるオグバーンは，制度やイデオロギーなどの非物質文化のほうが，物質文化よりも発明による変動のテンポが速いため，その文化のずれが社会の解体を招き，文化全体の変動が行われるとした。

4：マルクス主義の変動論においては，法律や政治，宗教，道徳などの上部構造が，生産関係という下部構造を規定するという立場から，国家権力の奪取による上部構造の変革が主張された。

5：都市化は，大量の人口群の都市への集中と定住による旧来の農村的生活様式の崩壊と新しい社会秩序の展開という変動であり，社会秩序の急速かつ全面的変革を伴うことから，社会の全体的変動に当たる。

チェック欄

1回目	2回目	3回目

実践 問題 61 の解説

〈社会変動論〉

1 × 社会変動の要因は社会的・文化的なものであり，観念的因子（理念，イデオロギー，エートスなど）や，物質的文化の発達，生産力の変化と生産関係（経済制度）との矛盾などが要因として挙げられる。また，社会の諸矛盾は人々に社会的不満を生じさせ，その結果として社会運動が組織され，人々がそれに動員される。1つの社会運動が全体的な社会変動の要因となることはないが，たとえ部分的であるにせよ，社会生活の一部を変革することによって，部分的な社会変動を引き起こし，それが全体的な社会変動の契機となることもある。よって，「社会運動のような社会の構成員自身の主体的要素は社会変動を阻止する要因になる」が誤り。

2 ○ **W.ロストウ**はこの理論とともに，K.マルクスの社会主義が資本主義よりも高次の段階にあるといった考えを否定し，社会主義と資本主義の違いは，**高度大衆消費社会**へ至る過程の違いにすぎないと考えた。

3 × **W.F.オグバーン**の**文化遅滞説**によれば，**物質的文化**は科学や技術の急速な発展に伴って，制度・イデオロギーのような**非物質的文化**よりもずっと速く進展し，これによって生ずるズレが社会生活に混乱・不安をもたらすとした。本肢では，物質的文化と非物質的文化が逆になっている。

4 × **マルクス**によれば，法律や政治，宗教，道徳などの**上部構造**は生産関係という**下部構造**によってそのあり方が規定される。つまり社会の全体は，生産諸関係の総体である下部構造がその基礎をなし，その上にこれらの上部構造が築かれている建築物のようなものであるとされる。

5 × **L.ワース**の**アーバニズム論**によれば，都市的生活様式の複合体としてのアーバニズムが「都市」によって生み出され，蓄積され，都市から郊外へ，さらに農村へと，徐々に拡大していく過程が**都市化**である。したがって都市と農村は，同一直線的な発展過程における変数の違いによる区分のようなものと考えられている。よって，本肢の記述「社会秩序の急速かつ全面的変革を伴う」というのは妥当でない。

正答 2

社会学史（現代）
その他の社会学者（現代）

実践 問題 62 応用レベル

頻出度	地上★　国家一般職★★★　特別区★★★　国税･財務･労基★★★

問 近代社会に関する次の記述のうち，妥当なのはどれか。（国Ⅱ1999）

1：「近代」に当たる英語のmodernという言葉には，本来「現代」や「最新」という意味が含まれている。一般に社会は，その社会の成員にとってmodern societyとしての性格をもっている。今日の社会学の中では，「近代社会」という言葉は，20世紀の社会という意味で用いられることが一般的である。

2：わたしたちの社会としての近代社会を概念的に規定することは，社会学の重要な主題の1つである。E.デュルケームは，近代社会を異質な人々が機械的に結合した社会（組織的社会）として規定する。それは，同質の人々が有機的に結合した社会（環節的社会）としての原始社会と対置されるものである。

3：M.ウェーバーは，近代社会を生活諸領域の全般にわたる高度な合理性によって特徴づける。たとえば，官僚制の発達もまた近代社会の特徴の1つである。それは大規模な組織を合理的に管理・運営する仕組みで，①規則による職務の遂行，②ヒエラルキー，③公私の分離，④資格任用制などを特徴とする。

4：近代以前の社会から近代社会への移行の過程を社会学では，近代化という。W.ロストウは近代化を，産業化として捉える独自のパースペクティブを提示した。そして，①伝統的社会，②離陸のための先行条件期，③離陸期，④成熟への前進期，⑤高度資本主義社会という，経済成長の5段階説を提起した。

5：近代社会を国民国家の制約を超えて，よりグローバルな水準で問題にしようとする社会学者もいる。I.ウォーラーステインは，16世紀に西ヨーロッパを中心として成立した大規模な国際分業体制を「近代世界システム」とよぶ。そこでは日本は，西ヨーロッパに次ぐ第二の近代社会として位置づけられている。

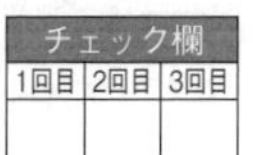

実践 問題 62 の解説

〈社会変動論〉

1 × 近代社会という語は，２通りの意味で用いられている。１つは，①産業革命や民主主義の成立によって「前近代」と区別される社会という意味であり，社会の歴史的変遷は「前近代－近代」という２分法によって区別される。もう１つは，②そのような近代化されて以後の社会を，さらに「近代－現代」と区別するものであり，「近代」が自由競争，財産と教養を持つ市民による政治などによって特徴づけられる（主に19世紀まで）のに対して，「現代」が経済への政府の介入，独占資本主義，大衆政治などによって特徴づけられるもの（20世紀前半以降）として区別される。ここでは社会の歴史的変遷は「前近代―近代―現代」と３分法によって区別される。「近代社会」を①②のどちらで捉えるにせよ，本肢のように「20世紀の社会」のみを指すという意味では用いられていない。

2 × 異質な人々が有機的に結合した社会が組織的社会（有機的社会）であり，同質の人々が機械的に結合した社会が環節的社会である。本肢では，「有機的に」と「機械的に」とが逆になっている。また，近代社会は異質な人々が「有機的に」結合した社会であるとされる。

3 ○ M.ウェーバーの社会学のテーマは，社会全体の合理化であり，ウェーバーは，最も合理的な組織管理の形態として官僚制に注目し，本肢のような特徴を挙げた。

4 × W.ロストウの経済成長の最終段階は，「高度資本主義社会」ではなく，高度大衆消費社会である。この発展段階説においては，社会主義も資本主義も，経済成長を達成するための道筋の違いにすぎないものとされる。その他の説明は妥当である。

5 × I.ウォーラーステインは（近代）世界システム論の提唱者である。（近代）世界システム論は，資本主義の発展を一国レベルにおいて考えるのではなく，国家間の分業体制（中心－準周辺－周辺という構造）の発展として考えるところに特徴がある（ただし，ここでいう分業は対等なものではなく，中心が周辺から収奪する不等価な交換である）。本肢にある16世紀の国際分業システムとしての「近代世界システム」において，日本は「近代社会」ではなく，この「システムの外部」に位置しているにすぎない。16世紀の世界史の状況からすれば，常識的に判断できよう。

正答 3

第2章 SECTION 3 社会学史（現代）その他の社会学者（現代）

実践 問題 63 応用レベル

頻出度 地上★ 国家一般職★★★ 特別区★★★ 国税・財務・労基★★★

問 近代化と社会変動に関する次の記述のうち，妥当なのはどれか。（国Ⅱ2006）

1：G.ジンメルは，社会圏が量的に拡大し分化することで社会圏の交錯が生じ，その中で個人は各種の社会圏を自分なりの組合せで選ぶことによって，自らの個性を発達させると論じた。

2：E.デュルケームは，社会の容積と動的密度が増大すると，類似に基づく有機的連帯が次第に拘束力を失い，社会的分業が発達して，アノミー状態が出現すると論じた。

3：W.W.ロストウは，すべての伝統的社会は，離陸のための先行条件期，離陸期，成熟への前進期を経て，高度情報経済社会の段階へ進むとする経済成長の五段階説を唱えた。

4：D.ベルは，経済成長を基軸原理とする工業社会の後に，理論的知識を基軸原理とした脱工業社会が出現し，知識をもつ者ともたない者との間でイデオロギー対立が激化すると予測した。

5：M.カステルは，生産様式と発展様式を区別し，生産様式としての資本主義と社会主義は，ともに工業的発展様式から脱して，情報的発展様式と結び付くようになったと論じた。

チェック欄		
1回目	2回目	3回目

実践 問題 63 の解説

〈社会変動論〉

1 ○ G.ジンメルは近代化を，社会圏の交差と個人・社会の分化の過程と捉えた。彼によれば，近代以前の社会においては個人の社会圏は家族や地域共同体といった狭いもので，またそれぞれの人々も同一的な未分化の状態にあるが，それが社会の発展によって個人がかかわる社会圏も拡大し，それとともに人々の個性も発達し（個人の分化），社会も分化していくとされる。

2 × 「類似に基づく有機的連帯」が誤り。E.デュルケームは，社会の発展を環節的社会から有機的社会へと捉えたが，環節的社会における同質的・類似的な人々の連帯は有機的連帯ではなく，機械的連帯である。有機的連帯とは異質な個性を有する人々の連帯を指し，有機的社会はこれに基づくとされるが，デュルケームはこれが必ずしもうまくいかずにアノミー的分業が発生しうるとした。

3 × 「高度情報経済社会」が誤り。W.ロストウの用語では高度大衆消費社会である。ロストウは社会の発展を経済の発展という観点から，伝統的社会→離陸のための先行条件期→離陸期→成熟への前進期→高度大衆消費社会という図式で捉えた。彼はこの理論をもって**社会主義の優位を説くK.マルクスの思想を批判したが，このように資本主義も社会主義も等しく高度大衆消費社会を目指しているとする説は，「収斂理論」**とよばれる。

4 × 「知識をもつ者ともたない者との間でイデオロギー対立が激化する」が誤り。D.ベルは，脱工業化社会では理論的知識や技術を有するテクノクラートの発言力が増し，それが政治家との間に対立をもたらすだろうと論じている。また彼は，産業の発展した現代においては資本家対労働者といった従来の階級対立に基づくイデオロギーはもはや成り立たないとしてイデオロギーの終焉を唱えている。

5 × M.カステルは上述のD.ベル同様，情報化がもたらす資本主義の変容について論じており，社会主義をそこには含めていない。彼は生産様式としての資本主義は，従来の物質的生産を軸とした産業的発展様式に基づく工業社会から，情報や知識を中心とする情報的発展様式を基礎とした情報化社会へと移行しつつあると論じた。彼は市場のグローバル化をこうした情報化が支えているとしている。

正答 1

その他の社会学者（現代）

実践 問題 64 応用レベル

頻出度	地上★	国家一般職★★★	特別区★★★
	国税･財務･労基★★★		

問 近代化と社会変動に関する次の記述のうち，妥当なのはどれか。（国Ⅱ2003）

1：「社会学」という言葉を初めて用いたA.コントは，社会発展に関する「三段階の法則」を提唱した。彼によれば，人間精神は軍事的，法律的，産業的という三つの発展段階を持ち，それに対応して社会は，神学的，形而上学的，実証的という各段階を経過する。こうして彼は，科学と産業の時代が到来することを予見した。

2：K.マルクスによれば，社会の物質的生産力はそれに照応する一定の生産関係の下で発展するが，やがて生産関係が生産力の発展にとって桎梏（しっこく）となる段階に達すると，社会革命の時代が到来するとした。この革命は，近代資本制社会においては，資本家と労働者の階級闘争の形をとり，両者が共に没落する結果，階級闘争の歴史が終わると論じた。

3：F.テンニエスは，ゲマインシャフトとゲゼルシャフトという二つの社会的結合を区別した。ゲマインシャフトとは，本質意志に基づく結合体であり，ゲゼルシャフトとは選択意志に基づく形成体である。前者が優勢な時代から後者が優勢な時代に移行するにつれて，ゲゼルシャフトはゲマインシャフトの基底を形成するようになると論じた。

4：E.デュルケムは，19世紀後半の著作である『社会分業論』において，分業の発展に伴って，社会的連帯は，類似に基づく機械的連帯から分業に基づく有機的連帯へと移行すると論じた。しかし，当時の社会はその過渡期にあり，分業は発展しているがそれに対応する社会的連帯が形成されていないために，アノミー状態にあるとした。

5：M.ウェーバーは，『プロテスタンティズムの倫理と資本主義の精神』において，プロテスタンティズムの世俗内禁欲の倫理が，意図しない結果として，修道院の規律を厳格化させることとなり，そこに規律を重視する近代的工場制度の原型が形成されたと論じた。しかし，一たび資本主義が成立すると，そのような倫理的支柱は失われたと説いた。

チェック欄

1回目	2回目	3回目

実践 問題 64 の解説

〈社会変動論〉

1 × A.コントの3段階の法則は，人間の精神の発達と社会の発達との相関関係を指摘したものである。それによると，人間の精神が神学的→形而上学的→実証的という順序で発展するのに伴い，社会の形態は軍事的→法律的→産業的という順序で発展していくという。したがって本肢の記述では，人間の精神の発展順序と社会の形態の発展順序とが入れ替わってしまっている。

2 × K.マルクスの革命論においては，資本家階級（生産手段の所有者）による労働者階級の搾取が臨界点に達したとき，労働者階級が資本家階級を打倒し労働者階級自らが生産手段の所有者となり，搾取のない社会が実現するとされる。したがって，本肢の最後のほうにある「両者が共に没落する結果」という記述が妥当でない。

3 × F.テンニース（テンニエス）は『ゲマインシャフトとゲゼルシャフト』において，近代化に伴ってゲゼルシャフトがゲマインシャフトを駆逐していき，最終的にはゲゼルシャフト的なもののみが残ると指摘した。したがって，「ゲゼルシャフトはゲマインシャフトの基底を形成するようになると論じた」という記述は妥当でない。

4 ○ E.デュルケーム（デュルケム）は近代社会における理想的な社会的連帯は，相互に異質な諸個人が分業を媒介として相補的に結び付く有機的連帯であると指摘したが，有機的連帯はいまだに完全なかたちでは実現されていないと述べ，具体的な解決策として，同業組合という集団の創設を提唱している。以上の点から，本肢の記述は妥当である。

5 × M.ウェーバーは，勤勉と倹約を旨とし世俗内において懸命に働くことは現世において神の栄光を賛美する尊い行いであるとする**プロテスタントの「世俗内禁欲」の倫理が，結果的に高度な合理性を特徴とする近代資本主義経済の母胎となった**と指摘している。したがって，「修道院の規律」という「世俗外」の倫理が近代的な経済論理の母胎となったとする本肢の記述は妥当でない。

正答 4

社会学史（現代）

その他の社会学者（現代）

実践 問題 65 応用レベル

頻出度 地上★ 国家一般職★★★ 特別区★★★ 国税·財務·労基★★★

問 近代化論に関する次の記述のうち，妥当なのはどれか。 （国家一般職2015）

1：未開社会における宗教生活の原初形態に社会の原点を見いだし，その上で近代産業社会の現状を見据えたE.デュルケムは，前近代的な有機的連帯から近代的な機械的連帯へと向かう大きな社会変動について論じた。

2：理念型的方法に基づく独自の方法論を確立し，社会学的近代化論の礎を築いたM.ヴェーバーは，支配関係に関する詳細な議論を展開し，近代官僚制の特徴として規則の体系，権限のヒエラルヒー，職務の専門化などを挙げた。

3：近代化に伴う社会的分化について探究を行ったG.ジンメルは，エスニシティの異なる諸集団が競争と闘争を繰り返し，その結果個人の自由が奪われる過程を社会圏の交錯（交差）として論じ，それを克服することが近代の課題の一つであるとした。

4：人々が依拠する行為の選択基準をパターン変数として定式化したT.パーソンズは，近代化の過程で，全ての客体を同じように取り扱う普遍主義は衰退し，身内びいきなどのように対象との間の特定の関係に従って客体を取り扱う個別主義が台頭してきたと論じた。

5：サービス産業が発展し，インターネット技術によって情報化が高度に進んでいる状態のことを脱工業化社会と呼んだD.ベルは，この段階になると人々の価値観の一元化やイデオロギー化が著しくなると論じた。

チェック欄		
1回目	2回目	3回目

実践 問題 65 の解説

〈近代化論〉

1 × 前半の説明は正しいが，後半の「前近代的な有機的連帯から近代的な機械的連帯へと向かう」が順番が逆になっているので誤りである。E.デュルケーム（デュルケム）は，単なる類似に基づく機械的連帯が形成する，同質的な人々による没個性的な環節的社会から，分業の進展によって，異質な人々の有機的連帯が形成する有機的社会（組織的社会，職業的社会）へと社会は進化すると主張した。

2 ○ M.ウェーバー（ヴェーバー）は，人間の支配－服従関係は，支配される側がその支配の正当性を受け入れる（「正当性信念」）ことによって成り立っているとし，そのような正当性信念の違いにより支配現象を伝統的支配，カリスマ的支配，合法的支配の３つの理念型に類型化した。そして，近代官僚制を合法性の典型とした。

3 × 「社会圏の交差」の交差はG.ジンメルの提示した概念であるが，その説明が誤っている。ジンメルのいう「社会圏」とは人々の相互作用が及んでいる範囲をいう。個人の社会圏は，社会が原始的な段階では，それぞれの人間が同質的な未分化の状態にあったが，社会が発展するにつれて範囲が拡大し，同時に分化が進み多数の圏が作られて，複雑に絡みあっていく。これが社会圏の交差である。そして，このような中で個人は個性を発達させて他者と異なった人間となり（個人の分化），これとともに社会もまた分化していくとジンメルは捉えた。

4 × パーソンズは人間の行為の選択基準を，対になる５組のパターン変数にまとめたが，普遍主義－個別主義の対概念は，それぞれ個別主義が前近代に，普遍主義が近代にあてはまるもので，本肢の説明は逆になってしまっている。彼はパターン変数として①感情性－感情中立性，②集合体中心的志向－自己中心的志向，③個別主義－普遍主義，④所属本位－業績本位，⑤無限定性－限定性の５つを挙げ，それぞれ対になっている概念の前者が前近代に，後者が近代にあてはまると捉えた。

5 × D.ベルの脱工業化社会についての前半の説明は正しいが，後半が誤りである。ベルは，脱工業化社会では，産業の発達によって生み出された富の分配をめぐる政策的優先順位のみが問題になるのであり，もはやイデオロギーの対立を生み出す階級間の対立は消滅してしまっているとして「イデオロギーの終焉」を主張した。

正答 2

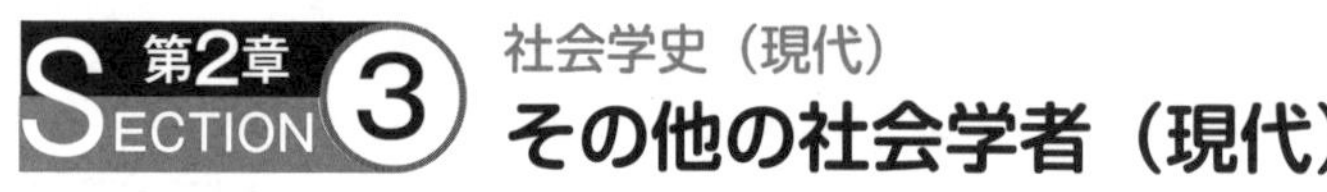

第2章 SECTION 3 社会学史（現代） その他の社会学者（現代）

実践 問題 66 応用レベル

頻出度 地上★ 国家一般職★★★ 特別区★★★ 国税・財務・労基★★★

問 イデオロギーやユートピアに関する次の記述のうち，妥当なのはどれか。

（国Ⅱ2004）

1：ユートピアの語源は，ド・トラシーの『ユートピア』に描かれた理想社会にあり，「どこにもない場所」という意味を持っていた。

2：K.マルクスとF.エンゲルスは，自分たちの科学的社会主義に対して，サン＝シモンやA.コントらの社会主義をユートピア的社会主義とし，そこに絵空事であるという意味を持たせた。

3：K.マンハイムは，存在に拘束された虚偽意識としてのイデオロギーと存在を超越した意識としてのユートピアとを区別し，ユートピアの変革的機能を強調した。

4：A.トゥレーヌは，脱工業化社会においては，経済成長と資源の配分をめぐる政策的優先順位のみが問題になるとして，イデオロギーの終焉を論じた。

5：J.ハバーマスは，国家装置を政府，行政機関などの抑圧装置と，学校，マス・メディアなどのイデオロギー装置に区分し，現代資本主義国家における後者の重要性を強調した。

チェック欄

1回目	2回目	3回目

実践 問題 66 の解説

〈イデオロギーとユートピア〉

1 × 『ユートピア』の著者はD.ド・トラシーではなく，T.モアである。ド・トラシーは「イデオロギー」という語を創始したことで知られる。ユートピアとは「ou」（どこにもない）と「topos」（場所）を組み合わせて作った用語である。

2 × A.コントはC.H.サン＝シモンの弟子であるが，コント自身はユートピア的社会主義者とは目されない。K.マルクスとF.エンゲルスが挙げているユートピア的社会主義者は，C.H.フーリエ，サン＝シモン，R.オーウェンである。マルクスとエンゲルスは彼らを社会主義思想の先駆者として評価しつつも，その非科学的な社会分析・社会構想に対して「空想的（ユートピア的）」とよんで批判した。

3 ○ K.マンハイムは『イデオロギーとユートピア』で，イデオロギーとユートピアを区別し，後者の変革的機能を強調した。マンハイムはイデオロギーを全体的イデオロギー－部分的イデオロギー，普遍的イデオロギー－特殊的イデオロギーの２組に分類し，**マルクス主義を，ブルジョワジーの世界観全体を攻撃する全体的イデオロギーたるが，相手の立場のみをイデオロギーと考えて自己の立場をそう考えない点で特殊的イデオロギーであるとした。**

4 × A.トゥレーヌも脱工業化社会について論じているが，イデオロギーの終焉と結び付けて論じたのはD.ベルである。ベルは，産業の発達はやがて財の生産からサービスや知識・情報への移行をもたらすとし，そうした社会においてはテクノクラートが政治において重要な位置を占めるだろうと説いた。トゥレーヌは脱工業化社会の今日における社会運動についての研究で知られる。

5 × 「イデオロギー装置」はフランスの構造主義的マルクス主義者であるL.アルチュセールの用語である。アルチュセールは学校や教会，マス・メディアなどが既存の体制を支えるイデオロギーを人々に植え付けるイデオロギー装置として機能していることを批判した。

正答 3

社会学史（現代）

その他の社会学者（現代）

実践 問題 67 応用レベル

頻出度	地上★	国家一般職★★★	特別区★★★
	国税·財務·労基★★★		

問 権力や支配に関する次の記述のうち，最も妥当なのはどれか。 （国Ⅱ2011）

1：M.ウェーバーは，権力を，社会的関係の内部で他者の自発的な受容によって自己の意志を貫徹するすべての可能性と定義した上で，その正当性の根拠の態様によって，伝統的，カリスマ的，合法的の三つの類型に分類した。

2：V.パレートは，どのような形態の社会であっても，少数の支配者層からなるエリート集団と多数の被支配者層に区分されるとし，特定のエリート集団が支配を永続化させるためには，被支配者層から常に人材を補充し，構成員の代謝を行う必要があることを示した。

3：R.ミヘルスは，組織における支配のメカニズムを考察し，権力は常に少数者に集中する傾向があるとした「寡頭制の鉄則」に対し，民主主義的な組織運営を徹底し，組織における支配と指導を分離することでこの傾向は弱まることを明らかにした。

4：P.M.ブラウは，交換可能性や交渉力の多寡が権力関係の基礎にあると指摘し，財力，情報，人的ネットワークなど多くの社会的資源を持つ者ほど，他者の利害状況を左右することができ，自己の意志を貫徹させうる可能性が高くなるとした。

5：M.フーコーは，パノプティコン（一望監視施設）と呼ばれる監獄において，受刑者の側から常に監視者を見ることができる構造となっていることに着目し，人が権力に自発的に服従することはなく，権力を維持するためには常に物理的，精神的な圧力を与える必要があると説いた。

チェック欄

1回目	2回目	3回目

実践 問題 67 の解説

〈権力・支配〉

1 × M.ウェーバーによれば権力とは，「ある社会的関係の内部で抵抗を排してまで自己の意思を貫徹する可能性」と定義される。よって，他者の自発的な受容は必要とされない。自発的な受容によって成り立っているのは権威である。ウェーバーは，支配は単に権力のみによって成立するのではなく，被支配者にその正当性が受け入れられる必要があるとし，その正当性の根拠の態様として伝統的，カリスマ的，合法的の3つの類型（支配の3類型）に分類した。

2 × V.パレートは，特定のエリート集団が支配を永続化させるためには，被支配者層から常に人材を補充し，構成員の代謝を行う必要があるとは主張していない。パレートはエリートのタイプを結合の残基を多く持つキツネ型と，集合体維持の残基を多く持つライオン型に分類し，その両者のエリートが順次交代し，相互に循環して支配が継続されるとする「エリートの周流論」を唱えた。

3 × R.ミヘルスは「寡頭制の鉄則」を批判したのではなく，それを唱えた学者である。ミヘルスは20世紀初めにドイツやイタリアなどの社会主義政党や労働組合の実態を調査し，構成員の平等と民主的組織運営を原則とする反体制的な組織においても一部の人々たちによる少数者支配と組織の官僚制化が見られることを明らかにし，それを「寡頭制の鉄則」と名づけた。

4 ○ P.M.ブラウはG.C.ホマンズとともに交換理論の代表的な社会学者であるが，ホマンズのように人と人とのミクロな交換を心理学的に分析することには批判的で，マクロな社会構造の視点から交換理論を構築した。彼は交換の互酬性が社会的統合を生み，互酬性の破綻が支配―服従を生み出すという交換の両義性に着目して，権力を交換理論の立場から説明した。

5 × M.フーコーは，権力を維持するためには常に物理的，精神的な圧力を加える必要なしに，人が権力に自発的に服従するようなシステムこそ近代の権力のあり方であると主張し，その比喩としてJ.ベンサムが考案したパノプティコンを用いている。フーコーによれば，近代においては，公教育等で権力によって規律化された従順な身体が登場したのであり，理性的な近代的主体とは自己自身を管理するこの規律化された身体と不可分である，とされる。

正答 4

社会学史（現代）

その他の社会学者（現代）

実践 問題 68 応用レベル

頻出度	地上★	国家一般職★★★	特別区★★★
	国税・財務・労基★★★		

問 社会学における方法論やパラダイム等に関する記述として最も妥当なのはどれか。　（国家一般職2013）

1：方法論的個人主義とは，自立的・合理的な個人として冷静な判断を下すことを重視する欧米的な個人主義の姿勢が大切であるとして，日本的な関係主義や集団主義を批判する比較社会学の一潮流である。

2：価値自由とは，相互に対立する諸々の価値が乱立している今日的な状況において，自らの価値を自由に表明できるのは近代化の証であるとし，諸々の価値の無制限な表出を肯定するために考案された概念である。

3：エスノメソドロジーとは，一つの国家の中に多数存在するエスニック・マイノリティの問題を探求するために開発された方法の一つで，会話の積み重ねを通してそれぞれのエスニック集団に固有の伝統文化を記述しようと試みるものである。

4：機能分析とは，一般的には，文化・社会現象を構成する相互依存的で可変的な諸要素に着目し，それら諸要素間の関係を全体的な脈絡のもとで説明しようとする方法である。

5：構築主義とは，過去や現在における社会問題を批判するのは非生産的であるとして，社会の諸問題を解決するための枠組みを具体的に構築すべきと主張する，社会計画論の一潮流である。

チェック欄

1回目	2回目	3回目

実践 問題 68 の解説

〈社会学の方法論〉

1 × **方法論的個人主義**とは，特定の社会現象や社会的行為を個人の意識，心理の側から説明しようとする立場をいい，一方，特定の社会現象や社会的行為を社会の側から説明しようとする立場を**方法論的全体（集合）主義**という。あくまで社会を捉えるときの視点を個人に置くか否かを述べたものであって，政治的主義としての個人主義とは関係がない。

2 × **M.ウェーバー**は，社会科学の研究が本質的に何らかの価値判断から逃れえないとし，研究者が自らのよって立つ価値を意識するという態度の下で，一定の基準に従って研究を進めるならば社会科学の客観性は確保される，とした。よって「諸々の価値の無制限な表出を肯定」したわけではない。

3 × **エスノメソドロジー**とは「人々の方法」を意味し，エスニック集団とは関係がない。エスノメソドロジーは**H.ガーフィンケル**が創始した理論社会学の一潮流である。彼は，当たり前のこととして行っている行為をあえて破棄するという違背実験を行い，こうした自然的態度が破棄されれば社会的生活は意味をなさなくなることを示した。ガーフィンケルによれば，行為が意味をなすとき，その行為の背景の行為者の属性，役割，振る舞い方の意味も内包されていて，文字どおりの行為や発言内容のみを理解しているのではなく，だからこそその場で，相手に合わせた行為，コミュニケーションをすることが可能になると捉えた。

4 ○ システムは安定した要素（構造）と，可変的な要素から成り立っている。そして，可変的要素が構造の均衡維持に役立っているか否かが機能とよばれる。**T.パーソンズ**は，行為を分析するにあたってまず，安定した要素を構造として見いだす構造分析と，そこで編み出された構造に対し，可変的要素がいかに機能しているかを見る機能分析という2つの段階を経る必要があると説いた。

5 × **構築主義**（あるいは社会構築主義，社会構成主義）とは，すべての社会的事象は，人間の意識のありようによって規定されているとする立場である。構築主義の**M.スペクター**と**J.I.キツセ**は，「逸脱とは，人が逸脱と決めるからそれが逸脱になるのだ」とするラベリング理論から一歩進めて，社会問題そのものが，誰かが「これは問題だ」と「クレイム申し立て」を行うところに発生するのだ，と主張する。このように，構築主義とは，社会の諸問題を解決するための枠組みを構築すべきとする社会計画論のことではない。

正答 4

第2章 社会学史（現代）

章末 CHECK

Question

Q1 T.パーソンズは，社会システムの維持に不可欠な機能としてＡＧＩＬの４つを挙げたが，この４つはそれぞれＡから順番に，適応，目的達成，潜在的パターンの維持，統合を指す。

Q2 T.パーソンズは，社会システムは役割と期待の連関によって構成される相互行為のシステムであるとした。

Q3 R.K.マートンの分類によれば，当事者によってその作用が必ずしも明確には意識されていない機能は逆機能とよばれる。

Q4 R.K.マートンは包括的全体的な社会学体系と個々の実証的事例研究の間をつなぐ中範囲の理論を提唱した。

Q5 競争率が高くなるという噂によって逆に志願者が減少した入試は，自己成就の予言の例である。

Q6 T.パーソンズは，人々の相互行為においては，相手の反応が相互に不確定の状況にあるダブル・バインドが問題となるが，共有された価値を内面化することでダブル・バインドは解消されうると論じた。

Q7 H.ブルーマーは，さまざまなシンボルを介して主体的に社会を構成していく人間像が強調する象徴的相互作用主義を構想した。

Q8 E.ゴフマンは，生活者の規則的な生活のあり方を独自な方法と技術で綿密に全体設計していく施設を全制的施設とよんだ。

Q9 A.シュッツは，日常生活は多元的な現実からなることを明らかにしたが，このうち，至高の現実とされたのは生活世界である。

Q10 H.ガーフィンケルは社会をシステムと捉え，システムが意味に基づいて形成されるとし，システムによる複雑性の収縮を主張した。

Q11 T.アドルノは，機械的な複製技術による芸術作品のアウラの喪失を現代社会の問題として指摘した。

Q12 G.C.ホマンズは，認知的不協和の理論を唱え，受け手は自分の持つ認知要素と協和しない情報を避けたり，歪曲して解釈する傾向が多いとした。

Q13 M.フーコーは，『狂気の歴史』の中で，中世やルネサンス期においては，「狂気」と「理性」が，それほど明確な輪郭を持たずに生活世界の中に共在していたと論じた。

Q14 P.ブルデューは，構造は行為を規定すると同時に，行為によって再生産されるとし，それを構造の二重性・再帰性とよんだ。

Q15 W.I.トマスは，「自己成就的予言」概念の提唱者でもあり，R.K.マートンの「状況の定義」概念にヒントを与えた。

A1 × ＩとＬの内容が逆。Ｉが統合で，Ｌが潜在的パターンの維持である。

A2 ○ 行為システムの中で，T.パーソンズがとりわけ重視したのは社会システムであり，社会システムは役割と期待の連関によって構成される相互行為のシステムであるとした。

A3 × 逆機能ではなく，潜在的機能である。逆機能とは社会活動に阻害的（マイナス）に作用する機能を指す。

A4 ○ R.K.マートンはT.パーソンズの弟子であるが，パーソンズのような巨大な社会学理論は個別的事例研究が十分になされていない今日においてはなお時期尚早であるとして，両者をつなぐ中範囲の理論を提唱した。

A5 × R.K.マートンは自己成就の予言と自己破壊の予言という概念を提示したが，この例は自己破壊の予言の例である。

A6 × 相互行為における不確定状況は，ダブル・バインドではなく，ダブル・コンティンジェンシーである。共通の価値の内面化による解決は，T.パーソンズの議論に関する記述として妥当である。

A7 ○ H.ブルーマーのこうした社会学理論は象徴的相互作用主義（シンボリック・インタラクショニズム）とよばれる。

A8 ○ E.ゴフマンは，『アサイラム』において，「全制的施設」の例として精神病院を挙げている。

A9 ○ この生活世界の上に多元的な現実が，人々の相互主観性によって形成されるとA.シュッツは捉える。

A10 × N.ルーマンの概念である。ルーマンはT.パーソンズとは異なった社会システム論を構築し，オートポイエーシスの概念を持ち込んで，世界の複雑性の「縮減」がシステムの作動であるとした。

A11 × フランクフルト学派と深いかかわりのあったW.ベンヤミンの『複製技術時代の芸術』の内容である。

A12 × 本問は社会心理学者L.フェスティンガーの業績に関する記述である。

A13 ○ M.フーコーは，『狂気の歴史』において，正常と異常，健康と病気，理性と非理性といった，現代においては常識的に区分されているさまざまな区別を，時代拘束的・歴史拘束的なものとして捉えた。

A14 × これはP.ブルデューではなく，A.ギデンズの構造化論である。

A15 × ×W.I.トマスによる概念は「状況の定義」であり，R.K.マートンはこれにヒントを得て「自己成就的予言」概念を定式化した。

memo

第3章 現代社会論

SECTION

第3章 現代社会論

出題傾向の分析と対策

試験名	地上			国家一般職（旧国Ⅱ）			特別区			国税・財務・労基		
年度	15-17	18-20	21-23	15-17	18-20	21-23	15-17	18-20	21-23	15-17	18-20	21-23
出題数 / セクション			1	1	1	2	1		1		3	1
大衆社会論				★		★						
社会運動論						★			★			
産業社会論			★		★		★				★★★	★

（注） 1つの問題において複数の分野が出題されることがあるため，星の数の合計と出題数とが一致しないことがあります。

地方上級

必ずしも頻出の分野ではありません。しかし，大衆の社会的性格について論じたフロムやリースマン，大衆と比較して論ぜられる群衆（群集）・公衆などについては過去に出題されたことがあるので，それらを中心に，基礎的なことは学習しておく必要があります。セクション②の社会運動論は近年，国家一般職（旧国Ⅱ）で頻出の分野で，他の試験種では大きくは出題されていませんが，今後出題される可能性もあるかもしれません。

国家一般職（旧国家Ⅱ種）

とりたてて頻出の分野ではないとはいえ，コンスタントに出題されています。個々の理論についても単に学者名と概念を覚えるのみでなく，内容までしっかりと理解してください。フランクフルト学派の理論，フロムやリースマンの社会的性格，群衆（群集）・公衆など，大衆社会論とかかわりのある領域と関連させてより深く理解しておく必要があります。

特別区

最近ではとりたてて頻出の分野ではありませんが，大衆社会論に大きく貢献したフランクフルト学派，大衆の社会的性格について論じたフロムやリースマン，大衆と比較して論ぜられる群衆（群集）・公衆など，他の章で扱っている学説も含めると出題頻度はそれなりにあるといえます。個々の学説について，学者名と主要概念は必ず押さえましょう。セクション②については今後も出題される可能性があります。

国税専門官・財務専門官・労働基準監督官

とりたてて頻出の高い分野ではないのですが，2018（平成30）年度にはこの分野から２問出題されました。ですので，主要な学説以外のものもしっかりと押さえておく必要があります。なお，セクション②は国家専門職の試験では大きくは取り上げられていませんが，今後出題される可能性もあるかもしれません。

Advice アドバイス 学習と対策

この章では現代社会についての諸理論を取り上げています。大衆社会論は政治学とも重なるものが多く重要です。特に，ミルズ，コーンハウザー，ベルなどの諸論は政治学でも頻出の事項となっています。また，近年では社会運動論も出題頻度が高くなってきました。

現代社会論
大衆社会論

必修問題 セクションテーマを代表する問題に挑戦！

大衆社会論の特徴についての問題です。自分たちの社会生活を思い浮かべれば解ける問題です。社会学においてはこうした社会に対する感覚を普段から研ぎ澄ませることも必要です。

問 大衆社会に関する次の記述のうち，妥当なのはどれか。　（国Ⅱ1981）

1：大衆社会における大衆は，空間的に散在しながらも相互に感情的一体感をもち，思想の共通性で結ばれ，合理的に思考し行動する理性的存在としての個人から成り立っている。

2：大衆社会は大衆が社会の動向を左右する社会であるといわれ，そこでは産業化の進行，大量生産・大量消費の発達，都市化の進展などにつれて匿名性，非人間的接触などの傾向が支配的となっている。

3：大衆社会化状況の進展とともに，大量交通手段やマスコミの発達によって社会的変動や移動が進行し，各人が共通の体験や思考様式をもつために，価値の一元化・一様化および集中化が生じてきた。

4：大衆社会においては，マスコミの発達に伴って文化も大衆化されたが，大衆文化は大衆が自ら作り出したものであるから，大衆はそれを受け取るか否かを自由に選択できる。

5：大衆社会における個人は大組織の一員として，巨大なメカニズムの中に組み入れられることにより，組織や集団の歯車と化し政治的アパシーや内部指向性などの社会的性格を有している。

Guidance ガイダンス　大衆社会論の総括（W.A.コーンハウザー）

コーンハウザーはそれまでのさまざまな大衆社会論を総括し，それを貴族主義的な批判と民主主義的な批判という２つの系譜に分けた。

・貴族主義的批判

非合理的な存在である大衆が政治の主役になることへの危惧。衆愚政治批判。G.ル・ボン，A.トクヴィル，オルテガ・イ・ガセットなど主に19世紀。

・民主主義的批判

権力が実質上は一部のエリート層によって握られていることへの批判。民衆の主体性の喪失，管理社会化批判。H.アーレント，E.レーデラーなど主に20世紀。

直前復習

頻出度 地上★★ 国家一般職★★★ 特別区★★★
国税・財務・労基★★

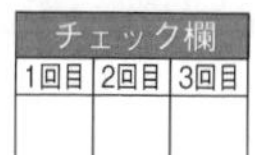

必修問題の解説

〈大衆社会論〉

1 × 大衆は，さまざまな階層に属し，相互に異質的な諸個人によって構成される集合体である。したがって，「感情的一体感」や「思想の共通性」によって結ばれていることはなく，「合理的に思考し行動する理性的存在としての個人」とは捉えがたいものとされる。

2 ○ 資本主義の発展と民主政治の定着により，現代社会は大衆社会，産業社会，管理社会などのさまざまな側面を持つ。本肢の記述はそれらについてまとめて述べており，妥当である。

3 × 大衆には，「共通の体験や思考様式」あるいは「価値の一元化・一様化および集中化」という特徴は見いだしにくい。別言すれば，**職業や収入間の差異を前提とし，多様な価値や思考を持つさまざまな人々を集合的に表す概念が大衆**である。

4 × 現代社会においては，マス・コミュニケーションが大衆の生活様式に多大な影響を及ぼす。大衆文化は本肢の記述のように「大衆が自ら作り出したもの」というよりも，むしろ資本主義の発展により登場した，商品化・商業化された文化という側面が強い。大衆は，マス・メディアがほぼ一方的に規定する文化的所産，すなわち流行を無意識のうちに享受し，画一化した文化に浸っているといえる。

5 × 現代社会は，官僚機構，企業，政党といった組織が巨大化した社会であり，（W.H.ホワイトがオーガニゼーション・マンという言葉で表したように）人々はこうした組織に埋没しがちである。本肢の記述はその意味でおおむね妥当だといえるが，最後の部分の「内部指向性などの社会的性格」というのは妥当でない。D.リースマンによれば，現代の大衆社会において支配的な社会的性格は内部指向型ではなく，自己の確立よりも他者の動向に目を配ることで組織や社会環境への適応を図ろうとする他人指向型（外部指向型）である。

正答 2

現代社会論
大衆社会論

1 大衆社会論

(1) 『大衆の反逆』（J.オルテガ・イ・ガセット〈ガセ〉）

オルテガ・イ・ガセット（ガセ）はその著書『大衆の反逆』の中で，政治の担い手となった大衆を非理性的な存在とし，大衆による政治を批判しました。彼はかつては高貴な精神を持った選良による支配が行われていたが，現代では「大衆人」が政治，社会を支配しているとしました。

(2) パワー・エリート（C.W.ミルズ）

ミルズによれば，パワー・エリートとは経済，政治，軍事の制度的秩序の頂点に君臨する人々を意味します。現代大衆社会では，ごく少数のパワー・エリートが国家的影響力を及ぼす決定に参与することとなり，絶大な支配力を行使し，その一方で権力と大衆の中間に位置する自律的な組織（中間集団）が衰退して，無力で無気力な大衆は彼らによって操縦される（そこに「政治的無関心」が発生する）と捉えました。

(3) 中間集団と社会の４類型（W.A.コーンハウザー）

コーンハウザーは，エリートと大衆の関係から社会類型論を展開しました。彼によれば，中間集団が国家に対して強い対抗力を持つとき，エリートによる民衆の操縦は困難となり，逆にその対抗力が弱いとき，民衆の操縦は容易となるとされます。また，中間集団が成員の生活を包括的におおっているとき，民衆がエリートへと上昇（接近）する可能性は低く，逆に包括的でないときエリートへと上昇（接近）する可能性も生まれます。彼は，現代社会を大衆社会と位置づけ，多元的社会を理想としました。

		非エリートの操縦可能性	
		低　い	高　い
エリートへの接近可能性	低	共同体社会	全体主義的社会
	高	多元的社会	大衆社会

コーンハウザーはまた，中間集団が無力化し，国家と個人がむきだしのまま対峙するような大衆社会のあり方を「裸の社会」とよびました。

⑷ フランクフルト学派の大衆社会批判

T.アドルノは，大衆文化は民衆を操作する手段となっているとみなし，管理社会化として批判的に捉えました。またH.マルクーゼは，等質化・画一化された現代社会では理想社会実現の原動力となるべき批判精神が抹殺されているとし，そうした人々を一次元的人間とよびました。

⑸ オーガニゼーション・マン（W.H.ホワイト）

ホワイトは，大企業の中堅層などに特徴的な，組織に対して全人格的に献身し，集団帰属への願望や科学主義の信仰，そして組織の優越性への信仰といった独特のイデオロギーを持つ人間と特徴づけました。

⑹ 拒否権行使集団（D.リースマン）

リースマンが『孤独な群衆』で用いた用語で，労働組合，職業集団，人種集団などの自分たちの利益を擁護するために，力を行使しうる集団をいいます。このような拒否権行使集団が群立するがゆえに，現代社会では政策決定は特定の集団の利益のみを考慮して行われるものではなく，よって現代社会では権力は分散しているとしました。

⑺ 現代社会の二重性（K.マンハイム）

マンハイムは，現代社会は産業社会と大衆社会という２つの側面を持つとしました。産業社会としては，最高度に合理的でありかつ欲求充足を完全に抑圧する組織を作り出す一方で（労働における疎外），大衆社会としては，政治や大衆文化の領域において抑圧のはけ口を求め，そのため政治や文化が非合理的なものとなる傾向にあるとして，その危険性を指摘しました。

マンハイムはまた，大衆社会では中間集団が弱体化して，個人は「甲羅のない蟹」のような存在であるとしました。

現代社会論
大衆社会論

実践 問題 69 基本レベル

頻出度　地上★★　国家一般職★★★　特別区★★★
国税·財務·労基★★

問 次の表は，コーンハウザーの４つの社会類型を表したものであるが，表中の空所Ａ～Ｄに該当する語の組合せとして，妥当なのはどれか。（特別区2010）

		中間集団の強さ	
		強　い	弱　い
中間集団の包括性	包 括 性	A 社会	B 社会
	非包括性	C 社会	D 社会

	A	B	C	D
1：	共同体的	全体主義的	多元的	大衆
2：	共同体的	大衆	全体主義的	多元的
3：	多元的	全体主義的	大衆	共同体的
4：	多元的	共同体的	全体主義的	大衆
5：	全体主義的	共同体的	大衆	多元的

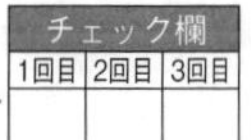

実践 問題 69 の解説

〈コーンハウザーの社会類型〉

W.A.コーンハウザーは，**個人と国家を媒介とする中間集団の強弱と包括性という観点から，社会を4つに類型化**した。**中間集団が強く，かつその集団が成員をより包括している**のは**共同体的社会**においてである。ここでは非エリートのエリートへの接近可能性も，またエリートの非エリートへの操作可能性もともに低くなる。逆に，**中間集団が弱体化しているにもかかわらず，社会がその成員を強力に包括する**のは**全体主義的社会**においてである。ここではエリートの非エリートへの操縦可能性は高まるが，非エリートのエリートへの接近可能性は低くなる。

一方，**中間集団が強いが，集団が成員を包括する度合いが少ない**のが**多元的社会**である。この場合，エリートへの接近可能性は強められるが，非エリートへの操縦可能性は弱められる。残る，**中間集団が弱体で，かつ包括性も低い**のが**大衆社会**である。この場合はエリート接近可能性も非エリート操縦可能性もともに高まる。コーンハウザーはこれら4類型のうち，**中間集団が強力で，人々（非エリート）がエリートに対して強力に主張や行動ができ（エリート接近可能性＝大），なおかつエリートによる人々の操縦に立ち向かえる（非エリート操縦可能性＝小）多元的社会を理想**とした。

よって，正解は肢1である。

正答 1

現代社会論
大衆社会論

実践 問題 70 基本レベル

頻出度 地上★★ 国家一般職★★★ 特別区★★★ 国税·財務·労基★★

問 マンハイムの大衆社会論に関する記述として妥当なのはどれか。

（特別区1996）

1：マンハイムは，その著書『大衆の反逆』で高貴な精神を持った選良の支配に代わって，あらゆる面で自己満足的な「大衆人」が精神的・道徳的に社会を支配しているとして大衆社会の批判の先駆者となった。

2：マンハイムは，大衆社会とは「エリートへの接近可能性」と「非エリートの操縦可能性」のいずれもが高い社会類型であるとするとともに，過激な大衆運動の発生原因を豊富なデータで実証した。

3：マンハイムは，大衆における政治的無関心を操るものとして，政治・経済・軍事の３つの制度的秩序に君臨するパワー・エリートの存在を見い出し，現代社会の権力構造を分析した。

4：マンハイムは，経済構造が産業資本主義から独占資本主義に移行するに伴い，社会形態が市民社会から大衆社会へ，政治体制が市民国家から大衆国家へ変質したと説いた。

5：マンハイムは，現代社会には産業社会と大衆社会の二側面があり，産業社会として精密化された現代社会の機構は大衆社会に集積している非合理的衝動の爆発によって，全面的な破壊に陥る危険に直面しているとした。

直前復習

チェック欄

1回目	2回目	3回目

実践 問題 70 の解説

〈マンハイムの大衆社会論〉

1 × 本肢の記述はK.マンハイムではなく，スペインの哲学者，**J.オルテガ・イ・ガセット（ガセ）**が唱えた説である。高貴な**選良**に代わって，大衆が社会を支配しようとすることに対する批判は**貴族主義的批判**（W.A.コーンハウザー）の一種と考えられる。

2 × 本肢の記述のように**エリートへの接近可能性**と**非エリートの操縦可能性**という要因から社会を類型づけたのはアメリカの社会学者**コーンハウザー**である。この2つの要因の高低によって，**共同体的社会**，**多元的社会**，**全体主義的社会**，**大衆社会**の4類型を区別した。

3 × 本肢の記述はアメリカの社会学者，**C.W.ミルズ**が唱えた説である。ミルズは，政治・経済・軍事の3つの制度的秩序の頂点に立ち，大衆社会の下で絶大な権力を振るうエリート中のエリート，すなわち**パワー・エリート**の存在を指摘した。

4 × これは日本の政治学者，**松下圭一**（まつしたけいいち）が唱えた説である。日本の社会学においては**清水幾太郎**（しみずいくたろう）らによって大衆社会の病理現象が論じられていたが，松下は，こうした病理現象の指摘は単なる記述学にすぎないと批判し，本問の記述のように経済構造の変動によって社会形態が市民社会から大衆社会へと変質していったと説いた。松下の考えの根底にはマルクス主義の発展図式があるといえる。

5 ○ **マンハイム**は，ハンガリー出身の社会学者で，ハンガリー革命の挫折ののちにドイツに亡命した。そこでマンハイムはドイツのファシズム支配に直面し，さらにイギリスに亡命した。そして，マンハイムは1935年の**『変革期における人間と社会』**において，ファシズムとの関連によって，本肢の記述にあるような，現代における大衆社会の危機を論じた。マンハイムは，このような社会においては心理的な安定を与えるような中間集団は破壊され，人々は**甲羅のない蟹**にたとえられるように不安定な，バラバラの存在になってしまったと述べた。

正答 5

現代社会論
大衆社会論

実践 問題 71 基本レベル

頻出度 地上★★ 国家一般職★★★ 特別区★★★ 国税·財務·労基★★

問 フランクフルト学派に関する次の記述のうち，妥当なのはどれか。

（国税・財務・労基2016）

1：J.ハーバーマスは，『エスノメソドロジー』などを著した。そして，彼は，M.ヴェーバーによるコミュニケーション的行為に関する理論を批判し，目的合理的行為，宗教的行為などの四つの行為の類型を示した。

2：M.ホルクハイマーは，『ゲマインシャフトとゲゼルシャフト』などを著した。そして，彼は，資本主義の発展とともに，ゲノッセンシャフトが衰退していき，ゲマインシャフトやゲゼルシャフトが優勢になってきたことを指摘した。

3：T.W.アドルノは，『シンボリック相互作用論』などを著した。また，彼は，20世紀末の地方都市に建設されたショッピングモールのことをパサージュと名付け，資本主義社会を分析する際の中心的な形象にパサージュを位置付けた。

4：E.フロムは，『自由からの逃走』などを著した。また，彼は，同一の集団，階層，文化に属する成員の大部分が共有するパーソナリティ構造の中核を意味する概念を，社会的性格と定義付けた。

5：W.ベンヤミンは，『権威主義的パーソナリティ』などを著した。そして，彼は，権威ある者に対しては反抗する一方，弱い者に対しては自らの権威を利用し，自らの力を誇示して絶対的な服従を要求するといった，一連のパーソナリティ特性を権威主義的パーソナリティとした。

チェック欄		
1回目	2回目	3回目

実践 問題 71 の解説

〈フランクフルト学派〉

1 × J.ハーバーマスはフランクフルト学派第２世代を代表する社会学者であるが，本肢の説明はまったく正しくない。まず，『エスノメソドロジー』はH.ガーフィンケルの著作である。また，コミュニケーション的行為はハーバーマスの重要な概念であるが，これはフランクフルト学派第１世代が近代合理性を道具的理性として全否定したのに対して，それとは異なる合理性のあり方として提示したコミュニケーション的合理性に基づく行為である。なお，目的合理的行為はM.ウェーバー（ヴェーバー）の用語，宗教的行為はウェーバー，ハーバーマスいずれのタームでもない。

2 × 『ゲマインシャフトとゲゼルシャフト』はF.テンニースの著書であり，またテンニースはフランクフルト学派のメンバーではない。M.ホルクハイマーはフランクフルト大学の社会研究所の実質的な創設者で，のちに同所長にも就任した。アドルノとの共著『啓蒙の弁証法』で，「啓蒙」の中にも前近代的な「野蛮」の残滓があり，近代合理主義は人々を管理・支配する道具的理性となっていると批判した。なお，本肢はテンニースの説明としても正しくなく，彼は近代化とともにゲマインシャフトが衰退し，社会はゲゼルシャフト化すると主張している。

3 × 本肢の記述はT.W.アドルノではなく，W.ベンヤミンについてのものである。ベンヤミンはアドルノと親しかったことから，客員研究員として社会学研究所に『複製技術時代の芸術』などの論文を寄稿した。『パサージュ論』は未完に終わった彼の著作のための草稿群である。この中でベンヤミンは，すでに破壊され，断片化されてしまったユートピアの痕跡を，パリのパサージュ（遊歩道）に立ち並ぶ膨大な商品，道具から見いだそうとした。

4 ○ E.フロムについての記述として正しい。フロムは，M.ホルクハイマーやT.W.アドルノ，H.マルクーゼらとともにフランクフルト学派第１世代を代表する社会学者であり，新フロイト学派の心理学者としても著名である。彼は『自由からの逃走』で，ワイマール体制下のドイツで下層中産階級がナチスを熱狂的に支援した要因を彼らの社会的性格に求めて分析した。

5 × 『権威主義的パーソナリティ』を著したのはT.W.アドルノである。アドルノはこの著作のほか，M.ホルクハイマーとの共著『啓蒙の弁証法』が知られる。また，A.ベルクに作曲を学んだこともあり，音楽社会学や大衆文化批判でも重要な業績を挙げている。

正答 4

現代社会論 大衆社会論

実践 問題 72 応用レベル

頻出度 地上★ 国家一般職★★★ 特別区★★★ 国税·財務·労基★★

問 大衆社会に関する次の記述のうち，妥当なのはどれか。 （国税2001）

1：人間集合体の類型として群衆，公衆，大衆がある。大衆とは，異質な属性や背景を持つ匿名の多数者からなる未組織の集合体であり，常に空間的に近接し集合行動を行うとともに，積極的な世論の担い手として社会に影響を与える。

2：K.マンハイムは，現代社会は，大規模な産業社会として人々に対する統制が社会の隅々まで行き渡るものであるので，無定型な人間集合体である大衆の存在は，産業社会の進展とともに駆逐されていくと指摘した。

3：D.リースマンは，社会的性格が，伝統志向型，他人志向型，内部志向型と変化してきた状況を分析し，現代の大衆社会の人間は権利意識が強く自己中心的であるため，シンボル操作にかかりにくく，同調性の弱いものとなっていることを指摘した。

4：W.A.コーンハウザーは，「エリートへの接近可能性」と「非エリートの操縦可能性」との高低の組合せから社会を4つに分類した。これによれば，全体主義社会は前者が低く後者が高い社会であり，大衆社会は前者，後者ともに高い社会である。

5：全体社会と個人の間に介在して，全体社会の大きな力が直接個人に襲いかかってくるのを防ぐ盾の役割を果たすと同時に，一人一人では力の弱い個人の要求を全体社会に反映させる役割を持つ集団を準拠集団という。

チェック欄		
1回目	2回目	3回目

実践 問題 72 の解説

〈大衆社会論〉

1 × 大衆は空間的には近接していない。群衆・公衆・大衆の中で空間的に近接しているのは，群衆のみである（例として火事場の見物人）。また，大衆はマス・メディアなどの影響を受けやすく操作されやすいという特徴を持つので，「積極的な世論の担い手」となる，という記述は妥当でない。

2 × K.マンハイムは，産業的大衆社会の構造的二重性（現代社会の二重性）を指摘した。マンハイムは，産業的大衆社会が，産業社会として最高度に合理的で欲求充足を完全に抑圧する社会を作る一方で，大衆社会としては，政治や大衆文化の領域においてあらゆる非合理性のはけ口を求める傾向を持つと論じた。このマンハイムの議論はのちの大衆社会論の先駆となった。

3 × D.リースマンは，『孤独な群衆』において，伝統指向型，内部指向型，他人指向型と社会的性格が変化してきたとした（本肢は，「志向」となっているが，正しくは「指向」である）。そして，現代の大衆社会においては，シンボル操作にかかりやすく周りに同調しやすい他人指向型の人間が増加するとした。

4 ○ 大衆社会における権力についてW.A.コーンハウザーは包括的な議論を展開した。コーンハウザーの議論は，大衆社会を非エリート（大衆）の操縦可能性の面からだけでなく，（大衆による）エリートへの接近可能性の面からも捉えた点に特徴がある。

5 × 本肢で説明されているのは「準拠集団」ではなく中間集団である。C.W.ミルズやコーンハウザーは大衆社会においては，この中間集団が衰退したことにより，個人は直接エリートや権力者に支配されるという社会像を提示した。準拠集団とはR.K.マートンの概念である。

正答 4

第3章 SECTION 1 現代社会論

大衆社会論

実践 問題 73 応用レベル

頻出度	地上★ 国家一般職★★★ 特別区★★★ 国税・財務・労基★★

問 オグバーンの文化遅滞論に関する記述として，妥当なのはどれか。

（東京都2007）

1：彼は，社会変動を文化変動としてとらえ，社会の変化に関して，宗教や芸術などの非物質文化は，科学や技術などの物質文化よりも変化が速いものとしてとらえた。

2：彼は，文化変動の要因には，発明，蓄積，伝播及び適応があり，このうち文化変動を促進する最も大きな要因は適応であるとして，適応の過程で生じるずれを文化遅滞としてとらえた。

3：彼は，非物質文化のうち，物質的諸条件を調整する役割をもつ適応文化は，物質文化に比べて革新が少ないために，文化遅滞が起こるとした。

4：彼は，文化変動に対して，既成の利益をもつ人々が変化に抵抗することや伝統が変革することへの不安については，文化遅滞をもたらす要因とならないと指摘した。

5：彼は，適応文化の特質として，適応文化における発明は，特定の階級の必要を満たすのではなく，社会全体の利害と必ず一致することを指摘した。

チェック欄 1回目 2回目 3回目

実践 問題 73 の解説

〈オグバーンの文化遅滞論〉

1 × W.F.オグバーンは文化の変化・発展に際して，その要素もしくは内部領域の間で変化の速度に相違がある現象を文化遅滞とよんだ。彼は文化を物質的文化と価値体系や制度を意味する非物質的文化（制度的文化，適応的文化）とに区分し，**物質文化は進歩が著しく，発明や知識，技術などの蓄積は，非物質的文化よりも容易に起こりやすいが，制度的な文化や価値体系は伝播や適応も困難である**点に着目した（文化遅滞説）。したがって，後半の「非物質文化は，科学や技術などの物質文化よりも変化が速い」のではなく，変化が遅いため，本肢は誤り。

2 × 本肢の前半に示された文化変動の要因には，発明，蓄積，伝播および適応があるとの記述は正しいが，後半が誤り。オグバーンが文化変動を促進する要因として最も重視した要因は，「適応」ではなく「発明」である。肢１の解説も参照のこと。

3 ○ オグバーンは，物質的文化と非物質的文化を区分し，非物質的文化のうち物質的諸条件を調整する役割を持つものを適応文化とよんだ。この**適応文化は物質的文化に比べて革新が少なく，速度も遅いため，両者の間である種の不調整現象が生じることとなり，結果として文化遅滞が引き起こされる**と論じた。

4 × たとえば19世紀初頭のイングランド中北部で行われたラッダイト運動に典型的に見られるように，既成の利益を持つ人々が，産業技術の革新によってその既得権益を奪われることに抵抗することが，技術革新の伝播の速度を遅くすることはよく見られる。また，人々の伝統変革への不安が総体的に非物質的文化の適応速度を遅れさせることも珍しいことではない。

5 × 発明は物質的文化に属するため，まずその点が間違いであるが，後半も誤り。「発明は，特定の階級の必要を満たすのではなく，社会全体の利害と必ず一致する」わけではない。肢４の例として示したラッダイト運動は，技術革新によって職を失う労働者階級と，利益を得る資本家階級との間の利害対立ともいえる。

正答 3

第3章 SECTION 1 現代社会論 大衆社会論

実践 問題 74 応用レベル

頻出度　地上★　国家一般職★★★　特別区★★★　国税·財務·労基★★

問 フランクフルト学派に属する社会学者に関する記述として最も妥当なのはどれか。 (国Ⅰ2006)

1：マルクーゼ（Marcuse,H.）は，先進産業社会では，高度に発達した生産諸力が人々の生活水準の向上をもたらし，そのことにより社会における対立や緊張が抑制されるなどして社会が均質化・全体主義化しているとした。また，そこから現代社会は社会変革は社会変革の担い手を失い，現状を受け入れる肯定的思惟に支配された一元的人間を生み出しているとした。

2：ハーバーマス（Habermas,J.）は，管理・操作を特徴とする道具的行為や了解と合意を特徴とする戦略的行為などに社会的行為を分類した。また，この二つの行為概念をシンボルと社会圏という社会の二層概念に対応させた上で，日常生活のいたるところでシンボル化が進み，管理・操作領域が増していくことを社会圏の植民地化と呼んだ。

3：アドルノ（Adorno,T.W.）は，伝統的因習や権威を認められている存在への合理的な批判・判断能力，また，弱者への共感性などを内容とする民主的パーソナリティの概念を提唱した。そして，F尺度を作成するなどの工夫をし，ナチス支配の下，表層的には差別主義と見える人たちの間にも，民主的パーソナリティが静かに浸透していたことを実証的に明らかにした。

4：ベンヤミン（Benjamin,W.）は，芸術作品がもつ魅力や雰囲気などをアウラという言葉で表現した。そして，写真に代表される複製技術の発達が，それまでオリジナルなものに触れることでしか得られなかった芸術体験を幅広く大衆に解放し，人々の芸術への関心を高めることで，作品のもつアウラをより高める働きを果たしているとした。

5：フロム（Fromm,E.）は，集団の大部分の成員がもっている意識構造の本質的中核で，その集団に共通の基本的経験と生活様式の結果，発達したものを集合的無意識と呼んだ。そして，集合的無意識は，社会構造との間に一定の均衡を保っていれば社会統合のセメントとなるが，両者の間に不均衡が生じた場合，社会変化のダイナマイトとして作用することがあるとした。

実践 問題 74 の解説

チェック欄

1回目	2回目	3回目

〈フランクフルト学派〉

1 ○ H.マルクーゼのキーワードは**一次元的人間**である。これは，高度産業社会の管理社会的状況に組み込まれ，批判的精神を失っている人間のことである。したがって，本肢は正しい。

2 × 用語がところどころ間違っている。以下のようにすれば正しい。J.ハーバーマスは，相互に理解しあい了解しつつ合意を目指す**「コミュニケーション的行為」**と，管理や操作によって成果を志向する**「戦略的行為」**に社会的行為を分類した。また，この2つの行為概念を「生活世界」と「システム」という社会概念と対応させたうえで，日常生活のいたるところを「システム」がおおう状況を**生活世界の植民地化**とよんだ。

3 × T.アドルノのキーワードは，**権威主義的パーソナリティ**である。これは，権威主義を受け入れやすいパーソナリティの構造である。これを抽出するために作られたのが**F（ファシズム）尺度**であり，これによって個人の深層心理に潜むファシズムへの同調傾向を測ることが試みられた。ワイマール憲法という当時最も民主的な体制の中で静かに浸透していたのは，権威主義的パーソナリティである。

4 × 複製技術の発達がアウラを高めるとしている点が誤り。**アウラ**とは，オリジナルの芸術作品が持つ固有の一回性である。W.ベンヤミンはむしろ，写真・映画などの複製技術による現代芸術においては，この一回性，つまりアウラが消滅したと考えた。

5 × E.フロムのキーワードは，**社会的性格**である。これは，1つの集団の大多数の成員が共有している性格構造の中の中核であって，その集団に共通の基本的経験と生活様式によって生み出されたものである。本肢の中にある**「集合的無意識」は，心理学者のC.G.ユングの概念**である。

正答 1

第3章 SECTION 1 現代社会論 大衆社会論

実践 問題 75 応用レベル

頻出度	地上★ 国家一般職★★★ 特別区★★★ 国税·財務·労基★★

問 次の文は，社会関係資本に関する記述であるが，文中のA～Cに該当する人物名又は国名の組合せとして，妥当なのはどれか。 （特別区2016）

［A］は，社会関係資本とは，調整された諸活動を活発にすることによって社会の効率性を改善できる，信頼，規範，ネットワークといった社会関係組織の特徴であると定義し，［B］の地方政府の業績水準を比較分析して，人間関係が垂直的ではなく水平的な関係にあり，メンバー間の信頼の高いコミュニティでは，地方政府の業績が良くなるとした。

また，著作「孤独なボウリング」では，［C］のコミュニティにおいて，信頼や互酬性といった規範が弱くなったと分析し，社会関係資本の崩壊傾向が，［C］が抱える社会問題の背景であるとした。

	A	B	C
1：	ガルブレイス	イギリス	アメリカ
2：	ガルブレイス	フランス	イギリス
3：	パットナム	アメリカ	イギリス
4：	パットナム	イタリア	アメリカ
5：	ハーバーマス	イギリス	イタリア

実践 問題 75 の解説

〈社会関係資本〉

問題として掲げられているのは，政治学者R.パットナムの社会関係資本（ソーシャル・キャピタル）の理論についてである。パットナムは『哲学する民主主義』で，北部イタリアと南部イタリアの州政府の統治効果について分析し，北部のほうが南部よりも十分な統治効果が上がっているのは，社会関係資本の差であると説明した。すなわち，北部では中世からの都市自治の伝統を引き継いで，水平的で自発的な市民や団体による活動が活発であるのに対し，南部では封建的専制支配が長く続いたため，民主主義的な諸制度が十分な効果を挙げられていないとした。

パットナムは続いて『孤独なボウリング』でアメリカ社会を分析して見せ，現代アメリカにおけるコミュニティの衰退が社会関係資本の崩壊を招いていることを指摘した。彼はその要因として，夫婦共働き，郊外化，テレビによる余暇時間の個人化，新しい世代の市民活動への参加度の低さを挙げている。

よって，正解は肢4である。

なお，選択肢にあるJ.K.ガルブレイスはカナダ出身の経済学者で，人々の欲望を作り出す生産者側の宣伝，販売術などの作用を「依存効果」とよんだことで知られる。彼は著書『ゆたかな社会』において，現代のように供給側の発達がすすんでいる経済では，それに見合った需要が必要となるが，そのために人々の欲望は生産者の積極的な宣伝や販売術によって作り出されるものとなり，かくて人々の欲望は生産に依存するようになると捉えた。

正答 4

現代社会論
大衆社会論

実践 問題 76 応用レベル

頻出度	地上★ 国家一般職★★★ 特別区★★★ 国税・財務・労基★★

問 現代の社会学説に関する次の記述のうち，妥当なのはどれか。

（国家一般職2016）

1：Z.バウマンは，工業化以後の社会のことであるグローバル・ヴィレッジ（地球村）について論じた。彼は，グローバル・ヴィレッジでは，技術の成長は無秩序な形で進んでいくことになること，技術職・専門職を管理する事務職が産業社会の主導的な立場になることなどを示した。

2：M.マクルーハンは，近代以前に存在した共同体のことを，想像された共同体であるとした。彼は，近代以前に存在した共同体に関してのみ，想像されたという性質が強調されるのは，ネーションと異なり，想像の中でのみ実在的だからであるとした。

3：I.ウォーラーステインは，現代社会の特徴として，リキッド・モダニティからソリッド・モダニティへの変化が挙げられるとした。彼は，ソリッド・モダニティでは，全てが流動化していた状態から，秩序や人間関係を規定するソリッドな規制の枠組みが強固になっていることを示した。

4：B.アンダーソンは，世界システム論を提唱した。彼は，社会の構造変動は国民国家を単位として起きていることを明らかにし，世界的な国際分業において，全ての国家は階層化されることなく，あらゆる点で平等であることを指摘した。

5：A.R.ホックシールドは，顧客の適切な精神状態を作り出すために，職務に応じた感情の維持と表現を行うことが要求される労働のことを感情労働とした。彼女は，感情労働を深層演技と表層演技とに分類し，従業員にとっての両者の弊害を明らかにした。

実践 問題 76 の解説

〈現代の社会学説〉

1 × 「グローバル・ヴィレッジ」はM.マクルーハンの概念であり，またその説明も正しくない。マクルーハンは，テレビが視覚・聴覚を拡張したものであるにとどまらず，すべての感覚を深層において相互作用させ，地球規模に拡張させるメディアであるとし，情報的な距離が縮まった世界のことをグローバル・ヴィレッジ（地球村）とよんだ。なお，Z.バウマンについては肢3の説明を参照のこと。

2 × 「想像された共同体」はB.アンダーソンの概念であり，またその説明も正しくない。アンダーソンは，ネーション（国民）を近代によって作り出された「想像された共同体」であると論じた。アンダーソンによれば，印刷技術の発明は，読書人口の増大をもたらし，同じ国語を使う同じ国民という意識を人々に植え付けることになり，国民国家の成立に大きな役割を果たしたという。なお，M.マクルーハンについては肢1の説明を参照のこと。

3 × 「リキッド・モダニティ」と「ソリッド・モダニティ」の区別はZ.バウマンのものであり，またその説明も正しくない。バウマンは現代社会の特徴として，ソリッド・モダニティからリキッド・モダニティへの変化を挙げている。現代においては，秩序や人間関係を規定するソリッドな規制の枠組みが失われ，「個人化」と「流動化」が進行している。彼はこうした現代の状況を悲観的に捉えている。なお，I.ウォーラーステインについては肢4の説明を参照のこと。

4 × 「世界システム論」はI.ウォーラーステインの概念であり，またその説明も正しくない。ウォーラーステインは，国際関係を「中心－準周辺－周辺」の3層構造と捉え，覇権国である中心と，従属的な「周辺」の諸国の間に「準周辺」を置き，歴史を通じて，この枠組みは維持され続けながら「中心」となる国家は変化していくことを主張した。彼は世界システムは大航海時代とともに形成されたとし，その「中心」となる覇権国もスペイン→オランダ→イギリス→アメリカへと変化してきたと述べている。なお，B.アンダーソンについては肢2の説明を参照のこと。

5 ○ A.R.ホックシールドの「感情労働」の説明として正しい。なお，彼女はこうした感情労働が女性に割り当てられることが多いことも指摘している。

正答 5

2 現代社会論 社会運動論

必修問題 セクションテーマを代表する問題に挑戦！

国家一般職（旧国Ⅱ）では，社会運動論は頻出です。しっかり学習しましょう。

問 次の文は，社会運動論に関する記述であるが，文中の空所A～Dに該当する語又は人物名の組合せとして，妥当なのはどれか。

（特別区2014）

［A］は，社会運動を非合理的なものと見る考え方を批判し，個人の行動の合理性や運動の組織性を重視した考え方であり，［B］らにより提起された。アメリカで発達した［A］が組織レベルに焦点を当てたのに対し，ヨーロッパで発達した［C］は，脱工業化社会において，階級闘争型の労働運動にかわり台頭してきた環境運動，女性解放運動などをマクロ的な視点から説明しようとする考え方であり，［D］らにより提起された。

	A	B	C	D
1：	資源動員論	ゾールド	新しい社会運動論	トゥレーヌ
2：	資源動員論	トゥレーヌ	新しい社会運動論	ゾールド
3：	新しい社会運動論	スメルサー	集合行動論	ゾールド
4：	新しい社会運動論	ゾールド	資源動員論	トゥレーヌ
5：	集合行動論	トゥレーヌ	資源動員論	スメルサー

直前復習

Guidance ガイダンス

フリーライダー問題

M.オルソンによれば，集合財の獲得を目指す大集団に所属する個人が自己利益を最大にするような合理的な選択をするなら，その個人は集団目標に協力せず，他者の努力によって獲得された財の利益だけを享受しようとするフリーライダー（ただ乗り）が生じるとした。

必修問題の解説

〈社会運動論〉

Aは，文中に「アメリカで発達した」とあるので，「**資源動員論**」である。これはW.A.ギャムソン，C.ティリー，M.N.ゾールド，J.D.マッカーシー，A.オーバーシャルらによって確立されていった理論であり，よってBには「ゾールド」が入る。彼らは，非合理的・感情的で暴発的なものとする従来の社会運動論を批判し，社会運動は，他の日常的な政治活動と同程度に，合理的で，理性的で，抑制的な組織活動とみた。人々が合理的に行動する場合，集合行動においてもフリーライダーは生じうるが，それでも組織の存立を成り立たせているのは，成員の連帯感と，自分は受益者でないにもかかわらず外から運動を支援してくれる資源提供者の存在であると捉えた。

Cは，文中に「ヨーロッパで発達した」とあるので「**新しい社会運動**」である。新しい社会運動の思想家としては**A.トゥレーヌ**や**A.メルッチ**，C.オッフェが知られる。よってDには「トゥレーヌ」が入る。トゥレーヌは『声とまなざし』の中で，工場労働者たちの間で典型的に見られるような疎外への抵抗が，かつてはK.マルクスの登場を契機に政治運動へと向けられたように，現代のような官僚制化・テクノクラシー化の進んだ社会においては，一般の人々も何らかのかたちで疎外感を味わっており，それに対する自己回復の欲求が，環境保護運動や平和運動といった新しい社会運動につながっているという分析を行った。そして，ある社会には，その社会固有の運動があるという「一つの社会，一つの運動」という考え方を提示した。

以上より，正解は肢1である。

正答 1

社会運動論

1 集合行動論（N.J.スメルサー）

スメルサーは，T.パーソンズの理論を応用して集合行動の発生について説明しました。それまで集合行動については心理的な要因（感染など）によって説明されてきましたが，彼は社会的な規定要因を特定することにより社会学的に説明しました。

彼は，このような集合行動が発生する過程における6つの規定要因を次のように示しています。

① 社会の構造的誘発性
② 社会の構造的ストレイン
③ 一般化された信念の拡大
④ 発生契機（きっかけ要因）
⑤ 人々の動員，集合行動
⑥ 社会統制

スメルサーは具体的に集合行動が発生するのは，上の図式にあるように①～⑤の要因が順次積み重なることによっている（⑥はこれらを抑制するためにはたらく），として，これを価値付加過程とよびました。このため彼の集合行動の理論は，「価値付加過程（プロセス）論」ともよばれます。

2 新しい社会運動論

1960年代以降，欧米，日本など先進各国においては女性運動，住民運動，平和運動，環境保護運動，反原発運動などさまざまな運動が盛り上がりをみせました。このような運動は一般に**新しい社会運動**とよばれています。それらが「新しい」運動であるといわれるのは，従来の社会運動が概してイデオロギーに先導された労働運動や組織動員型の運動であったのに対して，運動の性格がそれらとは大きく異なるからです。

(1) 新しい社会運動の特徴

① 価値的側面：経済成長を第一とし，効率性と合理性のみを追求する産業社会に対して，その代替となる「自然と人間の共生」を追求するエコロジー的価値を提示するオルタナティブ性（産業社会の論理に代わるものの提示）。
② 運動の担い手：日常生活の中から発想し，自律的，自発的に問題を解決していこうとする「生活者」の視点。
（従来の運動は，運動のプロや前衛組織の成員が中心）
③ 組織的側面：中央集権的なヒエラルキー型組織ではなく，対等な個人を横につ

なぐ分権的なネットワーク型組織を目指す。

一部の組織の成員のみをメンバーとするのでなく，「開かれた組織」を目指す。

→直接的な当事者だけでなく，知識人，学生などの積極的参加。

（従来の運動は，指導者や党に指導された中央集権的な組織。閉鎖的）

こういった特徴を持つ新しい社会運動は社会学者たちの注目を集めるようになり，アメリカでは**資源動員論**，ヨーロッパでは**A.トゥレーヌのポスト産業化（脱工業化）社会における社会運動論**などが，これらを捉えるための理論として登場してきました。

(2) 新しい社会運動論

資源動員論は，1970年頃アメリカで生まれ，集合行動論に対する批判としての位置を固めていきました。資源動員論の最も顕著な特徴は，社会運動とは非合理的で，感情的で，暴発的なものではなく，他の日常的な政治活動と同程度に，合理的で，理性的で，抑制的な組織活動とみる点にあります。

また，ヨーロッパにおける新しい社会運動の理論家としてフランスのトゥレーヌがいます。工場労働者たちの間で典型的に見られるような疎外への抵抗が，かつてはK.マルクスの登場を契機に政治運動へと向けられたように，現代のような官僚制化・テクノクラシー化の進んだ社会においては，一般の人々も何らかのかたちで疎外感を味わっており，それに対する自己回復の欲求が，環境保護運動や平和運動といった新しい社会運動につながっているという分析を行いました。そして，ある社会には，その社会固有の運動があるという「一つの社会，一つの運動」という考え方を提示しました。

第3章 SECTION 2 現代社会論

社会運動論

実践 問題 77 基本レベル

頻出度	地上★★　国家一般職★★★　特別区★★★ 国税·財務·労基★★

問 社会運動に関する次の記述のうち，妥当なのはどれか。 (国Ⅱ2004)

1：群集行動などの集合行動は，社会組織の解体が不安を発生させ，不安に基づく行動が社会的相互作用の中で循環反応を引き起こすことによって拡大するが，それが組織化され，制度化されることによって社会変動が起こることはないとされている。

2：社会運動の要因を相対的剥奪に求める理論がある。相対的剥奪とは，不満の原因を人々の主観的な期待水準と達成水準との格差に求めるものであり，他者との比較に焦点を当てているため，過去からの生活水準の変化などは考慮されない。

3：孤立化し，原子化され，画一化された諸個人が，マス･メディアや大組織によって操作されることによって生じる社会運動を大衆運動という。大衆運動は，中間集団の無力化した多元的社会において生じやすいとされている。

4：資源動員理論は，社会運動の形成・発展・衰退過程を，動員可能な資源の量や戦略の合理性によって説明しようとする。ここで，社会運動は，非合理的な心理に基づく集合行動ではなく，目標達成に向けて組織される集合的行為として理解される。

5：労働運動など階級を基盤とする旧来の社会運動に対して，1960年代以降の学生運動，女性解放運動，環境運動などを，新しい社会運動ととらえる見方がある。そこではネットワーク型の組織形成，アイデンティティの重視，国家権力の奪取などの特徴が指摘されてきた。

チェック欄

1回目	2回目	3回目

実践 問題 77 の解説

〈社会運動論〉

1 × 現代社会における社会組織の解体や，それによる不安の増大によって集合行動を説明しようとする試みは，1960年代までの大衆社会論でなされてきた。それによれば，中間集団の解体によって孤立した個人の憤慨・怒りが表出するのが，集合行動であるという。しかし，本肢の後半部の記述は適切ではない。「それが組織化され，制度化されることによって社会変動が起こることはない」とはいえない。ナチズムなどは，中間集団の解体によって社会変動が生じた最たる例である。

2 × 相対的剥奪の議論において，現在の自らと比較をする対象となるのは，他者とは限らない。自らの過去の経験との比較も，相対的剥奪の重要な一類型である。

3 × 大衆運動が多元的社会で生じやすいという記述が，一般的ではない。むしろ，大衆運動は，中間集団が解体し大衆操作を独裁勢力から受けるような，一元的な社会において生じるという指摘が少なくない。

4 ○ 大衆社会論は，社会運動・集合行動を非合理で感情的なものとみなす向きがある。一方，それへの批判として1970年代以降に米国で出現した資源動員論は，合理的・戦略的なものとして社会運動を捉えた。社会運動家が動員できる人員・財源・時間といった資源に注目し，これらが運動の組織的運営に大きな意味を持つことを主張した。運動家だけでなく，参加者も自らの資源（時間・財力・知性など）に見合う程度において，合理的・戦略的に運動とかかわっていくとされた。

5 × 肢４と同時期の1970年代に欧州で唱えられたのが，この**新しい社会運動論**である。ここでは社会運動に参加すること自体に意味を見いだす人たちが注目され，彼らのアイデンティティの構築や維持に社会運動が貢献していると理解された。さらに，運動組織の人的ネットワークが，参加者にとっての重要な人間関係となるとも解釈された。しかし，本肢の記述のような「国家権力の奪取」という特徴が大きく注目されていたとはいえない。これに注目したのは，むしろ本肢の前半にあるような，労働運動やイデオロギー対立を前面に出した「旧来」の社会運動であろう。

正答 4

第3章 SECTION 2 現代社会論

社会運動論

実践 問題 78 基本レベル

頻出度 地上★★　国家一般職★★★　特別区★★★
国税·財務·労基★★

問 社会運動に関する次の記述のうち，妥当なのはどれか。 (国Ⅱ2001)

1：社会学では，社会的状況を変革しようとする集合的活動一般を指して，社会運動と呼んでいる。ここで社会的状況というのは，専ら大きな状況を指す。したがって，例えば社会体制の変革を志向する運動は社会運動に当たる。これに対して，生活環境の保全を主張する運動は，社会運動とは見なされない。

2：革命は，広義には，事物の状態が急激に変化することをいう。例えば，科学革命や情報革命は，このような用例に相当する。しかし，狭義には，それは社会体制の根本的変革としての社会革命を指す。先進工業諸国における労働運動は，今日，社会の革命的変化を志向する社会運動としての性格を強化しつつある。

3：市民としての共通の利害や理念に基づく社会運動を市民運動という。我が国では1950年代以降，反戦平和，反核兵器，政治浄化，環境問題，差別撤廃などを主題とする各種の市民運動が展開されてきた。市民運動は，政権の獲得を究極の目的とするために，包括的な政治綱領を掲げることが通例である。

4：住民運動とは，一定の地域の住民による生活環境の保全などを目的とする社会運動である。例えば「迷惑施設」の建設に反対する周辺住民の運動は，その一例である。住民運動に対しては，時として，「地域エゴイズム」という非難が向けられる。これは住民運動が私益よりも公益を優先する傾向をいう。

5：先進工業諸国においては「新しい社会運動」が中心的位置を占める，と主張する社会学者もいる。具体的には，それは，女性，障害者，エスニック集団などの社会の「周辺的存在」による運動を指す。これらの運動では，参加者が，アイデンティティの探究やネットワークの形成を重視するといわれる。

チェック欄		
1回目	2回目	3回目

実践 問題 78 の解説

〈社会運動論〉

1 ×　最後の「生活環境の保全を主張する運動は，社会運動とは見なされない」という記述が妥当でない。新しい社会運動論が示すように（肢５の解説参照），環境保護運動や地域主義運動，平和運動など，何らかのかたちでの変革を志す運動は社会運動の定義に入る。

2 ×　最後の「社会の革命的変化を志向する社会運動としての性格を強化しつつある」という記述が妥当でない。かつてはそのようなタイプの労働運動が主流だったが，社会主義の退潮後は，資本主義を前提とする漸進的な改良を志向するタイプの運動が主流になっている。

3 ×　最後の「市民運動は，政権の獲得を究極の目的とするために，包括的な政治綱領を掲げることが通例である」という記述が妥当でない。政権の獲得を目指す市民運動もあるが，本肢に挙がっているもののように，多くは個々の問題の解決を目指して活動するにとどまっている。

4 ×　最後の「住民運動が私益よりも公益を優先する傾向をいう」という記述が妥当でない。ゴミ処理場のように「迷惑施設」の存在そのものを必要としつつ（公益），しかし自らの近隣には建設してほしくない（私益）とする人々はしばしばＮＩＭＢＹ（Not In My BackYard）とよばれ，地域エゴ・住民エゴの象徴とされる。

5 ○　いわゆる新しい社会運動は，1960年代以降に生まれた概念であるが，その「新しさ」とは，**それまで社会運動の中心であった労働運動などと違って，階級意識やそれによる組織に基づかない**ところにあるとされる。こうした新しい社会運動を展開する運動組織は，従来の労働運動のそれとは異なり，参加者が自らのアイデンティティ探究のため自発的に参加し，ヒエラルキー型の組織ではなく横の結び付きを重視したネットワーク型組織であるとされる。

第3章 現代社会論

正答 5

第3章 SECTION 2 現代社会論

社会運動論

実践 問題 79 応用レベル

頻出度	地上★　国家一般職★★★　特別区★★★ 国税·財務·労基★★

問 社会運動に関する次の記述のうち，最も妥当なのはどれか。 （国Ⅱ2009）

1：資源動員論とは，社会運動の掲げる価値や理念ではなく，主にいかに運動の資金が調達されるのかという現実的な経済的側面から社会運動を分析するアプローチである。

2：「新しい社会運動」とは，産業社会における労働運動など既存の社会運動を超えて，環境，ジェンダー，マイノリティーといった物質的な価値ではない争点を巡って形成されてきた運動群を指す。

3：フレーム分析とは，社会運動がいかに法的な規制や社会制度的な制約によって拘束され，その結果一定の運動の型を形成されるかに着目する研究視点である。

4：社会運動におけるフリーライダーとは，黒人運動において運動に共鳴する人々が，都市・地域を超えて長距離バスに乗り，「自由の乗車者」として運動を拡大したのに倣い，門戸を大きく開いて運動を拡大させていく戦略を指す。

5：対抗文化（counter culture）運動とは，度重なる革命の経験や植民地支配への抵抗の歴史によって，ある争点について妥協や懐柔を拒否したり，対立点を強調して対決的姿勢をもつ運動を意味する。

チェック欄		
1回目	2回目	3回目

実践 問題 79 の解説

〈社会運動論〉

1 × 資源動員論とは，社会運動がさまざまな資源を動員して成り立ちうるものであるという視点によって社会運動を捉える理論的立場を指す。新しい社会運動が盛んになる中で，アメリカで登場した理論である。この場合の資源とは必ずしも資金だけではなく，社会的ネットワークや連帯的集団，外部の支援者なども含まれる。その意味では「いかに運動の資金が調達されるのかという現実的な経済的側面から」と限定している本肢の説明は的確ではない。

2 ○ 新しい社会運動（論）とは，1960年代以降，従来の労働運動に代わるさまざまな市民運動を総称した言葉である。従来の社会運動は労働運動が中心で，これは党などの専門集団が先頭に立ち，その党を頂点に運動の参加者がヒエラルキー的に組織化されているなどの特徴があった。しかし，女性運動や住民運動，環境保護運動などの新しい社会運動では，組織は固定化されたものではなく，市民が自由に参加し，活動するといった特徴が見られた。また，本肢にあるように物質的でない争点をめぐって形成されている点も従来の運動とは異なっている。

3 × フレーム分析とは，E.ゴフマンが同名の著書で提示した概念である。ゴフマンは我々の生活世界が一定の枠（フレーム）の中で成り立っているとし，そこから多元的な意味が生成されていることを論じた。よって，本肢にあるように「社会運動がいかに法的な規制や社会制度的な制約によって拘束され，その結果一定の運動の型を形成されるか」について論じたものではない。

4 × フリーライダーとは「ただ乗り」の意味であるが，政治学におけるフリーライダーの概念は本肢のような内容ではない。フリーライダーとは，ある集合財が獲得された場合，その獲得のために負担をしなかった者がその集合財を利用する利益を勝手に享受するというものである。本肢にある「自由の乗車者（フリーダム・ライダーズ）」とは，アメリカで人種隔離の一環として行われていた白人と黒人のバスの分乗に反対した公民権運動の人々を指す。

5 × 対抗文化とは，ある支配的な文化に対抗，抵抗する文化の意味で，1960年代に盛んになったヒッピー運動，新左翼運動などの中から登場してきた。よって，この文化は歴史的にはこの時代の反体制的な若者たちによって形成されてきたものであり，本肢にあるように「度重なる革命の経験や植民地支配への抵抗の歴史によって」形成されてきたものではない。

正答 2

第3章 SECTION 2 現代社会論 社会運動論

実践 問題 80 応用レベル

頻出度	地上★　国家一般職★★★　特別区★★★ 国税・財務・労基★★

問 環境社会学や社会運動論に関する記述として最も妥当なのはどれか。

（国家一般職2013）

1：環境社会学は，環境問題の解決という実践面への関心を有し，一般的には動植物を含む自然環境は人間の管理下に置かれることを前提として問題を設定するところに特徴がある。我が国における展開は，1997年の地球温暖化防止京都会議（ＣＯＰ３）が契機であるとされている。

2：受益圏・受苦圏という概念を用いた環境問題研究においては，どのような地域にあっても，企業側のみが利益を享受し，住民側は常に不利益を被らざるをえないため，この二つの圏は常に重なるという点が強調されている。

3：社会運動の主要な担い手として注目されているＮＧＯやＮＰＯは，政府系の組織ではなく，営利事業を目的とした組織展開をしている。そのため市場の動向を常にモニターすることができ，より市民の立場に立った運動が可能であると考えられている。

4：資源動員論は，社会運動組織が目標遂行に必要な人材，資金，外部の支持などの資源をいかにして動員するかに注目するものであり，社会運動の目的合理性，制度的行為との連続性を強調している。

5：価値付加プロセス論によれば，集合行動の生成や発展に関わるとされる諸要因のうち，いずれか一つでも一定の水準に達すれば，社会運動の形成に十分な条件が整い，さらに，その運動は自動的に制度化するものと考えられている。

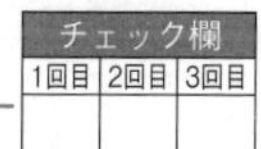

実践 問題 80 の解説

〈社会運動論〉

1 × **環境社会学**とは，自然環境について社会（学）的な観点から考察，理解する学問である。よって，「一般的には動植物を含む自然環境は人間の管理下に置かれる」といった，人間から自然への一方向的な影響力を考えるのではなく，自然環境と人間（社会）との関係を相互的なものと捉える。わが国では地球温暖化防止京都会議（ＣＯＰ３）以前の1990年に，環境社会学研究会（1992年に環境社会学会に改組）が発足している。

2 × **受益圏**とは，成員がその社会圏に属することで一定の利益を受けるような域内を指す。**受苦圏**は逆に，そこに所属している成員が一定の苦・損失を受けるような域内をいう。利益・損失とも，１つの問題においても複雑に絡むため，同じ域内にあっても，定まった特定の主体がどちらかを一方的に享受するわけでもない。よって，「企業側のみが利益を享受し，住民側は常に不利益を被らざるをえない」といったように，明確に受益の主体と受苦の主体が分かれるとは限らず，それゆえ，「この二つの圏は常に重なる」といった単純なものではない。

3 × ＮＧＯはNon-Governmental Organization（非政府組織），ＮＰＯはNon-Profit Organization（非営利組織）の略であるが，ＮＰＯ，ＮＧＯともに，民間（非政府）組織で，営利を目的としない。また，そうした点から，必ずしも「市場の動向を常にモニターする」必要はないといえる。

4 ○ **資源動員論**は，1970年代にW.A.ギャムソン，C.ティリー，M.N.ゾールド，J.D.マッカーシー，A.オーバーシャルらによって確立されていった。彼らは社会運動を，非合理的で，感情的で，暴発的なものではなく，合理的で，理性的で，抑制的な組織活動と捉えた。

5 × **価値付加プロセス論**とは**N.J.スメルサー**の理論である。スメルサーは集合行動が生成・発展する過程における規定要因として，①「社会の構造的誘発性」，②「社会の構造的緊張」，③「一般化された信念の拡大」，④「発生契機（きっかけ要因）」，⑤「人々の動員と集合化」，⑥「社会統制の作動」の６つを挙げ，これらの規定要因が順次積み重なって集合行動が発生するとした。よって，「いずれか一つでも一定の水準に達すれば」ではなく，すべての要因が順次満たされなければ集合行動は成立しない。

正答 4

社会運動論

実践 問題 81 応用レベル

頻出度 地上★ 国家一般職★★★ 特別区★★★ 国税・財務・労基★★

問 社会運動及び社会運動論に関する次の記述のうち，妥当なのはどれか。

（国家一般職2021）

1：資源動員論とは，社会運動組織や運動の戦略・戦術を重視し，社会運動を目的達成のための合理的な行為と捉え，その形成・発展・衰退を，当該運動体が動員可能な社会的諸資源の量などによって説明しようとする考え方である。

2：集合行動論では，社会運動の発生原因として，個人の不安や不満に着目した従来の社会心理学的アプローチを批判し，人々の合理性を強調する。A.メルッチは，利益獲得の見込みや政治的機会の有無など，運動発生に至る諸要因を整序し，これを価値付加プロセスと呼んだ。

3：「新しい社会運動」は，従来の労働運動から，環境やジェンダーといった生活の場に関する運動へと領域を拡大したものである。運動の担い手は多様であるため，集合的アイデンティティは重視されず，主に，権力の中心にいるような専門職層，高学歴層の人々によって展開される。

4：ＮＰＯとは，民間の非営利組織であり，職員は全て無給のボランティアである。事業収入を得ることは禁じられているため，活動資金は，専ら寄附金や会費に依存しており，資源の全般的な不足が課題となっている。

5：公民権運動とは，我が国において高度経済成長期に多発した，地域開発による公害問題に起因する運動である。開発計画の見直しや公害被害の除去を訴え，陳情活動から実力行使を伴う激しい抵抗活動へと展開することもあった。

チェック欄

1回目	2回目	3回目

実践 問題 81 の解説

〈社会運動論〉

1 ○ 資源動員論は，アメリカにおいて1970年頃に生まれ，集合行動論に対するアンチテーゼとしての位置を固めていった。資源動員論の最も顕著な特徴は，社会運動とは非合理的で，感情的で，暴発的なものではなく，**他の日常的な政治活動と同程度に，合理的で，理性的で，抑制的な組織活動とみる**点にある。代表的な理論家として，W.A.ギャムソン，C.ティリー，M.N.ゾールド，J.D.マッカーシー，A.オーバーシャルらがいる。

2 × 社会運動を，個人の不安や不満に着目して社会心理学的に説明しようとしたのは集合行動論のほうであり，それを批判し，人々の合理性を強調したのが，肢1の資源動員論である。集合行動論は，20世紀にはN.J.スメルサーやR.H.ターナーが論じたが，価値付加プロセスはスメルサーの概念である。A.メルッチは，集合行動論ではなく，「新しい社会運動論」の論者であり，これも正しくない。

3 × 第2文が誤りで，集合的アイデンティティの存在が，その集団に所属したいという集団との一体性を各成員に芽生えさせることとなる。また，1つの集団は一定の目的や行動原理を持っているため，必ずしも多様な価値観を含んでいるとはいいがたい。むしろ，ある価値観に対して，それを否定する人々が存在して初めて多様な価値観が実現されるのである。最後の一節も誤りで，新しい社会運動では，運動の担い手は専門職層や高学歴層の人々だけではなく，一般市民も積極的に参加している。

4 × 特定非営利活動推進法では，ＮＰＯ（特定非営利活動法人）は，「その他の事業」として収益事業を行って，その利益を特定非営利活動の資金に充てることができることになっている（第5条）。また，役員はその総数の1/3以下の人数しか報酬を受けられないが（第2条），社員に給与を払うことは禁じられていない。

5 × 公民権運動とは，アフリカ系アメリカ人によって，1950～1960年代に展開された，黒人差別の撤廃運動である。白人と黒人の教育機会の不平等が違憲と認められた1954年のブラウン判決を皮切りに，翌年のM.L.キング牧師によるバス・ボイコット事件，1963年のワシントン大行進などにより，1964年，ジョンソン政権下で公民権法が成立した。

正答 1

現代社会論
社会運動論

実践 問題 82 応用レベル

頻出度 地上★ 国家一般職★★★ 特別区★★★ 国税·財務·労基★★

問 社会運動論に関するA～Dの記述のうち，妥当なものを選んだ組合せはどれか。 (特別区2023)

A：オルソンは，価値付加プロセスにより一般化された信念が形成され，人々が非制度的な行動を行うとする集合行動論を提唱した。

B：マッカーシーらは，組織や資源の動員，戦略を重視して，社会運動の合理性を説明する資源動員論を提唱した。

C：トゥレーヌらは，ポスト産業社会において，社会運動の担い手が，マイノリティなど多様に変化したことに着目した新しい社会運動論を提唱した。

D：資源動員論と新しい社会運動論には，実証主義的で，組織レベルの分析に焦点を置くなどの共通性がある。

1 A B
2 A C
3 A D
4 B C
5 B D

実践 問題 82 の解説

チェック欄 1回目 2回目 3回目

〈社会運動論〉

A× 集団行動の発生について価値付加プロセス論を唱えたのはN.J.スメルサーである。M.オルソンは『集合行為論―公共財と集団理論』(1965年)の中で，集合財の獲得を目指す大集団に所属する個人が自己利益を最大にするような合理的な選択をするなら，その個人は集団目標に協力せず，他者の努力によって獲得された財の利益だけを享受しようとするフリーライダー問題が生じると論じた。

B○ 資源動員論は，1970年代を通じ，W.A.ギャムソン，C.ティリー，M.N.ゾールド，J.D.マッカーシー，A.オーバーシャルらによって，新しい理論としての位置を確立させていった。資源動員論の最も顕著な特徴は，社会運動とは非合理的で，感情的で，暴発的なものではなく，他の日常的な政治活動と同程度に，合理的で，理性的で，抑制的な組織活動とみる点にある。

C○ A.トゥレーヌは，『声とまなざし』(1978年)の中で，工場労働者たちの間で典型的に見られるような疎外への抵抗が，かつてはK.マルクスの登場を契機に政治運動へと向けられたように，現代のような官僚制化・テクノクラシー化の進んだ社会においては，一般の人々も何らかのかたちで疎外感を味わっており，それに対する自己回復の欲求が，環境保護運動や平和運動といった新しい社会運動につながっているという分析を行った。そして，ある社会には，その社会固有の運動があるという「一つの社会，一つの運動」という考え方を提示した。

D× 資源動員論や新しい社会運動論の特徴は，マルクス主義に代表される，それまでの社会運動論のように組織を軸とした運動論ではなく，個々人が日常的な自己の関心や視点に基づいて行動することに着目した点である。

よって，妥当なものはBとCであるので，正解は肢4となる。

正答 4

産業社会論

必修問題 セクションテーマを代表する問題に挑戦！

消費社会論についての主要な学者と学説を並べた問題です。消費社会論については個々に挙げられている学者と学説をちゃんと学習しておきましょう。

問 消費文化に関する次の文の空欄A～Dにあてはまる語句の組合せとして，妥当なのはどれか。 （東京都2003）

消費文化には，二つの典型的な形態として，高級消費文化と大衆消費文化がある。19世紀末，ヴェブレンは，高級な消費文化をもつ有閑階級が贅沢な消費を行う消費態度を［ A ］消費とよんだ。

しかし，20世紀以降，軽工業から重工業への移行を完了した後，高度産業社会に突入した先進産業諸国においては，大量生産と大量消費が支える大衆消費社会が成立し，［ B ］がいうところの「高度大衆消費時代」が実現されるに至る。

20世紀後半，現代における消費を社会学的に分析したボードリヤールは，「消費社会の神話と構造」を著し，［ C ］を駆使して，言語活動として消費を定義し，高度大衆消費社会において，人々は，商品の実用的価値より，商品における［ D ］を重視して，消費を行うとした。

	A	B	C	D
1：	依存的	ガルブレイス	記号論	同一性
2：	依存的	ロストウ	コミュニケーション論	差異性
3：	誇示的	ガルブレイス	コミュニケーション論	差異性
4：	誇示的	ロストウ	コミュニケーション論	同一性
5：	誇示的	ロストウ	記号論	差異性

Guidance ガイダンス

シミュラークル

J.ボードリヤールは構造主義の影響を受け，商品（物）の差異を記号の差異として捉えた。記号としての物はオリジナルを持たない模倣であり，彼は現代消費社会におけるそうした物のあり方をシミュラークルとよんだ。

直前復習

必修問題の解説

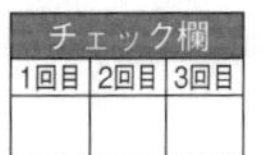

〈消費社会論〉

アメリカの社会学者・経済学者であったT.ヴェブレンは，『有閑階級の理論』を著し，生産労働から解放され，投資などによって莫大な富を享受する人々がステイタス・シンボルとして行う見せびらかしのための過剰な消費を**誇示的消費**とよんだ。

独自の**経済成長段階説**を提示し，資本主義社会も社会主義社会もともに最終的な到達点として**高度大衆消費社会**を目指す点では同じであるとする**収斂理論**の立場から現代社会の特質を捉えたのは，W.ロストウである。

また，『消費社会の神話と構造』の著者であるJ.ボードリヤールは，F.ソシュールの記号論を大胆に読みかえ，現代社会における消費はモノの機能的な有用性ではなく，自分が所有するモノによって他者に対する優越性を示したいという人々の欲求に基づき，モノの記号的な意味合いによってなされていると指摘し，現在の**消費社会論**に大きな影響を与えている。

したがって，空欄のAには「誇示的」，Bには「ロストウ」，Cには「記号論」，Dには「差異性」がそれぞれ該当することになる。

よって，正解は肢5である。

正答 5

第3章 SECTION 3 現代社会論

産業社会論

1 産業社会・消費社会論

(1) 経済成長段階説（W.ロストウ）

ロストウは社会主義も資本主義も高度大衆消費社会へ至る道程の違いにすぎないと主張しました。

伝統的社会→離陸のための先行条件期→離陸期（テイク・オフ［take-off］）→成熟への前進期→高度大衆消費社会

ロストウに代表される，工業化はあらゆる社会の至上命題であり，またすべての社会の究極の目標は工業の発展による富裕化である，という考え方はインダストリアリズムとよばれます。このようなインダストリアリズム論の意図は，資本主義に対する社会主義の優位性を説くマルクス主義に対する批判にありました。このインダストリアリズム論のように資本主義，社会主義という両体制が将来的に類似したものへと収斂していくという考え方を「収斂理論」といいます。

(2) 脱工業化社会論（D.ベル）

工業生産主導によるそれまでの産業社会の社会モデルに代わるものとして，ベルは**脱工業化社会**という新しい社会モデルを提示しました。脱工業化社会においては，産業構造の中心が，財の生産（第２次産業）からサービス（第３次産業）へ移行します。そして，技術革新と政策策定の基礎となる「理論的知識」が重視され，専門職，技術職階級（**テクノクラート**）が台頭するとしました。また，こうした社会では産業の発達と国民の富裕化により，もはやイデオロギーの対立を生み出す階級間の対立は消滅してしまっているとしました（**イデオロギーの終焉**）。

(3) 第三の波（A.トフラー）

トフラーは,『第三の波』（1980年）において,第一の波の文明／社会（農耕社会),第二の波の文明／社会（産業社会）と区別して，来るべき情報化社会を「第三の波の文明」と表現しました。

このような第三の波の中で現れる具体的な変化としては，仕事場と家庭のコンピューター・ネットワーク化，工場・オフィスの小規模化，フレックス・タイム制の労働の増大，などのような生活と労働の変化，さらに経済，政治の場面では企業活動における多品種少量生産，分権化，脱官僚制化なども挙げられています。

⑷ 有閑階級・誇示的消費（T.ヴェブレン）

ヴェブレンは，生産的労働に従事せずに，株や資本の売買によって富を操作する人間たちを「有閑階級」とよびました。誇示的消費とはこの有閑階級の人々の間に特徴的な消費行動の様式で，自分が社会における上流階級に属することを示すために行う見せびらかしの消費を指し，ヴェブレンはこのような有閑階級の行動様式を批判しました。

⑸ 依存効果（J.K.ガルブレイス）

ガルブレイスは『ゆたかな社会』において，現代社会におけるテクノロジーの驚異的な発展に基づく生産体制の巨大な発展を指摘し，現代のように供給側の発達が進んでいる経済では，それに見合った需要が必要となると述べました。このような中で消費は確実に変化しつつあり，欲望はもはや自然なものではなくなって，生産者の積極的な宣伝や販売術によって「作り出されるもの」となります。彼はこのような人々の欲望を作り出す（生産側の宣伝，販売術などの）作用を「依存効果」とよびました。

⑹ 差異（記号）としての消費（J.ボードリヤール）

ボードリヤールは，ガルブレイスの依存効果論などにヒントを得て，『消費社会の神話と構造』で現代社会における消費の変容を分析しました。

現代の大衆の消費生活は，以前のように商品の有用性に対する合理的な判断に基づくものではなく，商品の価値を他の商品との「差異性」に求めるものとなっています。つまり，現代社会における消費は，ファッションに象徴されるような，モノの記号性の消費（記号消費）であるとしました。

現代社会論
産業社会論

実践 問題 83 基本レベル

頻出度 地上★★ 国家一般職★★★ 特別区★★★ 国税·財務·労基★★★

問 社会経済理論に関する記述として最も妥当なのはどれか。

（国税・財務・労基2018）

1：A.スミスは，『国富論』において，自由主義を説いた古典派経済学を批判し，政府が財政・金融政策等の手段を用いて総需要管理を行うことによって，資本主義の危機を乗り越えることができると主張した。

2：K.マルクスは，『経済学批判』の序言において，唯物史観に基づき，生産諸関係の総体から成る社会の経済的構造を「土台」（下部構造）と呼び，それに規定されて，一つの法的・政治的な上部構造が形成されるとした。

3：M.ヴェーバーは，『プロテスタンティズムの倫理と資本主義の精神』において，プロテスタンティズムの享楽的な生活態度は，特にルター派において典型的な形で現れており，それが近代資本主義の精神の形成に影響を与えたとした。

4：W.ロストウは，『経済成長の諸段階』において，近代産業社会の誕生を経済成長の三段階によって説明し，社会主義体制の社会を除いては，第一段階の伝統社会に続き，第二段階の工業社会を経て，最終段階で脱工業社会に至るとする段階発展説を唱えた。

5：J.ボードリヤールは，『消費社会の神話と構造』において，顕示的消費という概念を生み出すとともに，現代社会を「消費社会」という角度から分析し，人々の消費の営みを，モノのデザインやイメージよりもモノの機能や効用に向けられた行為として捉えた。

チェック欄

1回目	2回目	3回目

実践 問題 83 の解説

〈社会経済理論〉

1 × 『国富論』がA.スミス（アダム・スミス）の著作であることは正しいが，本肢の説明はJ.M.ケインズについてのものである。アダム・スミスは古典派経済学の確立者で，自由主義（レッセ=フェール）を採れば，個人の利益追求は「見えざる手」に導かれて，社会全体の厚生が最大化されると主張し，富の源泉を労働に求める労働価値説を提唱した。

2 ○ K.マルクスは『経済学批判』の序言において，社会の全体〈社会構成体〉は，生産諸関係の総体である土台=下部構造が基礎をなしていて，その上に政治制度や文化などからなる上部構造が築かれており，下部構造における生産力の発展と生産関係の変化によって社会全体が新しい段階へと移っていくとする史的唯物論（唯物史観）を唱えた。

3 × M.ウェーバー（ヴェーバー）は『プロテスタンティズムの倫理と資本主義の精神』において，プロテスタンティズムの世俗内禁欲的な生活態度は，特にカルヴァン派に現れており，それが近代資本主義の精神の形成に影響したと論じた。よってプロテスタンティズムの生活態度を「享楽的」とする本肢の記述は誤りである。また，職業を神から与えられたものとする「職業召命観」はM.ルターに由来するが，それがカルヴァン派の「予定説」と結び付くことで，資本主義的な職業観が形成されたとした。

4 × W.ロストウは『経済成長の諸段階』で，社会は経済成長に伴って，伝統的社会から高度大衆消費社会へと至る５つの発展段階を経ると論じた。よって，経済成長を３段階に分類している本肢の記述は正しくなく，また各段階の名称も第１段階を除いて間違っている。なお，脱工業社会論（脱工業化社会論）を唱えたのはD.ベルである。

5 × 顕示的消費（誇示的消費）の概念を生み出したのはJ.ボードリヤールではなく，T.ヴェブレンである。また，ボードリヤールは現代社会を消費社会という角度から分析したが，彼は人々の消費行為が，現代ではモノの機能性や効用からモノのデザインやイメージといった記号性に向けられるようになっていると論じており，本肢の記述とは逆である。なお，『消費社会の神話と構造』がボードリヤールの著作であることは正しい。

正答 2

実践 問題 84 基本レベル

頻出度	地上★★ 国家一般職★★★ 特別区★★★ 国税·財務·労基★★★

問 ボードリヤールの消費社会論に関する記述として，妥当なのはどれか。

（東京都2006）

1：彼は，生産と消費にみられる現代の特徴について，人間の欲望は生産に依存するもので独立のものではないとする依存効果という概念であらわした。

2：彼は，有閑階級の人々の消費について分析し，生産と消費との関係を生産力とその統制という唯一の同じ巨大な過程としてとらえた。

3：彼は，消費の目的は，他人に対して自己の社会的地位を確認させること，あるいは，地位上昇への願望を託すことにおかれているとした。

4：彼は，現代社会における消費とは，個人や集団の単なる権威づけの機能ではなく，モノの機能的な使用や所有であるとした。

5：彼は，消費は言語活動であり，消費者は，無自覚のうちに差異のシステムと記号のコードに組み込まれているとした。

チェック欄

1回目	2回目	3回目

実践 問題 84 の解説

〈ボードリヤールの消費社会論〉

1 × 本肢はJ.K.ガルブレイスの説である。『ゆたかな社会』では，生産は物財やサービスの生産と，欲望それ自身の造出という二重の機能を持ち，欲望を満たすためになされるべき生産が，逆に広告・宣伝などを通して欲望を作り出すという特徴を持つ。このように**消費者の欲望が逆に生産に従属する効果**を，ガルブレイスは**依存効果**とよんだ。

2 × これはT.ヴェブレンについての記述である。彼は**『有閑階級の理論』**において，財を生産する産業階級と，金融・販売にかかわる金銭階級とを区別し，とりわけ後者の中でも生産労働に従事せず，株や資本の売買によって富を操作する人々を**有閑階級**とよんだ。この有閑階級の人々特有の消費行動様式を定義したのが，**誇示的消費**である。

3 × 本肢はヴェブレンの**誇示的消費**である。肢2の解説にもあるように，彼は有閑階級の人々に特徴的な消費行動様式として，自分の社会的地位の高さを誇示するため，富や財，あるいはサービスを過剰かつ無駄に消費することを指摘した。なお，この用語は「衒示(げんじ)的消費」ともいう。

4 × 「モノの機能的な使用や所有」は人間にとって有用なその商品の使い道で，「使用価値」とよばれる。J.ボードリヤールが論じたのは**差異性**であり，本肢の説明は完全に誤りである。補足説明するならば，商品はこの使用価値と交換価値に分けられる。交換価値とは商品を交換する当事者にとっての価値である。この交換価値をすべての商品で普遍的に成り立たせているものが価値とよばれる。

5 ○ ボードリヤールは，ガルブレイスの依存効果などにヒントを得てF.ソシュールの記号論を消費社会論に導入し，**『消費社会の神話と構造』**を著した。彼によれば，現代社会において，消費者は商品の価値を有用性よりも他の商品との「差異性」に求めるが，そこで消費されるのは**モノの記号性**である。したがって，本肢の説明にあるような差異のシステムと記号性から消費社会の特性を論じた。

正答 5

現代社会論
産業社会論

実践 問題 85 応用レベル

頻出度 地上★ 国家一般職★★★ 特別区★★★
国税・財務・労基★★★

問 現代社会に関する次の記述のうち，妥当なのはどれか。 (国税2011)

1：共生社会を主張するI.イリイチは，人々や環境との自律的・創造的な交流を通じた自然発生的な学習を理想視する近代以前の教育を批判し，専門職としての教員によって一定水準の教育が画一的・均質的に施される学校教育の必要性を説いた。

2：G.リッツァは，20世紀を通じて生起してきた一連の合理化過程とは異なるファーストフード・レストランのような新たな諸原理が各国で優勢になってきていることをもって，社会のマクドナルド化という概念を提唱した。

3：ドラマトゥルギーという方法論を提唱したE.ゴフマンは，職務を遂行するために，真実の感情とは切り離して自身の感情表現を操作することで相手の中に意図した精神状態を作り出すことを感情労働と名づけた。

4：R.D.パットナムは，社会的ネットワークとそこから生じる互酬性と信頼性の規範である社会関係資本について論じ，同一集団内の効用を高める社会関係資本と，異なる集団間で効用を高め合う社会関係資本を区別した。

5：U.ベックは，現代は近代化に起因するリスク社会であると主張し，リスクに関する知識・評価を専門家が独占することを否定した。リスク社会論では，政治と非政治の領域が明確となり，原子力発電など従来極めて政治的であった領域が非政治化するとされる。

チェック欄		
1回目	2回目	3回目

実践 問題 85 の解説

〈産業社会論〉

1 × I.イリイチは，近代以降の産業化社会で発生してきたさまざまな問題を，全体的合理性の価値観に拘束された「制度化」の所産とみなし，個人の自律性と生活のために必要であった道具的手段（学校，交通，医療，労働など）に現代人は逆に支配されているとして，「共生（コンヴィヴィアリティ）」の概念を提示した。学校について彼は，近代以降の公教育制度の確立は学校という機関が唯一の学習の場であるという認識を人々に植え付け，人々の自発的な学習の試みを奪っていると指摘し，「脱学校化」を主張している。

2 × G.リッツァのいうマクドナルド化とは，20世紀を通じて生起してきた一連の合理化の浸透によって生じたものである。彼はマクドナルドに代表されるファーストフード・レストランは，どの地域，どの店舗においても同一商品が提供され，また客もそれに安心感を覚える。また，徹底した効率性が追求され，商品においては質よりも量や，商品提供の迅速性が求められる。このような合理化はマクドナルドのみならず，社会のあらゆる側面に浸透しており，リッツァはそれをマクドナルド化と名づけたのである。

3 × 本肢に挙がっているのはE.ゴフマンのドラマトゥルギーではなく，A.R.ホックシールドの概念である。ホックシールドは，今日の脱工業化段階の社会において，サービス産業の隆盛に伴い，感情管理が職務上欠かせない領域が拡大しつつあるとし，それを感情労働とよんだ。なお，ゴフマンの提唱したドラマトゥルギーとは，人間生活の行為を演劇のように見立て，社会の行為者を演技者と観客とみなして記述，分析する手法である。

4 ○ 社会関係資本（ソーシャル・キャピタル）とは，政治学者R.D.パットナムが『哲学する民主主義』で用いて広まった概念である。社会関係資本とは，信頼関係，規範，社会的ネットワークといった，人々の協調行動が社会の効率性を高めるとする考え方である。また，本肢の後半の記述についてであるが，パットナムは同一集団内で効用を高める結束型と，異なる集団での効用を高める橋渡し型という類型を提示している。

5 × 本肢の後半が誤りである。今日，産業社会を貫徹する合理性と統合という価値観が究極まで推し進められたことにより，逆に新たな生態上の災害や核兵器，化学・遺伝子上の災害の拡散などの事態が発生し，破局が一般化している。こうした状況をU.ベックはリスク社会とよんだが，そうした状況においては，原子力問題に代表されるように政治と非政治領域の境界があいまいとなり，技術的＝科学的合理性とともに法的合理性も崩壊している。

正答 4

第3章 SECTION 3 現代社会論 産業社会論

実践 問題 86 応用レベル

頻出度 地上★ 国家一般職★★★ 特別区★★★ 国税･財務･労基★★★

問 D.ベルの脱工業化社会論に関する次の記述のうち，妥当なのはどれか。

（東京都1999）

1：脱工業化社会論においては，科学技術革命によって，資本主義社会と社会主義社会の相違が顕著になり，イデオロギー的対立が激しくなるとされる。

2：脱工業化社会論においては，技術革新と政策策定の根幹としての理論的知識が社会の中心に据えられており，大学や研究所が社会の中軸構造を形成するとされる。

3：脱工業化社会論においては，社会構造，政治形態，文化それぞれの部門において共通する同一の中軸原則が働いており，各部門の間に対立・矛盾は発生しないとされる。

4：脱工業化社会においては，財貨生産経済からサービス経済への転換が進むとともに，専門職・技術職階層の優位性が低下するとされる。

5：脱工業化社会においては，新しい知的技術を創造することとその担い手による政策策定が重要になり，政治家は社会の管理者としての役割を失うとされる。

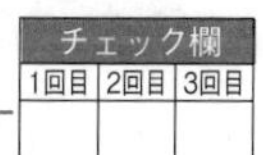

実践 問題 86 の解説

〈ベルの脱工業化社会論〉

1 × D.ベルの主張は**イデオロギーの終焉**であり，資本主義・社会主義のイデオロギーの違いや対立とはかかわりなく，資本主義社会も社会主義社会も工業社会であることに違いないという。すなわち，ベルはイデオロギーの対立ではなく，科学技術の発達によって，社会の近似化・同一化に着目した。

2 ○ ベルの**脱工業化社会**では，技術革新や政策決定のプロセスが**理論的知識**に依存するとされていることが特徴である。そのような理論的知識の中心は，大学や研究所であり，専門知識を持つ専門職，エキスパートなどの重要性が高まることになる。

3 × ベルによれば，社会構造，政治形態，文化という社会の各々の領域では，それぞれ異なる中軸原理がはたらく。特に社会構造は，合理的・機能的なものとなるが,「文化」は快楽主義的なものとなる。このような対立をベルは，**資本主義の文化的矛盾**とよんでいる。

4 × ベルによれば脱工業化とともに，有形の物財を生産する財貨生産経済から，無形のソフトやサービスを生産・販売するサービス経済へ移行する。こうして専門的な理論的知識の重要性が増大し，**テクノクラート**とよばれる専門職・技術職階層の優位性は増大する。

5 × 確かに，新しい知的技術を担うエキスパートの重要性は高まるが，ベルによれば，社会の管理者は，依然として政治家であり続ける。社会の対立や矛盾を調停するのは，専門知識を持つ研究者や技術者ではなく，政治家の役割だからである。

正答 2

第3章 SECTION 3 現代社会論 産業社会論

実践 問題 87 応用レベル

頻出度	地上★	国家一般職★★★	特別区★★★
	国税·財務·労基★★★		

問 消費行動・文化に関する次の記述のうち，妥当なのはどれか。 (国Ⅱ2003)

1：実際には経済力がないのに，経済力があるかのように見せかけて，社会的名声を獲得しようとする行動をT.ヴェブレンは誇示的消費と呼んだ。彼は，匿名性の高い都市社会においては，互いに他人の経済力を正確に知ることはできないから，没落した有閑階級が誇示的消費によって社会的名声を維持していると批判した。

2：大量生産社会においては，製品が規格化され画一的になるため，個性的な消費が困難になる。しかし，画一的な消費に満足できない消費者は，小さな差異に敏感になり，少しだけ他者と差別化を図ろうとする。D.リースマンは，『孤独な群衆』において，内部志向型人間の持つこのような消費者心理を「限界的差異化」と呼んだ。

3：豊かな社会においては，様々な様式で消費への欲望がかき立てられる。マス・メディアに接触することで消費の欲望がかき立てられることを，J.デューゼンベリーは「デモンストレーション効果」と呼んだ。これに対し，友人や隣人など，身近な人の消費行動に接して消費の欲望がかき立てられることを，J.ガルブレイスは「依存効果」と呼んだ。

4：高度情報社会においては，価値の源泉はもはやモノではなく，音楽や画像などの情報である。このような情報の持つ価値をJ.ボードリヤールは「記号価値」と呼び，記号価値を消費することを「記号消費」と呼んだ。自動車のグレードや装飾品のブランドは記号価値を持たないが，ゲームソフトやビデオソフトには記号価値があるとされる。

5：上流階級の趣味は「洗練」されているが，下層階級の趣味は「低俗」であるというように,趣味にも階層による差異がある。このような現象に注目したP.ブルデューは，出身階層における文化資本の違いが趣味にみられるような審美的な感覚にまで影響を及ぼし，ハビトゥスの形成を通じて社会階層が文化的に再生産されていると論じた。

チェック欄

1回目	2回目	3回目

実践 問題 87 の解説

〈消費社会論〉

1 × 誇示的消費とは，食べていくための労働に従事しなくてもよく，投資などによって莫大な富を享受している有閑階級の人々が，自分たちの特権性を見せびらかすために行う過剰な消費のことを指す。したがって，本肢の記述は誇示的消費に関する記述として妥当でない。また，T.ヴェブレンが誇示的消費の概念を提示した『有閑階級の理論』という著作の名前も覚えておいてほしい。

2 × 本肢の内部指向型はD.リースマンが提示した３つの社会的性格類型の１つであり，社会状況の変化に翻弄されることなく自らの内面の信念や道徳を信じて生きる性格のことを指す。したがって，本肢の記述は妥当でない。リースマンは本肢のような「限界的差異化」は，現代の他人指向型（外部指向型）に見られるとしている。

3 × デモンストレーション効果とは，ある人物の消費行動はその人が日常的に交際する人々の消費水準に関連していることを指す概念であり，依存効果とは，広告や各種の宣伝などによって消費への欲求が創出されていくことを指す概念である。したがって，本肢の記述においてはそれぞれの説明が逆になっている。なお，それぞれの概念の提唱者は妥当である。

4 × J.ボードリヤールは，現代社会における消費はモノの機能的な有用性ではなく記号的な意味合いによってなされている（記号消費）ことを指摘し，消費社会論に大きな影響を与えている。こうしたボードリヤールの立場からすれば，自動車のグレードや装飾品のブランドは，記号価値の典型的なものといえる。

5 ○ P.ブルデューは人々が無意識のうちに作り上げている生活様式や趣味のあり方を身体に刻まれた性向の体系とし，これをハビトゥスとよんだ。そしてブルデューは，ハビトゥスの形成に階層（階級）という要素が大きく関与していることを明らかにし，階級や階層の研究に新たな境地を開いた。

正答 5

第3章 SECTION 3 現代社会論 産業社会論

実践 問題 88 応用レベル

頻出度　地上★　国家一般職★★★　特別区★★★　国税・財務・労基★★★

問 社会学及びその関連領域における，現代社会についての用語に関する記述として最も妥当なのはどれか。　（国家一般職2013）

1：多文化主義とは，第一次世界大戦と第二次世界大戦の間の時期に始まった思想・運動であり，それぞれの国民国家を一つの単位とする個別の文化を相互に尊重しようとするものである。

2：マクドナルド化とは，顧客がサービス労働の一部を担うセルフサービスに典型的にみられるように，経済社会における取引関係が次第に相互扶助的な形態に変化していることを指す。

3：メディア・リテラシーとは，メディアが発信する情報の真偽，価値や意味などを主体的に読み解く能力や，メディアを通じてコミュニケーションを行う能力等のことをいう。

4：ポストモダンとは，近代社会が過度に目的合理的となり，効率性のみが重視されていることへの反省に基づき，伝統社会の復元こそが人間性の回復につながるとする思想のことである。

5：再帰性とは，類似の社会的地位が親から子へと伝達されることなどのように，行為，社会関係，地位，階級・階層関係などが先行条件に規定されながら同形的に形成されることを指す。

チェック欄

1回目	2回目	3回目

実践 問題 88 の解説

〈現代社会論〉

1 × **多文化主義**がいつの時期から始まったかは難しい問題があるが，それがカナダやオーストラリアで政策として取り上げられるようになったのは1970年代以降である。多文化主義とは，異なる文化を持つ集団が1つの社会の中で対等に共存することを目指す考え方で，それは単一民族，単一文化を前提とした，近代の国民国家概念に対する反省から提示されたものである。むしろ両大戦間は，東ヨーロッパ諸国の独立や，植民地独立運動の高揚など，国民国家概念に基づいた運動が中心であったといえる。

2 × **マクドナルド化**とは，**G.リッツァ**の概念である。マクドナルドなどのファーストフード産業は，効率性，計算可能性（食品を提供する時間や量の重視），予測可能性（どこでも同じサービス，同じ商品を購入できるという安心感），制御を重視するが，こうした経営方針は今や社会全体に浸透していっているとリッツァは批判した。

3 ○ **メディア・リテラシー**とは，本肢の説明にあるとおりのものである。リテラシー（literacy）とは「読み書きの能力」を意味する。情報化社会においてはこうしたリテラシーがよりいっそう重要なものとなっている。

4 × **ポスト・モダン**とは，**J＝F.リオタール**の概念で，彼はマルクス主義のようなイデオロギー体系（「大きな物語」）が近代の特徴であったが，今日ではそうした大きな物語は終焉したと捉えた。ポスト・モダンの捉え方は論者により異なるが，合理主義，近代的主体などを特徴とする近代の超克を目指しつつも，モダン対アンチ・モダン（たとえば伝統社会の復元）といった単純な二項対立を乗り越えようとするところにその主眼があるといえる。

5 × 社会学における**再帰性**とは，**A.ギデンズ**や彼と共同研究を行った**U.ベック**らの概念を指す。ギデンズは，社会過程は構造を条件として成立するが，構造は社会過程を通じて再生産されるとして，これを**構造の再帰性（二重性）**とよんだ。また，ギデンズとベックは現在を**再帰的近代**と捉えたが，それは社会の営みが，新たに得た情報によって常に吟味・改善され，その結果，その営み自体の特質を本質的に変えていくことをいう。ベックは，現代社会ではさまざまな問題を解決するはずだった近代的諸価値が徹底的に進行したことによって新たな問題が引き起こされていると捉えた。

正答 3

実践 問題 89 応用レベル

頻出度	地上★　国家一般職★★★　特別区★★★　国税·財務·労基★★★

問 現代社会の理論に関する記述として最も妥当なのはどれか。

（国税・財務・労基2020）

1：M.グラノヴェッターは，ボストン郊外に居住するホワイトカラー労働者を対象とする調査において，接触頻度の低い，「弱い紐帯」を活用した転職者の方が，そうでない者より職務満足度が高く，年収も増加したことを明らかにした。

2：A.シュッツは，近現代社会の権力関係の中で自由を存続させる方法を探り，古代ギリシア人らの思索が到達した「自己への配慮」という倫理的実践に比重を置くことに，その可能性を見いだした。

3：T.ピケティは，『アンチ·オイディプス』において，社会化過程の中で習得され，身に付いたものの見方，感じ方，振る舞い方などを持続的に生み出していく性向のことを「プラクティス」と呼んだ。

4：D.ライアンは，『21世紀の資本』において，イタリアの地域による制度パフォーマンスの研究の中で，成果の違いを生み出すものとして，社会関係資本という考え方を導入し，これを結束型と橋渡し型に分類した。

5：N.ルーマンは，『マクドナルド化する社会』において，オートノミー理論を導入した社会システム論を展開し，社会システムを，その構成要素である個人が新たな自己を継続的に生み出す自己言及的なシステムとして捉えた。

チェック欄

1回目	2回目	3回目

実践 問題 89 の解説

〈現代社会論〉

1 ○ M.グラノヴェッターは『弱い紐帯の強み』で，紐帯は，交際の時間量，情緒的な強さ，親密さ，助け合いの程度によってその強弱が規定されるとし，ボストン郊外に居住するホワイトカラー労働者を対象とする調査を実施して，接触頻度の低い，弱い紐帯を活用した転職者のほうが，そうでない者より職務満足度が高く，年収も高かったことを明らかにした。

2 × これはM.フーコーについての記述である。フーコーは1982年のコレージュ・ド・フランスの講義録『主体の解釈学』でこの概念を提唱し，未完の著作群となった『性の歴史』で議論を深めた。なお，A.シュッツはM.ウェーバーの行為論を現象学的に精密化することで，独自の現象学的社会学を確立した思想家である。

3 × 『アンチ・オイディプス』はG.ドゥルーズとF.ガタリの共著である。また，本肢にある，社会化の過程で習得された見方や感じ方などの性向はP.ブルデューの「ハビトゥス」にあてはまるものであり，「プラクティス（プラティーク）」はハビトゥスによって生み出される慣習行動を指す。T.ピケティは，『21世紀の資本』で，経済成長率より資本収益率が上回る現代の資本主義社会においては，一部の人に膨大な富が集中し，格差が世界的に拡大していると論じた。

4 × 『21世紀の資本』はピケティの著作であり，D.ライアンの主著は『監視社会』である。ライアンは情報化が急速に進んだ現代社会は，インターネットなどを通じて個人の情報が管理，監視されている監視社会であると捉えた。また，防犯カメラやＧＰＳによる位置情報といった安全性や利便性を高めるツールが，逆に人々を監視する役割も果たしていることを指摘した。なお，本肢の説明はR.パットナムの『哲学する民主主義』についてのものである。

5 × 『マクドナルド化する社会』はG.リッツァの著作であり，これはマクドナルドに典型的な，徹底的に合理化・マニュアル化された経営方式が社会全体に浸透していると指摘したものである。一方，社会システムを自己言及的なそれと捉えたのはN.ルーマンである。ただし，ルーマンはオートノミー（＝自律性）ではなく，オートポイエーシス（＝自己生産）の概念を用いて，自己言及的なシステムとしての社会を理論化したのであり，この点でも本肢の記述は誤りである。

正答 1

実践 問題 90 応用レベル

頻出度 地上★ 国家一般職★★★ 特別区★★★ 国税·財務·労基★★★

問 近代・現代社会に関する記述ア〜エのうち，妥当なもののみを挙げているのはどれか。 （財務・労基2023）

ア：D.ベルは，社会発展の３段階として，「前工業社会」，「工業社会」，「脱工業社会」の概念を提示し，知識・サービス産業が中心となる脱工業社会では，専門職・技術職の比率が高まるとした。

イ：A.R.ホックシールドは，ファストフード・レストランを規定している合理化に関する諸原理が現代社会の様々な生活領域に浸透していくと考え，その過程を「マクドナルド化」と呼び，これにより人々の間には親しみやすく情緒的な相互行為が生まれるとした。

ウ：A.ギデンズは，社会全般にわたって，社会的な営みが，新たに得られた情報や知識によって絶えず検討・改善され，その結果として大きな変化を遂げるダイナミズムが生じる近代化の在り方を「再帰的近代化」とした。

エ：J.F.リオタールは，近代化の進展に伴い，経済秩序を始め様々な事柄が長期的で固定的なものと化し，個人は安定した居場所を持てるようになるとし，リキッドな近代からソリッドな近代へと移行するとした。

1 ア，イ
2 ア，ウ
3 ア，エ
4 イ，ウ
5 イ，エ

チェック欄

1回目	2回目	3回目

実践 問題 90 の解説

〈現代社会論〉

ア○ D.ベルは『**脱工業社会の到来**』で，工業生産主導によるそれまでの産業社会の社会モデルに代わるものとして「**脱工業化社会**」という新しい社会モデルを提示した。また，ベルは『**資本主義の文化的矛盾**』で，合理化された社会構造と，その一方で政治や文化においては快楽主義的な非合理主義が支配的となり，その文化的矛盾によって社会は危機的な状況に陥るだろう，と述べている。さらに，『**イデオロギーの終焉**』では，産業化が進展すると，もはやイデオロギーの対立を生み出す階級間の対立は消滅し，イデオロギーは終焉すると論じた。

イ× 「**マクドナルド化**」はG.リッツァの用語である。ただし，彼はマクドナルド化が社会の機械化・非人間化をもたらすと論じているので，「人々の間には親しみやすく情緒的な相互行為が生まれる」とする肢の記述は誤りである。なお，A.R.ホックシールドは，著書『**管理される心**』で，サービス業が中心になった現代特有の労働形態として「**感情労働**」の存在を明らかにしたほか，(のちにトランプ政権を支持することになる) アメリカの右派の人々が実はごくありふれた人々であることを述べた『**壁の向こうの住人たち**』(2016年度全米図書賞ノンフィクション部門ノミネート作) などを著している。

ウ○ 「**再帰性**」はA.ギデンズの重要な概念である。ギデンズは構造＝機能主義とそれに対立する主観主義を止揚すべく，新たな理論構築を目指し，「**構造化理論**」を構想した。「再帰性」はすでにこの頃から用いられている概念である。のちに彼は，現代社会分析にも着手し，肢にも説明されているとおり，現在を**再帰的近代**と捉えた。

エ× 「**リキッドな近代 (リキッド・モダニティ)**」・「**ソリッドな近代 (ソリッド・モダニティ)**」という言葉はZ.バウマンの用語である。ただし，バウマンは『**リキッド・モダニティ**』で，ソリッドな近代からリキッドな近代へと社会は移行しており，肢に述べた状況とは正反対のことが生じていることを指摘しているので，肢の説明は誤りである。なお，J＝F.リオタールはフランスの哲学者で，『**ポスト・モダンの条件**』で，それまで近代 (モダン) の基礎にあった，“理性的主体である人間が真理と正義を共有して，進歩に向かって社会を運営していけば幸福が達成できる”という「**大きな物語**」が自明性と正当性を失った時代が現代であるとし，そうした状況を「**ポスト・モダン**」とよんだ。

よって，妥当なものはアとウであるので，正解は肢2となる。

正答 2

実践 問題 91 応用レベル

頻出度	地上★　国家一般職★★★　特別区★★★ 国税･財務･労基★★★

問 国際的な人の移動に関する次の記述のうち，妥当なのはどれか。

（国家一般職2018）

1：エスニシティという用語は，1990年代以降に広く使われるようになったとされる。エスニシティは，人々の所属意識に関係なく，言語，地域などの文化的指標を用いて客観的に定義できるところに特徴がある。

2：国境を越えた人々の移動について，送り出し国における貧困といったプッシュ要因や受け入れ国における労働力不足といったプル要因などに加えて，近年では，移民たちが本国や移動先などを巻き込んで形成するトランスナショナルなネットワークなどが注目されている。

3：我が国に居住する外国人のうち，1980年代以前から滞日している人々はオールドカマー又はオールドタイマーと呼ばれ，1990年代以降に新たに来日した人々はニューカマーと呼ばれている。法務省によれば，在留外国人数*は，2012年末から2016年末までおおむね100万人程度で推移している。

4：T.H.マーシャルは，永住市民（デニズン）の概念を提起し，外国人がホスト社会で実際に生活しているのであれば，その事実を基にして様々な権利が与えられるべきであると主張した。この概念を基に，「ＥＵ市民権」が構想されているが，実現には至っていない。

5：同化教育は，移民や外国人の出身国の言語や文化の習得を優先させることで，出身国への同化を目指す教育である。それに対して，多文化教育は，移民や外国人に対してホスト社会の文化を身に付けさせることで，社会的統合の実現を目指している。

＊「中長期在留者」及び「特別永住者」の数。統計は，「平成28年末現在における在留外国人数について（確定値）」による。

実践 問題 91 の解説

チェック欄 1回目 2回目 3回目

〈国際社会〉

1 × エスニシティとは，文化的特性を共有する集団，およびその集団における所属意識を指す言葉である。民族性と捉えるならば，民族は出自，血筋といった遺伝的要素のみではなく，言語や宗教，慣習，生活習慣，居住地域などさまざまな文化的特性が複合して形成されるものであり，同じ民族であるというアイデンティティによって1つの集団たりえている。よって，人々の所属意識という主観的要素が最も強くはたらいているのであり，客観的に定義できるとはいえない。

2 ○ わが国では，バブル期の労働力不足の解消のために，特に低賃金で過酷な労働現場を中心に外国人労働者を雇用してきた。しかし，そうした人々が本国や移動先の国を巻き込んで形成するトランスナショナルなネットワークが注目されている。国境を越えた他国の民間の個人や団体，あるいはそれらと他国政府との関係がそれであり，たとえば国境を越えた市民運動や文化交流，企業間の連携や資本投資，市民団体や企業による他国の政府への抗議や圧力活動などが挙げられる。

3 × わが国では1970～80年代頃に移住する外国人が増加し，特にそれは1990年代に急増するが，こうした人々をニューカマーという。それに対して，戦前に日本に移住し，戦後も生活してきた特別永住者の外国人がオールドカマーあるいはオールドタイマーとよばれる人々である。「平成28年末現在における在留外国人数について」によれば，在留外国人数は約238万人であり，近年200万人強で推移している。

4 × デニズンの概念を提唱し，ホスト社会で永住している外国人にもさまざまな権利（デニズンシップ）を与えるべきだと論じたのはT.ハンマーである。また，ＥＵ市民権は1992年のマーストリヒト条約によって認められた権利であり，「実現には至っていない」とする本肢の記述も誤りである。なお，T.H.マーシャルは，シティズンシップの研究で知られるイギリスの社会学者である。

5 × 同化教育および多文化教育の定義が誤っている。「移民や外国人に対してホスト社会の文化を身に付けさせることで，社会的統合の実現を目指」すのが同化教育である。一方，多文化教育は，人種や社会階級，性差，障害などによって異なった文化を有する者たちに，その多様性を尊重しつつ，平等な学習機会を持てるようにすることを目指すものである。

正答 2

第3章 SECTION ③ 現代社会論

産業社会論

実践 問題 92 応用レベル

頻出度	地上★　国家一般職★★★　特別区★★★ 国税·財務·労基★★★

問 国際社会の変化に関する次の記述のうち，妥当なのはどれか。

（国家一般職2022）

1：I.ウォーラーステインによると，資本主義経済システムとしての世界システムは，システムの内部に中心・反中心・周辺の三層の空間構造を有しており，世界システムの誕生以来，こうした中心・反中心・周辺に属する国と地域は変動していないとされる。

2：日本に居住する外国人のうち，第二次世界大戦以前から日本に滞在・居住している在日中国人や在日韓国・朝鮮人などをオールドカマー（オールドタイマー）と呼ぶのに対して，戦後，特に1980年代頃から新たに来日した外国人をニューカマーと呼ぶ。

3：プッシュ＝プル理論とは，先進社会と発展途上社会との間にある雇用の大きさや賃金の格差よりも，本国のコミュニティと相手国にあるコミュニティを含めた社会的ネットワークが果たす役割に注目することによって，企業が海外投資を行う要因を説明しようとする理論である。

4：A.R.ホックシールドのいうグローバルなケア・チェーンとは，原材料の調達から生産，流通，販売，消費に至る世界規模のネットワークを指し，例えば，発展途上社会の労働者が先進社会の企業が所有する現地工場で生産労働に従事することも含まれる。

5：B.アンダーソンのリスク社会論によると，富の分配をめぐる対立が紛争の中心となる産業社会に対し，リスク社会では，リスクをいかに分配するかが問題となる。したがって，環境ホルモンなど知覚しにくいものは，分配が困難なため，ここでいうリスクには含まれない。

チェック欄

1回目	2回目	3回目

実践 問題 92 の解説

〈国際社会〉

1 × I.ウォーラーステインが世界システムを唱えたことは正しいが，彼はシステムを「中心（core）」,「半（準）周辺（semi-periphery）」,「周辺（periphery）」の三層に分けており,「反中心」という訳語は適切ではない。またウォーラーステインは，大航海時代に確立された世界システムにおいて，中心に位置する覇権国がスペイン→オランダ→イギリス→アメリカと交代してきたことに合わせて，半周辺や周辺に属する国々や地域も変化してきたことを述べており，本肢の後半の記述も誤りである。

2 ○ オールドカマーとは，第２次世界大戦以前から日本に在住している外国人であり，その中心は在日朝鮮人である。一方，ニューカマーは戦後，特に1980年代から増加してきた訪日外国人で，南米系移民や中国・韓国・東南アジアなど多様な人々が含まれる。1980年代に増加した背景としては，バブル景気における労働力不足を補うために外国人労働者が多く雇用されたことも大きい。

3 × プッシュ＝プル理論とは，先進社会と発展途上社会との間にある雇用の大きさや賃金の格差によって，国際間の労働力の移動を説明しようとする理論である。社会的ネットワークが果たす役割に注目するのはソーシャル・ネットワーク論であり，特に本国のコミュニティと相手国にあるコミュニティを含めたネットワークによって移民を説明しようとする理論は「移民システム論」や「移民ネットワーク論」である。

4 × A.R.ホックシールドが「グローバル・ケア・チェーン」の概念を出したことは正しい。しかし，グローバル・ケア・チェーンとは，原材料の調達から生産，流通，販売，消費に至る世界規模のネットワークのことではなく，発展途上国の農村部の人々が自分の家族を残して，自国の都市部や先進国の家族のケアを行うことを指したものである。

5 × 「リスク社会」はU.ベックが提唱した概念であり，B.アンダーソンは「想像の共同体」の概念を唱えたことで知られる。また，リスク社会ではリスクをいかに分配するかが問題となるが，その中には環境ホルモンの分配も含まれる。ベックは，富の偏在（＝貧富の差）は見えやすいが，現代社会におけるリスクは環境ホルモンのように知覚しにくいことを特徴として挙げている。

正答 2

第3章

現代社会論

章末 CHECK　Question

Q1 大衆社会ではマス・メディアが大きく発達しており，マス・メディアの公正で正確な情報の伝達と人々の高学歴化によって，合理的な判断に基づく理性的な世論形成が政治を動かす大きな力となっている。

Q2 J.オルテガ・イ・ガセットは少数のエリートによる大衆支配の危険性を指摘し，『大衆の反逆』において大衆が政治の中心的役割を担う社会こそが理想の社会像であると主張した。

Q3 K.マンハイムは，現代社会には産業社会と大衆社会という2つの側面があると指摘し，産業社会としての側面が持つ合理的な組織運営と欲求充足の抑圧が，大衆社会における非合理的要素の爆発を帰結する危険性を指摘した。

Q4 パワー・エリートとは，強大な武力や軍事力を背景に社会の覇権をうかがう反体制的な集団のことである。

Q5 W.A.コーンハウザーによれば，エリートと大衆との関係において中間集団が大きな役割を果たしているが，中間集団は国家の出先機関として機能するため，中間集団の力が強ければ強いほど大衆操作が起こりやすいとされる。

Q6 W.ロストウは経済成長段階説を提示し，生産力を基準とした社会発展の図式から推測しても，社会主義は資本主義よりも優れているというK.マルクスの主張は正当であると結論づけた。

Q7 オーガニゼーション・マンとは，組織の頂点に位置し，組織を指揮・運営する立場にある特権的な人々のことである。

Q8 有閑階級による，ステイタス・シンボルとしての財やサービスの過剰な消費のことを誇示的消費というが，この概念を提示したのはT.ヴェブレンである。

Q9 脱工業化社会においては，専門的な知識や技術を持つ人々が産業の中心的役割を担う集団として大きな発言力を持つようになるが，こうした人々のことをテクノクラートという。

Q10 J.ボードリヤールは現代社会においては，「モノを記号として消費する」という他人との差異化のための消費よりも，モノの有用性が重視されるようになっていると論じた。

Q11 従来の社会運動は労働運動が中心であったが，1960年代以降，住民運動や，平和運動，女性解放運動などさまざまな社会運動が起こるようになってきた。

Q12 A.トゥレーヌはT.パーソンズの影響を受けて機能主義の立場から集合行動を論じ，「価値付加過程論」を提示した。

A1 × 現代社会においては，商業主義的なマス・メディアが流す扇情的な情報に翻弄され，理性的・合理的な判断力を欠いた「大衆」が社会の大多数を占めるに至っていると指摘されている。

A2 × オルテガは選良の高貴な責任感による政治から大衆政治への移行を危惧し，理想・自負・責任感を欠いた大衆政治の危険性を指摘した。

A3 ○ K.マンハイムはこれを「現代社会の二重性」とよんだ。

A4 × パワー・エリートとは経済・政治・軍事の各分野の頂点に位置する人々を指す。C.W.ミルズは，大衆社会における政治的無関心がこうしたパワー・エリートの隆盛を促すことになりかねないことを危惧した。

A5 × W.A.コーンハウザーによれば中間集団とは，地域社会や職業集団，利益集団など，個人と国家（全体社会）の中間，両者の媒介を果たす集団を指す。これが強いほど大衆操作が起こりづらいとされる。

A6 × W.ロストウは資本主義と社会主義はともに高度大衆消費社会への到達を指向し，その筋道が異なるだけであると論じて，社会主義を資本主義より優れているとするマルクス主義を批判した。

A7 × オーガニゼーション・マンとはW.H.ホワイトの概念で，組織への没入・全人格的献身，帰属集団・組織への信仰といった特性を持つ。

A8 ○ T.ヴェブレンは『有閑階級の理論』において，有閑階級を生産的労働から解放された階級とし，そのステイタス・シンボルとしての財やサービスの過剰な消費を非難した。

A9 ○ D.ベルはテクノクラートが専門的な知識や技術によって大きな発言権を獲得し，そのことによって政治家と対立することが，脱工業化社会での大きな問題となるであろうと述べた。

A10 × J.ボードリヤールは現代社会における消費を，「モノの有用性による消費」から「記号として消費するという他人との差異化のための消費」に中心が移行してきているとした。

A11 ○ またそれに伴って社会運動のあり方も，組織形態がヒエラルキー的ではなく，ネットワーク的となり，運動の担い手もプロではなく，通常の市民となっていった。

A12 × これはN.J.スメルサーの理論である。彼は6つの要因が順次付加されていって集合行動が起こるとした。

memo

第4章

階級・階層

SECTION

① 階級・階層
② 社会移動

第4章 階級・階層

出題傾向の分析と対策

試験名	地上			国家一般職（旧国Ⅱ）			特別区			国税・財務・労基		
年度	15-17	18-20	21-23	15-17	18-20	21-23	15-17	18-20	21-23	15-17	18-20	21-23
出題数 / セクション	1	1		1		1	1		1			
階級・階層	★			★		★	★		★			
社会移動		★										

（注） 1つの問題において複数の分野が出題されることがあるため，星の数の合計と出題数とが一致しないことがあります。

地方上級

この章で押さえておくべきは，セクション①の中の，マルクスの階級の概念とそれに対して提示された階層の概念です。マルクスの史的唯物論については社会変動論としても出題されることがあります。新中間層についてはミルズの名と一緒に押さえておきましょう。セクション②の社会移動の分野は出題される可能性は低いと思われます。

国家一般職（旧国家Ⅱ種）

この分野の出題は多くはありません。セクション①の階級・階層については，さまざまな社会学者の学説が並べて出題されることがあります。見慣れない学者の理論が出題されることもありますので，インプットのみでなく，過去問で出題された学説も押さえておきましょう。セクション②の社会移動については出題頻度は高くありませんが，過去に出題されているので，新聞や白書に目を通しておくようにしましょう。これらの知識は時事の試験でも十分役立ちます。

特別区

特に頻出の分野ではありませんが，セクション①については，インプットに挙がっている諸学説を押さえておくとよいでしょう。マルクスの階級の概念とそれに対して提示された階層の概念が重要です。新中間層についてはミルズの名と一緒に押さえておきましょう。セクション②の社会移動の分野は出題される可能性は低いと思われますが，押さえておけばこれらの知識は時事の試験でも役立ちます。

国税専門官・財務専門官・労働基準監督官

近年出題はありませんが，過去にはセクション①の階級・階層について見慣れない学者の理論が出題されることもありますので，インプットのみでなく，過去問で出題された学説も押さえておきましょう。セクション②の社会移動については，過去の状況を見る限り出題頻度は高くありませんが，新聞や白書に目を通しておくようにしましょう。

2012（平成24）年度より新設された財務専門官ではまだこの分野の出題はありません。

Advice アドバイス 学習と対策

階層，階級という言葉は，よく新聞やニュースで見かけますが，これらは，社会学の中では厳密に区別して用いられる語です。その違いをしっかりと押さえておきましょう。階級論ではマルクスが重要です。また，セクション②の階層の実態や学歴の問題は，社会学という範囲を超えて，日本社会の現実として教養記述などでも幅広く生かしてほしい知識です。

階級・階層

必修問題 セクションテーマを代表する問題に挑戦！

新中間層についての問いですが，階級・階層論についてのしっかりした知識がなければ正解もおぼつかなくなります。階級・階層論の基礎知識についても理解しておきましょう。

問 現代社会の特徴は新中間階級の増大にあるとしばしばいわれるが，新中間階級に関する正しい説明はどれか。 (地上1984)

1：権力の末端に位置して自らを労働者の側に立つものと意識し，権力者と被支配者とを媒介する役割を果たす集団をいう。

2：階級の帰属がはっきりしていて，明確な階級意識を持ってはいるが，イデオロギーを持たず，政治に関心を持たない集団をいう。

3：パワー・エリートでありながら，支配機構が肥大したために，支配者としての意識を明確に持たないでいる集団をいう。

4：ブルジョワジーに属していながら，教育によって知識を獲得したために，被支配階級に理解を示すインテリゲンチアをいう。

5：労働者と同一の客観的社会状況に置かれながら，自らを労働者とは異なった存在と意識し，異なった意識を持つ集団をいう。

Guidance ガイダンス 旧中間層と新中間層

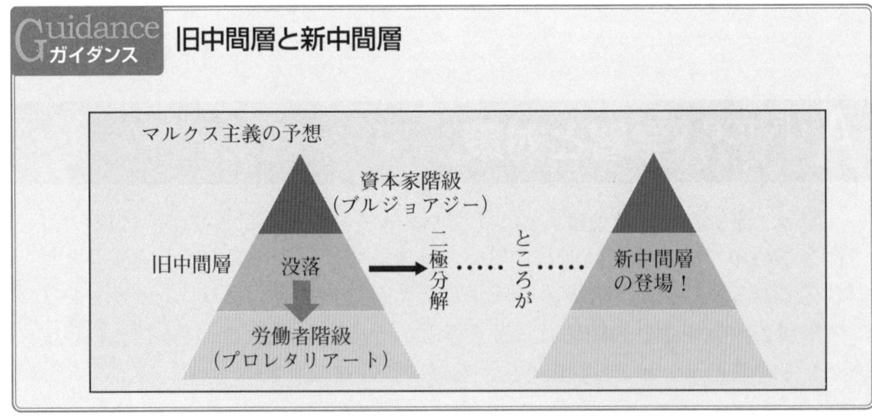

頻出度　地上★★　国家一般職★★　特別区★★　国税・財務・労基★★

必修問題の解説

〈新中間層〉

マルクス主義の考えでは，資本主義社会においては，生産手段を所有する資本家階級（ブルジョアジー）とそれを所有していない労働者階級（プロレタリアート）以外に小所有・小経営として自営農民層，小工業者，小商人層など（これを旧中間層という）が存在しているが，これらはやがて没落し，社会は資本家階級と労働者階級の２大階級に２極分化していくものとされた。

しかし，資本主義の発展は社会成層の中間部分に新しい階層を生み出した。これが新中間層（新中間階級）である。それは具体的には，大企業の中・下級管理者，専門職従事者，事務職員，販売員などであり，いわゆるホワイト・カラー層である。彼らは生産手段の所有・非所有という点から見れば純然たる労働者であるが，従来の労働者階級と異なって非肉体的・管理的労働に従事し，ブルー・カラー層に対して自らを異なった階層に属すると意識しているとされる。

なお，C.W.ミルズが『ホワイト・カラー』において，こうした新中間層の人々を，自由を剥奪された，政治的無気力・無関心状態にある大衆的性格を持つ存在として捉えたことも覚えておくとよい。

問題の選択肢では，肢１は「自らを労働者の側に立つものと意識し」ているとしている点が誤りである。肢２は「明確な階級意識を持ってはいる」としている点が誤りである。新中間階級は生産手段の所有・非所有という点から見れば労働者であるが自らを明確に労働者階級とは意識しない。肢３は新中間階級をパワー・エリートとしている点が誤りである。肢４では新中間階級をインテリゲンチャ（インテリゲンチア）と等置している点が誤りである。インテリゲンチャとは一般に知識人層をいう。

よって，正解は肢５である。

正答　5

階級・階層

階級・階層

1 K.マルクスの階級論

(1) 階級

階級とは生産手段の所有・非所有によって区別される社会集団です。

生産手段は一方の側の集団に独占的に所有されているので，階級の間には，支配－従属の関係，搾取関係が成立します。現代の資本主義社会においては，生産手段を所有している資本家階級（ブルジョアジー）と，生産手段を所有せず自らの労働力を売ることによって生活せざるをえない労働者階級（プロレタリアート）という階級関係が形成されています。

(2) イデオロギー

階級間には搾取関係がありますが，搾取する側の支配階級は，自らの支配・搾取を正当化しなければなりません。このような階級関係に基づいて形成される信念・意見の体系をイデオロギーとよびます。

(3) 上部構造・下部構造

人間が生活するには，生産諸力の発展段階に応じた一定の社会関係を人と人が取り結ぶのであり（生産関係），その総体を土台（下部構造）として法律や政治・文化・社会意識などの上部構造が形成されます。上部構造は土台－下部構造によってそのあり方が規定されています。

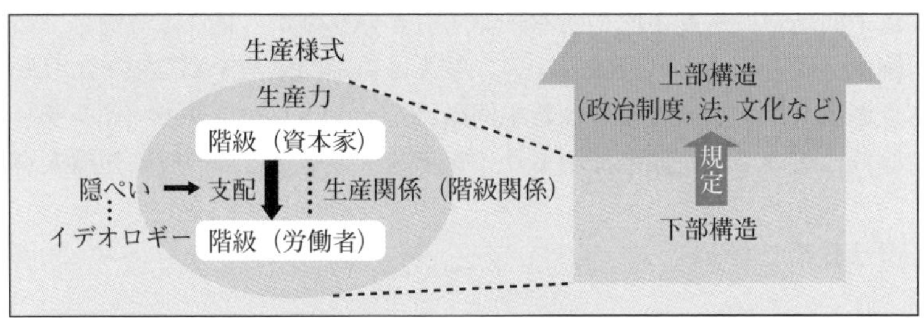

(4) 弁証法的唯物論・史的唯物論（唯物史観）

マルクス主義の歴史的発展図式を指します。一定の生産関係の下で生産力が発展し，やがてそれは所与の生産関係と矛盾するようになります。ここで生産関係の変革を目指して階級闘争が行われます。このような階級闘争を経て新しい生産関係が構成され，この下部構造の変化によって上部構造も変化することにより社会の全体が新しい段階へと移っていくとされます。

史的唯物論による発展段階

原始共産制社会 ⇒	奴隷制社会 ⇒	封建制社会 ⇒	資本主義社会 ⇒	社会主義社会
（アジア的段階）	（古代的段階）	（封建的段階）	（資本主義段階）	（社会主義）

2 階層

(1) 階級と階層

収入，職業，学歴など，さまざまな指標による社会的序列（ランキング）における一定の位置を「社会的地位」といいます。

階層：同じ社会的地位にある人々の集団
　収入，威信，学歴など指標の取り方で所属の階層は変わる

階級：生産手段の所有／非所有によって区別される集団
　階級と階級は絶対的に分裂，敵対関係にある

(2) 社会成層

社会的地位を等しくする者の集まりを「階層」と捉えるとき，特定の社会の中で，そのような階層が上下に序列的に積み重なり構造をなしている状態を社会成層といいます。あるいは，特定の社会における，そのような階層構造の全体像を指して用いられる場合もあります。

(3) 新中間層

マルクス主義においては，資本主義社会では次第に自営農民，小工業者，商人など（**旧中間層**）がプロレタリアートへと没落し，社会はブルジョアジーとプロレタリアートの二極に分化していくとされました。

しかしこれは，20世紀になって社会の中間部分に新たな階層の人々が大量に出現したため，社会は二大階級へと二極分解することはありませんでした。資本主義の進展に伴って会社経営組織が巨大化し，**所有と経営の分離**が推進され，それによって資本家に代わって企業経営を代行する経営者と，それを補助する多様な管理的・非生産的職業従事者が大量に生み出されることとなりました。こうしたいわゆる**ホワイト・カラー層**は**新中間層**とよばれるようになりました。

新中間層の性格をめぐってはC.W.ミルズが『ホワイト・カラー』において，自由と合理性を剥奪された，政治的無気力・無関心状態にある大衆的性格を持つ存在として捉えたことは有名です。

階級・階層

実践 問題 93 基本レベル

頻出度 地上★★ 国家一般職★★ 特別区★★ 国税·財務·労基★★

問 階級に関する次の記述のうち，妥当なのはどれか。 (国Ⅱ2001)

1：階級は，広義には，社会的な不平等によって形成される集団を指す。その意味では，近代以前の社会に特徴的な身分も階級の一種である。しかし，狭義には，階級は「法の下での平等」が実現した近代社会に特徴的なものである。それは，職業選択や政治参加の制限などによって法的に規定された集団である。

2：階級という概念を社会学的な思考の中に大胆に導入したのは，M.ウェーバーである。彼は，階級を生産手段の所有・非所有によって区別する独自の視点を提示した。例えば，近代資本主義社会は，生産手段の所有者＝資本家が，非所有者＝労働者を支配する階級社会であるというのが彼の認識である。

3：階級をどのように概念的に区分するかは，すぐれて理論家自身の時代的な認識にかかわる主題である。T.B.ヴェブレンは，勤労階級に対置して，有閑階級という概念を提起した。それは生産的な労働を忌避し，社会的な威信保持のための「誇示的消費」にふける上流階級の人々を批判的に呼んだものである。

4：近代資本主義社会において，資本家階級と労働者階級との中間に位置する階層を中間層という。それは農民や商工自営業者＝旧中間層と，非現業部門（管理・事務・販売など）の職種の雇用従業者＝新中間層とに区分される。後者は青い襟（えり）のワイシャツを着る人々ということから，ブルーカラーとも呼ばれる。

5：社会学では，客観的な階級帰属とは別に，主観的な階級帰属が問題にされる。自分は社会の中流に属しているという意識を中流意識と呼ぶ。総理府（現内閣府）の『国民生活に関する世論調査』で自分の生活程度を「中の上」,「中の中」又は「中の下」とする人々の合計は，1970（昭和45）年以降50％前後で推移している。

直前復習

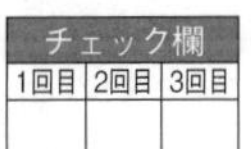

実践 問題 93 の解説

〈階級・階層〉

1 × 最後の「(階級が) 職業選択や政治参加の制限などによって法的に規定された集団である」という記述が妥当でない。**階級**の定義にはさまざまなものがあるが，最も代表的な**K.マルクス**の定義（生産手段の所有／非所有によって区別される集団）にあるように，それは一般に経済的に規定される集団である。

2 × **M.ウェーバー**ではなく，マルクスの学説についての記述である。ウェーバーは，階級以外の非経済的な要因にも目を向け，**階級・地位（身分）・勢力（党派）**などを社会成層を規定する要因として挙げた。

3 ○ **T.B.ヴェブレン**の業績は**有閑階級**という概念を提示したという階級論的なものも大きいが，**誇示的消費**という概念を提示して，生産社会に対する「消費社会」の概念の先駆者となったことも重要である。

4 × **新中間層**はブルー・カラーではなく，**ホワイト・カラー**とよばれる。ブルー・カラーとは，現業部門での生産労働（現場作業）に携わる労働者のことである。

5 × 中流意識を持つ者は全体の9割以上で推移している。こうしたことから，日本人の階層帰属意識は**一億総中流**などとよばれてきた。2010（平成22）年度調査では，「上」(0.8%)，「中の上」(11.3%)，「中の中」(53.5%)，「中の下」(26.2%)，「下」(6.3%) となっている。

正答 3

階級・階層

実践 問題 94 基本レベル

頻出度	地上★★　国家一般職★★　特別区★★　国税·財務·労基★★

問 階級又は階層に関する記述として，妥当なのはどれか。 （特別区2017）

1：階級とは，生産手段の所有，非所有とそれに由来する生産関係における地位の違いに基づき搾取，被搾取の関係に立つ集団であるが，実体的な集団ではなく，操作的な概念である。

2：階層とは，職業，収入，学歴などの社会的資源が不平等に配分されているとき，同種の社会的資源が同程度に配分されている社会的地位ないし人々の集合であり，階層と階層の間には異質的で敵対的な関係が設定される。

3：マルクスは，まだ自らの地位や利害について自覚していない階級を対自的階級と呼び，自覚段階に達した即自的階級と区別して，対自的階級が即自的階級に転化するには，階級意識と階級組織が形成されなければならないとした。

4：ダーレンドルフは，産業社会の成熟とともに，労働者，資本家いずれの階級にあっても，労働組合や経営者団体のような組織が形成され，階級闘争に一定のルールができあがると，階級闘争の激しさが増すとした。

5：デービスとムーアは，社会成層の中で上位を占める人々は社会の中で重要性の高い仕事をしている人々で，高い報酬や威信を得るのは当然であり，社会的地位の不平等の存在こそ上昇志向を動機づけ，社会全体の機能を高めるとした。

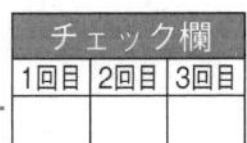

実践 問題 94 の解説

〈階級・階層〉

1 × 「実体的な集団ではなく，操作的な概念である」という一文が誤りである。**階級**は，それに所属する人々の間に**階級意識**が伴った，実体的な集団である。階級が実体的なものとして人々に認識されるがゆえに，生産手段の所有／非所有と，それに伴う搾取／被搾取をめぐって階級と階級は絶対的に分裂し，敵対関係となるのである。それに対して，階層は操作的な概念である。階層の場合には，それを分析する研究者がどのような基準でそれを分類するかを選ぶことができ，概念操作が可能である。

2 × 「階層と階層の間には異質的で敵対的な関係が設定される」とはいえない。**階層**は階級と異なって，指標の取り方によってさまざまに分類される操作的な概念である（たとえば，大学教員は社会的威信という指標では上位の階層となるが，収入という指標では中位程度にとどまる）。よって，階級がそれに所属する人々の階級意識によって分裂，対立しているのに対して，階層は人々にそのような意識をはっきりと自覚させることはないため，明確な敵対関係は生じない。

3 × **即自的階級**と**対自的階級**の説明が逆である。**マルクス主義**では，労働者階級は，当初は自らが資本家によって搾取され，抑圧されている存在とは自覚しない即自的階級であるが，やがて階級意識に目覚め，共通した利害を有する1つの階級として自らを自覚して連帯し，資本家階級に対して闘争する対自的階級になるとした。

4 × 「階級闘争の激しさが増す」が誤りである。**R.ダーレンドルフ**は，産業社会の成熟（後期資本主義）とともに，労働運動が組織化され，法律に基づいて一定の形式に「制度化」されると，階級闘争は変質してその革命的意義を失うと捉え，それを**「階級闘争の制度化」**とよんだ。同様のことは**T.ガイガー**なども主張しており，ダーレンドルフの理論はそれを展開させたものである。

5 ○ **K.デイビス（デービス）**や**W.ムーア**らによって1940年代に主張されたもので，**機能主義成層理論**とよばれる。彼らはマルクス主義とは異なって，社会が階層に分化するのは常態であり，また適切な人材・資源配置の面からみても社会的に好ましいと考えた。

正答 5

階級・階層

実践 問題 95 基本レベル

頻出度 地上★★ 国家一般職★★ 特別区★★ 国税·財務·労基★★

問 社会的不平等に関する次の記述のうち，最も妥当なのはどれか。（国Ⅱ2008）

1：K.マルクスは，資本主義社会が，生産手段を私的に所有する「資本家階級」とそれをもたず労働力のみを商品として売り渡す「労働者階級」の二つに人々を分裂させ，産業資本の高度化と労働者の窮乏化が進む中で，多数の労働者が団結する条件が生じると考えた。

2：P.ブルデューのいう「文化資本」とは，金融・不動産の所有ではなく，絵画・骨董品などの文化的な財の所有とその投機的な価値の増大によって経済的な格差が拡大するメカニズムに着目した，現代の高度消費社会における階層を分析するための概念である。

3：C.W.ミルズのいう「パワー・エリート論」とは，現代のアメリカ合衆国において，大企業組織，政治機構，マス・メディアの三領域で実権を握る少数のエリートが，相互に結び付いて政治的な決定において大きな影響力をもっている問題を指摘した議論である。

4：「地位の非一貫性」とは，社会階層の移動によって，子どもが親に比して社会的に高い階層に上昇したことにより，出身背景と子どもの獲得した社会的な地位との間に一貫性が失われ，アイデンティティの揺らぎが生じることを指摘した議論である。

5：「相対的剥奪（はくだつ）」とは，男性による女性への権利侵害，白人による黒人への搾取など，対照的な社会集団の間で，一方が他方から不当に権利や価値を奪われていると感じる社会的な意識を指摘した議論である。

実践 問題 95 の解説

チェック欄 1回目 2回目 3回目

〈社会的格差・不平等〉

1 ○ K.マルクスは，問題文のように資本主義社会においては労働者の窮乏化が進む中でやがて労働者が団結し，資本主義を打ち倒す**階級闘争**が生まれてくるとした。

2 × P.ブルデューのいう**文化資本**とは，（経済における資本のように）利益を生み出す文化，具体的には選抜制度を勝ち抜いていくうえで財産となるような文化のことである。**上流階級はこうした文化資本を多く持ち，下層階級はこれをあまり持たない。ブルデューは，このような階級間の文化資本の差が，次の世代にも受け継がれていくとし，こうした文化資本によって階級関係が再生産されていく**事態を**文化的再生産**とよんだ。

3 × C.W.ミルズのいうパワー・エリートとは，アメリカ社会における経済，政治，軍事の制度的秩序の頂点に君臨し，実質的にアメリカ社会の権力を握っている人々のことである。問題文では，軍事ではなく「マス・メディア」となっている部分が誤り。

4 × 「地位の非一貫性」についての説明が誤り。**地位の非一貫性とは，所得，学歴，威信といった個人の社会的地位を構成する要素の間に不一致が見られる状態**をいう。たとえば，ある個人が「学歴は低い」が「所得は高い」といったような状態である。

5 × 「相対的剥奪」についての説明が誤りである。相対的剥奪とは，本人が持っている期待水準・達成水準との関連で起こる不満感・剥奪感のことである。別の言い方をすれば，その人がどのような集団を自己の**準拠集団**とするか，その準拠集団との関連で起こってくる不満感・剥奪感のことである。この概念を社会学において有名にしたのがS.A.ストウファーらが行ったアメリカ軍の兵士たちに対する調査研究（軍の中で「昇進に対する不満」が最も強かったのは空軍の兵士であった。これは空軍兵士は他に比べて最も昇進が早いのだが，周りの仲間も昇進が早いのでむしろ昇進に対して不満を持ちやすい〈周りの昇進が早い仲間から自己の期待水準を考えてしまうため〉とした）であった。

正答 1

階級・階層

階級・階層

実践 問題 96 応用レベル

頻出度 地上★ 国家一般職★★ 特別区★★ 国税·財務·労基★★

問 階級と階層に関する次の記述のうち，妥当なのはどれか。 (国税2004)

1：カーストのような閉鎖的階級は，近代社会における身分などの開放的階級と区別される。閉鎖的階級では支配層の宗教的意図からそれぞれの階級が閉鎖的であったのに対し，開放的階級では階級が法制的に固定化されているに過ぎず，法制を変更することで階級が流動的となる。

2：K.マルクスは，労働者階級を対自的階級と呼び，対自的階級としての労働者は，自己の社会的地位・要求・歴史的使命・政治的任務を自覚し，資本家階級を打倒することによって自己を解放する能力を獲得したとき，自覚段階に達して即自的階級になると考えた。

3：T.ガイガーは，マルクス主義を擁護する観点から，高度に発達した産業社会では階級対立が制度化されるとし，その結果，労使間の階級対立が激化し，階級闘争が拡大することによって，マルクス主義社会が到来すると主張した。

4：成層理論においては，社会が階層に分かれることは，社会が存続し統合を維持していく上で必要不可欠の条件であるとされ，階層間の関係は連続的な威信序列における順応的な上下関係であるにすぎず，マルクス主義の階級理論における階級のような対立し抗争する敵対関係ではないとされている。

5：社会的地位の測定方法には，単純平均法，相乗平均法及び加重平均法があるが，このうち加重平均法とは，ある地域社会の住民各自の社会的地位の高さや所属階層を，社会的地位の高さと密接に関連している職業，学歴，収入，財産などのインデックスについて当該住民が自ら付けた重みで差を設けた上で加重平均することによって評価する方法である。

チェック欄		
1回目	2回目	3回目

実践 問題 96 の解説

〈階級・階層〉

1 × 「階級が法制的に固定化されているに過ぎず，法制を変更することで階級が流動的となる」という記述が適切でない。**近代社会の階級は法制度よりも，むしろ収入，学歴，職業などをもとに形成されているという見方が一般的**である。

2 × 対自的階級と即自的階級の捉え方が逆である。階級闘争では，低次な段階には即自的階級の存在があり，高次の段階には対自的階級の存在があるとされる。前者は個別利害をめぐる地方の闘争の担い手であり，後者は階級利害をめぐる全国的な闘争の担い手である。

3 × T.ガイガーの主張について，本肢の前半は適切だが後半が正しくない。本肢のとおり，ガイガーは階級対立（闘争）の制度化を提唱した。その意味するのは，階級間の対立が制度やルールに基づいて行われるようになるというものである。その結果,諸階級は対立をしながらも安定した関係となる。こういった論理の下では，階級対立は激化しないし，ましてやK.マルクスの提唱するような革命（労働者階級による資本家階級の打倒）は起こりにくい。

4 ○ 成層理論での主張は，階層の機能に注目するものであり，階層を社会の安定や存続にとって不可欠なものとする。代表的な論者にK.デイビスとW.ムーアがいる。**デイビスとムーアは，マルクス主義とは異なり，社会の階級的不平等を解決すべき問題としてではなく，むしろ常態とみなす立場**をとっている。

5 × 加重平均法が，重みで差をつけて加重平均するというのは適切だが,「当該住民が自ら付けた重み」というのが誤りである。これは通常，相互評価法とよばれる手法の発想に近い。

正答 4

第4章 SECTION 1 階級・階層

階級・階層

実践 問題 97 応用レベル

頻出度	地上★ 国家一般職★★ 特別区★★ 国税·財務·労基★★

問 社会成層に関する記述として最も妥当なのはどれか。（労基2007）

1：社会成層を構成する社会的地位には，客観的地位，認定的地位，主観的地位の三つの次元がある。このうち，認定的地位とは自己を社会成層のどこに位置付けるかという自己判定の問題であり，また，客観的地位とは他人の評価の結果である社会的な名誉や尊敬などの多寡である。

2：マルクスは，衣食住という人間の基本的欲求ではなく自己実現の欲求を充足させることが社会の第一の任務であるとした。また，生産関係において同一の役割を演ずる人々の集合を階級と規定し，資本主義社会では，二つの主要な階級である地主と労働者が対立するとした。

3：パーソンズに代表される構造機能主義は，社会的平等のピラミッド構成である社会成層に対して肯定的であるとともに，経済的地位や勢力上の地位は必ずしも社会的地位を象徴するものではないとして価値を認めない立場をとっている。

4：全体社会や地域社会における社会的資源の配分状況に応じて成員を段階的に配置した全体像が社会成層であり，そこでの位置を規定するものが社会的地位，同一の社会的地位にあるものの集合が階層である。

5：ヴェーバーは，社会成層を規定する要因として，階級状況，地位，勢力の三つを挙げている。このうち，勢力とは他者の反対を押し切って自分の意志を通す機会であり，工業化社会にあっては，国家の行政や軍事官僚制機構よりも生産手段の所有こそが最も重要な勢力の源泉であるとした。

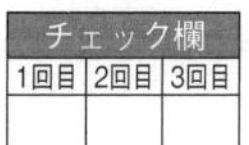

実践 問題 97 の解説

〈階級・階層〉

1 × 社会的地位の３つの次元の説明が間違っている。「自己を社会成層のどこに位置付けるかという自己判定」によって規定されるのは主観的地位である。また，「他人の評価の結果である社会的な名誉や尊敬などの多寡」によって規定されるのは認定的地位である。そして，法令や制度などによって組織内で明確な役割とともに与えられるのが客観的地位である。

2 × K.マルクスは『経済学批判』の中で，人間の社会的存在がその意識を規定すると主張しており，本肢の最初の文章は誤りである。また，階級は生産手段の有無によって区分される社会集団であり，本肢の説明は不十分である。さらに，資本主義社会では主要な二大階級は資本家階級と労働者階級である。

3 × 本肢の記述は，全体的に誤りである。本肢前半の「社会成層に対して肯定的」との記述は，日本語としてわかりにくい表現である。基本的に，T.パーソンズは，「地位」と「役割」のネットワークとして社会システムを構想しており，近代社会における不平等の問題に機能分析の立場から取り組んだことは押さえておきたい。

4 ○ 社会成層，階層，社会的地位に対する適切な説明である。もともと**階層という概念は，生産手段の所有／非所有という経済学的な視点からのみによって社会集団を類型化したマルクスの「階級」概念に対抗して，その一面性，不十分さを補うために社会学で用いられるようになった**ものである。M.ウェーバーの研究はその先駆的なものとして社会学における今日の階層論の基礎となっている。肢５の解説も参照。

5 × M.ウェーバー（ヴェーバー）が社会成層を規定する要因として，マルクスが挙げた階級だけでは不十分であるとし，地位（身分），勢力（党派）を加えたことは正しい。しかし「生産手段の所有」によって規定されるのは勢力ではなく，階級であり，それを最も重要なものと捉えたのはウェーバーではなく，マルクスである。

第4章 階級・階層

正答 4

階級・階層

実践 問題 98 応用レベル

頻出度 地上★ 国家一般職★★ 特別区★★ 国税·財務·労基★★

問 社会学における階級に関する次の記述のうち，最も妥当なのはどれか。

（国家一般職2012）

1：P.A.ソローキンは，階級という概念を提唱し，社会的諸資源の配分の結果によって複数の階級が形成されていく過程を明らかにし，さらに，社会的な分業が進展することによって配分が平等化され，階級が解体するとした。

2：K.マルクスは，「疎外された労働」という概念を用いて，資本家階級に属する者のみが生産手段を私有する状況を批判した上で，全ての人々がそれぞれ生産手段を私有することによって，階級対立を克服することができると主張した。

3：R.ダーレンドルフは，産業社会の成熟にともなって，各階級間で対立する利害が減少し，むしろ互いの利益が一致する機会が増大したことによって，階級闘争が形骸化したことを，「階級闘争の制度化」という概念を用いて説明した。

4：P.ウィリスは，イギリスにおける労働者階級の若者世代を研究し，こうした世代が親の世代の文化に反発することによって，社会で蓄積された知識や文化を習得する機会を失い，結果として労働者階級としてのアイデンティティを主体的に再生産していく過程を明らかにした。

5：A.ギデンズは，固定的な構造よりも動的な構造化の過程を重視して，階級構造化の理論的枠組みを提示し，それに基づいて階級構造を成立させる原因や諸々の階級間関係の展開などについて分析した。

チェック欄		
1回目	2回目	3回目

実践 問題 98 の解説

〈階級・階層〉

1 × 階級という概念を提唱したのはP.A.ソローキンではなく，K.マルクスである。ソローキンの提唱した社会成層論は，経済や政治ではなく，社会的評価や威信といった概念を軸に，社会的資源といった概念を取り入れて階層を序列化したものである。階層や階層化といった概念を理論の中核に据えたのも彼である。彼はここで，上昇移動のチャンネルとして教育が機能していることを明らかにした。

2 × K.マルクスは，私有財産制，資本主義の下では「労働の生産物は労働者に疎遠なものとして存在し」，また「労働者の労働は，強制された疎遠な活動」となっていることを指摘し，これを「疎外された労働」とよんだ。そして，このような疎外を克服する社会が労働者自身による労働（とその生産物）の獲得を実現する社会主義であり，そこでは私有財産は廃止される，とした。よって「全ての人々がそれぞれ生産手段を私有する」が誤り。

3 × R.ダーレンドルフの「階級闘争の制度化」の説明として誤っている。彼は所有と経営の分離と新中間層の増大によって労働者階級も一枚岩ではなくなり，また，普通選挙法や福祉立法などによって，政治的・経済的平等化が実質的に進み，労働組合・労働立法などが制度化されるなど，階級闘争が社会的に承認された手続に従うようになったとみた。これを「階級闘争の制度化」という。

4 × P.ウィリスは『ハマータウンの野郎ども』で，エスノグラフィーの手法を用いてイギリスの階級社会を描き出した。彼によれば，労働者階級文化では肉体的に依存した男らしさが価値を持っており，学校に蔓延する支配文化は「女々しい」ものに映る。したがって，労働者階級の子どもたちは，労働者階級の文化を内面化しているため，女々しい学校文化に反逆することに価値が置かれ，それゆえに自ら肉体的な労働現場を選択するようになる。本肢にあるように，若者が親の世代の文化に反発することによって労働者階級が再生産されるのではない。

5 ○ A.ギデンズの社会学理論は構造化理論とよばれる。構造化とは，構造が行為や相互行為の条件であるとともにその帰結でもあること，すなわち，社会過程は構造を条件として成立するが，構造は社会過程を通じて再生産されることを指す。構造を実体化せず，行為や相互行為の構造形成力を重視し，構造と過程を統一的に把握することを目指した理論である。彼はこの視点から，マルクス階級論を土台に多様な階級論・エリート論の総合化を図った階級論を展開した。

正答 5

第4章 SECTION 1 階級・階層

階級・階層

実践 問題 99 応用レベル

頻出度	地上★	国家一般職★★	特別区★★
	国税·財務·労基★★		

問 階級・階層に関する次の記述のうち，妥当なのはどれか。（国家一般職2016）

1：K.マルクスは，社会の歴史を階級闘争によって説明した。資本主義が発達し，生産力が増すことで，生産手段の所有に関係なく，社会は豊かな貴族階級と貧しいプロレタリア階級とに分断され，両者の対立は革命を引き起こすとした。

2：G.ジンメルは，階級を同一の階級状況にある人々の集団として定義した。彼は，階級を，財産の違いで決まる財産階級，市場状況で決まる営利階級，社会移動の可能性で決まる社会階級の三つに分類し，その中で社会階級が特に重要であると主張した。

3：社会移動とは，個人が異なる社会階層に移動することをいう。社会移動には，子どもが親と異なる社会階層に移動する垂直移動と，個人が生涯のうちに異なる社会階層に移動する水平移動とがある。これらの移動は，産業構造の変動に起因する純粋移動の影響を受けて増減する。

4：旧中間層とは，資本主義社会において，資本家と賃金労働者のいずれにも属さず，小所有・小経営として存在する，自営農民層などを指す。一方，新中間層とは，企業や官庁などで働く賃金労働者で，事務・サービスなどの業務に従事し，その給与で生計を立てている従業員層を指す。

5：文化資本は，家庭環境や学校教育を通じて個人に蓄積される文化的な資本である。文化資本は，経済資本とは異なり，階級の再生産には寄与しないが，衣服などのように身体化されたり，書物などのように客体化されたり，資格などのように制度化されたりする。

実践 問題 99 の解説

〈階級・階層〉

1 × まず「生産手段の所有に関係なく」という一文が誤りである。K.マルクスによれば，階級とは生産手段の所有／非所有によって区別される。また，資本主義社会においては，貴族階級ではなく，ブルジョア階級が支配しており，それとプロレタリア階級が対立している。それ以外は正しい。

2 × 階級を本肢にあるように分類したのはG.ジンメルではなく，M.ウェーバーである。ウェーバーは著書『経済と社会』で階級を本肢のように分類した。ウェーバーの議論は，経済的要因によってのみ社会集団を区分するマルクス主義の階級理論の限界を批判したもので，彼の考察はのちに，階層に関する理論の先駆として評価されることとなった。

3 × 社会移動は，通常は社会階層の移動を指すので，最初の一文は正しい。しかし第２文は垂直移動と水平移動ではなく，世代間移動と世代内移動についての説明となっている。垂直移動とは異なる水準の階層への移動，水平移動とは同水準の階層への移動である。また，社会構造の変動に起因する社会移動は純粋移動ではなく，構造移動である。

4 ○ （旧）中間層についてはもともとK.マルクスおよびマルクス主義において盛んに議論されていた。マルクスは，資本主義社会はその激烈な弱肉強食の競争原理のため，次第に自営農民，小工業者，商人などの旧中間層がプロレタリアートへと没落し，社会はブルジョアジーとプロレタリアートの二極に分化していくものと考えた。しかし，マルクスの予想と異なり，20世紀になって旧中間層に代わってホワイト・カラー層（新中間層）が大量に出現し，二大階級へと二極分解することはなかった。

5 × 文化資本の定義は正しいが，「階級の再生産には寄与しない」とする本肢の記述は誤りである。P.ブルデューは，学校において教えられる文化は支配階級の文化であり，それを身につけていることは学校における選抜制度を勝ち抜いていくうえでの財産となるとして，これを「文化資本」とよんだ。したがって，文化資本を多く持つ上流階級の子弟は選抜制度において有利であり，このように文化的再生産を通じて，社会的再生産（階級の再生産）が行われるとした。

正答 4

第4章 SECTION 1 階級・階層

階級・階層

実践 問題 100 応用レベル

頻出度	地上★	国家一般職★★	特別区★★
	国税·財務·労基★★		

問 階層格差に関する次の記述のうち，妥当なのはどれか。 (国Ⅱ1993)

1：「豊かな社会」論とは，経済成長によってパイの分け前を増やすことよりも，不平等を是正する再分配政策のほうが，国民の福利厚生にとって望ましい結果をもたらすものとするものである。

2：もって生まれた属性で，本人の社会的地位が決まるという属性原理を駆逐し，本人の貢献度に応ずるべきだとする業績原理を社会のなかに根付かせるための役割を担ったのが，近代の学校教育制度である。

3：家計収入の格差を示すジニ係数は，高度成長期など好況期には上昇し，景気後退期には低下する傾向がある。

4：1980年代後半から90年代にかけて，経済のストック化が進み，住宅や社会資本の蓄積が行われたため，生活充実のための住宅ストックや社会資本は大幅に増加し，大多数のサラリーマンがその恩恵を享受した。

5：学歴や職業的地位は低いが所得は高い，高学歴だが所得は低いといった複数の地位要素の間に食い違いのある状態を示す「地位の非一貫性」は，高度成長期よりも安定成長期に顕著に現れる。

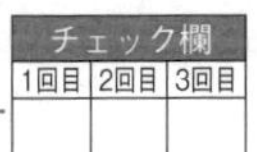

実践 問題 100 の解説

〈社会的格差・不平等〉

1 × 豊かな社会論は，J.K.ガルブレイスが同名の著書で展開したものである。ガルブレイスがこの著書で中心的に論じているのは，欲求の人為的創出の問題である。現代社会では生産力が飛躍的に増大したが，資本主義が順調に発展していくためには，これに対応するだけの消費の増大がなければならない。そして，現代社会における消費への欲求は，見栄や虚飾，生産者の宣伝や販売術によって人為的に作り出されているとされる。ガルブレイスは，こうした過程による消費の増大を依存効果とよんだ。

2 ○ 近代以前の封建制社会では身分制が採られていたので，社会的地位はその人間の出身階層や性別などによって，原則として生得的に決定されていた。こうした社会的地位の決定の仕方を属性（帰属）原理という。一方，近代になるとこのような身分制が廃止され，いかなる人間もその出身や性別などによってではなく，本人の才能や努力による業績によってその社会的地位が決まるものとされた。これを業績原理という。そして，近代社会においてこのような「業績」の判定は，学校教育制度の発展とともに一般に「学歴」を通じて行われるようになった。

3 × ジニ係数は，たとえば収入などについて，人々の間にどの程度の格差があるのかを判定するために用いられる。**ジニ係数は，その値が0に近づくほど完全平等に近い**ことを示す。日本の高度成長期には，企業規模別では中小企業において，職業別では半熟練，未熟練といったそれまで低所得層であった部分でも大きく所得が伸び，所得格差が縮小したためにジニ係数は低下した。

4 × 「生活充実のための住宅ストックや社会資本」が「大幅に」増加した，としている点が妥当でない。1980年代後半から1990年代にかけてのいわゆるバブル期には，住宅などの資産価格は大幅に上昇したが，その数自体はそれ以前の時期に比べて大幅に増加したわけではない。また，大多数のサラリーマンがこうした恩恵を享受したわけでもない。

5 × 本肢の地位の非一貫性についての説明は妥当だが，後半が妥当でない。日本の階層研究者たちは，この**「地位の非一貫性」が欧米と比較したときの日本の階層構造の大きな特徴である**としたが，このような地位の非一貫性は安定成長期よりも高度成長期に顕著に見られる。

正答 2

第4章 階級・階層

階級・階層

実践 問題 101 応用レベル

頻出度	地上★	国家一般職★★	特別区★★
	国税·財務·労基★★		

問 P.ブルデューの学説に関する次の記述のうち，最も妥当なのはどれか。

（国家一般職2023）

1：新聞等のメディアを通して社会集団の成員に共有される，固定的で画一化したものの見方をハビトゥスと呼んだ。ハビトゥスは，ほぼ意識することなく作用するものであり，国家の公共性に対して対抗的に形成される市民的公共性の基礎になるとした。

2：経済資本が投資，蓄積，転換されることになぞらえ，文化の保有が資本として機能することに注目し，文化資本という概念を提唱した。そして，文化資本は，身体化された様態，客体化された様態，制度化された様態という三つの様態をとるとした。

3：発話パターンを限定コードと精密コードに区別し，主に限定コードを用いる労働者階級の子供が，精密コードを用いる学校において不利な状況に置かれることを明らかにした。そして，労働者階級がそうした不平等に対し暴力を用いて抗議行動をすることを象徴的暴力と呼んだ。

4：異なる文化的背景をもつ集団が接触した際に，対立，応化，同化を経て，新たな文化が生産されるプロセスを，文化的再生産と呼んだ。特に，階級間における文化的再生産は，格差縮小の可能性をもち，労働者階級にとって有利に働くとした。

5：土地利用形態に見られる格差について研究し，都市は，中心業務地区から放射状に，高所得者住宅地帯，遷移地帯，労働者居住地帯が同心円をなし，これらの地帯が互いに凝離（セグリゲーション）しているとする同心円地帯理論を提唱した。

チェック欄

1回目	2回目	3回目

実践 問題 101 の解説

〈ブルデューの文化的再生産理論〉

1 × P.ブルデューはハビトゥスを「身体に刻まれた性向の体系」と定義している。ハビトゥスの特徴は，社会化の中での習得の所産で，容易に変わりにくい持続性を持ち，当人にとってほとんど意識されず，半ば自動的に作用することにあり，ブルデューはこれを社会構造と行動を媒介するものとして位置づけている。肢の説明はむしろJ.ハーバーマスのいう「公論」に近いだろう（ただし，公論ははじめから固定され画一化されたものではなく，人々が討議を通じた合意によって形成していくものである）。

2 ○ 「文化資本」の概念は，ブルデューが文化的再生産理論で提示したものである。文化資本の概念はJ＝C.パスロンとの共著『再生産』が初出であり，その3つの様態の区分は論文『文化資本の3つの姿』で論じられている。なお，「身体化された様態」とは知識や能力といった個人の身体に刻まれたもの，「客体化された様態」とは絵画や音楽といった文化財，「制度化された様態」とは学歴や資格といった諸制度を指している。

3 × 「限定コード」・「精密コード」はイギリスの社会学者B.バーンステインの概念である。彼は発話パターンを，文脈に依存し，あいまいに述べる言語表現としての「限定コード」と，事実をできるだけ詳細かつ客観的に述べる言語表現としての「精密コード」とに区別し，労働者階級は限定コードのみしか用いることができないため，学校において不利益を被っていることを明らかにした。なお，象徴的暴力はブルデューの概念であるが，これは階級間の非物理的な暴力のことで，よって肢の説明は誤りである。

4 × 第1文の説明は，移民に関するR.パークの学説であり，文化的再生産についてのものではない。パークはA.バージェスとの共著『社会学なる科学序説』において，移民が対立，応化，同化の過程を経て移住先の社会に適応していくことを論じた。また，第2文についても間違いで，文化的再生産が階級間の格差をさらに広げるため，労働者階級などの被支配階級にとって不利に働く，とブルデューは述べている。

5 × これはE.W.バージェスの「同心円地帯理論」についての説明である。また，同心円地帯理論の説明としても不正確で，都市は中心業務地区から外側に向かって，遷移地帯，労働者住宅地帯，住宅地帯，通勤者地帯（いわゆる高所得者住宅地帯）に同心円を描いて広がっていくとされる。

正答 2

第4章 2 SECTION

階級・階層
社会移動

必修問題 セクションテーマを代表する問題に挑戦！

ここでは社会移動の概念を問う問題を挙げました。わが国の社会移動の状況について問われる場合も多いので気をつけておきましょう。

問 社会移動に関する次の記述のうち，妥当なのはどれか。

（東京都1988）

1：社会移動とは，個人または集団が，一定の社会的地位から他の社会的地位へと移動することをいい，社会の各階層間の相互依存性を表わすものである。

2：社会移動とは，社会的地位が上昇または下降する垂直的な移動をいい，同じ水準にある地位の間での移動は含まない。

3：社会移動は，職業的地位の移動など社会の流動性を表わすものであり，その指標として職業世襲率や職業同職率などが用いられる。

4：社会移動とは，個人または集団がその自主的志向によって移動することをいい，産業構造または人口構造の需給バランスによって引き起こされる移動は含まない。

5：社会移動は，産業化が進んだ近代社会においてその機会は高まるが，個人の出生，学歴，職業の相違により左右されない。

直前復習

Guidance ガイダンス

帰属原理と業績原理

社会内における個人の社会的地位（職業）を決定する原理は，「帰属（所属）原理」と「業績原理」に分けられる。帰属原理とは，個人の社会的地位が本人の出自，つまり家柄や身分によって決定されるものであり，業績原理とは個人の社会的地位が本人の才能や努力の結果としての業績（主に学歴）によって決定されるものである。近代社会になり，個人の社会的地位の決定原理は，「帰属原理から業績原理へ」変化したが，近代社会においても，業績原理である学歴が帰属原理化すること（学歴社会の病理）や，学校教育がメリトクラシーをかえって遠のかせていることが指摘されている。

頻出度	地上★	国家一般職★	特別区★
	国税·財務·労基★		

必修問題の解説

〈社会移動〉

1 × 社会移動とは，個人または集団がある社会的地位からほかの社会的地位へと移動することをいう。本肢の前半は妥当だが，この社会移動によって階層（階級）間が分断化されていくこともある。したがって，社会移動が階層間の相互依存性を表しているとは必ずしもいえない場合もある。

2 × 社会移動を分類すると，**垂直移動**と**水平移動**がある。垂直移動とは社会的地位が上昇または下降する垂直的な移動であり，水平移動とは同水準の社会的地位の間での移動である。

3 ○ 親子間での世代的な社会的地位の移動を**世代間移動**といい，１人の個人の生涯における地位の変化を**世代内移動**という。一般に実際の社会における社会移動を測定することの意義は，親の地位などの属性的地位が子の獲得しうる地位とどのように関連しているのかを見ることにある。このような世代間移動の実態を測定するための指標として用いられるのが，職業世襲率や世代間の職業同職率などである。

4 × 社会移動はまた，**事実移動**，**純粋（循環，相対）移動**，**強制（構造）移動**に分けることができる。強制（構造）移動とは，産業構造や人口構造の需給バランスの変化によって引き起こされる社会移動である。たとえば産業化が進むと第２次産業や第３次産業において大規模な労働力需要が生まれる。これは一般に農村部の労働力がそれらの産業に移動することによって満たされる。このような社会移動が強制移動である。一方，純粋（循環，相対）移動とは，そのような産業構造，人口構造が変化せずに，移動する人間の意思や努力のみに基づいて行われる移動である。また，事実移動とは，純粋移動か強制移動かという移動の原因に関係なく，実際に観察される社会的地位の移動である。

5 × 社会移動は，近代以前の社会と比較して近代社会においてより活発になる。このような社会移動，つまり社会的地位の達成の原理は，近代以前においては世襲制のように，主に家柄や身分によってきたが，近代社会ではそれは，その人間が持つ才能や努力による「能力」であり，一般にこれを示すものが「資格」や「学歴」である。このような変化は，社会的地位の達成の**属性（帰属）原理**から**業績原理**への変化といわれる。

正答 3

第4章 SECTION ②

階級・階層

社会移動

1 日本社会の階層構造

(1) 地位の非一貫性

日本の階層構造の特徴として発見された最も大きな特徴は，1975年のＳＳＭ調査（社会階層と社会移動に関する全国調査）で述べられた「地位の非一貫性」です。

社会的地位を決定する要素は１つではなく，さまざまなものが存在します。ＳＳＭ調査では具体的な指標として，所得，学歴，威信，財産，生活様式，勢力の６つが用いられています。このような階層構造において，1975年のＳＳＭ調査では，日本は特に地位の非一貫性が高いとされました。日本においては，地位の構成要素が一貫していないからこそ欧米先進国と異なり階層（階級）文化が明確でなく，むしろ人々は「中流に属している」という意識によって自己の行動，態度の一貫性を保とうとしてきたとされました。

(2) 日本社会と社会移動

近代以前の身分制社会から解放されると，人々は自由に自己の職業を選びとるようになり，「社会移動」が激しくなるとされます。社会移動について分析する際には「職業の移動」について考察することが一般的です。

① 戦後日本における社会移動

高度成長期には産業構造の急激な変化に伴って，激しい社会移動が起こりました。この時期の移動は，従来，農業に従事してきた労働者を工業部門の非熟練職やホワイト・カラー層の事務職などが吸収するというかたちで生じたもので，強制移動の効果が大きかったといえます。

② 世代間移動について

社会移動を測定することの意義は主として，「親の地位などの属性的地位が，本人の獲得しうる地位とどのように関連しているか」を見ることにあるため，社会移動における世代間移動については特に注目が必要となります。このような世代間移動の戦後日本における実態としては，①1980年代までは増大する傾向にあった，②近年では頭打ちの傾向が見られる，という点が挙げられます。

③ 高度成長期以降の社会移動

1980年代に入ってから，社会移動率（世代間移動）に頭打ち傾向が見られます。この背景に考えられるのは，教育（学歴）および職業移動において底上げ効果をもたらしてきた①「高学歴化」および②「農業従事者の減少」という構造変動の停滞であり，これにより，教育（学歴）や職業などの社会的資源の水準上昇と平準化に歯止めがかかった，とされます。

またバブル崩壊以降，長引く不況の中で人々の間で社会的格差が拡大し，それが世代を超えて固定される危険性が指摘されています。

◎　強制移動・純粋移動・事実移動

・強制移動（構造移動）＝産業構造や職業構造の変化による社会移動。職業構成の枠組みそのものの変化を伴う。
・純粋移動（循環移動）＝職業構成の枠組みは変化せず，本人の意思と努力のみによって引き起こされる社会移動。
・事実移動＝強制／純粋といった移動の原因に関係なく，実際に観察される社会移動。
　※事実移動＝強制移動＋純粋移動

◎　世代間移動・世代内移動

・世代間移動＝親と子の間での社会移動。親と子の社会的地位（職業）を比較したときの変化。
・世代内移動＝１人の個人の生涯における社会的地位（職業）の変化。

◎　水平的移動・垂直的移動

・水平的移動＝同一の水準にある階層への社会移動。
・垂直的移動＝階層的に上昇，または下降を伴う社会移動。

2　文化的再生産理論

学校において教えられる文化，知識とは，社会において再生産するに値するとみなされたものであり，それは支配階級の文化でもあります。このような文化を身につけていることは，学校における選抜制度を勝ち抜いていくうえでの財産となります。**P.ブルデュー**はこれを**文化資本**とよびました。このような文化に普段から親しんでいる（上流階層の）子どもは自然とそのような文化を受け入れ（→**ハビトゥス**の形成），学校の選抜制度において勝者となり，のちに社会の支配的な地位に就いていきます。このため，文化的再生産を通じて，文化資本を多く持つ階級（支配階級）とそれを持たない階級（庶民階級）が継続して生み出されることとなります。ブルデューはこれを「文化的再生産を通じて社会的再生産（階級関係の再生産）が行われる」としました。

ハビトゥス・プラティーク	ブルデューは人々が無意識のうちに作り上げている生活様式や趣味のあり方を「身体に刻まれた性向の体系」とし，ハビトゥスと命名しました。また，ハビトゥスによって生み出される慣習行動をプラティークとよびました。

階級・階層
社会移動

実践 問題 102 基本レベル

頻出度	地上★ 国家一般職★ 特別区★ 国税·財務·労基★

問 社会移動に関する以下の記述のうち，正しいのはどれか。（東京都2001）

1：社会移動は，社会階層構造のなかで個人や集団が社会的地位を移動する現象であり，社会的地位の指標としては，所得が最も重視されている。

2：世代間移動は，親と本人の職業の変化であり，世代間での職業構成の変化により必然的に生じる移動と，仮に変化がなくても生じる移動に分けられる。

3：構造移動は，産業構造や職業構成の変化によって生じる移動であり，構造移動の大きさは社会の開放性の程度をはかる指標とされる。

4：一定の産業化を達成した社会では，構造移動の量は異なっても循環移動の量はほぼ共通であるという命題は，各国の実証研究により否定された。

5：産業化の度合いが高い社会ほど循環移動が多くなり，社会的開放性は進展するという産業化論の妥当性は，わが国でもＳＳＭ調査の分析で証明されている。

チェック欄		
1回目	2回目	3回目

実践 問題 102 の解説

〈社会移動〉

1 × 社会的地位の指標として主に用いられるのは「職業」である。職業移動を測定することによって社会移動の状態が考察される。

2 ○ 社会移動は，世代の観点から世代内移動と世代間移動に分けられる。また，社会移動は，産業構造の変化によって促される職業移動である構造（強制）移動と，こうした構造的な変動によるものではない本人の意思と努力による循環（純粋，相対）移動とに分けることができる。

3 × 構造（強制）移動は（肢２の解説参照），社会の職業構造等の変化などによって起こる社会移動である。個人の努力，業績に基づく移動が増加して初めて社会の開放性が高まったといえる。したがって，社会の開放性の指標となるのは循環（純粋）移動率のほうであるといえる。

4 × いったん産業社会の仕組みが成立すると，その後は社会移動の構造も基本的には変化せず，社会の開放性も停滞する傾向がみられる。これはＦＪＨ命題とよばれる。よって，「構造移動の量は異なっても」が誤りである。また，ＦＪＨ命題についても，実証的な研究がなされており，本肢の最後の一節も誤りである。こうした調査結果は，ほかの先進国でも報告されている。

5 × ＳＳＭ調査とは，Social Stratification and Social Mobilityの略（日本語名＝社会階層と社会移動に関する全国調査）である。これは，日本の階層構造を研究するわが国最大規模の調査であり，1955（昭和30）年から10年おきに実施されている。産業化論（産業化命題）とは，産業化の進展とともに職業移動率は一貫して上昇し，身分制から解き放たれた「社会の開放性」は一貫して高まるという考え方を指す。かつては，このような考え方が素朴に信じられていた。しかし，1995（平成７）年度までのＳＳＭ調査の結果は，このような素朴な考えを証明するものではなかった。「社会の開放性」を測定する指標となるのは循環（純粋）移動率といえる（肢３の解説参照）が，こうした循環（純粋）移動率は，高度成長期には大きな上昇を示したが，ＳＳＭ調査の結果ではその後は上昇していない（肢４の解説参照）。つまり「産業化論（命題）は妥当していない」と考えられている。

正答 2

第4章 SECTION ② 階級・階層 社会移動

実践 問題 103 応用レベル

頻出度	地上★	国家一般職★	特別区★
	国税・財務・労基★		

問 教育に関する次の記述のうち，妥当なのはどれか。 (国Ⅱ1999)

1：教育という言葉を定義することは，それほど容易ではない。しかし，それが人間の社会化と密接な関係をもつものであることは広く認められている。社会学では，人間の社会化を社会の成員を形成する過程として理解している。その意味では，社会化は決して子供についてだけ適用される概念ではない。

2：教育に関係する機関の中で，最も重要なものの１つに学校がある。学校を意味する英語のスクール，ドイツ語のシューレ，フランス語のエコールなどは，仕事を意味するギリシャ語のスコレーを語源としている。これは，学校が本来勤労階級の人々に実学中心の教育を施す機関であったことを示している。

3：①年齢別の子供集団が，②専門的な教師の指導下に，③段階的なカリキュラムに参画する，という意味での学校教育は近代社会の以前にも存在した。しかし,それが国家的に制度化されたのは近代社会の出来事に属する。日本で初等・中等教育が義務化されたのは，1872（明治５）年の学制頒布時である。

4：一般にある人物が「何であるか」ということを基準に，その人物を評価することを属性主義（ascription）という。これに対して「何をするか」ということを基準に，その人物を評価することを業績主義（achievement）という。ある人物を学歴を基準に評価する学歴主義は，典型的な属性主義の１つである。

5：教育は，学校以外の家庭・地域・職場などでも行われている。企業などで日常の職務を行いながら，職務に必要な知識や技能を身につける社員教育の方法をＯＪＴ（on-the-job-training）という。日本では従来，個別企業内でのキャリア形成が一般的であるためにＯＪＴの持つ意味は必ずしも大きくない。

チェック欄

1回目	2回目	3回目

実践 問題 103 の解説

〈教育〉

1○ 社会学では**社会化**という語は，単に「子どもが社会の一員としての行動様式を身につけていく過程」を意味するのでなく，より広く「人々が社会の規範や価値体系を内面化し，それに従った行動をとるようになる過程」を指して用いられる。たとえば**T.パーソンズ**は，このような社会化の過程が社会システムの均衡維持のために必要不可欠なものであるとして，これを重視した。

2× 広く人々を集め知識を与える学校制度の起源は，相当に古いものと考えられるが，もともとこのようなかたちで人々に教授された知識は，労働者階級のための実学的なものではなく，神や真理などに関する形而上的なものであった。また，ギリシャ語の「スコレー」は，（仕事，労働ではなく）「余暇」を意味する語であり，このことからもスコレーにおいて主題となったものが（実学的なものよりむしろ）形而上的なものであったことが推察できる。

3× 日本においても寺小屋などに見られるように古くから教育とよべるものが存在したが，本肢の①から③は，近代の学校制度の特徴である。さらに最後の文章も妥当でなく，初等教育は明治期に義務化されたが，中等教育が義務化されたのは1947（昭和22）年の教育基本法と学校教育法の制定によってである。

4× **属性主義（帰属主義）**と**業績主義**についての説明は妥当である。しかし，最後の文章が妥当でなく，ある人物を学歴を基準として評価することは，その人物が達成した業績を評価することであるから，これは業績主義である。こうした人物評価や個人の地位達成の原理は「属性主義（帰属主義）から業績主義へ」と移ってきたといえる。

5× 職能訓練としてのＯＪＴについての説明は妥当である。しかし，最後の文章が妥当でない。日本では，新規学卒者を一括採用し，これを社内において職務を行う中で訓練していくというＯＪＴ（オン・ザ・ジョブ・トレーニング）によって必要な労働力を確保してきた。一方，学校や専門機関において職業のための訓練をあらかじめ行うことをｏｆｆ－ＪＴという。

正答 1

第4章

階級・階層

章末 CHECK

? Question

Q1 K.マルクスによれば自営農民や小規模の商工業者などの中間層は資本主義の発展とともに，その多くが没落し，資本家階級と労働者階級の二極化が顕著となるであろうとされた。

Q2 K.マルクスは，階級関係によって形成される信念や意見の体系のことをイデオロギーとよんだ。

Q3 K.マルクスは，社会を生産関係の総体である下部構造と，政治制度・法律・文化・思想などの上部構造よりなるとした。

Q4 K.マルクスは階級闘争による社会の弁証法的発展図式を史的唯物論とよび，資本主義の崩壊と社会主義の到来を予言した。

Q5 階層とは，生産手段の所有／非所有によって区別される社会集団を意味する。

Q6 ホワイト・カラーなどの新中間層が大量に出現したのは産業革命期のことである。

Q7 1975年のＳＳＭ調査では，日本は「地位の非一貫性が高い」ことが指摘された。

Q8 学歴など本人の努力によって得られる社会的地位を帰属的地位とよぶ。

Q9 わが国の社会移動の傾向として，高度経済成長期には停滞的であったが，バブル崩壊以後，社会移動が活性化された。

Q10 世代間移動とは，個人の社会的地位の移動をいう言葉である。

Q11 P.ブルデューによれば，学校は万人に平等に教育の機会を提供する場であり，教育以前に存在している階級的な格差などを縮小させるはたらきがある。

Q12 P.ブルデューは社会の中で重要とされ，学校において教育される知識や文化を「文化資本」とよんだ。

A1 ○ K.マルクスはそのように考えた。しかし，20世紀にはホワイト・カラーなどの新中間層が増大し，マルクスのこの予言は的中しなかった。

A2 ○ K.マルクスによれば，資本主義社会においては，労働者に対する支配・搾取を正当化しようとするブルジョアジーの非現実的なイデオロギーが形成され，労働者にもそれが植え付けられているとしている。

A3 ○ K.マルクスは下部構造が変動すると，階級闘争が生じて既存の生産関係が変化して上部構造が変動すると論じた。

A4 ○ K.マルクスは人類の歴史を階級闘争の歴史であると規定し，史的唯物論とはそれを弁証法を用いて科学的に捉えたものであるとした。

A5 × K.マルクスが述べたように生産手段の所有／非所有によって区別される社会集団は階層ではなく，階級である。

A6 × 新中間層とは，ブルジョアジーにもプロレタリアートにも属さず，これといった階級意識も持たない人々のことであり，いわゆるホワイト・カラー層がその典型であるが，この階層が大量に出現したのは大衆社会においてである。

A7 ○ ＳＳＭ調査は，日本の階層構造を研究するための調査である。1955年以降10年ごとに行われ,「学歴」「所得」「財産」「生活様式」「勢力」「威信」の６つの指標を用いて階層構造を分析する調査である。その1975年の調査では，日本は「地位の一貫性が低い」ことが指摘されている。

A8 × 帰属的地位とは家柄や身分など本人の出自による社会的地位を指す。学歴などは業績的地位である。ただし，わが国の場合，一度獲得した学歴が帰属的地位化する傾向が見られる。

A9 × 逆である。高度経済期には産業構造の急激な変化によって社会移動が活性化したが，バブル崩壊以後は頭打ちとなり，そのことが社会的格差をいっそう促進しているとされる。

A10 × 世代内移動は「１人の個人の生涯における社会移動, 社会的地位（職業）の変化」であり，世代間移動は,「親と子の間での社会移動，社会的地位（職業）の変化」である。

A11 × P.ブルデューは教育の普及が階級格差を縮小させるとするメリトクラシーの理念には批判的である。

A12 ○ P.ブルデューは文化と階級とのかかわりについて論じ,「文化再生産理論」を提唱し，文化資本が階級関係の再生産につながると論じた。

memo

第5章

文化

SECTION

① 文化

第5章 文化

出題傾向の分析と対策

試験名	地上			国家一般職（旧国Ⅱ）			特別区			国税・財務・労基		
年度	15-17	18-20	21-23	15-17	18-20	21-23	15-17	18-20	21-23	15-17	18-20	21-23
セクション ＼ 出題数				1	1		1		2		1	
文化				★	★		★		★★		★	

（注） 1つの問題において複数の分野が出題されることがあるため，星の数の合計と出題数とが一致しないことがあります。

地方上級

文化についてはどの試験種でもそれほど頻出ではありませんが，地方上級では社会規範や日本文化・日本人論についてはきちんと押さえておきましょう。オグバーンの文化遅滞説は社会変動論としてもよく出題されますので気をつけてください。

国家一般職（旧国家Ⅱ種）

ほかの試験種では文化はそれほど出題頻度は高くなく，また国家一般職（旧国Ⅱ）でもとりたてて頻出というわけではありませんが，国家一般職（旧国Ⅱ）では文化人類学的な知識が要求される問題が出されることがあります。あくまで文化人類学のごく基本的理論さえ知っていれば対応できるのですが，文化人類学はどの試験種でも出題科目には含まれていないので，受験生にとっては文化の分野は難しいと感じられるかもしれません。まずは過去問で取り上げられている学者の説についてしっかり押さえておきましょう。

特別区

特別区の試験でも文化については出題は多くありませんが，特別区の社会学の傾向はどの分野でも「広く浅く」で，この分野においても同様です。まずインプットにある学者や学説についてしっかり学習してください。社会規範や日本文化・日本人論についてはきちんと押さえておきましょう。オグバーンの文化遅滞説は社会変動論としてもよく出題されますので気をつけてください。

国税専門官・財務専門官・労働基準監督官

2019（令和元）年度には，国税・財務・労基共通問題として1問出題されましたが，過去の出題を見る限り，出題される可能性は低いと思います。ただし，国税専門官では宗教や象徴など社会学以外の知識を動員する問題が過去に出題されており，その点で国家一般職（旧国Ⅱ）に似ています。国家一般職（旧国Ⅱ）の場合と同様，あくまで文化人類学等のごく基本的理論さえ知っていれば対応できるのですが，やはり受験生にとっては難しいと感じられるでしょう。その意味で，出題の範囲もレベルも国家一般職（旧国Ⅱ）に匹敵する高さであるといえます。

Advice アドバイス 学習と対策

ここでは，公務員試験で頻出事項となっている項目はあまりありませんが，「恥の文化・罪の文化」は出題が多いです。また，関連した出題として日本的文化・日本人論というかたちもあるため，「甘えの文化」など，その他の日本文化論についても注意しておかねばなりません。

文化

文化

必修問題 セクションテーマを代表する問題に挑戦！

社会規範について問う基本的な問題です。ただし，サムナーのモーレスとフォークウェイズの知識がないと正解できないので注意すること。

問 次のA，Bに入る語句の組合せとして正しいのはどれか。

（地上1996）

（A）は，社会的規範のうちで通常自然発生的に成立し，一般に無意識のうちに感情的にほとんど大部分の成人によって支持される。規範としての形式性があまり明確でなく，その拘束力も概して微弱であるような基準的行動様式を総称する。

（A）の中で特にそれを守ることが強く要求される規範はモーレスとよばれる。モーレスとは，社会的・集団的生活にかかわりの深い基礎的意味をもつ行動に関する規範であるが，違反者に対する常設の裁定機関を伴わない。モーレスが積極的な奨励ではなく，裏返しされた否定的な禁止のかたちをとったものが（B）である。たとえば，モーゼの十戒のような殺人，盗み，姦通などを禁止するモーレスは，（B）である。

	A	B
1：	秩序	タブー
2：	慣習	タブー
3：	秩序	法体系
4：	習慣	法体系
5：	慣習	法体系

直前復習

Guidance ガイダンス **慣習・道徳・法**

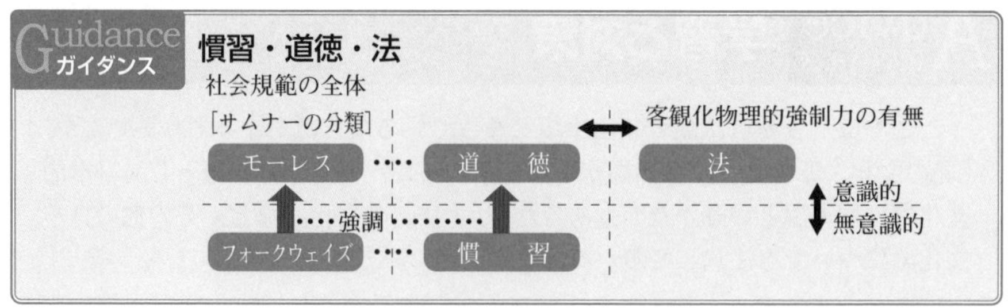

頻出度　地上★★　国家一般職★★　特別区★★
国税・財務・労基★★

必修問題の解説

チェック欄

1回目	2回目	3回目

〈社会規範〉

空欄Aに入る語句として正しいのは，慣習である。慣習を意味する社会学の用語としては，W.G.サムナーの用いたフォークウェイズが有名だが，これは本問の記述からも理解できるように，特定の集団・社会において無意識的・自然発生的に生じる，成員間に共通の行動様式を意味する。慣習は，成員１人ひとりの諸欲求が集団生活の中で充足されているという条件の下に生まれるのであり，このようなさまざまな慣習を通して成員間に集団のメンバーとしての意識が芽生えていく。

そして，特定の慣習が集団生活を維持するうえで必要なものとして成員に意識されるようになるまで発展したものについて，サムナーはモーレス（習律）という名称を与えた。これは，あらゆる人間社会において普遍的に確立されるものであり，特に法制度が未発達の社会においては，文明社会における法と同等もしくはそれ以上に成員の意識を拘束する。このように社会的規範としての性格が確立された行動様式からの逸脱に対しては，法に基づく裁判といった公式な手続だけでなく，対面的な非難や無視といったさまざまな負のサンクションが適用される。そして，そうした負のサンクションを適用すべき行動の基準，すなわち何をしてはいけないかという社会的規範をタブーといい，空欄Bにはこれが該当する。

よって，A－慣習，B－タブーとなるので，正解は肢２である。

正答　2

文化
文化

1 文化の定義

文化人類学者のE.B.タイラーによれば，文化とは「知識・信仰・芸術・道徳・法・慣習，その他社会の成員として人間が獲得した能力と習慣を包括する複合的な存在」と定義されます。この文化の定義は今日でも参照され，文化論の基底をなしています。また，タイラーの研究は，「文化」「言語」「宗教」等の概念を再検討し，キリスト教的世界観から人類学的研究を解放した点が画期的でした。このほか，技術的・物質的な側面（技術，道具など）を「文明」として捉え，精神的・観念的な側面（宗教，芸術など）を「文化」として，両者を区別する見方もあります。

2 文化の分類

(1) 物質的文化，精神的文化，制度的文化

物質的文化：日常的な生活の道具から高度なテクノロジーによる機械まで，人間の作り出した一切の作成物とその技術

精神的文化：宗教，芸術，科学など人間の精神的な所産

制度的文化：法，慣習などの規範。これは社会生活の中で遵守すべき制度となる

(2) R.リントンによる文化の分類

普遍的文化：社会の成員すべてが参加するもの
言語や共通の道徳など

特殊的文化：特定の階層だけが参加し支持する文化
貴族的芸術，上流階級の社交生活など

任意的文化：それを支持，選択することが自由な文化
信仰やさまざまな芸術流派など

普遍的文化と特殊的文化は固定的で変化しにくく，社会における文化の核となります。これに対し，任意的文化は流動的で変化しやすく，社会変動を引き起こす可能性を持ちます。

3 文化の変動

(1) 文化遅滞説（W.F.オグバーン）

オグバーンは，文化を物質的文化と，非物質的文化（制度的文化，適応的文化）に区分しました。物質的文化はその性格上，変化や進歩が著しく，物質的文化における発明や，知識，技術などの蓄積は非物質的文化におけるそれよりも容易に起こ

ります。これに対し，制度的な文化や価値体系においては伝播や適応も困難です。

したがって，物質的文化と非物質的文化の進歩の速度を比較すると前者が後者より著しく速いために，両者の間にはズレが生じ，このために社会の中で混乱が生じることになる，とされます。

4 文化とパーソナリティ

(1) 文化と「男性性・女性性」（M.ミード）

M.ミードは，多くの社会の比較研究を通じて，パーソナリティの中の「男性らしさ」「女性らしさ」のような特性は，先天的に決定されるものではなく，それぞれの社会で伝統的に形成されてきた文化様式の学習によって作られたものであるとしました。このような男性らしさ・女性らしさに関するM.ミードの考察は後年彼女自身によって撤回されましたが，フェミニズムに大きな影響を与えました。

(2) マージナル・マン（境界人）

マージナル・マン（境界人）とは,「異なる文化を持つ複数の集団に同時に所属し，いずれにおいても中心的存在とはなりえず，それぞれの境界上に置かれた人間」をいいます。

マージナル・マンについて初めて考察したのはG.ジンメルであり，彼はDer Fremde（異人）という言葉とともに，ヨーロッパ社会におけるユダヤ人のユニークな社会的存在について述べました。このジンメルの考察を受けたシカゴ学派のR.パークは，20世紀初頭のアメリカで急増した移民の人々を念頭に置き，このような境界的な位置に置かれた人々を「マージナル・マン」という言葉で表現しました。

マージナル・マン（境界人）は，その境界的な立場ゆえに以下のような精神的特徴を持つとされます。

・統一的な信念が欠けており，また行動様式も一貫していない。
・心理的な葛藤，不安定性，緊張感。
・以上のような心理的な不安定性を持つが，一方では，１つの文化に没入していないゆえに，新しい文化や行動様式を生み出す可能性も秘めている。

パークは，このようなマージナル・マンの例として，人種的・文化的な混血児やキリスト教に改宗したアジア系，アフリカ系の人々を挙げています。そのほかにも青年期のモラトリアム状況に置かれた人間や急激な社会変動の中に生きる人間にもこのようなマージナル・マンとしての特質が見られます。

(3) 文化の型（R.ベネディクト）

ベネディクトは，文化の型という概念を提示することによって，それぞれの社会における文化には一定のパターンがあり，各社会におけるそれを比較研究することが人類学にとって重要であることを強調しました。

ベネディクトは『菊と刀』で次のような類型を提示しています。

・恥の文化：日本の文化の特徴。他人の思惑と自己の体面とに重点を置き，外面的な強制力に基づいて善行が行われる。

・罪の文化：西洋のキリスト教文化の特徴。道徳の絶対的基準としての罪を基調とし，内面的な自覚に基づいて善行を行う。

ベネディクトは文化の型として他にアポロ型とディオニソス型の２類型を提示しています。
・アポロ型：穏やかで闘争を好まず，中庸をもって生活原理とする型
・ディオニソス型：荒々しく闘争的で，優越をもって最高の徳とする型

5 社会規範

(1) フォークウェイズ・モーレス（W.G.サムナー）

特定の社会の成員が同調することを要求されている一定の行動の基準を社会規範といいます。社会規範には慣習，道徳，法などいくつかのものがあります。サムナーによるフォークウェイズとモーレスの区別は特に重要です。

フォークウェイズ：社会の成員が同じような行動様式をとることによってできあがった社会習慣。「習俗」と訳される。

モーレス：フォークウェイズのうち生活の繁栄や幸福，社会の安寧にとって有意義であるという確信にまで発展し，正当なものであるという信念によって強調されるようになったもの。「習律」と訳される。

(2) サンクション

人々の行動を社会規範に沿ったものとするように，他者から加えられる統制的な行為をサンクションといいます。サンクションは特定の行動を抑制するために行われるもの（負のサンクション）だけを指すのでなく，賞与などの正のサンクション，刑罰のようなフォーマルなサンクションだけでなく，賞賛や非難のようなインフォーマルなサンクションも含まれます。

6 日本的文化・日本人論

(1) タテ社会（中根千枝(なかねちえ)）

中根千枝は，『タテ社会の人間関係』において，日本人の人間関係について「タテ社会」という概念を提出しました。

日本の社会集団は，個人の持つ「資格」よりも「場」が重視されるといいます。ここでいう「場」とは，個人が集団に所属する場所を指します。このような「場の共通性」によって作られた集団は排他的で集団の内部を重視するようになります。このために，集団内部のタテ（上下）の関係がヨコ（対等）の関係よりも圧倒的に強力となり，これは親分－子分関係などとして現出しています。

このように日本では「タテ」の関係が重視されるのに対して，欧米では人々の「ヨコ」の結び付きが重要になっており，「ヨコ社会」であるとされます。

(2) 甘えの文化（土居健郎(どいたけお)）

土居健郎は，『「甘え」の構造』において，「甘え」の問題から日本人のさまざまな行動や社会制度を説明しました。

「甘え」とは，乳児が母子関係で体験する自他の分離の痛みを緩和するために母との一体感を求める感情とされます。土居は，日本人の心理的特徴として，このような「甘え」が幼年期を過ぎても許容されることを挙げています。ウチ（甘えが許される世界）とソト（甘えとは無縁の世界）という日本人の区別もこうしたところから生み出されているとされます。

また，日本では，このように甘えが許容される代わりに，集団から独立した個人のプライベートの領域の価値が認められていないとしました。

(3) 間人主義（濱口惠俊(はまぐちえしゅん)）

濱口惠俊は，日本人の行動様式，価値観を「間人主義」と定義づけました。日本人は「他者との関係」を重視し，彼らは「他者との関係そのものが自分自身なのだ」と考える傾向があります。これは欧米の「個人の自律性」を至上のものとする価値観（個人主義）とは対極的なものです。

文化

実践 問題 104 基本レベル

頻出度	地上★★　国家一般職★★　特別区★★　国税・財務・労基★★

問 社会的規範に関する記述として，次のうち最も妥当なのはどれか。

（国Ⅱ1980）

1：社会的規範は，その社会の成員すべてに承認され遵守される必要があると認められている基本的行動基準であり，この規範の逸脱行為に対しては明確な罰則規定に基づいて制裁が加えられる。

2：社会的規範は，習慣として，また，無意識のうちに人々の行動を規制する基準であって，社会的規範を超えたところに法と道徳が存在する。

3：社会的規範は，社会成員の生活感情に根ざして守られている行動基準であるため，法とは異なり，急激な社会変動のもとでもアノミー状態を引き起こすことなく，その変化に適応することができる。

4：社会的規範は，社会や集団の成員によって承認され，守られるように期待される顕示的または黙示的な行動基準を示すためのものであって，法・慣習・道徳を含むものである。

5：社会的規範とは，客観的に形象化されたものを制度というのに対し，価値的な意味を与えられ，人間関係を内側から規制するものをいい，それ自体は実体を有するものではない。

チェック欄		
1回目	2回目	3回目

実践 問題 104 の解説

〈社会規範〉

社会的規範にはさまざまなものが含まれるが，一般的にはそれらはフォークウェイズ（習俗），モーレス（習律），法に分類される。

1 × 本肢の記述には，社会的規範が「その社会の成員すべてに承認され遵守される必要があると認められている基本的行動基準」とあるが，たとえば社会の中の一般的な慣習については成員のすべてに承認されていないようなものもある。また，本肢記述の後半部にある「逸脱行為に対しては明確な罰則規定に基づいて制裁が加えられる」ということは法についてはいえても，慣習についてはいえない。社会の伝統的なしきたりのような「慣習」からの逸脱は非難のようなインフォーマルなかたちで加えられる場合が多い。なお，このような制裁を負の（否定的）サンクションという。これに対して正の（肯定的）サンクションとは，成員からの賞賛や報賞などのことである。

2 × 「超えたところに」存在するのではなく，習慣も法も規範の体系に含まれるさまざまな部分の具象化にすぎない。

3 × 社会の急激な変動期には，伝統的秩序が脅かされ，個人の行動を規制する社会的規範の拘束力が弱まることにより，アノミー（E.デュルケーム）の状態となりうる。

4 ○ 社会的規範の定義として最も妥当である。

5 × 同じ社会的規範でも，道徳のように観念的な次元で理解されることもあれば，法のように実体的な概念として理解されることもある。

	［フォーマル］	［インフォーマル］
肯定的（正の）サンクション	表彰　賞与	賞賛　拍手
否定的（負の）サンクション	刑罰	非難
	↑ 第２次集団（企業，政党など）ではこれが中心	↑ 第１次集団（家族など）ではこれが中心

正答 4

文化

実践 問題 105 基本レベル

頻出度 地上★★ 国家一般職★★ 特別区★★ 国税·財務·労基★★

問 文化に関する記述として，妥当なのはどれか。 （東京都2002）

1：リントンは，文化を，習得された行動と行動の諸結果との総合体であり，その構成要素がある一つの社会のメンバーによって分有され伝達されているものと定義した。

2：タイラーは，文化と文明を峻別して定義し，文明には自然科学や技術の分野が属し，文化には宗教や芸術などが属するとした。

3：オグバーンは，文化を物質文化，非物質文化，適応文化の３類型に分け，物質文化は非物質文化より変動の速度が遅いために，文化遅滞が生じるとした。

4：ベネディクトは，欧米の「罪の文化」に対して日本は「恥の文化」をもち，恥の意識は普遍的かつ内面的であるとした。

5：ブルデューは，階級による文化的な違いは，人間の無意識的な習慣的行動のほとんど全てに見られるとし，その具体的な習慣的行動の一つひとつを「ハビトゥス」と呼んだ。

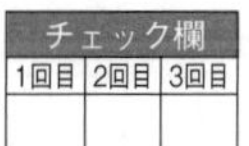

実践 問題 105 の解説

〈文化論〉

1 ○ 人類学者R.リントンが『文化人類学入門』で提示している代表的な文化の定義である。

2 × 文化と文明の区別の仕方にはさまざまなものがあるが，一般的に文明のほうがより普遍的・一般的なものを指し，文化がより特殊的・価値的なものを指す。しかし，文化人類学者E.B.タイラーは文化と文明を区別していない。タイラーは『原始文化』において，**文化または文明とは，知識，信仰，芸術，道徳，法律，慣習その他，社会の成員としての人間によって獲得されたあらゆる能力や習性の複合的総体である**と定義した。

3 × W.F.オグバーンは，文化を物質文化と非物質文化に分け，非物質文化のうち，物質文化に直接かかわり，それとの調節的な役割を果たす文化を適応的文化とよんだ（技術的知識，熟練など）。変動速度が遅いとされたのは，「非物質文化」のほうである。

4 × 日本の文化的型が恥の文化であることは確かである。しかし，恥の意識とは，「状況的で外面的強制力に基づいたもの」である。つまり，内面化された道徳基準に基づいて善行を行うのが罪の文化だとすれば，「恥の文化」においては，体面などを重んじて善行がなされる。

5 × P.ブルデューのいうハビトゥスとは，人々が無意識的に作り上げている生活や趣味のあり方で，「身体に刻まれた性向の体系」とされる。この「ハビトゥス」によって生み出される日常の無意識的な習慣的行動をプラティークという。したがって，本肢は「プラティーク」についての記述になっている。

第5章 文化

正答 1

第5章 SECTION 1 文化
文化

実践 問題 106 基本レベル

頻出度　地上★★　国家一般職★★　特別区★★　国税·財務·労基★★

問 次の文は，文化に関する記述であるが，文中の空所A～Dに該当する語又は人物名の組合せとして，妥当なのはどれか。（特別区2022）

［A］は，文化が受容される社会的範囲の観点から，普遍的文化，［B］文化及び［C］文化の３つのカテゴリーに区分し，普遍的文化は，［D］などのようにその社会のほとんどの成員に支持され受け入れられているもの，［B］文化は，ある特定の職業集団，世代，階級などに限ってみられるもの，［C］文化は，趣味などのように人々の嗜好によって個人的に選択されるものとした。

	A	B	C	D
1：	リントン	任意的	特殊的	芸術
2：	リントン	特殊的	任意的	道徳
3：	タイラー	任意的	特殊的	道徳
4：	タイラー	任意的	特殊的	芸術
5：	タイラー	特殊的	任意的	道徳

チェック欄

1回目	2回目	3回目

実践 問題 106 の解説

〈文化論〉

R.リントンはアメリカの文化人類学者で，個人・社会・文化の相関に基づいて心理学・社会学・人類学を総括する人間科学を構想し，特にパーソナリティ形成における文化の役割に注目した。ポリネシア，マルケサス諸島での考古学的調査を契機として物質文化から生きた人間の文化に注目し，マダガスカル島の調査を経て，文化とパーソナリティ論を中心とした理論へと関心を向けた。彼の人類学理論の中心は地位と役割，文化とパーソナリティ論だが，その地位・役割理論はのちの社会学の役割理論の先駆をなしている。

リントンは文化を，「習得された行動と行動の諸結果との総合体であり，その構成要素がある一つの社会のメンバーによって分有され伝達されているもの」と定義し，社会の成員すべてが参加する「普遍的文化」，特定の階層だけが参加・支持する「特殊的文化」，それを支持・選択するのが自由な「任意的文化」に分類した。したがってAには「リントン」，Bには「特殊的」，Cには「任意的」の語が入る。また，「芸術」は任意的文化に，「道徳」は普遍的文化に含まれるので，Dには「道徳」が入る。よって正解は肢2である。

なお，空所Aの選択肢にあるE.B.タイラーは近代イギリスの人類学の創始者とされ，歴史的・社会的所産としての文化の概念を確立したことで知られている。彼の人類学は同時代の思潮であった進化論に影響を受けており，H.スペンサーの適者生存の概念を文化に応用した。たとえば宗教においては，万物に霊的存在を認めるアニミズムが原初形態とみなされ，多神教から一神教へという進化が考えられている。タイラーによる文化の定義は「知識・信仰・芸術・道徳・法・慣習，その他社会の成員として人間が獲得した能力と習慣を包括する複合的な存在」というものであるが，彼はさまざまな要素からなる文化の概念を明確に自覚しており，この文化の考え方はのちのアメリカ人類学に引き継がれた。

正答 2

文化

実践 問題 107 基本レベル

頻出度	地上★★	国家一般職★★	特別区★★
	国税·財務·労基★★		

問 R.ベネディクトの恥の文化または罪の文化に関する記述として，妥当なのはどれか。 （東京都1995）

1：彼女は恥の文化の特徴として，人々は恥を基調とし，他人の思惑や自己の体面を重視するという外面的な強制力により善を行うことをあげた。

2：彼女は恥の文化の特徴として，人々は義理，義務といった葛藤を起こしやすい心情にしばられるため，精神が錬磨されて主体的な行動にでることをあげた。

3：彼女は恥の文化の特徴として，人々は行為の基準として法律や道徳を重視し，社会秩序の維持を最優先させることをあげた。

4：彼女は罪の文化の特徴として，人々は東洋の仏教に見られるように罪を基調とし，内面的な良心の声を重んじて善を行うことをあげた。

5：彼女は罪の文化の特徴として，人々は幼児期と老年期とに最大の自由とわがままが許される反面，青年期において強い社会的統制が課せられることをあげた。

チェック欄

1回目	2回目	3回目

実践 問題 107 の解説

〈ベネディクトの文化論〉

R.ベネディクトは，第２次世界大戦前後にアメリカにおいて日本研究への関心が強まる中で，アメリカ合衆国内で抑留生活を営む日系人の面接調査をもとに『菊と刀』を著し，この中で，絶対的道徳を前提とした内面の良心に依存する欧米の罪の文化と対比して，他人の噂や嘲笑などの外面的な制裁によって善行などの行動規範が強制される日本の文化を恥の文化と表現した。

1 ○ 上記の解説参照。

2 × 「恥の文化」では，個人の主体性よりも他人との協調によって行動が方向づけられるとされる。

3 × 「恥の文化」では，形式的な法律や道徳よりも，非形式的な噂や嘲笑のほうが個人の反規範的な行動の抑制につながるとされる。

4 × 「罪の文化」はキリスト教を信仰する欧米諸国に共通の文化の型であるとされる。

5 × 「罪の文化」の特徴は上記の解説参照。「幼児期と老年期とに最大の自由とわがままが許される反面，青年期において強い社会的統制が課せられる」のは「恥の文化」の特徴である。

正答 1

文化

実践 問題 108 基本レベル

頻出度 地上★★ 国家一般職★★ 特別区★★ 国税・財務・労基★★

問 日本の文化に関する記述として，妥当なのはどれか。 （特別区2012）

1：中根千枝は，日本人の集団参加は，個人の「資格」よりも自らの置かれた「場」に基づいており，単一集団への一方的帰属が求められるが，そこには相異なる「資格」の者が含まれ，成員間に「タテ」の関係が発達するとした。

2：土居健郎は，欧米人の個人主義と対比し，日本人の文化的価値ないし対人関係観を「間人主義」と呼び，日本人にとって人間とは，対人的な意味連関の中で，連関性そのものを自己自身だと意識するようなシステムであるとした。

3：井上忠司は，日本人にとって準拠集団となる「世間」は，身内や仲間内という身近な存在と，他人やよその人といった遠い存在の，さらに外側に位置しているとした。

4：濱口惠俊は，「甘え」は元来母親に対する乳児の依存的な愛情欲求であるが，日本ではこの「甘え」が成人の対人関係の基調となっているとし，「甘え」を日本人のパーソナリティ構造を理解するための鍵概念と捉えた。

5：丸山眞男は，日本の文化は，全てその根幹に共通の文化的伝統を持ち，そこから派生し，発展したものであるとし，その文化の型を「ササラ型」と表現し，西欧の「タコツボ型」文化と対比させた。

チェック欄

1回目	2回目	3回目

実践 問題 108 の解説

〈日本人論〉

1 ○ 中根千枝は日本社会のインフォーマルな構造を成立させている原理として「タテ社会」の概念を提起した。日本人にとっては「場の共通性」が何よりも重視され，そのような「場の共通性」によって作られた排他的集団を組織化する原理が，日本においては親分－子分関係ないし官僚組織となって現出しており，さらにその内部も完全に序列意識によって組織化されていることを明らかにした。一方，インドやヨーロッパはカーストや階級におけるヨコの人間関係が重視される社会であり，「ヨコ社会」として対比された。

2 × 「間人主義」は土居健郎ではなく，濱口惠俊の概念である。彼は，日本人にとって人間存在は，対人的な意味連関の中で連関性そのものを自己自身だと意識するような主体システムであり，そうした人間モデルは西洋的な「個人」との対比で「間人」とよぶことができるとした。彼はまた，間人主義とは集団主義とは（似ているが）異なるものであると捉えた。

3 × 井上忠司（いのうえただし）は日本人の人間関係を身内，世間，他人の３つの領域に分類したが，その領域の位置関係は本肢のとおりではない。彼は日本人の人間関係を，①親密な家族，親族といった「身内」，②無関係な赤の「他人」，③その中間としての「世間」に分けた。そして，世間は，ある程度関係を持ちつつも遠慮，恥の概念がはたらく領域であり，人々の準拠集団になるものと捉えた。

4 × 日本人の対人関係を「甘え」という観点から捉えたのは濱口惠俊ではなく，土居健郎である。土居は『「甘え」の構造』で，「甘え」とは人間本来の自他分離を否定してその痛みを緩和するために一体感を求める感情および行動を指し，その中心には依存欲求が認められるが，日本では幼児期にそれに対する抑圧が行われないために，そのような「甘え」が成人の行動を特徴づけることになると主張した。

5 × 「ササラ型」「タコツボ型」の文化類型を提示したのは丸山真男（まるやままさお）であるが，彼は日本文化をタコツボ型，西洋文化をササラ型とよんだため，本肢の説明は逆となっている。丸山は『日本の思想』で，それぞれの組織や学問が独立，孤立しているタコツボ型を日本の特徴，組織や学問の専門分化が生じても，それとは別の次元で人々をつなぐ伝統的な集団や組織の存在する「ササラ型」を西洋の特徴して挙げ，日本の組織・集団の閉鎖性を指摘した。

正答 1

文化

実践 問題 109 応用レベル

頻出度 地上★ 国家一般職★★ 特別区★★ 国税・財務・労基★★

問 道徳に関する次の記述のうち，妥当なのはどれか。 (国Ⅱ2001)

1：一般に道徳とは，個人の内面的規範を指す。例えば，「良心」といわれるものが，これに当たる。社会学ではこれを一つの社会現象として分析する。道徳とは社会的に承認された行為基準である，というのが社会学の基本的立場である。その際，道徳が個人に内面化される過程を「画一化」と呼んでいる。

2：道徳をめぐる社会学的な研究に道筋を開いたのは，E.デュルケームである。彼は『社会分業論』で，人々の社会的連帯の基礎を道徳に置いた。彼は，そこで，アノミーという概念を提起した。それは「良俗」を意味するギリシア語に由来する用語で，人々の社会的連帯が正常に機能している状態を指す。

3：一般に倫理は，道徳とほぼ同義に用いられる。M.ウェーバーは，倫理を彼の社会学の基礎概念として用いた。例えば，『職業としての政治』の中で，彼は心情倫理と責任倫理という対概念を提示した。前者が行為の動機の善悪を重視するのに対して，後者は行為の結果の善悪を重視する立場をいう。

4：道徳は，他の社会規範と同様に，社会秩序の維持を重要な目的としている。したがって，社会学者の中には，既成の道徳を批判的に分析することを仕事とする人々も少なくない。F.W.ニーチェが精神分析理論によってヴィクトリア朝風の性道徳を批判的に分析したのは，その先駆的業績の一つである。

5：道徳教育とは，広義には子どもの道徳性の育成を目的とする教育一般を指し，狭義には学校の中での同様の目的を持つ教育をいう。我が国の小・中学校では1945（昭和20）年以前は，道徳教育のための修身科が設置されていた。しかし，修身科の廃止以降は，道徳教育のために時間は設置されていない。

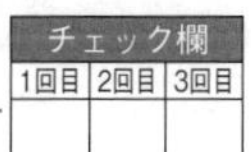

実践 問題 109 の解説

〈社会規範〉

1 × 最後の「道徳が個人に内面化される過程を『画一化』と呼んでいる」とする記述が妥当でない。正しくは**社会化**である。

2 × アノミーは「良俗」ではなく,「無法律状態」を意味するギリシャ語（アノモス）からきている。ここからもわかるように，アノミー状況のときは社会規範が弛緩しており，社会的連帯が正常に機能していないことになる。

3 ○ M.ウェーバーによれば，**心情倫理**の下では，動機さえよければそれによる行為の結果は神に委ねることとされる。しかし，ウェーバーはもはやそれだけでは不十分であり，行為者は自らの行為の帰結を十分合理的に考慮し，これに対して責任を持たなければならないとした（**責任倫理**）。

4 × **精神分析理論**を体系化したのはF.ニーチェではなく，**S.フロイト**である。ただし，ニーチェも道徳について深い考察を加えたのは事実であり，キリスト教をはじめとする西欧の文化的基盤は特定の価値への盲従を強いる「弱者の思想」であるとしてこれを否定した。

5 × 1958（昭和33）年,「学校教育法施行規則の一部を改正する省令」の公布により「道徳の時間」が設けられたのち，今日に至るまで道徳教育が行われている。

正答 3

文化

実践 問題 110 応用レベル

頻出度	地上★　国家一般職★★　特別区★★　国税·財務·労基★★

問 社会と文化に関する次の記述のうち，妥当なのはどれか。（国Ⅱ1991）

1：ある社会の文化が他の社会の文化を受容して変動することがあるが，それが受容されるのは，受容が自らの社会の利益になると，社会の成員のほとんどが判断した場合に限られる。

2：文化の作用の一つとして社会の統合的作用をあげることができるが，これは広い意味で社会統制的機能を果たすものである。

3：近代社会における文化の変動性について，W.F.オグバーンは，制度的文化の変化の速さに物質的文化の変化が追い付いていかないために起こるものであるとした。

4：アメリカ社会の統合性よりも変動性に注目したT.パーソンズは，労働者階級の勢力伸張に照応して，アメリカ文化は変動していくとした。

5：文化の変動は，他の社会の文化との接触によって生ずるものであり，社会の個人や集団が自ら新しい行動様式を作り出すことによって変動することはない。

チェック欄

1回目	2回目	3回目

実践 問題 110 の解説

〈文化論〉

1 × 本肢の記述にあるように「ある社会の文化が他の社会の文化を受容して変動する」ことを**文化変容（アカルチュレーション）**というが，そのような現象が起こるのはその社会の成員の合理的判断によってというよりも，むしろ多くの場合，半ば無意識的に受け入れられていくものである。また，歴史的には戦争や宗教勢力の拡大，植民地政策などによって，半ば強制的に文化伝播が行われた例も多い。

2 ○ 文化が果たす社会の統合的作用とは，文化が示す価値志向のパターンの共有というかたちで実現され，それが集団からの逸脱を意味するような行為に対する内面的な制御へと結び付く。その意味で，本肢の記述にある「社会統制的機能を果たす」ことになる。

3 × **W.F.オグバーン**の**文化遅滞説**は，**物質的文化**の変容の速さに**制度的（非物質的）文化**が追いつかないことで生じる時間的な遅滞について述べており，そこでは既存の文化システムの統合や均衡に対してマイナスの影響が及ぶ可能性も指摘されている。

4 × **T.パーソンズ**の**構造－機能分析**の考え方を想起すればわかるとおり，パーソンズは社会の変動ではなく（システムとしての）均衡状態について一般的な理論を構築しようと試みた。パーソンズは文化を価値志向および表出的シンボルのパターンのシステムとして概念化し（**文化システム**），肢２の記述にあるような社会システムとの機能的連関について独自の説を唱えた。

5 × 肢１の解説で述べたような文化伝播，文化変容とは別に，階層や階級の分化が明確な社会においては，その内部で複数の異なる下位文化（階級文化）が形成される。たとえば，下層階級では社会の支配的な文化に対する反発から，それに対する対抗的な文化を人々が生み出すことがしばしばある。

正答 2

第5章 SECTION 1 文化 文化

実践 問題 111 応用レベル

頻出度	地上★	国家一般職★★	特別区★★
	国税･財務･労基★★		

問 文化の統合性と変動性に関する次の記述のうち，妥当なのはどれか。

(国Ⅱ1997)

1：文化は，物質的文化，精神的文化，制度的文化に大別できるが，社会統制は，制度的文化が持つ特有の作用である。制度的文化は，社会の構成員の日常の営みや行動と深く結びついた，文化の行動様式としての側面を示すものであり，法，慣習，道徳などの社会規範の形をとって，社会統制の役割を果たす。

2：R.リントンは，社会の構成員の参与の仕方により文化を普遍的文化，特殊的文化，任意的文化に区分したうえで，社会の統合に寄与するのは普遍的文化であるとした。そして，特定の階層や職業の者だけが参与する特殊的文化，および社会的に参与が自由である任意的文化は，社会の変動を生じさせる可能性があるとした。

3：江戸末期の開国に伴うわが国の文化の変動に見られるように，強力な異質文化との大規模かつ持続的な接触は，文化の諸形態のうち，もっぱら物質的文化および制度的文化の側面を変容させる。この場合，物質的文化および制度的文化は，基本的な体系そのものが不均衡や混乱の中で急速に変化することになる。

4：文化の変動性を文化の構造と機能から捉えたものに，文化遅滞説がある。これは，物質的文化は制度的文化に比較して，進展の速度が一般に遅いため，両者の均衡が失われて不調整現象が発生するが，再び均衡を回復しようとして，両者の再編成がなされることによって，文化は変動していくという考え方である。

5：マルクス主義の社会理論においては，階級が，それぞれ独自の生活意識と行動様式を特殊的文化として持ち，階級としての文化的な統一性を維持するとされる。そのうえで，一方の階級が他方の階級に対抗して発展し，社会変動の一環として打ち勝っていく過程を文化の変動性として捉える。

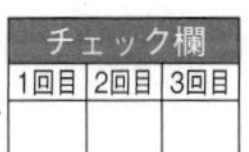

実践 問題 111 の解説

〈文化論〉

文化の分類にはいくつかあるが，代表的なものは，以下の3つの分類である。

①物質的文化……日常的な生活にかかわる道具から科学技術による高度なテクノロジーにより生み出された機械，通信手段まで，人間が作り出した一切の作成物，およびその技術。②精神的文化……宗教，芸術，哲学，科学など人間の精神的な所産。③制度的文化……法，慣習などの規範，社会生活のため生み出された守られるべき行動様式の側面。これは社会の中で人々が遵守すべき制度となる。

本問は，肢5を積極的に正解にしづらいが，ほかの肢ははっきりと妥当でない部分があるので，消去法で判断できるだろう。

1 × 確かに制度的文化は，社会統制の役割を果たすが，このような社会統制の役割は，精神的文化も果たすといえる。たとえば宗教は，人々の行動を律することに大きな役割を果たす。

2 × R.リントンは，社会の構成員の参加の仕方により，文化を以下のように分類した。①普遍的文化……社会のすべての成員が参加するもの。言語，共通の道徳などがこれにあたる。②任意的文化……それを支持・選択することが自由な文化。信仰やさまざまな芸術流派などがこれにあたる。③特殊的文化……特定の階層が参加し支持する文化。貴族的芸術，上流階級の社交生活のようなものがこれにあたる。彼は，これら3つの文化のうち，普遍的文化と特殊的文化は，社会における「文化の核」となり，社会統合の役割を果たすものであり，社会変動を引き起こす可能性を持つのは任意的文化のみであるとした。

3 × 強力な異質文化との大規模かつ持続的な接触は，物質的文化や制度的文化だけでなく，精神的文化も変容させるといえる。

4 × W.F.オグバーンが唱えた文化遅滞説は，制度的文化（非物質的文化）が物質的文化に比較して進歩の速度が遅いため，両者の間に不均衡や不調整の問題が生じるというものである。

5 ○ マルクス主義においては，それぞれの階級が特殊的文化として独自の行動様式や社会意識を持ち，階級闘争による社会の変化を通じて，それぞれの文化が変動していくとされる。

正答 5

文化

実践 問題 112 応用レベル

頻出度	地上★　国家一般職★★　特別区★★ 国税·財務·労基★★

問 文化に関する記述として，妥当なのはどれか。（特別区2016）

1：リントンは，文化とは，明示的に存在する行動についての行動のためのパターンからなり，シンボルによって伝達されるものであり，文化の本質的な中核は，伝統的に伝えられてきた観念やそれに付与された価値からなるとした。

2：タイラーは，文化とは，ある社会の一員としての人間によって獲得された知識，信仰，芸術，道徳，法律，慣習及びその他の能力や習慣を含む複合的全体であるとした。

3：クローバーとクラックホーンは，文化とは，学習された行動とその成果の統合形態であり，その構成要素は，特定社会の成員によって分有され，伝達されるとした。

4：丸山真男は，文化の内容を3つに分類し，宗教，芸術，科学などの「非物質的文化」，道具，機械，交通手段などの「物質的文化」，慣習，法などの「制度的文化」であるとした。

5：オグバーンは，「非物質的文化」の変動が速いのに対して，「物質的文化」の変動がそれにともなわず，その間に遅速のずれが生ずる事実から，文化の不調和の現象を指摘した。

チェック欄		
1回目	2回目	3回目

実践 問題 112 の解説

〈文化論〉

1 × これはR.リントンではなく，むしろ肢３の**A.クローバー**と**C.クラックホーン**による文化の定義に近い。クラックホーンはアメリカの文化人類学者で，ナヴァホ族の研究を通じて，文化とパーソナリティについて考察した。同国の文化人類学者クローバーとの共著『文化―概念と定義の批判的評論』において，文化についての160もの定義を検討している。ただし，クラックホーンは，文化においては，明示的なものだけでなく，暗黙裡の行動パターンも存在することを指摘している。なお，リントンについては肢３の解説を参照。

2 ○ **E.B.タイラー**の文化の定義として正しい。タイラーはイギリスの人類学者で，本肢に挙げられた文化の定義のほか，宗教の根源を霊的存在への信念に見いだし，それを**アニミズム**と名づけたことでも知られている。

3 × これはクローバーとクラックホーンではなく，**リントン**による文化の定義である。文化人類学者のリントンは，文化を本肢のように定義したうえで，社会の成員すべてが参加する「**普遍的文化**」，特定の階層だけが参加し支持する「**特殊的文化**」，支持・選択することが自由な「**任意的文化**」に分類した。なお，クローバーとクラックホーンについては肢１の解説を参照のこと。

4 × 政治学者の**丸山真男（丸山眞男）**が自著『**日本の思想**』の中で挙げた文化の類型は「**タコツボ文化**」と「**ササラ文化**」である。丸山は，それぞれの集団が閉鎖的である日本の文化や組織のあり方をタコツボ型，組織や学問はそれぞれ専門化して個別に分化していても，それとは別の次元で人々をつなぐ伝統的な集団や組織が存在して人々を結び付けているヨーロッパの文化や組織のあり方をササラ型とよんだ。

5 × 文化を「**物質的文化**」と「**非物質的文化**」に分け，両者の変化の遅速に社会変動の要因を見いだしたのは**W.F.オグバーン**であるが，非物質的文化のほうが変動が速いとする本肢の記述は誤りである。オグバーンは，科学技術などの物質的文化は変化や進歩が著しいのに対して，制度的な文化や価値体系といった非物質的文化では伝播や適応も困難であり，その両者のズレが社会変動をもたらすとした。

正答 2

文化

実践 問題 113 応用レベル

頻出度 地上★ 国家一般職★★ 特別区★★ 国税·財務·労基★★

問 文化に関する記述として最も妥当なのはどれか。 (国税・財務・労基2019)

1：E.H.サザランドは，生来性犯罪人の存在を指摘し，非行副次文化は，下層階級出身の少年が生来的所産として生み出したもので，非功利性，破壊主義，否定主義によって特徴付けられるものであるとした。

2：A.K.コーエンは，犯罪行動は，犯罪者の人格上の特性によってではなく，親密な私的集団内におけるコミュニケーションによって，犯罪の手口や技術を学習し，仲間から是認されることで生み出されると指摘した。

3：B.マリノフスキーは，文化を，道具・文学等の物質文化と，芸術・通信手段等の非物質文化に分け，前者による革新のスピードが後者よりも遅いことから，両者の間に不均衡が生じ，社会に混乱や不安をもたらすと主張した。

4：R.ベネディクトは，人々が特定の環境の中で習得する思考や振る舞いを「スティグマ」と表した。また，階級によって「スティグマ」が異なり，生活様式の差異が生じることが，社会的不平等が再生産される原因であるとした。

5：P.ウィリスは，英国中部の工業都市の中学校におけるフィールドワークを通して，「野郎ども」と自称する労働者階級出身の生徒が，反学校的な文化を身に付け，自ら進んで労働者階級の職に就くことによって，再生産が生じる過程を明らかにした。

チェック欄		
1回目	2回目	3回目

実践 問題 113 の解説

〈文化論〉

1 × これはA.K.コーエンについての説明である。E.H.サザーランド（サザランド）は，1939年に「分化的接触理論」を提唱した。これは非行・犯罪が人格や遺伝などの生来的な特質によってではなく，学習の過程を通して身につけられることを一般理論化したものである。彼は，新中間層とよばれるホワイト・カラー労働者の間にはびこる収賄，違法取引，虚偽申告，職権濫用などのさまざまな逸脱的行為を告発し，逸脱行為が決して下層階級の人々に特有のものではないことを示した。

2 × コーエンの学説である「非行副次文化説」については，肢１本文を参照のこと。コーエンは，犯罪行動は，犯罪者の人格上の特性によってではなく，学習によって生み出されるとする立場に立ったが，それは下層階級出身の少年の間に広がっている副次文化に彼らが接触し，同調することで生じると捉えた。よって，本肢の後半の記述は妥当ではない。

3 × これはW.F.オグバーンの文化遅滞説の説明である。B.マリノフスキーはポーランド出身の文化人類学者で，トロブリアンド諸島などの調査をもとに機能主義人類学を樹立した。彼は，原住民たちの親族組織・呪術・技術・経済などが有機的・全体的に連関することを解明し，そこから文化を人間の基本的欲求充足の手段的装置とみなして，充足性・全体連関性という機能属性により，それまで支配的であった社会進化論とは異なるアプローチを試みた。

4 × これはスティグマではなく，P.ブルデューのハビトゥスの説明である。スティグマとは，人間関係における負の表象を指すものとしてE.ゴフマンが提唱した概念である。また，R.ベネディクトは文化人類学者で，日本と西洋の道徳観の違いを論じた『菊と刀』で知られる。

5 ○ P.ウィリスは，カルチュラル・スタディーズの流れをくむイギリスの社会学者で，著書『ハマータウンの野郎ども』において，エスノグラフィーの手法を用いてイギリスの階級社会を描き出したことで知られている。

正答 5

文化

実践 問題 114 応用レベル

頻出度 地上★ 国家一般職★★ 特別区★★ 国税･財務･労基★★

問 **消費・文化に関する記述A～Dのうち，妥当なもののみを全て挙げているのはどれか。** **（国家一般職2017）**

A：誇示的消費とは，G.ジンメルが『有閑階級の理論』で用いた言葉である。個人的な能力を誇示し，そのことで名声を獲得しようとするタイプの消費であり，現代社会では余り見られないが，伝統的な社会でしばしば観察された。

B：シミュラークル／シミュレーションとは，『ディスタンクシオン』の著者であるJ.ボードリヤールが用いた概念である。シミュラークルとは，現実の模像であるシミュレーションが映し出す現実そのものを意味し，現代社会における原像の特権性を示す概念である。

C：カルチュラル・スタディーズは，文化と政治・経済的要因とを切り離して捉え，文化の純粋な文化性を探求しようとする研究であり，フランスを中心に研究が進められた。代表的な研究著作として，M.フーコーの『読み書き能力の効用』が挙げられる。

D：対抗文化とは，既成の支配的文化に対抗する文化，あるいはそれを創出する運動のことを意味する。1960年代に米国の若者たちが担ったヒッピー文化は，大人たちの既成観念や伝統的な規範に対する抵抗を含んでおり，対抗文化の一例として挙げられている。

1：B
2：D
3：A，B
4：A，C
5：C，D

チェック欄		
1回目	2回目	3回目

実践 問題 114 の解説

〈消費・文化〉

A × 「誇示的消費」とはT.ヴェブレンの概念であり，『有閑階級の理論』も彼の著作である。また，誇示的消費の説明も間違っている。誇示的消費とは，有閑階級の人々の間に特徴的な消費行動の様式で，自分が社会における上流階級に属することを示すために，財およびサービスを過剰に消費することをいうのであり，伝統社会ではなく，現代社会に特有の消費のあり方である。

B × シミュラークル／シミュレーションがJ.ボードリヤールの概念であることは正しいが，『ディスタンクシオン』の著者はP.ブルデューである。また，シミュラークルの説明も正しくない。シミュラークルとはボードリヤールによれば，いかなる現実とも無関係なイメージであり，それは何か現実の事物・オリジナルの模造（コピー）ではないものと定義される。よってシミュラークルは，原像（オリジナル）の特権性を示すものではなく，その逆である。

C × 1960年代のイギリス，バーミンガム大学の現代文化研究所において，S.ホールらによって，エスタブリッシュメント文化に対する批判として，社会学，精神分析，言語学などの学際的立場から現代文化を明らかにしようと提唱されたのがカルチュラル・スタディーズである。よって，「文化と政治・経済的要因とを切り離して捉え，文化の純粋な文化性を探求しよう」とするものではないし，「フランスを中心に研究が進められた」とする本記述も誤りである。また，『読み書き能力の効用』はM.フーコーではなく，カルチュラル・スタディーズの代表的理論家R.ホガートの著作である。ホガートは『読み書き能力の効用』において，大衆娯楽の形式と近隣の社会実践，家族関係の結び付きを甦らせようとし，大衆小説や大衆音楽の言説，習慣を分析した。

D ○ 対抗文化（カウンター・カルチャー）とは，既存の主流の文化を体制的・支配的なものと捉えて，それに対抗する文化を指す。本記述にあるように1960年代のヒッピー文化もそうであったし，あるいはその後のロック・ミュージックなどもそうであった。また，ヒッピー文化に限らず，若者の文化には往々にして大人たちの既成概念や伝統的な規範への反抗といった要素が見られるものである。ただし，こうした対抗文化の多くが，社会の中で消費され，体制に組み込まれていったという過去の事実も見逃してはならないであろう。

よって，妥当なものはDのみであるので，正解は肢２となる。

正答 2

文化
文化

実践 問題 115 応用レベル

頻出度	地上★ 国家一般職★★ 特別区★★ 国税·財務·労基★★

問 宗教に関する次の記述のうち，妥当なのはどれか。 (国Ⅱ2000)

1：一般に宗教とは，超自然的・超人的な存在に対する信仰と理解される。社会学ではこれを，一つの経験科学の対象とする。すなわち，宗教を，様々な社会的な文脈の中でとらえることがそこでの課題である。したがって，例えば，宗教現象と社会階層との関係は社会学的関心の埒外にあるものである。

2：宗教社会学の創始者として，しばしば現代社会学の両巨峰E.デュルケームとM.ウェーバーの名が挙げられる。デュルケームは，聖なるものが社会的統合の原理として機能することを指摘した。ウェーバーもまた，カリスマ的指導者に対する人々の帰依が伝統的秩序を維持する機能をもつことを強調した。

3：E.デュルケームは，宗教的世界を聖と俗との二元論で分析した。その延長線上で宗教的世界を巡る様々な理論的図式が提出されている。T.パーソンズは，聖と俗との対立を，人間の行為における価値の対立として再解釈した。そこでは聖は功利性に，俗は道徳的義務に，それぞれあたるとされる。

4：M.ウェーバーは，脱呪術化（Entzaberung）という概念で宗教の合理化の傾向を分析した。このような傾向は，一般的に世俗化（Secularization）という概念で問題にされている。P.L.バーガーは近代化とともに，宗教が社会的影響力を拡大してきたといい，そのような傾向を指して世俗化とよぶ。

5：近代化とともに，宗教が社会的影響力を喪失するというのが，世俗化の概念である。しかし近年，「宗教回帰」の傾向が指摘されている。これは社会の変化の中で人々が新しいよりどころを宗教に求めるためではないかとされる。我が国においても新しい宗教が人々を引きつける状況が社会的に注目されている。

チェック欄

1回目	2回目	3回目

実践 問題 115 の解説

〈宗教〉

1 × 最後の一文が妥当でない。経験科学としての社会学は，宗教現象と社会階層，そして両者の関係を扱いうる。たとえば，急激な工業化の中で価値を剥奪された特定の階層が新興宗教に入信するという現象は広く観察されており，社会学の重要な研究対象の１つである。

2 × E.デュルケームについての記述は妥当だが，M.ウェーバーについての記述が妥当でない。カリスマ的支配は，しばしば伝統的支配・合法的支配と対立する（伝統的秩序を維持せず，むしろ破壊する）。しかし，カリスマ的支配は情緒的なものであるので永続せず，伝統的な方向（氏族カリスマ，世襲カリスマ）と官僚制の方向（官職カリスマ）の２つに「日常化」（日常的な営みに変質）していくとされる。

3 × T.パーソンズについての記述が妥当でない。パーソンズはデュルケームを継承して，宗教は統合機能を有するとし，これによって社会システムの均衡が可能になるとしている。したがって，宗教とは価値対立ではないし，聖の概念も「功利性」には還元されない。

4 × 本肢の記述とは逆に，世俗化とは宗教が社会的影響力を喪失していく過程のことを指す。また，P.L.バーガー（とT.ルックマン）は，社会の近代化とともに，それまで人々の意味世界を強固に支えていた伝統的宗教が衰退し，これによって近代社会では人々の意味世界は不安定化するが，人々に方向づけを与える意味世界は人間にとって不可欠であるため，近代化とともにこうした意味世界は私化（個人化）されたかたちで存在していくとした（見えない宗教）。こうしたバーガーとルックマンの主張からして，「近代化とともに，宗教が社会的影響力を拡大してきた」という記述は妥当でない。

5 ○ 仏教・キリスト教といった既存宗教に代わって，あるいはそこから派生するかたちで成立した宗教を新興宗教（新宗教）とよび，相当数の信者を獲得している。

正答 5

文化

実践 問題 116 応用レベル

頻出度	地上★	国家一般職★★	特別区★★
	国税･財務･労基★★		

問 宗教の諸理論に関する次の記述のうち，妥当なのはどれか。（国税2006）

1：K.マルクスは，社会進化論的な立場から，宗教を人間の成熟段階における秩序統合原理であるとし，宗教は人間や社会の進化を促進する役割を果たすと主張した。

2：E.デュルケームは，宗教を個人表象とは別個の存在である集合表象ととらえた。また，集合沸騰に着目して，宗教が社会を分裂させる機能をもつ点を強調した。

3：M.ウェーバーは，ユダヤ教，キリスト教，仏教，儒教などの比較研究を行い，いずれの宗教も「呪術からの解放」という合理化への志向性を同程度にもつと論じた。

4：T.ルックマンは，現代では，宗教に包摂されていた政治や経済などの社会的諸制度が自律化し，個々人が私的に構築する「見えない宗教」が優勢になると論じた。

5：P.バーガーは，カオス，ノモス，コスモスを，人間の規範秩序構築活動の各局面ととらえ，特にカオスが「聖なる天蓋」として規範秩序の維持を保障すると論じた。

チェック欄

1回目	2回目	3回目

実践 問題 116 の解説

〈宗教〉

1 × 社会進化論的な視点から宗教を社会の秩序統合原理と捉えたのは**E.デュルケーム**である。**K.マルクス**は「**宗教はアヘンである**」としてその機能を否定的に捉えた。マルクスは宗教が与える彼岸的救済概念が，現実の社会的矛盾から逃避させるイデオロギーになっているとし，このような言葉で批判した。肢2の解説も参照。

2 × 「宗教が社会を分裂させる機能をもつ点を強調した」が誤り。むしろ**E.デュルケーム**は宗教の機能を集団の結束力を高め，社会統合を強化するものとして捉えた。彼は宗教の本質を，**世界を聖と俗の世界に分ける**こととし，聖なるものとはその社会の道徳的権威の象徴であり，宗教的祭祀を通じて，集団的沸騰や，聖なるものの成員への再認識によって連帯感を強化し，社会の秩序を維持していくと論じた。

3 × **M.ウェーバー**がユダヤ教，キリスト教，仏教，儒教などの比較研究を行ったことは事実である。しかし，「呪術からの解放」を可能にしたのは，彼によればキリスト教，それも**プロテスタントの思想**であったのであり（『プロテスタンティズムの倫理と資本主義の精神』参照），晩年の宗教社会学の研究は，なぜそうした「呪術からの解放」がほかの宗教で起こりえなかったかを分析するために行われたものである。

4 ○ **T.ルックマン**は社会の世俗化の過程の中で，宗教は衰退したのではなく，個人化されて存続しているとし，それを**「見えない宗教」**とよんだ。彼によれば，もはや単一の宗教的世界観が世界全体の意味体系を構築することは現代においては困難となり，既存の制度化された宗教は衰退したが，宗教意識は**私事化**されて，個人が自らの志向や信条に合致したものを自分で選び取るものとなったとした。

5 × **「聖なる天蓋」**として規範秩序の維持を保障するのはカオスではなく，コスモスである。**P.バーガー**によれば日常的・世俗的レベルでの世界の秩序化はノモスによってなされるが，これはノモスを無効とするようなカオスに直面することによって，より高次で聖なるレベルでの世界の意味づけ・秩序化が必要となる。これがコスモスである。こうした人間社会の規範を支える宗教的な世界秩序を彼は「聖なる天蓋」とよんだ。

正答 4

文化

実践 問題 117 応用レベル

頻出度	地上★　国家一般職★★　特別区★★ 国税·財務·労基★★

問 宗教や文化に関する記述として最も妥当なのはどれか。　（国家一般職2020）

1：M.ヴェーバーは，中世の東洋において，近代資本主義の精神が生み出されたのは，仏教における輪廻転生の思想により，来世の幸福のために現世において職業に励み，全面的に規律化した生活態度を保持することが徹底されたためと考えた。

2：E.デュルケムは，自殺率は個人の所属する集団の統合度の強さに反比例すると考えた。例えば，宗教生活と自殺との関係について，カトリックとプロテスタントを比較し，宗派によって異なる集団の統合度が，自殺率に影響していると分析した。

3：T.ルックマンは，現代社会における宗教の変動を考察し，世俗化に伴って宗教は衰退してしまった結果，教会指向型の組織化された宗教だけでなく，個人の内面においても宗教意識は見られなくなったとして，それを「見えない宗教」と呼んだ。

4：中根千枝は，日本の文化は，根底に共通して存在している宗教思想から派生して発展していると論じ，その文化の型を「ササラ型」と表現した。一方，西欧の文化は分野ごとに独立して没交渉であるとして「タコツボ型」と名付けた。

5：R.ベネディクトは，西欧の文化は，集団の和合を重んじ，他者からどのように見られるかを重視する「恥の文化」であるのに対し，日本の文化は，仏教の倫理観に基づく個人の良心を重視する「罪の文化」であると論じた。

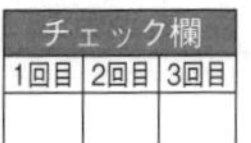

実践 問題 117 の解説

〈宗教・文化〉

1 × M.ウェーバーが近代資本主義の精神を生み出した宗教として挙げたのは，西洋のプロテスタントの思想であって，東洋の仏教ではない。彼は『プロテスタンティズムの倫理と資本主義の精神』において，プロテスタントの中にあった世俗内禁欲のエートスが営利心と結び付いたことによって，近代資本主義の精神が誕生したと捉えた。また，彼は後年，ほかの宗教でなぜそうした精神が育たなかったかを解明するために，比較宗教学を構想し，その研究は『宗教社会学論集』にまとめられている。仏教については，その禁欲思想は経済倫理と結び付かなかったことなどを指摘している。

2 ○ E.デュルケーム（デュルケム）は『自殺論』で，自殺率は，個人の属する集団の統合度に反比例するとし，その実証的な事例研究の１つとしてユダヤ教，カトリック，プロテスタントによる比較を行っている。それによれば，(民族という）集団的要素を強く有するユダヤ教が最も自殺率が低く，逆に(神と個人が教会を介さずに向きあう）個人主義的要素の強いプロテスタントが最も自殺率が高くなっている。

3 × T.ルックマンは『見えない宗教』において，世俗化に伴って宗教は一見衰退したように思われているが，実際には教会志向型の組織化された宗教にその傾向は見られるものの，宗教意識は私事化されて個人が自らの志向や心情に合致したものを自分で選び取るものとなったとし，それを「見えない宗教」とよんだ。

4 × 日本と西洋の文化を比較して「タコツボ型」と「ササラ型」の類型を提示したのは政治学者の丸山真男であり，その説明も逆で，日本がタコツボ型，西洋がササラ型である。中根千枝は『タテ社会の人間関係』において，日本を，場によって人間関係が縦に秩序づけられている「タテ社会」，西洋を，対等の人間同士の結び付きを重視する「ヨコ社会」に分類した。

5 × R.ベネディクトが「恥の文化」と「罪の文化」を提示したことは正しいが，恥の文化は日本と，罪の文化は西洋と結び付くので，本肢の記述は誤りである。ベネディクトは『菊と刀』で日本の文化について分析して，その倫理観が，他者からどのように見られているかという，他人の思惑と自己の体面という外面的強制力によって規定された恥の文化であるとし，キリスト教の倫理観に基づく，道徳の絶対的基準としての罪の概念による，内面的な自覚に基づく西洋の罪の文化と対比させた。

正答 2

第5章 文化

文化

実践 問題 118 応用レベル

頻出度 地上★ 国家一般職★★ 特別区★★ 国税·財務·労基★★

問 象徴に関する次の記述のうち，妥当なのはどれか。 (国税1994)

1：デュルケムは，社会が個人に対して拘束力をもつのは象徴が聖化されるからではなく俗化されるためであり，宗教象徴が俗化されるのはそれが社会を象徴するからであると考えた。

2：シンボリック相互作用論の創始者であるミードは，他者の期待を象徴を通じて内面化して形成される自己である「客我」と，この「客我」に対する判断・評価を通じて形成される「主我」の２つの過程に自我を分類し，これら２つの自己の相互作用によって，人間の自我は形成されると考えた。

3：パーソンズは，文化体系を象徴によってパターン化されたものとして捉え，それを社会体系の上位に置いた。各行為者は，信仰体系やイデオロギーなどとして現実化されたこの文化的パターンを価値として内面化することによって，社会的に有意義とされる行為を実現するが，それを通じて社会全体は不安定になると考えた。

4：モースは，オセアニアや北アメリカの社会の伝統的な慣行である貴重な象徴財の贈与と返納に注目し，象徴の贈与と返納は，集団間の関係の樹立だけではなく，その関係のなかでお互いを他から異なるものとして認めあい，社会集団の融合をもたらすものであると考えた。

5：レヴィ＝ストロースは，文化とは，言語や婚姻規則，経済関係，芸術，科学，宗教などの象徴体系の総体ではないと主張し，社会を象徴の総体によって置き換え，個人や集団を象徴の関係で捉えようとする象徴実在論的立場を批判した。

チェック欄

1回目	2回目	3回目

実践 問題 118 の解説

〈象徴〉

1 × E.デュルケーム（デュルケム）は宗教の考察にあたり，彼の社会学的方法の中核である集合意識（集合表象）の概念を適用した。デュルケームにとって，宗教とは個人の意識に対する集合意識の持つ拘束作用が極端に高められていることで成立するものであり，同時にそれが聖なるものとして象徴化された集合体であることを意味する。それに対して，社会一般の人々の生活は，強い道徳意識に拘束されない俗化された存在であり，両者は明確に区別される。

2 ○ G.H.ミードのいう客我（Me）とは，シンボルを通じて伝えられる他者からの役割期待を内面化したものであり，これに対して主我（I）とは内的な反応をもたらす能動的側面のことである。わかりやすくいえば，客我は他人が自分に対して抱くイメージであり，主我はそれを主観的に解釈している自分の姿である。この２つの側面が相互に作用を及ぼしながら社会的な自我を形成することを「自己相互作用」とよぶ。

3 × T.パーソンズの構造－機能分析においては，人間の行為体系（システム）を維持している行動体系（システム），パーソナリティ体系（システム），社会体系（システム），文化体系（システム）という下位システムが，適応，目標達成，統合，潜在的パターンの維持といった４つの機能的要件に対応していると考えられる。文化体系が社会体系の上位にあるという関係はシステム制御の方向性という意味で成り立つが，価値の内面化は，文化の潜在的パターンを維持し，行為体系の緊張処理を促すための要件であり，社会の秩序的および均衡的な状態のための基礎と考えられている。

4 × M.モースは，『贈与論』において，未開社会における贈り物の交換が，社会的規範の強制力による社会的事実であることを明らかにした。ポトラッチとよばれる北米インディアンの部族間の慣習は，贈り物の交換を通して社会的地位の優劣を競うため，贈り物を受けた者がそれ以上の贈り物を返納することが半ば義務付けられる。それにより一方的な依存関係を成り立たせないための互酬性の規範が一般化され，秩序的な人間関係，すなわち社会構造の維持を可能にする。本肢では「お互いを他から異なるものとして認めあい」という部分が妥当でない。

5 × C.レヴィ＝ストロースの人類学は，まさに本肢にあるような象徴実在論的立場に基づき，文化をさまざまな象徴的要素の連関によって構成される全体的構造として捉えるところに特徴がある。社会科学におけるこのような認識論的立場は，構造主義とよばれる。

正答 2

第5章 文化

実践 問題 119 応用レベル

頻出度　地上★　国家一般職★★　特別区★★　国税·財務·労基★★

問 社会現象の理解のために用いられる「境界人（マージナル・マン）」に関する次の説明のうち，妥当なのはどれか。（国Ⅱ1987）

1：ある社会のなかで2つの相対立する文化や伝統がある場合，その両者の中間に位置する人で，このような人はどちらの文化にも同化して生きることができる。

2：2つ，あるいは多数の異なる人格が1人の人間に同時に存在する場合，このような人はおのおの独立した2つ以上の人格が交互に現れる。

3：親の保護監督下から離脱していこうとする人のことで，自分の立場と親の立場の間に境界を引くことにより，親子間の葛藤が生じる。

4：異質な2つ以上の集団，社会に同時に属している人のことで，大人と子供の世界のどちらにも自己の考えや行動を統一できない青年期のように不安定な心理状態にある。

5：ある社会において，その社会一般と異なる集団に属し，その集団が宗教的またはその他の強い紐帯で結びついている場合，それに属する人は社会から孤立しても自らの信条に固執して生きていく傾向がある。

実践 問題 119 の解説

〈マージナル・マン〉

1 × 境界人（マージナル・マン）とは，**異質な文化を持つ複数の集団に同時に属している人間，またはどちらにも十分に属することができずにいる人間を意味する概念である。**そのような個人は，それぞれの文化の境界線上（両者の中間という意味ではない）に位置することになり，いずれの集団にも完全に同化することはない。

2 × 本肢の記述は精神医学の対象となる「多重人格症」についてのものであり，マージナル・マンについての説明ではない。

3 × 本肢の記述にある「親の保護監督下から離脱していこうとする人」というのは，マージナル・マンの特質ではない。また，マージナル・マンがしばしば経験する葛藤は，本肢の記述にある親と子の例のように複数の人間の間に起こる対立状態ではなく，異なる文化の影響により板挟み的状況に置かれた個人の内面的葛藤である。

4 ○ 親と子の世代をそれぞれ固有の文化を持つ社会集団として考えれば，本肢後半部の「大人と子供の世界のどちらにも自己の考えや行動を統一できない青年期のように不安定な心理状態」という表現も，マージナル・マンのパーソナリティ特性を説明するうえで適切なものといえる。

5 × 特定の集団が社会一般から孤立していても，その成員が集団に同化しているのであれば，マージナル・マンとはならない。肢１の解説でも述べたように，マージナル・マンとは異なる文化を持つ複数の集団に同時に属しながら，いずれにも完全に同化することのできない人である。

正答 4

実践 問題 120 応用レベル

頻出度	地上★	国家一般職★★	特別区★★
	国税・財務・労基★★		

問 民族，移民，マイノリティに関する次の記述のうち，最も妥当なのはどれか。

（国Ⅱ2010）

1：「出生地主義」とは，ある国の領土内において生まれた者に国籍を与える原則を意味し，この立場を採る国では，国内生まれの者に無条件に国籍を与える一方，国外生まれの者には国籍取得が極めて困難である。

2：「メルティング・ポット」とは，アメリカ合衆国などで，多様な民族が国内に入ってきて，それらがあたかも鍋の中で，それらの形や個性を失うことなく存在するように，多元的な社会的雰囲気が生み出されることをいう。

3：「エスニシティ」とは，国内外から都市への人口の大量流入の結果，多様な文化をもった民族が同じ空間に居住するようになり，お互いの差異を認め合いながら共存関係をつくりだした都市的文化のことを意味する。

4：「アファーマティブ・アクション」とは，人種・民族あるいは性別などに基づく差別を積極的に捜査し，発見した場合には厳しい制裁によって，社会的な偏見そのものを否定することを目指した政策だが，個人の内面まで踏み込むことによって強い反発を呼んだ。

5：「想像の共同体」とは，近代的な活版技術の引き起こしたコミュニケーションの革命により，国民的な言語が成立することで，その通用する範囲で近代的な国民意識が生み出されることを示した概念である。

チェック欄

1回目	2回目	3回目

実践 問題 120 の解説

〈民族・移民・マイノリティ〉

1 × 国籍の取得には，**本人の出生地ではなく親の血統によって国籍が与えられる**とする血統主義と，**親の血統に関係なく本人が出生した場所の国籍が与えられる**とする出生地主義がある。血統主義を採るのはわが国やドイツ，中国，韓国などである。一方，アメリカは出身地主義を採用する代表的な国である。しかし，**ほとんどの国で一方の主義を採用しながら，部分的に両方を用いているのが実情**であることから，本肢の後半の説明は正しくはない。

2 × メルティング・ポットとは物質を溶解，融合させる「るつぼ」のことを指す。転じて「人種のるつぼ」という意味で使われてきた。さまざまな民族が移入し，お互いに影響を与えあい，融和・融合していく様を表している。しかし**実際には多くの地域で，移入してきた外国人はお互いに融和・融合するよりも，自分たちの民族的アイデンティティをより鮮明化・先鋭化させ，対立してきた**。本肢にあるような，各々の移民が民族的な個性を失うことなく存在する今日のような状況は，サラダ・ボールとよばれることがある。

3 × エスニシティという語は，**民族集団の持つ性格の総体**を指して使われるものであり，本肢の説明にあるようなものではない。ある1つの民族集団はその集団特有の民族的な特性，習慣，文化などを持つ。エスニシティという概念は必ずしも都市と結び付けられるものではなく，その意味では「都市的文化」であるとしている点でも本肢の説明は不正確である。ただ，**各民族集団が持つエスニシティがしばしばその地域での民族間の軋轢を生むことがあり，特に移民や外国人労働者が集中しやすい都市ではこうした問題が起こりやすい**ことは事実である。

4 × アファーマティブ・アクションとは字義的には「積極的行動」といった内容だが，**一般には女性や少数民族など，社会的に不利な集団のためにその格差を是正するための積極的優遇政策**を指す。これは進学や就職において，こうした集団の特性からくる不利益を勘案して是正，優遇措置を行う制度上のものであって，本肢にあるような「差別を積極的に捜査」するようなものでもなければ，「個人の内面まで踏み込む」といったものではない。

5 ○ 想像の共同体とはB.アンダーソンの概念で，**国民という概念が近代国家によって生み出された想像の産物にすぎないものであることを指した言葉**である。アンダーソンは，近代において国民という想像の共同体概念を創出することによって国民国家が成立したのであり，それに大きく貢献したのが**印刷技術の発達による言語の統一**，すなわち国語の成立であったと論じた。

正答 5

第5章 SECTION 1 文化 文化

実践 問題 121 応用レベル

頻出度	地上★	国家一般職★★	特別区★★
	国税·財務·労基★★		

問 日本人論に関する記述として，妥当なのはどれか。 （東京都2006）

1：R.ベネディクトは，「菊と刀」において，西欧文化は，他人の評判や体面を重視する「恥の文化」であり，日本文化は，内面的な良心を重んじる「罪の文化」であるとした。

2：川島武宜は，「日本社会の家族的構成」において，日本の社会は，現代的な家族的原理から成り立っており，それが民主主義の基礎となっているとした。

3：中根千枝は，「タテ社会の人間関係」において，日本人の集団意識は，個人の「資格」の共通性よりも，所属する組織など一定の枠に基づく「場」の共有におかれているとした。

4：土居健郎は，「甘えの構造」において，日本では，母子間の甘えの関係が成人後も継続し，成人後の甘えが家庭外での人間関係に有害であるとした。

5：濱口惠俊は，「『日本らしさ』の再発見」において，日本人の基本的価値観は，自己中心主義，自己依拠主義，対人関係の手段視によって特徴づけられる個人主義であるとした。

チェック欄		
1回目	2回目	3回目

実践 問題 121 の解説

〈日本人論〉

1 × R.ベネディクトが『菊と刀』を著したのは正しいが，その内容が誤り。彼女は，西欧文化は内面的かつ絶対的な規範に従う道徳を重視する型を持つとし，これを**罪の文化**とよんだ。これに対し日本文化は世評や他人の嘲笑を恐れ，恥辱を回避しようとする型を持つとし，これを**恥の文化**とよんだ。したがって，本肢はそれぞれの説明と対応する文化の型が逆である。

2 × **川島武宜**（かわしまたけよし）は，民法学者，法社会学者であり，第２次世界大戦後の日本法社会学の確立者である。初期は民法解釈学を専門としていたが，日本には近代的法解釈学が成立する市民社会的基盤が欠落していると考え，近代法の秩序原理を社会的背景から検討した。本肢にある**『日本社会の家族的構成』**は農村，漁村の慣行調査を踏まえて日本社会の伝統的な慣行の「前近代的」性格を批判した著作であり，「現代的」「民主主義の基礎」といった説明が誤り。

3 ○ **中根千枝**は，本肢の説明にある**『タテ社会の人間関係』**において，日本社会はそこに参加する諸個人の「資格」よりも「場」の共有によって構成されるため，個人の集団所属は単一化される傾向があると指摘した。そこでは必然的に人間関係は序列化され，親分―子分関係，先輩―後輩関係，上役―下役関係などの「タテ組織」が発達するとし，これを**タテ社会**とよんだ。

4 × **土居健郎**が**『「甘え」の構造』**において論じたのは，日本人の対人関係に特有な依存願望である。元来「甘え」とは乳児が母子関係の中で味わう，母親と自己との一体感のことであり，日本人の心理的特徴として，この「甘え」が幼年期を過ぎても許容されることを挙げたのが本書である。したがって，「成人後の甘えが家庭外での人間関係に有害」との箇所が誤り。

5 × **濱口恵俊**は**『「日本らしさ」の再発見』**で，日本人の行動様式，基本的価値観を**間人主義**と定義づけた。これは，西洋の基本的な価値観である「個人主義」と対比されるものである。また，一般的にいわれる「集団主義」とも異なり，「他者との関係そのものを重んじる」日本人の特性を省察した点が本肢にある著作の特徴といえる。したがって，「自己中心主義」「対人関係の手段視」といった記述は完全な間違いである。

正答 3

第5章 文化

章末CHECK ? Question

Q1 E.B.タイラーは文化を「社会の成員としての人間が獲得した能力や習慣を包括する複合的な存在」と捉えた。

Q2 サンクションには刑罰のようなフォーマルなものだけでなく，非難のようなインフォーマルなものも含まれる。

Q3 成員が同じような行動様式をとることによって成立した習慣をモーレスといい，正当な規範であるという成員の信念によって補強された習慣のことをフォークウェイズという。

Q4 L.H.モルガンはK.マルクスやF.エンゲルスの史的唯物論を文化人類学に援用し，進化主義的文化人類学を打ち立てた。

Q5 M.ミードはジェンダー研究やフェミニズムに大きな影響を受け，社会的・文化的な要因による性別の規定を指摘した。

Q6 R.ベネディクトの分類では，穏和で中庸を重んじる文化をディオニソス型といい，闘争的で他に対する優越を重んじる文化をアポロ型という。

Q7 R.ベネディクトは『菊と刀』の著者として知られるが，その本の中で，日本文化は「恥の文化」に分類された。

Q8 W.F.オグバーンは，生産技術など物質的文化は変化が起こりやすいが，社会規範や社会制度など非物質的文化は変化が起こりにくいため，そのタイム・ラグが社会に大きな変動をもたらす要因となると論じた。

Q9 丸山眞男は集団や組織がそれぞれ個々独立してバラバラで閉鎖的であるわが国の文化をササラ文化とよんだ。

Q10 中根千枝の分類によれば，日本社会はヨコ型の社会である。

Q11 中根千枝は『「甘え」の構造』において，「甘え」という点から日本文化および日本人の心理的特性を論じた。

Q12 濱口惠俊は西洋社会を他者との関係の重視する社会であるとして，それを間人主義とよんだ。

A1 ○ E.B.タイラーはイギリスの文化人類学者で，彼は文化を，科学技術や工業技術なども含んだものとして定義している。科学技術や工業技術を（文明として）文化に含めない学者もいる。

A2 ○ 社会の成員が，その社会の規範から逸脱した行動をしたときに社会によって加えられる統制的行為をサンクションといい，インフォーマルなものも含まれる。

A3 × この概念を提示したのはW.G.サムナーであるが，その説明は逆である。

A4 × L.H.モルガン（モーガン）の『古代社会』はK.マルクスやF.エンゲルスにも影響を与え，彼らの史的唯物論の重要な論拠の１つとなったことでも知られる。

A5 × 逆である。M.ミードがサモア島などの未開社会に見いだした文化による性差の相対性という考え方が，フェミニズムに影響を与えた。ただし，のちに彼女自身は自らの観察が誤りであったことを認めている。

A6 × R.ベネディクトはF.ニーチェがギリシャ文化を論じたときに用いたこの２つの型を文化全般に適用した。ただし，本問の説明は逆になっている。

A7 ○ R.ベネディクトは『菊と刀』で，罪の意識により内面的な自覚を促進させることで個人の行動を統制する西洋の「罪の文化」と，他者の思惑や他者からの評価と自己の体面が個人の行動を統制する日本の「恥の文化」を対比させた。

A8 ○ W.F.オグバーンのこの社会変動論は「文化遅滞説」とよばれる。なお，オグバーンは家族社会学においても「家族機能縮小説」を唱えたことで有名である。

A9 × 丸山眞男によればわが国の文化はタコツボ文化とよばれる。ササラ文化とはそれぞれの集団，組織，分野が基底的なところでは連続性を持つ文化で，ヨーロッパなどがそうであるという。

A10 × 中根は日本社会を，「場」（所属集団）が「資格」（個人が実際に持つ能力）に対して優越する社会と捉え，上下の序列性を重視する「タテ社会」であると捉えた。

A11 × 『「甘え」の構造』は中根千枝ではなく，土居健郎の著作である。

A12 × 濱口惠俊が間人主義とよんだのは日本社会に対してである。西洋社会の個人主義に対比させて彼は日本社会をこのような特徴で捉えた。

第5章 文化

memo

第6章

パーソナリティ

SECTION

第6章 パーソナリティ

出題傾向の分析と対策

試験名	地　上			国家一般職（旧国Ⅱ）			特別区			国税・財務・労基		
年　度	15-17	18-20	21-23	15-17	18-20	21-23	15-17	18-20	21-23	15-17	18-20	21-23
出題数 / セクション				1		1	1	2				1
パーソナリティ						★	★	★				★
社会的性格				★				★				

（注）１つの問題において複数の分野が出題されることがあるため，星の数の合計と出題数とが一致しないことがあります。

地方上級

社会的性格論などは過去に出題されていますので，基本的知識は押さえておく必要があるでしょう。セクション①のパーソナリティでは，エリクソン，次いでフロイトの理論（特に防衛機制について）を，セクション②の社会的性格ではフロムとリースマンについて基本的知識を確認しておいてください。フロイトについては教養の思想などでも出題される可能性があります。

国家一般職（旧国家Ⅱ種）

国家一般職（旧国Ⅱ）では受験選択科目に心理学があり，それを選択する受験生にとってはセクション①はやさしいレベルと見えるかもしれません。ただ，それ以外の受験生にとっては「文化」の分野と同様，他学問の知識を持たねばならないという点で大変に感じられるでしょう。もっとも，あくまで心理学のごく基本的理論さえ知っていれば対応できる場合が多いです。まずは過去問で取り上げられている学者の説についてしっかり押さえておきましょう。社会的性格についてはフロムやリースマンについて十分理解しておきましょう。

特別区

特別区ではセクション①②ともそれなりに過去に出題されています。セクション①ではフロイト（特に防衛機制について），エリクソンの理論を，セクション②ではフロムとリースマンについて基本的知識を確認しておいてください。出題頻度はそこそこにありますが，出題内容としてはそれほど難易度が高いわけではありませんので，重要な学者の学説を中心に，インプットで取り上げられている知識を十分に理解することを心がけてください。

国税専門官・財務専門官・労働基準監督官

過去においては出題頻度の高い領域ではありませんが，国家専門職の社会学の試験はほかの試験種と比べて国家一般職（旧国Ⅱ）に次いで難しいですので，出題された場合はそれなりの難問になると思われます。セクション①では国家一般職（旧国Ⅱ）同様，心理学の基本的知識があるとよりよいでしょう。セクション②についてはフロムとリースマンについて細かい知識を押さえておいてください。

Advice アドバイス 学習と対策

パーソナリティ論は，社会的存在としての人間を考えるうえで欠かせません。本章の内容は，近年の公務員試験において頻出しています。とりわけ，フロイトやエリクソンの理論は教養試験でも出題されることがあるので覚えておいたほうがよいものです。セクション②ではフロム，リースマンの社会的性格論がどの職種でも非常によく出題され，また政治学でもよく出題されており大変重要です。

パーソナリティ

パーソナリティ

セクションテーマを代表する問題に挑戦！

フロイトの防衛機制についての問題です。防衛機制の種類は教養の社会科学でも問われるので注意しましょう。

問 フロイトは，人間が欲求不満に直面したときにみせるさまざまな防衛機制をいくつかに分類したが，下記のAからDに該当するものの組合せとして正しいのは次のうちどれか。 (特別区1992)

A　友人にいじめられるのではないかという不安で，学校を休む。

B　幼児の下に赤ん坊が生まれた時，幼児は親の愛情が赤ん坊に移ったと考え，親の愛情を得るために同じような行動をとる。

C　自分が他人に敵意を持っているのに，それを認めたくなくて，自分が相手に憎まれていると思い込む。

D　恋に破れて愛する人を失ったとき，自分の情熱を学問や芸術に向ける。

	A	B	C	D
1：	逃避	同一視	反動形成	昇華
2：	逃避	退行	投射	昇華
3：	抑圧	同一視	反動形成	昇華
4：	抑圧	退行	反動形成	合理化
5：	抑圧	退行	投射	合理化

Guidance ガイダンス

防衛機制

S.フロイトやその後継者たちはさまざまな防衛機制を挙げている。上記以外では「置き換え」(特定の対象に向けられている感情が他の対象に向け換えられること)，「知性化」(情緒的な問題を抽象的に論じたり，知的な活動に没頭することで葛藤を処理しようとすること)，「否認」(現実の苦痛な状況を認めようとしないこと)，「代償」(ある目標の達成が阻害されたとき，代わりの目標を達成することで当初の欲求を充足させること)，「隔離」(特定の記憶や観念に伴っている感情やイメージを切り離すこと) などがある。

頻出度	地上★★　国家一般職★★　特別区★★ 国税·財務·労基★★

必修問題の解説

〈防衛機制〉

S.フロイトの防衛機制では，本問のA～Dの記述のような兆候についてはそれぞれ次のような名称が与えられている。

A—逃避：自分にとって都合の悪い状況から，逃れようとする

B—退行：心理的処理が困難な眼前の状況に対して，幼児期の精神状態へと逆戻りする

C—投射：他者に対する自分の感情が，自分自身にとって好ましくないようなとき，それを相手が自分に対して抱いている感情として受け止める

D—昇華：抑えきれない欲求を，ほかの生産的・建設的な活動へと方向づけさせる

なお，選択肢にあるほかの4つのタイプについては，次のようにまとめられる。

抑圧：自分にとって具合や都合の悪い事柄を考えないようにする。無意識の領域に押しとどめる

同一視：自我の不安を解消するために，自分を他者と同一化しようとする

反動形成：自分の本当の感情を認めたくないため，わざと反対の行動をとる

合理化：好ましくない状況が発生したとき，自分にとって都合のよいように理屈づけを行う

よって，正解は肢2である。

正答 2

パーソナリティ

1 S.フロイトの精神分析理論

(1) エス（イド）・自我・超自我

フロイトは，幼児期の精神的発達の中で，人間の人格構造はエス（イド），自我，超自我の３つの部分からなると考えました。

エスとは情動エネルギーの源泉となるものであり，エスはこの情動を満たすことを追求します。超自我は，人格に受け入れられた道徳的な命令で，情動エネルギーの充足を抑制するように自我にはたらきかけるものです。自我は，エスと超自我を調停して人格全体の安全と統合を図ります。

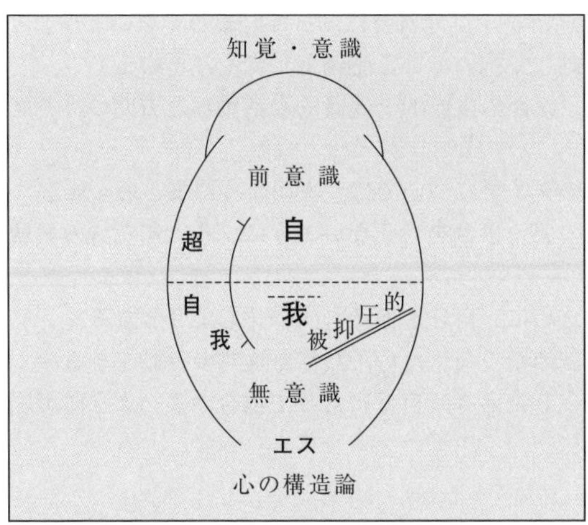

心の構造論

(2) エディプス・コンプレックス

幼児は「男根期（エディプス期）」（4～6歳頃）にリビドーの対象を異性の親に向けるようになります。このとき，男の子の場合は父親を競争者とみなして敵意を燃やすが，その父に処罰されるのではないかという不安も同時に持ちます。こうした心理的葛藤をいいます。幼児はこの欲望と抑圧の狭間でエディプス・コンプレックスを克服して自我を確立していきます。

(3) 防衛機制

防衛機制とは，エスからの衝動的な欲求に対して，外的環境や超自我がそれを抑制しようとすることで生じる内面的葛藤を，無意識的あるいは半無意識的に解決しようとする自我の反応パターンのことです。その種類には抑圧，昇華，合理化，同一視，逃避，退行などがあります。

防衛機制	①抑　圧…自分に受け入れがたい考えが意識にのぼらないようにし，無意識の領域へと追いやること。 ②昇　華…社会的に承認されない衝動を社会的に容認されるようなかたちに変形させて表出すること。 ③合理化…欲求の充足が困難なとき，その原因を自分にとって都合のよいように解釈すること。 ④同一化…欲求の対象である特定の他者の考えや行動を自分の中に取り入れ，真似ること。 ⑤逃　避…自分にプレッシャーや不安を与えるような状況から逃れること。 ⑥退　行…自分にプレッシャーや不安を与える状況から逃れるため，幼稚な行動，態度へと戻ること。

2 E.H.エリクソンのアイデンティティ（自我同一性）論

(1) アイデンティティ

アイデンティティとは，エリクソンによれば，対社会的な自己認識が確固としており，かつ一貫しているという感覚を指します。これは，児童期における自己とは何者かという自己認識とは異質のものであり，青年期において初めて現れてくる自己存在への疑問に基づくものです。

(2) モラトリアム

近代社会では青年は大人としての自己の生き方を決定することが猶予（モラトリアム）され，心理的不安定に陥りやすくなります（アイデンティティの危機）。しかし青年期は，苦しみの時期であるとともに，自らの生き方や価値観を模索し，確固たる自己を築くことができる貴重な時期であるとされます。

第6章 SECTION 1 パーソナリティ

パーソナリティ

実践 問題 122 基本レベル

頻出度 地上★★ 国家一般職★★ 特別区★★ 国税·財務·労基★★

問 パーソナリティ理論に関する記述として，妥当なのはどれか。（特別区2004）

1：E.フロムは，人々はその地位と役割の相違に応じて多様な方向に社会化されてゆき，その地位にふさわしい一定の社会的に期待された型のパーソナリティを持つに至るとし，これを「地位のパーソナリティ」と呼んだ。

2：G.H.ミードは，自我は，自分に対する他者の役割期待を取り入れることによって形成される「客我」と，「客我」への反応であり，それに働きかけ，変容させ，新たなものを生み出す「主我」との相互作用の過程であるとした。

3：G.W.オールポートは，人間のパーソナリティが社会的・文化的・歴史的諸条件とどのようなダイナミックな関係にあるかを明らかにする概念として，「社会的性格」を提起した。

4：R.リントンは，自我の社会化された側面についての自己概念は，他者という鏡に映った自分の像にほかならず，他者による自己についての評価を想像し内面化することで形成されるとし，「鏡に映った自我」という概念を作った。

5：E.H.エリクソンは，パーソナリティは，「イド」，「自我」及び「超自我」で構成され，このうち「超自我」は，幼児期の両親の道徳的態度等の内面化の所産であり，命令や禁止を通じて「自我」を監視する機能を営むとした。

直前復習

チェック欄		
1回目	2回目	3回目

実践 問題 122 の解説

〈パーソナリティ〉

1 × これはR.リントンの学説である。彼はある社会の人々に共通して見られるパーソナリティを「基本的パーソナリティ」，その社会の中で，性別，年齢，階級などで異なるパーソナリティを「地位のパーソナリティ」と分類し，文化とパーソナリティの関連を研究した。

2 ○ G.H.ミードによれば，子どもはまず最初にごっこ遊びを通じて社会的な役割を取得していくが，このとき大きな役割を果たす特定の他者（親や友人など）を重要な他者という。さらに次の段階ではゲーム遊びを通じて社会の中で自分がどのようなポジションにいて行為していけばよいかを学ぶが，この際に役割の取り入れの対象となる他者を一般化された他者という。これらの役割取得は自我の中における主我（I）と客我（Me）の相互作用の過程の中で行われる。

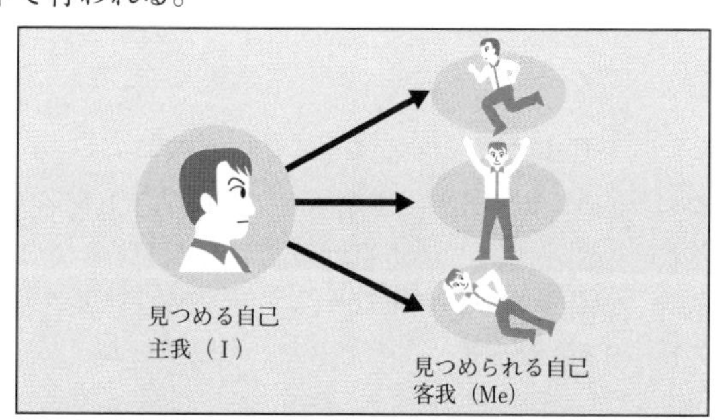

3 × このような社会的性格という概念を提起したのはE.フロムである。G.W.オルポート（オールポート）はパーソナリティの研究で知られる。「**パーソナリティとは，環境に対する個人の独特の適応を規定する心理学的・生理学的体系の個体内における力動的システムである**」という彼の定義は重要である。

4 × これはC.H.クーリーの概念である。クーリーは社会化の研究で知られるが，クーリーによれば自我とは本来社会的なもので，他者とのかかわりの中で形成されるとする。鏡に映った自我（自己）とは，人間は他者を鏡として自我を形成するというもので，さらにクーリーは，このような自我を形成するうえで重要な存在となる社会集団を第１次集団とよんだ。

5 × これはS.フロイトの学説である。

正答 2

第6章 SECTION 1 パーソナリティ

パーソナリティ

実践 問題 123 基本レベル

頻出度 地上★★ 国家一般職★★ 特別区★★ 国税·財務·労基★★

問 パーソナリティに関する研究と研究者に関するA～Dの記述のうち，それぞれの記述と研究者の組合せとして妥当なのはどれか。 (財務2013)

A 文化とパーソナリティの関係に関心を向け，比較研究に基づき文化の型を分析する手法によって，文化的条件づけの性格形成に対する役割を研究した。

B パーソナリティの文化的差異に注目し，南太平洋地域を中心とした野外調査を通して，文化的規定などが性格形成に及ぼす影響を明らかにした。

C 同一集団に属する大部分の成員が共有する性格構造の中核を社会的性格と呼び，これが文化的条件づけと社会的役割の学習を通して形成されると論じた。

D 個人を視点の中心におきながら，文化人類学，社会学，心理学を総合した新しい「人間の科学（science of man)」を確立しようとした。

	A	B	C	D
1：	E.エリクソン	C.レヴィ＝ストロース	E.フロム	T.パーソンズ
2：	E.エリクソン	M.ミード	T.W.アドルノ	R.リントン
3：	R.ベネディクト	C.レヴィ＝ストロース	E.フロム	R.リントン
4：	E.エリクソン	C.レヴィ＝ストロース	T.W.アドルノ	T.パーソンズ
5：	R.ベネディクト	M.ミード	E.フロム	R.リントン

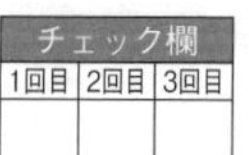

実践 問題 123 の解説

〈パーソナリティ〉

Aは**R.ベネディクト**である。ベネディクトは，文化相対主義を提唱した文化人類学者のF.ボアズの影響を受け，文化の内奥に存する心理的要素に注目し，それに基づく文化統合と文化様式を論じた。F.ニーチェの概念を援用した「**アポロ型文化･ディオニソス型文化**」，また日本人の国民性の研究から導き出した「**罪の文化･恥の文化**」などの類型化が有名である。

Bは**M.ミード**である。ミードは，同じF.ボアズの弟子としてベネディクトと親交があり，サモア，ニューギニア，バリ島などの南太平洋地域で青年期問題，性別役割などを調査して，文化的性格としての国民性を理論的に追究した。精神的に不安定な思春期は生物学的要因によるのではなく，文化の所産であり，社会的現象であるとする仮説を実証し，『サモアの思春期』にまとめた。

Cは**E.フロム**である。**フランクフルト学派**に属した精神分析学者のフロムは，「**社会的性格**」という概念を提示し，現代人の精神構造の解明を試みた。彼によれば，社会的性格とは「一つの集団や階層の大部分が持っている性格構造の本質的な中核で，その集団や階層に共通な基本的経験と生活様式の結果として形成されたものである」と定義される。フロムは，1930年代のドイツにおける下層中産階級の社会的性格を「**権威主義的パーソナリティ**」とし，下層中産階級の市民はヒトラーのナチス党をドイツ社会復興の希望の象徴として熱狂的に支持した，と分析した。なお，「権威主義的パーソナリティ」という概念は，その後，フロムと同じフランクフルト学派のT.W.アドルノらによって，ファシズム分析の概念としてのF（ファシズム）尺度へと精緻化された。

Dは**R.リントン**である。リントンは個人・社会・文化の相関に基づいて心理学・社会学・人類学を総括する「人間（の）科学」を構想し，特にパーソナリティ形成における文化の役割に注目した。彼の人類学理論の中心は地位と役割，文化とパーソナリティ論だが，その地位・役割理論はのちの社会学の役割理論の先駆をなしており，特に重要な概念は「**生得的地位・獲得的地位**」の概念である。また，乳幼児体験とそれを規定する育児様式によって性格が形成されるという「**基本的パーソナリティ**」と，ある社会的地位に特有の共通した性質を示す「**地位のパーソナリティ**」を設定して，パーソナリティ構造の分析に貢献した。

よって，正解は肢5である。

正答 5

パーソナリティ

実践 問題 124 応用レベル

頻出度 地上★　国家一般職★★　特別区★★
国税·財務·労基★★

問 パーソナリティの理論に関する記述として，妥当なのはどれか。

（東京都2003）

1：クーリーは，「鏡に映った自我」は，他者の目に映る自我についての想像，他者が自我に対して下す判断についての想像，その結果に生ずる自我感情という3要素から成り立っており，このうち，第三の要素が最も重要であるとした。

2：G.H.ミードは，社会過程の中に生まれた人間は，彼に対する他者の態度を自らに取り入れ，他者が彼に期待する役割を取得し，社会の規範を「一般化された他者」の態度として学習することで，社会性をもった自我を形成するとした。

3：フロイトは，パーソナリティをイド，自我，超自我の3つに区分し，イドの衝動を抑制するために，自我は，両親から受け継いだ道徳的態度を代表してイドを監視し，超自我は，イド及び自我と現実原則との調整を行うとした。

4：カーディナーは，タブー，民話や儀礼などを第一次的制度，幼児期における育児様式や家庭内関係を第二次的制度とよび，第一次的制度が社会の成員に共通の性格をつくるとした。

5：リースマンは，集団の成員に共通しているパーソナリティ上の特性である社会的性格を，歴史的・社会的条件と対応させて3つに分類し，近代社会は他人指向型，現代社会は内部指向型であるとした。

チェック欄

1回目	2回目	3回目

実践 問題 124 の解説

〈パーソナリティ〉

1 × C.H.クーリーが鏡に映った自己（自我）は3つの要素から成り立つとした，というのは妥当である。しかし，彼はこのうち第2のもの（他者が自我に対して下す判断についての想像）が最も重要であるとした。

2 ○ G.H.ミードは，子どもがその成長過程で社会的な意識を身につけていく過程を役割取得という考え方で捉えた。子どもは，精神的発達の初期の段階では，特定の他者の役割を演じ取り入れていくが，やがて集団全体と自己の関係を理解するようになる。ミードは，こうした役割取得の対象となる他者を，それぞれ重要な他者，一般化された他者とよんだ。

3 × S.フロイトがパーソナリティをエス（イド），自我，超自我の3つからなるものと考えたのは事実だが，本肢の記述では自我と超自我の位置づけが妥当でない。両親から受け継いだ道徳的・社会的規範をつかさどる部分が超自我であり，自我は超自我とイド（性的なものを中心とするさまざまな衝動に突き動かされる部分）との調整にあたり，成長に応じて現実原則を身につけていく部分とされる。

4 × 第1次的制度と第2次的制度の説明が逆である。A.カーディナーが述べた第1次的制度とは，子どもがその成長過程で適応を余儀なくされる制度であり，具体的には，母親の世話の仕方，しつけ，兄弟間の制度的な関係などのことである。こうした第1次的制度によって生み出されてくるのが，ある社会の人々が共通して持つ「基礎的パーソナリティ構造」である。そして，この基礎的パーソナリティ構造が社会制度の中に投射されたものが第2次的制度である。具体的には，社会的儀礼，神話，タブーなどがこれにあたるとされる（なお，本問では，カーディナーの名前が「ガーディナー」と表記されていたが，明らかな誤りであるためここでは修正して表記した）。

5 × 確かにD.リースマンは社会的性格を歴史的・社会的条件と対応させるかたちで3つに分類しているが，その順序が妥当でない。正しくは，伝統的な社会における伝統指向型，産業革命後の近代社会における内部指向型，現代社会における他人指向型（外部指向型）という順序である。

正答 2

パーソナリティ

実践 問題 125 応用レベル

頻出度	地上★	国家一般職★★	特別区★★
	国税·財務·労基★★		

問 社会学的なパーソナリティや人間の類型に関する理論についての次の記述のうち，最も妥当なのはどれか。 (国Ⅱ2011)

1：オーガニゼーション・マンとは，現代社会における組織で働く人間の類型の一つであり，ある特定の争点に直面して対立が生じた時，その論点について自由に意見表明や討論を行い，主体性を維持しつつ組織を運営することができる人々を指す。

2：マージナル・マンとは，異なる文化を持つ複数の社会に属し，それぞれの社会集団の境界において接点となる人間のことであり，多様な文化に接して物事を相対的にとらえることができることから，内面的な安定性を有しているとされている。

3：権威主義的パーソナリティとは，権威のある者に対しては無批判に服従や同調を示し，弱い者に対しては力を誇示して絶対的な服従を要求するパーソナリティ特性を指し，ファシズムや自民族中心主義（エスノセントリズム）に同調しやすい性格構造とされる。

4：D.リースマンは，人間の性格類型として他人指向型，内部指向型，伝統指向型の三つを挙げ，社会の上位階層では他人指向型が，中位階層では内部指向型が，下位階層では伝統指向型が多く見られるとした。

5：T.パーソンズは，各個人が社会的に共有されている価値観を学習し内面化することによりパーソナリティが形成されるとした上で，現代社会における価値観の多様化により各個人のパーソナリティも多様化していることが，社会規範の共有を困難にしているとした。

チェック欄

1回目	2回目	3回目

実践 問題 125 の解説

〈パーソナリティ〉

1 × オーガニゼーション・マン（組織人）とはW.H.ホワイトが著書『オーガニゼーション・マン』で用いた言葉で，大企業の中堅層などに特徴的な，組織に対して全人格的に献身する人間を指す。オーガニゼーション・マンは集団帰属への願望や科学主義への信仰，組織の優越性や創造性への信仰といった独特のイデオロギーを持つとされ，こうした新中間層の増大が大衆社会の政治的無気力，無関心的な性格を強めたといえる。

2 × マージナル・マン（境界人）とは，異なる文化を持つ複数の集団に属し，そのいずれにおいても中心的存在とはなりえない人々のことを指す。マージナル・マンは，多様な文化に接していることから新しい文化や行動様式を生み出す可能性を秘めているが，一方で統一的な信念や行動様式に欠け，それゆえ心理的な葛藤や不安感を抱えている。G.ジンメルはユダヤ人をこうした人々と捉え，Der Fremde（異人）とよんで社会学的に分析した。また，R.パークも，シカゴにおける移民をマージナル・マンと捉えてその研究対象とした。

3 ○ 権威主義的パーソナリティは，E.フロムやT.アドルノらフランクフルト学派が提示した概念である。アドルノは権威主義的パーソナリティの測定基準としてF（ファシズム）尺度を考案し，この性格を持つ人々は，権威への従順および無批判的擁護，伝統的な因習への無批判的同調，弱者に対する攻撃性，理想主義への冷淡，多様性への非寛容などの特徴が見られることを明らかにした。また，F尺度の数値の高い人は反ユダヤ主義（A－S尺度）やエスノセントリズム（E尺度）の傾向も強いことを見いだした。

4 × D.リースマンは著書『孤独な群衆』で，E.フロムの影響を受けて，人々の社会的性格を「伝統指向型」，「内部指向型」，「他人指向型」の３類型に分類した。彼によれば，３つの類型はどの時代にも存在するが，社会的性格はその社会に適合するように幼少期からの教育等によって形成される（「同調性の様式」）ので，各々の時代に最も適合する性格があるとされる。現代の大衆社会では他人指向型が最も適合的で，かつ社会の中で多いとされる。

5 × T.パーソンズは，社会システムが均衡を保つために行為者を役割行動へと適切に動機づけなければならないとして，「社会化」と「社会統制」（サンクション）を挙げている。そして，社会化の中で望ましい価値，規範の体系である文化システムを個人が学習し，身につけていく過程を「内面化」とよび，また個人の文化システムに沿った行動によって社会システムが基礎づけられていくことを「制度化」とよんだ。そして，これらによって社会システムは安定的に維持されるとパーソンズは考えた。

正答 3

第6章 SECTION 1 パーソナリティ パーソナリティ

実践 問題 126 応用レベル

頻出度	地上★	国家一般職★★	特別区★★
	国税·財務·労基★★		

問 社会的自我などに関する次の記述のうち，妥当なのはどれか。 （国Ⅱ2004）

1：S.フロイトは，パーソナリティを，超自我，自我，イドの三つの部分から成るものと考えた。ここで超自我とは，父親の権威によって内面化された規範であり，これが強ければ強いほど，自我は解放される。

2：C.クーリーは，自己は他者との相互作用を通じて形成されると考え，これを鏡に映った自己と呼んだ。これは，他者の自分に対するイメージや判断と，それに基づく自己感情などによって構成されている。

3：G.H.ミードによれば，子供は，まず母親のような特定の個人の態度を内面化する。この個人のことを一般化された他者という。ただし，この段階では，子供は組織化された集団の生活に参加できず，特定の個人との相互作用にとどまっている。

4：J.ピアジェの認知発達段階論によれば，子供は自己中心的である。自己中心性は，感覚運動期に特徴的にみられるもので，自分の身体感覚を通して，外界を自分とは独立した存在として理解していくことである。

5：G.H.ミードによれば，自我は，絶え間なく自己を対象化する過程である。この過程において，一般化された他者の態度を内面したものが客我（me），客我によって対象化されたものが主我（I）である。

チェック欄

1回目	2回目	3回目

実践 問題 126 の解説

〈パーソナリティ〉

1 × S.フロイトはパーソナリティを**超自我**，**自我**，**イド（エス）**の３つに分けた。このうち，イドが衝動をつかさどる部分であり，超自我が道徳・理性的側面をつかさどる部分である。イドからの衝動的な欲求に対して，超自我がそれを抑圧しようとするが，その際そうした葛藤を調停しようとするのが自我である。超自我が強すぎると，自我はその調停が難しくなる。

2 ○ C.H.クーリーは，人間の自我は本来社会的なものであり，他者とのかかわりの中で形成されてくると指摘した。クーリーは，人間の自我はその形成の過程の中で，他者を自己の鏡として（他者を通して）自己を見いだしていくと捉えた。そして，その過程を**鏡に映った自己**とよんだ。クーリーはまた自我を確立するうえで重要な役割を果たす集団を**第１次集団**とよんでいる。

3 × 「一般化された他者」が誤り。子どもは**ごっこ遊び**を通じてまず母親や身近な親族，遊び友達などの態度を内面化するが，この身近な他者をG.H.ミードは**重要な他者**とよんでいる。発達の次の段階で子どもは**ゲーム遊び**を通じて社会的自己を形成していくが，この段階で重要な役割を果たす他者を**一般化された他者**という。

4 × J.ピアジェは子どもの認知発達段階を**感覚運動期**，**前操作期**，**具体的操作期**，**形式的操作期**の４つに分けたが，このうち**自己中心性**が表れるのは感覚運動期ではなく，前操作期である。感覚運動期はこの自己中心性を獲得する段階であるが，それはまだ完全なかたちでは表れない。これが表れると発達段階は前操作期に入ることになる。

5 × **客我（Me）**と**主我（I）**の説明が逆である。肢２の解説でも述べたように，ミードは，他者との相互作用を通じて自我が形成されるとしたが，これは他者の自己に対する反応を自我の中に取り入れていくことで行われる。つまり，人間は自己の内部において，他者の態度を内面化した主我が，自己を対象化（客我）することによって絶えず行為を反省し，自我を確立していくのである。

正答 2

第6章 SECTION 1 パーソナリティ

パーソナリティ

実践 問題 127 応用レベル

頻出度	地上★	国家一般職★★	特別区★★
	国税·財務·労基★★		

問 エリクソンのアイデンティティ論に関する記述として，妥当なのはどれか。

（東京都2004）

1：彼は，アイデンティティとは自己における内面的同一性を示すものであり，他者との社会的同一性を示すものではないとした。

2：彼は，個人のライフ・サイクルにおける発達段階ごとに，個人が獲得する自我の特性を明らかにし，その最初の段階において獲得する自我の特性として，幼児期における自律性の獲得をあげた。

3：彼は，人間は青年期に試行錯誤しながらアイデンティティの確立を図るものであるとし，この時期を，猶予期間を意味する「モラトリアム」という用語によって表現した。

4：彼は，アイデンティティの確立を延期してモラトリアムにとどまろうとする心理は，青年層のみでなく現代人一般の社会的性格になっていると指摘した。

5：彼は，アイデンティティを持たずに状況の変化に対応する絶えざる変身によって特徴づけられる性格類型を「プロメテウス的人間」と名付けた。

実践 問題 127 の解説

〈アイデンティティ〉

1 × 「他者との社会的同一性を示すものではない」というのが誤り。**E.H.エリクソン**の心理学の特徴は，１つは自我に重心を置いたという点であるが，もう１つはその自我の形成・発達が，常に他者や社会とのかかわりとの中で行われると捉えている点である。彼は自我の発達過程を８つの段階に分類しているが，それぞれの段階で克服すべき課題が与えられており，それらは他者あるいは社会とのかかわりにおいて達成されるべきものとされている。

2 × エリクソンはS.フロイトの発達段階の学説を受け継ぎ，それを青年期以降にまで拡大して８段階に分類したが，その最初の段階は「幼児期」ではなく「乳児期」である。この段階での課題は母子の相互的交渉による「基本的信頼感の獲得」であり,「自律性の獲得」は次の段階である幼児期（前期）である。

3 ○ エリクソンは自我の発達過程の第５段階を青年期とし，この時期の課題に**アイデンティティ（自我同一性）**の確立を置いている。青年期は大人になるための猶予期間（モラトリアム）であり，そのためこの時期，人は自己の存在意義について考え，悩み，その中で自己のアイデンティティを確立していく。しかし，それゆえにこの時期はまた心理的不安定に陥りやすく，**アイデンティティの危機**をもたらすこともある。

4 × 「青年層のみでなく現代人一般の社会的性格になっている」というのが誤り。**モラトリアム**とはもともと支払猶予の意味で，経済学用語である。本肢でいうモラトリアムは近代特有の現象であるが，それはあくまで現代人一般(現代人全体）ではなく青年期において顕著である。特に青年期延長といった今日の動向がアイデンティティの危機をより助長しているとの指摘もなされている。

5 × 「プロメテウス的人間」はエリクソンではなく，R.J.リフトンの概念である。リフトンはギリシャ神話に登場する，姿を自由に変える神プロメテウスになぞらえて，状況の変化に合わせて，柔軟に適合していける社会的性格の人間をこうよんだ。リフトンによれば変化の激しい現代社会において適合的な性格であるとされる。

正答 3

第6章 SECTION 1 パーソナリティ

パーソナリティ

実践 問題 128 応用レベル

頻出度 地上★ 国家一般職★★ 特別区★★ 国税･財務･労基★★

問 自我・自己・人間像を対象にした社会学的研究に関する次の記述のうち，妥当なのはどれか。 (国家一般職2015)

1：C.H.クーリーは，近代的な自己が，他者との関係の中で自らを反省的に捉えるのではなく，専ら自己愛ばかりを働かせ，閉鎖的になっている状態を批判し，これを「鏡に映った自己」と呼んだ。

2：R.カイヨワは，文化史家J.ホイジンガによる「ホモ・ルーデンス」(遊戯するヒト）の議論を継承して遊びに関する探究を行い，これを従来の聖－俗理論に接続することで独自の聖－俗－遊３元論を構築した。

3：E.フロムは，古い伝統から解放されて自由を得た近代的な知識人が，人間的な絆を喪失して孤独感を覚え，価値観の多様化した世界の中で技術的知識への志向を強めている姿を「テクノクラート」と呼んだ。

4：W.H.ホワイトは，諸個人は自身に潜む真の動機のレパートリーから成る「動機の語彙」に基づいて行為していると考え，その動機の連鎖の探究によって社会の構造と過程が明らかになると説いた。

5：C.W.ミルズは，組織に帰属し，組織のために貢献し，組織に忠誠を誓う人のことを「オーガニゼーション・マン」(組織人）と表現し，主体的な意思決定を行う自律的な行為者像の典型であると論じた。

実践 問題 128 の解説

〈自我・自己・人間像を対象とした社会学的研究〉

1 × 「鏡に映った自己」はC.H.クーリーの概念であるが，その説明が間違っている。クーリーは，自我はもともと社会的なものなのであり，それは他者とのかかわりの中で築かれていくものとし，人間は鏡としての他者（の自分に対する認識）を通して社会的な自己を確立していくとした。そして，このような社会的な自我を形成するうえで重要な集団（家族や地域の人々など）が「第１次集団」の概念である。

2 ○ R.カイヨワはJ.ホイジンガの研究に刺激されて『遊びと人間』を執筆した。そして，この著作の中で彼は遊びを，競技などの「アゴン」，賭け事などの「アレア」，ごっこ遊びや演劇といった「ミミクリ」，ジェットコースターなどめまいを楽しむ「イリンクス」の４種類に類型化した。そして，E.デュルケームの聖－俗理論の影響を受けて，それに遊を加えた３元論によって人間の文化について考察した。

3 × テクノクラートの定義が正しくない。テクノクラートとは高度な技術的・専門的知識を持って政策や経営，開発にかかわっていく専門家や技術官僚をいう。E.フロムは『自由からの逃走』において，古い伝統や身分制度から解放されて自由を得たワイマール期のドイツ人，特に下層中産階級が，自由の重荷に耐えかねて再び自由を放棄してナチズムへ熱狂していった様を描き出した。

4 × 「動機の語彙」はW.H.ホワイトではなく，C.W.ミルズの用語であり，またその説明も不適切である。ミルズによれば，人は自己の行為の動機を説明するための語彙を必要とするが，それは社会的に共有され，他者によって理解され，納得されねばならないものであり，自己の真の動機ではない場合もありうる。よって「自身に潜む真の動機のレパートリーから成る」とする本肢の説明は不適切である。

5 × 「オーガニゼーション・マン」（組織人）とはW.H.ホワイトの概念である。また，その説明も後半部分が間違っている。オーガニゼーション・マンとは組織に帰属し，組織に貢献し，それに忠誠を誓う人々であるが，ホワイトはこうしたオーガニゼーション・マンを大企業の中堅層などに特徴的に見られるとし，現代における「新中間層」の主体性を失った姿として描出した。

正答 2

パーソナリティ

実践 問題 129 応用レベル

頻出度	地上★	国家一般職★★	特別区★★
	国税·財務·労基★★		

問 社会学におけるソシオメトリーに関する記述として，妥当なのはどれか。

（東京都2006）

1：ソシオメトリーとは，集団の成員の間における心理的関係の測定に関して，モレノらによって体系づけられた理論をいう。

2：ソシオメトリーでは，外部的社会は，社会的現実及びソシオメトリック・マトリックスからなるとされる。

3：ソシオメトリーでは，個人は，自発的選択により集団を形成するよりも，外的に規定された方式により集団を組織した方が，心理的な安定感が高いとされる。

4：ソシオメトリックテストは，ソシオメトリーの測定方法として開発されたものであり，集団のフォーマルな構造を明らかにする。

5：ソシオメトリックテストの結果は，数量的に表現するものではなく，集団の構造をソシオグラムにより，図式化して記述するものである。

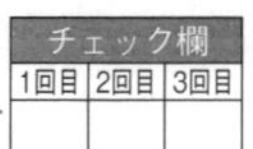

実践 問題 129 の解説

〈ソシオメトリー〉

1 ○ ソシオメトリーとはラテン語のsocius（社会）とmetrum（測定）を合成した言葉で，J.L.モレノによって創始された人間関係の測定法である。彼によれば「集団の心理的な特徴を数量的に研究すること」を目的としており，具体的にはソシオメトリックテストとよばれるテストによって数量的に測定される。

2 × ソシオメトリーでは，現実に存在している外部的社会と，内的な心理的構造（ソシオメトリック・マトリックス）の両者から社会的現実が構成されているとされる。彼のこうした社会構造論は「社会的三分法」とよばれる。ソシオメトリーではこの内的な心理的構造をさまざまなテストを用いて分析することを目的としている。

3 × ソシオメトリーにおいては，成員間の感情の流れは「テレ」とよばれ，成員間の心理的距離を指し示す。このテレによって個々人（社会的原子）はコミュニケーションをとって社会的分子を作り，これによってネットワーク化された集団（ソシオイド）を形成する。つまりお互いの意思疎通によって自発的に形成した集団のほうが，コミュニケーションがとれ，集団のネットワークも強化された安定的なものとなるとされる。

4 × ソシオメトリックテストとは集団内の成員の心理的関係を数量的に捉えるためにソシオメトリーで用いられるテストのことであり，その結果はソシオグラムおよびソシオマトリックスとして示される。しかし，モレノ自身が述べているように「ソシオメトリーの研究は，集団にかたちを与えている隠れた構造を明らかにするもの」であり，よって，ソシオメトリックテストは集団のインフォーマルな構造を分析するためのものである。

5 × 「数量的に表現するものではなく」が誤り。ソシオグラムとはソシオメトリーによって測定された成員間の関係を図式化したものを指し，スター型，連鎖型，網状型などがある。これを行列に変換し，数量的に示したものがソシオマトリックスである。ソシオマトリックスでは全成員間の選択・排斥関係が表化されて数量として，ソシオグラムでは図化されて視覚的に把握できるようになっている。

正答 1

パーソナリティ 社会的性格

必修問題 セクションテーマを代表する問題に挑戦！

リースマンの社会的性格論は群衆（集）・公衆・大衆と並んで社会学の択一で最も出題頻度の高いものです。確実に出題されると思って学習しましょう。

問 D.リースマンは，社会的性格の類型として，「伝統指向型」「内部指向型」「他人指向型」を挙げた。これらに対する次の記述のうち，妥当なのはどれか。 （地上1999）

1：「伝統指向型」は，神や良心といった内面的権威を尊重し，信仰・信念に従って行動することを特徴とし，19世紀的な公衆社会に多く見られる社会的性格であるとした。

2：「内部指向型」は，組織人として組織への忠誠に絶対的価値を見いだしている人々に特徴的で，20世紀的な大衆社会に多く見られる社会的性格であるとした。

3：「内部指向型」は，原子化した個人の状態に慣れ，集団・組織に加入したがらないことを特徴とし，20世紀的な大衆社会に多く見られる社会的性格であるとした。

4：「他人指向型」は，周囲の人々に絶えず気を配り，周囲に同調して行動することを特徴とし，20世紀的な大衆社会に多く見られる社会的性格であるとした。

5：「他人指向型」は，周囲の人々から自分がどう見られているかを判断基準とし，恥の意識に基づいて行動することを特徴とし，19世紀的な公衆社会に多く見られる社会的性格であるとした。

Guidance ガイダンス

ジャイロスコープ型・レーダー型

D.リースマンは，内部指向型人間が周囲に左右されず，自己が定めた方向に進み続けることを，このジャイロスコープにたとえた。一方，他人指向（外部指向）型人間が自己の内部の信念ではなく周囲の動向に気を配ることを，レーダーにたとえた。

ジャイロスコープ

直前復習

解答かくしシート

LEC東京リーガルマインド

頻出度	地上★★	国家一般職★★	特別区★★
	国税･財務･労基★★		

チェック欄		
1回目	2回目	3回目

必修問題の解説

〈リースマンの社会的性格論〉

1 × 本肢にあるような，神や良心といった内面的権威を尊重し，信仰･信念に従って行動するのは，内部指向型の特徴である。伝統指向型は，このような，諸個人に内在化された権威としての良心ではなく，さまざまな外面的権威への同調または恥の意識によって規定されているところから，非合理的・情緒的性格を有しているのが特徴である。この「伝統指向型」は，中世封建社会を典型とする伝統社会に支配的な性格類型である。

2 × 内部指向型は，20世紀的な大衆社会ではなく19世紀的な公衆社会に多く見られる社会的性格である。組織人として組織への忠誠に絶対的価値を見いだしているという本肢の説明は，「伝統指向型」の，社会諸関係の構成契機における主体的意識の欠如や，家長や首長といった現世的権威への盲目的服従といった諸特徴に近い。しかしながら，合理的な組織・官僚機構が成立するのは近代以降であることから，本肢の説明は，D.リースマンの社会的性格の類型にはあてはまらないことになる。肢1の解説参照。

3 × 「内部指向型」は，近代化が進展し，資本主義が発展した19世紀の社会において多く見られた性格類型であり，その心理的装置はジャイロスコープにたとえられる。「集団･組織に加入したがらない」という記述は「内部指向型」に見いだされる特徴であるが，「原子化」し孤立化した諸個人という記述は20世紀的な大衆社会の特徴についてあてはまるため必ずしも適切でない。

4 ○ 本肢の記述は他人指向型（外部指向型）についてのものとして妥当である。この他人指向型は，自己の無力感と茫漠たる不安感から，絶えず他人の動向に気を配って同調することを特徴とする。この性格類型は，大衆消費社会の中で，神や良心といった内面化された権威が不在であっても社会諸関係を結ぶことが可能である。別名，外部指向型とよばれ，その心理的装置はレーダーにたとえられる。

5 × 他人指向型（外部指向型）は，19世紀的な公衆社会ではなく，20世紀の大衆社会において多く見られる社会的性格である。なお，恥の意識によって行動を規定されるのは，むしろ「伝統指向型」の特徴といえよう。肢1の解説参照。

正答 4

第6章 SECTION 2 パーソナリティ 社会的性格

1 E.フロムの社会的性格論：『自由からの逃走』

(1) 社会的性格

フロムによれば，社会的性格とは「一つの集団の成員の大部分が持っているパーソナリティ構造の中核であり，その集団に共通な基本的経験と生活様式の結果として形成されたもの」と定義されます。

社会的性格は，それが当該社会の条件から形成されたものであるがゆえに，人々のエネルギーを当該社会の社会的,経済的な条件に見合った方向へと差し向けます。この意味でフロムは「社会的性格は社会構造の接着剤となる」としました。しかし，いったん形成された社会的性格が当該社会の構造的な変化によって社会構造と適合しなくなると,今度は「社会構造を変革していく起爆剤になる」と述べています。

(2) 権威主義的パーソナリティ

第１次大戦後のワイマール体制でのドイツでは，独占段階における経済的な没落と政治的な自由体制の中で，下層中産階級の人々の勤勉・禁欲・質素といった社会的性格は，その献身の対象を見失ってしまいました。このような状況下に登場してきたA.ヒトラーに下層中産階級の人々は，彼らの献身の対象となるものを新たに見いだし，あのドイツにおけるナチスへの狂信的な熱狂が起こった，とフロムは分析しました。彼は下層中産階級の人々の社会的性格を権威主義的パーソナリティと特徴づけました。

2 F尺度（T.アドルノ）

アドルノらは権威主義的パーソナリティをＦ尺度（個人の深層心理に潜むファシズムへの同調傾向）へと精緻化し，以下の特徴を見いだしました。

①権威への従順ならびに無批判的擁護
②伝統的な因襲に対する無批判的同調
③弱者に対する攻撃性
④理想主義への冷淡な態度
⑤多義性，多様性への非寛容

そして，このＦ尺度の得点の高い人は，同時に，反ユダヤ主義（Ａ－Ｓ尺度）やエスノセントリズム（Ｅ尺度）などの傾向もあわせ持つことを明らかにしました。アドルノは，権威主義的パーソナリティの対極にある性格類型として「民主主義的パーソナリティ」を提示しました。

3 D.リースマンの社会的性格類型：『孤独な群衆』

(1) 同調性の様式

リースマンは，社会的性格は与えられた社会状況に適合するよう，幼児期から両親の教育などにより形成されていくとし，同調性の様式とよびました。そして，『孤独な群衆』において社会的性格の3類型を示しました。

(2) 社会的性格の3類型

伝統指向型：前近代社会，伝統的社会における社会的性格。伝統的社会では，伝統的な規範を尊重し突飛な行動に出ない性格の人間が最も適応する

内部指向型：産業革命後の近代社会における社会的性格。激しい状況の中では変化に流されず自己の信念に従って行動できる性格の人間が最も適応する

他人指向型（外部指向型）：資本主義の成熟期，大衆消費社会における社会的性格。現代では，他者の動向に気を配りそれに合わせられる性格の人間が最も適応する

(3) 政治的無関心

またリースマンによれば，他人指向型の人間は政治についての知識を持ちつつも，大衆社会における政治的無力感から政治に冷淡な態度をとるという「現代型無関心」の傾向を示すとされます。

〔政治的無関心〕

伝統指向型 ⇒ 伝統的無関心

↓

他人指向型 ⇒ 現代型無関心

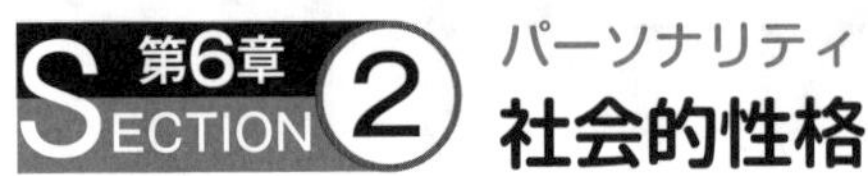

社会的性格

実践 問題 130 基本レベル

頻出度	地上★★ 国家一般職★★ 特別区★★ 国税・財務・労基★★

問 社会的性格についてのE.フロムに関する記述として，妥当なのはどれか。

（特別区1997）

1：E.フロムは社会的性格を，階級に対応して，伝統指向型，内部指向型，および他人指向型の３つの型に分類した。

2：E.フロムは社会的性格を，成員の最頻値として見られる比較的永続的なパーソナリティの特性や様式ではなく，その社会を発展させる原動力となる強力なパーソナリティであるとした。

3：E.フロムは社会的性格を，１つの集団の大部分の性格構造の本質的な中核を担うものであり，その集団の基本的経験，生活様式とともに発展するとした。

4：E.フロムは社会的性格を，幼児期における育児様式や家庭内関係によって発展するものとした。

5：E.フロムは，社会的性格が外部条件と合致しなくても，社会変動を起こす起爆剤にはならないとした。

直前復習

実践 問題 130 の解説

〈フロムの社会的性格論〉

1 × 社会的性格を伝統指向型，内部指向型，他人指向型（外部指向型）の3つの型に分類したのはD.リースマンである。

2 × E.フロムによる社会的性格論のポイントは，それが当該社会の人々の共通の体験や生活様式の中から生み出されたもの，つまり「社会的文化的条件によって形成されたもの」であるということである。このように社会的性格は（それが当該社会の条件から形成されたものであるがゆえに），人々のエネルギーを，当該社会の社会的，経済的な条件に見合った方向へと差し向ける。この意味で彼は，社会的性格は社会構造の接着剤となるとした。しかし，いったん形成された社会的性格が当該社会の構造的な変化によって社会構造と適合しなくなると，今度は社会構造を変革していく起爆剤（ダイナマイト）になると述べている。フロムのこのような社会的性格論からすると，本肢の社会的性格が「その社会を発展させる原動力となる」ものであるという記述は妥当とはいえない。社会的性格は当該社会を発展させるとは限らないし，また社会構造を変革する起爆剤になるとしても，それは一概に「発展」という（プラスの）方向への変革とは限らないからである。なお，本肢の前半にある「成員の最頻値として見られる……パーソナリティ」は，モーダル・パーソナリティとよばれるもので，これは単に「統計的に最も多い性格」という意味であり，フロムのいう社会的性格とはやや異なった概念であることに注意してほしい。

3 ○ フロムの社会的性格の説明として妥当である。肢2の解説参照。この概念のポイントは，本肢にあるように「その集団の基本的経験，生活様式」によって形成されるものということである。

4 × 本肢のように社会的性格について特に「幼児期における育児様式や家庭内関係によって発展するもの」という面を強調したのはリースマンである。こうして社会的性格は人々が社会に適応するための同調性の様式となるとされる。

5 × フロムは，いったん形成された社会的性格は潜在的に継続して維持される傾向にあるため，当該社会の変化によって社会構造と合致しなくなると，当該社会構造を変革する起爆剤（ダイナマイト）になるとした（肢2の解説参照）。

正答 3

社会的性格

実践 問題 131 基本レベル

頻出度 地上★★ 国家一般職★★ 特別区★★ 国税·財務·労基★★

問 社会的性格に関する次の記述のうち，妥当なのはどれか。 (国Ⅱ1996)

1：S.フロイトは社会的性格を「1つの集団の大部分の成員が持っている性格構造の本質的な中核であり，その集団に共同の基本的経験と生活様式の結果発達したもの」と定義している。

2：M.ウェーバーは，資本主義の成立期における資本蓄積という社会の要求と，勤勉・節約を特性とする当時のプロテスタントの社会的性格との合致の問題を提起した。

3：E.フロムは，『自由からの逃走』において，第1次世界大戦後のドイツの支配階級の社会的性格である権威主義的性格が，ファシズムの社会心理学的基盤をなしたと説明している。

4：R.ベネディクトによれば，日本人にとっての最高の徳目は，階層化された権威の序列の中にあっても，自己の良心に従い，罪を犯さずに行動することであるとされる。

5：D.リースマンは，資本主義の発展に伴い，余暇の消費と人間関係に重点の移った社会においては，上層中産階級の社会的性格が，自己の内部の権威によって，方向づけられる内部指向型へ移行することを明らかにした。

チェック欄		
1回目	2回目	3回目

実践 問題 131 の解説

〈社会的性格論〉

1 × 社会的性格の定義に関する本肢の記述は妥当だが，これはS.フロイトではなく，フロイトに影響を受けたE.フロムによるものである。

2 ○ 本肢の記述は，M.ウェーバーの『プロテスタンティズムの倫理と資本主義の精神』（1905年）についての要約である。なお，ウェーバーは「社会的性格」という言葉の代わりにエートスという概念を用いて分析を行ったが，その内容については本肢の記述のように解釈することも可能である。

3 × フロムは権威主義的性格（パーソナリティ）を，第１次世界大戦後のドイツの支配階級ではなく，ナチズムを支持した下層中産階級の社会的性格を表す概念として用いた。

4 × R.ベネディクトは『菊と刀』において，日本人の行動基準を他者による「外面的」制裁の効果に見いだし，これを良心のような「内面的」基準に基づいて行動する西洋キリスト教文化（罪の文化）と対比させる意味で恥の文化とよんだ。

5 × D.リースマンは，近代から現代に至る資本主義社会の発展に伴い，内部指向型から他人指向型へと同調性の様式が変容したことを指摘した。

正答 2

第6章 SECTION ② パーソナリティ

社会的性格

実践 問題 132 応用レベル

頻出度	地上★　国家一般職★★　特別区★★ 国税･財務･労基★★

問 **社会的意識におけるパーソナリティまたは社会的性格に関する記述として正しいのは，次のうちどれか。** **(国税1980)**

1：T.W.アドルノは，高度に発達した資本主義社会のなかで，自主的，自律的人間としての成長を得ず，疎外感にとらわれている無力な人々のパーソナリティには，たとえば，理想を目指す努力に対して冷笑的な態度をとるような特性がみられるとし，これを権威主義的パーソナリティと名づけた。

2：T.パーソンズによれば，現代社会における家族は，子供を社会的な人間に育て上げていく，いわゆるパーソナリティの社会化の機能をもはや果たしえず，主に学校などの教育集団にその大部分を依存する傾向が顕著であるとされる。

3：L.ワースによれば，現代の巨大都市はそれ自体が１個の社会，国家ともいえるほどの規模と機能を有しており，シンボル操作に動かされやすい都市的パーソナリティの特性がみられる反面，大量の人口が高い密度で生存していることから，家族主義的パーソナリティの特性も強くみられるとされる。

4：D.リースマンは，資本主義の発展に伴う中産階級の社会的性格の変化について，大衆社会では生産性が向上して余暇の消費と人間関係に重きが置かれるため，自己の心の内面を見つめなおすことが多く，内部指向型へ移行するとしている。

5：W.コーンハウザーは，社会を共同体的社会，多元的社会，大衆社会，全体主義的社会の４つの類型に分け，それぞれに対応するパーソナリティとして罪の意識，不安の意識，恐怖の意識，恥の意識をあげている。

OUTPUT

チェック欄		
1回目	2回目	3回目

実践 問題 132 の解説

〈社会的性格論〉

1 ○ T.アドルノは本肢の記述にある「理想を目指す努力に対して冷笑的な態度をとる」ことを含む権威主義的パーソナリティのいくつかの構成要素を指摘し，それらをもとに，権威主義的傾向の程度を多次元的に測定するためのF（ファシズム）尺度（ファシズムへの同調性の尺度）を作成したことで知られる。

2 × T.パーソンズは家族の本質的機能として子どもの社会化と大人のパーソナリティの安定化の２つを指摘した。この２つの機能はほかの集団によって担われることのない，家族という集団特有のものと考えられている。

3 × シカゴ学派の社会学者で，代表的な都市研究者であるL.ワースは都市型生活様式を意味するアーバニズムという概念を提示し，人口生態学的，社会学的，社会心理学的の３つの側面から分析を行った。ワースによれば，都市においては集団としての家族の意義が減少し，人々がより個人主義的な生活態度に陥りやすく，それに伴うように個人のパーソナリティも非統合性の特徴を示しているとされる。

4 × D.リースマンは，主として中産階級に属する人々の社会的性格の類型として伝統指向型，内部指向型，他人指向型の３つを挙げ，資本主義の成熟に伴う社会状況の変化に適応するように，近代から現代にかけて，中産階級の大部分を占める社会的性格も「内部指向型」から「他人（外部）指向型」へ移行したことを指摘した。

5 × W.コーンハウザーの４つの社会類型に関する本肢の記述は正しいが，それぞれに対応するパーソナリティ類型は，共同体的社会ー伝統的人間（恥の意識），多元的社会ー自律的人間（罪の意識），大衆社会ー大衆的人間（不安の意識），全体主義社会ー全体主義的人間（恐怖の意識）とされる。

正答 1

実践 問題 133 応用レベル

頻出度 地上★ 国家一般職★★ 特別区★★ 国税・財務・労基★★

問 社会的性格に関する次の記述のうち，妥当なのはどれか。 (国Ⅱ1993)

1：E.フロムによれば，社会的性格は個人の性格からあるものを抜き出したもので，１つの集団の大部分の成員がもっている性格構造の本質的な中核である。そこでは，社会的性格が社会的に要求されたパーソナリティの型であることが強調されている。

2：ファシズムの思想と運動は，他人指向型と呼ばれるパーソナリティに強くアピールした。この概念は，自主性の弱さを超越的な権威に頼ることによって補い，心の安定を保とうとするパーソナリティとして，ドイツの下層中産階級との関連において構成された。

3：D.リースマンは，資本主義の発展に伴い主として上層中産階級の社会的性格が他人指向型から内部指向型へ移行することを，アメリカにおける家族，職業，消費，政治の諸領域を通じて明らかにした。

4：R.ベネディクトによれば，日本人は各人の流儀で罪の意識をもち，それにふさわしいように行動するという。その意識は，相手に損をかけたとか，お返しができないとか，自分が交換バランスを崩したという感覚から生ずる。

5：特定の社会集団や社会的カテゴリー（性，年齢層などによる類別）のなかで最も頻繁に見いだされるパーソナリティの型は，社会的性格と呼ばれる。M.ウェーバーは，近代における消費生活の拡大を特性とするプロテスタントの社会的性格と資本蓄積との合致の問題を提起した。

チェック欄

1回目	2回目	3回目

実践 問題 133 の解説

〈社会的性格論〉

1 ○ 本肢の記述は**社会的性格**という概念を提示した**E.フロム**自身の定義に基づいており，妥当である。

2 × 本肢の記述の大部分は，フロムが**『自由からの逃走』**の中で述べたこととして理解されるが，フロムがその中でドイツの下層中産階級の社会的性格に関して用いた概念は，「他人指向型」ではなく**権威主義的パーソナリティ**である。「他人指向型」は肢３の**D.リースマン**が**『孤独な群衆』**の中で，現代の社会状況に適合した同調性の様式として表したものである。

3 × **リースマン**は，近代から現代に至る資本主義社会の発展に伴い，**内部指向型**から**他人指向型**へと**同調性の様式**が変容したことを指摘した。

4 × **R.ベネディクト**は**『菊と刀』**において，日本人の行動様式から推察される文化的特性を**恥の文化**という言葉で表現した。これは，日本人にとって噂や嘲笑といった外面的な制裁のほうが内面的な基準よりもその行動に強い影響を及ぼしていることを意味する。なお，個人の良心という内面的基準に基づいて善行が行われる西洋キリスト教文化を，ベネディクトは**罪の文化**と表現した。

5 × 本肢の記述にある「最も頻繁に見いだされるパーソナリテイ」は**モーダル（最頻）・パーソナリティ**とよばれる。これと肢１の記述にあるフロムによる社会的性格の定義の違いに注意してほしい。なお，本肢後半部分の記述にある「近代における消費生活の拡大を特性とするプロテスタントの社会的性格」という部分も妥当でない。

正答 1

第6章

パーソナリティ

章末 CHECK

? Question

Q1 E.フロムは,「一つの集団の大部分の成員が持っている性格構造の本質的な中核」として社会的性格を規定し，それを集団に共通した体験と生活様式の結果として発達してきたものとみた。

Q2 E.フロムは独自のファシズム尺度（F尺度）によって個人の深層心理に潜むファシズムへの同調傾向を測定し，その多様性を実証的に浮き彫りにした。

Q3 最頻パーソナリティとは，ある社会の成員の最大多数に見いだされる性格構造のことである。

Q4 D.リースマンによれば，封建的な伝統を重んじる保守的社会においては，これを打破するような革新的な性格が最もよく適応するとした。

Q5 D.リースマンは，西洋では中世社会の「適応型」，近代社会の「自律型」，現代アメリカの「アノミー型」へと社会的性格が歴史的に推移してきたと論じた。

Q6 D.リースマンは，内部指向型の人間を「ジャイロスコープ型」とよんだ。

Q7 他人指向型とは，常に他者を思いやり，時には自分を犠牲にしてでも他者や集団のためにつくすような性格のことを指し，いわゆる「滅私奉公」がその典型であるとされる。

Q8 S.フロイトは，人間の自我はエス，自我，超自我の３つからなると指摘したが，このうち，内面化された社会的道徳によって情動の抑制をつかさどる部分はエスである。

Q9 自我の防衛規制のうち，社会的に容認されない衝動を社会的に望ましいかたちで表出するタイプのものは同一化である。

Q10 E.H.エリクソンは，社会的性格を「同調性の様式」として捉えた。

Q11 E.H.エリクソンは，青年期には成人としての社会的義務を遂行することを免除・遅延されるとし，それをアイデンティティ・クライシスと名づけた。

Q12 ダブル・バインドとは，統合失調症（精神分裂病）の要因ともされる歪んだコミュニケーションのことを指すが，この概念を取り扱った主な研究者として，C.G.ユングを挙げることができる。

Q13 C.H.クーリーは，G.H.ミードのＩとＭｅの議論を参考にして,「鏡に映った自己」という概念を作り出した。

Q14 G.H.ミードは，幼児期にままごとなどのごっこ遊びをする「プレイ段階」においては，子どもが接する他者は一部の親近者であるため，それら「重要な他者」からの期待を役割取得するとした。

Q15 H.ブルーマーは，G.H.ミードの自己論に大きな影響を受けながら，相互行為過程における意味構成プロセスへの注目を重視するシンボリック相互作用論を提唱した。

A1 ○ E.フロムは『自由からの逃走』で社会的性格について具体的な分析を行い，ナチズムの台頭をもたらしたのはドイツの大衆の社会的性格の構造だったと結論した。

A2 × F尺度はE.フロムではなく，T.アドルノがファシズムへの同調性を測定するために導入したものである。

A3 ○ 最頻（モーダル）パーソナリティと社会的性格の違いについて注意をすること。E.フロムによれば，社会的性格とは「ある社会の成員の大部分が共有するパーソナリティ構造の中心部分」であるとされる。

A4 × 伝統型の社会においては，その社会に連綿と受け継がれてきた規範が絶対的優位性を持つため，伝統指向型の性格が最もよく適合することになる。

A5 × D.リースマンは，問にあるような3つの分類をした後，「適応型」の人々の社会的性格に注目し，「伝統指向型」から「内部指向型」，さらに「他人指向型」への歴史的推移を論じたのである。

A6 ○ 一方，D.リースマンは，他人指向型の人間を「レーダー型」とよんだ。

A7 ×「他人指向型」とはD.リースマンが提示した社会的性格の一類型である。他者の動向に対して敏感で他者の様子が自らの行動の指針となる性格であり，大衆社会において広く見られるとD.リースマンは述べた。

A8 × エスは衝動的な欲求をつかさどる部分であり，それを抑制しようとするのが超自我であり，その両者の調整を図っているのが自我である。

A9 × 正しくは昇華である。同一化とは欲求の対象としている特定の他者の行動や考えを真似ることをいう。

A10 × 社会的性格を「同調性の様式」と捉えたのはE.H.エリクソンではなく，D.リースマンである。

A11 × アイデンティティ・クライシスとはアイデンティティの崩壊を示す言葉である。正しくは「モラトリアム」である。

A12 × ダブル・バインドを扱ったのはC.G.ユングではなく，G.ベイトソンである。ほかにも場の心理学で知られるD.レインがダブル・バインドの研究を行っている。

A13 × 逆である。G.H.ミードの自我論・自己論は，C.H.クーリーやW.ジェームズの自己論を下敷きにして，それらを批判的に乗り越えた。

A14 ○ G.H.ミードは次の段階として，子どもが成長するにつれ，数多くの人と接するようになり，親や近親者だけではない複数の他者の多様な期待に直面するようになると，そこに「一般的な他者」の概念が形成される，とした。

A15 ○ H.ブルーマーによれば，物事の意味は，「社会的相互作用」過程の中で導出され，「解釈の過程」の中で使用されたり，修正されたりする。

memo

第7章 マス・コミュニケーション

SECTION

① マス・コミュニケーション

第7章 マス・コミュニケーション

出題傾向の分析と対策

試験名	地上			国家一般職（旧国Ⅱ）			特別区			国税・財務・労基		
年度	15-17	18-20	21-23	15-17	18-20	21-23	15-17	18-20	21-23	15-17	18-20	21-23
出題数 セクション		1		1	1	1		1	1			1
マス・コミュニケーション		★		★	★	★		★	★			★

（注）１つの問題において複数の分野が出題されることがあるため，星の数の合計と出題数とが一致しないことがあります。

地方上級

マス・コミュニケーションについては，どの試験種でも総じてこの分野はあまり出題されていないといえます。マス・コミュニケーションの効果論（特にラザースフェルドらの２段の流れ説），マス・コミュニケーションの機能論をきちんと押さえておきましょう。個々の学説についてではなく，マス・コミュニケーションの一般的特徴についても問われる可能性があります。

国家一般職（旧国家Ⅱ種）

国家一般職（旧国Ⅱ）においてもマス・コミュニケーション論はほかの社会学諸分野に比べると出題頻度が少ないですが，それでも定期的に出題されています。マス・コミュニケーションの効果論や機能論など重要事項は細かい内容まで学習しておく必要がありますが，それ以外の学説も選択肢に混じることが多く見られます。マス・コミュニケーションに関する近年の学説の主要なものをすべて押さえることは不可能ですので，あまり見なれない学説の場合，ある程度常識的に記述内容の成否を判断してよいと思われます。

特別区

特別区においてもマス・コミュニケーション論はほかの社会学諸分野に比べると，出題頻度が少ないですが，それでも定期的に出題されています。マス・コミュニケーションの効果論，マス・コミュニケーションの機能論をきちんと押さえておきましょう。個々の学説についてではなく，マス・コミュニケーションの一般的特徴についても問われる可能性があります。

国税専門官・財務専門官・労働基準監督官

国家専門職においてもマス・コミュニケーション論はほかの社会学諸分野に比べると出題頻度が少ないです。ただし，過去には何度か出題されており，難易度も国家一般職（旧国Ⅱ）に次いで高く，出題傾向も似たところがあります。マス・コミュニケーションの効果論や機能論など重要事項は細かい内容まで学習しておく必要がありますが，それ以外の学説も選択肢に混じることが多く見られます。あまり見なれない学説の場合，ある程度常識的に記述内容の成否を判断してよいと思われます。

Advice アドバイス 学習と対策

マス・コミュニケーションが人々に与える影響や社会的機能についてのさまざまな説を学んでいきます。マス・コミュニケーションについての出題はそれほど突っ込んだ内容は問われず，重要な学者名やそのキーワードを覚えておけばほとんどの問題に対応可能です。なお，本章の内容は政治学でもよく出題されます。

マス・コミュニケーション

マス・コミュニケーション

直前復習

必修問題 セクションテーマを代表する問題に挑戦！

「コミュニケーションの２段の流れ」説はマス・コミュニケーションの重要な理論です。これを含むマス・コミュニケーションの効果についての学説史的な流れをちゃんと押さえておきましょう。

問 ラザースフェルドらは，1940年にアメリカ合衆国オハイオ州において投票行動に関する調査を行い，その結果から「コミュニケーションの２段の流れ」という仮説を導き出したが，その内容として妥当なのはどれか。（地上1984）

1：マス・メディアによる情報は，第２次集団よりも第１次集団に与える影響のほうが大きい。

2：人びとは，新しい情報を自分の既存の意見と合致するよう内容をゆがめて受け取る傾向がある。

3：マス・コミュニケーションの効果は，情報に接触した直後ではなく，ある期間を置いた後に現れる。

4：マス・コミュニケーションの影響は，受け手の属する第１次集団のオピニオン・リーダーを経て，人びとに伝わる。

5：人びとの意見には，建前によるものと本音によるものの２つのレベルがある。

Guidance ガイダンス 皮下注射モデルと２段の流れ仮説のモデル

皮下注射モデル

マスメディア

○ 大衆を構成する独立した個人

２段階の流れモデル

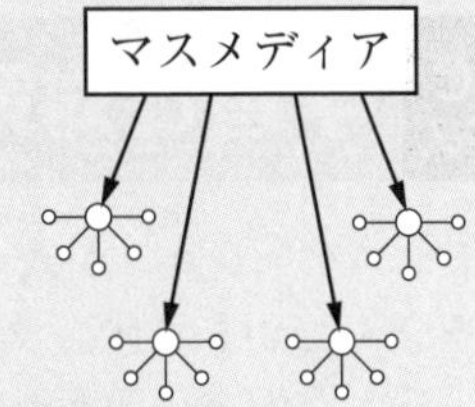

◯ オピニオン・リーダー

○ オピニオン・リーダーと社会的接触を持つ個人

頻出度	地上★　国家一般職★★　特別区★★　国税·財務·労基★

〈コミュニケーションの２段の流れ説〉

コミュニケーションの２段の流れ説の要点は，マス・メディアは受け手に直接の影響を及ぼすのではなく，一度オピニオン・リーダーとよばれる，メディア報道に積極的に接触する人々を経由して一般の人々に影響を与えるということである。したがって，この理論は，マス・メディアの影響力はオピニオン・リーダーを介したパーソナル・コミュニケーションに依存しており，あまり強い影響力を持たないという限定効果説に属する。

1 × マス・コミュニケーションの情報が第２次集団より第１次集団に対して強い影響を与えるとは断定できない。第１次・第２次のいずれの集団においても，「オピニオン・リーダー」のはたらきが重要となっている。

2 × 人々が既存の意見や態度に合った情報を受容したり，またそれらに合うように内容を歪めて受け取ることから，J.T.クラッパーによって「５つの一般化」が唱えられ，コミュニケーションは直接的に受け手の態度変容を引き起こすというよりは，既存の態度（先有傾向）を補強する方向に作用するとされた。クラッパーのこの見解は，２段の流れ説と同様に限定効果説の１つである。

3 × コミュニケーションによる説得効果が一定期間を置いて，人々の態度変容をもたらすことを，C.I.ホヴランドは「仮眠効果」とよんだ。コミュニケーションの２段の流れ説とは異なる。

4 ○ 上記の解説参照。

5 × 本音と建前といった問題はP.ラザースフェルドらの調査では扱われていない。

正答 4

第7章 SECTION 1 マス・コミュニケーション

マス・コミュニケーション

1 マス・コミュニケーションの特徴

コミュニケーションには，何らかのメディア（media）が不可欠です。メディアは「媒介するもの」の意味で「媒体」と訳されます。この中でも，新聞，雑誌，ラジオ，テレビといったマス・メディアを通じて，大量のメッセージが不特定多数の受け手に伝達されるコミュニケーション過程をマス・コミュニケーションといいます。マス・コミュニケーションはパーソナル・コミュニケーション（人と人との直接的なコミュニケーション）と比較して次のような特徴があります。

◇情報の送り手と受け手の役割が固定化されており，メッセージに対する反応（情報のフィードバック）が極度に限定されている。

◇情報の送り手は専門的な集団を構成しており，この組織化された集団が情報を発信する。

◇メッセージの内容は，誰にでも受け取られやすいように一般的な性質を持っている。

このようにマス･コミュニケーションの特徴は，「一方向的なコミュニケーション」ということにありますが，現代社会ではインターネット，双方向（インタラクティブ）テレビなど従来とは異なり，双方向性を持ったコミュニケーション・メディアも登場してきています。

なお，マス・コミュニケーションについて「マスコミ」という日本独特の短縮形が浸透していますが，この場合，情報を発信する送り手（新聞社，出版社，放送局等）を指すこともあります。ただし，社会学における定義は，正確には上述したものである点に注意が必要です。

2 マス・コミュニケーションの効果

マス・コミュニケーションが人々に与える「効果」については，歴史的変遷があります。

(1) 皮下注射モデル（強力効果説ともいう）（1920～40年代）

「皮下注射」とは情報を大衆に注入すると，まるで注射をしたときのように直接的に，即効性を持って影響を与えることができることのたとえです。代表的なものに，W.リップマンの述べた擬似環境があります。これは自己を取り巻く環境のイメージのことです。リップマンは，人間は自己の周囲の事物や人間（現実環境）に直に適応していると思いがちだが，実際にはそのイメージ（擬似環境）に対して適応しているにすぎないと指摘しました。

(2) 限定効果説（1950～60年代）

マス・コミュニケーションは限られた影響力しか持たないという考え方。これは，皮下注射モデル（強力効果説）を実証するために多くの研究がなされましたが，必ずしもそれを裏付けるような結果が得られなかったことから浮上してきました。P.ラザースフェルドらは，①マス・メディアは，人々が以前から持っていた政治的態度（先有傾向という）を変えてしまうのではなく，その先有傾向を補強するようにはたらく（補強効果説），②もともと選挙に関心の高い人はマス・メディアによく接触するが，関心のない人は接触しない。また，接触する場合にも自分が支持している政党のキャンペーンに接触しようとする（選択的接触），③人々は，マス・メディアからの情報を直接受け入れるよりも，自らが属する小集団の中で特に影響力の強い人物（オピニオン・リーダー）を通して情報を受け入れ，これに影響を受ける（コミュニケーションの２段の流れ説），と述べました。

補強効果説（J.T.クラッパー）
クラッパーは，マス・コミュニケーションは，受け手に対するさまざまな影響要因の１つにすぎないとし，またそれは人々がもともと持っていた意見や態度（先有傾向）を「改変」させるというよりは，むしろそれらを「補強」することになる，としました。

(3) マス・コミュニケーションの影響の強力性を主張する説の再浮上（1970年代以降）

1970年以降，限定効果説を反証する実証研究が次々と出され，さらにテレビが普及し，選択的な情報接触が困難になってきたことから，再びマス･コミュニケーションの効果は無視できない，とする理論モデルが提出されました。これには，M.マッコウム（マコームズ），D.ショーの議題設定機能論（アジェンダ･セッティング論），E.ノエル＝ノイマンの沈黙の螺旋理論，G.ガーブナーの培養理論があります。

議題設定機能論（アジェンダ・セッティング論）（M.マッコウム，D.ショー）	マス・メディアにおいてあるトピックや争点が強調されると，人々の側でのそのトピックや争点の顕出性も増大する，という理論です。つまり，メディアが強調する争点が，受け手の人々の側でも重要な争点として認知されるとするものです。

沈黙の螺旋理論（E.ノエル＝ノイマン）	一方の意見が，マス・メディアに取り上げられることによって，もう一方よりも優勢だと人々に考えられると，取り上げられたほうの意見はますます優勢となり，そうでないほうは沈黙し，ますます劣勢となっていく，という理論です。

マス・コミュニケーション

培養理論 (G.ガーブナー)	ガーブナーらは，テレビが人々に自らの環境における暴力の危険性を過大に見積もらせる要因となっていると結論づけ，テレビなどのマス・メディアが受け手に共通の態度や価値を形成するいわば「培養基」の役割を果たすとしました。

3 マス・コミュニケーションの社会的機能

(1) H.ラズウェル（ラスウェル）による説

ラズウェルは「マス・コミュニケーションが社会の中で果たす役割」について以下の3つのものを挙げました。

・環境の監視
　社会の内部，あるいは外部の環境で発生した出来事を伝える機能。

・社会の各部分の関連づけ
　情報が複雑，大量になった現代社会において，さまざまな意見情報を要約し提示することで，間接的な討論の場を提供する機能。

・社会的遺産の伝達
　社会の規範，価値などを次の世代へと伝える機能。

(2) P.ラザースフェルドとR.K.マートンによる説

ラザースフェルドとマートンは，「マス・コミュニケーションがその受け手にどのような影響を与えるか」という観点から，マス・コミュニケーションの機能として以下の3つのものを挙げました。

・地位付与の機能
　マス・メディアに取り上げられた人物は，そのことだけで社会的に高い評価を受ける。

・社会的規範の強制
　反社会的な事件を公表することで，規範・道徳を人々に再認識させ，これを活性化し，補強する。

・麻酔的逆機能
　マス・メディアによる情報の洪水は，人々に知識面での満足感を与えはするが，知識過剰がかえって不感症と無感動をもたらし，行動力を麻痺させてしまいやすい。

4 メディアに関する諸説

(1) メディア自体が持つ効果（M.マクルーハン）

マクルーハンによれば，メディアは人間の諸感覚を拡張するものであり，また感覚や思考のパターンを決定するものであるとされます（「メディアはメッセージである」）。

メディアとして印刷物が中心であった時代には，直線的・論理的な思考が支配的であったが（印刷物ではメッセージが直線的に並んでおり，人はそれを順に読み取っていかねばならない），テレビが中心になると，点的・非論理的な思考が支配的になる（テレビのメッセージは点の集合である）としました。

さらにマクルーハンは，テレビが視覚・聴覚を拡張したものであるにとどまらず，すべての感覚を深層において相互作用させ，地球規模に拡張させるメディアであるとし，情報的な距離が縮まった世界のことをグローバル・ヴィレッジ（地球村）とよびました。

(2) 擬似イベント（D.ブーアスティン）

ブーアスティンは，現代社会におけるマス・メディアの発達によって現実社会の出来事は，より興味をそそるように「擬似イベント化」されており，これによって人々は社会事象の現実的，具体的な経験が困難になっていることを指摘しました。

(3) ゲートキーパー

マス・コミュニケーションの情報伝達過程において，新聞，雑誌の編集者のように，人々に情報を伝えるか否か情報を取捨選択できる位置にいる人をいいます。

5 流言

人々の間に広まる出所不明の真偽の定かでないうわさや情報を流言といいます。流言には以下のような特徴があります。

・社会的緊張が高まっているとき，社会不安が起こっているときに発生しやすい。
・うわさの根拠があいまいであるほど，広まりやすい。
・人々の間に伝達していくにつれて内容が単純化していく。
・自らの過去の体験や現在の態度・関心にあわせて内容が歪められる。

マス・コミュニケーション

実践 問題 134 基本レベル

頻出度	地上★	国家一般職★★	特別区★★
	国税·財務·労基★		

問 コミュニケーションに関する次の記述のうち，妥当なのはどれか。

（国Ⅱ2001）

1：コミュニケーションとは記号を媒介として，他者と情報を伝達し合うことをいう。それは人間にとって，本源的な活動の一つと位置づけられる。しかし，今日では，この言葉を限定的に用いることが通例である。例えば，舞踏の表現や鑑賞は，文字を媒介としないので，コミュニケーションの範疇には属さない。

2：一般に都市は，互いに見知らぬ人々で構成されている。そのために都市生活者の間には，特有のコミュニケーションの様式があるといわれる。例えば，駅，街路，公園，百貨店，レストランなどの公共的空間で他者との身体の接触やアイ・コンタクトを避けようとすることは，その一例である。

3：新聞，雑誌，テレビ，ラジオ，映画などのマス・メディアを通じて，大量の斉一的情報が不特定多数の人々に伝達されることをマス・コミュニケーションという。そこでは販売店，中継所，配給所などを通して，情報が伝達されることが普通である。一般にこれを，コミュニケーションの二段の流れという。

4：我が国でテレビが普及したのは，高度経済成長期と重なっている。テレビの普及とともに我が国の社会でも，テレビ中心の生活様式が定着するようになった。M.マクルーハンはテレビは人間の本来のコミュニケーションを破壊するとして，テレビに対抗する「文化村」の構築を唱えた。

5：人間同士が直接情報を伝達し合うことを，パーソナル・コミュニケーションという。パーソナル・コミュニケーションはマス・コミュニケーションに対して，双方向のコミュニケーションであるといわれる。これはパーソナル・コミュニケーションが，電子テクノロジーに依存しないことによるものである。

チェック欄

1回目	2回目	3回目

実践 問題 134 の解説

〈コミュニケーション論〉

1 × コミュニケーションは，言葉（文字）によるものだけでなく，身振りや手振り，図表，絵，表象など，伝達にかかわるものすべてを含む概念である。

2 ○ たとえば，L.ワースのアーバニズム論によれば，都市住民は相互に無関心を装うという。

3 × 前半の記述は正しいが，後半は誤りである。コミュニケーションの２段の流れ説とは，人々は直接マス・メディアからよりもオピニオン・リーダーを通じて情報を手に入れるとするP.ラザースフェルドらの学説である。

4 × 前半の記述は正しいが，M.マクルーハンのメディア論に関する説明が誤りである。マクルーハンはテレビが視覚・聴覚を拡張したものであるにとどまらず，すべての感覚を深層において相互作用させ，地球規模に拡張させるメディアであるとし（たとえば，地球の裏側で起きた災害・事件をあたかも近所で起きたかのようにリアルに感じさせること），これによって情報的な距離が縮まった世界のことをグローバル・ヴィレッジ（地球村）とよんだ。

5 × 確かに，パーソナル・コミュニケーションは，一方向的なマス・コミュニケーションと比較して双方向的であるといえる。しかし，現在ではパーソナル・コミュニケーションの場面で電子メールなどが頻繁に用いられており，「パーソナル・コミュニケーションが，電子テクノロジーに依存しない」という記述は妥当でない。

正答 2

マス・コミュニケーション

実践 問題 135 基本レベル

頻出度	地上★	国家一般職★★	特別区★★
	国税·財務·労基★		

問 マスコミに関する次の記述のうち，妥当なのはどれか。 (国Ⅱ1987)

1：H.ラズウェルは，マスコミの社会的機能の１つとして受け手が直接に接することができない環境の変化をマスコミが受け手に代わって監視し，受け手に伝える機能をあげ，これを「環境監視」と呼んだ。

2：W.リップマンは，マスコミによって提供される環境は単なる擬似環境ではなく真正な環境であり，そこから形成される世論は合理的なものであるとした。

3：有権者の投票行動を分析した「エリー研究」によれば，マス・メディアから流される情報は，直接有権者に伝わり大きな影響をもつのに対し，身近な人々からの情報はほとんど影響をもたない。

4：マスコミは，一般に商業主義とは無縁であり，社会の公器として大きな役割を果たしていることから，マスコミによって形成される意見は国民の意見に合致するものとなっている。

5：マスコミは，今日にあっては国民の意見の代弁者として大きな役割を果たしていることから，マスコミへの国民の参加の必要性は著しく低下している。

チェック欄		
1回目	2回目	3回目

実践 問題 135 の解説

〈マス・コミュニケーション論〉

1 ○ 環境監視は，H.ラズウェル（ラスウェル）がマス・コミュニケーションの３つの社会的機能のうちの１つとして挙げたものである。ほかに，環境に反応する際の社会的構成部分の関連調整と社会的遺産の世代的伝承という機能があるとされた。

2 × W.リップマンは，直接的な経験ではなく，マス・メディアに接することで間接的に作り上げるイメージを擬似環境とよんだ。世論は疑似環境に反応するかたちで作り上げられているので，必ずしも合理的判断に基づいているとはいえない。

3 × エリー研究（エリー調査）は，P.ラザースフェルドらによって行われた1940年のアメリカ大統領選挙における投票行動の分析であり，その成果は『ピープルズ・チョイス』(1944年）にまとめられた。それによれば，マス・メディアは有権者の態度形成において直接的影響力を持たず，むしろオピニオン・リーダーとのパーソナル・コミュニケーションを通じて，間接的な影響力を持つにすぎないということが明らかにされた。オピニオン・リーダーとは，選挙に関心があり，マスコミ報道に接触する頻度が高く，相対的に知識を多く持っている人々である。

4 × マス・メディアは公共機関によって運営されているものもあるが，一般的には私的企業によって運営されており営利を無視することができないので，商業主義と無縁であるとはいえない。また，マス・メディアが営利を無視できないこと，世論を先導するという機能を持っていることなどから，マス・メディアによって作られる意見が国民の意見に合致するとは必ずしもいえない。

5 × マス・メディアは肢４にもあるとおり，国民の意見を必ずしも代弁してはおらず，人々はマス・メディアの報道内容をチェックし，不正確な報道があれば，それを正していくようにはたらきかけるという努力をしなければならない。

正答 1

マス・コミュニケーション

マス・コミュニケーション

実践 問題 136 基本レベル

頻出度	地上★ 国家一般職★★ 特別区★★ 国税·財務·労基★

問 メディアに関する次の記述のうち，最も妥当なのはどれか。（国Ⅱ2008改題）

1：W.リップマンは，人間が自分の頭の中に抱いている環境のイメージを擬似環境と呼んだが，マス・メディアの発達によって，擬似環境に対する人々の依存度は減少していくと論じた。

2：P.F.ラザーズフェルドは，マス・メディアの影響は無媒介・直接的に受け手に及ぶため，オピニオン・リーダーを媒介としたパーソナルコミュニケーションの影響は減少していくと論じた。

3：M.マクルーハンは，電子メディアの発達により，遠隔地にいる人間を間近に感じられるような同時的なコミュニケーションが地球規模で広がることを予測し，これを地球村と名付けた。

4：皮下注射的効果とは，メディアからの大量の情報に接触する人々が，受動的に情報を吸収するだけで満足して，次第に社会的行動への能動的エネルギーを喪失していく状態を指す。

5：議題設定機能とは，受け手がマス・メディアのメッセージに対して，受け手自らの考えや態度に整合した情報は受容するが矛盾するものは拒否するなど選択的に反応することを指す。

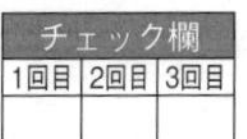

実践 問題 136 の解説

〈マス・コミュニケーション論〉

1 × W.リップマンが述べた擬似環境についての説明は正しいが，後半の文章が誤り。彼の擬似環境論は，マスコミが発達した社会においては世論操作の危険性が付きまとうことを指摘したものである。

2 × P.ラザースフェルドらは，エリー調査においてコミュニケーションの２段の流れ説を主張した。これは，マス・メディアの情報は直接受け手に影響を与えるのではなく，オピニオン・リーダーの解釈を通して，彼らの意見が人々に影響を与えるとするものである。

3 ○ M.マクルーハンは，電子メディアの発達により遠隔地にいる人間同士でも同時的なコミュニケーションが可能となっていくとし，このような状況を地球村（グローバル・ヴィレッジ）と名づけた。

4 × これは麻酔的逆機能についての説明である。皮下注射的効果とは，まるで**注射を打ったときのようにマス・メディアの情報が受け手に直接的に非常に大きな影響を与えること**をいうものである。

5 × これはエリー調査の中で述べられた選択的接触についての説明である。議題設定機能論とは，**メディアが強調する争点が受け手の間でも重要な争点として認知される**，というものである。

正答 3

マス・コミュニケーション

実践 問題 137 基本レベル

頻出度	地上★ 国家一般職★★ 特別区★★ 国税･財務･労基★

問 情報社会に関する次の記述のうち，妥当なのはどれか。 (国家一般職2022)

1：M.マクルーハンは，活版印刷技術の普及により，視覚を中心とする感覚の編成が進むとともに社会全体も視覚経験に従って再編されていくが，テレビのような電子のメディアが登場することにより，再び感覚と社会の編成が大きく変化していくとした。

2：D.ベルは，産業革命以降に発展した機械技術とエネルギーを利用し，作業の合理化を推し進める先進資本主義が，イデオロギーの復権とともに，情報産業とサービス業が発展し，科学的な研究開発，理論的知識が社会を主導する科学的社会主義に移行するとした。

3：P.ラザーズフェルドは，インターネット上の意見分布の調査を行い，少数派の意見の持ち主はインターネット上での批判と孤立を恐れて投稿を躊躇する傾向があるため，多数派の意見がますます存在感を高めていくとする「コミュニケーションの二段の流れ」を提唱した。

4：W.リップマンは，社会構築主義の立場から，現実は行為者による外化，客観化，内在化という三つのプロセスから構成されるとし，そこから生まれる疑似環境と，メディアが提供するイメージによって思い描かれる現実環境とは区別されなければならないとした。

5：政治が安定化した1950年代，M.マコームズとD.ショーは，メディアが現実の出来事の中から何を取捨選択し，どのくらいの規模で論じるかを決定することにより，議論すべき焦点を人々に強く訴えるという皮下注射モデルを提唱した。

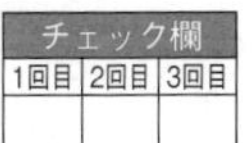

実践 問題 137 の解説

〈マス・コミュニケーション論〉

1 ○ M.マクルーハンは，メディアの発達が人間の諸感覚を拡張し，また感覚や思考のパターンを決定するとして「メディアはメッセージである」と述べている。そして，このような視点から『グーテンベルクの銀河系』において，本肢にある内容を論じている。

2 × D.ベルは，資本主義の発展によって，情報産業とサービス産業が発展し，科学的な研究開発，理論的知識が社会を主導する「脱工業化社会」の到来を論じた。しかし，そうした過程でマルクス主義の唱えるようなイデオロギー対立は消滅するとし，「イデオロギーの終焉」を唱えているので，イデオロギーが復権するという本肢の記述は誤りである。また，科学的社会主義はマルクス主義の立場である。

3 × P.ラザースフェルド（ラザーズフェルド）が「コミュニケーションの２段の流れ」を提唱したことは正しいが，肢の説明はE.ノエル＝ノイマンの「沈黙の螺旋理論」についてのものである。「コミュニケーションの２段の流れ」とは，マス＝メディアの流す情報は，直接人々に届くことよりも，地域のオピニオン・リーダーを介して伝達されることを述べたものである。

4 × 現実が行為者による外化，客観化，内在化という３つのプロセスから構成されると捉えたのは，社会構築主義の確立者の１人とみなされているP.L.バーガーであり，W.リップマンは社会構築主義の立場をとってはいない。さらに，「疑似環境」の概念を提示したのはリップマンだが，それはメディアが提供するイメージによって思い描かれるもので，現実環境とは異なるとしており，本肢の記述は疑似環境と現実環境の説明が逆になっている。

5 × M.マッコウム（マコームズ）とD.ショーは本肢にある内容の理論を提唱したが，それは「皮下注射モデル」ではなく，「議題設定機能論（アジェンダ・セッティング論）」である。皮下注射モデルはメディア研究の初期に唱えられたものである。また，彼らが論文『マス・メディアのアジェンダ設定機能』でこの理論を提唱したのは1972年で，「1950年代」とする本肢の記述も正しくない。

正答 1

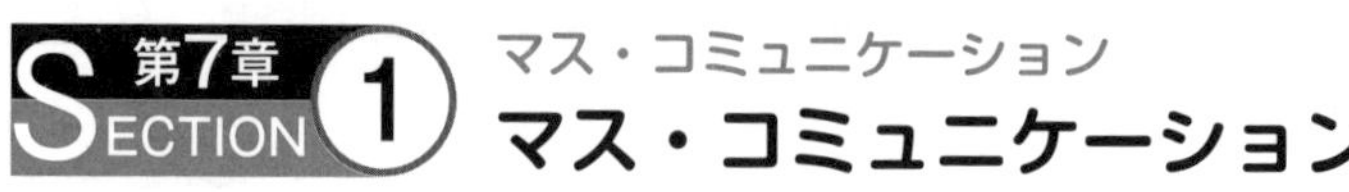

マス・コミュニケーション

実践 問題 138 応用レベル

頻出度	地上★	国家一般職★★	特別区★★
	国税・財務・労基★		

問 マス・メディアに関する次の記述のうち，妥当なのはどれか。　(国Ⅱ2005)

1：マス・メディアの提供する意見は，受け手に直接影響を及ぼして，受け手の態度変容を引き起こす。これをブーメラン効果という。

2：マス・メディアの提供する意見は，受け手が所属する社会集団のオピニオンリーダーを介して，間接的に受容される。これをバンドワゴン効果という。

3：マス・メディアの受け手は，送り手のメッセージを選択的に採り入れて，受け手の態度を強化する。これをマタイ効果という。

4：マス・メディアのニュース報道によって，受け手は争点の重要度を認知し，議論の枠組みを修得する。これを議題（アジェンダ）設定機能という。

5：マス・メディアは，何が少数意見であるかを知らせることによって，多数意見の表明を抑制し，少数意見の表明を促進する。これを沈黙の螺旋という。

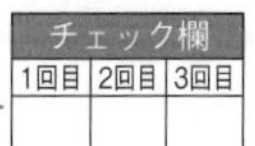

実践 問題 138 の解説

〈マス・コミュニケーション論〉

1 × これは，強力効果説といわれるものである。**ブーメラン効果とは，コミュニケーションにおいて，説得者が意図したのとは正反対の反応が被説得者に生じてしまうこと**をいう。本肢の記述はマス・コミュニケーションの強力効果説（皮下注射モデル）について述べたものである。

2 × これは，P.ラザースフェルドらのコミュニケーションの２段の流れ説である。バンドワゴン効果とは，**集団や社会の多数意見に同調して，それに自己の意見を一致させるようにする効果**のことを指す。

3 × 本肢でいわれているのは補強効果で，これはJ.T.クラッパーらの研究で知られる。マタイ効果とはR.K.マートンによる用語で，**優れた研究者の下には研究費が集まり，より優れた研究ができるようになるが，そうでない研究者には研究費が集まらず，それが研究成果の質に大きな影響を与えるというもの**である。語の元の意味はマタイ福音書第13章12節から。よって，マス・メディア論とはかかわりがない。

4 ○ M.マッコウム（マコームズ）とD.ショーによって主張された議題設定機能論によれば，**メディアが強調する争点が，受け手の側でも重要な争点として認知される**という。この理論は限定効果説が批判され，強力効果説が再び唱えられるようになった1970年代に主張されている。

5 × 「多数意見の表明を抑制し，少数意見の表明を促進する」が誤り。沈黙の螺旋理論とは，**マス・メディアが何が多数意見であるかを報ずることによって，少数意見の側が自己の主張をしづらくなり，逆に多数意見の側がよりいっそう優勢になるというもの**で，E.ノエル＝ノイマンらによって主張された。

正答 4

マス・コミュニケーション

マス・コミュニケーション

実践 問題 139 応用レベル

頻出度	地上★	国家一般職★★	特別区★★
	国税・財務・労基★		

問 情報伝達に関する次の記述のうち，妥当なのはどれか。　（国家一般職2019）

1：W.リップマンは，現実環境はあまりに複雑であるため，人々はテレビが提供する情報を通じてしか現実環境を把握できなくなっていると指摘し，自然発生的な現実の出来事ではなく，マスメディアによって人為的につくられた偽物の出来事を「疑似イベント」と名付けた。

2：E.モランは，フランス中部の都市オルレアンで実際に起きた銀行倒産事件を調査し，経営不振のうわさは誤っていたにもかかわらず，人々が銀行から預金を一斉に引き出したことによって，結果として現実に銀行が倒産してしまったように，人々が予言を信じて行動した結果，予言が実現されることを「予言の自己成就」と呼んだ。

3：M.E.マコームズとD.L.ショーは，選挙時の調査から，マスメディアは，現実に生起する出来事の中から何を報じ，何を報じないか，また，何をどの程度大きく扱うかという判断を通じて，受け手である人々の注意を特定の争点へと焦点化するとし，これを「議題設定機能」と名付けた。

4：E.カッツとP.F.ラザースフェルドは，マスメディアが発信する情報は，人々の意見が多数派であるか少数派であるかを判断する基準となっているとし，自分の意見が多数派であると認識すると積極的に意見を表明し，少数派であると認識すると孤立を恐れて段階的に沈黙するようになっていくとする「沈黙の螺旋」仮説を提唱した。

5：J.クラッパーは，マスメディアの限定効果説を否定し，情報の送り手であるマスメディアが意図したとおりのメッセージが，情報の受け手に直接的に伝わるとする「皮下注射モデル」を提示し，マスメディアが発信する情報は，個人に対して，強力な影響力を持つとした。

チェック欄

1回目	2回目	3回目

実践 問題 139 の解説

〈マス・コミュニケーション論〉

1 × W.リップマンは，マスメディアによって人為的につくられた偽物の出来事を「擬（疑）似環境」と名づけた。「擬（疑）似イベント」の概念を出したのはD.ブーアスティンである。それ以外の説明はリップマンのものとして正しい。

2 × E.モランの著書『オルレアンのうわさ』は，1969年にオルレアンで広まった女性の行方不明事件に関するうわさを調査してまとめたものであり，銀行倒産事件とは関係がない。また，「予言の自己成就」の概念もモランではなく，R.K.マートンのものである。モランはフランスの哲学者・社会学者で，また映画の監督や脚本をつとめるなど，映画にも造詣が深く，分身という概念から論じた『映画 あるいは想像上の人間：人類学的試論』なども著している。

3 ○ M.マッコウム（マコームズ）とD.ショーの議題設定機能論（アジェンダ・セッティング論）の説明として正しい。この理論は，マス・コミュニケーションの情報伝達過程において，新聞・雑誌の編集者のように，人々に伝える情報を取捨選択できる位置にいるゲートキーパーの役割の大きさを論じた先駆的な研究ともなった。

4 × 本肢で説明されている「沈黙の螺旋」仮説を提示したのは，ドイツの社会心理学者E.ノエル＝ノイマンである。P.ラザースフェルドは，1940年の大統領選挙における投票行動に関する調査（エリー調査）報告としてまとめた『ピープルズ・チョイス』において，「コミュニケーションの２段の流れ」仮説を打ち立てた。その後，E.カッツとの共著『パーソナル・インフルエンス』において，消費行動など投票行動以外の行動に関する調査によって実証した。

5 × J.クラッパーは，著書『マス・コミュニケーションの効果』において，それまでの「皮下注射モデル」を批判している。それによれば，マス・コミュニケーションは受け手において生ずる効果の必要十分な原因ではなく，さまざまな影響要因のうちの一部にすぎず，よって，人々の意見や態度を「改変」させるというよりは，むしろそれらを「補強」する程度の影響力しか持たない。

正答 3

マス・コミュニケーション

実践 問題 140 応用レベル

頻出度	地上★　国家一般職★★　特別区★★　国税·財務·労基★

問 メディアに関する研究についての記述として最も妥当なのはどれか。

（国税・財務2023）

1：P.ブルデューは，大統領の就任式など，祝祭的·セレモニー的な性格を持つ「メディア・イベント」が為政者の持つ支配的価値を過度に強調し人々の抑圧を招くことにより，社会の分断につながると考えた。

2：G.タルドは，人間がマスメディアの影響を受けて頭の中に描く環境のイメージを「擬似環境」と呼び，これを現実環境に比べて情報量が多く優れたものであると考え，現実環境について，擬似環境を目指して変化させるべきだとした。

3：M.マクルーハンは，人間の感覚器官や運動器官を外化したテクノロジー一般であるメディアそのものが，それが運ぶメッセージとは独立に，人間の経験や社会関係を構造化する力を持っていると考え，この力について「メディアはメッセージ」と言い表した。

4：M.マコームズとD.ショウは，ある争点に関する流動的な世論状況の下で，マスメディアが多数派の意見を意図的に報道しないことで，多数派の人々が沈黙を強いられる傾向があることを発見し，これを「沈黙の螺旋」モデルと名付けた。

5：P.F.ラザースフェルドは，選挙予測の世論調査などで，大衆が，劣勢だと予測された方でなく，優勢だと判明した方に味方して行動する傾向を発見し，マスメディアがもたらすこのような効果を「アンダードッグ（負け犬）効果」と呼んだ。

チェック欄		
1回目	2回目	3回目

実践 問題 140 の解説

〈マス・コミュニケーション論〉

1 × 「メディア・イベント」の概念はD.ダヤーンとE.カッツが同名の共著で提示したものである。また，メディア・イベントの概念の説明としても正しくなく，彼らによれば，こうしたメディア・イベントは人々に一体感や連帯感を与え，社会の統合に寄与していると捉えている。なお，P.ブルデューはフランスの社会学者で，ハビトゥス・プラティークなどの概念を用いて，人々の主観的行動構造と社会の客観的構造とを媒介する社会理論を構築し，文化的再生産や社会資本などのさまざまな研究を行った。

2 × 「疑似環境」は，W.リップマンが『世論』で唱えた概念である。また，疑似環境は人々がメディアなどの影響を受けて頭の中に描く環境のことであるが，リップマンは疑似環境と現実環境とを混同することの危険性を説いており，現実環境を疑似環境に適合させるべきとは説いていない。なお，G.タルドはE.デュルケームと同時代のフランスの社会学者で，心理学的社会学を提唱したほか，公衆の概念を作ったことでも知られている。

3 ○ M.マクルーハンは，メディアが人間の思考様式や感覚，社会に影響を及ぼすとして，メディア自体が持つ影響力に注目した（「メディアはメッセージである」）。また，主著『グーテンベルクの銀河系』は，活字文化を作り出した人間の誕生を考察したものとして知られている。

4 × 「沈黙の螺旋」モデル（沈黙の螺旋理論）はE.ノエル＝ノイマンが唱えたものである。ノエル＝ノイマンは，マスメディアが多数派の意見を報道することで，少数派が沈黙を強いられる傾向があることを指摘しており，肢の説明とは真逆である。なお，M.マッコウム（マコームズ）とD.ショー（ショウ）は，ゲートキーパーであるマスメディアの価値判断を媒介に，受け手がメディアで繰り返される争点や話題を，重要度や優先順位の高いものとして認知する傾向があるとして，メディアが議題設定機能を持つことを指摘した。

5 × 選挙予測の世論調査などで，大衆が，優勢だと判明したほうに味方して行動する傾向は「バンドワゴン効果」とよばれる。これとは逆に，大衆が選挙で劣勢だと判明したほうに味方して行動する傾向を「アンダードッグ（負け犬）効果」という。

正答 3

第7章 SECTION 1 マス・コミュニケーション

マス・コミュニケーション

実践 問題 141 応用レベル

頻出度 地上★ 国家一般職★★ 特別区★★ 国税·財務·労基★

問 次の文は，マクルーハンの理論に関する記述であるが，文中の空所A～Dに該当する語又は語句の組合せとして，妥当なのはどれか。 （特別区2021）

マクルーハンには，「［A］」や「メディア論」等の主著があり，「メディアはメッセージである」と述べた。彼は，メディアを人間の感覚能力や運動能力が外化したものと捉え，映画のように情報の精細度が高い［B］なメディアと，テレビのように精細度が低い［C］なメディアに区別した。

また，マクルーハンは，メディアの歴史を大きく「話し言葉」「文字」「電気」という3つの時代に分け，電気メディアが「［D］」を作り出すとした。

	A	B	C	D
1：	沈黙の螺(ら)旋理論	ホット	クール	想像の共同体
2：	グーテンベルクの銀河系	クール	ホット	想像の共同体
3：	グーテンベルクの銀河系	ホット	クール	想像の共同体
4：	沈黙の螺旋理論	クール	ホット	グローバル・ヴィレッジ
5：	グーテンベルクの銀河系	ホット	クール	グローバル・ヴィレッジ

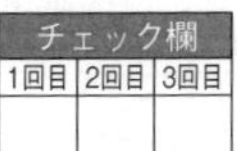

実践 問題 141 の解説

〈マクルーハンの理論〉

カナダのM.マクルーハンは，「メディアはメッセージである」と述べて，メディアが人間の思考様式や感覚，社会に影響を及ぼすとして，メディア自体が持つ影響力に注目した。主著には『A　グーテンベルクの銀河系』や『メディア論』がある。

彼は『メディア論』で，メディアについて，情報の精細度の高いB　ホット・メディアと，精細度の低いC　クール・メディアという概念を提唱した。ホット・メディアは多くが与えられるため受け手が埋め合わせる部分が少ない（ラジオ・映画・写真など）が，クール・メディアは受け手の参加の度合いが高く（電話・テレビ・漫画など），エレクトロニクスの時代はクール・メディアの時代であるとされる。そして，メディアを人間の諸感覚の拡張と位置づけ，1960 年代のマス・コミュニケーション理論に大きな影響を与えた。

また，『グーテンベルクの銀河系』は，活字文化を作り出した人間の誕生を考察したものとして知られている。同書によれば，**「話し言葉」の時代から「文字」の時代に移行すると，メッセージは全感覚的なものから視覚的なものが主となり，人間の思考は直線的・論理的な思考へと変化する**。こうした変化が生じるのは，書物においてはメッセージが直線的に並んでおり，人はそれを順に読み取っていかねばならないからである。しかし，**「電気」メディアの時代になり，テレビが中心になると，メッセージの性質は再び全感覚的となり，点的・非論理的な思考が支配的になる**とした。

さらに，彼は同書で，テレビが視覚・聴覚を拡張したものであるにとどまらず，すべての感覚を深層において相互作用させ，地球規模に拡張させるメディアであるとし，情報的な距離が縮まった世界のことをD　グローバル・ヴィレッジとよんだ。

よって，正解は肢 5 である。

なお，選択肢のうち，「沈黙の螺旋理論」はE.ノエル＝ノイマンの，「想像の共同体」はB.アンダーソンの用語である。

正答 5

マス・コミュニケーション

実践 問題 142 応用レベル

頻出度 地上★ 国家一般職★★ 特別区★★ 国税·財務·労基★

問 現代社会における世論とマスコミに関する記述のうち，妥当なのはどれか。

(国Ⅱ1982)

1：今日，民主主義は世論による政治であるといわれ，選挙に基づく代議政体は，その意思決定にあたって世論に完全に従属することが要請されている。

2：マスコミが発達した社会では，マス・メディアを通じて提供される情報に対し，各個人が迅速かつ効果的に反応を示すことができるので，合理的で信頼できる世論が形成されやすくなっている。

3：マス・メディアは，世論誘導機能をもつといわれるが，今日のようにマス・メディアが商業化し巨大化すると，不偏不党を標榜しなければならなくなるため，このような巨大マス・メディアは巨大化すればするほど世論誘導機能を喪失する。

4：現代社会では，人々の選択はマスコミによって与えられたものを基準にせざるをえないため，日常生活のすみずみまでマスコミに支配される傾向があり，このため世論形成においてもパーソナル・コミュニケーションの働く余地はほとんどない。

5：大衆社会においては，支配権力は大衆の疎外感や無力感や孤立感を利用し，マスコミを媒体としてそれら大衆の政治的態度を意図的に創出しようとする。

チェック欄

1回目	2回目	3回目

実践 問題 142 の解説

〈世論〉

1 × 現代社会において世論はマス・メディアから大きな影響を受けている。たとえば，マス・メディアが意図的な情報操作を行った場合，世論が一定の方向に大きく流されてしまう危険がある。世論をめぐるこのような状況からして，代議政体の政治的決定が世論に「完全に従属」することは，むしろ好ましくないといえよう。

2 × 迅速に情報が流れることで情報量が非常に多くなり，各個人はそれに対して効果的に反応することができず，合理的な世論形成ができない可能性が高い。

3 × マス・メディアは，確かに一般的には不偏不党を標榜しなければならないとされる。しかし，だからといってそのために世論誘導機能を喪失するということもない。通常は，メディアが巨大化すると情報収集能力が高まり，情報に対する信頼性も高まるため，世論に対する影響力は大きくなると考えられる。

4 × P.ラザースフェルドらのコミュニケーションの２段の流れ説によれば，マス・メディアによって流された情報は，人々のパーソナル・コミュニケーション（会話など）を介して伝達されるので，**マス・メディアの発達した社会でもパーソナル・コミュニケーションは世論形成に一定の影響力を持つ**とされている。

5 ○ 大衆社会論においては，支配エリートが大衆を操作する危険性を指摘した考え方がいくつか見られた。そこでは，マス・コミュニケーションが支配者と大衆を直接結び付ける役割を果たし，支配権力が大衆に特定の政治的態度を植えつけるのを助長すると考えられている。

正答 5

第7章

マス・コミュニケーション

章末CHECK ? Question

Q1 W.リップマンは，我々はマス・メディア等によって作り出された擬似環境の中に適応しているにすぎないと論じた。

Q2 マス・メディアによって多くの情報に接することができるようになった現代ではステレオタイプ的思考は起こりづらいとされている。

Q3 メディアが各個人に直接的に影響を与えるという考え方を批判する立場は，皮下注射モデルとよばれる。

Q4 P.ラザースフェルドらは，マス・メディアからの情報は，直接個々の受け手へではなく，まずオピニオン・リーダーを介して流れると指摘した。

Q5 P.ラザースフェルドとR.K.マートンが述べた麻酔的逆機能とは，マス・コミュニケーションが社会への不安や不満を沈静化させる機能を有することを指す。

Q6 P.ラザースフェルドらは1940年の大統領選挙の投票行動に関する調査を行い，マス・メディアは人々が先有している政治的態度を改変するほど大きな影響力を持つとした。

Q7 1970年代以降，マス・コミュニケーションの影響力を重視する説が再浮上した。M.マッコウムやD.ショーらの「アジェンダ設定機能論」やG.ガーブナーらの「沈黙の螺旋理論」などがその代表的な理論である。

Q8 H.ラズウェルはマス・コミュニケーションの機能として，環境の監視，社会の各部分の関連づけ，社会的遺産の伝達の３つの機能を挙げた。

Q9 M.マクルーハンは，メディアが出来事を実際以上に興味深いものへと脚色してしまうことを「擬似イベント」とよんだ。

Q10 R.K.マートンによれば，メディアは人間の器官や機能を拡張し，外化するものであるとし，このことを「メディアはメッセージである」という言葉で表現した。

Q11 流言は，社会的緊張や不安が高まっているとき発生しやすいとされる。

Q12 情報機器，とりわけインターネットに接続できないことによって生じてしまう社会的，経済的格差をユビキタスという。

A1 ○ W.リップマンによれば，こうした擬似環境はステレオタイプを通じて形成される。

A2 × ステレオタイプとは物事の判断の枠組みとなる単純化され固定化されたイメージのことを指す。W.リップマンは，こうしたイメージはマス・メディアの発展により容易に捏造・伝播され，偏見や事実の歪曲が生じやすいと論じた。

A3 × 皮下注射モデルはマス・メディアが人々の考え方に大きな影響を及ぼすとする強力効果説を指す言葉である。

A4 ○ P.ラザースフェルドの「コミュニケーションの２段の流れ」説についての記述である。

A5 × 麻酔的逆機能とはマス・メディアが与える大量の情報が，逆に人々の不感症や無感動をもたらし，行動力や思考力を麻痺させてしまうというものである。

A6 × P.ラザースフェルドらは，マス・メディアは人々が先有している政治的態度を改変するほどの力はなく，むしろその先有傾向を補強するにすぎないことを明らかにした。

A7 × 「沈黙の螺旋理論」はG.ガーブナーではなく，E.ノエル＝ノイマンである。

A8 ○ のちにC.ライトがこれに「娯楽の機能」を付け加えている。

A9 × M.マクルーハンではなく，D.ブーアスティンの概念である。

A10 × これは，R.K.マートンではなく，M.マクルーハンについての記述である。

A11 ○ ほかに，うわさの根拠が曖昧であるほど広まりやすく，人々の興味・関心・願望などによって内容が歪められやすい，人々の間に広まっていくにつれて内容が単純化する，などの特徴がある。

A12 × ユビキタスはいつでもどこでもコンピュータがネットワークに接続できるような環境を指す。よって，この場合は，正しくはデジタル・ディバイドである。

memo

社会集団

SECTION

① 非組織集団
② 組織集団

第8章 社会集団

出題傾向の分析と対策

試験名	地上			国家一般職（旧国Ⅱ）			特別区			国税・財務・労基		
年度	15-17	18-20	21-23	15-17	18-20	21-23	15-17	18-20	21-23	15-17	18-20	21-23
出題数 / セクション		1		1		1	1		1	1		
非組織集団				★								
組織集団		★				★	★		★	★		

（注）１つの問題において複数の分野が出題されることがあるため，星の数の合計と出題数とが一致しないことがあります。

地方上級

特に重要なのは，セクション①の非組織集団では群衆（群集）・公衆・大衆，セクション②の組織集団では社会集団（特にテンニースとマッキーヴァー）の諸類型です。出題される学者，学説も定番が多いので，インプット部分に載っているものをしっかり覚えてください。学者名の入れ替え，概念の入れ替えなど，用語を入れ替えただけの問題も多いですので，基本的知識を持っておけば得点源となるはずです。

国家一般職（旧国家Ⅱ種）

国家一般職（旧国Ⅱ）はほかの試験種と比べて問題の難易度が高いですが，それでも出題される学者，学説は定番が多いのがこの分野の特徴です。インプット部分に載っている学者について単に概念を覚えるだけでなく，その内容も詳しく把握しておいてください。多くの学者（テンニース，マッキーヴァー，ギディングス，高田保馬，クーリーとヤングなど）が独自の視点から社会集団を分類していますが，それらは基本的には基礎集団と機能集団の２類型です。彼らがどのような視点からこれら２つの集団を定義しているか，その違いも理解しましょう。

特別区

特に重要なのはセクション①では群衆（群集）・公衆・大衆，セクション②では社会集団（特にテンニースとマッキーヴァー）の諸類型です。出題される学者，学説も定番が多いので，インプット部分に載っているものをしっかり覚えてください。学者名の入れ替え，概念の入れ替えなど，用語を入れ替えただけの問題も多いですので，基本的知識を持っておけば得点源となるはずです。

国税専門官・財務専門官・労働基準監督官

国家専門職は国家一般職（旧国Ⅱ）に次いで問題の難易度が高いですが，それでも出題される学者，学説は定番が多いです。インプット部分に載っている学者について単に概念を覚えるだけでなく，その内容も詳しく把握しておいてください。テンニース，マッキーヴァー，ギディングス，高田保馬，クーリーとヤングらの社会集団の分類は，基本的には基礎集団と機能集団の２類型です。彼らがどのような視点からこれら２つの集団を定義しているか，その違いも理解しましょう。

Advice アドバイス 学習と対策

社会集団は，公務員試験では社会学史（第１章，第２章）に次いで出題が多く，大変重要です。特に「社会集団の類型」は，毎年いずれかの職種で出題されているといっていいほど，頻出の事項です。それぞれの集団分類を述べた「学者名，その分類の基準，大まかな集団概念の内容」といった点についてしっかりと覚えておけば確実に得点源になります。

第8章 1 SECTION

社会集団
非組織集団

必修問題 セクションテーマを代表する問題に挑戦！

基礎集団と機能集団の意味がわかっていれば，後は常識レベルで解けるレベルです。

問 社会集団を基礎的集団と機能的集団とに分類した場合，両者を区別する上で，特に前者の特徴として最も適当なのは，次のうちどれか。 （地上1999）

1：複合的な機能を持つが，その目標は不明確である。
2：自己の選択に基づいて自由に所属あるいは脱退ができる。
3：成員相互は権利，義務関係により整然と規律される。
4：結成は人為的であり，単一の目標の達成に向けて運営される。
5：集団内における規範が存在し，成員の行動様式を強く拘束する。

直前復習

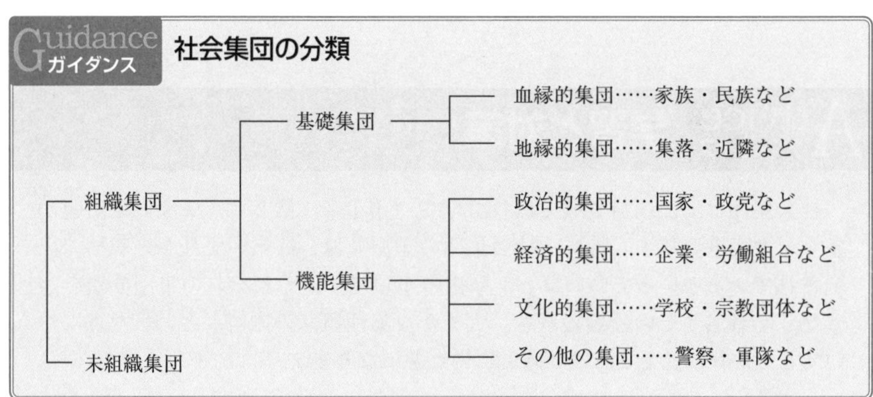

頻出度　地上★　国家一般職★★★　特別区★★
国税・財務・労基★★

必修問題の解説

チェック欄
1回目	2回目	3回目

〈社会集団論〉

1○ **基礎集団**の特徴としては，血縁や地縁，さらにこの両者を基礎とする社会的・文化的諸条件によって形成された自然発生的集団であることが挙げられる。代表的なものとしては，家族・村落・民族などがある。このような基礎集団は，次世代の生産（子の扶養），相互扶助，愛情（によるパーソナリティの安定）など，人間の生活にとって基礎的な多様な機能を果たしている。

2× 基礎集団の性質上，人は運命的にそこに産み落とされ，パーソナリティがそこで形成されるのである。そのため，「自由に所属あるいは脱退」ということはできない。これは**機能集団**の特徴である。

3× 基礎集団は自然発生的に成立するものであり，権利，義務関係によって整然と規律が整備されるのは，機能集団の特徴である。

4× 人為的に結成され，合目的に運営されるのは，機能集団の特徴である。

5× 集団内において規範が成員の行動を強く拘束するのは，むしろ機能集団の特徴である。基礎集団は，一般的に家族などのように規模が小さく，成員同士も「顔の見える」間柄であることが多く，意思疎通もたやすいことから，集団内での規範も，それほど強固なものは必要とはしないのが普通である。なお，機能集団は**派生集団**ないしは**目的集団**ともよばれ，加入形式が任意であるか，強制的であるかによって区別されるとともに，目的あるいは機能によって，政治集団・経済集団・宗教集団などに分類しうる。

正答 1

社会集団
非組織集団

1 社会集団の特性

(1) 地位と役割

「地位」とは，社会集団の目標や価値基準に従って配列されている一定の位置を指します（家族における夫や妻，企業における社長や部長など）。

これに対して「役割」とは，ある地位に対して義務付けられている行動様式をいます。ある地位を占めている者は，その地位の者がなすべき行為をすることを集団から期待されます。

(2) 生得的地位・獲得的地位（R.リントン）

リントンは，人々が持つ地位に関して生得的地位と獲得的地位という重要な類型化を行いました。

・生得的（属性的）地位＝人が持って生まれて（あるいは一定の年齢で）決められる地位（王子，長男，武士など）

・獲得的（達成的）地位＝本人の努力や才能によって獲得された地位（学生，部長，監督など）

前近代社会では，人々の地位は生得的地位が中心でしたが，近代社会では人々は多くの獲得的地位を持つようになりました。

(3) 地位群・役割群（R.K.マートン）

人間は，自分の所属するさまざまな集団の中で多くの地位（夫，課長，草野球チームの監督など）を持っています。マートンは，このように１人の人間が持つさまざまな地位の集合を「地位群」とよびました。

また，地位は，それに対して義務付けられた行動様式，つまり役割を持ちますが，１つの地位に求められる役割は，１つに限られるものではありません。１つの地位が持つさまざまな役割の束を「役割群」といいます。

(4) 役割葛藤

１つの地位は，さまざまな他者（他の地位）との間で多くの役割を持つために，それらの間に矛盾が起こる場合があります。このように複数の役割の間に矛盾があり，このためその遂行者に精神的な緊張が引き起こされることを「役割葛藤」といいます。

2 社会集団の分類

(1) 組織集団／非（未）組織集団

P.A.ソローキンは，集団の組織性の度合いなどに着目して，集団を組織集団と非（未）組織集団に分類しました。ここでいう組織性とは，「共通の目的・目標の存在」「一定の地位・役割の分化」「成員の行動・関係を規制する規範・規則の存在」「成員間に共通の仲間意識の存在」「成員間の相互行為の持続性」「明確なリーダーシップの存在」といった要件を充たしていることを指します。

3 非（未）組織集団

組織化された集団に対して，単なる人々の集合状態は「非（未）組織集団」とよばれます。

(1) 群衆（群集）

19世紀末にフランスの**G.ル・ボン**によって提示された概念。一時的に集合し，散っていく人々と定義され，具体的には火事場の野次馬，スポーツの観衆，駅で電車を待つ人々などを思い浮かべればよいでしょう。その特徴としては，人々が物理的・空間的に近接していること，集合の契機が一時的・偶然的である，共通の関心があること，相互に見知らぬ関係であること（匿名性）から，各人は没個性的で無責任である，流言などの情報に流されやすい（被暗示性）などが挙げられます。

(2) 公衆

前述の群衆と対比させる目的で，フランスの**G.タルド**によって提示された概念です。公衆とは一般に19世紀の「市民社会」を構成した市民（ブルジョアジー）を意味します。タルドによれば，公衆はその性質として群集とは大きく異なっています。公衆の特徴としては，空間的に散在している，新聞などのマス・コミュニケーションを通じて相互に共通する問題意識を持つ，（理性的な）世論を形成することのできる合理的・理性的存在であるなどが挙げられます。

(3) 大衆

20世紀以降の，特に産業が高度に進展した社会における一般民衆像で，1930～40年代にかけての「大衆社会論」の隆盛期に用いられました。**J.オルテガ・イ・ガセット（ガセ）**の大衆批判では，「大衆人」は平均的，妥協的，無責任，野蛮，といったように，貴族的な視点から負のイメージが与えられましたが，現在ではむしろ一般化され，１つの社会における不特定多数の人々を指す漠然とした概念として用いられています。その特徴としては，空間的に散在している，相互に匿名性を保ち，共通の理想や仲間意識などの人間的な結び付きを欠く，マス・メディアに対して受動的で影響を受けやすい（被暗示性）などが挙げられます。

非組織集団

実践 問題 143 基本レベル

頻出度 地上★ 国家一般職★★★ 特別区★★ 国税·財務·労基★★

問 地位と役割に関する次の記述のうち，妥当なのはどれか。 （国Ⅱ2005）

1：達成的（獲得的）地位とは，本人の努力によって獲得される地位であるのに対して，属性的（帰属的）地位とは，本人の努力によっては変更不可能な地位である。

2：与党と野党，労働代表と経営代表のように，対立が期待され制度化されている役割関係のことを役割葛藤という。

3：役割距離とは，個人が期待される役割との間に距離をとることである。これは，個人の役割遂行能力が十分にある場合には生じない。

4：自分では能力が十分にあると思っているのに，それにふさわしい地位に就いていない人は，地位の不整合（非一貫性）の状態にある。

5：組織内の様々なポジションのうち，部下に命令する権限を有するものを地位，そのような権限を持たないものを役割という。

チェック欄

1回目	2回目	3回目

実践 問題 143 の解説

〈地位と役割〉

1 ○ **達成的（獲得的）地位と属性的（帰属的）地位の分類を行ったのは，文化人類学者のR.リントンである。**このうち前者は本人の努力や才能によって後から獲得される地位であるが，後者は生まれながらにして決められている地位である。

2 × 役割葛藤とは，**1つの地位に付与される複数の役割間の矛盾によって，役割遂行者に生じる葛藤のこと**を指す。通常個人は複数の地位を有し（地位群），それぞれの地位もまた複数の役割を有している。この1つの地位における複数の役割間の矛盾が，それの役割を遂行する個人に葛藤を引き起こすことになるのである。

3 × 「個人の役割遂行能力が十分にある場合には生じない」が誤り。役割距離の研究で有名なのは，E.ゴフマンである。役割距離は，自分が演じている特定の役割に収まりきらない自分を表現することをいうが，たとえば「手術時に鼻歌を歌いながら執刀する外科医」の例など役割遂行能力が十分である場合である。

4 × 地位の非一貫性（不整合性）とは，社会的地位を形成する諸要素（たとえば所得，学歴，威信，財産など）の高低が一貫していない場合を指す。たとえば，**学歴が高いにもかかわらず生活様式や所得が高くないなどの場合**である。特に，わが国の場合，欧米諸国と比較してこの非一貫性の傾向が高いとされ，それが国民に中流意識を付与してきたといえる。

5 × 地位とは，社会集団の目標や価値基準に従って配列されている一定の位置を指し，役割とはある地位に対して義務付けられている行動様式を指す。よって，部下に対する命令権限とは関係がない。

正答 1

実践 問題 144 基本レベル

頻出度	地上★ 国家一般職★★★ 特別区★★ 国税・財務・労基★★

問 社会集団に関する記述として，妥当なのは次のうちどれか。 （地上1998）

1：国家，軍隊，宗教組織などは，基礎的な欲求の充足にかかわる集団であることから，基礎集団に該当する。これらの中には，その発生が古代にまで起源をさかのぼることができるものもある。

2：組織は，分業関係に基づいた協働行為が権力によってコントロールされているもので，基礎集団の一形態である。その典型は，農村の家族や都市の町内会などである。

3：目的集団とは，人間が個体として生活を維持し，かつ種として存続していくことができるために不可欠な欲求充足にかかわる多機能的な集団である。親族と氏族がこれに該当し，その発生時期は人類と同時期である。

4：家族は西洋でも日本でも近代化とともに次第に生産や教育などの機能を他の目的集団に奪われて機能縮小を遂げてはいるが，現在でもなお，最も基本的な目的集団である。

5：目的集団の多くは近代になってから大量に発生した。近代社会における主要な社会構造は家族・学校・企業の三角形によって形づくられ，その周囲に機能分化したさまざまな目的集団があって，これを補充している。

チェック欄

1回目	2回目	3回目

実践 問題 144 の解説

〈社会集団論〉

1 × 国家，軍隊，宗教組織などは，目的を有し，特定の機能を果たすために人為的に形成される集団であるため，**目的集団（機能集団，派生集団）**に分類される。

2 × 本肢の前半部分，「分業関係に基づいた協働行為が権力によって」統制された組織は，目的集団である。

3 × 「人間が個体として生活を維持し，かつ種として存続していくことができるために不可欠な欲求充足にかかわる多機能的な集団」とは，地縁・血縁を基盤とする**基礎集団**である。本肢の記述にある親族や氏族は，基礎集団の代表例である。

4 × 本肢の前半部分，「家族は……近代化とともに次第に生産や教育などの機能を他の目的集団に奪われて機能縮小を遂げてはいる」との記述は妥当だが，後半部分が妥当でない。家族は最も基本的な「基礎集団」である。

5 ○ 本肢の記述にあるように，目的集団の多くは近代以降，社会の発展過程において多様な機能充足の必要性から，それぞれ特定の機能を果たすために発生したものである。目的集団はこのため，機能集団ないしは派生集団ともよばれる。

正答 5

社会集団

非組織集団

実践 問題 145 基本レベル

頻出度	地上★	国家一般職★★★	特別区★★
	国税·財務·労基★★		

問 社会学における集団に関する次の記述のうち，妥当なのはどれか。

（地上1997）

1：集団維持の促進や，集団への忠誠などの集団志向性は，相互作用を活発にするが，対人関係志向を強化し，課題達成を阻害する要因となることもある。

2：規範は，集団内の多数者による圧力の影響を受けて形成されるものであり，少数者により規範が形成されるということはない。

3：強い信念を掲げる集団においては，凝集性が高まるにつれて規範の許容範囲が拡大されていく。

4：集団の凝集性が高まるのは，集団の規模が大きいとき，集団に加入するのが困難であるとき，外部からの脅威が強く集団間の競争が強いときである。

5：集団による決定は，討議過程で極端な意見が排除されていくため，各個人による決定よりも中立的なものになる。

チェック欄

1回目	2回目	3回目

実践 問題 145 の解説

〈社会集団論〉

成員を集団に引き止める力の程度，あるいは成員間のまとまり（統一性）の程度を**集団凝集性**という。凝集性が高い集団は，低い集団よりも，一般に成員の集団への自我関与・一体性，および活動への参加程度も高いとされる。また，集団の凝集性を高めるものとしては，成員相互間の価値観や態度の成員間類似性，協同的関係，リーダーシップや意思決定の分権性，許容的雰囲気などが挙げられている。

1○ 人々の集団志向性が高まり，これが対人関係志向を強化する場合がある。この場合，インフォーマル集団論を想起すればわかるように，対人関係が第1に重要とされ集団の課題達成がおろそかになることがありうる。

2× 集団内に一部の権力者が存在する場合，こうした一部の者によって成員が守るべき行動規範が勝手に制定される場合がありうる。

3× 凝集性が高まると，成員個々人に集団の価値や規範が浸透するために，成員が集団に反する行動をとることはむしろ少なくなり，それとともに規範の許容範囲（許される行動の範囲）も縮小される傾向がある。

4× 本肢の「外部からの脅威が強いときには凝集性が高まる」という趣旨の記述は妥当である。また，加入に際して大きな心理的コストを払った者ほどその集団に好意的になることも実証されているが，集団規模の大きさと凝集性の高さの相関関係は認められていない。一般に集団の規模が小さいほうが凝集性は高いといえる。したがって，「集団の規模が大きいときに集団凝集性が高まる」という趣旨の部分が妥当でない。

5× 集団の凝集性が高いほど，成員相互間の価値や欲求は類似のものとなるため，集団による決定が一定の方向に極端に流されてしまうことがある。これをリスキー・シフトという。逆に，集団での討議を経たほうがより慎重な決定となることもある。これをコーシャス・シフトという。したがって，成員個々人の下すものより中立的なものとなるという結論は即座には下せない。

正答 1

社会集団
非組織集団

実践 問題 146 基本レベル

頻出度	地上★　国家一般職★★★　特別区★★ 国税·財務·労基★★

問 社会学における「群集」と「公衆」の概念に共通する特性の組合せとして，正しいのはどれか。（地上1984）

A：成員が空間的，物理的に近接している。
B：成員は理性に目覚めた合理的存在である。
C：成員が共通の関心対象を有している。
D：成員が固定的，永続的な地位を有する集団ではない。
E：成員は個性を失い，匿名的，孤立的な存在である。

1：AとB
2：AとD
3：BとE
4：CとD
5：CとE

チェック欄

1回目	2回目	3回目

実践 問題 146 の解説

〈群衆（群集）・公衆・大衆〉

P.A.ソローキンは集団の組織性に着目して，組織集団と非（未）組織集団に分類した。群集（群衆）と公衆ならびに大衆は非（未）組織集団の代表的なものとされるが，これらは，①成員相互が物理的・空間的に近接している（A），②成員が共通の関心を有している（C），③マス・メディアが関係している，④理性的に世論を形成する（B）などの各ポイントから分類することができる。

これに基づいてまとめると，以下のようになる。

・群集（群衆）の特徴

群集（群衆）とは，火事場の野次馬や観客などのように共通の関心事を持って一定の空間に存在する集団である。したがって，上記の分類ポイントに従えば，①は○，②は○，③は×，④は×となる。

・公衆の特徴

公衆とは，共通の関心事についてマス･メディアなどを通じて理性的に討論し，世論を形成する集団であり，民主主義の担い手とよばれる。したがって，①は×，②は○，③は○，④は○となる。

・大衆の特徴

大衆とは，社会のあらゆる階層を包含しマス・メディアの情報を大量に消費する存在であり，共通した関心事を持たない存在である。したがって，①は×，②は×，③は○，④は×（ただし，大衆社会にも世論は存在する。「理性的な」世論形成なのでこの場合は×）となる。

以上のことから，群集（群衆）と公衆の共通点は②すなわち設問中のCが正しいことがわかり，設問のAとBが誤りであることがわかる。Dは組織集団に対する非（未）組織集団の特徴として挙げられるものであるから，群集（群衆）・公衆・大衆に共通して認められる性質である。また，Eは群集（群衆）と大衆の特徴である。

したがって，設問にある「『群集』と『公衆』の概念に共通する特性の組合せ」はCとDになる。

よって，正解は肢４である。

正答 4

実践 問題 147 基本レベル

頻出度	地上★ 国家一般職★★★ 特別区★★ 国税·財務·労基★★

問 群集・公衆・大衆等に関する学説についての記述として最も妥当なのはどれか。

（国家一般職2014）

1：G.ル・ボンは，群集とは特定の事柄への関心のもとに一時的に集まった対面的な人間集合であり，合理的な意思決定の手続に従い，冷静に世論を形成する主体であるとした。

2：G.タルドは，公衆とはメディアを通じて間接的に接触し合う非対面的な人々の集まりであり，非合理的に情動を噴出させる傾向があるとした。

3：M.ホルクハイマーは，マルクス主義に基づく批判理論を過度に理念主義的であるとして，より実証主義的な研究の推進を主張し，大衆社会の実態を明らかにした。

4：D.リースマンは，伝統指向型，内部指向型，他人指向型という三つの人間の類型を設定し，大衆社会においては，他人指向型が支配的であると指摘した。

5：W.コーンハウザーは，共同体的社会，多元的社会，全体主義的社会，大衆社会という四つの類型を分析的に抽出した上で，大衆社会は民主主義の基礎となる，最も望ましいものであるとした。

チェック欄

1回目	2回目	3回目

実践 問題 147 の解説

〈群衆（群集）・公衆・大衆〉

1 × 「合理的な意思決定の手続に従い，冷静に世論を形成する主体である」が誤り。群集（群衆）とは，火事場の野次馬やスポーツの観衆など，特定の事柄への関心の下に一時的に集まった対面的な人間集合であるが，それゆえに各人が匿名的で没個性的・無責任であり，合理的な思考や意思決定が困難となって，群衆行動を引き起こしたりするのである。

2 × 「非合理的に情動を噴出させる傾向がある」が誤り。公衆とはG.ル・ボンが提唱した群集（群衆）に対してG.タルドが提唱した概念で，メディアを通じて間接的に接触しあう非対面的な人々の集まりで，新聞などのメディアを通じて相互に共通する問題意識を持ち，理性的な世論を形成することのできる合理的存在である。

3 × M.ホルクハイマーは批判理論の批判者ではなく，提唱者である。彼によれば，近代合理主義および実証主義（伝統的理論）は主体と客体を明確に分離することで，知覚可能な世界の総体（客体）を所与のもの，事実とみなし，それに対して受動的に振る舞うが，マルクス主義による現実認識の理論（批判理論）は，目の前の現実をただ受け入れるだけの，受動的な態度を否定する。社会において事実として現れるものは人間の労働の産物であり，労働によって歴史的，社会的に形成されたものであって，主体と客体は明確に分離することはできない。批判理論はこうした視点から，社会的実践による現実の変革を目指すのである。

4 ○ D.リースマンは，社会的性格は与えられた社会状況に適合するよう，幼児期から両親の教育などにより形成されていくものであるとして，「同調性の様式」とよんだ。そして，社会的性格の３類型を提示し，伝統指向型は前近代に，内部指向型は近代に，他人指向型（外部指向型）は現代に最も適合的であるとした。

5 × W.コーンハウザーが，民主主義の基礎となる，最も望ましいものであるとした社会は，大衆社会ではなく，多元的社会である。彼は①エリートによる民衆の操縦可能性，②エリートへの接近可能性，という２つの基準から社会を本肢にある４つに類型化した。そして，この中で最も望ましいのは，中間集団が強力で，エリートへの接近可能性が高く，非エリートへの操縦可能性が低い多元的社会であるとした。なお，コーンハウザーは，大衆社会は中間集団が弱体で，エリートによる民衆の操縦可能性もエリートへの接近可能性もともに高い社会であり，国家と個人がむき出しのまま対峙する「裸の社会」であると述べている。

正答 4

第8章 社会集団

社会集団 非組織集団

実践 問題 148 基本レベル

頻出度 地上★ 国家一般職★★★ 特別区★★ 国税・財務・労基★★

問 G.タルドの集団類型に関する次の記述のうち，妥当なのはどれか。

(特別区1999)

1：タルドは，集団を組織の目的を達成するために人為的に編成された合理的な職位体系である公式組織と，公式組織内部で成員たちの対面的，接触的相互作用を通じて自然に発生した集団である非公式組織とに分類した。

2：タルドは，集団を血縁的群居と地域的群居とによって連鎖的に結合し拡大した集団である生成社会と，類似の目的や活動のために，人為的に作られた集団である組成社会とに分類した。

3：タルドは，集団を一定の地域で営まれている自生的な共同生活であるコミュニティと，特定の利害関係を追求するための結びつきであるアソシエーションとに分類した。

4：タルドは，集団を親密で対面的な結びつきと緊密な協力とを特徴とする集団である第１次集団と，特殊な利害関心に基づいて多少とも意図的に組織された集団である第２次集団とに分類した。

5：タルドは，集団を多数の人間が同一の場所に同時に存在し，身体的接触によって生じる心理的感染によってひとつのまとまりとなっている群集と，物理的に距離を置いているが，心理的には結合している，純粋に精神的な集合体である公衆とに分類した。

チェック欄

1回目	2回目	3回目

実践 問題 148 の解説

〈タルドの集団論〉

1 × ホーソン実験によって，組織には公式のもののほかに，非公式組織（インフォーマル・グループ）があることを発見し，アメリカ産業社会学の発端となったのは，E.メイヨー，F.レスリスバーガーらである。

2 × 集団成立の契機に注目し，集団を生成社会と組成社会とに分類したのは，F.H.ギディングスである。

3 × 集団をコミュニティとアソシエーションに分類したのは，R.M.マッキーヴァーである。

4 × 本肢の記述にある第１次集団の概念を提唱したのは，C.H.クーリーである。その特徴は，①直接的な接触（人格的・感情的な接触）による親密な結合，②メンバー間に存在する連帯感と一体感，③成長後も持続される，幼年期の道徳意識を形成する社会的原型としての機能，④この集団外における社会関係を強化し安定化させる機能，などにあり，家族・近隣集団・遊戯集団などが代表的である。これに対して第２次集団とは，学校・組合・政党・国家などのように，特殊な利害関心に基づいて大なり小なり意識的に組織され，成員の間接的な接触（非人格的・皮相的な接触）を特色とする集団を指す。この概念を提唱したのはK.ヤングらである。近代社会の特徴は，この第２次集団が第１次集団よりも優位を占める点にある。

5 ○ G.タルドは群衆（群集）と公衆を対比させて論じた。

正答 5

社会集団
非組織集団

実践 問題 149 応用レベル

頻出度 地上★ 国家一般職★★★ 特別区★★ 国税・財務・労基★★

問 集団に関する次の記述のうち，妥当なのはどれか。 （国Ⅱ1991）

1：集団は人間と社会を媒介する中間項であるが，人間が集団を媒介せず社会に直接働きかけることはまれであり，集団内の活動を通じて間接的に働きかけることがほとんどである。

2：集団の基本的性格を決定するうえで，成員の関心や目標は重要な意味をもっているが，自主的な基礎集団の場合ほど，成員の関心や目標は明確に意識される。

3：集団が目標達成を目指して円滑に機能するためには，内部秩序の確立は不可欠であるが，基礎集団では内部秩序確立過程において地位や役割の分化が生じないことが特徴的である。

4：近代社会以降，人々の複数の集団への帰属が減少したことにより，集団の開放性よりも閉鎖性が目立つこととなった。

5：近代社会以降，基礎集団に対する機能集団の優位は決定的となったが，これは機能集団が官僚制の克服という要請から生まれた集団だからである。

チェック欄

1回目	2回目	3回目

実践 問題 149 の解説

〈社会集団論〉

1 ○ 人間は，何らかの関心を実現するときにそれが社会全体にかかわることであるほど影響を直接に及ぼすことは困難であり，たとえば政治的な関心であれば政党を通して，教育であれば学校などを通して，営利であれば企業などを通して実現することになる。

2 × **基礎集団**とは自然発生的で自給自足的な集団，たとえば家族や村落などをいう。一方，特定の目的のために組織される集団を**機能集団**といい，例としては政党や企業が挙げられる。機能集団においては，成員の関心や目標が明確に意識されているが，基礎集団においては，それらが成員に意識されることはむしろまれである。

3 × 家族や村落などに代表される基礎集団でも，男性は父親や夫として，女性は母親や妻として地位や役割の分化が生じている。

4 × 近代社会以降はさまざまな機能を担う集団が発生しているため，１人の人間がいくつもの集団に所属するようになっている。近代社会以前は，生涯１つの農村に所属する農民などがその例であり，近代社会以後では，ある企業の社員であるとともに地域の野球チームの選手であったりＰＴＡ役員であることなどである。また，このような機能集団のメンバーシップは，それぞれの個人の選択的意思に基づいており，近代以前の身分集団と比べて開放的である。

5 × 機能集団は近代社会の発達過程における機能分化の進展により出現したものであり，「官僚制の克服という要請」から生まれたものではない。また，機能集団には，大規模な企業や政党のように目標達成のための組織の合理化という要請から官僚制化が進んだものが多く見られる。

正答 1

社会集団
非組織集団

実践 問題 150 応用レベル

頻出度 地上★　国家一般職★★★　特別区★★　国税・財務・労基★★

問 集団に関する次の記述のうち，妥当なのはどれか。　(国Ⅱ1995)

1：階級や階層はある程度共通な状況に置かれた人々の集まりであって，人々の間に精神統一や持続的結合，目標に向けた統一的な行動がない未組織集団であるが，このような未組織集団も，指導者の出現などによって組織的な集団に変わることがある。

2：テンニースは，集団を成員相互の結合の性質を基準に，本質意志によって結合された自然的，自生的，感情的なゲゼルシャフトと，形成意志によって結合された人為的，機械的な契約関係を特色とするゲマインシャフトに分類した。

3：集団における規範は，家族など情緒的要素の強い基礎集団では，規模が比較的小さいため，明確になっている場合が多いが，政党や企業などのような大規模で理知的，合理的な機能集団では，明確になっていない場合が多い。

4：集団における地位と役割の分化や上下関係は，成員相互の接触が直接的である基礎集団において，成員相互の接触が間接的である機能集団よりも顕著になる傾向がある。

5：個人が行動や評価の基準として，ある集団の価値や規範を用いる場合，その集団を準拠集団というが，集団に属している個人にとっては，準拠集団はその属している集団に限られる。

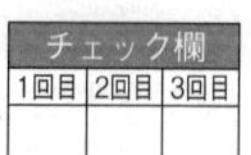

実践 問題 150 の解説

〈社会集団論〉

1 ○ 階級や階層は，群衆・公衆・大衆とともに非（未）組織集団の代表的例として挙げられる。こうした非（未）組織集団は集団的な統率に欠け，相互に無責任である場合が多いが，その社会階層に共通して生じる利害関係などが発生した場合には，指導的な人間の出現と相まって組織化することがある。たとえば，K.マルクスが想定した資本主義打倒のために共産党に導かれ組織化された労働者階級などといったものがこれにあたる。

2 × F.テンニースが本質意志または選択（形成）意志の存在を基礎にゲマインシャフトとゲゼルシャフトに分類した点は妥当だが，本質意志に基づく集団がゲマインシャフトであり，選択（形成）意志に基づく集団がゲゼルシャフトである。

3 × 集団を統率するための規範は，一般に家族などの比較的小規模で意思の疎通が可能な集団では不明確であるが，企業や政党などのように規模が大きくさまざまな成員からなることから意思の疎通が困難な機能集団において明確となっている。

4 × 家族などの基礎集団でも地位と役割の分化や上下関係は存在するが，目的合理的な意思統一が必要不可欠な機能集団においては，効率的な組織運営という意味からもより顕著になっている。

5 × R.K.マートンのいう準拠集団とは，ある個人の行動や価値観の形成に影響を及ぼした集団のことである。したがって，家族や友人などのように自らが所属している集団の場合もあれば，野球部員にとってのプロ野球球団のようにこれから所属したいと思っている集団の場合もある。

正答 1

社会集団
非組織集団

実践 問題 151 応用レベル

頻出度	地上★　国家一般職★★★　特別区★★ 国税·財務·労基★★

問 集合行動に関する次の記述のうち，妥当なのはどれか。 (国税1983)

1：群衆は，会衆とモッブに分類される。会衆が一会場に収まらない大規模な集合を指し，モッブよりも会衆のほうが攻撃的行動をとることが多い。

2：群衆は，あるできごとの周辺に居合わせた人々によって構成されるものであるため，行動は乱雑で一定性がなく，また，集まった人々同士の間に心理的な一体感のないことが特徴である。

3：ル・ボンは，近代は「群衆の時代」であるとし，群衆状態にある人々は非常に劣性な心性をもつものであるとし，群衆心理の特徴として「衝動的・激昂的・軽信的・妄動的・被暗示的」であるとみなした。

4：パニックは集団的逃避行動を指すが，これは流言やデマによって引き起こされることが多い。流言やデマは，社会的緊張のない場合に生まれやすく，危機の時代といった社会的緊張がある場合には生まれにくい。

5：N.J.スメルサーは，集合行動のメカニズムについて感染説を批判し，集合行動に参加して暴発的行動を示す人々には，もともとそうした行動への潜在意識が共通に存在しているとする収斂説を主張した。

直前復習

チェック欄		
1回目	2回目	3回目

実践 問題 151 の解説

〈群衆（群集）・公衆・大衆〉

1 × R.W.ブラウンによれば，会衆（スポーツ，コンサートなどの観衆など）よりもモッブつまり乱衆（暴動，リンチ集団など）のほうが攻撃的な行動に出る可能性が高く，攻撃的群衆（集）とよばれる場合もある。

2 × 群衆（群集）は，火事場の野次馬やスポーツの観客のように，ある一定の関心事を共通にしている。したがって，その意味では「集まった人々同士の間に心理的な一体感」があるといえる。

3 ○ G.ル・ボンは群衆（群集）が陥りやすい心理状態を群衆（群集）心理とよんだが，これは災害時のパニック状態にある群衆（群集）などに典型的な，情報に流されやすく，また破壊的な行動や略奪行動に走るなどの傾向を指している。

4 × 肢３の解説でも触れたとおり，社会的な緊張状態（パニックなど）にある群衆（集）は理性的な判断が欠如し，流言飛語に惑わされやすい。

5 × N.J.スメルサーは，感染説・収斂説といった心理的要因によって集合行動を説明する立場をとらず，以下に挙げるさまざまな社会的要因が段階的に作用することによって集合行動が発生するという価値付加過程論を確立した。

①構造的誘発性（一般的な社会構造上の制約がないこと）
②構造的ストレイン（社会的な矛盾など）
③一般化された信念の形成（矛盾の認知）
④きっかけ要因
⑤参加者の動員

①～⑤は，それぞれが前のものを前提としており，すべてがそろって初めて集合行動が発生するとされている。ただし，各段階において，社会統制という抑制的要因がはたらきうることも指摘されている。

正答 3

社会集団
組織集団

必修問題 セクションテーマを代表する問題に挑戦！

社会集団の類型についての問題も非常に多いです。ただし大体は学者名や概念の入れ替えだけなので，しっかり理解しておけば確実な得点源となります。

問 以下のAからCの集団類型を述べた社会学者の組合せとして，妥当なのはどれか。（地上2001）

A　血縁や地縁に基づき自生的に生じる生成社会と特定の活動を営むために人為的に作られる組成社会に集団を分類した。

B　本質意志に基づく共同社会であるゲマインシャフトと選択意志に基づく利益社会であるゲゼルシャフトに集団を分類した。

C　共同の関心に基づいた地縁的結合によるコミュニティと特定の関心・目的を追求するアソシエーションに集団を分類した。

	A	B	C
1：	ギディングス	マッキーヴァー	テンニース
2：	テンニース	マッキーヴァー	ギディングス
3：	マッキーヴァー	テンニース	ギディングス
4：	ギディングス	テンニース	マッキーヴァー
5：	テンニース	ギディングス	マッキーヴァー

Guidance ガイダンス　テンニースとマッキーヴァー

F.テンニースやR.M.マッキーヴァーらの社会集団の諸類型から，今日ではより一般化されて基礎集団と機能集団という分類が提唱されている。ただ，それぞれの学者によって2つの社会集団の分類基準や両者の関係は少しずつ異なっている。マッキーヴァーはコミュニティを一定の地域的な広がりのうえに生じるものと捉えており，それゆえ家族を基礎集団には含めていない。また，テンニースは，近代化の中で基礎集団（ゲマインシャフト）が衰退し，機能集団（ゲゼルシャフト）が社会の中心になっていくと捉えたが，マッキーヴァーはその両者（コミュニティとアソシエーション）ともに発展していくとした。

直前復習

頻出度 地上★★★ 国家一般職★★★ 特別区★★★
国税·財務·労基★★★

必修問題の解説

チェック欄
1回目	2回目	3回目

〈社会集団の類型〉

Aのように集団を生成社会と組成社会に分類したのはF.H.ギディングスである。Bのように集団をゲマインシャフトとゲゼルシャフトに分類したのはF.テンニースである。Cのように集団をコミュニティとアソシエーションに分類したのはR.M.マッキーヴァーである。

よって，正解は肢4である。

正答 4

第8章 SECTION 2 社会集団 組織集団

1 組織集団

組織集団については，多くの社会学者が独自の分類を試みています。その中でも代表的なものに次のものがあります。

(1) ゲマインシャフトとゲゼルシャフト（F.テンニース）

テンニースは，人々の結合の性質（本質意志によるか選択意志（形成意志）によるか）を基準として，ゲマインシャフトとゲゼルシャフトに集団を分類しました。

ゲマインシャフト：本質意志に基づいて形成される。愛情，相互理解に基づく，感情融合を特徴とする自然な共同体型社会。ここでは人々は，あらゆる分離にもかかわらず本質的に結合している。

ゲゼルシャフト：選択意志（形成意志）に基づいて形成される。利害や打算を含む契約関係という人為的な結合を特徴とする都市型社会。ここでは人々は，あらゆる結合にもかかわらず本質的に分離している。

彼は，近代化とともに人々の生活はゲマインシャフトからゲゼルシャフトへとその中心を移していくとしました。しかし，それによって人間疎外が顕著になると批判的に捉え，これを乗り越えるゲノッセンシャフト概念を提起しています。これは，当時の相互扶助的な労働組合運動を意識したものでした。

(2) コミュニティとアソシエーション（R.M.マッキーヴァー）

マッキーヴァーは，人間生活におけるさまざまな関心とその充足（全体的関心か特定の関心か）を基準として，コミュニティとアソシエーションに分類しました。

コミュニティ：人々が生活に関する「全体的，包括的な関心」を共有し，その内部である程度自足的な社会生活が営まれている自然発生的な共同体型社会。

アソシエーション：コミュニティ内部において,「特定の関心」を達成するために人々が人為的に組織する集団。

マッキーヴァーは, 社会はその発展とともに, 全体的な社会としてのコミュニティが拡大し，その内部で特定の利害関心を実現するためにアソシエーションが分化していくとし，これを「社会の進化」として定式化しました。

(3) 生成社会と組成社会（F.H.ギディングス）

ギディングスは，集団の発生の契機（自然発生的か人為的か）を基準として,「生成社会」と「組成社会」に分類しました。

・生成社会：血縁・地縁的な結合に基づいて自然発生的に成立した集団
・組成社会：特定の目的，活動のために人為的に組織された集団

(4) 基礎社会と派生社会（高田保馬）

高田保馬は，人々の結び付きの性質を基準として，血縁・地縁といった自然的紐帯によって成立している「基礎社会」と，派生的で人為的な紐帯（利害の共通性など）によって成立している「派生社会」に分類しました。そして高田は，近代化が進む中で「基礎社会は衰耗していく」としました。

(5) 第1次集団と第2次集団（C.H.クーリー／K.ヤングなど）

第1次集団（クーリー）：成員間に連帯感と一体感が存在し，「直接的な接触」による親密な結合を持つ集団。家族，近隣集団，遊戯集団などがこれにあたります。

第2次集団（ヤングら）：特殊な利害関心に基づいて人為的に組織され，成員の間に「間接的な接触」しか存在しない集団。学校，労働組合，政党などがこれにあたります。

集団名	人名	分類の基準	関連事項・具体例
ゲマインシャフト ゲゼルシャフト	テンニース	結合の性質	家族・村落など 企業・国家など
生成社会 組成社会	ギディングス	発生の契機	家族・部族・民族など 企業・政党など
基礎社会 派生社会	高田保馬	紐帯の性質	家族・村落・都市など 企業・政党など
コミュニティ アソシエーション	マッキーヴァー	関心の充足	村落・都市・国民共同体など 家族・企業・国家など
第1次集団 第2次集団	クーリー ヤングなど	接触の様態	家族・子どもの遊び仲間など 企業・政党・国家など
内集団 外集団	サムナー	心理的特質	家族・同一民族など 他民族・他人種など
基礎集団 機能集団		発生の契機	家族・民族・村落など 学校・企業・政党など
フォーマル集団 インフォーマル集団	メイヨー レスリスバーガー	公式・非公式	ホーソン実験 人間関係論
機械的連帯 有機的連帯	デュルケーム	連帯の性質	環節的社会 有機的（組織的，職業的）社会

第8章 社会集団

社会集団
組織集団

実践 問題 152 基本レベル

頻出度 地上★★★ 国家一般職★★★ 特別区★★★ 国税·財務·労基★★★

問 集団に関する次の記述のうち，妥当なのはどれか。 (国税1984)

1：F.ギディングスは，集団をコミュニティとアソシエーションに区分し，このうちのコミュニティとは，一定の地域に人間生活全体に共通の関心を有する人々が共同生活を行うものであるとした。

2：F.テンニースは，集団を結合の性質が緊密な本質意志に基づくゲマインシャフトと契約的意志決定に基づくゲゼルシャフトとに区別し，社会の発展に伴ってゲマインシャフトが衰退し，それに代わってゲゼルシャフトが台頭してくるとした。

3：R.マッキーバーは，職場には能率の論理に支配された公式組織としての集団のほかに，構成員の心理的対応関係からなる非公式組織があり，後者は，組織の目的達成を阻害する働きをしているとした。

4：C.クーリーは，家族，遊戯集団，近隣集団などを第１次集団と呼び，その特質として成員間の接触の直接性と人格形成への基礎性をあげたが，社会の発展に伴い，これら第１次集団の存在理由は徐々に失われていくとした。

5：E.デュルケムは，社会的分業についての研究を踏まえて，社会的連帯を有機的連帯と機械的連帯とに区別し，社会は「有機的連帯」から「機械的連帯」へと発展していくとした。

実践 問題 152 の解説

〈社会集団の類型〉

1 × 集団を個人の関心の充足という観点からコミュニティとアソシエーションに分類したのはR.M.マッキーヴァー（マッキーバー）である。F.ギディングスは集団の発生の契機に着目し，自然発生的な生成社会と人為的な集団の組成社会に分類した。

2 ○ 本肢にある「契約的意志」とは，目的合理的で打算に基づく意志のことであり，選択（形成）意志と同義である。F.テンニースは社会がゲマインシャフトからゲゼルシャフトに変化していくことを指摘したが，完全なゲゼルシャフトの状態は人間疎外の状態になってしまうとして，相互扶助などを行うゲノッセンシャフト概念を提起している。

3 × ホーソン実験の結果として，公式組織すなわちフォーマル・グループのほかに非公式組織すなわちインフォーマル・グループを見いだし，人間関係論の重要性を唱えたのはE.メイヨー，F.レスリスバーガーらである。マッキーヴァー（マッキーバー）は個人の関心の充足という観点からコミュニティとアソシエーションに分類した。

4 × C.クーリーは第１次集団によって特に子どもの第１次社会化が行われると指摘した。しかし，「第１次集団の重要性が薄れていく」というような主張はしていない。

5 × E.デュルケームが社会の連帯について有機的連帯と機械的連帯の概念で説明したという点は妥当だが，社会は単純で同質的な機械的連帯の社会（環節的社会）から，複雑で異質的な成員からなる有機的連帯の社会（有機的社会）へと発展するとした。

正答 2

実践 問題 153 基本レベル

頻出度　地上★★★　国家一般職★★★　特別区★★★　国税･財務･労基★★★

問 集団に関する次の記述のうち，妥当なのはどれか。　（国税2004）

1：F.ギディングスは，本質意思によって結合された，自然的・自生的・有機的な感情融合を特色とする集団を「ゲゼルシャフト」，選択意思によって結合された，人為的・機械的な，互いに相手を手段視する利害打算の契約関係を特色とする集団を「ゲマインシャフト」と呼んだ。

2：C.クーリーは，直接的な接触に基づく成員間の親密な関係とこれに基づく協働とを特徴とする集団を「第一次集団」，間接的な接触に基づいて目的意識的に形成される集団を「第二次集団」，部分的・特殊的な利害関心の充足を特色とする集団を「第三次集団」と呼んだ。

3：R.マッキーバーは，一定の地域的な広がりの上に人間社会の全体に渡る様々な関心を共有しつつ自足的な社会生活が営まれる集団を「アソシエーション」と呼び，ある特定の関心を追求し，特定の目的を実現するために作られた「コミュニティ」と区別した。

4：集団の価値や規範を設定し，比較の基準を与えることによって，人々の評価・判断・態度・行動に影響を及ぼす集団を「準拠集団」と呼ぶが，開放的・流動的な社会では現に所属しない集団が準拠集団となることがある。

5：「未組織集団」が組織的な集団となることはないが，これは「未組織集団」では，人々の間に精神的な統一や持続的な結合関係，明確な目標を実現しようとする統一的な行動がないからである。

直前復習

チェック欄		
1回目	2回目	3回目

実践 問題 153 の解説

〈社会集団の類型〉

1 × ゲマインシャフトとゲゼルシャフトという用語を使って説明したのは，F.ギディングスではなくF.テンニースである。また，本肢ではゲマインシャフトとゲゼルシャフトの説明が逆になっている。前近代から近代への移行は「ゲマインシャフトからゲゼルシャフトへ」の順であり，前者が自然的なつながりで，後者が人為的なつながりである。

2 × 第１次集団とはC.H.クーリーによって唱えられた概念で，直接の接触による結合を持つ集団のことであり，この点で本肢の説明は適切である。しかし，第２次集団というのはクーリーではなく，のちのK.ヤングらによって唱えられたものである。第２次集団に関する本肢の説明は間違いではないが，この点で正確ではない。また，第３次集団という概念は存在せず，この記述もR.M.マッキーヴァー（マッキーバー）のいうアソシエーションの説明に近い。

3 × マッキーヴァー（マッキーバー）についての本肢で，単純にアソシエーションとコミュニティが逆になっている。

4 ○ 準拠集団とは，R.K.マートンによって提唱された概念で，自己の価値観，行動，態度などを決定する際の拠りどころとなる集団のことをいう。現在所属している集団だけでなく，過去に所属していた集団や，将来所属しようとしている集団も，これになりうる。子どもの頃に所属していたクラブや，これから入社しようとしている会社などがそれにあたる。

5 × 未組織集団は組織集団に比べると，確かに本肢でいう「精神的統一」「持続的結合関係」「統一的行動」などはずっと少なく，その点で両者は区別される。しかし，これらが「ない」とまではいい切れない。

正答 4

第8章 SECTION 2 社会集団
組織集団

実践 問題 154 応用レベル

頻出度	地上★ 国家一般職★★★ 特別区★★★ 国税・財務・労基★★★

問 社会集団や組織に関する次の記述のうち，最も妥当なのはどれか。

（国Ⅱ2007）

1：F.テンニースは，家族，民族，村落，都市など，本質意志に基づく結合体をゲマインシャフトと呼び，契約関係など，選択意志に基づく形成体をゲゼルシャフトと呼んだ。

2：E.デュルケームは，社会的分業が未発達な環節社会における人々の結びつきを有機的連帯と呼び，社会的分業が発達した組織社会における人々の結びつきを機械的連帯と呼んだ。

3：C.H.クーリーは，政党や労働組合など，共通の利害関心に基づいて形成された社会集団を第一次的集団と呼び，家族や仲間集団など，対面的で親密な社会集団を第二次集団と呼んだ。

4：R.M.マッキーバーは，特定の関心に基づいて形成される集団をアソシエーションと呼び，アソシエーションを基盤として形成されたインフォーマルな集団をコミュニティと呼んだ。

5：高田保馬は，生活協力と生活防衛機能をもつ，村落，都市，国民社会を基礎社会と呼び，基礎社会内部に成立する世帯，職域，地域集団などを派生社会と呼んだ。

チェック欄

1回目	2回目	3回目

実践 問題 154 の解説

〈社会集団の類型〉

1 ○　F.テンニースは，本肢の記述にあるように，人々の結合の性質を本質意志に基づくものと選択意志に基づくものに分け，前者をゲマインシャフト，後者をゲゼルシャフトとよんだ。ゲマインシャフトに属するものは，家族生活，村落生活，都市生活であるとし，それぞれを示す社会意志は，家族生活が一体性，村落生活が慣習，都市生活が宗教であると論じた。また，ゲゼルシャフトに属するものは，大都市生活，国民生活，世界市民的生活であり，それぞれの社会意志を示すものは，協約，政治，世論であるとした。

2 ×　E.デュルケームは，『社会分業論』の中で，近代化がもたらす社会変動について分業の概念から論じ，これを環節的社会における機械的連帯から，有機的社会における有機的連帯への発展として定式化した。したがって，本肢の説明は，有機的連帯と機械的連帯の説明が逆になっている。

3 ×　C.H.クーリーは，家族や仲間集団，遊戯集団，近隣集団など，対面的で「直接的な接触」による親密な結合を持つ集団を第１次集団とよんだ。クーリーにとって，第１次集団の重要なはたらきは，幼年期の第１次社会化（道徳意識の形成）に多大な影響を与えるということであり，これが家族や遊戯集団を第１次集団と定義する根拠となっている。また，第２次集団とは，特殊な利害関心に基づいて人為的に組織され，成員の間に「間接的な接触」しかない集団を意味し，政党や労働組合などがこれにあたる。したがって，本肢の説明は第１次集団と第２次集団の説明が逆となっているが，さらに**クーリー自身は第２次集団については言及しておらず**，K.ヤングらほかの研究者がクーリーの定義を踏まえて述べている。

4 ×　R.M.マッキーヴァー（マッキーバー）は，一定の地域的広がりのうえに，人々が全体的，包括的な関心を共有し，ある程度自足的な社会生活を営む共同体型社会をコミュニティとよび，**コミュニティを基盤として特定の関心を達成するために**，人々が人為的に組織する集団をアソシエーションとよんだ。

5 ×　高田保馬は，人々の結び付きの性質を自然的紐帯か人為的紐帯かを基準として社会を分類した。彼は血縁社会と地縁社会を基礎社会，職業団体と宗教団体を主要な構成要素とする社会を派生社会とし，近代化が進展する中で，基礎社会の持っていた機能が派生社会に受け渡され，基礎社会は衰耗すると論じた。彼はこの議論によって近代化という言葉がまだ使用されていなかった時期に，基礎社会から派生社会への変容により個人主義化や合理主義化が優位となる様を論理化したといえる。したがって，派生社会が基礎社会内部に成立するとの記述は誤り。

正答 1

社会集団
組織集団

実践 問題 155 応用レベル

頻出度	地上★　国家一般職★★★　特別区★★★ 国税·財務·労基★★★

問 集団や組織に関する次の記述のうち，妥当なのはどれか。　（労基1997改題）

1：高田保馬は，集団について，血縁や地縁を基盤とする共生社会が拡大し，人為的な紐帯による派生社会が縮小していくという「派生社会衰耗の法則」を主張した。

2：M.ウェーバーは，一定の指導者によって秩序の維持が保障されていない集団を「団体」，秩序の維持が保障されている集団を「結社」とした。

3：F.テンニースは，「ゲマインシャフト」とは，人々が互いに何らかの計算的な考慮を働かせる「本質意志」に基づいて人間関係を結んでいる集団と規定した。

4：C.H.クーリーは，メンバー同士が対面的な協力関係にある集団を「第１次集団」と「第２次集団」に類型化し，後者を民主主義の基本型であるとして重視した。

5：R.M.マッキーヴァーは，その成立契機に着目して共通の関心の追求のために明確に設立された社会生活の組織体を「アソシエーション」と定義した。

チェック欄

1回目	2回目	3回目

実践 問題 155 の解説

〈社会集団の類型〉

1 × 高田保馬は，自然的な血縁や地縁という紐帯によって成立する社会を基礎社会，人為的な紐帯によって成立する社会を派生社会とよび，近代化が進む中で基礎社会の持っていたさまざまな機能が派生社会に受け渡され，基礎社会はその機能を失っていくとした。これを「基礎社会衰耗の法則」とよんだ。

2 × 「一定の指導者によって秩序の維持が保障されている集団」をM.ウェーバーは「団体（Verband)」とよんだ。「結社（Verein)」は，この「団体」のうち，人々の協定によって成立し，加入した者のみがその秩序に従うような集団（例としては政党，教派）である。これに対して，属する人々に集団の秩序が強制されるような集団は「アンシュタルト（Anstalt)」とよんでいる（例として国家)。

3 × ゲマインシャフトとは，生に基礎を持つ本質意志に基づく共同体的社会のことであり，本肢にあるような打算的，「計算的な考慮を働かせる」のは選択（形成）意志とよんでいる。こうした選択意志により成立しているのがゲゼルシャフトである。

4 × C.H.クーリーが定義したのは，第１次集団のみである。第２次集団は，K.ヤングらののちの社会学者が，「第１次集団」の対概念として設けたものである。

5 ○ R.M.マッキーヴァーは，人々の自生的な生活領域空間をコミュニティとよんでいるが，その中で個別的な関心に基づき協同的に作られる組織，結社をアソシエーションとよんだ。

正答 5

第8章 SECTION 2 社会集団 組織集団

実践 問題 156 応用レベル

頻出度 地上★ 国家一般職★★★ 特別区★★★ 国税・財務・労基★★★

問 集団の類型に関する記述として妥当なのはどれか。 (国Ⅱ1979)

1：ゲゼルシャフトの特徴は，住民がその地域に対して特定の帰属意識をもち，政治的自律性と文化的独自性とを追求することに示される。

2：クーリーが規定する第２次集団とは，顔と顔とをつき合わせた親密な結びつきと緊密な協力とに特徴づけられる集団である。

3：コミュニティとアソシエーションという集団類型は，メイヨーらの産業社会学的な見地によるホーソン工場の実験から導き出されたものである。

4：特定の類似した関心や目的をもつ人々がそれらを達成するために意識的に結合し，形成する人為的な集団を，ギディングスはインフォーマル集団とよんだ。

5：親族・隣人・取引などの関係を契機として献身や愛情の対象となり，「我々」としてとらえられる強い結びつきをもつ一群の人々を，サムナーは内集団とよんだ。

チェック欄		
1回目	2回目	3回目

実践 問題 156 の解説

〈社会集団の類型〉

1 ×　F.テンニースの提起したゲゼルシャフト概念の特徴は，目的合理的で打算的な選択（形成）意志に基づき，人為的に形成され非人格的な結合しか持たない集団であるという点にある。よって，地域的な帰属意識は存在しない。

2 ×　C.H.クーリーは，直接的な接触（人格的・感情的な接触）があり対面関係にある家族や子どもの遊び仲間などを第１次集団とよんだ。なお，第２次集団概念はK.ヤングなどにより提起されたものである。

3 ×　コミュニティとアソシエーション概念は，個人の生活の関心の充足に着目したR.M.マッキーヴァーにより提起された。E.メイヨーらのホーソン実験の結果，見いだされた集団は「インフォーマル集団」である。

4 ×　特定の関心を達成するために人為的に組織された集団を，F.H.ギディングスは組成社会とよんだ。

5 ○　我々意識によって結束している内集団はしばしば保守的であり，他者（外集団）に対する敵対感情が表れ出ることがある。とりわけ人種的・民族的なレベルで自らの集団の優位性と外集団への劣等視が表れ出ることを，エスノセントリズム（自民族中心主義）とよぶ。

正答 5

第8章 SECTION 2 社会集団 組織集団

実践 問題 157 応用レベル

頻出度	地上★ 国家一般職★★★ 特別区★★★ 国税・財務・労基★★★

問 集団に関する次の記述のうち，妥当なのはどれか。（国Ⅱ1987）

1：F.テンニースは，人間の結合のあり方に注目して，集団をゲマインシャフトとゲゼルシャフトに区別し，時代とともに社会は利益社会的結合であるゲゼルシャフトから，共同社会的結合であるゲマインシャフトへと移行するとした。

2：R.マッキーバーは，集団の成立契機に注目して，集団をコミュニティとアソシエーションに区別し，コミュニティの範囲の縮小こそが社会の進化を示すものであるとし，人間は1つの包括的なコミュニティに属するべきであるとした。

3：C.クーリーは，成員の接触の仕方から，集団を第1次集団（家族，近隣集団等）と第2次集団（組合，株式会社等）に区別し，後者の人格形成に及ぼす影響を重視した。

4：G.ジンメルは，社会の範囲の拡大と内部の分化に従って，人間の結びつきは運命的・偶然的結合よりも，選択的・主体的結合が優位を占めるようになったことを指摘した。

5：R.マートンは，人間は自分の属する集団以外の集団によって自分の行動を決定づけられることはなく，自分の属する集団の与える枠によってのみ行動するものであるとし，準拠集団の概念を否定して所属集団の概念を明確化した。

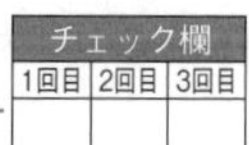

実践 問題 157 の解説

〈社会集団の類型〉

1 × F.テンニースは本質意志に基づくゲマインシャフトと選択（形成）意志に基づくゲゼルシャフトに類型化したが，社会はゲマインシャフトからゲゼルシャフトへと移行し，人間疎外が進行しているとした。

2 × R.M.マッキーヴァー（マッキーバー）は個人の関心が充足されるような社会について，全体社会としてのコミュニティ内部にある学校・会社・病院などのアソシエーションが増大・多様化することが必要であると唱えた。つまり，アソシエーションの充実（数が増えることや提供するサービスの質が向上することなど）とそれに伴うコミュニティの拡大が社会の進化を示しているということになる。

3 × C.クーリーは，成員間の直接的な接触が人格の形成に重要なはたらきをするとして，こうした集団を第１次集団とよんだ。なお，第２次集団はクーリーによるものではなく，K.ヤングらによるものである。

4 ○ 「運命的・偶然的結合」の集団とは，たとえば家族や近隣集団（村落）などを意味し，人間の社会集団の原初的な形態であったといえる。これに対して「選択的・主体的結合」の集団とは，たとえば会社や政党などのようにある一定の目的（利益の追求・政治的信念の実現など）を追求するための集団であり，後発的なものである。

5 × R.マートンは準拠集団概念を提起したが，これは自己の意思決定や価値観の形成に影響を与えた集団のことである。たとえば家族や友人のような自己の所属している集団の場合もあれば，テレビで見た人々から受ける影響のように自己の所属していない集団の場合もある。

正答 4

実践 問題 158 応用レベル

頻出度	地上★	国家一般職★★★	特別区★★★
	国税·財務·労基★★★		

問 集団の社会学に関する次の記述のうち，妥当なのはどれか。 （国Ⅱ2001）

1：社会学にとって，集団は，個人と社会との結節点として重要な研究対象であり続けてきた。古典的な社会学においては，集団類型の設定が，集団の社会学の実質的な内容を形作っていた。H.スペンサーが設定したゲマインシャフト（共同社会）とゲゼルシャフト（利益社会）との区分は，その一例である。

2：C.H.クーリーは，家族，近隣，同輩などの集団を指して，第一次集団と呼んだ。後に，国家，政党，企業などの集団を指して，第二次集団という言葉も用いられるようになる。これらはR.M.マッキーヴァーのコミュニティとアソシエーションなどとともに，集団の社会学の基礎的な概念となっている。

3：集団の社会学では，集団を基礎集団と機能集団とに分類することが通例である。基礎集団が自生的に形成され，メンバー間の直接的接触を前提とするのに対して，機能集団は人為的に形成され，メンバー間の間接的接触を特徴とする。M.ウェーバーが官僚制組織として問題にしたのは，前者である。

4：集団の社会学では，集団を組織集団と非組織集団とに区分する場合がある。非組織集団として一般に挙げられるのは，群集，公衆，大衆などである。J.オルテガ・イ・ガセットは，群集と対比して大衆の概念を提示した。新聞などを通じて世論の担い手となる合理的な存在というのが，彼の大衆像である。

5：集団には，フォーマルな集団とは別に，インフォーマルな集団がある。例えば，職場の中の仲間集団は，その典型的事例である。G.E.メイヨーは，ホーソン実験で，このようなインフォーマルな集団の重要性を明らかにした。彼は，職場の中の人間関係を重視する科学的管理法の父といわれる。

実践 問題 158 の解説

〈社会集団の類型〉

1 × ゲマインシャフトとゲゼルシャフトとの区分を提唱したのはH.スペンサーではなく，F.テンニースである。

2 ○ C.H.クーリーのいう第１次集団とは，直接的接触に基づく親密なものであり，強力な連帯感が築かれているものである。一方で，利害関係に基づく第２次集団という概念もあるが，こちらのほうはクーリーによる概念ではない。

3 × 最後の一文が妥当でない。官僚制組織は国家機関，企業などに見られるものであり，基礎集団ではなく，統治のために人為的に形成される機能集団に見られるものである。

4 × 大衆を「新聞などを通じて世論の担い手となる合理的な存在」と説明している最後の箇所が妥当でない。これは「公衆」概念についての説明である。J.オルテガ・イ・ガセットのいう大衆とは，**20世紀以降の高度産業社会・民主社会において台頭する，非合理かつ無責任な勢力のことであり，否定的に捉えられた存在**である。

5 × 最後の一文が妥当でない。科学的管理法はG.E.メイヨー以前に唱えられていたものであり，F.W.テイラーによって提唱されたものである。本肢前半のメイヨーらは，それまでの科学的管理法とは違って，インフォーマルな人間関係の影響を重視しており，彼らの理論は人間関係論とよばれる。

正答 2

第8章

社会集団

章末 CHECK　　? Question

Q1 複数の役割の間に矛盾が生じ，行為者が葛藤に陥ることを役割矛盾という。

Q2 組織集団は非組織集団に比べて，共通の目的・目標の存在，地位・役割の分化，規範・規則の存在，成員間の相互行為の持続性，といった特徴がある。

Q3 G.ル・ボンは群衆を，衝動的で被暗示性が強い存在とみなし，一時的な感情に支配されて行動する群衆が登場した近代民主主義社会を批判した。

Q4 G.タルドは，集団の成員が空間的に分散しており，マス・コミュニケーションの情報に流され，理性的・合理的な判断のできない人々を「公衆」とよんだ。

Q5 F.テンニースはゲマインシャフトとゲゼルシャフトの概念を提示したが，ゲマインシャフトの基盤となるのは選択意志であり，ゲマインシャフトの典型例は大都市や国家である。

Q6 選択意志は愛情や他者への理解といった人間が自然に持っている意志のことであり，本質意志は何らかの目的を達成するために選択を行っているときにはたらく人為的な意志である。

Q7 R.M.マッキーヴァーは歴史を通じてコミュニティが拡大していくとともに，アソシエーションも分化していくと捉えた。

Q8 C.H.クーリーによれば，第１次集団とは直接的，対面的な接触を特徴とし，成員間に連帯感と一体感が存在する集団であり，自我の形成にとって基礎的な集団であるとされる。

Q9 F.H.ギディングスは，血縁的集合または地縁的集合で集団成員にある種の意識の共通性があり，社会全体の中において独立したポジションを持つ集団を「生成社会」と規定した。

Q10 W.G.サムナーのいう内集団とは基礎集団のことであり，外集団とは機能集団のことである。

Q11 高田保馬は社会集団を基礎集団的な「基礎社会」と機能集団的な「派生社会」とに類型化した。

A1 × 正しくは役割矛盾ではなく，役割葛藤である。同一の個人がその地位や立場によって複数の役割を持つ場合，それを役割群というが，各々の役割の間には葛藤が生じることがある。これを指す。

A2 ○ P.A.ソローキンは社会集団を組織集団と非組織集団に分け，組織集団の特徴として本問のほか，仲間意識の存在，明確なリーダーシップの存在といった特徴を挙げた。

A3 ○ G.ル・ボンによれば，群衆（群集）は，一定の空間的位置を占める，一時的な集団である，非組織的で成員が匿名的である，共通の関心事を有する，などの特性を持つとされる。

A4 × G.タルドは，マス・コミュニケーションの影響を受けた共通の関心事を持ち，理性的・合理的な判断を特徴とする人々を「公衆」とよんでいる。

A5 × 逆である。基礎集団としてのゲマインシャフトは本質意志に，機能集団としてのゲゼルシャフトは選択意志に基づいている。

A6 × 選択意志と本質意志はともにF.テンニースの重要な概念であるが，説明が逆である。

A7 ○ R.M.マッキーヴァーは社会集団を，地域に基盤を置いた共同体社会であるコミュニティと，特定の機能を果たすために人為的に形成されるアソシエーションに分類し，問題文のように主張した。

A8 ○ なお，第2次集団の概念はK.ヤングらによってのちに付け加えられた。

A9 ○ F.H.ギディングスはまた，「生成社会」に対して，特定の目的達成のために人為的に組織される社会を「組成社会」と名づけて対比した。

A10 × 内集団とは「我々意識」によって強く結ばれている集団であり，外集団とは「彼ら」「よそ者」として捉えられる集団のことである。

A11 ○ なお，高田保馬は，歴史を通じて基礎社会は衰退していくとし，社会（人口）を規定因とするこうした歴史観を「人口史観（第三史観）」とよんだ。

memo

官僚制・組織

SECTION

① 官僚制
② 組織論

第9章　官僚制・組織

出題傾向の分析と対策

試験名	地上			国家一般職（旧国Ⅱ）			特別区			国税・財務・労基		
年度	15-17	18-20	21-23	15-17	18-20	21-23	15-17	18-20	21-23	15-17	18-20	21-23
出題数／セクション		1			1	1	1	3	1		1	1
官僚制		★			★		★	★★				
組織論						★		★	★		★	★

（注）１つの問題において複数の分野が出題されることがあるため，星の数の合計と出題数とが一致しないことがあります。

地方上級

官僚制論は公務員を，組織論は企業をイメージしながら理解するとよいでしょう。個々の学説が問われることも多いですが，官僚制や組織に関する一般的特徴についての問題もよく出されます。その点においても，官僚制や組織のイメージを持ったうえで個々の学説を捉えたほうがよいと思われます。官僚制ではウェーバーとマートンの理論，組織論では科学的管理法と人間関係論が重要です。

国家一般職（旧国家Ⅱ種）

国家一般職（旧国Ⅱ）では行政学理論の知識や労働についての細かい学説が肢に入ることもよく見られ，難易度の非常に高いものとなっています。主要な学者や学説だけでなく，過去に出題された細かい学説についてもその内容を確認しておきましょう。行政学や経営学を受験科目に選択している学生はその知識も生かしましょう。過去に出題されていない学説まで押さえるのは困難ですが，まずは今まで出題された範囲について知識を確認しておけば，本試験で正解肢をかなり絞り込めるはずです。

特別区

官僚制ではウェーバーとマートンの理論を，組織論では科学的管理法と人間関係論をしっかりと押さえておきましょう。特別区の社会学の特徴は「広く浅く」ですので，インプットにあるその他の学説についても学者名と主要概念は的確に覚えておきましょう。

国税専門官・財務専門官・労働基準監督官

問題レベルは国家一般職（旧国Ⅱ）に次ぐ難しさで，単に学者名と概念を暗記しただけでは解けません。ただ，国家一般職（旧国Ⅱ）のように見慣れない学説が頻出することはないようですので，このインプットおよび過去問で取り上げられている学説について，内容まで十分に学習しておくのがよいでしょう。

Advice アドバイス 学習と対策

「官僚制論」や「組織論」は行政学や経営学でも学ぶもので，これらの科目をすでに学んでいる人は該当箇所をごく簡単に読んでおく程度でよいでしょう。ただ，行政学や経営学を学んでいない人は，この章でしっかりと内容を押さえておく必要があります。

第9章 1 SECTION

官僚制・組織
官僚制

必修問題 セクションテーマを代表する問題に挑戦！

官僚制の特徴について問うた問題です。特に官僚制についての知識がなくても，常識レベルで解ける程度のものです。

問 官僚制に関する次の記述のうち，妥当なのはどれか。　（国Ⅱ1987）

1：わが国の官僚制は，外見上の階統制をもちながら実態面では強い割拠性を内在している点に特色があり，この原型は明治時代に形成されたものである。

2：官僚制における権限行使の正統性の根拠は，もっぱら昔から続いた伝統の神聖さに基づくものであり，強制や力による支配ではないが合理的支配とはいいがたい。

3：官僚制は，家産官僚制と同様，近代的人間関係を前提とした機能的・全人格的体系であるから，それを有効に機能させるためにはインフォーマルな人間関係を重視することは好ましくない。

4：官僚制は，先例踏襲や縄張主義を特徴としており，公務部門においてのみ重視されるものであり，他の集団に現れるものではない。

5：現代において議会や政党は，国民の代表であるという性格を強めることによって，官僚制に対抗するリーダーシップを一段と発揮するようになった。

直前復習

Guidance ガイダンス　家産官僚制と近代官僚制

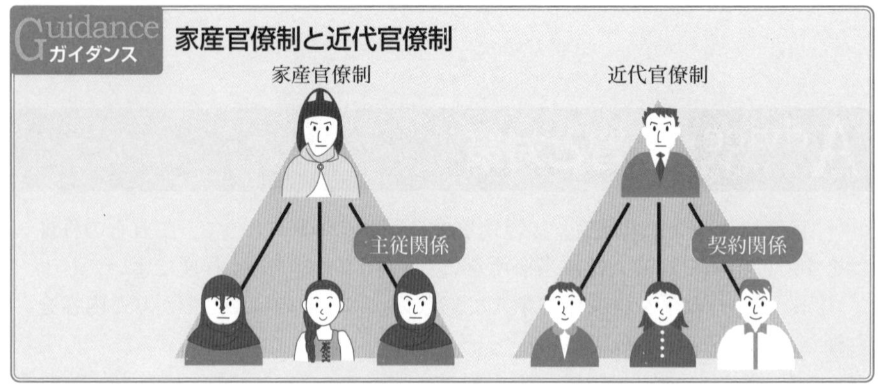

必修問題の解説

〈官僚制〉

1 ○ わが国では，明治期以降に今日の官僚制の基礎が完成したといえる。しかし，わが国はそれまでの藩閥政治の影響が色濃く，一元的政治勢力がなかったため，権力基盤の統一性を欠いていた。また，行政各省による省閥も存在し，今日に至っている。

2 × M.ウェーバーの支配の3類型に従えば，**近代官僚制は合法的支配の純粋型**であり，合理的な支配を志向している。**伝統的支配の典型は家父長制や長老制**などであり，支配者の支配の内容に合理性が認められることを必ず要するわけではない。

3 × 官僚制は全人格的な体系ではなく，非人格的な統制に傾きがちであるところから，インフォーマルな人間関係をも取り入れつつ機能させることが望ましいといえる。

4 × 先例踏襲や縄張主義は公務部門の官僚制組織のみに見られるものではなく，企業組織や学校組織などの**大規模な統率を必要とする集団では往々にして革新的な戦略の選択をせず，先例を墨守した保守的な統制が見られる。**

5 × わが国をはじめとする多くの行政国家では，官僚制の確立によって相対的に議会や政党がリーダーシップを発揮できる機会が減少している。

正答 1

官僚制・組織

官僚制

1 官僚制論

(1) M.ウェーバーの官僚制論

ウェーバーは，家産官僚制と近代官僚制を区別して捉えました。家産官僚制とは，古代から中世における官僚制であって，王，主君と身分の不自由な官吏によって構成される組織でした（古代→皇帝－奴隷，中世→主君－家臣団）。これに対して近代官僚制は近代社会における官僚制であり，身分の自由な官吏が自らの意思で契約を結び職務に就く組織形態です。

また，ウェーバーは支配の３類型のうち，官僚制（近代官僚制）を合法的支配の典型例として挙げました。

官僚制は，組織の活動が合理的に分業化された管理運営のシステムであり，その「卓越した技術的優位性」のゆえに行政組織のみならず企業，労働組合などの大規模組織においても幅広く取り入れられる，とされました。

ウェーバーは，このような官僚制の特徴として以下のようなものを挙げています。

①権限の原則：職務上の義務と権限の厳格な規定

②階統制の原則：整然とした上下関係（ヒエラルキー）を持つ指揮命令系統

③公私の区別：公的な職務と官僚の私生活との厳格な区分

④専門性の原則：専門的訓練を受けたことが官僚となる条件。世襲禁止

⑤文書主義：命令，事務処理などの過程を文書化し記録，保存

(2) R.K.マートンの官僚制の逆機能論

マートンは，ウェーバーの唱えた官僚制の諸原則が職員の内部に過度に取り込まれたとき，官僚特有の心理が生まれ，その心理が時・場所・場合を問わず出現するようになる，それが官僚主義であるとしました。マートンは，訓練された無能力，目的の転移という２つの概念を使ってこのような官僚主義を批判しています。

①訓練された無能力

・専門的訓練を受けたがゆえに生じる，想定外の事態に対する無能力さ

②目的の転移

・そもそもは公平で正当な事務処理の遂行という目的のための手段であったはずの規則の遵守という要請が，手段ではなく目的と化すこと

(3) 官僚制の原則と逆機能

官僚制の原則が逆にもたらしてしまう**逆機能**については，マートンやその他のさまざまな学者の議論を受けて，一般に現在では以下のようなことがいわれています。

①**形式主義（法規万能主義）**：法規が万能になってしまい，法規からはずれたことは一切できない
②**責任回避**：他の部署への責任のたらい回し
③**割拠主義（セクショナリズム）**：組織全体の目標や利益ではなく，自己の部署の利益や保身を第一に考える
④**繁文縟礼**（はんぶんじょくれい）**（レッド・テープ）**：文書がなければ何も動かない
⑤**権威主義・事なかれ主義・保身主義**

(4) 寡頭制の鉄則（R.ミヘルス）

ミヘルスは，20世紀初期に欧米諸国における社会主義政党や労働組合の実態を調査した結果，いかなる組織であっても，権力を掌握した指導者層の動機は，やがて自らの権力の維持と拡大に変容してしまい，少数者による支配が組織に貫徹し，組織の官僚制化が進むとして，これを「寡頭制の鉄則」とよびました。

(5) 官僚制への批判

ウェーバーの官僚制概念への批判は，その後，数々の実証研究を通して次々と行われていきました。マートンに師事したP.M.ブラウとA.グールドナーによってそれぞれ行われたものが有名です。

ブラウは，ウェーバーの強調した官僚制の合理性が，現実にはそのままのかたちで現れないことを指摘し，現実に官僚制が機能するためには，組織全体の利益が各従業員に還元される報酬の分配システムの整備が必要であるとしました。さらに，官僚制組織の内部では，非人間的な規則や行動基準に対して従業員が盲目的に従うわけではなく，むしろ両者にとっての直接的な報酬の交換というメカニズムが強力に作用していることを明らかにしました。

グールドナーは，官僚制を支える組織内の規則は，経営者側が従業員管理の目的で一方的に制定する場合と，安全管理のように労使双方の利益が一致することを前提とした合意の下に行われる場合があり，前者を「懲罰官僚制」，後者を「代表官僚制」とよび，前者のような事態においてより労使紛争を招きやすいことを指摘しました。

官僚制・組織
官僚制

実践 問題 159 基本レベル

頻出度	地上★	国家一般職★★	特別区★★★
	国税·財務·労基★★		

問 官僚制に関する次の記述のうち，妥当なのはどれか。（国税1988）

1：官僚制は，大衆社会の出現に伴って現れてくる近代社会の合理的組織であり，この現象は国家機構にのみ生起するものである。

2：現代国家は立法国家といわれるように，立法部の行政部に対する優越性が強く，現代国家における官僚制の比重は低下しつつある。

3：官僚制の構成員は，少なくとも理論的には感情的な親近性の絆によって相互につながってはおらず，この点において官僚制は非人格的組織である。

4：官僚制は非常に柔軟な組織であり，外部からのインパクトに対しては，これを積極的に受け入れる姿勢が強い。

5：わが国の官僚制における意思決定の方式である稟議制は，意思決定が迅速に行われ，責任の所在がはっきりするという長所があり，最近では先進諸国でも採用している。

チェック欄

1回目	2回目	3回目

実践 問題 159 の解説

〈官僚制〉

1 × 官僚制は，本肢記述の後半部分のように「国家機構にのみ生起するもの」ではなく，程度の差こそあれ，近代社会以後のあらゆる効率的運営を目指す大規模組織（たとえば企業）に共通する特徴と考えられている。

2 × 現代国家は**行政国家**といわれるように，行政部の諸活動が立法部や司法部の諸活動と比較して相対的に強化・拡大しており，それに随伴して官僚制の原理に基づく行政組織の比重，すなわち国家における官僚制の比重も増している。

3 ○ M.ウェーバーによれば，官僚制においては，成員同士が非人格的な関係によって結ばれているがゆえに，個人的な感情や予測できない一切の非合理的な要素を排除することができ，組織の目標達成のために最も合理的・能率的な分業が可能となる。よって，本肢の記述は妥当である。

4 × 本来は合理的で能率的な手段であるはずの官僚制も，その維持が目的化されてしまうことにより**官僚主義**の問題が発生する。官僚制の機能から派生する官僚制の逆機能的側面としては，**法規万能主義**，**繁文縟礼**（レッド・テープ），**割拠主義**（セクショナリズム），**権威主義**などがよく指摘され，本肢のように「官僚制は非常に柔軟な組織で……積極的に受け入れる姿勢が強い」とは一般的に考えられていない。

5 × **稟議制**はわが国の公私の官僚制組織に共通する独特の意思決定方式だが，末端の成員からその上司へ，さらにその上司へと草案の文書が回議され，最終的に専決権者の決裁を得るまでに時間がかかり，一般的に責任の所在も明確になりにくいといわれる。

正答 3

第9章 SECTION 1 官僚制・組織
官僚制

実践 問題 160 基本レベル

頻出度	地上★ 国家一般職★★ 特別区★★★ 国税・財務・労基★★

問 官僚制又は組織体に関する記述として，妥当なのはどれか。（特別区2012）

1：R.マートンは，官僚制は，明確な規則に基づく職務遂行，職務の配分と権限の分割，官職の階統制，私生活と職務活動の分離などの特性があり，技術的に最高能率を達成できる最も合理的な支配行使の形態であるとした。

2：P.ブラウは，官僚制においては，組織目標を達成するための手段にすぎない規則の遵守が自己目的化し，形式主義が生じ，この傾向がこう昂じると，組織の目標達成が阻害されるようになるとした。

3：R.ミヘルスは，組織の拡大は，組織運営の分業化と専門化をもたらすとともに組織の統一的な指導を必要とし，ここに少数の指導者が生じ，組織をより効率的に機能させるための必然として，少数の指導者に権限が集中するとした。

4：M.ウェーバーは，組織内部の規則と規律との緊張関係の点から，官僚制を，上から一方的に規則が制定され規律が強要される懲罰的官僚制と，当事者間の合意に基づく規則により活動の規律化か行われる代表的官僚制とに類型化した。

5：A.グールドナーは，官僚制組織におけるインフォーマル集団の機能に着目し，官僚制が発展的システムであるためには，統合機能を果たす凝集力のあるインフォーマル集団の形成が必要であるとした。

直前復習

チェック欄

1回目	2回目	3回目

実践 問題 160 の解説

〈官僚制〉

1 × これはM.ウェーバーの官僚制論である。マートンは，職員の専門化が過剰に進められることによって，専門以外のことについて無知な職員が増加する「訓練された無能力」を指摘した。さらに，組織内部の職員が，本来は組織の目標達成の手段にすぎない官僚制を目的化することにより（「目的の転移」），その維持に固執する結果，あらゆる問題に対して規則的・形式的に対処することにこだわり（規則万能主義・形式主義），異なる部署同士の連絡や協働に対して否定的な態度（セクショナリズム）が生まれることも指摘した。

2 × これはR.マートンの官僚制論である。P.ブラウは，ウェーバーの強調した官僚制の合理性が，現実にはそのままのかたちで現れないことを指摘し，現実に官僚制が機能するためには，組織全体の利益が各従業員に還元されること，すなわち労働の対価としての報酬の分配システムの整備が必要であることを説いた。さらに，官僚制組織の内部では，非人間的な規則や行動基準に対して従業員が盲目的に従うわけではなく，むしろ両者にとっての直接的な報酬の交換というメカニズムが強力に作用していることが明らかにされた。

3 ○ 本肢にあるR.ミヘルスの理論は「寡頭制の鉄則」とよばれる。ミヘルスは，20世紀初期に欧米諸国における社会主義政党や労働組合の実態を調査し，「構成員の平等と民主的組織運営」を原則とする革新的な組織においても一部の人間たちによる少数者支配が貫徹されているという事実をもとに，「寡頭制の鉄則」を主張した。そして彼は，およそ組織である限りこのような少数者支配の傾向は避けられないとした。

4 × これはA.グールドナーの官僚制論である。M.ウェーバーは，近代社会においては合法的支配が中心となるとし，近代官僚制を合法的支配の典型として，肢1にあるような諸特徴を挙げた。さらにウェーバーは，官僚制に一定評価を与えつつ，隅々に浸透した官僚制組織が，個人の自発性やイニシアチブを圧殺し，人々を無気力状態に追いやるだろうと予測し，カリスマ的な指導者によって導かれる民主主義に期待をかけた。

5 × これはP.ブラウの官僚制論である。ブラウは，職業安定所などの調査をもとに，M.ウェーバーのいう官僚制の合理性が，現実にはそのままのかたちでは現れないことを指摘し，官僚制が機能するためにはインフォーマル集団の形成が必要であることを主張した。

正答 3

官僚制・組織
官僚制

実践 問題 161 応用レベル

頻出度	地上★ 国家一般職★★ 特別区★★★ 国税·財務·労基★★

問 組織体に関する次の記述のうち，妥当なのはどれか。　（国税1999）

1：F.テンニースは，近代的組織体の一形態である株式会社を「選択意志に基づくありとあらゆる社会的・法的形象の完全なる典型」であり，ゲゼルシャフトの要素をまったく含まないゲマインシャフト的団体であるとした。

2：M.ウェーバーは，アノミーという不安定で解体傾向すら有する近現代社会にあって，功利主義的個人主義を超克することも可能である道徳力の源泉として，協働的で制御力のある職業集団の制度化を説いた。

3：E.デュルケームは，官僚制について，合法的権限を正当とみなす支配構造を基礎とした組織体の管理機構であって，法規に基づく規律と管理技術の専門知識を背景とした権限による合理的支配の形式であると説いた。

4：T.パーソンズは，組織体を協働関係のシステムと呼び，「組織体とは特定目標の達成を第一に志向する社会構造の下位システムである」という定義を与え，全体社会の目標達成機能を特殊限定的に分担し遂行する社会的集合体とみなした。

5：R.ミヘルスは，官僚制はしばしば，官僚的専門知識による訓練された無能，専門閉塞，規則への同調過剰による目標の置換，儀礼主義，派閥の形成，非人格性と冷淡さ，尊大や不遜，大衆の軽視などの人間問題を引き起こすと説いた。

チェック欄

1回目	2回目	3回目

実践 問題 161 の解説

〈官僚制〉

1 × 株式会社は，ゲマインシャフトの要素をまったく含まないゲゼルシャフト的団体である。

2 × 本肢の説明は，M.ウェーバーではなく，E.デュルケームについてのものである。デュルケームは，アノミーの概念を用いて，分業と社会秩序の問題や社会規範の無規制性と自殺の問題を論じている。

3 × 本肢の説明は，デュルケームではなく，ウェーバーのものである。ウェーバーは，支配の３類型の１つである，合法的支配の最も合理的な純粋型として近代官僚制を定義した。

4 ○ T.パーソンズは，構造－機能主義の立場から，人々の相互行為を社会システムとして把握し，システムの全体と部分の関係，システムと環境との交換系を理論化した。

5 × 本肢の説明は，R.ミヘルスではなく，R.K.マートンの官僚制の逆機能論に関するものである。ミヘルスは，社会主義政党や労働組合の組織研究から，あらゆる組織において権力が専門知識を持った少数の人々に集中していくとする寡頭制の鉄則を主張した。

正答 4

官僚制・組織
官僚制

実践 問題 162 応用レベル

頻出度	地上★　国家一般職★★　特別区★★★ 国税・財務・労基★★

問 M.ウェーバーの官僚制に関する記述として，妥当なのはどれか。

（特別区2015）

1：M.ウェーバーは，支配の３類型として合法的支配，伝統的支配，カリスマ的支配を提示し，合法的支配の最も純粋な型が官僚制的支配であるとした。

2：M.ウェーバーは，官僚制は大規模な組織である行政機関に限られたものであり，大規模な組織がすべて官僚制的特質を示すものではないとした。

3：M.ウェーバーは，官僚制の固有の特徴として，権限の明確なヒエラルヒーは存在しないが，成文化された規則が，組織のあらゆるレベルで職員の行動を統制するとした。

4：M.ウェーバーは，機械的システムと有機的システムという組織類型を提案し，機械的システムが，明確な回路をとおして意思の疎通が上下方向で行われる官僚制的システムであるとした。

5：M.ウェーバーは，官僚制組織が非効率的になる可能性を認識し，官僚制の規則に基づく管理は，顧客との軋轢（あつれき），職員の規則への固執という潜在的逆機能を生み出すとし，これを官僚制の逆機能と呼んだ。

実践 問題 162 の解説

〈ウェーバーの官僚制〉

1○ M.ウェーバーは官僚制を，古代から中世封建社会における「**家産官僚制**」，すなわち身分的に王や君主に仕えることが定まっていた人々が官吏となっていた制度と，官吏がその自由意志により，契約というかたちでそれぞれの職務に就く「**近代官僚制**」とに区別し，近代官僚制こそが，合法的支配の典型的なものだとした。

2× 官僚制は行政機関に限られたものであるとする記述が誤りである。ウェーバーによれば，官僚制とは複雑で大規模な組織の目的を能率的に達成するために，組織の活動が合理的に分業化された管理運営のシステム（「生命ある機械」）であり，その卓越した技術的優位性のゆえに行政組織のみならず企業，労働組合などの大規模組織においても幅広く取り入れられる，とされる。

3× 権限の明確なヒエラルキー（ヒエラルヒー）は存在しないとする記述が誤りである。ウェーバーは官僚制の特徴として，一元的な指揮命令系統（ヒエラルキー）を有し，下級権限者は上級権限者の統制と管理の下に置かれている「階統制の原則」を挙げている。

4× 組織類型として機械的システムと有機的システムの概念を提示したのはウェーバーではなく，T.バーンズとG.M.ストーカーである。機械的システムとは，内部の組織がさまざまな規則や手続によって明確に階層構造化されている組織であり，一方，有機的システムとは，内部の組織の自由度がより高く，外部環境の変化に対して適応的であり，意思決定の権限も分散化されている組織である。

5× **官僚制の逆機能**を指摘したのは**R.K.マートン**である。マートンは，職員が専門家として標準な状況に向けてよく訓練されているがゆえに非常な事態の場合には対処できなくなってしまうという「**訓練された無能力**」と，規則を守ることが組織の目的のための手段であったのにそれ自身が目的へと転移してしまう「**目的の転移**」という2つの概念を使って官僚主義を批判している。また，これ以外に，法規万能主義，責任回避，割拠主義（セクショナリズム），繁文縟礼（レッド・テープ），権威主義，事なかれ主義，保身主義などの逆機能を挙げている。

正答 1

第9章 SECTION 1 官僚制・組織

官僚制

実践 問題 163 応用レベル

頻出度 地上★ 国家一般職★★ 特別区★★★ 国税·財務·労基★★

問 マートンの官僚制に関する記述として，妥当なのはどれか。 （特別区2019）

1：マートンには,「支配の諸類型」の著書があり, 支配の３類型として合法的支配, 伝統的支配，カリスマ的支配を提示して，合法的支配の最も純粋な型が官僚制であるとした。

2：マートンは,「現代社会の官僚制」を著し，インフォーマルな社会関係の凝集性の欠如が個々人の地位の不安定性をもたらして，過剰同調や目標の転倒を生み出すとした。

3：マートンは,「社会理論と社会構造」を著し，規則の遵守を強調することが, 職員の規則への過剰同調による目標の転移という予期しない結果をもたらすとし，これを官僚制の逆機能と呼んだ。

4：マートンには,「組織とリーダーシップ」の著書があり，テネシー渓谷開発公社（ＴＶＡ）が草の根民主主義の理念を政策に反映させようとした結果，その事業に関係する有力団体を政策過程の中に取り込んだ事実を指摘した。

5：マートンは,「産業における官僚制」を著し，石膏（こう）事業所の実証的研究により, 官僚制を模擬官僚制，代表官僚制，懲罰型官僚制に類型化して，懲罰型官僚制である場合に，組織内の緊張が生じやすいとした。

実践 問題 163 の解説

チェック欄		
1回目	2回目	3回目

〈マートンの官僚制〉

1 × 『支配の諸類型』はM.ウェーバーの著作である。『支配の諸類型』は彼の遺稿集『経済と社会』に含まれる論文で，本肢にある支配の３類型を提示し，官僚制を合法的支配の典型例とした。さらに彼は，官僚制の特徴として，権限の原則，階統制の原則，公私の区別，専門性の原則，文書主義などを挙げている。

2 × 『現代社会の官僚制』はP.M.ブラウの著作であり，本肢の内容も彼についてのものである。彼は，M.ウェーバーの強調した官僚制の合理性が，現実にはそのままのかたちで現れないことを指摘し，官僚制組織においてもインフォーマルな人間関係が重要な役割を果たしていることを指摘した。

3 ○ R.K.マートンは，従来の機能主義的な社会理論を見直す中で，社会というシステムを構成する各要素が実際にはシステムの維持を阻害するような効果をもたらすことを「逆機能」とよび，この概念を官僚制の問題の分析に適用した。彼は官僚制の逆機能として，本肢にある「目標の転移」のほかに，「訓練された無能力」，形式主義（法規万能主義），責任回避，割拠主義（セクショナリズム），繁文縟礼（レッド・テープ）などを挙げている。

4 × これはR.K.マートンではなく，彼に師事したP.セルズニックについての説明であり，『組織とリーダーシップ』もセルズニックの著書である。なお，補足しておくと，本肢に述べられているテネシー渓谷開発公社（ＴＶＡ）の政策についての分析は，1949年の論文『ＴＶＡとグラス・ルーツ』でより詳しくなされている。

5 × A.グールドナーの『産業における官僚制』について述べたものである。グールドナーは官僚制を，規則が労使以外の外部機関によって制定される「模擬官僚制」，安全管理のように労使双方の利益が一致することを前提とした合意の下に行われる「代表（的）官僚制」，経営者側が従業員管理の目的で一方的に規則を制定する「懲罰（的）官僚制」の３つに分け，懲罰的官僚制が最も組織内の緊張を生じやすく，逆に外部から規則が与えられる模擬官僚制ではほとんど緊張が見られないとした。

正答 3

官僚制・組織
官僚制

実践 問題 164 応用レベル

頻出度	地上★	国家一般職★★	特別区★★★
	国税・財務・労基★★		

問 ミヘルスの寡頭制の鉄則に関する記述として，妥当なのはどれか。

（特別区2018）

1：ミヘルスは，上からの強制によって制定された規則に基づく官僚制と，当事者間の合意を通して制定された規則に基づく組織の官僚制を，それぞれ懲罰中心的官僚制と代表的官僚制と命名した。

2：ミヘルスは，集団について，本質意志により結合されたゲマインシャフトと選択意志により結合されたゲゼルシャフトに類型化し，時代はゲマインシャフトからゲゼルシャフトへ移行するとした。

3：ミヘルスは，民主主義を標榜する政党組織であっても，それが巨大化するにつれて，少数者の手に組織運営の権限が集中していく傾向があり，どんな組織でもそれが巨大化するにつれて避けることのできない現象であるとした。

4：ミヘルスは，官僚制が発展的システムであるためには，最小限の雇用の安定性，仕事に対する職業意識，統合的機能を果たす凝集力のある作業集団の確立，この作業集団と経営との間の根本的葛藤の欠如，障害物を障害物として経験し，新しい欲求を作り出すという組織上の欲求の５つの条件が必要であるとした。

5：ミヘルスは，機械的システムと有機的システムという２つの組織類型を提案し，機械的システムは明確な回路を通して意思の疎通が上下方向で行われるのに対して，有機的システムは細分・配分されない役割，責任・権限の弾力性，ヨコ関係と相互行為の重視が特徴であるとした。

チェック欄

1回目	2回目	3回目

実践 問題 164 の解説

〈ミヘルスの寡頭制の鉄則〉

1 × 官僚制を，上からの強制によって制定された規則に基づく懲罰的官僚制と，当事者間の合意を通して制定された規則に基づく代表的官僚制に分類したのはA.グールドナーである。なお，グールドナーは，懲罰的官僚制は代表的官僚制に比べて，より労使紛争を招きやすいことを指摘している。

2 × 本肢の説明はF.テンニースについてのものである。なお，彼は，近代化とともに人々の生活はゲマインシャフトからゲゼルシャフトへとその中心を移していくが，それによって人間疎外の傾向が顕著になるとし，両者を止揚する概念としてゲノッセンシャフトを提起している。

3 ○ R.ミヘルスのこの理論は「寡頭制の鉄則」とよばれる。彼は，組織が巨大化すると，少数者の手に組織運営の権限が集中していくようになると同時に，官僚制化も進行していくとし，たとえ構成員の平等と民主的運営を原則とする組織でもこのような傾向が見いだされると述べた。

4 × これはP.M.ブラウの『官僚制の動態』についての説明である。ブラウは，E.メイヨーらの人間関係論を官僚制論に導入し，成員同士のインフォーマルな関係が組織の円滑な運営に貢献することを論じた。そして，組織が発展的であるためには，本肢にある諸条件が必要であるとした。

5 × これはT.バーンズとG.M.ストーカーのコンティンジェンシー理論の説明である。彼らは組織を，職能的な専門化，明確に規定された規則，垂直的なピラミッド型の組織構造などに特徴づけられる機械的システムと，知識・経験に基づく専門化，弾力的な権限・規則，水平的なネットワーク型の組織構造などに特徴づけられる有機的システムに分類し，環境が安定している場合は前者のほうが，不安定な場合は後者のほうがより効率的な組織であると論じた。

正答 3

第9章 SECTION 1 官僚制・組織 官僚制

実践 問題 165 応用レベル

頻出度 地上★　国家一般職★★　特別区★★★　国税･財務･労基★★

問 組織をめぐる人間関係に関する次の記述のうち，妥当なのはどれか。

（国家一般職2018）

1：M.ヴェーバーは，『支配の社会学』において，支配の三類型のうちの一つである「伝統的支配」の最も純粋な型として官僚制を位置付けた。彼は，近代社会では，官僚制は行政組織内においてのみ観察され，社会の他の領域では見られないと主張した。

2：C.I.バーナードは，『経営者の役割』において，個人を組織に従属させる機械的組織論を展開した。彼は，個々の組織が組織目標の達成と成員の動機の充足という二つの課題を同時に達成することは不可能であると主張した。

3：F.W.テイラーは，『科学的管理法』において，時間研究，動作研究に基づいて労働者の一日当たりの標準作業量を確定するという方法を考案した。生産能率の向上などを図るために考案されたこの方法は，自動車メーカーにおける工場管理にも影響を与えた。

4：G.リッツアは，『ディズニー化する社会』において，ディズニー社の社員に求められている行動様式が，多くの領域・地域で影響を与えていると主張した。彼は，ディズニー化を，現代社会の全生活過程において脱マニュアル化が進行していく過程であるとした。

5：P.ブラウは，論文「弱い紐帯の強さ」において，強い紐帯よりも弱い紐帯の方が，異なる集団間の情報伝播を容易にすると主張した。一方で，彼は，転職活動においては，弱い紐帯を用いたときよりも強い紐帯を用いたときの方が，転職者にとって満足度の高い転職となっていることを明らかにした。

チェック欄

1回目	2回目	3回目

実践 問題 165 の解説

〈官僚制〉

1 × M.ウェーバー（ヴェーバー）が『支配の社会学』で支配の３類型を論じたのは正しいが，官僚制は伝統的支配ではなく，合法的支配に位置づけられている。また，第２文の記述も正しくなく，官僚制は行政組織内においてのみではなく，一定の規模を持つ組織に広く見られるとヴェーバーは論じている。

2 × C.I.バーナードは『経営者の役割』において，組織の３要素として，組織全体の目標である「共通目的」，成員が組織の共通目的を達成しようと欲する「貢献意欲」，組織内の「コミュニケーション」を挙げ，組織の共通目標を達成するためには，成員の貢献意欲を高めるための（金銭的，社会的，心理的などの）誘因を貢献より多く供与することが必要であるとした。よって，第２文の記述が誤りであり，その２つの課題を同時に達成させるべきであるとするのが彼の主張である。

3 ○ F.W.テイラーはミッドベール・スチール社に勤務したのち，そこでの労働者管理の経験を生かして複数の企業で経営の改善を行い，その成果を『出来高払い制私案』，『工場管理』，『科学的管理法』などの著作にまとめた。なお,「自動車メーカーにおける工場管理にも影響を与えた」とは，H.フォードのフォード・システムのことである。

4 × G.リッツァ（ア）の著作は『ディズニー化する社会』ではなく，『マクドナルド化する社会』である。リッツァは，マクドナルドの社員の行動様式や経営に見られるような徹底した合理化・マニュアル化が今や社会全体に浸透していると批判した。よって，「現代社会の全生活過程において脱マニュアル化が進行していく過程である」とする最後の１節の記述も誤りである。

5 × 『弱い紐帯の強さ』はM.グラノヴェッターの著作名であり，本肢の記述も彼についてのものである。ただし，第２文は正しくなく，転職活動においては弱い紐帯を用いた場合のほうが転職者にとっても満足度が高いことをグラノヴェッターは明らかにしている。なお，P.ブラウは交換理論で知られる社会学者であるが，官僚制の研究でも優れた業績を残している。彼は『官僚制の動態』で，職員同士のインフォーマルな関係が官僚制に与える影響を分析した。

正答 3

組織論

必修問題 セクションテーマを代表する問題に挑戦！

組織の特徴についての問題です。特に学者名が出てきませんが，基礎的知識がないと答えられないレベルとなっています。

問 組織に関する次の記述のうち，妥当なのはどれか。　（国Ⅱ1988）

1：組織には定型組織と非定型組織とがあるが，一般の行政組織は，社会の変化に迅速に対応する必要があることから非定型組織となっている。

2：行政組織には単独制と合議制とがあるが，意思決定の統一性と迅速性が，決定に至るまでの準備段階における代表性と熟練性に優越する場合には，単独制が行政にとって最も効率的な形態である。

3：組織にはラインとスタッフがあるが，スタッフは単なる勧告権だけではなく，決定権と命令権をも有する。

4：企業組織においては，営利を追求するために命令系統の明確化が求められており，そのため管理・生産・販売部門を通じてラインがその構成原理とされており，スタッフはほとんど存在しない。

5：企業組織においてはフォーマル組織が発達し合理的に機能しているため，いわゆるインフォーマル組織が発生する余地はほとんどなく，このため人間関係論の重要性が最近指摘され始めている。

直前復習

Guidance ガイダンス　ラインとスタッフ

ラインとは組織課題に直接責任を負う職位体系であり，その職務を日常的に遂行している部門である。一方スタッフとは，ラインに助言・勧告を行い，ラインを補佐する部門で，組織の課題にとって間接的な機能を担当している。ラインとスタッフの分離を主張した古典的組織論のL.ギューリックの理論を図示しておく。

ギューリックの組織論

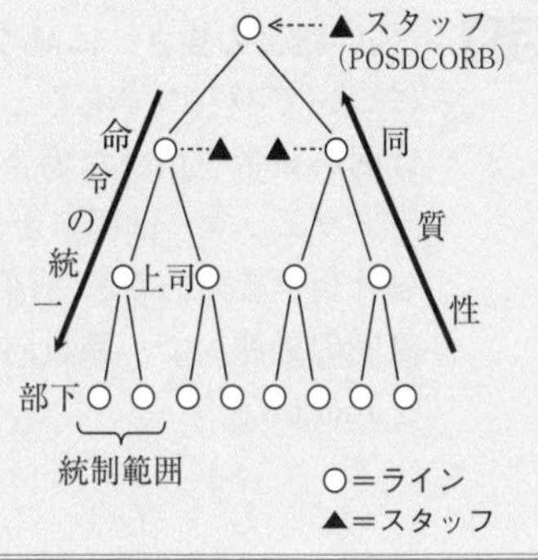

必修問題の解説

〈組織論〉

1 × 行政組織は一般に定型組織であり，画一的な業務の処理などに適応しているとされる。しかし，行政組織は定型組織である一方で非定型組織の側面も自然発生的に持ち，両者から効率的な運営が目指されている。

2 ○ 単独制は意思決定の迅速さにおいて最も効率的であるが，情報や資源の集中をもたらすことによる弊害が引き起こされる可能性がある。さらに，組織全体が一元的に統合されるため，責任の所在も明らかにされる。それゆえ，現代の行政組織では，一般に単独制が採られている。

3 × 伝統的なスタッフの考え方では，スタッフはラインを補佐する機関であり，決定権や命令権はラインが有し，スタッフは勧告権しか持たないものとされる。

4 × 企業組織において営利追求のためにする戦略の策定や諮問のためにはスタッフも必要である。多くの企業組織において実際にスタッフが設置されている。

5 × 企業組織には一般にフォーマル組織（グループ）のほかにインフォーマル組織（グループ）が生まれており，その両者によって成員のモラール（やる気，士気）が向上したり減退したりする。

正答 2

第9章 SECTION 2 官僚制・組織 組織論

1 経営論

(1) 科学的管理法［テイラー・システム］（F.W.テイラー）

19世紀終わりから20世紀初頭にかけて，アメリカのテイラーは，労働者の組織的怠惰の問題について調査し，その原因が労働者の適正作業量を無視した当時の経営方法にあることを指摘しました。そうした事態の改善のために，テイラーは平均的労働者の公正な１日の作業量についての時間研究と，標準的な作業方法を見いだすための作業研究を行い，標準的な作業条件の下で標準的な作業方法に基づいた作業量，すなわち，課業を単位とした課業管理を制度的に行うテイラー・システムを開発しました。

(2) フォード・システム

自動車会社を経営するH.フォードが考案した流れ作業による効率的な生産方法で，ベルトコンベア方式の原型となったシステムです。そこでは，作業者はなるべく移動せず，不必要な動作から極力解放されねばならないという原則が重視されました。このフォード・システムを円滑に機能させるものとして，テイラーの科学的管理法が用いられました。

(3) ホーソン実験・人間関係論（E.メイヨー，F.レスリスバーガー）

1920～30年代にかけてアメリカのウェスタン・エレクトリック社で作業能率の向上・低下の要因を調べるための実験が行われました。この実験からメイヨー，レスリスバーガーらのハーバード大学の研究者たち（ハーバード学派）は，それまでの科学的管理法に見られるような「作業能率は物理的な作業条件の変化に依存する」という考え方を否定し，作業能率に対するインフォーマルな人間関係を重視する考え方を打ち出しました。

また，メイヨー，レスリスバーガーらは，職場のような集団においては，「公式な規則に沿って配置された地位・役割の体系としての組織（フォーマル集団）」と同時に「職場において自然発生的に成立するインフォーマルな人間関係による集団（インフォーマル集団（組織））」が存在するとしました。こうしたインフォーマル集団（組織）は，人間関係を中心にした感情に基づく集団であるために，フォーマル組織の目的に対して順機能的にも逆機能的にも作用するとされます。

ホーソン実験	ウェスタン・エレクトリック社で行われたホーソン実験において，照明の強さをどれくらいにしたら作業能率が最高になるかを実験したところ，両者には何ら関係が見いだせませんでした。このことからレスリスバーガーらは，自然発生的に生まれるインフォーマルな人間関係が職場の「モラール」に大きな影響を及ぼしていることを見いだしました。

(4) コンティンジェンシー理論（T.バーンズ，G.M.ストーカーら）

条件適合理論あるいは環境適応理論と訳されます。伝統的な組織論が普遍的に最善な組織編制の方法を探究しようとしたのに対し，コンティンジェンシー理論は置かれた条件に適合した組織再編が重要だと唱えました。

2 リーダーシップ論

(1) ヘッドシップ・リーダーシップ

フォーマルな組織の内部では，通常，上司と部下の命令－服従関係は，規則に基づいて明確に規定されています。そのような規定に基づいて発揮される権限のことを「ヘッドシップ」といいます。一方，他の成員たちの支持・評価に基づく人格的な影響力は「リーダーシップ」とよばれます。

(2) 手段的リーダー・表出的リーダー（R.ベイルズ）

ベイルズ（ベールズ）は，小集団に課題を与える実験を繰り返す中から，一般にリーダーシップには2つの異なった特性があることを発見しました。

・手段的リーダー：集団の課題解決を率先して図る
・表出的リーダー：成員間の良好な情緒的な関係を維持し，集団の統合を図る

(3) 民主型リーダー・専制型（権威主義型）リーダー・放任型リーダー（R.リピット，R.ホワイト）

リピットとホワイトは，リーダーシップの相違が個人や集団にどのような影響を及ぼすのかを分析し，専制型リーダー，民主型リーダー，放任型リーダーの3つの類型を提示しました。このうち仕事量においては専制型リーダーが，仕事の質とモラール（士気・やる気）については民主型リーダーが最も高く，一方いずれの点でも低いのは放任型リーダーであることを明らかにしました。

実践 問題 166 基本レベル

頻出度	地上★	国家一般職★★	特別区★★
	国税･財務･労基★★★		

問 職場集団に関する記述のうち，妥当なのはどれか。 (国Ⅱ1983)

1：職場集団は，家族と同様に人間の社会生活の中で大きな比重を占める集団であり，その形成過程や構成原理，目標，機能様式において家族と極めて類似している。

2：職場集団は経営体そのものではなく，そのフォーマルな末端組織としての性格を有するが，他方，日常の職務活動を通じて形成されるインフォーマルな対面的人間関係をその常態としている。

3：職場集団は経営体の末端組織であると同時に，労働組合の末端組織でもあるが，その成員は専ら自らの経済的利益を勘案して，より有利なほうに忠誠を誓うものとされる。

4：職場集団内部における良好な人間関係は，集団の結束を固め，経営体から利益を引き出すために機能するが，経営体の生産性を高めることには無力である。

5：職場集団は経営体におけるフォーマルな組織の末端を構成するが，本来インフォーマルな集団であり，経営体の目的や方針から離れて独自の活動を行うことをその目的とする。

チェック欄

1回目	2回目	3回目

実践 問題 166 の解説

〈組織論〉

1 × 職場集団は，もともと何らかの目標のために人為的に形成された組織の末端に位置する集団で，各成員の役割や地位は第２次集団的性格を持つ企業体によって厳密に配分されるが，その人間関係についていえば，インフォーマルな性格を同時に有している。職場集団をゲマインシャフト的な人間関係として理解することもできるが，本肢の記述にあるように「形成過程や構成原理，目標，機能様式」などに関していうなら，家族のような「基礎集団」の特質とは大きく異なる。

2 ○ 職場集団は，本肢の記述からも察せられるように，フォーマルな側面とインフォーマルな側面をあわせ持つ集団である。

3 × 職場集団が「経営の末端組織」であるのは事実だが,「労働組合の末端組織」である必要はない。また，仮にある職場集団の成員がすべて同一の労働組合に属していたとしても，どちらかに「忠誠を誓う」ことが要請されるような状況では，各人が「自らの経済的利益を勘案して」選択を行うよりもむしろ，集団規範や成員間の共通感情が強く作用するといえる。

4 × 職場集団は，必ずしも本肢の記述にあるように「経営体から利益を引き出すために機能する」ものではなく，E.ゴフマンの言葉を借りるなら，むしろ組織における役割の「構造のすきま」に個人の独自性を見いだすうえで助けとなるものである。また，職場集団が「経営体の生産性を高めることには無力である」ということは一概にはいえず，たとえばチームワークを要求されるような職務に関しては,本肢の記述のように「集団の結束を固め」ることがプラスの方向に作用すると考えられる。

5 × 本肢前半部の記述は誤りではないが,職場集団が後半部の記述のように「経営体の目的や方針から離れて独自の活動を行うことをその目的とする」とはいえない。肢１の解説参照。

正答 2

実践 問題 167 基本レベル

頻出度	地上★ 国家一般職★★ 特別区★★ 国税·財務·労基★★★

問 組織に関する次の記述のうち，妥当なのはどれか。 (財務2013)

1：R.ミヘルスは，政党などの組織においては，組織構成員の平等と民主的な組織運営を原則にしており，指導者による状況に応じた判断とその判断に対する一般構成員の服従が不可欠ではないことから，寡頭制支配は生じないことを示し，これを「寡頭制支配の鉄則」と呼んだ。

2：M.ウェーバーは，法規化された秩序の合法性及びこの秩序によって支配を行う権限を与えられた者の命令権の合法性に対する信仰に基づいて近代官僚制ができているとし，これを伝統的支配の典型的類型であるとした。

3：R.K.マートンは，官僚の規則に基づいた職務遂行が，規則遵守の自己目的化によって形式主義的な態度を生み出すなど，官僚制のメカニズムそのものの中に，日常的に観察される官僚主義の弊害を生み出す原理を見いだした。

4：P.ローレンスとJ.ロルシュらは，「コンティンジェンシー理論」を体系化し，組織の置かれた環境や条件に関係なく，あらゆる組織に共通して有効と認められる組織原則が存在すると主張した。

5：W.ホワイトは，自分の全人格を積極的に組織に帰属させ，忠誠を捧げようとする人々のことをオーガニゼーション・マンと呼び，その人々の間では個人に対する社会からの圧力を道徳的に許容しない倫理感が形成されているとした。

チェック欄

1回目	2回目	3回目

実践 問題 167 の解説

〈組織論〉

1 × **R.ミヘルス**によれば，一定規模の組織では，その存続と目標達成のために指導者層を分化させて決定権を集中させるが，そのことにより指導者の動機が自らの権力の維持と拡大に変容し，少数者による支配が組織に貫徹し，組織の官僚制化が進んでいく。彼は，組織である限り少数者支配の傾向は避けられないとし，それを「**寡頭制の鉄則**」とよんだ。

2 × 官僚制の意義について，社会学的立場から最初に本格的に論じたのは，**M.ウェーバー**である。ウェーバーによると，前近代的では**伝統的支配**が中心であったのに対して，近代社会においては**合法的支配**が中心となる。彼は，古代から中世封建社会における，世襲制に支えられた「**家産官僚制**」と，官吏がその自由意志により，契約というかたちでそれぞれの職務に就く「**近代官僚制**」を区別し，後者を合法的支配の典型的なものだとした。

3 ○ **R.K.マートン**は，従来の機能主義的な社会理論を見直す中で，社会システムを構成する各要素が実際にはシステムの維持を阻害するような効果をもたらすことを「逆機能」とよんだ。本肢の例は「**目的の転移**」とよばれるものである。ほかに彼は「**訓練された無能力**」や，規則万能主義・形式主義，セクショナリズム，繁文縟礼（レッド・テープ）などを挙げている。

4 × **コンティンジェンシー理論**は，条件適合理論あるいは環境適応理論などと訳される。伝統的な組織論が，組織に共通して有効と認められる組織原則を探究しようとしていたのに対し，コンティンジェンシー理論は，置かれた環境や条件に適合した組織再編が重要だと唱えた。この理論の代表的な論者としてはJ.ウッドワード，T.バーンズとG.M.ストーカー，本肢にあるP.ローレンスとJ.ロルシュ(ローシュ)らである。特にローレンスとロルシュはこの理論の名づけ親となった。

5 × **W.H.ホワイト**はその著書『オーガニゼーション・マン』の中で，大企業の中堅層などに特徴的な，組織に対して全人格的に献身し，集団帰属への願望や，組織の優越性の信仰といった独特のイデオロギーを持つ「組織人間」を特徴的に描いた。よって，「個人に対する社会からの圧力を道徳的に許容しない倫理感が形成されている」という一文は妥当しない。

正答 3

第9章 SECTION 2 官僚制・組織
組織論

実践 問題 168 基本レベル

頻出度	地上★ 国家一般職★★ 特別区★★ 国税･財務･労基★★★

問 メイヨーによれば，組織はフォーマルな側面とインフォーマルな側面の両方を有しているが，それに関する次の記述のうち，妥当なのはどれか。

（国税1993）

1：フォーマルな組織の内容は，慣習や伝統的な価値，成員の信念や感情であり，インフォーマルな組織の内容は，目標，職務，権限の分割について，文書や規則の形として明確化したものである。

2：インフォーマルな組織を貫くものは感情の論理にすぎないので，企業経営者がインフォーマルな組織を企業内から一掃することは可能である。

3：インフォーマルな組織は，職場集団において組織成員のモラールに弊害を与え，企業本来の目的を阻害してしまうものである。

4：成員個人が組織内での意思決定や行動の基準とするものは，フォーマルな価値や規範の体系だけではなく，インフォーマルな価値や規範の体系もある。

5：職場集団レベルにおいて，組織成員のモラールを根底から規定するのは，フォーマルな組織ではなくインフォーマルな組織である。

直前復習

チェック欄		
1回目	2回目	3回目

実践 問題 168 の解説

〈科学的管理法・人間関係論〉

1 × 本肢の記述では，フォーマルな組織（フォーマル・グループ）の内容とインフォーマルな組織（インフォーマル・グループ）の内容の説明がそれぞれ逆になっている。前者が「目標，職務，権限の分割について，文書や規則の形として明確化したもの」であり，後者が「慣習や伝統的な価値，成員の信念や感情」に基づくものである。

2 × インフォーマルな組織（集団）は，各成員の信念や感情に基づくものであるがゆえに，企業経営者が恣意的にそれらを排除することは不可能とされる。

3 × インフォーマルな組織（集団）が常に企業本来の目的を阻害するとは限らない。たとえば，生産性の低い労働者が，生産性の高い仲間の労働者に刺激されて自らの生産性を高めるよう努力したり直接的な協力を受けたりすることで，集団全体での生産性が高まることも考えられる。

4 ○ 本肢の記述にある「インフォーマルな価値や規範」の例としては，ホーソン実験において明らかにされた，「仕事に精を出しすぎてはいけない」「仲間が迷惑しそうなことを上司に告げ口してはならない」「あまり他人のおせっかいをしてはならない」といった，労働者間の暗黙のルールが挙げられる。

5 × 本肢の記述のように「組織成員のモラール（やる気，士気）を根底から規定する」という点に関していえば，フォーマルな組織とインフォーマルな組織（集団）はそれぞれ違ったかたちで重要な役割を演じており，どちらか一方とはいえない。たとえば，労働者は職場内でのインフォーマルな人間関係を尊重する一方で，賃金上昇や昇進の機会に関しては敏感に反応し，就業意欲を高めるのが一般的である。

正答 4

官僚制・組織
組織論

実践 問題 169 基本レベル

頻出度	地上★	国家一般職★★	特別区★★
	国税·財務·労基★★★		

問 いわゆるホーソン工場における実験の結果に関する次の記述のうち，妥当なのはどれか。 (国Ⅱ1990)

1：第二次世界大戦後のアメリカ産業の生産性向上を図るために行われた実験であり，生産性を向上させるためには，厳正な労務管理と罰則規定の整備が必要であるとされた。

2：職場集団には，フォーマル組織とインフォーマル組織が存在し，インフォーマル組織は常にフォーマル組織を阻害するものであることが明らかにされた。

3：作業員の個人的感情を中心として発生した，自然発生的なものであるインフォーマル組織が，作業員のモラールに影響を与えることが明らかにされた。

4：インフォーマル組織を貫く論理は賃金であり，賃金上昇に伴いインフォーマル組織の成員の結びつきは弱まり，インフォーマル組織は自然に消滅していくことが明らかにされた。

5：この実験の結果，人間関係の重要性が指摘され，アメリカにおいては人間関係論が盛んとなったが，もともと社会生活にあって人間関係が重視される日本においては無視された。

チェック欄

1回目	2回目	3回目

実践 問題 169 の解説

〈科学的管理法・人間関係論〉

1 × ホーソン実験は，第2次世界大戦前の実験である。1924～27年にアメリカのウェスタン・エレクトリック社が行った「照明実験」の調査結果では判明しなかった職場の作業環境・条件と生産性の関係を明らかにする目的で，1927年からハーヴァード大学のE.メイヨー，F.レスリスバーガーらを中心に行われた一連の実験調査である。ホーソン実験の結果，生産性向上のためには良好な人間関係が重要であるとされたのであり，本肢の後半部分のように「厳正な労務管理と罰則規定の整備」が必要とされたのではない。

2 × ホーソン実験では，本肢の記述にあるように職場集団内に会社側が定めたフォーマルな職務分担とは別にインフォーマルな仲間集団が存在することが発見されたが，後者が前者を常に阻害するという点は明らかにされていない。一般には，インフォーマルな仲間集団が職場内での情報伝達をスムーズにする効果なども考えられ，マイナスの側面だけではなくプラスの側面が指摘されることもある。

3 ○ 具体的には,「仕事に精を出しすぎてはいけない」といったようなインフォーマル・グループ特有の集団規範が各作業員のモラール（やる気，士気）に影響を及ぼすことが，ホーソン実験の結果から明らかにされた。

4 × 肢3の記述にもあるように，インフォーマル・グループは個人間の相互的な感情作用によって自然発生的に生まれ，賃金の上げ下げといったような手段を用いても，内部の人間関係が直接的な影響を受けるとは限らない。

5 × 日本においても，それまで未発達だった経営理論に対して，人間関係論は広範な影響を及ぼした。もともと，日本の職場においては，社会人類学者の中根千枝が「タテ社会」と表現したように，人間関係は序列化され重視されていたが，経営理論としても改めて重要性が認められることとなった。

正答 3

官僚制・組織
組織論

実践 問題 170 応用レベル

頻出度	地上★	国家一般職★★	特別区★★
	国税･財務･労基★★★		

問 **次は，労働に関する社会学的研究についての記述であるが，A，B，Cに当てはまるものの組合せとして最も妥当なのはどれか。** （財務・労基2019）

・［ A ］は,『人間の条件』において, 活動的生活を構成するアクティビティを,「活動」,「仕事」,「労働」の三つに分類し,「労働」は，人間の肉体の生物学的過程に対応するアクティビティであり，生命それ自体という人間の条件に対応するとした。

・I.イリイチは，『［ B ］』において，家事労働などのような，市場経済が機能するために必要とされるが，その背後ないしは外部にあり，賃金が支払われない労働を「［ B ］」と呼び，これらにより市場経済は下支えされているとした。

・A.R.ホックシールドは，『管理される心』において，接客労働や対人サービス労働を分析するために［ C ］という概念を考案し，心身の疲労が強まると，燃えつき（バーンアウト）につながりやすくなるおそれを指摘した。

	A	B	C
1：	M.ヴェーバー	シャドウ・ワーク	ワーク・ライフ・バランス
2：	M.ヴェーバー	ソーシャル・ワーク	ワーク・ライフ・バランス
3：	H.アーレント	シャドウ・ワーク	ワーク・ライフ・バランス
4：	H.アーレント	シャドウ・ワーク	感情労働
5：	H.アーレント	ソーシャル・ワーク	感情労働

チェック欄

1回目	2回目	3回目

実践 問題 170 の解説

〈労働〉

A 「H.アーレント」についての記述である。彼女はドイツの哲学者で，本記述にある『人間の条件』のほか，全体主義を分析した『全体主義の起源』などの著作がある。M.ハイデッガーとの不倫関係は有名であるが，ナチスに協力していたハイデッガーの戦後における復権と再評価に貢献したことも重要である。アーレントによれば，「人間の条件」の最も基本的要素となる活動力は，〈労働〉，〈仕事〉，〈活動〉の3側面からなるとした。そして，〈活動〉こそ，人間が物を介在させずに他の人間とかかわる営みであり，個々人の多数性を実現するものであるとし，政治こそそうした場でなければならないと論じた。

B 「シャドウ・ワーク」が入る。I.イリイチは『シャドウ・ワーク』において，近代以後の産業社会は財とサービスの生産を中心とするが，そこにはそれらを補完するものとして家事労働や通勤が必然的に伴われているとし，これらは不可欠なものでありながら対価を支払われない影のようにおとしめられた労働であるとして，これらを「シャドウ・ワーク」と表現した。これは，個々人の生活が，市場経済の制度化とともに，生産労働に対して支払われる賃金に全面的に依存するようになり，自活能力が低下したことの産物とされる。

C 「感情労働」が入る。感情労働とは，社会学者A.R.ホックシールドが提起した概念で，自分自身の感情を相手が期待している精神状態に合わせてコントロールすることが求められる労働を指す。一般には，感情は自然に表現されるものであると考えられている。しかしながら，社会的存在である我々は，社会的な役割に応じて感情をコントロールすることが求められる。このように，社会的に「感じるべきこと」に従って振る舞うことを「感情管理」とよぶが，特に脱工業化段階をむかえた社会では，サービス産業が隆盛し，感情管理が職務上欠かせない領野が拡大しつつあるといえる。ホックシールドはこうした感情労働が特に女性の職業に求められがちであることを指摘している。

よって，正解は肢4である。

なお，他の選択肢のうち，「ソーシャル・ワーク」とは社会（福祉）事業のことであり，「ワーク・ライフ・バランス」とは仕事と生活の調和，つまり仕事と生活の両立を指す言葉である。

正答 4

組織論

実践 問題 171 応用レベル

頻出度 地上★ 国家一般職★★ 特別区★★ 国税・財務・労基★★★

問 組織に関する次の記述のうち，妥当なのはどれか。 （国Ⅱ2004）

1：M.ウェーバーによれば，近代官僚制とは，仕事や権限が規則によって決められており，階統的な権限体系があって，カリスマ的な態度によって仕事が遂行され，専門的な能力に基づいて人材が登用される大規模な組織であり，極めて効率的な支配の手段である。

2：V.パレートは，政党や労働組合のような民主的な組織においても，規模が大きくなると少数のエリートが固定化された指導層を形成して，権力を追求するようになる傾向があると指摘し，この傾向を寡頭制の鉄則と呼んだ。

3：R.K.マートンのいう官僚制の逆機能とは，本来，組織目標を達成するための効率的な手段であるはずの規則が自己目的化して，形式主義や技術主義に陥り，組織目標の達成が阻害されることである。

4：A.エチオーニは，下級管理者とそれに従う成員との命令・服従関係に注目して，強制的組織，功利的組織，規範的組織の三類型を導き出した。ここで，規範的組織とは，象徴的価値を配分する報酬的権力とそれへの成員の打算的関与によって特徴付けられる。

5：C.バーナードは，組織の有効性を高めるためには，成員の満足度を高める必要があると論じて，組織を構成する単位がそれぞれ自律性を持ち，個人のイニシアティブによって水平的で柔軟な協働関係を実現するネットワーク型組織を提案した。

チェック欄		
1回目	2回目	3回目

実践 問題 171 の解説

〈組織論〉

1 × 「カリスマ的な態度によって仕事が遂行され」が誤り。M.ウェーバーは支配の類型を，支配される側が支配の正当性を受け入れる正当性信念の観点から，伝統的支配，カリスマ的支配，合法的支配の3つに分類したが（支配の3類型），このうち**官僚制は合法的支配の代表**とされる。本肢中以外の官僚制の特徴として公私の区分や文書主義をウェーバーは挙げている。

2 × 寡頭制の鉄則はV.パレートではなく，R.ミヘルスである。ミヘルスは**どんな民主的な組織もそれが組織である限り少数者に指導権が与えられ，少数支配の傾向を強める**とした。なお，パレートは社会学においては，エリートの周流，残基，派生体の概念で知られる。

3 ○ R.K.マートンは機能主義の社会学者で，機能という概念の精緻化で知られる。マートンは機能を順機能－逆機能，顕在的機能－潜在的機能の2対の概念に分類した。逆機能とは本来の機能とは反対に，マイナスにはたらく機能のことである。マートンは官僚制の逆機能として訓練された無能力と目的の転移を挙げているが，本肢の説明は後者についてのものである。

4 × A.エチオーニは組織を「組織が行使する権力･権威の型」と「組織メンバーが組織との間に持つ関係の型」の2つから，強制的，功利的，規範的の3つの類型に分類した。このうち「象徴的価値を配分する報酬的権力とそれへの成員の打算的関与によって特徴付けられる」のは規範的組織ではなく，功利的組織である。

5 × C.バーナードは，組織が存続するためには「動機」に基づく「誘因」と「貢献」が均衡していなければならないとする組織均衡論を唱えた。また，権威は部下の受容によって成立するとする「権威受容説」を唱えた。「個人のイニシアティブによって水平的で柔軟な協同関係を実現するネットワーク型組織」というのはバーナードの学説とは関係がない。

正答 3

実践 問題 172 応用レベル

頻出度 地上★ 国家一般職★★ 特別区★★ 国税·財務·労基★★★

問 職場集団に関する記述のうち，妥当なのはどれか。 (国Ⅱ1997)

1：ホーソン工場の実験の結果から，職場集団における各メンバーの個性や相互の人間関係は，モラールや生産性に強く影響することが発見された。F.W.テイラーは，このような職場集団における人間関係の科学的な分析に基づき，科学的管理法を提唱した。

2：職場集団におけるモラールと生産性は，リーダーのタイプによって影響を受ける。K.レヴィンのグループが行った実験では，民主型リーダーがいる職場集団と比べて，放任型リーダーの職場集団は，モラールは低いが生産性は高く，専制型リーダーの職場集団は，モラールは高いが生産性は低いという結果が出ている。

3：現代社会においては，巨大組織があらゆる生活局面で，小集団に対し優越した力を及ぼしており，職場集団も，巨大組織によってあり方が規定され，その従属的な部分として位置づけられている。このため，職場集団の固有の構造や機能は失われ，その意義も低下していることが指摘されている。

4：企業は，一般に，経済合理性を追求する中で，職場集団内のインフォーマルな部分を構成員の合理的な行動を妨げるものとして可能なかぎり排除しようとする。そのため，現代の大企業における職場集団は，業績本位の原理に立脚した，フォーマルでインパーソナルな機能集団となっている。

5：職場集団においては，自然発生的に固有の集団規範が形成され，メンバーの逸脱する行動に対しては集団圧力が働き，集団の結束を高めようとする。このような人間関係と集団規範による内部統制は，経済的な誘因よりも強力であり，メンバーの行動を強く規制する。

チェック欄

1回目	2回目	3回目

実践 問題 172 の解説

〈組織論〉

職場集団とは，生産や販売の１つのチームのように，企業組織の末端で１つの単位となっている集団であるが，こうしたフォーマルな側面とともに，（そこで自然発生的に生まれてくる）インフォーマルな人間関係の側面もあわせ持つ集団と定義できる。

1 × F.W.テイラーの科学的管理法は，職場集団の人間関係ではなく，物理的な作業条件に関する科学的な分析を行ったものである。テイラーは，作業に関する時間研究と動作研究を行い，最も能率的な作業方法を実験的に確立しようとした。

2 × 本肢はK.レヴィンの指導の下でR.リピットとR.ホワイトが行ったリーダーシップに関する実験についてのものである。リピットとホワイトの実験では，民主型リーダーと比較し，放任型リーダーの下では，モラール（やる気，士気）も低く，生産性も低い。専制型リーダーでは，モラールは低いが生産性は高い（場合によっては低い）というのが実験結果であった。

3 × 人間関係学派は労働者の生産性に対するインフォーマル集団（組織）の重要性を指摘したが，現代の経営論においても，やはりインフォーマル組織は重視されており，本肢の最後のように「職場集団の固有の構造や機能は失われ，……低下している」とはいえない。

4 × 経済合理性の追求において，職場集団の中のインフォーマルな部分を排除するのではなく，活用することが考えられている。**実際に職場集団では，自然発生的にインフォーマルでパーソナルな関係が形成され，そこでの信頼関係が経済合理性の追求にむしろプラスとなる場合もある。**

5 ○ 本肢は，人間関係学派の考え方を述べたものといえる。人間関係学派は，物理的な作業条件よりも，自然発生的に生まれてくるインフォーマルな人間関係において形成される集団的な規範のほうが，経済的な誘因よりも，職場集団の行為への統制力を持っていることを明らかにした。

正答 5

組織論

実践 問題 173 応用レベル

頻出度 地上★ 国家一般職★★ 特別区★★ 国税·財務·労基★★★

問 リーダーシップ研究に関する記述ア～エのうち，妥当なもののみを全て挙げているのはどれか。（国税・財務2022）

ア：K.レヴィンは，形式的に正しい手続によって定められた法規を当事者が順守することによって成り立つ支配の類型を「カリスマ的支配」と呼んだ。また，カリスマは，「カリスマの日常化」の過程をたどって，その非日常的性格を永続的に発揮できるようになるとした。

イ：三隅二不二は，リーダー行動パターンを課題志向的な側面であるＰ機能（課題達成機能）と人間関係志向的な側面であるM機能（集団維持機能）の二次元で表したＰM理論を提唱し，集団の生産性やメンバーの意欲·満足度において，最も効果的なリーダー行動パターンは，PM型であるとした。

ウ：F.E.フィードラーは，「専制型」，「民主型」，「放任型」の三つのリーダーシップ·スタイルの効果を検討する実験によって，「放任型」においては，集団の作業の質・量共に最も優れているのに対し，「民主型」においては，集団の作業の量のみが優れていることを明らかにした。

エ：R.J.ハウスは，リーダー行動を「構造づくり」型の行動と「配慮」型の行動の二つの側面で捉え，その効果は集団が取り組んでいる仕事の性質によって異なるとするパス-ゴール理論を提唱し，単純反復作業を中心とする定型的業務に従事する場合では，「配慮」型のリーダー行動が効果的であるとした。

1：ア，イ
2：ア，ウ
3：イ，ウ
4：イ，エ
5：ウ，エ

チェック欄		
1回目	2回目	3回目

実践 問題 173 の解説

〈リーダーシップ研究〉

ア× 「カリスマ的支配」および「カリスマの日常化」はK.レヴィンではなく，M.ウェーバーの概念であり，かつ，それぞれの説明も正しくない。「形式的に正しい手続によって定められた法規を当事者が順守することによって成り立つ支配の類型」はカリスマ的支配ではなく，合法的支配である。また，カリスマ的支配は，それが永続することによって日常化し，他の支配類型に移行していく（カリスマの日常化）ため，「非日常的性格を永続的に発揮できるようになる」という一節も誤りである。

イ○ 三隅二不二は，リーダーシップをP機能（課題達成機能）とM機能（集団維持機能）の２つの機能から分析し，ＰＭ（両機能とも優れている），Ｐｍ（Ｐ機能のみが優れている），ｐＭ（M機能のみが優れている），ｐｍ（両機能とも劣っている）の４類型からなるＰＭ理論を提唱した。そして，最も優れたリーダーはＰM型であると主張した。

ウ× 「専制型」，「民主型」，「放任型」の３つのリーダーシップ類型を提示したのはF.E.フィードラーではなく，ゲシュタルト心理学のK.レヴィンと，その弟子たちのR.リピット，R.ホワイトである。また，放任型は作業の質・量とも３つの類型の中で最も劣っており，一方，民主型は質・量ともに最も優れている（ただし，単純作業の場合には専制型のほうが作業量は優れる）ので，本肢の後半の説明も誤りである。なお，フィードラーは，コンティンジェンシー理論の立場から，一緒に働きたくない同僚をどう評価するかというＬＰＣ（Least Preferred Coworker）尺度を考案し，ＬＰＣ尺度の高い対人関係志向型と，それが低いタスク志向型のどちらが優れたリーダーであるかは状況によって変わることを明らかにした。

エ○ R.J.ハウスのパス-ゴール理論は，リーダーがどのようなパス（道）を示せば部下がゴール（目標達成）できるかという考え方に基づいている。ハウスは，リーダー行動を「構造づくり」型の行動と「配慮」型の行動の２つの側面で捉え，その組合せによって①指示型（構造づくり:低－配慮:高），②達成志向型（構造づくり：低－配慮：低），③支援型（構造づくり：高－配慮：高），④参加型（構造づくり：高－配慮：低）の４つのリーダー類型を提示した。

よって，妥当なものはイとエであるので，正解は肢４となる。

正答 4

第9章 SECTION 2 官僚制・組織 組織論

実践 問題 174 応用レベル

頻出度	地上★ 国家一般職★★ 特別区★★ 国税・財務・労基★★★

問 労働に関する次の記述のうち，妥当なのはどれか。（国Ⅱ2002）

1：労働とは，人間が生存の必要のために対象に働きかけ，価値を生み出す活動と理解される。その際モノに働きかける労働を肉体労働といい，シンボルあるいはヒトに働きかける労働を非肉体労働という。サーヴィス産業化やコンピューター化とともに前者が拡大し，また両者の境界が明瞭になりつつある。

2：労働をめぐっては，これまで様々な社会学説がある。K.マルクスは近代資本主義社会における労働者を，「二重の意味で自由な」存在として規定した。これは労働者が，①人格的に自由ではあるが，②生産手段を持たず，自己の労働力を商品として売らなくてはならない存在である，ということを指す。

3：代表的な社会学者であるE.デュルケームとM.ウェーバーも，それぞれの関心から労働の問題にアプローチしている。デュルケームは，人々が分業を通して機械的に連帯し合っている社会として近代社会を描いた。ウェーバーは，近代資本主義精神の起源をプロテスタンティズムの営利欲求に求める研究を行った。

4：労働組合は労働条件の維持・改善のために，労働者が自主的に結成する団体である。それは労働者が，個人として使用者と取引することの不利性を是正する機能を持つ。欧米諸国の労働組合が企業別に組織されているのに対して，我が国の労働組合は職種別ないしは産業別に組織されているのが普通である。

5：労働者の雇用をめぐる状況にも，今日，様々な変化が生じている。企業内で発生した過剰雇用を調整することを雇用調整という。これには大きく分けて，労働時間による調整と人員削減による調整とがあるといわれる。一般にワークシェアリングと呼ばれる調整は，後者に当たる。

チェック欄		
1回目	2回目	3回目

実践 問題 174 の解説

〈労働〉

1 × 最後の文が妥当でない。サービス産業化やコンピュータ化が進むにつれ，肉体労働の要素は減り，非肉体労働（事務労働・頭脳労働）が増えるといえる。また，「両者の境界が明瞭になりつつある」とあるが，従来肉体労働に従事していたブルー・カラーがホワイト・カラー的な職務も分担することになり，**グレー・カラー**とよばれるようになっている。このため，逆に境界が不明瞭になっているといえる。

2 ○ **K.マルクス**はこの2つの自由（人格の自由，生産手段からの自由）の矛盾を**疎外**として捉えた。本来人間が作り出したモノ・貨幣が一人歩きし，逆に人間を支配するようになる現象は，特に**物象化**とよばれる。

3 × **E.デュルケーム**が近代社会を「人々が分業を通して機械的に連帯し合っている社会」とした，という箇所が妥当でない。デュルケームは，分業が進展する近代社会においては**機械的連帯**に代わって**有機的連帯**が成立してくるとした。

4 × 最後の労働組合の種別が逆である。欧米諸国では職種別・産業別組合が主流で，わが国では企業別組合が主流である。

5 × **ワークシェアリング**とは，不況期などに仕事の量が有限であるという認識の下，1人あたりの労働時間を減らすことによって雇用を維持しようとする手法のことである。この手法はオランダをはじめ欧州大陸諸国で広く採用されるようになっている。

正答 2

実践 問題 175 応用レベル

頻出度	地上★	国家一般職★★	特別区★★
	国税･財務･労基★★★		

問 労働に関する次の記述のうち，妥当なのはどれか。 （国税・財務2013）

1：F.レスリスバーガーらが参加した米国のホーソン工場で行われた実験結果においては，照明の強弱や休憩時間などの作業環境の様々な物理的労働条件が，労働者の作業効率に最も大きな影響を与えていることが示された。

2：ホワイトカラーの特徴としては，学歴，収入水準とその安定性，昇進の見込み，生活様式などの社会的地位や階層の点で，他の賃金労働者より優位にあることが挙げられる。ホワイトカラーとブルーカラーの差異は脱産業化や情報化などの社会変動に伴い明確になった。

3：経営家族主義とは，企業体をイエになぞらえて運営していこうとする経営イデオロギーで，経営者と従業員は親子のような庇護・報恩関係にあり，企業全体は一家族のようなものであると捉えるものであり，具体的施策として，終身雇用制，年功制等が挙げられる。

4：F.テイラーが創案した科学的管理法とは，親方職工を中心とする経験主義，労働者の怠業，さらには親方と労働者との反目といった事態を解決するため，労働者の経験や勘を科学的に分析し，労働者の意見を踏まえた上で労働時間や賃金を設定する労働管理方法である。

5：G.P.フリードマンは，労働を取り巻く技術的与件の機械化と労働の細分化は現代の人間の自己疎外の源泉ではなく，生産関係や社会体制の観点から現代の自己疎外の現象を考えるべきであると主張した。

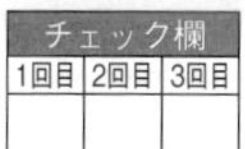

実践 問題 175 の解説

〈労働〉

1 × ホーソン実験は，1924～27年にアメリカのウェスタン・エレクトリック社が行った「照明実験」の調査結果から判明しなかった職場の作業環境・条件と生産性の関係を明らかにする目的で，1927年から1932年までハーバード大学のE.メイヨーやF.レスリスバーガーを中心に行われた一連の実験調査である。この調査では，労働者の作業効率に最も大きな影響を与えているものは照明の強弱や休憩時間などの作業環境のさまざまな物理的労働条件ではなく，自然発生的に成立するインフォーマルな人間関係（インフォーマル・グループ）であることを見いだした。

2 × ホワイト・カラーがブルー・カラーと比して，学歴，収入，安定性，昇進，生活様式などの点で優位にあるという本肢の前半の記述は妥当であるといえる。しかし，後半の記述は必ずしも妥当しているとはいえない。むしろ脱産業化・情報化の中で，第２次産業の縮小化に伴うブルー・カラーの減少や，ブルー・カラー労働の軽作業化や高度化がなされてきたとみることができる。

3 ○ 「経営家族主義」は日本的経営の特徴の１つであり，その内容は本肢のとおりである。経営家族主義は実業家武藤山治（むとうさんじ）が「温情主義」とともに提唱したもので，こうした家族主義的な経営のあり方が，従業員の企業に対する献身的態度を支え，それが日本の（とりわけ戦後の）発展を支えてきたが，1990年代以降の不況の中で衰退していった。

4 × 19世紀終わりから20世紀初頭にかけて，アメリカの工場技師F.W.テイラーは，労働者の組織的怠惰の問題について調査し，適切な作業量，すなわち「課業」を単位とした賃率設定を前提とし，「課業管理」を制度的に行う「テイラー・システム」を開発して，「科学的管理法」を確立した。よって，労働時間や賃金を労働者の意見を踏まえたうえで設定したわけではない。

5 × G.P.フリードマンの『細分化された労働』に関する出題である。彼はテイラーの提唱した科学的管理法を批判し，科学的管理法に代表される，労働を取り巻く技術的与件の機械化と労働の細分化は，労働者から労働の喜びを奪っており，現代の人間の自己疎外の源泉となっていると指摘した。

正答 3

実践 問題 176 応用レベル

頻出度	地上★	国家一般職★★	特別区★★
	国税·財務·労基★★★		

問 労働に関する次の記述のうち，妥当なのはどれか。 (国家一般職2021)

1：物理的な労働条件が労働の生産性や作業効率に与える影響を調べるために行われたホーソン実験では，当初の予想どおり，作業環境を改善すると生産性と作業効率が上がることが明らかとなり，科学的管理法の有効性が実証された。

2：第二次世界大戦前に確立され，高度経済成長期に終焉を迎えた日本的雇用慣行は，長期雇用，年功制，産業別組合という三つの主要な要素から成り，特に長期雇用は，大企業と比べて従業員の数が少ない中小企業に特徴的な現象であった。

3：H.フォードは，自らの自動車工場における人工知能の導入，作業過程の単純化·細分化によって，非熟練労働者でも効率的な流れ作業を行えるフォーディズムを確立し，低賃金を維持したまま，T型フォードのような高級車を大量生産することに成功した。

4：M.ヴェーバーは，第二次産業から第三次産業への産業構造の転換により，接客業や対人サービスに従事する労働者を中心として，賃金と引換えに顧客に対して適切な感情表現を求める感情労働が拡大したとし，それが現代社会における「疎外された労働」を生み出しているとした。

5：ＯＪＴ（on-the-job training）とは，実際に仕事に就きながら職場の先輩あるいは上司からの指導を受けて実施される，企業による職業訓練の一つであり，必要な人材を企業内部から調達する内部労働市場が形成される要因の一つとなっている。

チェック欄		
1回目	2回目	3回目

実践 問題 176 の解説

〈労働〉

1 × ホーソン実験は，1920年代から1930年代にかけてアメリカのウェスタン・エレクトリック社ホーソン工場で実施された作業能率の向上・低下の要因を調べるための実験であった。この実験は，科学的管理法の有効性を実証するために行われたが，その結果は，予想に反して，物理的作業条件以外の何かが作業能率を左右していることが推測された。この実験から，E.メイヨーやF.レスリスバーガーらは**職場内のインフォーマルな人間関係が作業能率に影響を与える**として，人間関係論を唱えた。

2 × 日本的雇用慣行が確立されたのは第２次世界大戦前の，日本の産業化，特に重工業化が進行した日露戦争から第１次世界大戦頃であるが，それが終焉したのはバブル経済崩壊後の1990年代である。またその特徴は，「終身雇用」，「年功制」，「企業別組合」の３つであり，よって「長期雇用」と「産業別組合」が誤りである。また「終身雇用」は，中小企業ではなく，大企業においてよく見られた特徴である。なお，先の３つはJ.アベグレンが日本的経営の特徴として挙げたものである。

3 × H.フォードの経営システムをフォーディズムというのは正しいが，彼の時代には人工知能（artificial intelligence＝ＡＩ）はまだ実用段階ではなかった。また，彼が大量生産したＴ型フォードは高級車ではなく，大衆車である。フォードは作業過程の単純化・細分化，特にベルトコンベアの使用によって，自動車の大量生産を可能にし，一般市民でも購入できるようにした。一方で彼は労働者の賃金を他社よりも多く支払っており，この点でも，本肢の記述は誤りである。

4 × 感情労働はA.R.ホックシールドの概念である。また，感情労働の説明はおおむね正しいが，「疎外された労働」は，K.マルクスが『経済学・哲学草稿』で展開した議論である。ホックシールドは「疎外された労働」ではなく，「自己疎外」という概念を用いているが，これは自己の感情のコントロールができなくなり，自己の感情が自己から乖離する現象を指す。

5 ○ ＯＪＴ（On-the-Job Training）の説明として正しい。ＯＪＴは第１次世界大戦時のアメリカでC.R.アレンが開発したものが原型とされ，わが国には高度経済成長期に導入された。なお，職場を離れて行う人材教育をOff-ＪＴ（Off-the-Job Training）という。

正答 5

実践 問題 177 応用レベル

頻出度	地上★	国家一般職★★	特別区★★
	国税·財務·労基★★★		

問 次の文は，感情労働に関する記述であるが，文中の空所A～Dに該当する語又は人物名の組合せとして，妥当なのはどれか。　（特別区2020）

アメリカの社会学者［　A　］は，客室乗務員の分析を行い，賃金と引き替えに感情を商品化することが，接客業や対人サービス業において組織的に行われていることを指摘した。

そして，［　A　］は，顧客の適切な精神状態を作り出すために職務に応じた［　B　］が要求される感情労働を［　C　］と［　D　］に分類し，感情労働によって，労働者は感情のシグナル機能が損なわれるとした。

	A	B	C	D
1：	ホックシールド	感情規則	自己呈示	相互行為
2：	C.W.ミルズ	感情規則	深層演技	表層演技
3：	ホックシールド	感情管理	自己呈示	相互行為
4：	C.W.ミルズ	感情管理	自己呈示	相互行為
5：	ホックシールド	感情管理	深層演技	表層演技

チェック欄

1回目	2回目	3回目

実践 問題 177 の解説

〈感情労働〉

「感情労働」とは，A.R.ホックシールドが『管理される心』（1983年）の中で飛行機の客室乗務員に代表される対人サービス業従事者が，「適切な感情表現」の酷使を要請されているありさまを説明する際に用いた概念である。

感情労働は，いわゆる頭脳労働や肉体労働とは異なる新たな概念として注目されているばかりでなく，脱工業化段階をむかえた社会では，サービス産業の隆盛に伴い，「感情管理」が職務上欠かせない領野が拡大しつつある。さらに，感情の表明が表層的なもの（表層演技）ではなく，心から表明できるよう，自我の深層レベル（深層演技）までの奉仕を要求される。

よって，A－ホックシールド，B－感情管理，C・D－深層演技・表層演技（C・Dは順不同）となり，正解は肢５となる。

なお，「C.W.ミルズ」は『ホワイト・カラー』（1951年），『パワー・エリート』（1956年）などで知られるアメリカの社会学者である。また，「感情規則」はホックシールドの概念であるが，これは，感情およびその表明は自然的なものではなく，社会的に形成される規則に基づいているとして提出されたものである。「自己呈示」はE.ゴフマンが『行為と演技』で用いた，ドラマトゥルギーの一概念で，彼によれば，人は自分にとって望ましい印象を他者に与えようと自己呈示をするとされる。

正答 5

章末CHECK ? Question

Q1 M.ウェーバーは，支配の形態を「伝統的支配」「カリスマ的支配」「合法的支配」の３つの類型に分けたが，近代官僚制はその管理的体制から「合法的支配」に典型的なものとされた。

Q2 M.ウェーバーは，官僚制は効率的な組織運営のための技術的卓越性を有するとして，割拠主義，責任回避，繁文縟礼などの特徴を挙げた。

Q3 M.ウェーバーのいう家産官僚制とは古代から中世に見られた官僚制で，主君と身分の不自由な官吏によって構成される組織を指す。

Q4 M.ウェーバーは，近代官僚制的な合理的組織は官僚だけでなく，企業や非営利的な組織においても広く見いだされるものであるとした。

Q5 R.K.マートンは官僚制の原則がもたらす逆機能を「訓練された無能力」「目的の転移」といった概念で説明した。

Q6 E.メイヨーは，どのような民主的な組織でもそれが組織である限り必ず少数者による支配が行われるようになるとする「寡頭制の鉄則」を主張した。

Q7 官僚制の短所としてレッド・テープ，セクショナリズムなどが挙げられるが，逆に長所として部署ごとのしっかりした責任体制が挙げられる。

Q8 W.H.ホワイトは現代社会においては，官僚制の衰退によって人々は組織依存から脱却するようになっており，自己の価値に従って生きる人が多くなっているとした。

Q9 E.メイヨーとF.レスリスバーガーは，インフォーマル・グループの存在を明らかにし，経営理論に大きな影響を与えたが，彼らが行った実験を，ホーソン実験という。

Q10 インフォーマル・グループの活動はフォーマル・グループの活動に対して常に順機能的に作用する。

Q11 R.リピットとR.ホワイトはリーダーを民主型リーダー，専制型リーダー，放任型リーダーに類型化し，どのリーダーが最も生産性が上がるかは状況によって変わるとした。

Q12 フォーディズムとは，科学的管理法に基づき，ベルトコンベアを用いた徹底した分業によって生産効率を高める生産システムである。

A1 ○ M.ウェーバーは官僚制の持つ弊害に気づきながらも，近代官僚制を合法的支配の典型として基本的には想定していたとされる。

A2 × 割拠主義，責任回避，繁文縟礼などの特徴は官僚制の逆機能として挙げられるものである。

A3 ○ それに対して近代官僚制は，身分の自由な官吏が自らの意志で契約を結び職務に就くものである。

A4 ○ 官僚制はその組織の合理性ゆえに企業や規模の大きな非営利組織においても見いだされる。

A5 ○ R.K.マートンは，官僚制の原則は合理的・効率的な組織運営のために考え出されたものであるが，これが過度に職員の内部に取り込まれると逆機能をもたらすとした。

A6 × 寡頭制の鉄則を主張したのはE.メイヨーではなく，R.ミヘルスである。

A7 × セクショナリズム（割拠主義）であるがゆえに責任回避が生じうるのが官僚制の短所である。

A8 × W.H.ホワイトは，「オーガニゼーション・マン」の概念などに典型的に見られるように，現代人は組織に埋没しているがゆえに常に集団に帰属していないと落ちつかないといった性格を持つとした。

A9 ○ 彼らは，この実験によって従来の科学的管理法に代わる新しい経営論である「人間関係論」を構築した。

A10 × インフォーマル・グループはフォーマル・グループの活動に対して順機能的にも逆機能的にも作用することがある。

A11 × R.リピットとR.ホワイトはリーダーを民主型リーダー，専制型リーダー，放任型リーダーに類型化したが，このうち生産性も，成員のモラール（やる気）も高いのは民主型リーダーであるとした。

A12 ○ フォーディズムはその名のとおり，H.フォードが自らの自動車会社で行った生産システムであり，この方法によって彼は自動車の量産に成功し，自動車を大衆でも買える価格まで下げた。

memo

家族・女性

SECTION

① 家族
② 女性

第10章 家族・女性

出題傾向の分析と対策

試験名	地上			国家一般職（旧国Ⅱ）			特別区			国税・財務・労基		
年度	15-17	18-20	21-23	15-17	18-20	21-23	15-17	18-20	21-23	15-17	18-20	21-23
出題数 / セクション	2	1	1	1	1		1	2	1			
家族	★★			★	★		★	★★	★			
女性		★	★									

（注）１つの問題において複数の分野が出題されることがあるため，星の数の合計と出題数とが一致しないことがあります。

地方上級

地方上級では家族についての理論だけでなく，わが国の家族や女性の現状についても問われています。後者については時事の知識を活用しましょう。家族の理論（セクション①）としては，インプットにあるのはいずれも定番のものです。学者名と主要概念を押さえましょう。女性（セクション②）についてはフェミニズムの用語やわが国の家族や女性の現状について把握しておきましょう。

国家一般職（旧国家Ⅱ種）

国家一般職（旧国Ⅱ）では家族についての理論だけでなく，わが国の家族や女性の現状についても問われています。これらについては白書に目を通したり，時事の知識を活用しましょう。家族（セクション①），女性（セクション②）とも，理論は個々の学説の細かいところまで問われる傾向があります。ただ，家族や女性の問題は具体的なイメージがつかみやすいはずです。過去問を見て，出題された学説についてはその内容を確認しておきましょう。見慣れない学説が出題されてもある程度常識で考えて解ける場合もあります。

特別区

特別区では家族についての理論だけでなく，わが国の家族や女性の現状についても問われています。後者については白書に目を通したり，時事の知識を活用しましょう。家族の理論（セクション①）としては，インプットにあるのはいずれも定番のものです。学者名と主要概念を押さえましょう。女性（セクション②）についてはフェミニズムの用語やわが国の家族や女性の現状について把握しておきましょう。

国税専門官・財務専門官・労働基準監督官

国家専門職では家族についての理論だけでなく，わが国の家族や女性の現状についても問われています。これらについては白書に目を通したり，時事の知識を活用しましょう。問題レベルも国家一般職（旧国Ⅱ）に次ぐ難しさで，家族，女性とも，理論は個々の学説の細かいところまで問われる傾向があります。ただ，家族や女性の問題は具体的なイメージがつかみやすいはずです。過去問を見て，出題された学説についてはその内容を確認しておきましょう。

2012（平成24）年度より新設された財務専門官ではまだこの分野の出題はありません。

Advice アドバイス 学習と対策

家族に関してはどの職種でも出題頻度は高く，重要であるといえます。さらに近年，女性問題や男女共同参画社会への関心の高まりとともに，本章の「フェミニズム」と「新しい家族社会学」の用語についても出題されることがあり，今後もこの傾向は続いていくものと思われます。

家族

セクションテーマを代表する問題に挑戦！

マードックの家族論に関する基本的問題です。マードックは家族社会学において非常に大きな業績を残した学者ですので，彼の学説は必ず押さえておきましょう。

問 マードックの家族論に関する次の記述のうち，妥当なのはどれか。

（東京都1999）

1：彼は，核家族は人類に普遍的な社会集団であり，拡大家族や複婚家族にも必ずその存在が認められ，性，経済的協同，生殖，教育の機能を有しているとした。

2：彼は，家族の基本的機能には，子供を社会の成員に仕上げる社会化の機能と，社会において大人のパーソナリティを安定化させる機能があるとした。

3：彼は，核家族においては，夫（父）が外部環境に家族を適応させる手段的役割を担い，妻（母）が成員の統合と精神安定を図る表出的役割を担うとした。

4：彼は，家族を「相互作用するパーソナリティの統合体」と定義し，家族成員間の相互作用を主な分析対象とする家族研究アプローチを確立した。

5：彼は，家族が古い慣習や制度から解放され，純粋に人間的な感情によって結びつく集団に変化することを「制度から友愛へ」という言葉で表現した。

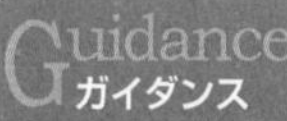

〈家族分類の概念図式〉※円で囲まれた部分がそれぞれ核家族

〈核家族〉

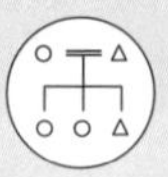

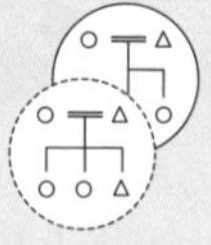

〈拡大（拡張）家族〉

〈複婚家族〉

または

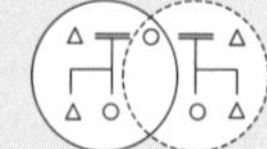

必修問題の解説

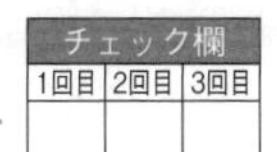

〈マードックの家族論〉

1 ○ G.P.マードックは核家族について，**核家族普遍説**を主張し，また，こうした核家族が人間の社会生活に欠くことのできない**4つの機能**を果たしているとした。

2 × 本肢のように，家族について2つの機能があると述べたのはT.パーソンズである。パーソンズの提唱した**家族の2機能**とは，①**子どもの社会化機能**……生殖，子どもの養育，②**大人のパーソナリティの安定化**……家族成員の物質的保護と情緒的安定，である。

3 × 本肢の記述にあるような，**手段的役割**と**表出的役割**という観点から家族および集団を考察したのは，パーソンズとR.ベイルズである。

4 × 家族を**相互作用するパーソナリティの統合体**と定義したのは，E.W.バージェスである。

5 × 家族の歴史的変遷を,「**制度から友愛へ**」という言葉で表現したのはバージェスとH.J.ロックである。

正答 1

家族・女性
家族

1 核家族普遍説（G.P.マードック）

マードックは核家族は時代や地域にかかわらず普遍的に存在する，とする核家族普遍説を主張しました。

核家族：夫婦のみ，または夫婦とその未婚の子からなる家族形態。人数の多寡には関係がない。核家族の形態は，単独で存在する以外に，複婚家族や拡大家族の中にも基本単位として存在している。

拡大（拡張）家族：多世代（世帯）同居の家族形態。世代的に垂直な（タテの）結合がある。

複婚家族：一夫多妻または一妻多夫に基づく家族形態。一方の配偶者が複数の婚姻関係にあるので，水平な（ヨコの）結合がある。

2 生殖家族・定位家族（W.L.ウォーナー／G.P.マードック）

人間は生まれてから死ぬまでの間に2つの家族を経験するといわれます。生まれてくる子どもにとっては，どのような家庭環境の下に生まれるかを選択する余地はなく，このような子どもの世代から見た家族の様相は定位家族とよばれます。これに対し，親の世代からみれば，家族とは自分たちが自らの意思で結婚し作るものです。親の世代から見た家族の様相は，生殖家族とよばれます。

3 制度的家族・友愛的家族（E.W.バージェス，H.J.ロック）

バージェスとロックは，産業革命前とその後の家族関係の変化を「制度から友愛へ」という言葉で表現しました。

制度的家族：家父長制に代表される伝統的慣習や法に基づいて形成される家族

友愛的家族：産業革命以後，生産よりも消費へと人間の関心が移行するにつれて，家族形成に個人的な価値判断が加わるようになり，愛情に基づく婚姻から生まれた民主的かつ平等的な家族

4 家族機能説

(1) 家族の4機能説（G.P.マードック）

マードックは，核家族が持つ機能を性，生殖，教育，経済の4つに分類し，これらは時代や社会を問わず核家族が備えている機能であることを主張しました。

性の機能：性的欲求の充足，社会における性的秩序の維持

生殖の機能：子どもを産むこと（社会の次世代の再生産）

教育の機能：子どもを育て，しつけること（第1次社会化）

経済の機能：生産・消費の主体となること（今日では生産の機能は衰退しており，主に消費の主体）

(2) 家族機能縮小説（W.F.オグバーン）

オグバーンは，近代以前の家族が有していた経済・保護・教育・娯楽・宗教・地位付与・愛情といったさまざまな機能が，近代化の中で学校，企業などの機能集団に取って代わられていき，家族には**愛情**の機能だけが残り，その重要性を増していくとしました。

(3) 家族の２機能説（T.パーソンズ）

パーソンズが家族にしか果たすことのできない重要な機能として取り上げたのは，**子どもの第１次社会化**と**大人のパーソナリティの安定化**の２つの機能です（『家族』R.ベイルズらとの共著）。

子どもの第１次社会化：子どもを産み育て，基本的な道徳心や価値観を修得させる
大人のパーソナリティの安定化：大人の情緒的安定，家族員の保護

(4) 修正（変形）拡大家族（E.リトワク）

現代では核家族が一般的となり，家族の持つ機能も縮小してしまったかに見えます。しかし現代社会においても，それらの核家族は密接なネットワークを形成し，相互に重要な援助，扶助を行っているのであり，それは産業社会における拡大家族とよべるものであるとして，リトワクはそれを「修正（変形）拡大家族」とよびました。

5 家族構造

(1) 家族の役割構造モデル／手段的役割・表出的役割（T.パーソンズ，R.ベイルズ）

パーソンズとベイルズは，先述の家族研究において，２機能説のほかに家族構造についての分析も行っています。彼らは，家族を１つの小集団とみなし，家族の課題解決を率先して図る「手段的役割」を父親に，家族間の良好な情緒関係を維持して統合を図る「表出的役割」を母親に割り当てました。

(2) 夫婦の勢力構造モデル（D.ウルフ，R.ブラッド）

ウルフとブラッドは，夫婦の勢力関係はそれぞれが所有する「資源」の量と質によって規定されるとして，「夫と妻の相対的権威」と「夫と妻の共有する権威の程度」という２つの尺度を用いて，夫婦間の勢力構造を①夫優位型，②妻優位型，③一致型，④自立型の４つのタイプに類型化しました。

家族・女性
家族

実践 問題 178 基本レベル

頻出度	地上★★ 国家一般職★★★ 特別区★★★ 国税·財務·労基★★

問 家族に関する次の記述のうち，妥当なのはどれか。 （国税1988）

1：G.マードックは，核家族がそれ自体としてか，あるいはより大きな社会的家族の構成単位としてか，いずれにしても人類社会には常に存在するとした。

2：L.H.モルガンは，血縁家族という概念を否定し，都市化の進展に伴って家族は解体の運命にあるとした。

3：E.バージェスは，家族はその結合が相互の愛情に基づく友愛としての家族から，その結合が社会的慣習に基づく制度としての家族へ変化してきたとした。

4：W.オグバーンは，社会における機能集団の分化，発達に伴って家族の機能が増大することを指摘した。

5：T.パーソンズは，家族の機能は性的，経済的，生殖的，教育的機能にあるとする4機能説を唱えた。

直前復習

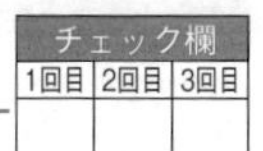

実践 問題 178 の解説

〈家族論〉

1 ○ G.マードックは，さまざまな形態の家族が実在するにもかかわらず，核家族が基礎的な構成単位となっていると考えた。そして，核家族が人類に普遍的な家族集団であるとした（**核家族普遍説**）。

2 × L.H.モーガン（モルガン）は一夫一婦制に基づく家族形態を理想と考え，それ以前の段階には**原始乱婚制**や，血縁家族などの**集団婚制**があったと想定した。つまり，家族は解体すると考えていたのではなく，現状において一夫一婦制の理想の状態に進化したと考えた。

3 × E.バージェスとH.J.ロックは，「制度から友愛へ」と述べて，産業革命以降，家族は制度的な束縛に基づくものから，愛情と信頼によって結ばれたものへと変化してきたとした。

4 × W.オグバーンは，経済，地位付与，愛情，教育などといったさまざまな家族の機能のうち，愛情以外は社会のほかの機関へ委譲されていくとする**家族機能縮小説**を唱えた。

5 × 4機能説はマードックによるものである。T.パーソンズは2機能説（子どもの第1次社会化と大人のパーソナリティの安定化）を唱えた。

正答 1

第10章 SECTION 1 家族・女性 家族

実践 問題 179 基本レベル

頻出度 地上★★ 国家一般職★★★ 特別区★★★ 国税･財務･労基★★

問 家族論についての次の記述のうち，妥当なのはどれか。 （地上1998）

1：G.P.マードックは，夫婦とその子からなる核家族は，近代社会から出現するようになった社会集団であるとした。

2：D.M.ウルフは，家族内での権威の分布のしかたをその独占度と共有度から，妻優位型，夫優位型，一致型の３つに区分した。

3：W.L.ウォーナーは，人間は生まれてから死ぬまでに，自らが養育された「定位家族」と自らが作り出す「生殖家族」の２つに属するとした。

4：T.パーソンズは，核家族は夫（父）が表出的，妻（母）が手段的な役割を分担することによって，安定した構造体系をつくるとした。

5：E.W.バージェスは，友愛としての家族は，慣習や制度に統制されながら，相互の愛情と意見の一致を根拠として成り立っているとした。

直前復習

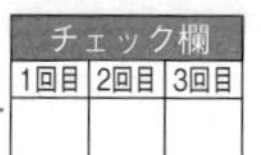

実践 問題 179 の解説

〈家族論〉

1 × G.P.マードックは，未開社会の資料を丹念に考察し，夫婦とその子からなる核家族は，普遍的に存在することを確認した。これを**核家族普遍説**とよぶ。よって，本肢の「核家族は，近代社会から出現するようになった」という記述は，妥当でない。

2 × D.M.ウルフ（とR.ブラッド）は，家族内での権威の分布の仕方を，**妻優位型**，**夫優位型**，**一致型**，**自律型**の４つに分類した。このうち一致型とは，夫婦で相談してさまざまな決定を行う形態，自律型とは，事柄に応じて妻が決定したり夫が決定したりする形態を指す。

3 ○ 本肢の記述のとおり，W.L.ウォーナーは，人間は生まれてから死ぬまでに，２つの家族を経験すると述べた。そのうちの１つが，自らが産み落とされ，養育された**定位家族**であり，これは自らの意志とは無関係であり選択の余地はない。もう１つが，自らが選択して結婚し作り出す**生殖家族**である。

4 × T.パーソンズは，家族集団においては夫（父）が**手段的役割**，すなわち，外部からその集団に資源や道具をもたらし，集団が環境に適応するために役立つ役割を果たし，妻（母）が**表出的役割**，すなわち，集団内部の調整を図り，成員の緊張を処理するために役立つ役割を果たすことによって安定した構造体系が作られるとした。本肢の記述は，それぞれの役割が逆になっている。

5 × E.W.バージェス（とH.J.ロック）は，**友愛としての家族**は，慣習や制度の統制をあまり受けることなく，相互の愛情と意見の一致を根拠として成り立っているとした。

正答 3

家族・女性
家族

実践 問題 180 基本レベル

頻出度	地上★★	国家一般職★★★	特別区★★★
	国税·財務·労基★★		

問 近代家族に関する次の記述のうち，妥当なのはどれか。 (国税1995)

1：近代家族は，社会の発展に伴って，前近代家族が担っていた多様な機能を次第に外部組織に委譲するようになりつつあり，現代社会においては，子どもの社会化の機能は，すべて学校にゆだねられている。

2：近代家族では，個人の私的な欲望や期待・願望の実現に関する機能が増大しており，個人の基本的な満足と充実感は，外部の公的世界から隔絶された私的領域である家族生活のなかで充足される。

3：前近代家族の場合と同じく，近代家族の経済機能においても，消費のみが主要な機能となっている。

4：G.P.マードックにより提唱された核家族は，未開社会においては存在しないため，人類に普遍的な社会集団とはいえない。

5：G.P.マードックは，一夫多妻や一妻多夫などの複式の結婚に基づく複婚家族と，親子関係の延長拡大により成立する拡大家族をともに核家族とは関連性のない異質な家族形態として分類した。

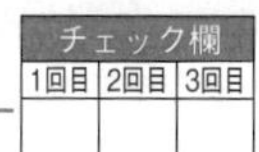

実践 問題 180 の解説

〈家族論〉

1 × 外部集団へ機能が委譲されていったが，子どもの社会化については，教育の大部分が学校によって行われるようになったとはいえ，T.パーソンズによれば，しつけのような第1次的な社会化は，やはり家族が担っているといえる。

2 ○ 近代家族という語はさまざまなかたちで用いられているが，近年の社会学では，最近の社会史，女性学研究の発展を受けて，これらの成果から見た近代に特徴的な家族のあり方を意味して用いられることが多い。P.アリエス，L.ストーン，E.ショーターらが主な論者であるが，アリエスらによると，それ以前の家族と比較したときの近代家族の特徴とは，家族成員間の親密性と私秘性である。従来，家族の本質とみなされてきた親子・夫婦間の情緒的絆も，実は近代になって強調されたものだとされる。近代以前の家族には，基本的に公共領域と私的領域の明確な区別はなく，家族は血縁と地縁に基づいた親族と近隣のネットワークの中にいわば埋めこまれた存在であった。上のような特徴を持つ近代家族が成立した背景には公共領域と私的領域の明確な分離という事態がある。

3 × 前近代家族は生産が重要な経済的機能となっていた。今日のような近代家族において初めて，生産機能と消費機能が分化し，家族はもっぱら消費機能のみを担うようになった。

4 × G.P.マードックは，核家族普遍説を唱えた。

5 × マードックは，複婚家族や拡大家族も，核家族を要素として含んでいると考え，核家族をさまざまな形態を持つ家族の構成単位として考えていた。

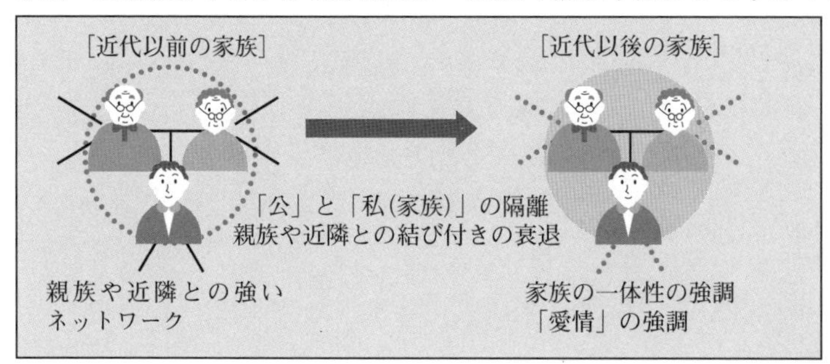

正答 2

家族・女性
家族

実践 問題 181 基本レベル

頻出度	地上★★　国家一般職★★★　特別区★★★ 国税·財務·労基★★

問 家族に関する記述として，妥当なのはどれか。　(特別区2016)

1：マードックは，核家族は人類に普遍的な社会集団であり，性，生殖，経済，教育の４つの機能を持ち，そこに人類社会における基本的集団として存在理由を持つとした。

2：モーガンは，小集団にみられる役割分化の一般的パターンを核家族の構造分析に適用し，夫であり父である男性が手段的リーダーの役割を，妻であり母である女性が表出的リーダーの役割を演ずるという性別分業モデルを提示した。

3：ブラッドとウルフは，現代社会における夫婦の勢力関係が，規範によって規定される制度化された勢力である権威によって規定されるとし，夫婦それぞれがもつ資源の質と量によって規定されるのではないとした。

4：リトワクは，産業革命による産業社会の展開により，家族が古い慣習や制度から解放されて，愛情によって結びつく集団になったという，制度的家族から友愛的家族への変遷を提唱した。

5：ル・プレーは，現代産業社会においては，孤立核家族よりも，むしろ相互に部分的依存の状態にある核家族連合が産業的，職業的体系に対して適合性を持つという，修正拡大家族論を提唱した。

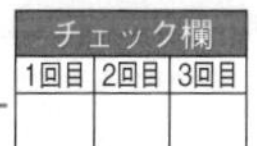

実践 問題 181 の解説

〈家族論〉

1 ○ G.P.マードックの学説についての説明として正しい。マードックは世界に存在する数多くの民族社会の資料を比較，検討する中から，本肢に挙げたような4つの機能を果たすために，「核家族」は時代や地域にかかわらず普遍的に存在する，とする「核家族普遍説」を主張するに至った。また，彼は，このように核家族をさまざまな家族形態の中核とする考え方から，現実の家族形態を核家族・拡大（拡張）家族・複婚家族の3つに分類している。

2 × これはL.H.モーガンではなく，T.パーソンズとR.ベイルズの家族の役割構造におけるモデルの説明である。モーガンは，J.J.バッハオーフェンに影響を受け，進化論的な考え方から家族の歴史的な変遷について考察し，家族は原始乱婚制に始まり，集団婚制（群婚制）に基づく「血縁家族」の成立後いくつかの歴史的段階を経て，現在のような単婚制が定着したという説を述べた。

3 × 「夫婦それぞれが持つ資源の質と量によって規定されるものではないとした」という最後の一文が誤りである。R.O.ブラッドとD.M.ウルフは，夫婦それぞれが持つ資源の量と質が夫婦の勢力を規定するとし，「夫と妻の相対的権威」と「夫と妻の共有する権威」という2つの観点から夫婦間の勢力構造を一致型，自律型，夫優位型，妻優位型の4つのタイプに類型化した。

4 × 産業革命による産業社会の展開により，家族のあり方が，制度的家族から友愛的家族へと変遷したと論じたのはE.リトワクではなく，E.W.バージェスとH.J.ロックである。リトワクは，産業化の中でかつての大家族が核家族へと分解し，孤立してしまっている，とする家族社会学の見解に疑問を持ち，現代社会においても，それらの核家族は密接なネットワークを形成し，相互に重要な援助，扶助を行っており，それは産業社会における拡大家族とよべるものであるとして，それを「修正（変形）拡大家族」とよんだ。

5 × これはP.G.F.ル・プレーではなく，E.リトワクの学説である。ル・プレーはフランス社会における労働者階級の家族の実態調査を行った。そして，夫婦中心の家族を「不安定家族」とよんで批判し，カトリックに基づいた伝統的・家父長的権威への帰依こそが社会を安定させると説いた。なお，リトワクについては肢4の解説を参照のこと。

正答 1

家族・女性
家族

実践 問題 182 基本レベル

頻出度 地上★★ 国家一般職★★★ 特別区★★★ 国税·財務·労基★★

問 家族に関する記述として，妥当なのはどれか。 （特別区2023）

1：バダンテールは，中世ヨーロッパにおいては，子ども期という特別な時間は存在せず，子どもが純粋無垢（むく）で特別な保護と教育を必要とするという観念は，近代社会で誕生したことを明らかにした。

2：グードは，1組の夫婦とその未婚の子どもから成る核家族を人間社会に普遍的に存在する最小の親族集団であるとし，性，経済，生殖，教育という社会の存続に必要な4つの機能を担うとした。

3：パーソンズは，核家族は親族組織からの孤立化によって，その機能を縮小し，子どもの基礎的な社会化と大人のパーソナリティの安定化という2つの機能を果たさなくなったとした。

4：リトワクは，修正拡大家族論を提唱し，孤立核家族よりも，むしろ相互に部分的依存状態にある核家族連合が，現代の産業社会に適合的な家族形態であるとした。

5：ショーターは，家族は近代化に伴って，法律や慣習などの社会的圧力によって統制された制度的家族から，相互の愛情を基礎にした平等で対等な関係である友愛的家族へと発展するとした。

チェック欄		
1回目	2回目	3回目

実践 問題 182 の解説

〈家族論〉

1 × ヨーロッパにおいては，中世には子ども期という概念は存在せず，近代社会になって誕生したことを論じたのはP.アリエスである。E.バダンテールは『母性という神話』で「母性」という概念の相対化を試みた。バダンテールは，18世紀頃からJ.J.ルソーや医師などによって，母乳での子育てが奨励されるようになり，自己犠牲的な子どもへの愛が賞賛され，母性という概念が生まれてきたと指摘する。そして，それと引き換えに，かつて公的領域において活躍していた女性の活動範囲が，家庭に限定されるようになったと主張した。

2 × 核家族普遍説を唱え，家族の機能として肢にある4つを挙げたのはG.P.マードックである。W.J.グードは，伝統的な家族形態が夫婦家族へ転換していく近代の過程は，単に産業革命に適合したという経済的・技術的変数だけでなく，夫婦家族制のイデオロギーも変数としてかかわっていると捉えた。

3 × 「子どもの基礎的な社会化と大人のパーソナリティの安定化という2つの機能を果たさなくなった」が誤り。T.パーソンズはR.ベイルズと家族に関する共同研究を行い，近代社会において核家族化が進行しても，家族には肢にある2つの機能が残ると主張し，家族解体説を批判した。

4 ○ 家族機能縮小説の前提は，近代化に伴って核家族化が進行し，このことで家族が果たせる機能が減少するということであった。しかし，E.リトワクは，産業化以後の核家族が，親族体系の中でそれぞれ独立して機能しているというパーソンズらの「孤立核家族論」を批判し，核家族の形態が一般的となった現代社会においてもなお，親族体系内のそれぞれの単位家族は，機能的に連関したネットワークを形成しながら，産業社会に適応しており，それは産業社会における拡大家族とよべるものであるとして「修正拡大家族論」を主張した。

5 × 近代化に伴って制度的家族から友愛的家族へと変化すると捉えたのはE.ショーターではなく，E.W.バージェスとH.J.ロックである。ショーターは『近代家族の形成』の中で，家族のタイプを心の状態によって区別し，伝統や共同体や親族に結び付いていた伝統家族から，プライバシーの壁に守られた近代家族へという変化を描き出し，この変化をもたらしたのが，18世紀終わり頃から19世紀にかけて生じた，男女関係におけるロマンティックラブの成立，母子関係における母性愛の出現，核家族の一体感を表す家庭愛の誕生を内容とする「感情革命」であったと捉えた。

正答 4

家族・女性
家族

実践 問題 183 応用レベル

頻出度	地上★	国家一般職★★★	特別区★★★
	国税·財務·労基★★		

問 家族に関する記述として妥当なのはどれか。 (労基2003)

1：ブラッドとウルフは，現代社会における夫婦の勢力関係は，夫婦それぞれが持つ学歴，収入，職業的地位など資源の質と量によってではなく，規範によって規定される制度化された勢力，すなわち権威によって規定されるとみる説を提唱した。

2：マードックは，夫婦とその子からなる家族を核家族と名付け，核家族が単独で存在するだけでなく，組み合わさって複婚家族や拡大家族となって存在することを指摘したが，あらゆる社会に普遍的に存在するわけではないことも主張した。

3：グードは，産業化と家族変動について，産業化が開始される前の伝統的な社会には夫婦家族制のイデオロギーが導入されておらず，産業化によって初めて家族体系は夫婦家族体系への移行がもたらされたとして，産業化と夫婦家族制との因果関係を説明した。

4：バージェスとロックは，家族の理念は，しきたりや法律等に拘束された制度的家族から，家族メンバー相互の愛情や信頼によって結ばれる友愛的家族に変質しつつあると分析し，家族機能についても社会の専門的制度や機関に代替されない愛情と文化の機能が残ると指摘した。

5：パーソンズの役割分化論は，職業役割と家事役割の夫と妻への分化の度合いは夫婦関係の安定性と相関するというものであるが，その後の研究によって，夫と妻の職業の類似度と夫婦の安定性とは，正の相関を示すという命題におきかえられた。

チェック欄		
1回目	2回目	3回目

実践 問題 183 の解説

〈家族論〉

1 × R.ブラッドとD.ウルフは，他人の行動に影響を与える能力としての**勢力**と公認された勢力としての**権威**を区別した。そして，勢力の家族内での（夫婦間の）配分は，配偶者の一方が相手の欲求充足のためや目標達成のための手段として提供しうる財，すなわち（知識，経験，技術などの）「資源」によって決定されるとした。ブラッドとウルフは実際の調査に基づく知見から，現代社会における夫婦の勢力関係が，社会的・公的な制度化された勢力すなわち「権威」によってではなく，夫婦それぞれが持つ「資源の量と質」によって規定されるとみた。こうしたことから，彼らの夫婦の勢力関係に関する見方は**資源説**とよばれる。

2 × 本肢にあるようにG.P.マードックは，**核家族**が組み合わさって**複婚家族**や**拡大家族**となって存在することから，核家族は時代や地域にかかわらず普遍的に存在するとする**核家族普遍説**を主張した。

3 × 産業化と夫婦家族制は，「産業化が拡大家族制を解体し，夫婦家族制をもたらした」という一方向的で単純な因果関係にあると考えられがちであるが，W.J.グードはこうした見方を批判した。グードによれば，**夫婦家族制のイデオロギーは産業化とは独立したものであって，むしろ拡大家族制の解体はこの2つの変数が複合的に作用して起こった**ものである。拡大家族形態をとる社会に，産業化の開始に先立って夫婦家族制のイデオロギーが導入されても，最初このイデオロギーは一部の人に共感を与えるだけであるが，産業化が開始されて伝統的な家族形態を夫婦家族に変える圧力が動き出すと，この変化を促すこととなった，という。

4 ○ E.W.バージェスとH.J.ロックは，家族関係の変化を「**制度から友愛へ**」という概念で捉えたことで有名であるが，バージェスとロックは家族の機能の変化についても言及している。バージェスとロックは，家族は産業化とともに伝統的な機能を失っていくものの，子どもの養育，パーソナリティの発達，愛情などの機能は残り，そしてそうした機能に専門化していくと指摘した。

5 × 後半部分の記述が妥当でない。T.パーソンズが提示した夫婦の役割分化論は，その後の研究によって，**夫と妻の職業の類似度と夫婦関係の安定性は負の相関を示す**という命題に置き換えられた。

正答 4

家族・女性
家族

実践 問題 184 応用レベル

頻出度	地上★	国家一般職★★★	特別区★★★
	国税・財務・労基★★		

問 家族に関する次の記述のうち，妥当なのはどれか。 (国Ⅱ2002)

1：一般に家族は，夫婦や親子の結合を原型とする親族集団である。また，それは共同の居住を原則とする集団でもある。家族は成員相互の打算的な関係を基礎とし，利潤の追求を第一の目的とすると理解される。それは人間社会の最も基礎的な集団として，社会学の重要な主題の一つであり続けている。

2：婚姻によって成立した一組の夫婦とそこから生まれた未婚の子とから成る家族を，核家族（nuclear family）という。G.マードックは，核家族が近代社会に特有の家族形態であると主張した。これは，近代化とともに従来の複雑な家族形態が単純化する傾向を理論的に把握しようとしたものである。

3：家族の機能をめぐっては，社会学者の間で様々な学説が提示されている。G.マードックは，核家族が，性的・生殖的・経済的・教育的という四つの基本的機能を担うと主張した。これに対してT.パーソンズは，家族は子どもの社会化と成人の安定化という二つの機能を果たすものであると主張した。

4：家族は，それ自体，一つの社会集団としての性格を持つ。T.パーソンズは，核家族の役割構造を分析して，手段的役割と表出的役割とを区別した。前者は集団の課題達成にかかわるもので妻（母）を，後者は成員の緊張緩和に関わるもので夫（父）を，それぞれ担い手とする傾向があるというのが彼の主張である。

5：家族は，今日，様々な機能不全を生じつつある。アダルト・チルドレンとは，機能不全の家族の中で育ったために，成人後に問題を抱えるようになった者のことをいう。この概念は，1980年代のアメリカ合衆国において広く用いられるようになった。しかし，我が国では，それは必ずしも社会問題化していない。

実践 問題 184 の解説

チェック欄		
1回目	2回目	3回目

〈家族論〉

1 × 「成員相互の打算的な関係を基礎とし，利潤の追求を第一の目的とする」という記述が妥当でない。有名な**F.テンニース**の**ゲマインシャフト**と**ゲゼルシャフト**の2分法に即していえば，この記述はゲゼルシャフトにあたる。これに対して家族は自然的・自生的な関係を基礎とし，感情融合を特徴とするものであり，ゲマインシャフトにあたる。

2 × **G.マードック**は，いかなる時代のいかなる社会においても核家族が普遍的に存在していたとする**核家族普遍説**を唱えている。したがって，「核家族が近代社会に特有の家族形態」という記述が妥当でない。

3 ○ **マードック**の**家族の4機能説**と**T.パーソンズ**の**家族の2機能説**についての説明である。家族の機能に関しては，この2つの説が有名であり，必ず覚えておかねばならない。

4 × 集団を維持し，存続していくための2つの役割が，**手段的役割**と**表出的役割**であり，本肢のそれぞれの役割の説明は適切である。しかし，妻（母）と夫（父）との順序が逆である。**パーソンズ**は手段的役割を夫（父）が，表出的役割を妻（母）が担うとした。もっとも，この既存の性別分業をもとにした役割分化の理論にはフェミニストからの批判がある。

5 × **アダルト・チルドレン**とは，典型的には子ども時代にアルコール依存症の家族の中で暴力・虐待を受けて育った者のことをいう。アメリカでは1970年代から1980年代にかけて注目されるようになった。日本でも近年この語が広く用いられるようになっている。

［機能分化］

［地位分化］	手段的	表出的
上位	父（夫）	母（妻）
下位	息子（兄弟）	娘（姉妹）

正答 3

家族・女性

家族

実践 問題 185 応用レベル

頻出度	地上★	国家一般職★★★	特別区★★★
	国税·財務·労基★★		

問 家族に関する次の記述のうち，妥当なのはどれか。 (国Ⅱ2003)

1：定位家族とはある個人にとって生まれ育った家族のことを指し，生殖家族とは子どもを産み育てる家族のことを指す。それゆえ，定位家族と生殖家族が同じ世帯を構成して一つの家族となることはあり得ない。

2：核家族とは夫婦と二人の未婚子から成る家族のことを指し，それよりも規模の小さな家族を小家族，規模の大きな家族を大家族という。したがって，家族規模が縮小する傾向は，しばしば核家族化といわれるが，厳密には，小家族化と呼ぶべきである。

3：合同家族とは，夫婦が役割分業をせず，家事や子育てなどを共同で行うような役割構造を持った家族をいう。これに対し，夫婦が役割分業をする家族のことを分離家族という。近年，我が国でも合同家族が増加する傾向にある。

4：直系家族制とは，一人の子どもを跡継ぎとして家族を世代的に継続させるものであり，夫婦家族制とは，家族が婚姻によって成立し，夫婦一代限りで消滅するものである。しかし，直系家族制の下でも，すべての家族が直系家族であるわけではない。

5：複合家族制とはすべての既婚子と同居するものである。インドやかつての中国などにみられ，きょうだい間の相互扶助を確保するところに特徴があるが，地理的な移動が困難なため，産業化の進展とともに消滅する傾向にある。

チェック欄

1回目	2回目	3回目

実践 問題 185 の解説

〈家族論〉

1 × 定位家族と生殖家族のそれぞれについての説明は妥当だが，最後の部分が妥当でない。**定位家族と生殖家族が同じ世帯を形成することはさほど珍しいことではない**。たとえば，「イエ」の後継ぎとなって親と同居している子どもの立場から見れば，自分の両親と自分からなる定位家族と，自分と自分の配偶者と自分の子どもからなる生殖家族が同一の世帯を形成していることになる。

2 × 核家族とは夫婦とその未婚の子どもからなる単位のことを指す。したがって，**子どもの人数に関係なく，夫婦と未婚の子どもからなる家族はすべて核家族である**。核家族という言葉は，子どもの数が少なく家族規模が小さな家族というように誤解されやすいが，家族規模の大小や家族員の多寡とは無関係なので注意が必要である。また，大家族，小家族については，家族員数が何人以上の場合は大家族，何人以下の場合は小家族というような明確な基準はない。

3 × 合同家族とは夫婦間の役割構造ではなく，親と子どもの居住形態に基づいた家族形態の１つである。具体的には，子どものうち息子たちは結婚後も自分の妻子とともに親と同居を続け（つまり複数の既婚子が親と同居する家族形態となることがある），娘たちは結婚を機に親元を去る家族形態を指す。インドや中国などに見られる。

4 ○ 直系家族制や夫婦家族制とは，あくまでも家族を形成するプログラムに関する分類である。したがって，たとえば，社会の中に「子どもの１人が両親と同居する」という規範（家族形成のプログラム）が定着している（これが直系家族制である）場合であっても，実際には夫婦一代限りで消滅する家族（つまり夫婦家族）が存在している場合もある。

5 × 複合家族制は，親と同居する既婚子は男子に限ることが多く，本肢の記述のようにすべての既婚子が親と同居するわけではない。

正答 4

家族・女性
家族

実践 問題 186 応用レベル

頻出度 地上★ 国家一般職★★★ 特別区★★★ 国税･財務･労基★★

問 家族論に関する記述として，妥当なのはどれか。 （東京都2004）

1：マードックは，人類に普遍的な社会集団としての家族を「定位家族」とよび，定位家族の基本的機能として，性的，社会的，生殖的及び文化的機能の４種をあげた。

2：グードは，「〈子ども〉の誕生」を著し，子どもは，中世社会では「小さな大人」として扱われていたが，近代家族の出現とともに，幼児期と成人期の間にある「子ども期」の観念が現れたとした。

3：アリエスは，伝統的な家族形態を夫婦家族へ転換していく過程について，産業化という経済的・技術的変数だけでなく，夫婦家族制のイデオロギーの変数も作用していると指摘した。

4：バージェスは，家族が，法律や習俗などの形式的制度的な統合から，成員間相互の友愛や仲間意識といった人間的な感情による統合へ移行する過程を，「制度から友愛へ」と表現した。

5：ブラッドらは，家庭生活における決定権が夫と妻のどちらにあるかを調査し，その結果を，夫優位型，平等型及び妻優位型に区分し，アメリカの都市中産階級では夫優位型が圧倒的に多く，夫婦の勢力関係が平等でないことを証明した。

チェック欄 1回目 2回目 3回目

実践 問題 186 の解説

〈家族論〉

1 × 「定位家族」が誤り。G.P.マードックは人類に普遍的な家族の形態として核家族を挙げ，これはいつの時代どの地域にも存在するとする核家族普遍説を主張した。

2 × 「グード」が誤り。これはP.アリエスの理論である。アリエスは『〈子ども〉の誕生』で子ども期という意識が近代になって成立したものだと論じた。近代以前には子どもは「小さな大人」として早くから労働に従事した。しかし，近代に至って社会の変化によって，可愛がりの対象や教育されるべき存在として子どもが捉えられるようになったとアリエスは述べている。肢3の解説参照。

3 × 「アリエス」が誤り。これはW.J.グードの理論である。グードは伝統的な家族形態が夫婦家族へ転換していく近代の過程は，単に産業革命に適合したという経済的・技術的変数だけでなく，夫婦家族制のイデオロギーも変数としてかかわっているとした。肢2の解説参照。

4 ○ E.W.バージェスとH.J.ロックは友愛的家族を近代に特有の家族形態であると論じた。

5 × 後半の記述が誤り。R.ブラッドとD.ウルフは，アメリカの都市中産階級では一致型や自立型といった平等型が最も多いということを明らかにした。また，わが国でも調査によってアメリカ同様に平等型の夫婦が多いという結果が出ている。ブラッドとウルフは夫婦の勢力関係を決定する資源の所有の有無によって夫婦の勢力構造モデルを構築し，夫優位型，妻優位型，一致型，自立型に分類した。

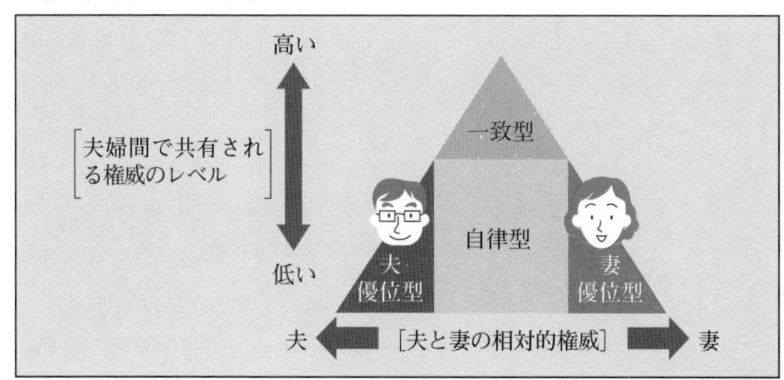

正答 4

家族・女性
家族

実践 問題 187 応用レベル

頻出度	地上★	国家一般職★★★	特別区★★★
	国税·財務·労基★★		

問 家族・親族集団に関する概念などについての次の記述のうち，妥当なのはどれか。 (国Ⅱ2004)

1：自分が所属する集団外に配偶者を求めることを禁止する制度を外婚制という。族外婚，村外婚などの例がある。韓国にみられる同姓同本不婚の慣習もその一例である。

2：自分が所属する集団内に配偶者を求めようとする傾向を内婚という。同じ人種，民族，階級どうしの結婚が好まれないのは，この例である。

3：出自集団とは，祖先を共有する人々の集団であり，系譜関係が明確な場合をクラン，神話上の祖先を共有する場合をリネージという。

4：系譜関係が男子を通じて連鎖するものを父権制，女子を通じて連鎖するものを母権制という。我が国の「家」制度は，養子縁組を認めているので，父権制であるとはいえない。

5：我が国の同族は，本家と分家との系譜関係に基づく階統的な家連合である。分家は，本家の親族のほか非親族の奉公人夫婦を初代として創設されることもある。

チェック欄

1回目	2回目	3回目

実践 問題 187 の解説

〈家族論〉

1 × 外婚制は集団外に配偶者を求めることを禁止するのではなく，集団内に配偶者を求めることを禁止するものである。その対象となる集団は氏族，地域，階級などがある。族外婚，村外婚は外婚制に含まれ，本肢中の韓国のそれは族外婚の典型的な例である。外婚制は異なった２つの集団を結び付けるという機能を有する。

2 × 同じ人種，民族，階級同士の結婚を好まないのは内婚制ではなく，外婚制に見られることである。その対象となる集団は人種，民族，国家，階級などである。内婚制は集団内部の等質性を保ち，集団の結束を維持するという機能がある。インドのカースト制内での婚姻などが典型である。

3 × **リネージは共通の祖先から単系の出自が形成される集団を指し，クランは出自的な系譜はたどれないものの，神話などでその系譜が説明されている集団を指す**。クランの下にいくつものリネージを包摂する社会と，クランを持たずリネージだけの社会に分類できる。また，単系出自集団であるリネージに対して父方，母方どちらの系譜をたどっても同一出自集団とみなす非単系出自集団をラメージとよぶ。

4 × 父権制・母権制の定義が誤り。系譜関係が男子を通じて連鎖するものは父系制，女子を通じるのが母系制である。父権制は（社会）生活全般にわたり男性の地位が高い社会を指す。なお，母権制は女性の地位が男性に比べ高い社会であるが，母系制社会は確認されているが母権社会は確認されていないとする説が有力である。

5 ○ 分家とは本家を中心とする同族関係あるいは同族団の一員であるが，単に同族関係がある，同族団の一員であるというだけでなく，そこに本家と分家の地位的関係があり，宗教的・敬愛的・政治的活動の相互依存性が存在するといった条件を伴う。分家は単に同族というだけでなく，本肢にあるように，たとえば奉公人夫婦を分家の初代として創設されることもあるのはわが国の「のれん分け」の制度を見てもわかるだろう。

正答 5

家族・女性
家族

実践 問題 188 応用レベル

頻出度 地上★ 国家一般職★★★ 特別区★★★ 国税·財務·労基★★

問 家族社会学の学説に関する記述として最も妥当なのはどれか。　（労基2006）

1：パーソンズはその著書『家族』において，産業化の進展に伴い社会の機能分化が進み，新たに生じた機能集団が家族に代わって様々な機能を担うようになったことから，機能分化が高度に進んだ現代家族では，家族の機能は完全に失われてしまったと論じた。

2：テンニースはその著書『ゲゼルシャフトとゲマインシャフト』において，家族を精神のゲマインシャフトと位置付けた。また，家族の本質的な要素は夫婦関係・母子関係・兄弟姉妹関係の三つの社会関係であると論じ，中でも夫婦関係を家族関係の筆頭にあげ最重要視した。

3：マードックはその著書『社会構造』において，家族の形態を核家族·複婚家族·拡大家族の三つに分け，このうち核家族は，未開社会には存在しない近代社会にのみ見られる形態であるとして，家族は未開社会の原初的な形態から単線的に進化してきたと論じた。

4：ヴェーバーはその著書『経済と社会』において，家族をゲマインシャフトの原型として位置付けた。そして，父性的な契約関係を優先する父子関係の中に，ゲマインシャフトの原初的な形態を求め，母子関係や夫婦関係にはゲマインシャフトを維持していく本来的な力はないと論じた。

5：コントはその著書『実証哲学講義』において，人と人との感情的融合を実現するという意味で，家族は社会の原型であり，人間が社会生活を学習する学校であると論じた。また，家族は親密性と統一性を実現しているとした。

チェック欄

1回目	2回目	3回目

実践 問題 188 の解説

〈家族論〉

1 × T.パーソンズは，家族機能縮小説に反対し，家族にはほかの集団では果たすことのできない重要な機能が存在する点を主張した。この場合の家族の機能とは，**子どもの第１次社会化**と**大人のパーソナリティの安定化**の２機能である。なお，本肢にある『家族』は，R.ベイルズらとの共著である。

2 × F.テンニースは人々の結合の性質が**本質意志によるものをゲマインシャフト**，**選択意志によるものをゲゼルシャフト**とよんだ。ゲマインシャフトは，血縁共同体である家族や親族関係として表される**血のゲマインシャフト**，地縁共同体（村落・近隣関係）として表される**場所のゲマインシャフト**，仕事仲間や友人関係として表される**精神のゲマインシャフト**に分類される。

3 × G.P.マードックが『社会構造』を著し，核家族・拡大家族・複婚家族の分類について論じたのは正しいが，「核家族は，未開社会には存在しない近代社会にのみ見られる形態」が誤り。彼は，核家族は，時代や地域にかかわらず普遍的に存在するとする**核家族普遍説**を主張した。

4 × M.ウェーバー（ヴェーバー）は遺稿『経済と社会』の中で，社会的行為の行われ方が，成員の主観的な共感感情に基づく場合に，その社会関係ないし過程をゲマインシャフト関係とよんだ。これは目的合理性を超えた感情価値を中心とする人間結合を特色とし，家族がその典型とされる。これに対し，成員の合理性に動機づけられた利益勘定に基づく場合は，ゲゼルシャフト関係とよぶ。したがって，契約関係にゲマインシャフトの原初的形態を求めたとする本肢の記述は誤り。

5 ○ 本肢の内容が正しい。なお，A.コントの『実証哲学講義』は，第１巻は序論と数理哲学，第２巻は天文哲学と物理哲学，第３巻は化学哲学と生物哲学，第４巻は社会哲学の理論的部分，第５巻はその歴史的部分，第６巻は結論からなる。この本は「実証主義」の立場に基づいて，諸科学の全体を単純なものから複雑なものへと配列し，より複雑な科学における帰納をより単純な科学からの演繹によって基礎づけることにより，「世界全体についての一つの体系的学問」を樹立しようとした。

正答 5

家族・女性
家族

実践 問題 189 応用レベル

頻出度 地上★ 国家一般職★★★ 特別区★★★ 国税·財務·労基★★

問 家族に関する記述として最も妥当なのはどれか。 (国家一般職2013)

1：G.P.マードックは，一組の夫婦とその未婚の子どもからなる核家族は人間社会に普遍的に存在する集団の単位であり，性・生殖・経済・教育という人間の社会生活にとって基本的な四つの機能を担うと論じた。

2：T.パーソンズは，核家族の構造について，夫婦や子どもたちの間で，家族の外部とつながる手段的役割と，家族内部の統合に関わる表出的役割の二つの役割に関する男女別の分担が，状況に応じて柔軟に変化している点を強調した。

3：M.フーコーは，17世紀のイギリスにおける市民革命以降，個人の生活領域に対する権力の影響が低下し，産児奨励あるいは抑制などの「生に関する権力」も同時に弱体化したことによって，性と婚姻が結び付いた家族が生成したと説いた。

4：家族研究に用いられる概念であるライフサイクルとは，人間の一生における各種の出来事の規則的な推移に着目する視点である。大衆社会の成立に伴い，各々の家族の個別性に着目する従来の視点であるライフコースに代わって成立した概念である。

5：家族形態の多様化に伴って登場したコレクティブハウジングとは，現代のプライバシー重視の価値観から離れ，人と人とのつながりを求めて，血縁関係のない他人同士が共同で大規模な住宅に居住し，従来の大家族的な共同生活を営むもので，拡大家族の一形態と考えられている。

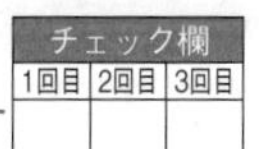

実践 問題 189 の解説

〈家族論〉

1 ○ G.P.マードックは「**核家族普遍説**」を主張した。**核家族**とは，婚姻によって成立した夫婦とその直子（未婚）からなる家族のことだが，マードックはこれを人類社会が初めて成立した段階から存在する家族の基本形態とし，何世代かにわたる「**拡張（拡大）家族**」や，一夫多妻のような「**複婚家族**」の形態は，すべてこの核家族をもとにしていると述べた。彼は，核家族が社会構造を維持するうえで不可欠な4機能（性・生殖・教育・経済）を備えていることを根拠に核家族を普遍とした。

2 × 「二つの役割に関する男女別の分担が，状況に応じて柔軟に変化している」が誤り。T.パーソンズ（とR.ベイルズ）は，「**手段的役割－表出的役割**」という2つの機能を家族成員の性別にあてはめて，家族の役割構造を図式化した。手段的役割は父（夫）や息子（兄弟）が担い，表出的役割は母（妻），娘（姉妹）が担うが，性別に基づくこのような役割構造体系を維持することで家族は社会全体の構造安定に貢献してきたと捉えた。

3 × M.フーコーは，J.ベンサムの発明した**パノプティコン**をモデルとして，市民革命以降，近代的主体の確立というかたちで，規則を内面化した恭順な身体が作り出されているとした。また，晩年の『**性の歴史**』において，産児奨励あるいは抑制などの「生に関する権力」も強化され，性と婚姻が結び付いた家族が生成したと説いた。

4 × 本肢の説明とは逆に，「各々の家族の個別性に着目する」視点を有する**ライフコース**研究が，従来の**ライフサイクル**研究に代わって成立した。

5 × **コレクティブハウス**とはスウェーデンの建築家S.マルケリウスが提唱した居住プロジェクトで，親しい人々同士で生活を共同で行う居住空間を指し，コレクティブハウジングとはそうした生活のあり方をいう。通常，コレクティブハウスは，独立の住居空間を有しながら，一方で食堂や保育施設などの共同の場が存在するという形態をとる。それゆえ，個々の住民は一定のプライバシーは保障されながらも，他人同士が人間的なつながりを求めて，部分的な共同生活を行うこととなる。

正答 1

家族・女性
家族

実践 問題 190 応用レベル

頻出度 地上★ 国家一般職★★★ 特別区★★★ 国税･財務･労基★★

問 家族に関する記述として，妥当なのはどれか。 (特別区2018)

1：グードは，「社会構造」を著し，家族形態を核家族，拡大家族，複婚家族の３つに分け，核家族は一組の夫婦とその未婚の子どもからなる社会集団であり，人間社会に普遍的に存在する最小の親族集団であると主張した。

2：ショーターは，子ども期という観念がかつてはなかったが，子どもとは純真無垢で特別の保護と教育を必要とするという意識が発生し，17世紀頃までに家族は，子どもの精神と身体を守り育てる情緒的なものとなったと主張した。

3：マードックは，「世界革命と家族類型」を著し，現代の家族変動である核家族化の社会的要因として，産業化といった経済的変数や技術的変数だけではなく，夫婦家族イデオロギーの普及を重要視する必要があると指摘した。

4：バージェスとロックは，社会の近代化にともなって，家族が，法律，慣習，権威などの社会的圧力に従って成立する制度的家族から，家族成員相互の愛情によって成立する友愛的家族に変容していくと唱えた。

5：アリエスは，家族にまつわる感情の変化は，男女関係，母子関係，家族と周囲の共同体との間の境界線の３つの分野にわたって起き，家族に対する人々の感情の変化が近代家族を誕生させたと主張した。

チェック欄

1回目	2回目	3回目

実践 問題 190 の解説

〈家族論〉

1 × 本肢の説明はG.P.マードックについてのものである。マードックは『社会構造』で，家族を核家族，拡大家族，複婚家族の３類型に分類し，後二者はいずれも核家族が複合した形態であるとして，核家族を家族の基本形態であると論じた。また，家族の機能的側面から，それらの機能を担える最小の単位として核家族を捉え，歴史的にも原始乱婚制の証拠が見いだされないことから，核家族普遍説を提唱した。

2 × これはP.アリエスの『〈子ども〉の誕生』についての説明である。アリエスによれば，西欧では，近代以前には，子どもは小さな大人とみなされて，できる限り早い時期から大人たちと一緒にされ，仕事や遊びをともにしていたが，近代になると，大人と子どもの切り離しが起こり，これとともに子ども期という意識が形成されてきた，とされる。

3 × これはW.J.グードについて説明したものである。グードは『世界革命と家族類型』で，伝統的な家族形態が夫婦家族へ転換していく近代の過程は，単に産業革命に適合したという経済的・技術的変数だけでなく，夫婦家族制のイデオロギーも変数としてかかわっていると捉えた。

4 ○ E.W.バージェスとH.J.ロックは『家族－制度から友愛へ－』で，産業革命によって人々が地域の共同体から切り離されて都市に流入したことによって，家族形態にも本肢にあるような変化が生じたとし，それを「制度から友愛へ」という言葉で表現している。

5 × この説明はE.ショーターについてのものである。彼は『近代家族の形成』の中で，家族のタイプを心の状態によって区別し，伝統や共同体や親族に結び付いていた伝統家族から，プライバシーの壁に守られた近代家族へと変化したと捉えた。そして，この変化をもたらしたのが，18世紀終わり頃から19世紀にかけて生じた，男女関係におけるロマンティックラブの成立，母子関係における母性愛の出現，核家族の一体感を表す家庭愛の誕生を内容とする「感情革命」であったという。

正答 4

家族・女性
家族

実践 問題 191 応用レベル

頻出度 地上★ 国家一般職★★★ 特別区★★★
国税・財務・労基★★

問 家族社会学に関する記述として，妥当なのはどれか。 （特別区2020）

1：グードは,「子どもの誕生」を著し, 絵画や書簡等, 多様な資料を用い, ヨーロッパ中世において，子どもが小さな大人とみなされ，子ども期というものが存在しなかったことを指摘した。

2：E.バダンテールは,「母性という神話」を著し，18世紀のパリでは子どもを里子に出すのが一般的であった事実から，母性本能は神話であり，母性愛は近代になって付け加えられたものであると主張した。

3：E.ショーターは，夫婦の勢力関係を夫優位型，妻優位型，一致型，自律型の４つに分類し，夫婦の勢力関係はそれぞれがもつ資源の量によって決定されるという「資源説」を提唱した。

4：ブラッドは，社会の近代化に伴い，家族が，慣習等の社会的圧力によって統制される制度的家族から，愛情を根拠にして成り立つ友愛的家族に変容していくと唱え，このような近代家族への移行を「制度から友愛へ」と表現した。

5：アリエスは，夫婦と未婚の子どもからなる核家族が，人間社会に普遍的に存在して，性・経済・生殖・教育という４つの機能を遂行する親族集団であるという「核家族普遍説」を唱えた。

実践 問題 191 の解説

チェック欄

1回目	2回目	3回目

〈家族論〉

1 × 『〈子ども〉の誕生』はP.アリエスの著作であり，本肢の説明もアリエスについてのものである。W.J.グードは，伝統的な家族形態が夫婦家族へ転換していく近代の過程は，単に産業革命に適合したという経済的・技術的変数だけでなく，夫婦家族制のイデオロギーも変数としてかかわっていると捉えた。

2 ○ E.バダンテールはフランス･アナール学派の影響を受け，『母性という神話』の中で「母性」という概念の相対化を試みた。18世紀頃からJ.J.ルソーや医師などによって，母乳での子育てが奨励されるようになり，自己犠牲的な子どもへの愛が賞賛され，母性という概念が生まれてきたと指摘する。そして，それと引き換えに，かつて公的領域において活躍していた女性の活動範囲が，家庭に限定されるようになったことを論じた。

3 × これはR.O.ブラッドとD.M.ウルフによる夫婦の勢力構造モデルの説明である。E.ショーターは『近代家族の形成』の中で，家族のタイプを心の状態によって区別し，伝統や共同体や親族に結び付いていた伝統家族から，プライバシーの壁に守られた近代家族へという変化をしたと捉えた。そして，この変化をもたらしたのが，18世紀終わり頃から19世紀にかけて生じた「感情革命」であったとした。

4 × これはE.W.バージェスとH.J.ロックの学説である。ブラッドについては肢3の解説を参照のこと。

5 × 核家族普遍説はG.P.マードックの学説である。なお，本問の肢1がアリエスの学説についての説明となっている。

正答 2

家族・女性
家族

実践 問題 192 応用レベル

頻出度 地上★ 国家一般職★★★ 特別区★★★
国税・財務・労基★★

問 ライフステージに関する次の記述のうち，妥当なのはどれか。 （国Ⅱ2001）

1：人間の一生の発達過程に認められる諸段階を，ライフステージという。乳児期，幼児期，少年期，青年期，壮年期，中年期，老年期といった段階区分は，その代表的なものである。あるいは，また，女性について，就学期，就労期，育児期，再就労期といったライフステージを設定する社会学者もいる。

2：ライフステージの設定は，生理学的な主題であるとともに，心理学的あるいは社会学的な主題でもある。例えば，社会史家のP.アリエスは，子供時代という範疇が近代の産物であることを主張する。中世においては，子供は，「無垢な存在」として学校と家庭とに囲い込まれた存在であったと彼はいう。

3：青年期は，ライフステージとして，子供の段階と大人の段階との中間に当たっている。精神分析学者のE.H.エリクソンは，青年期を「モラトリアム」という概念で特徴付けた。これは青年が，社会的な義務や責任を猶予されていることをいう。青年期は，今日，短縮される傾向にあるといわれる。

4：人生80年時代を迎えた我が国においては，壮年期と老年期との中間に当たる中年期がライフステージとしての重要性を増している。それは通常，40歳ぐらいから60歳くらいまでの年代に当たる。この年代の人々は解決困難な生活課題とは無縁であるという意味で，今日では，「中年の安定」が人々の共通の了解となっている。

5：人口の高齢化とともに，ライフステージとしての老年期にも社会学的な関心が払われつつある。例えば，老年を「役割のない地位」と規定する社会学者もいる。具体的には，それは，引退を通して老年を理解しようとするものである。一般に，退職者よりも在職者の方が，「老い」を自覚しやすいとされる。

チェック欄

1回目	2回目	3回目

実践 問題 192 の解説

〈家族周期〉

1 ○ ライフステージという概念によって，人の発達過程をいくつかの段階に分け，考察することが可能となる。特に女性の場合，わが国では就労後，結婚や妊娠・出産を機にいったん仕事を離れ，育児の終了後再び就労するというパターンが多く見られることから本肢にあるような女性独特のライフステージを設定する見方もある。

2 × 最後の中世における子どもに対する見方が妥当でない。むしろ，このように「『無垢な存在』として学校と家庭とに囲い込まれた存在」とされるのは近代の子どもである。中世の場合,子どもと大人の本質的な差は認識されず，子どもは職業共同体に入ると，その中で職能を身につけて成長するというプロセスをたどった。

3 × 最後の「青年期は，今日，短縮される傾向にあるといわれる」という記述が不適切である。高学歴化などによって青年期はむしろ延長される傾向にある。

4 × 最後の「解決困難な生活課題とは無縁である」という記述が不適切である。子の養育や自らの健康（生活習慣病）など，生活課題は山積している。

5 × 最後の「退職者よりも在職者の方が，『老い』を自覚しやすいとされる」という記述が不適切である。第２～３文が，職業役割をはずれること＝引退を通して老いを理解するという趣旨である以上，退職者のほうがより強く老いに直面することになる。

正答 1

女性

必修問題 セクションテーマを代表する問題に挑戦！

女性やジェンダーについて問う設題の場合，単に学説のみでなく，わが国や国際社会における女性の現状も問われることがあります。この問題はその典型です。

問 ジェンダーの社会学に関する次の記述のうち，妥当なのはどれか。

（国家一般職2015）

1：フェミニズムとは，国際連合が，性差別の撤廃と男女平等の促進，経済・社会・文化の発展への女性参加の確保，国際協力と世界平和に対する女性の貢献の増大を目的とした国際連合国際女性年を設定したことを起源とする，男女共同参画社会の実現を目指した運動のことである。

2：ジェンダー・バイアスとは，女性と男性の間で政治的・経済的・社会的・文化的に格差が生じないようにするだけでなく，性差によるあらゆる感覚や意識の違いについても解消すべきとする考え方を指す用語である。

3：隠れたカリキュラムとは，教えられる側の性別によって無意識のうちに教え方が偏ってしまうことを防止するための教育法規のことであり，教えられる側に意識されないよう工夫されたものである。

4：シャドウ・ワークとは，出産・子育てがしやすい社会の実現のため，被用者が産前・産後の休業や育児休業を取得する際に，その被用者が元々行っていた仕事を職場の同僚等が行うことを指す。

5：リプロダクティブ・ヘルス／ライツとは，1994年にカイロで開催された国際人口・開発会議において提唱された概念であり，その中心課題には，いつ何人子どもを産むか産まないかを選ぶ自由，安全な妊娠・出産，子どもが健康に生まれ育つことなどが含まれている。

直前復習

Guidance ガイダンス **隠れたカリキュラム（ヒドゥン・カリキュラム）**

P.W.ジャクソンの用語で，学習カリキュラムのように顕在的なものとは異なり，教師から生徒へ暗黙の了解の下に伝達される価値・規範・信念などを意味する。

頻出度　地上★　国家一般職★　特別区★　国税・財務・労基★

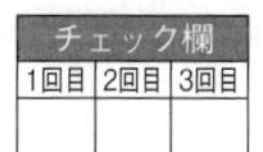

必修問題の解説

〈ジェンダー〉

1 × フェミニズムの運動は，女性参政権を求めるかたちで19世紀半ばから欧米で盛んになった。よって，国際連合が国際連合国際女性年を設定（1975年）したことを起源とする本肢の記述は誤りである。

2 × ジェンダー・バイアスの定義が異なっている。ジェンダー・バイアスとはジェンダー（社会的性差）に関するバイアス（先入観）を指す。

3 × 隠れたカリキュラム（ヒドゥン・カリキュラム）とは，教育機関における正規のカリキュラムとは別に，教える側も教えられる側も意識しないかたちで行われる教育をいう。よって，性別などの教えられる側の属性によって無意識のうちに教え方が偏ってしまう場合がこれにあたるのであり，これを是正することを指す言葉ではない。

4 × シャドウ・ワークの定義がまったく異なっている。シャドウ・ワークはI.イリイチが提唱した概念で，近代社会において家事や通勤のように，無償で，市場経済の中で顕在化しない影のような労働をいう。彼はこうした近代の労働のあり方に対して，産業化によって人々の生活が侵食されることに反対し，近代の産業化以前の「人々の自律的で共働する世界」を重視して，そうした世界のあり方を「コンヴィヴィアリティ」とよんだ。

5 ○ リプロダクティブ・ヘルス／ライツとは，子どもの出産など産む側である女性が決定する権利を有するとする思想である。

正答 5

第10章 SECTION 2 家族・女性

女性

1 フェミニズム

従来，男性に対して低い地位に置かれてきた女性たちの地位向上運動，差別撤廃運動やその思想をフェミニズムといいます。フェミニズムは，近代社会の進展とともに，その運動の目標も変化を遂げてきました。

(1) 第1次（初期）フェミニズム運動

フランス革命に象徴されるように，近代社会は「自由と平等」をその基本理念としてきました。しかし，女性の参政権は市民革命移行においても与えられないままでした。すなわち「自由，平等」を与えられる人間とは男性のこと（人間＝男性）を意味していました。こうした現実の中から女性の参政権を求める運動が19世紀の半ばから欧米各国で盛んになってきます。

第1次（初期）フェミニズム運動とは，一般にこのような女性参政権運動のことをいいます。

(2) 第2次フェミニズム運動

20世紀になり，女性の参政権は多くの国で確立され，これとともにフェミニズムの運動目標も次の段階へと移行していくことになりました。

戦後のフェミニズム運動は，参政権獲得や差別撤廃法のような法制度面の改正のみでは完全な女性差別の廃絶ができないとして，その焦点をより日常的現実の中での性差別の解明とその告発へと向けていったのです。つまり，戦後フェミニズム運動は，性差別は社会の中の制度として組み込まれているだけでなく，日常的信念として意識やライフスタイルの中に存在し，それは女性自身にも自明視され受け入れられているのであるということを明らかにし，性差別の重層的な構造を分析することを目的としたのです。

このような考え方は，「日常的な束縛から解放された，（何者にも束縛されない）女性らしい生き方」を謳い，特に1960年代以降盛んになったウーマンリブ運動という語で一般にも知られるようになりました。このウーマンリブ運動に代表される新しい運動のあり方は第2次フェミニズム運動とよばれ，日常的な意識や行動に潜む性差別の解明とその撤廃が目指されています。具体的には，女性＝家事労働といった固定化された性別役割分業に対する批判や，各種マス・メディアやミスコンテストなどに現れる「性の商品化」への批判などがこれにあたります。

(3) ジェンダー

男女の性差には，およそ２つの次元があると考えられます。１つは生物としての性差であり，もう１つは「男らしさ」「女らしさ」のような社会的，文化的な性差です。

前者のような生物学的な性差を「セックス」といい，これに対して社会的文化的に作り出された性差を「ジェンダー」といいます。

(4) シャドウ・ワーク（I.イリイチ）

イリイチは，家事や通勤などの無償の労働を市場経済の中で顕在化しない影のような労働であるとして，これを「シャドウ・ワーク」とよびました。これらは，必要不可欠なものであるにもかかわらず，「生産の称揚」という近代の理念のため，影のようにおとしめられてしまった労働です。

2 近代化と家族

(1) 「子ども期」という観念（P.アリエス）

フランスの歴史家P.アリエスは，著書『〈子ども〉の誕生』の中で，「子ども期」という意識が西欧における近代化の中で形成されてきたものであることを明らかにしました。

近代以前の西欧社会では，子どもは「小さな大人」とみなされ，子どもの社会化は主として徒弟修業によってなされていました。しかし，産業化の中で子どもが大人から切り離され，これとともに「子ども期」という意識，すなわち子どもに対する「可愛がりの感覚」と，子どもは学校で「教育されるべき存在」という意識が形成されたとアリエスは捉えます。

(2) 近代家族

近年の社会学では，「近代に特徴的な家族のあり方」を意味して「近代家族」という用語が用いられています。その特徴としては，

①家族領域と公共領域の分離
②家族成員間の強い情緒的関係
③子ども中心主義
④「男は外」「女は内」という性別役割分業

このような近代家族の特徴を一言でまとめると「家族成員間の親密性と私秘性」であるといえます。近代以前の家族には，基本的に公共領域と私的領域の明確な区別はなく，家族は血縁と地縁による親族と近隣のネットワークに埋めこまれた存在でした。

家族・女性
女性

実践 問題 193 基本レベル

頻出度	地上★ 国家一般職★ 特別区★ 国税･財務･労基★

問 フェミニズムについて書いた次の記述のうち，妥当なのはどれか。

(労基1999)

1：フェミニズムは，産業革命以降，近代化，工業化の進展によって家族単位の可処分所得が上昇していくことに伴い，家事の機械化，外注化が可能となり，その結果，専業主婦の家庭内の従属度が低下したと捉え，産業革命によって女性解放が始まったと評価している。

2：フェミニズム運動とは，1980年代以降，欧米先進諸国を中心に展開された女性開放運動や，ウーマン・リブ運動の別称であり，平等な法的権利を求めることを中心的課題としていることによって，19世紀から20世紀初頭にかけて各国で展開された婦人参政権運動の延長線上のものと観念される。

3：性別役割分業意識とは，いわゆる「男は仕事・女は家庭」という夫婦の役割分担を当然視する意識のことであり，労働の場で女性が相対的に低賃金であることは，学歴，労働に対する意識，勤続期間などが男女間で異なることによる生産性の違いに起因するものであり，性別役割分業意識と結びつけて論じられることはない。

4：「ジェンダー（gender）」は，本来性別を表す文法用語であったが，1970年代以降，生物学的な男女の違いをいう「性（sex）」と峻別して，社会的，文化的に形成される，「男らしさ」「女らしさ」を表す概念として定着し，性差を「生物学的宿命」から引き離すのに不可欠な概念装置としての働きを担うに至った。

5：「影の労働（shadow work）」とは，家事労働など，市場経済の外部にあって，市場で交換されないため，代価を支払われず，潜在化したままインフォーマルな経済の一環として，市場経済の下支えをする，周辺部分に位置する労働をいい，近代以前に広く見られる家内制生産様式における家事労働は，その代表的存在とされる。

チェック欄		
1回目	2回目	3回目

実践 問題 193 の解説

〈フェミニズム〉

1 × 近代以前においては女性は家父長制家族の下での妻として従属的な地位を強いられていた。しかし，産業革命以降も女性は無償の家事労働（シャドウ・ワーク：肢5の解説参照）を強いられる存在として従属的な地位に置かれてきたことに変わりない，とフェミニズムは捉えている。

2 × 一般にフェミニズムは，近代以降の女性解放思想や運動の総称である。したがって，19世紀から20世紀初頭にかけての女性参政権運動もフェミニズムの一環として捉えられており，これは第１次フェミニズム運動とよばれる。また，ウーマンリブ運動などの新しい女性運動（第２次フェミニズム運動）の波が欧米各国に広がったのは1960年代の後半からであり，この点でも本肢は妥当でない。

3 × 性別役割分業意識に関する説明は妥当である。しかし，本肢では後半の文章が妥当でない。たとえば，昇進における女性差別があったことを認める判決も出ているように，労働の場において女性が相対的な低賃金を強いられていることにも，性別役割分業意識からくる女性に対する差別（女は本来家庭で家事をするものである）がかかわっているものと考えられる。

4 ○ ジェンダーという語は，**社会的文化的に作られる「男らしさ・女らしさ」を指す概念**として，生物学的な性差がいかにして「性差別」へとつながるかを解明する視点を提供するものといえる。

5 × シャドウ・ワークについての説明の前半は妥当である。しかし，本肢の最後が妥当でない。シャドウ・ワークは，産業社会の中で生産労働が称揚され，それに対する対価（賃金）が支払われるようになる裏面で，価値ないものとしておとしめられた人間の活動（具体的には家事労働や通勤など）のことである。つまり，この概念はすぐれて「近代産業社会における」一定の人間の活動を指すものであり，本肢のように「近代以前における家内労働」を指すものではない。

正答 4

第10章 SECTION 2 家族・女性

女性

実践 問題 194 応用レベル

頻出度	地上★	国家一般職★	特別区★
	国税·財務·労基★		

問 ジェンダー，セックス，セクシュアリティに関する次の記述のうち，妥当なのはどれか。
(国Ⅱ2005)

1：ジェンダーとは生物学的に規定された性差であるのに対して，セックスとは社会的・文化的に規定された性差である。後者は社会的・文化的に変わり得るものである。

2：近年，同性愛が一つのライフスタイルとして認められるようになってきた。我が国では同性同士の婚姻が法律上も認められている。

3：セクシュアリティとは，性ホルモンによって規定された性差のことをいう。男性らしさ，女性らしさは，文化とは無関係に性ホルモンによって決められている。

4：性別分業とは，広義には性別による役割の分担を意味するが，狭義には女性は家庭で家事や育児などの無償労働に従事し，男性は有償労働に従事するという近代に特徴的な性別分業を指す。

5：マルクス主義フェミニズムが明らかにしたのは，男性が女性を支配する原理である家父長制は，資本主義と相いれないということである。

直前復習

実践 問題 194 の解説

チェック欄		
1回目	2回目	3回目

〈ジェンダー〉

1 × ジェンダーとセックスの説明が逆である。ジェンダー研究の先駆者は文化人類学者のM.ミードである。彼女はサモア島ほか南太平洋地域の社会の観察を通じて，性役割が文化的に規定されていることを見いだした。後年，彼女自身はこの説を撤回しているが**フェミニズムに多大な影響**を与えている。

2 × わが国では同性愛による婚姻は認められていない。国単位で同性愛者同士の婚姻を認めているのはオランダ，ベルギー，カナダ，スペインなどである。また，アメリカでは州単位での同性愛者の婚姻を認めている。

3 × 「文化とは無関係に性ホルモンによって決められている」が誤り。こうした性差が文化的，社会的なものであるとフェミニズムでは考えられているからこそジェンダー・セックスという区別がなされるわけである。男性らしさ，女性らしさが文化的なものであると主張したのは文化人類学者のミードである（肢1の解説も参照）。

4 ○ たとえば，I.イリイチは前近代においては個々の家族や地域によって多様性のある，独特のジェンダーが存在したと主張している。彼はこれをヴァナキュラー・ジェンダーとよび，前近代では女性が積極的な役割を果たしていたと主張した。

5 × マルクス主義フェミニズムは，男性による女性支配の原理である家父長制は，資本主義の発達した近代特有のものであると主張した。肢4の解説にもあるように男女の性別分業は近代社会に特徴的なものである。

正答 4

家族・女性
女性

実践 問題 195 応用レベル

頻出度	地上★ 国家一般職★ 特別区★ 国税・財務・労基★

問 ジェンダーに関する次の記述のうち，妥当なのはどれか。 (国Ⅱ1999)

1：人間の性別には，「女性」か「男性」かという生物学的次元での性別とともに，「女らしい」か「男らしい」かという社会的・文化的に形成される性別もある。一般に社会学では，前者を「性（sex)」とよび，後者を「ジェンダー（gender)」とよぶ。たとえば，「男が理性的で，女が感情的」であるのは，「性（sex)」の問題である。

2：一般に対象によって適用する基準を変えることを，ダブル・スタンダード（二重基準）という。社会学では，しばしば性のダブル・スタンダードが問題にされる。たとえば，ある政党を支持したり，ある意見に賛成する女性と男性との割合が大きく異なるというのは，性のダブル・スタンダードの問題である。

3：人間の活動には生産的活動と，家事・育児・介護その他の再生産活動とがある。そして男性が生産的活動を行い，女性が再生産的活動を担うというのが，社会学でいう性別役割分業の基本的な問題である。I.イリイチは，女性の無償の再生産的活動をコンヴィヴィアル（共生的）な活動として評価した。

4：日本の女性の年齢別労働力率はM字型曲線を描く，としばしばいわれる。これは横軸に年齢，縦軸に労働力率をとると，ローマ字のM字型のグラフが得られることによる。その際，M字型の中間の労働率の落ち込みは，女性が出産・育児期に労働市場からいったん退場することによるものと理解されている。

5：日本では近年，女性に不利と見られる法的規定を見直す動きが広がっている。1997（平成9）年の民法改正で，選択的夫婦別姓制度が導入されたのは，その一例である。これは結婚時に夫婦が同姓か別姓かを選択できるとしたもので，結婚時に夫婦が姓を統一しなければならないとする従来の規定を改めたものである。

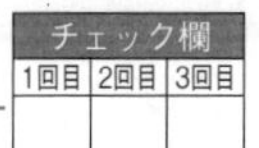

実践 問題 195 の解説

〈ジェンダー〉

1 × ジェンダーとセックスという概念についての説明は妥当だが，最後の文章が妥当でない。本肢にあるような「男は理性的で，女は感情的」であるというのは，生物学的に決定されていることではなく，社会の中でそのような観念が作り出され，人々に信じられているにすぎない。したがって，これはジェンダーの問題である。

2 × 性規範のダブル・スタンダードについての２番目の文章までは妥当である。しかし，最後の文章が妥当でない。性規範のダブル・スタンダードとは，たとえば，同じ教師という地位についている場合でも男性と女性では期待される役割が異なる，といったように性別で求められる行動，役割が異なっていることをいう。このような性別により異なった行動基準は，さまざまなところに見いだされるが，職業などの公的な役割行動にこのような性の違いによる異なった行動基準が暗黙のうちに持ち込まれると，女性差別などの問題を引き起こすことにつながるといえる。

3 × 本肢も最後の文章が妥当でない。I.イリイチは，近代社会においては男性が担う生産活動だけが「価値ある労働」として高く評価され，それに対する見返り（賃金）も与えられるようになったのに対して，女性が担う再生産活動は，近代化の中で「影のような」存在として，とるに足らない労働としておとしめられてしまったと整理し，このような労働をシャドウ・ワークとよんだ。なお，本肢のコンヴィヴィアルな活動，あるいはコンヴィヴィアリティとは，イリイチが他者や自然と共生的であった近代以前の人々の活動を指して用いた語である。

4 ○ 女性労働についてしばしば言及されるのが本肢のM字型曲線である。このような**女性就労のM字型曲線は，日本や韓国などのアジア圏では見られるが，欧米では出産・育児期の労働力率の落ち込みは見られず，年齢別就労のカーブは台形型となっている。**

5 × 過去にしばしば民法の改正によって選択的夫婦別姓の制度を設けることが提言されてきたが，これに対する反対の声も多くあった。1997（平成９）年の民法改正では，この選択的夫婦別姓制度は導入されなかった。

正答 4

第10章 家族・女性

章末CHECK　Question

Q1 G.P.マードックによれば，家族は性機能，生殖機能，教育機能，経済機能の４つの機能を果たすという。

Q2 G.P.マードックは，夫婦とその未婚の子からなる家族を核家族とよび，こうした核家族はさまざまな家族形態の核としていずれの社会にも見いだされるとした。

Q3 E.W.バージェスとH.J.ロックは，近代化に伴う家族の特質の変化に注目し，「友愛から制度へ」という移行の図式を提示した。

Q4 T.パーソンズとR.ベイルズは，外部への適応と課題遂行にかかわるものを手段的役割，集団の維持と成員の統合にかかわるものを表出的役割とよび，前者は男性が，後者は女性がそれぞれ担うとした。

Q5 T.パーソンズは家族の２機能として手段的役割（機能）と表出的役割（機能）を挙げ，この２つの機能の衰退によって将来，家族は解体してしまうだろうと論じた。

Q6 自分が結婚して配偶者とともに築いていく家族のことを，定位家族という。

Q7 ジェンダーとは，人間が生まれながらにして持っている生物学的な性差を意味する。

Q8 社会的・文化的に形成された性別のことをセクシュアリティという。

Q9 第２次フェミニズム運動とは，1960年代から70年代にかけてのフェミニズム運動を指し，女性参政権の獲得など，女性の政治的権利の確立が主要な運動目的となった。

Q10 同じ行動に対しても性別によって評価のされ方が異なったり，同じ状況下でも性別によって期待される役割が異なったりすることを，性規範のダブル・スタンダードという。

Q11 I.イリイチは，近代以前の社会で見られた共同体内部での家族同士の強い結び付きによる農作業などの協同の労働を「シャドウ・ワーク」とよんだ。

Q12 近代家族の特徴の１つとして，男女の性別役割分業の形成が挙げられる。

Answer

A1 ○ そしてこれらを満たす最小限の家族単位が核家族であるとし，それゆえ核家族はいつの時代も存在したとして核家族普遍説の根拠とした。

A2 ○ G.P.マードックは，核家族がタテに結び付いた多世代同居の家族を「拡張（拡大）家族」とよび，ヨコに結び付いた一夫多妻制，あるいは一妻多夫制の家族を「複婚家族」とよび，どの家族形態にも核家族が見いだされるとした。

A3 × E.W.バージェスとH.J.ロックは，近代以前の家族は制度によって結び付いていたが，近代以降は友愛によって結び付くようになったとして，「制度から友愛へ」という移行の図式を提示した。

A4 ○ T.パーソンズは，R.ベイルズとの共同研究から，家族を小規模社会システムとして捉えた。

A5 × T.パーソンズが挙げた２機能とは「子どもの第１次社会化」と「大人のパーソナリティの安定化」である。また，パーソンズは，家族解体説は唱えていない。

A6 × これは生殖家族である。定位家族とは自分が自分の両親の子どもとしてそこに生まれ育てられる家族のことである。

A7 × これは「セックス」の説明であり，ジェンダーとは社会の中で規定される文化的な性差を指す。

A8 × 社会的・文化的に形成された性別のことをジェンダーといい，生物学的な性別のことをセックスという。セクシュアリティとはその中間領域を指し，性的能力，性的感情，性的状況，性的嗜好などを指す。

A9 × 女性参政権の獲得など，女性の政治的権利の確立が主要な運動目的であったのは第１次フェミニズムである。第２次フェミニズムは日常レベルでの性差別の告発を目指した。

A10 ○ たとえば，仕事上の有能さは男性の場合「できる人」と捉えられるが，女性の場合「でしゃばり」と捉えられたりするなどがそれである。

A11 × シャドウ・ワークとは，産業社会がその活動を維持していくうえで必然的に要求する労働でありながら，賃金という対価を伴わないものであり，女性の家事労働などがその典型的なものであるとされる。

A12 ○ 近代家族のこのほかの特徴として，家族の内部の私的領域と公的領域の分離，家族の結び付きにおける愛情の強調などといったことが挙げられている。

memo

第11章

都市・農村

SECTION

① 農村
② 都市

第11章 都市・農村

出題傾向の分析と対策

試験名	地上			国家一般職（旧国Ⅱ）			特別区			国税・財務・労基		
年度	15-17	18-20	21-23	15-17	18-20	21-23	15-17	18-20	21-23	15-17	18-20	21-23
出題数 / セクション		1			2		1	2	1		1	1
農村												
都市		★			★★		★	★★	★		★	★

（注） 1つの問題において複数の分野が出題されることがあるため，星の数の合計と出題数とが一致しないことがあります。

地方上級

地方上級ではこの分野の出題は多くありません。ただ，まったく出題されないとはいえませんので主要な学説は学習しておくほうがよいでしょう。都市社会学においてはシカゴ学派が最も重要な役割を果たしました。シカゴ学派の中でもまずバージェスとワースについて押さえましょう。また，都市の発展過程論も重要です。これはインプット部分にある図で視覚的に理解しておくとよいでしょう。バージェスについては各地域とそこに住む階層の組合せ，その他の都市の発展過程論では学者と学説の組合せが問われやすいです。

国家一般職（旧国家Ⅱ種）

シカゴ学派についてや都市の発展過程の諸学説といった最重要項目については，概念のみではなく，その内容まで詳細に押さえておく必要がありますが，それ以外の学説についてもインプットに出ているものや過去問で出題されているものはちゃんと理解しておいてください。あまり見慣れない学説が肢に混じることもありますが，ある程度常識的に記述内容の成否を判断してよいでしょう。

特別区

特別区ではこの分野は頻出度の高い領域です。まずシカゴ学派の学者たちについてしっかり押さえましょう。また，都市の発展過程論も重要です。これはインプット部分にある図で視覚的に理解しておくとよいでしょう。バージェスについては各地域とそこに住む階層の組合せ，その他の都市の発展過程論では学者と学説の組合せが問われやすいです。インプット部分にあるその他の学説も広く浅く押さえてください。

国税専門官・財務専門官・労働基準監督官

出題レベルは国家一般職（旧国Ⅱ）に次ぐものとなっていますが，国家一般職（旧国Ⅱ）のように新しい学説の出題が目立つわけではないため，新しい学説を押さえるよりも，インプットに出てくる諸学説をしっかり理解するよう学習を心がけていただければと思います。あまり見慣れない学説が肢に混じったとしても国家一般職（旧国Ⅱ）と同様，ある程度常識的に記述内容の正否を判断してよいでしょう。

Advice アドバイス 学習と対策

本章の内容は，出題頻度が非常に高いというわけではありませんが，しかし，どの職種でもコンスタントに出題されており，落とせないものです。特にシカゴ学派は，社会学史などの問題でも出題されることがあり，大変重要です。

農村

必修問題 セクションテーマを代表する問題に挑戦！

都市と農村との相違点についての問題です。常識レベルで答えられるものとなっています。

問 農村社会と比べて，都市社会の一般的な特徴として妥当なのは次のうちどれか。 （特別区1981）

1：社会機能が未分化である。
2：温情的な人間関係が支配している。
3：共同体意識が強い。
4：生産と生活の場が一致している。
5：流行が支配しやすい。

直前復習

Guidance ガイダンス 都市と農村の区分に関する諸学説

1920～30年代にはP.A.ソローキンとC.ジンマーマンの提唱した「農村＝都市二分法」が広く用いられた。しかし，20世紀の先進社会において農村の「都市化」が進行する中で,「都市＝農村連続法」が提示された。L.ワースは人間生態学的な視点から，定住のパターンという人口学的側面によって都市と農村を捉え，「アーバニズム」の理論を提唱した。また，文化人類学者R.レッドフィールドは，『ユカタンの民俗文化』（1941年）において，小規模，孤立的，自給自足的，同質的連帯，規範的慣習，無文字文化といった特徴を持つ「民俗社会」が近隣の都市社会との接触により次第に文化・社会的な解体へと陥り，都市社会へと変容していくという「民俗＝都市連続論」を展開した。

農村はアーバニズムの浸透を通じて都市化されるという単線的な発展図式を前提としたワースの理論はのちに批判され，G.ショウバーグらの比較都市社会学が登場した。

必修問題の解説

チェック欄

1回目	2回目	3回目

〈都市と農村〉

都市と農村の基本的な特徴を比較すると，農村の成員は比較的類似しており，同質的で共同体としての結束力が高いのに対して，都市の成員はさまざまな職業・階層・人種・民族などからなるために異質的で共同体としての結束力が弱いといえる。

1 × 都市では育児については託児所が設けられているといったように，農村よりも社会的な機能が分化，つまり専門化している。

2 × 都市の人間関係は希薄な傾向にあるといわれている。たとえば，都会の集合住宅では隣近所の住人の職業や家族構成を知らないというようなものである。

3 × 都市では人間関係が希薄な傾向にあるため，各成員の間に共同体を同じくしているとの意識がほとんどない。

4 × 農村では住居の周囲が耕作地となっているなど比較的職住が接近している。これに対して都市では，遠距離通勤などとして知られるように，住居と職場が隔絶していることが少なくない。

5 ○ 都市では成員間の同質性が低いため，ほかの成員との協調性を維持するためには成員は常に他者の動向に注意深くならざるをえない。そのため，流行に敏感な傾向が生じる。

正答 5

第11章 SECTION 1 都市・農村 農村

1 都市と農村

(1) 都市＝農村二分法（P.A.ソローキン，C.ジンマーマン）

都市と農村を対立する別個の地域社会として類型化し，それぞれの生態学的特性などを考察する分析手法です。地域社会研究の初期の段階（1920～30年代）に有力視されました。ソローキンとジンマーマンは，職業構成，社会的成層化，環境，大きさ，人口密度，住民の異質性，住民の移動性，住民の関係層化の８つの指標を用いて都市と農村を対比しました。

(2) 都市＝農村連続法（連続体説）（L.ワース，R.レッドフィールド）

農村地域の都市化現象，都市への大量の人口移入などによって，もはや都市と農村を対比的に捉えることは不適当であるとして登場してきた分析手法です。

シカゴ学派のワースは「アーバニズム論」を述べ，都市的な生活様式であるアーバニズムが地域社会に浸透していく過程が都市化であるとし，都市と農村を連続的なものとして捉える立場を提示しました。また，このアーバニズム論に影響を受けたレッドフィールドが，民俗社会が都市的文化と接触することにより都市的な社会へ変容していくとする「民俗＝都市連続論」を主張しました。

2 日本の都市・農村論

(1) 同族団・組連合（有賀喜左衛門（あるがきざえもん））

有賀喜左衛門は，日本の家族は「家」意識に基づいており，多数の親族や使用人を家の中に取り込んだ大家族がその基本的な形態であるとして，「同族団」の概念を示しました。また，これに対置して「組連合」とよばれる家同士の連合体も提示しました。

・同族団＝本家を中心として分家が本家の保護に依存する一方で，本家の支配に従属する身分階層的な家連合。このように同族団を構成する本家－分家関係は基本的に上下関係，主従関係であるとした。

・組連合＝個々の家が対等に結び付くもの。

(2) 同族結合・講組結合（福武直（ふくたけただし））

福武直は，有賀喜左衛門の同族団論を受け継いで，村落における家族の連合の２つの類型を提唱しました。

・同族結合＝在村地主である本家とそれに従属する小作の分家とによって構成されるもので，主従的な縦の家同士の結合。

・講組結合＝ほぼ同等の家によって構成される横の家同士の結合。

ただし，福武は，有賀のように同族結合をさほど重視せず，農業生産力の発展とともに家連合は同族結合から講組結合へと移っていくとしました。

(3) 社会的交流の結節機関（鈴木栄太郎）

鈴木栄太郎は，独自の生態学的方法から，都市と村落の違いを「(社会的交流の)結節機関」に求めました。結節機関とは，物や情報などの行き来の集積点となる機関のことであり，企業，教育機関，娯楽施設などが挙げられます。

鈴木は「都市と村落の違いは，都市が結節機関が集積した集落社会であるのに対して村落は結節機関を持たない集落社会である」としました。

(4) 第三の空間（磯村英一）

磯村英一は，都市の特徴を「第三の空間」の存在に見いだしました。

伝統社会とは異なり，近代社会は，家族（第一の空間）からも職場（第二の空間）からも切り離された「盛り場」などに見られる匿名的な空間という都市に特有の空間を新たに作り出しました。磯村は，こうした空間を「第三の空間」とよびました。

3 町内会

町内会というよび方は，一般に都市部におけるものであり，地方では部落（会）とよばれています。

〈歴史〉

町内会が都市部において成立しはじめたのは明治から大正期であるといわれます。戦時体制下には，部落会・町内会制度の下に「隣組制度」が設けられ，配給物資流通システムや住民を相互監視する制度として利用されました。このために，戦後は「日本的ファシズムの温床」となったものとしてマッカーサー禁令によって解散を命じられましたが，この禁令が無効になると，ほとんどの地域で復活しました。

1991年には地方自治法の改正によって町内会・部落会は法人格を持つことも可能になりました。

〈特徴〉

① 基本的な区分は町丁別

② 加入は強制的または半自動的 ＝ その地域に住めば自動的に町内会に加入したものとみなされる。

③ その活動

冠婚葬祭の相互扶助，レクリエーション活動など

行政の末端で行政活動の補完・代行の役割を担う活動

都市・農村
農村

実践 問題 196 基本レベル

頻出度	地上★	国家一般職★	特別区★
	国税・財務・労基★		

問 都市と農村に関する次の記述のうち，妥当なのはどれか。 (国税1998)

1：メガロポリス（巨大都市）相互の結合関係が強まり，機能的，地域的に実質的一帯化をみた都市地域をメトロポリスといい，巨帯都市とか超大都市の訳語が付けられている。

2：L.ワースは，人口数，密度，異質性を都市の基本的な構成要素と考えるとともに，特にそこで展開される特徴的な生活様式に着目し，これをアーバニズムとよんだ。

3：西洋中世の封建社会において形成された西洋中世都市の多くは，政治権力の分散を背景として，大きな家畜牧草地や森林を市民の共同用益地として有するゲゼルシャフト的な性格を持った都市であった。

4：明治初期の諸改革，なかんずく地租改正によって，それまで農村社会を特徴づけていた地主制の解体が決定的なものとなり，自己の所有耕地において自ら小農経営を営む自作農が創出されることになった。

5：今日のわが国の農業を特徴づけている小農経営においては，経営規模が零細で生産力が低いため，生活の全局面にわたる相互依存が不可欠であり，共同体的な秩序と統制が生活の基盤となっている。

実践 問題 196 の解説

〈都市と農村〉

1 × 今日の都市論ではメトロポリスやメガロポリスという語がよく用いられる。メトロポリスとは，**相当数の周辺地域を統括するような中心的機能を集積している都市**をいう。一般に「巨大都市」と訳される。これは人口数の大小でいわれるのではなく，たとえば，人口が２万人の都市であっても，それが州都や首都などであれば，行政の管理機能を有した機関が集積しているはずであり，この場合には，メトロポリスとよばれる。一方，メガロポリスとは，**産業化，都市化のいっそうの進展の中でメトロポリスが膨張し，近接した都市群や他のメトロポリスとの連結を生じ，あたかも１つの都市となったようなもの**をいう。一般に「巨帯都市」「超大都市」などと訳される。日本でいえば東京というメトロポリスを中心とした首都圏の都市群がこれにあたるだろう。本肢ではメトロポリスとメガロポリスの説明が逆になっている。

2 ○ L.ワースは，都市を社会学の観点から定義することを試み，それを人口の規模，人口の異質性，人口密度の３つの点から特徴づけた。また，都市に特徴的な生活様式をアーバニズムとよび，生態学的側面，社会構造的側面，社会心理的側面の３つの側面からその特徴について考察した。

3 × 西洋中世の都市の多くは，国家権力から相対的に独立し，自治権を持っており，また，市民の共益地を持つ共同体的な性格の強いものであった。したがって，本肢の前半は妥当だが，これは「ゲゼルシャフト的な性格を持った都市」ではなく，「ゲマインシャフト的な性格」を持つものであったといえる。

4 × （寄生）地主制の解体を決定づけたのは，戦後のいわゆる農地改革である。その結果，本肢の後半部分のような多くの自作農が創出されることとなった。なお，日本における寄生地主制を決定づけたものが本肢の地租改正（1873〈明治６〉年），そして松方正義大蔵卿のデフレ政策，いわゆる「松方財政」であるといわれる。

5 × 今日の農業経営は，確かに本肢のように経営規模が零細な小農経営となっているものが多いが，一方で現代の農村地域では，かつての伝統社会のような「共同体的な秩序と統制」は，もはや失われてしまっているといえる。

正答 2

都市・農村
農村

実践 問題 197 応用レベル

頻出度 地上★ 国家一般職★ 特別区★ 国税·財務·労基★

問 地域社会論に関する記述として，妥当なのはどれか。 （東京都2003）

1：マッキーヴァーは，地域社会の研究にアソシエーションという概念を提唱して，これを地域性と共同性によって規定し，包括的かつ自生的な集団であるとした。

2：ソローキンとジンマーマンは，地域社会を都市と農村という２つの類型に分けて考察する都市・農村二分法を批判し，都市と農村は連続しているという認識にたって，都市・農村連続法を提唱した。

3：鈴木栄太郎は，地域社会には，商店，官公庁，寺社といった，社会的交流の結節となる機関があるとし，その存在形態により都市と村落とを区別し，都市を序列化した。

4：有賀喜左衛門は，都市社会学者として知られ，わが国の産業革命期における都市社会を調査して，統合機関がおかれているものが都市であるとした。

5：福武直による日本農村の村落類型では，講組型村落は，本家と分家に代表される縦の結合関係をもち，西南日本に多く，同族型村落は，対等な各家の横の結合関係をもち，東北日本に多く見られる。

直前復習

チェック欄		
1回目	2回目	3回目

実践 問題 197 の解説

〈都市と農村〉

1 × R.M.マッキーヴァーは社会集団の概念としてコミュニティとアソシエーションの2つを提示しているが，地域性や共同性によって規定される生活圏はコミュニティであり，本肢の記述はその点で妥当でない。なお，コミュニティでの生活を維持していくための要件となるものを充足するために意図的・人為的に形成される集団がアソシエーションである。

2 × 都市と農村との関係の捉え方としては，本肢のように両者を連続的なものと捉える**都市＝農村連続法**と，両者をまったく異なる別個の社会類型として捉える**都市＝農村二分法**という立場が代表的なものである。本肢に登場する**P.A.ソローキン**と**C.ジンマーマン**は後者の立場の代表的な人物であり，この点で本肢は妥当でない。なお，都市＝農村連続法の立場に立つ代表的な人物としては**R.レッドフィールド**と，**アーバニズム論**で著名な**シカゴ学派**の都市社会学者である**L.ワース**の名前を覚えておいてほしい。

3 ○ **鈴木栄太郎**は農村研究と都市研究で著名な社会学者であるが，社会的交流の結節点となる機関を**結節機関**とよび，結節機関の存在形態の違いによって都市と農村との違いを論じている。

4 × **有賀喜左衛門**は地主と小作との関係や本家と分家との関係に注目し，独自の**農村社会学**の体系を打ち立てた重要な社会学者であるが，有賀の業績は農村社会研究を中心としたものであるから，都市研究を挙げている本肢の記述は妥当でない。また，有賀が，本家を頂点としていくつかの分家が縦に結び付いたものを**同族団**とよび，この同族を手がかりとして日本の家族（あるいは「イエ」）の問題を論じた**同族理論**を提唱していることも覚えておいてほしい。なお，統合機関は，鈴木栄太郎の結節機関を発展させた，矢崎武夫の概念である。

5 × **福武直**も，日本の社会学史上に残る重要な農村社会学者であるが，本肢では**講組（型村落）**と**同族（型村落）**の説明が妥当でない。本家と分家とのタテの結合を基盤とし，本家が主導的な役割を果たすことを特徴とする形態が同族型村落であり，各家の対等なヨコの結び付きを特徴とする形態が講組型村落である。なお，**講組型村落が西南日本に多く，同族型村落が東北日本に多い**というのは妥当である。

正答 3

都市・農村
農村

実践 問題 198 応用レベル

頻出度	地上★	国家一般職★	特別区★
	国税·財務·労基★		

問 都市と農村に関する次の記述のうち，妥当なのはどれか。 (国Ⅱ1992)

1：都市と農村を比較すると，人口・人口密度・社会階層の移動性・資本の蓄積量などについては都市のほうが大きいのに対し，住民の集団所属の数・日常生活における地域的移動性・人間同士の人格的な交流の量については農村のほうが大きいとされている。

2：都市と農村の差異は相対的なものであることが多いため，従来社会学の分析においては，両者を区別しない「地域社会」という概念が主に用いられてきたが，人口の都市集中と村落の過疎化が進み，両者の格差が著しくなったことなどから，近年になり「都市」と「農村」を区別して研究することが多くなる傾向にある。

3：農村生活においては自足性・閉鎖性が相対的に高いことから，住民の職業構成も生活全般の需要に応じられるように専門分化することになるため，異質的な住民構成となる傾向がみられる。また，都市の生活においては，他地域から流入する大量の既製品を基礎として画一的な消費生活が営まれるため，住民構成が等質的になる傾向がみられる。

4：都市近郊の農村地帯は，生活の基盤を農業以外の産業に置くようになっている世帯が多くなっている。しかし，このような農村でも，農業生産をめぐる共同活動等を話し合う寄合が頻繁に開かれており，都市近郊の農村における共同体的拘束力は依然として衰えていないとされている。

5：わが国の都市においては，戦前から町内会が広く普及して，住民の相互扶助組織として発達し，また，行政の末端組織として利用されてきた。戦後の占領政策下で，政府は町内会の廃止を指導していた時期もあったが，占領終了時にはかなりの数の町内会が復活しており，今日もさまざまな形で町内会が設けられている。

実践 問題 198 の解説

チェック欄

1回目	2回目	3回目

〈都市と農村〉

1 × 都市と農村を比較すると，「住民の所属集団の数」および「日常生活における地域的移動性」は都市のほうが大きいといえる。なお，最後にある「人間同士の人格的な交流の量」は農村のほうが大きいといえる。

2 × 旧来の都市と農村に対する考え方は**都市＝農村二分法**という相互に別個の共同体として捉える考え方であったが，現在では**都市＝農村連続法**のように両者は程度の違いにすぎないと考えるようになっている。

3 × 農村の職業構成は多様性に乏しく，共同体成員がほぼ同様の生活様式を持つ（同質的）といえる。これに対して都市では多様な階層からなる人々がそれぞれの生活を営むために異質性の度合いが高くなる。

4 × 都市近郊の農村は都市的生活様式を取り入れる度合いが高く，こうした地域でも人的な結束力が衰退する傾向にあるといえる。

5 ○ **町内会**は日本の都市社会に固有のシステムであり，地縁的結合に基づく相互扶助組織である。その成立と現在までの経緯は本肢にあるとおりである。特に戦時中には国家総動員体制の確立において中心的な役割を担い，そのため戦後，**ＧＨＱ**によって解散を命じられたが，その後各地で復活し現在に至っている。機能的には行政を補完する機能を担っているが，自発的な組織である。相互監視により防犯に役立つなどの反面，保守的・排他的な性格も持つとされる。なお，1991（平成３）年の地方自治法の改正によって町内会として法人格を持つことができるようになった。

正答 5

都市・農村
都市

必修問題 セクションテーマを代表する問題に挑戦！

都市社会学に関する基本的知識を問う問題です。ここに出てくる学者の学説はしっかり理解しましょう。

問 都市社会学に関する記述として妥当なのは，次のうちどれか。

（地上1998）

1：バージェスの同心円地帯理論によると，アメリカの代表的な都市は５つの同心円から成り立つ構造を持ち，円は内側から商業地帯，高級住宅地帯，低所得者住宅地帯，文化・教育地帯，工業地帯の順になっている。

2：ホワイトは，バージェスの同心円地帯理論を批判して，多くの都市の土地利用の型は単一の中心の周辺に作られるのではなく，歴史的に発達したいくつかの核を中心として作られ，大きい都市ほど核が大きくなるとする扇形理論（セクター理論）を説いた。

3：ワースは，職場と住居の分離，一時的で表面的な人間関係，孤独，大量消費などの都市固有の生活様式が，情報・通信技術の発達により，21世紀には一変するであろうことをテレコミュニケーションという用語を用いて予言した。

4：アメリカのシカゴで都市社会学が発展した理由としては，シカゴが穀物貿易の中心地として発展し，ニューヨークとは異なり，スラムや犯罪の問題が少ないために富裕な上流階層が移住してきたことにより，洗練された文化や様式が形成されたことが挙げられる。

5：1960年代後半から欧米の大都市を中心として，インナー・シティといわれる都市の中心市街地，特に都心外周地域において，企業の流出，高齢化，治安維持の困難などの社会問題が噴出し，大都市の衰退化が問題視されるようになった。

Guidance ガイダンス

郊外化

都市の内部で起こる諸問題を総じてインナー・シティ問題という。都市中心部の空洞化もその１つであるが，L.H.クラッセンはこれを逆都市化の問題として論じた。彼によれば都市は都市化→郊外化→逆都市化という発展段階をとり，都市化の段階では中心部への人口の集中，郊外化の段階では郊外の人口の増大と中心部の人口減，そして最後の逆都市化の段階では人口減が郊外へも波及して都市が衰退するとした。

頻出度 地上★★ 国家一般職★★★ 特別区★★★ 国税・財務・労基★★★

必修問題の解説

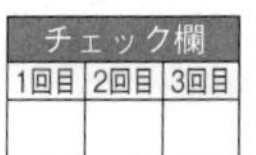

〈都市論〉

1 × E.W.バージェスの同心円地帯理論によると，都市は中心業務地区を中心として，遷移地帯（下層階層居住地帯），労働者住宅地帯（中流下層居住地帯），住宅地帯（中流階層居住地帯），通勤者地帯（上流階層居住地帯）の順に居住地帯が広がるとされる。

2 × 扇形理論（セクター理論）を説いたのはH.ホイトである。また，本肢の「歴史的に発達したいくつかの核を中心として」都市が作られるというのは多核心理論の説明である。なお，W.F.ホワイトは『ストリート・コーナー・ソサエティ』の著者として有名な社会学者である。

3 × 本肢の前半の「職場と住居の分離，一時的で表面的な人間関係」などのL.ワースのアーバニズムの特徴についての説明は妥当だが，後半にある情報・通信技術の発達，テレコミュニケーションといったことはワースは主張していない。

4 × 都市社会学はアメリカのシカゴ大学の社会学者たちの研究によって発展した。このためシカゴ学派は，都市社会学の代名詞となったが，この背景にはシカゴという都市が，19世紀末から産業と交通の中心地として大量の移民が流入し，これに伴ってスラムの形成，人種対立といった社会問題が発生しており，こうした社会変動の中に生きる人間の行動や意識の解明，新たな共同生活の秩序原理が求められていたことがあった。

5 ○ 1960年代後半から大都市では，大企業や官庁の管理中枢機構の中心部への集中化によって，都市中心部とその周辺では，企業流出，人口減少，高齢化，治安維持の困難，（途上国からの移民による）人種・エスニック問題といった問題が噴出してきた。こうした現象は，「大都市の衰退化（アーバン・デクライン）」とよばれ，またこのようなさまざまな社会問題はインナー・シティ問題とよばれている。

正答 5

第11章 SECTION 2 都市・農村 都市

1 シカゴ学派の都市社会学

20世紀初頭のシカゴは，急速な都市化，産業化，多数の移民によって，人種的な対立，文化的な軋轢，さらには地域社会の解体，個人の解体といった状況も示されていました。シカゴ大学の社会学者たちは，都市において，このような状況の下にあっても人々の道徳性は完全には失われず，一定の社会的秩序が生み出されていることに注目し，それを生態学的な手法（棲み分け，環境への適応といった視点）で捉えようとしました。このような彼らの手法は**人間生態学**とよばれています。

(1) 社会的実験室としての都市（R.パーク）

パークは，都市というフィールドを巨大な実験室に見立て（**社会的実験室としての都市**），実際に町へ出て詳細な観察によって人々の生活様式を明らかにしていく方法（参与観察）を重視し，シカゴ学派の若手研究者たちにこの方法を広めました。

(2) アーバニズム（L.ワース）

ワースは都市を①人口の異質性，②人口の規模，③人口の密度の３つの指標で捉え，「社会的に異質な諸個人の，相対的に大きい，密度のある永続的な集落」と定義しました。

アーバニズムは，「都市的な生活様式」を意味するもので，以下の３つの側面から諸特性が浮き彫りにされました。

人口・生態学的な側面：職場と住居の分離，人口の異質性，社会階層的・人種的凝離など

社会関係・社会組織の側面：一時的，非人格的な接触，多くの機能集団の形成など

社会心理の側面：個人主義，神経的な緊張など

ワースは，以上のような諸特性により構成されるアーバニズムが，都市からやがてその郊外，そして農村地域へと拡大・浸透していき，農村の都市化が進むと説明しています（都市＝農村連続法）。

2 都市の発展過程

(1) 同心円地帯理論（E.W.バージェス）

シカゴ学派のバージェスは，人間生態学の立場から都市発展過程を新陳代謝と移動のアナロジーで捉え，都市は中心業務地区（ループ）を核に同心円を描きながら放射状に発展し，順に遷移地帯（移民の労働者の居住区や軽工業の工場などが入り組んで立ち並ぶ地帯で，犯罪や売春のような社会解体の兆候を示す現象が発生しやすい「スラム」を内包する）・労働者住宅地帯・住宅地帯・通勤者地帯によっ

て形成されるとしました。

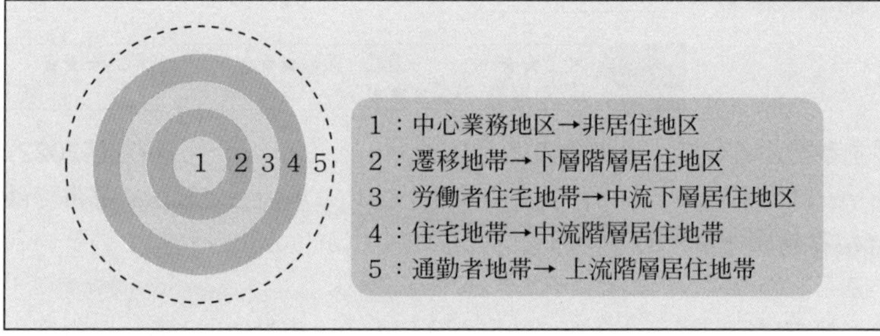

(2) 扇形理論（H.ホイト）

ホイトは同心円地帯理論に疑問を持ち，都市は都心を中心にそれぞれの階層ごとに異なった扇形を描いて発展するとしました。

(3) 多核心理論（C.ハリス，E.ウルマン）

ハリスとウルマンは，同心円地帯理論を批判し，都市は単一の中心核から発展するのではなく，歴史的に発達したいくつかの核をもとにそれらが相互に連携することで形成されてきたとしました。

(4) スプロール現象

都市周辺の地域が交通網を中心に無秩序に開発され市街化することを指します。

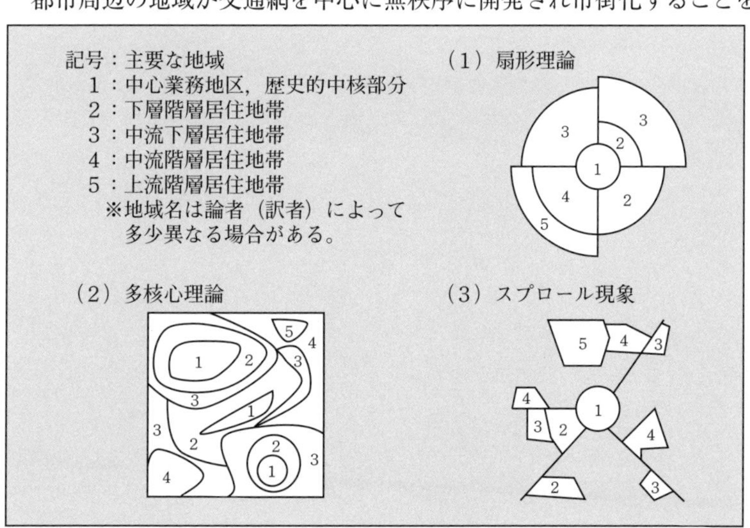

都市・農村
都市

実践 問題 199 基本レベル

頻出度	地上★★ 国家一般職★★★ 特別区★★★ 国税·財務·労基★★★

問 都市に関する記述として，妥当なのはどれか。 (特別区2022)

1：フィッシャーは，都市について，人口の集中している場所と定義し，都市では同類結合が容易になるため，非通念的な下位文化が生み出されやすいという特徴があるとした。

2：ワースは，都市について，社会的に同質な諸個人の，相対的に大きい，密度のある，永続的な集落と定義し，都市に特徴的な集団生活の様式をアーバニズムと呼んだ。

3：バージェスは，都市は中心業務地区から放射線状に拡大する傾向があり，中心業務地区から外へと，労働者住宅地帯，中流階級住宅地帯，通勤者地帯，遷移地帯の順に，同心円状に広がるとした。

4：ハリスとウルマンは，家賃を指標に収入階層ごとの居住地域の分布を調査した結果，都市の成長に伴い，同じタイプの地域が鉄道路線や幹線道路などの特定の軸に沿って，セクター状に広がっていくとした。

5：ホイトは，都市の土地利用のパターンは単一の中心の周囲ではなく，複数の核の周囲に構築されるとし，都市が成立した当初から複数の核が存在する場合と都市の成長と移動に伴い複数の核が生み出される場合があるとした。

チェック欄		
1回目	2回目	3回目

実践 問題 199 の解説

〈都市論〉

1 ○ C.S.フィッシャーは，人々の持つネットワークが都市においては衰退していると指摘したL.ワースの論に疑問を唱えた。そして，都市における人口の集中が人々の社会的ネットワークの選択性を増大させることによって，より多様な下位文化が生成すること，さまざまな下位文化を人々が選択してそこにコミュニティが形成されることを指摘し，独自のアーバニズム理論を打ち立てた。

2 × **L.ワース**が都市について行った定義であるが，「社会的に同質な諸個人の」が誤りである。「社会的に異質な諸個人の」が正しい。ワースによれば，都市は「大量の人口，高い人口密度，異質性」の３要素により規定される。そうした都市の内部で生み出される生活様式が「**アーバニズム**」で，彼は，アーバニズムが，都市からやがてその郊外，そして農村地域へと拡大・浸透していき，農村の都市化が進むとする「**都市＝農村連続法**」を唱えている。

3 × **E.W.バージェス**の**同心円地帯理論**についての説明であるが，各地帯の順番が間違っている。バージェスによれば，都市ははじめ，商工業者の労働および生活の場であった「**中心業務地区**」として存在するが，やがてその外郭部分に，移民の労働者の居住区や軽工業の工場などが入り組んで立ち並ぶ「**遷移地帯**」が形成される。同地帯は，スラムを内包するが，このような劣悪な環境を嫌う新しい労働者世代は，その外側に「**労働者住宅地帯**」を造り上げる。さらに，その外側には，「**中・上流階層居住地帯**」が生まれ，やがて交通の発展などにより，新たに「**通勤者地帯**」が登場する。

4 × これはC.ハリス＆E.ウルマンではなく，**H.ホイト**の**扇形理論（セクター理論）**についての説明である。ホイトは，E.W.バージェスの同心円地帯モデルの理念型的性格には同意しながらも，現実の都市現象を把握するうえではその有効性に疑問があるとし，同モデルに修正をほどこした「扇形」モデルを提示した。

5 × これはH.ホイトではなく，**C.ハリス＆E.ウルマン**の**多核心理論**についての説明である。ハリスとウルマンは，都市が単一の核となる地域を中心に発展するというそれまでの説を見直し，都市の大規模化は，単一の核を中心に起こるというよりも，むしろ歴史的に発達したいくつかの核が交通手段などによって結ばれることで生じるという「多核心」モデルを発表した。同モデルでは，都市の核となりうる地域の特徴として，商業，工業，交通，観光などの要地であることが指摘されている。

正答 1

都市・農村
都市

実践 問題 200 基本レベル

頻出度 地上★★ 国家一般職★★★ 特別区★★★ 国税·財務·労基★★★

問 ワースのアーバニズムの理論に関する記述として，妥当なのはどれか。

（特別区2009）

1：ワースは，都市とは，当該時代の当該社会において相対的に人口量が多く，人口密度が相対的に高く，社会的な異質性の高い集落であるとした。

2：ワースは，都市と農村は職業，環境，地域社会の大きさ，人口密度など対照的な特質をもつ別個の不連続な社会であるとする都市・農村二分法を提示した。

3：ワースのアーバニズムは，構造的に生態学，社会構造論，社会心理学，都市社会学及び農村社会学の5つの層から成り立っている。

4：ワースは，都市化によって自発的集団は減少するものの，多機能集団の役割が増加し，社会的連帯の伝統的基盤は強化されるとした。

5：ワースは，都市の土地利用形態は中心業務地区から，遷移地帯，中流階級居住地帯，通勤者居住地帯と同心円状に拡がるとした。

直前復習

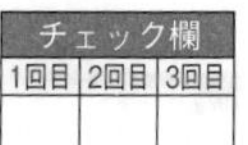

実践 問題 200 の解説

〈ワースのアーバニズム論〉

1 ○ アーバニズムとは都市的な生活様式のことを指し，シカゴ学派のL.ワースによって提示された概念である。彼は都市と農村の違いを，人口の異質性，人口の規模，人口の密度の違いに見いだし，その都市には本肢にあるような特徴が見られるとした。そして，**彼はアーバニズムを人口・生態学的側面，社会関係・社会組織の側面，社会心理の側面の3つの側面から特徴づけ，アーバニズムが都市から農村地帯へ浸透することで農村の都市化が進むとした。**

2 × 都市＝農村二分法の立場に立つのはP.A.ソローキンやC.ジンマーマンである。**ワースは都市＝農村連続法の立場に立ち，その観点から都市の問題を考察**した。彼によれば，**都市と農村は，人口の異質性，人口の規模，人口の密度によって区分されるもので，相対的なもの**である。

3 × ワースのアーバニズムは3つの側面から特徴づけられている。第1は人口・生態学的側面で，都市には職住の分離，人口の異質性，階層的・人種的凝離といった特徴が見られる。第2は社会関係・社会組織の側面で，この面から見ると，都市には一時的で非人格的な接触，多数の機能集団の形成などの特徴が挙げられる。第3は社会心理の側面で，都市の人々には個人主義，神経的な緊張が見られるとされる。

4 × ワースによれば，都市化によって自発的集団は増加するとされる。都市化によって（多機能集団である）家族や近隣社会の結び付きが弱体化し，社会的連帯の伝統的基盤は衰退するが，それを補うかたちで，個人の欲求充足は自発的集団が担うこととなり，都市において自発的集団が増加する。

5 × 都市の土地利用形態が同心円的に形成されるとしたのはワースではなく，同じシカゴ学派のE.W.バージェスであり，その学説は同心円地帯理論とよばれる。それによれば，都市は内側から外側に向かって，中心業務地区，遷移地帯，労働者住宅地帯，住宅地帯，通勤者地帯と同心円的に広がっていくとされる。

正答 1

都市・農村

都市

実践 問題 201 基本レベル

頻出度	地上★★ 国家一般職★★★ 特別区★★★ 国税·財務·労基★★★

問 アーバニズムの理論を唱えた米国の社会学者L.ワースの考え方として妥当なのは次のうちどれか。 (国税1980)

1：アーバニズムの基本的構成要素は，地域の広さおよび構成員の異質性である。

2：アーバニズムの拡散と浸透の過程が都市化であり，この進行により都市と農村の断絶が生ずる。

3：アーバニズムの現象形態としては，一時的，表面的，匿名的接触の優位，高度の社会移動，アノミーなどがあげられる。

4：アーバニズムは農村において特徴的な伝統的，土着的文化を背景として成立している。

5：アーバニズムは，社会心理学的な都市的パーソナリティー，集団行動の側面からではなく，社会構造的な社会組織の側面からとらえられるべきである。

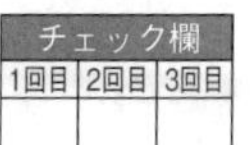

実践 問題 201 の解説

〈ワースのアーバニズム論〉

1 × アーバニズムすなわち都市的生活様式は，都市に特徴的な生活様式のことである。L.ワースはその指標の内容として，生態学的側面・社会構造（社会組織・社会関係）的側面・社会心理的側面の3つの側面から捉えた。

2 × 都市＝農村二分法に見られるような都市と農村は断絶した別個の地域社会であるとの立場に対し，今日では両者は同じ地域社会でその都市化の程度の違いがあるにすぎないという都市＝農村連続法が主流であり，アーバニズム論もこれにのっとった論である。アーバニズムは農村の都市化の程度を測る指標であるといえる。

3 ○ 本肢に挙げられているような特徴が都市社会の特徴でもある。すなわち，人々の出入りが多く（一時的接触，高度の社会移動），人格的な接触が少ない（表面的，匿名的接触）などである。

4 × アーバニズムとは，都市的生活様式のことであり，都市に特徴的な社会的背景を基盤にしている。

5 × 肢1の解説にもあるとおり，アーバニズムは社会心理学的な側面からも捉えられている。

正答 3

都市・農村
都市

実践 問題 202 基本レベル

頻出度	地上★★ 国家一般職★★★ 特別区★★★ 国税・財務・労基★★★

問 ワースのアーバニズム論に関する記述として，妥当なのはどれか。

（特別区2012）

1：ワースは，都市の生活様式は都市固有のものであるとし，都市と農村の性格や特徴を対比的に捉える都市・農村二分法によるアーバニズム論を提示した。

2：ワースは，アーバニズムは，社会心理的側面ではなく，社会構造的側面から捉えられるべきであるとした。

3：ワースは，都市を，社会的に異質な諸個人の，相対的に大きい，密度のある，永続的な集落と定義し，都市に特徴的な生活様式をアーバニズムと呼んだ。

4：ワースは，アーバニズム論において，都市における皮相的な第二次的接触の優位を否定し，親密な第一次的接触の存続を強調した。

5：ワースは，多様な人々が都市に集まることによって，新しいネットワークの形成が可能となり，そこから非通念的な下位文化が生み出されるとした。

チェック欄

1回目	2回目	3回目

実践 問題 202 の解説

〈ワースのアーバニズム論〉

1 × 農村と都市を対照的な地域社会として捉える立場を**都市＝農村二分法**という。社会学の分野では**P.A.ソローキン**と**C.ジンマーマン**がこの立場の代表的研究者である。一方，両者を連続したものとして捉える立場を**都市＝農村連続法**という。**L.ワース**は後者の立場の学者である。また，彼の共同研究者であった同大学の文化人類学者**R.レッドフィールド**も，「民俗社会」が，周辺部の都市社会との接触により次第に文化・社会的な解体へと陥り，やがて都市社会へと変容していくという「民俗－都市連続論」を展開した。

2 × ワースは都市化の度合いを「大量の人口，高い人口密度，異質性」の3要素から捉え，そのような都市の内部で生み出される都市型生活様式は，①生態学的側面，②社会組織的側面，③社会心理的側面の3つの側面からその諸特性が浮き彫りにされるとした。そして，このうち社会心理的側面においては，一時的・合理的・打算的な人間関係，無関心の態度，主体性の喪失，相対的な思考様式，異質的なものへの寛容的態度，精神的孤立，パーソナリティの非統合性などの特徴が見いだされるとした。

3 ○ ワースは都市化の度合いを「大量の人口，高い人口密度，異質性」の3要素から捉えた。彼は都市＝農村連続法の立場をとり，都市化の度合いは3要素の程度の差であるとした。すなわち，より大量の人口を抱え，より人口密度が高く，より異質的な社会集団であるのがより都市的であると捉えるのであり，都市とはこの都市化の度合いが相対的に高い地域，農村とはその度合いが相対的に低い地域であるとされる。

4 × ワースは都市的生活様式の社会心理的側面における特徴として，一時的・合理的・打算的な人間関係，無関心の態度，異質的なものへの寛容的態度などを挙げている。これは，都市においてはさまざまな社会的階層・人種が棲み分けをしながら共存しており，また多様な社会集団が形成されるからであり，そうした中で都市の人々は，他者に対して先に挙げたような態度や関係によって接していくのである。肢2の解説も参照。

5 × これはワースではなく，**C.S.フィッシャー**の**下位文化理論**である。彼によれば，都市とは人口規模が大きく，密度が高いため，多様なネットワークが形成され，そしてそれを土台として多様な下位文化的コミュニティが誕生するとされる。さらにフィッシャーは，都市のこうした状況下においては人々の間に共通する社会通念や常識が成立しづらく（「非通念性」），それが優れた下位文化を生み出すと同時に犯罪などを発生させやすくすると捉えた。

正答 3

第11章 都市・農村

都市・農村
都市

実践 問題 203 応用レベル

頻出度	地上★ 国家一般職★★★ 特別区★★★ 国税·財務·労基★★★

問 都市に関する次の記述のうち，妥当なのはどれか。 (国税1992)

1：M.ウェーバーは，テクノロジーを主な分類指標として，都市をもたない文明以前の社会，前産業型文明社会，産業社会の３段階に分類し，第２段階の都市を近代都市，第３段階の都市を産業型都市と名付けた。

2：L.ワースは，古代社会，中世社会，近代社会を通じて共通する都市の特性を「アーバニズム」と呼び，いずれの社会の都市においても人口の大きさ，人口密度の高さおよび住民の異質性の３つの変数の比重が大きいとした。

3：古代アテネ，スパルタといった都市国家が生産都市であったのに対して，中世の封建社会における都市は生活都市ないし消費都市としての色彩を強くもっている。

4：リンド夫妻は，「ミドルタウン」と名付けられた一地方都市に対して統計数理法による調査研究を実施し，資本家と労働者の間には，参与観察法では把握できない大きな生活活動上の違いのあることを明らかにした。

5：大都市は，エリート層，ホワイト・カラー層，中小企業主層，産業労働者層，下層労働者層など，権力と威信の配分や生活様式を異にする多数の階層からなる複雑な社会的成層をもつ。

チェック欄

1回目	2回目	3回目

実践 問題 203 の解説

〈都市論〉

1 × テクノロジーを主な分類指標に，社会を，都市を持たない文明以前の社会・前産業型文明社会・産業社会に分類したのは，G.ショウバーグである。M.ウェーバーは，西欧的都市（自治的組織を持ち，ある程度権力から独立した都市）・東洋的都市（自治的組織を持たない都市）という分類をしている。

2 × **L.ワースのアーバニズム論**は，産業化の中で伝統的な社会集団が崩壊したのちに登場してきた都市的な生活様式を捉える指標として用いたものであり，通時代的に適用される概念ではない。

3 × 古代の都市国家はむしろ生活都市としての色彩を強く持っていたといえる。

4 × **リンド夫妻**の**ミドルタウン調査**は，主に**参与観察法**（実際に都市に住み，人々の生活の様子を観察するもの）によって行われており，アメリカ中西部の平均的な都市生活者の様相について，ビジネス・クラスとワーキング・クラスとの対比において分析した。

5 ○ 都市の特徴は，農村との比較では本肢のように，多様な階層・職業の人々が混在し，きわめて多様性に富み複雑であり，また共同体としての結合の程度は低くなっている点である。

正答 5

都市・農村
都市

実践 問題 204 応用レベル

頻出度 地上★ 国家一般職★★★ 特別区★★★ 国税·財務·労基★★★

問 都市のライフスタイルに関する次の記述のうち，妥当なのはどれか。

（国税1995）

1：都市人口の増大という現象は，それによって地域社会のもつ特質が変化するわけではないため，一般に「都市化」と呼ばれる概念には含まれない。これに対して，都市的なライフスタイルの普及は「都市化」の一側面である。

2：都市生活においては，人々は絶えず大量かつ多様な刺激にさらされており，これらの刺激に「圧倒されてしまう」ことを避けるために，感情よりも知性や合理性を重んじるようになり，「世慣れた」態度を身につけていくようになる。

3：都市生活は，貨幣経済によって深く影響されているため，人々は商取引において商品を選別するように，人間関係においてもそれぞれの人に特有の「人格」や「個性」に高い関心を向けるようになる。

4：「無感動」あるいは「しらけ」の態度は，対人関係の面では遠慮がちな「抑制」として現れやすい。そこには敵意や反感が含まれているため，常に人々の自由を阻害する要因となる。

5：都市生活は，高度の分業によって人々を多様な職能に分化させるため，いわゆる「歯車化」ではなく，「個性化」を促進する。このことは，「他人とは違う」ことを示すために「奇矯な言動」を必要とする非都市生活とは対照的である。

チェック欄

1回目	2回目	3回目

実践 問題 204 の解説

〈都市論〉

1 × 都市化の過程について，たとえばL.ワースの展開した**アーバニズム論**では，**人口規模・人口密度・住民間の異質性**の3指標で捉えている。ワースに限らず，都市人口の増大は異質な住民が増えることを意味するのであるから，地域社会の特性が変化するといえる（大量の移民の流入などがその例となる）。

2 ○ 多種多様な情報・刺激に対して逐一反応していたのでは都市住民は「圧倒されてしまう」ため，それを避けるための身の振り方を身につけていくことになる。

3 × ワースは都市的生活様式の社会構造（社会関係）的側面として，一時的で非人格的な人々の接触を挙げている。このように都市生活においては多種多様な人々が存在しているため，成員間の接触は間接的・定形的なものになりがちであり，人格や個性を考慮することは稀である。

4 × 確かに「無感動」や「しらけ」が敵意・反感を含むこともあるが，むしろ感情的な接触を避けることによって他者を拘束する度合いが弱まり，相互の自由を確保することにつながるともいえる。

5 × 都市生活における高度の分業が，いわゆる「歯車化」ではなく「個性化」を促進するとは断言できない。また，都市生活の中では異質性が常態化しているため，「他人とは違う」ことを示すためにはむしろ「奇矯な言動」をして注意をひく必要があるといえる。

正答 2

第11章 SECTION 2 都市・農村
都市

実践 問題 205 応用レベル

頻出度	地上★　国家一般職★★★　特別区★★★ 国税・財務・労基★★★

問 地域社会研究の系譜に関して次にあげる記述のうち，妥当なのはどれか。

(国税1982)

1：ウォーナーは全体としての都市社会を分析する場合，都市の階級の構造によってそれを解きほぐした。ウォーナーの研究はこの意味でマルクス主義に最も忠実なものであった。

2：リンド夫妻はその著『ヤンキー・シティ』で，1929年の大恐慌をはさむ10年間に急速にのしあがったX家によって町が支配され，その過程で住民の価値観が崩壊していくありさまを分析した。

3：同心円地帯理論を唱えたバージェスは，都市の中心から外縁にむかって，(i)スラム，(ii)工場地帯，(iii)サバービアという順序の同心円的構造を考えた。

4：シェヴキィとウィリアムズの社会地域分析は，国勢調査標準地区を単位として，これに社会＝経済的特性の裏打ちを行ったもので，社会的地位，都市化，凝離という３つの次元を用いて各調査単位の社会類型を明らかにしている。

5：ワースのアーバニズム論は，都市的な生活様式を，(i)生態学的側面と(ii)社会構造の側面において分析するもので，社会心理的な側面の分析を欠いているという限界があった。

チェック欄

1回目	2回目	3回目

実践 問題 205 の解説

〈都市論〉

1 × W.L.ウォーナーが『ヤンキー・シティ』で用いた階級概念は，その地域共同体の住民の意識に基づく社会学的な概念であって，K.マルクス的な階級概念とは異なるものである。

2 × リンド夫妻が行ったのは，ミドルタウン調査である。これは，アメリカ中西部の社会階層間の行動様式を調査したものである。なお，『ヤンキー・シティ』は肢１のウォーナーによる地域社会研究（ヤンキー・シティ調査）である。

3 × E.W.バージェスの同心円地帯理論では，都市は中心業務地区を核として，遷移地帯（スラム街）・労働者住宅（中流下層居住）地帯・住宅（中流階級居住）地帯・通勤者（上流階級居住）地帯の順に発展する。なお，設問の「工場地帯」は遷移地帯に含まれ，中心業務地区と接する地域である。また，サバービアとは郊外の通勤者居住地帯のことを意味する。

4 ○ 社会地域（地区）分析は，国勢調査結果をもとに地区特性を分析するものである。そこでは，社会的地位特性（学歴・職業・所得）・都市化特性（出生率・婦人就業率など）・人種的地位特性（凝離）の３特性を軸に統計区の類別を行い，類似の統計区の集合を社会地区とよぶ。

5 × L.ワースのアーバニズム論は都市的な生活様式の分析を通じて農村の都市化現象などを捉えるものであり，そこでは生態学的側面・社会構造的側面・社会心理的側面の３つが分析の対象となった。

第11章 都市・農村

正答 4

都市・農村
都市

実践 問題 206 応用レベル

頻出度 地上★ 国家一般職★★★ 特別区★★★ 国税·財務·労基★★★

問 シカゴ学派に関する次の記述のうち，妥当なのはどれか。 (国Ⅱ2006)

1：W.I.トマスとF.W.ズナニエツキは,『欧米におけるポーランド農民』において，アメリカ合衆国中西部の農村に入植したポーランド移民が，社会解体と再組織化を経験する過程で，その態度をどのように変容させていったかについて明らかにした。

2：E.W.バージェスは，都市では従来抑えられてきた人間の性質が開花するとして，都市における歓楽街や暗黒街など，周囲とは異なる道徳が支配する地域を「道徳地域」として注目し，都市は人間的性質の「社会的実験室」であると説いた。

3：L.ワースは，五重の同心円が拡大する過程として都市の成長を描く同心円地帯理論を提唱し，都心を取り巻く「推移地帯」は，移民や貧困層，犯罪者などが集まる地域であり，犯罪，非行など，都市問題の集積地であると論じた。

4：G.H.ミードは，家族や仲間集団など，対面的・親密的・協同的な集団が，自我の形成に重要な機能をもつと論じ，これを「第一次集団」と呼んだ。さらに，C.H.クーリーは，この概念から着想を得た「一般化された他者」の概念を用い，自我の形成過程について論じた。

5：H.G.ブルーマーは，人間の行為は意味に基づいており，意味は他者との社会的相互作用の中で生まれ，解釈の過程で修正されるとして「象徴的相互作用論」を提唱し，社会を人間によって構成され，変化・変容していく動的で過程的なものとみなした。

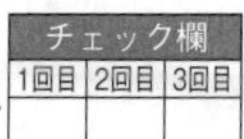

実践 問題 206 の解説

〈シカゴ学派〉

1 × 本肢の解説にあるW.I.トマスとF.W.ズナニエッ（ツ）キの著作は，アメリカ合衆国の農村部ではなく主として欧米の都市部に移民していった農民たちを**生活史研究法**という手法で研究したものである。

2 × E.W.バージェスによれば，本肢の説明にあるような「都市における歓楽街や暗黒街」に相当する地域は，**推移（遷移）地帯**であり，**スラム**を内包する。

3 × 肢2の解説にもあるように，同心円地帯理論を述べたのはL.ワースではなくバージェスである。

4 × **第1次集団**の概念を提起したのはC.H.クーリーであり，**一般化された他者**について論じたのはG.H.ミードである。なお，認知または内面化される社会的期待ないしは社会規範の総体である「一般化された他者」に対し，両親や遊び仲間や教師など，当該個人の社会化の過程で大きな影響を持つ人物は，「重要な他者」と定義される。

5 ○ H.G.ブルーマーは，G.H.ミードの自我と他我の相互媒介性について述べた理論に影響を受け，**象徴的（シンボリック）相互作用論**を展開した。

正答 5

実践 問題 207 応用レベル

頻出度 地上★ 国家一般職★★★ 特別区★★★ 国税·財務·労基★★★

問 都市に関する次の記述のうち，妥当なのはどれか。 （国Ⅱ2000）

1：都市に関する社会学的研究に一つの理論的な突破口を開いたのは，G.ジンメルである。彼は社会を，個人間の相互作用の過程としてとらえる。そこから彼は，都市生活者の存在状況についての微細な分析を行った。例えば，都市生活者が隣人に対して無関心であるといったことが，そこではいわれる。

2：都市に関する社会学的研究を本格的に始めたのは，いわゆるシカゴ学派の社会学者たちである。彼らはジンメルの理論的立場を継承しながら，都市を巡る実証的研究を展開した。その中心的人物であるR.E.パークは，都市化とともに犯罪・失業・貧困などの社会病理現象が減少することを解明した。

3：E.W.バージェスはパークと共に，シカゴ学派の中心人物と目されている。彼は，都心から郊外へと拡大する五つの同心円地帯で，都市の構造をモデル化した。そこでは，都心の近辺にホワイトカラーの住宅地があり，それよりも郊外にスラムやブルーカラーの住宅地があるものと位置付けられている。

4：神島二郎は，日本の都市の状況について独自の議論を展開した。彼は日本の都市を「群化社会」と呼ぶ。それは急速な近代化の中で都会に流入した人々が慢性的無規制状態（アノミー）に陥った状況を指す。彼の主張は，日本の都市を欧米型の市民社会として理解する試みといってよい。

5：わが国における昨今の情報通信及び高速交通ネットワークの発達は，都市の機能の変容をもたらした。都市の政治・経済・文化その他の領域における中枢としての機能の衰退と，周辺地域の相対的な自立という事態がそれである。1980年代以降しばしば「地方の時代」が語られるのはそのような文脈においてである。

チェック欄

1回目	2回目	3回目

実践 問題 207 の解説

〈都市論〉

1 ○ G.ジンメルは，大都市における生活は刺激に満ちたものであるがゆえに，都市生活者はめまぐるしい外的環境の変化のただ中において，没主観性と，同時に刺激に対して無反応になる「倦怠」という特質も生み出されると述べた。このようにジンメルは，近代大都市における極度の専門分化と人口の過密化が人間に与える影響という問題を提起したのである。

2 × シカゴ学派の中心人物であるR.パークは，社会的実験室としての都市を主張し，都市に生きる人々を生態学的視座から捉えることの重要性を主張した。この手法を用いて，パークは，急速な都市化がもたらすさまざまな人種・文化的軋轢や地域の解体といった現象を分析した。よって，本肢の3文目の記述が誤りで，都市化とともに，社会的軋轢や地域の解体が生じるため，社会病理現象が増加する。

3 × E.W.バージェスの同心円地帯理論は，都市は同心円を描きながら放射状に発展し，中心から順に，中心業務地区を核に，遷移地帯（移民の労働者の居住地区や軽工業の工場などが入り組んで立ち並ぶ地帯であり，「スラム」を内包する）・労働者住宅地帯・住宅地帯（中流階級居住地帯）・通勤者居住地帯，といったかたちで同心円的に構成されるというものである。よって，本肢の記述はこの順番が妥当でない。

4 × 群化社会とは，神島二郎（かみしまじろう）が明治以降の近代日本の精神構造を作り上げた社会的基盤を示すのに用いた語である。彼は，近代日本における天皇制の正統性根拠をわが国の自然村的秩序に求め，近代化・産業化によって自然村的秩序が崩壊したことで，代わりに擬制村的秩序が形成されたと説いた。そして，そのことが日本ファシズムを生んだと考え，日本型大衆社会を群化社会とよんだのである。これは西欧型近代化によって促されたものであるにもかかわらず，西欧的な市民的個人意識とは異質の，きわめて日本的な特質を有しているとされる。

5 × 「都市機能の衰退」という記述が見られるが，わが国においては1980年代に，情報通信および高速交通ネットワークの発達によって「東京一極集中」が進み，地域格差も拡大していった。また，わが国で「地方の時代」到来が唱えられ始めたのは1970年代末の頃である。

正答 1

第11章 SECTION 2 都市・農村

都市

実践 問題 208 応用レベル

頻出度 地上★ 国家一般職★★★ 特別区★★★ 国税・財務・労基★★★

問 都市に関する次の記述のうち，最も妥当なのはどれか。 (国Ⅱ2011)

1：アンダークラスとは，都市において，年齢層，民族，出身地などに基づいて結成された固有の文化を発達させた集団層を指し，都市の流動性が高まるほど多く発生するとされている。

2：ジェントリフィケーションとは，都市全体の公衆衛生の向上と景観の美化を推進することで，都市内における開発の不均衡を是正し，経済的格差を縮小させる戦略のことである。

3：E.W.バージェスが提示した都市の同心円モデルでの遷移地帯とは，都市の中で都心へのアクセスがよく，全国的・国際的な移動をする上流階層が居住する地域をいう。

4：R.E.パークは，人間生態学を提唱し，生物の生態学の概念を用いて，都市空間における人間集団間の競争的依存関係に焦点をあて，社会における秩序を分析した。

5：M.カステルは，現代都市社会における住宅，交通，医療などの集合的消費に注目し，これらにかかる問題について，地域住民が市場や国家の活動に依存せず自ら解決を図るメカニズムを分析した。

チェック欄

1回目	2回目	3回目

実践 問題 208 の解説

〈都市論〉

1 × アンダー・クラスとは貧困層のことを指し，経済学者G.ミュルダールが『豊かさへの挑戦』で用いた言葉である。なお，本肢にあるように，都市に住む人々が年齢層や民族，出身地などに基づいて独自の文化（サブ・カルチャー）を形成することはしばしば見られ，都市の流動性が高まるほど多く発生する。とりわけ下層階級の青少年たちの間には非行の要素を含む下層文化が形成されることがあり，A.コーエンはこれを非行副次文化とよんでいる。

2 × ジェントリフィケーションとは，都市において貧困層が多く住む地域に，比較的豊かな層の人々が流入することを指す。この人口移動によって貧困地域の地価が上がり，貧困層が生活できなくなる。この現象は，行政による再開発で生じる場合や，若者やアーティストなどが居住することで地域が活性化して生じる場合などがあるが，貧困層の立ち退きの問題や，この地域に建設された町工場の移転などさまざまな問題をも同時に発生させることとなる。

3 × E.W.バージェスが都市の発展過程のモデルとして同心円地帯理論を提唱したのは正しいが，遷移地帯に居住するのは貧困層であり，そこはスラムと化するとされる。バージェスによれば，都市は中心部の「中心業務地区」から外側に向けて「遷移地帯」，「労働者住宅地帯」，「住宅地帯」，「通勤者地帯」が広がり，そこでは人々の棲み分けがなされているとする。上流階級が居住するのは都市の郊外である「通勤者地帯」である。

4 ○ R.E.パークは人間生態学（human ecology）の視点から都市を生態系として捉えた。彼によれば，人間社会は生物レベルと文化レベルの２つのレベルで組織されており，生物レベルをコミュニティ，文化レベルをソサエティと分類した。そして，コミュニティは競争に基づく共生社会であり，ソサエティはコミュニケーションとコンセンサスに基づく文化的社会であるとした。

5 × M.カステルは，1960年代から70年代にかけてマルクス主義的な視点から都市研究を行った「ユーロ都市社会学」の代表的な都市社会学者である。彼は，人々の日常生活の再生産に不可欠で，公共部門によって提供される住宅・交通・アメニティ・レジャーなどの共同消費手段を集合的消費手段とよび，国家はこれを管理することによって人々を支配していると論じた。よって，地域住民の集合的消費が市場や国家の活動に依存しないとする本肢の説明は間違いである。

正答 4

都市・農村
都市

実践 問題 209 応用レベル

頻出度	地上★	国家一般職★★★	特別区★★★
	国税・財務・労基★★★		

問 都市の社会学に関する記述として最も妥当なのはどれか。（財務・労基2018）

1：W.I.トマスとF.ズナニエツキは，手紙，生活史，新聞記事，裁判記録などの記録資料を収集し，それらを活用して，ポーランドの農民社会の解体や再組織化，米国に移り住んだポーランド農民の米国社会への適応過程などについて論じた。

2：E.W.バージェスは，都市に移動し定住するようになった人々の居住地を，経済的階層ごとに同心円状に区分する同心円地帯理論を提示し，都市の中心部には高所得者層が住居を構え，最も外側には移民を中心とした貧困層がスラムを形成するとした。

3：L.ワースは，都市を人口の規模・密度・異質性の三つの点から定義し，都市度の高まりに応じて，類似した諸個人が没個性的に結合する機械的連帯が衰退し，個性的な諸個人が分業に基づく関係で結合する有機的連帯が増加するというアーバニズム論を展開した。

4：W.F.ホワイトは，イギリスのハマータウンにおいて非行少年グループを対象とした参与観察を行い，労働者階級である彼らが反学校的な文化を持ち，自ら進んで労働者階級の仕事に就くという階級文化の再生産過程を描き出した。

5：C.S.フィッシャーは，都市を人口の集中という点から定義し，都市度が高い地域であるほど，人々の個人主義的傾向が強まり他者との接触頻度が減少するため，同じ趣味や嗜好の者どうしによるネットワークの形成が困難になり，多様な下位文化は生まれにくくなると考えた。

チェック欄

1回目	2回目	3回目

実践 問題 209 の解説

〈都市論〉

1 ○ W.I.トマスとF.W.ズナニエッ（ツ）キは，ドイツやアメリカへと移民したポーランド農民たちがその生活状況の激変の中で自己の生活環境についてどのように考えていたかを，当時の新聞や人々が書いた日記などを分析する生活史研究法によって明らかにし，その成果を『ヨーロッパとアメリカにおけるポーランド農民』にまとめた。

2 × E.W.バージェスが同心円地帯理論を提示したことは正しいが，その内容が間違っている。彼は，都市では居住に適さない中心業務地区を軸に各地帯が同心円的に形成され，内側から，貧困層が居住するスラムにあたる遷移地帯，中流下層居住地区である労働者住宅地帯，中流階級が生活する住宅地帯，そして高所得者の居住地帯である通勤者地帯となるとした。よって，本肢の後半の記述も誤りである。

3 × L.ワースが，都市と農村の違いを人口の規模･密度･異質性で分類したこと，またアーバニズム論を展開したことは正しい。しかし，機械的連帯・有機的連帯はE.デュルケームの概念であり，ワースとは関係がない。ワースは，都市的生活様式をアーバニズムとよび，都市的生活様式が都市から農村へと浸透することで都市化が生じるとする都市＝農村連続法を唱えた。

4 × 本肢の記述はW.F.ホワイトではなく，P.ウィリスの『ハマータウンの野郎ども』についてのものである。ホワイトは1943年に，ボストンのイタリア系移民のスラムを参与観察法によって克明に記録した『ストリート・コーナー･ソサエティ』を発表し，喫茶店，バー，路上など街の裏社会のストリート・ライフは社会のメイン・ストリームからはじかれた若者のたまり場になっており，そこでは独自の緊密な人的結合，共助関係が確立されていることを明らかにした。

5 × C.S.フィッシャーは，ワースのアーバニズム論を批判的に継承しながら，下位文化理論とよばれる独自の都市論を打ち立てた。彼は，都市化はワースのいうような個人の疎外，コミュニティの衰退といった事態をもたらすのではなく，むしろ都市における人口の集中が他者との接触頻度を増やし，人々の社会的ネットワークの選択の幅を広げ（同じ趣味・思考の者同士によるネットワークの形成），多様な下位文化を生成すると論じた。

正答 1

都市・農村
都市

実践 問題 210 応用レベル

頻出度	地上★	国家一般職★★★	特別区★★★
	国税・財務・労基★★★		

問 コミュニティや社会関係に関する次の記述のうち，妥当なのはどれか。

（国家一般職2018）

1：柳田国男は，『日本農村社会学原理』において，行政区画として設定された行政村とは異なる自然発生的な村落を自然村と呼んだ。彼は，自然村は集団や社会関係の累積体であり，法よりも「村の精神」に支配されるため，社会的統一性や自律性を欠く傾向があるとした。

2：福武直は，「家」によって構成される村落において，本家である地主と分家である小作が水平的に結び付いた村落を同族型村落と呼び，村組や講に基づいて家が垂直的に結び付いた村落を講組型村落と呼んだ。彼は，前者は西南日本に多く，後者は東北日本に多く見られるとした。

3：中根千枝は，社会集団の構成要因として，「資格」と「場」を挙げ，日本の社会集団は「場」よりも「資格」を重要視するとした。彼女は，日本社会は，同じ「資格」を持つ人々で構成する「タテ社会」から，異なる「資格」を持つ人々で構成する「ヨコ社会」へ移行しつつあるとした。

4：R.M.マッキーヴァーは，アソシエーションとは，特定の関心に基づいて形成されるコミュニティを生み出す母体であるとした。そして，彼は，コミュニティは常にアソシエーションよりも部分的であり，アソシエーションは常にコミュニティよりも包括的かつ全体的であると考えた。

5：R.パットナムは，『哲学する民主主義』において，社会関係資本（ソーシャル・キャピタル）を「調整された諸活動を活発にすることによって社会の効率性を改善できる，信頼，規範，ネットワークといった社会組織の特徴」と定義した。

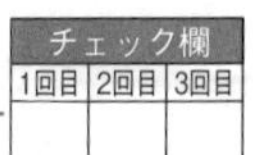

実践 問題 210 の解説

〈コミュニティ〉

1 × 『日本農村社会学原理』は柳田国男ではなく，鈴木栄太郎の著作である。彼はこの著作で自然村／行政村の分類を提示し，法ではなく「村の精神」が自然村の社会的統一性や自律性を与える原理となっていると論じた。よって，本肢の最後の1節も誤りである。なお，柳田国男は日本民俗学の確立者で，『遠野物語』や『海上の道』など膨大な著作を残している。

2 × 福武直は同族型村落と講組型村落に分類したが，同族型村落における本家である地主と分家である小作の結び付きは「水平的な」ものではなく「垂直的」なものである。また，講組型村落における村組や講は，村民の水平的な結び付きによって成り立つ。さらに最後の一文も正しくなく，同族型村落は東北に，講組型村落は西南に多いとした。なお，福武は，農業生産力の増大に伴って，村落は同族型村落から講組型村落へと発展すると論じている。

3 × 中根千枝が社会集団の構成要因として「資格」と「場」を挙げているのは正しいが，日本の社会集団で重要視されるのは「資格」ではなく「場」である。また，「タテ社会」・「ヨコ社会」も，資格の性格による分類ではない。なお，中根は日本を「タテ社会」と位置づけ，そこでは場の共通性が何よりも重視されると論じている。

4 × コミュニティとアソシエーションの2類型はR.M.マッキーヴァーのものであるが，その特徴についての説明が逆になっている。コミュニティとは，一定の地域的な広がりのうえに，人々が全体的な関心を共有し，ある程度自足的な社会生活を営む集団であり，その内部に複数のアソシエーションが生み出される母体である。一方，アソシエーションとは，コミュニティ内部に成立し，それよりも部分的で，特定の関心を達成するために人々が人為的に組織する集団である。

5 ○ R.パットナムは著書『哲学する民主主義』や『孤独なボウリング』で，社会関係資本と共同体の発展・盛衰とを関係づけて論じた。彼は『哲学する民主主義』で，社会関係資本を本肢のように定義し，社会関係資本を構成する要素として「信頼」，「規範」，「ネットワーク」を挙げた。同書では，イタリアの南北格差を，両地域が歴史の中で培ってきた市民度の違いによって説明している。

正答 5

第11章 都市・農村

実践 問題 211 応用レベル

頻出度 地上★ 国家一般職★★★ 特別区★★★ 国税・財務・労基★★★

問 コミュニティに関する次の記述のうち，妥当なのはどれか。 (国Ⅱ2005)

1：F.テンニースは，社会的結合の形態をゲマインシャフトとゲゼルシャフトに区別し，村落はゲマインシャフトであるが，中世都市はゲゼルシャフトであると論じた。

2：E.デュルケームは，社会的分業の発展によって，社会は類似に基づく有機的連帯から分業に基づく機械的連帯に移行すると論じ，コミュニティの衰退を予測した。

3：R.マッキーバーは，共同生活が営まれている地域であるコミュニティと特定の関心に基づいて成立するアソシエーションとを区別し，国家はコミュニティの器官であるとした。

4：R.パークは，彼の人間生態学において，都市における競争的相互依存関係をソサエティとし，コミュニケーションと合意に基づく道徳的秩序をコミュニティとした。

5：L.ワースは，規模が大きく，密度が高く，社会的異質性が高い集落を都市，都市に成立する生活様式をコミュニティと呼び，都市におけるコミュニティの形成を論じた。

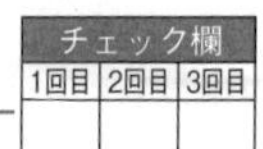

実践 問題 211 の解説

〈都市論〉

1 × F.テンニースが社会集団を結合の性質に基づいて，ゲマインシャフトとゲゼルシャフトに分類したことは正しいが，**中世都市は彼によればゲマインシャフト**である。テンニースは，ゲマインシャフトとして，「家族」･「村落」･「中世都市」を，ゲゼルシャフトとして，「大都市」･「国民」･「世界」を挙げた。そして，彼は中世都市を，良心や信仰を共有する共同体として捉えている。

2 × E.デュルケームが『社会分業論』で社会的分業を論じたことは事実だが，有機的連帯と機械的連帯が逆になっている。彼はH.スペンサーの理論の影響を受け，社会は類似に基づく機械的連帯による環節的社会から分業に基づく有機的連帯による有機的社会に移行すると論じた。そして分業の異常形態としてアノミー的分業を挙げ，今日の社会を批判している。

3 ○ R.M.マッキーヴァー（マッキーバー）は社会集団を関心の充足という点から，一定の地域的広がりのうえに共同生活が営まれているコミュニティと，特定の関心を達成するために人為的に組織されるアソシエーションとを区別した。そして，**アソシエーションを「コミュニティの器官」として捉え，歴史を通じて両者がともに発展していく図式**を考えた。

4 × ソサエティとコミュニティの説明が逆になっている。R.パークは人間生態学という視点から都市を生態系として捉え，都市が競争に基づく共生的社会であるコミュニティという生物レベルと，コミュニケーションとコンセンサスに基づく文化的社会であるソサエティという文化レベルの2つの点から考察すべきであることを論じた。

5 × L.ワースが都市の生活様式を指して用いた語はアーバニズムである。ワースは都市の特徴を①人口の異質性が高く，②人口の規模が大きく，③人口の密度が高いと捉え，その程度の差を都市化として把握した。そして，アーバニズムを①人口・生態学的な側面，②社会関係・社会組織の側面，③社会心理の側面から特徴づけた。

正答 3

都市・農村
都市

実践 問題 212 応用レベル

頻出度 地上★ 国家一般職★★★ 特別区★★★ 国税・財務・労基★★★

問 都市と地域社会に関する次の記述のうち，妥当なのはどれか。

（国家一般職2019）

1：M.ヴェーバーは，第二次世界大戦後の日本では，インドから伝来した仏教の禁欲思想や対等な人間関係に基づいて形成された古代中国の都市文明の遺産の影響で，西洋社会とは異なる独自の資本主義的発展が可能になったと主張した。

2：E.W.バージェスは，都市の空間的発展を定式化した同心円地帯理論に基づき，中心業務地区と労働者居住地帯の間には移民を中心とした貧困層の生活する遷移地帯が形成され，さらに，それらの外部には中流階級居住地帯，通勤者地帯が広がるとした。

3：M.カステルは，グローバル化の観点から都市の比較研究を行い，世界規模で展開する企業の中枢管理部門やそれらを対象とする法律・会計，情報，清掃・管理などの各種サービス業が集積する都市を世界都市と名付け，東京をその一つとした。

4：C.S.フィッシャーは，大きな人口規模，高い人口密度と異質性を都市の特徴とし，そこで形成される生活様式をアーバニズムと名付け，人間関係においては，親密な第一次的接触に対して，表面的で非人格的な第二次的接触が優位を占めるとした。

5：S.サッセンによれば，急激な都市化が進むことにより，個人的消費に対して，政府や自治体が提供する公共財（公園，上下水道，公営住宅，病院，学校などの生活基盤）の集合的消費が都市生活の中心となり，公共財の拡充を求める都市社会運動も多発するとした。

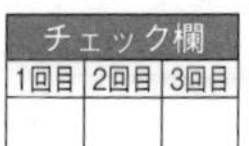

実践 問題 212 の解説

〈都市論〉

1 × M.ウェーバーは『プロテスタンティズムの倫理と資本主義の精神』で，西欧における資本主義の発達をもたらした人々の合理化された態度がプロテスタントの倫理観に由来することを明らかにしたが，その後，こうした態度が何ゆえに西欧においてのみ現れたのか，という問題を解明しようとして，他の世界の大宗教の教義を比較検討した。ただし，ウェーバーは1920年に死去しており，よって第２次世界大戦後の日本についての分析は行っていない。

2 ○ E.W.バージェスの説明として正しい。彼の理論はその後の都市発展論に多大な影響を与え，同じタイプの経済・社会階層の居住区地帯が，幹線道路などの交通システムの配置によって，それぞれ扇形に分断されて外側に広がっていくとするH.ホイトの「扇形理論」や，都市の大規模化は，単一の核を中心に起こるというよりも，むしろ歴史的に発達したいくつかの核が交通手段などによって結ばれることで生じるとするC.ハリスとE.ウルマンの「多核心理論」などを生んだ。

3 × これはS.サッセンの世界都市（グローバル都市）についての説明である。世界都市については，J.フリードマンが1986年に論文『世界都市仮説』を著してそれを定義した。サッセンは『グローバル・シティーニューヨーク・ロンドン・東京から世界を』で本肢のように世界都市を論じ，東京をその１つとして論じている。

4 × これはL.ワースの「アーバニズム」についての説明である。C.S.フィッシャーは，ワースのアーバニズム論を批判的に継承し，都市においても人々の第１次的接触は失われず，むしろ都市における人口の集中が人々の社会的ネットワークの選択性を増大させ，多様な下位文化を生成するとする「下位文化理論」を提唱した。

5 × これはM.カステルについての説明であり，よって肢３と肢５は人名を相互に入れ替えれば正解肢となる。カステルは，1960年代から70年代にかけてヨーロッパでマルクス主義を思想的背景として登場した，「ユーロ都市社会学」とよばれる新しい研究における代表的な理論家である。

正答 2

第11章 SECTION 2 都市・農村

都市

実践 問題 213 応用レベル

頻出度 地上★ 国家一般職★★★ 特別区★★★ 国税·財務·労基★★★

問 都市社会学におけるホイトの理論に関する記述として，妥当なのはどれか。

（特別区2020）

1：ホイトは，都市の拡大過程における空間構造を５重の同心円でモデル化し，このモデルは，都市の中心である中心業務地区から郊外へと放射状に拡大していくとした。

2：ホイトは，地代に着目して都市空間の構造を研究した結果，都市の成長につれて，特定のタイプの地域が鉄道などの交通網に沿って，扇状に拡大していくとした。

3：ホイトには，「都市の成長」の論文があり，シカゴの成長過程とは，都市問題が集中しているインナーシティに流入した移民が都市の外側に向かって移動していき，この過程で都市も空間的に拡大するとした。

4：ホイトは，都市の土地利用パターンは単一の中心の周囲ではなく，複数の核の周囲に構築されるとし，都市が成立した当初から複数の核が存在する場合と，都市の成長と移動に伴って核が生み出される場合があるとした。

5：ホイトには，「The Nature of Cities」の論文があり，人間生態学の立場から，都市に広がる連続的な地帯は，内側の地帯が，次にくる外側の地帯への侵入によって拡大する傾向を表しており，植物生態学でいう遷移と呼べるとした。

チェック欄

1回目	2回目	3回目

実践 問題 213 の解説

〈都市社会学におけるホイトの理論〉

1 × これはE.W.バージェスの同心円地帯理論についての説明である。この説では，都市ははじめ，商工業者の労働および生活の場であった「中心業務地区」として存在するが，やがてその外郭部分に，移民の労働者の居住区や軽工業の工場などが入り組んで立ち並ぶ「遷移地帯」が形成される。同地帯は，スラムを内包するが，このような劣悪な環境を嫌う新しい労働者世代は，その外側に「労働者住宅地帯」を造り上げる。さらに，その外郭には，経済的に上昇した階層が住居を立ち並べた「中・上流階層居住地帯（住宅地帯）」が生まれ，やがて交通の発展などにより，都市中心部への通勤圏が拡大し，新たに「通勤者地帯」が登場する。

2 ○ H.ホイトは，バージェスの同心円地帯理論に修正をほどこしたかたちの扇形理論を提示した。このモデルでは，同じタイプの経済・社会階層の居住区地帯が，幹線道路などの交通システムの配置によって，それぞれ区分されながら外側に広がっていくとされる。

3 × 『都市の成長』はバージェスの著作であり，本肢の説明も彼についてのものである。バージェスによれば，移民は継続的に遷移地帯に流入するが，都心地域の拡大と移民の増大によって，移民が労働者住宅地帯に侵入し，それにより，外側の階層の人々がさらに外側に移動して都市が拡大する。バージェスについては肢1の解説も参照。また，ホイトの説明では，都市が外側に向かって発展していく要因は，地代と交通網の発達であり，移民の移動によるものではない。

4 × これはC.ハリスとE.ウルマンの多核心理論の説明である。ハリスとウルマンは，都市が単一の核となる地域を中心に発展するというそれまでの説を見直し，都市の大規模化は，単一の核を中心に起こるというよりも，むしろ歴史的に発達したいくつかの核が交通手段などによって結ばれることで生じるとした。同モデルでは，都市の核となりうる地域の特徴として，商業，工業，交通，観光などの要地であることが指摘されている。

5 × 「The Nature of Cities」（1945年）はハリスとウルマンの論文である。また，本肢の説明はR.パークについてのものである。パークは都市の発展過程を，共棲，侵入，継承（遷移），支配といった概念で説明した。ただし，パークは自己の方法論を植物生態学ではなく，人間生態学とよんだ。

正答 2

第11章 # 都市・農村

章末 CHECK　? Question

Q1 都市と農村との関係を捉える立場として，都市＝農村二分法と都市＝農村連続法の２つがある。前者はP.A.ソローキンやC.ジンマーマンが提唱した立場である。

Q2 「正常人口の正常生活」とは，都市に住む人々の日常的なあり方を捉えるためにR.パークが提示した概念である。

Q3 R.パークは都市を「社会的実験室」とみなし，それを調査するために統計的手法の手法を用いた。

Q4 アーバニズムの特徴として，匿名的，非人格的接触などを特徴とする人間関係が主であるという点がある。

Q5 E.W.バージェスは，都市は中心業務地区（ループ）を軸として扇形にセグリゲーションがなされるとした。

Q6 同心円地帯理論によれば，中心業務地区（非居住地帯）を軸に，遷移地帯（下層階層居住地帯），労働者住宅地帯（中流下層居住地帯），住宅地帯（中流階層居住地帯），通勤者地帯（上流階層居住地帯）となる。

Q7 C.ハリスとE.ウルマンは単一の中心核を想定した都市論を批判して「多核心理論」を構築した。

Q8 都市の周辺地域が交通網を中心に無秩序に開発されて市街化することをインナー・シティ問題という。

Q9 都市の中心地域が，企業や官庁などの中枢組織の集中によって居住地域として機能不全に陥ることをエスニシティ問題という。

Q10 サバービアとは，下層階層の住む地域を指す。

Q11 フランクフルト学派は，都市がさまざまな社会問題を内に含みつつも，一定の規範や秩序が維持されていることに着目し，生態学との類比でそれを捉えた。

Q12 有賀喜左衛門は結節機関の概念を提示し，都市と農村との違いを結節機関の有無によって論じた。

Q13 第三の空間とは，職住の分離によって生じる通勤という活動によって生み出される新たな空間のことであり，盛り場などの匿名的な場はその典型である。

Q14 町内会組織は戦後ＧＨＱによって解体を命じられ，現在では町内会組織はほとんど活動していない。

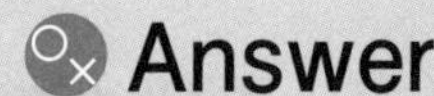

A1 ○ 都市＝農村二分法はP.A.ソローキンやC.ジンマーマンが，都市＝農村連続法はR.レッドフィールドやL.ワースが提唱した概念である。

A2 ×「正常人口の正常生活」とは鈴木栄太郎の概念で，従来の都市社会学がスラムやエスニシティといった都市の病理的側面に着目しすぎるとして都市に住む人々の日常的なあり方を捉えるために提示した概念である。

A3 × R.パークは都市を巨大な実験室と見立て，それを「社会的実験室」とよんだ。しかし彼が用いたのは統計的手法ではなく，参与観察法である。

A4 ○ L.ワースはアーバニズムを生態学的な側面，社会関係・組織の側面，社会心理的な側面の３つから特徴づけているが，匿名的，非人格的な接触は都市的な社会関係の大きな特徴であるといえる。

A5 × E.W.バージェスは都市が同心円的に発展していくとする同心円地帯理論を提示した。都市が扇形に発展していくとしたのは，バージェスの同心円地帯理論を修正したH.ホイトである（扇形理論）。

A6 ○ 同心円地帯理論はE.W.バージェスが唱えた概念である。バージェスは，都市は中心業務地区（ループ）を軸として同心円的にセグリゲーションがなされるとした。

A7 ○ C.ハリスとE.ウルマンは，都市は複数の核を中心に発展するとしてこの理論を構築した。

A8 × 都市の周辺地域が交通網を中心に無秩序に開発されて市街化することはスプロール現象という。

A9 × これはインナー・シティ問題である。エスニシティ問題とは外国人が起こすさまざまな問題を総称していう言葉であり，エスニシティ問題は（外国人労働者など）外国人の集中して居住する都市でしばしば先鋭化する傾向がある。

A10 × これはスラムの説明である。サバービアとはスラムの対義語で，中・上流階層の住む地域またはその生活様式を指す。

A11 × このような視点で都市を研究したのはシカゴ学派である。彼らの方法は「人間生態学」とよばれている。

A12 × 結節機関について論じたのは鈴木栄太郎であり，物や情報の流れの集積点となる機関を指す。

A13 ○ 第三の空間とは磯村英一の概念で，通勤という現象によって生じる都市に特有の新たな空間を指す。

A14 × ＧＨＱによって解体が命じられたが，ＧＨＱの占領が解かれるとあちこちで復活し，1991年には法人格も取得できるようになった。

memo

第12章

社会的逸脱

SECTION

① 社会的逸脱の理論

第12章 社会的逸脱

出題傾向の分析と対策

試験名	地上			国家一般職（旧国Ⅱ）			特別区			国税・財務・労基		
年度	15-17	18-20	21-23	15-17	18-20	21-23	15-17	18-20	21-23	15-17	18-20	21-23
出題数 / セクション	2		1	1	1	1	2	1				1
社会的逸脱の理論	★★		★	★	★	★	★★	★				★

（注） 1つの問題において複数の分野が出題されることがあるため，星の数の合計と出題数とが一致しないことがあります。

地方上級

地方上級ではこの分野はそれなりに出題されています。ただし，この分野は出題される学説が限られており，その意味で学習範囲は狭いです。学習理論のサザーランド，ベッカーらのラベリング理論などを覚えておきましょう。そのほかには，マートンのアノミー論やゴフマンのスティグマの概念も押さえておくとなおよいでしょう。

国家一般職（旧国家Ⅱ種）

国家一般職（旧国Ⅱ）ではこの分野は近年それなりに出題されています。ただし，国家一般職（旧国Ⅱ）においてもこの分野で出題される学説は多くなく，定番が決まっていますので，出題されたときのために学習しておくのもよいと思います。肢の1つに見慣れない学説が含まれることもありますが，定番をしっかり学習しておけば対処も可能です。法務教官や家庭裁判所事務官補ではこの分野は国家一般職（旧国Ⅱ）より出題範囲も広く難易度も高いものとなっており，それと比較するならば国家一般職（旧国Ⅱ）における出題範囲は非常に限られたものであるため，学習も楽だと思います。学習理論とラベリング理論は特にしっかりとした知識を持っておきましょう。

特別区

特別区ではこの分野は従来あまり出題されていませんでしたが，近年出題が連続した時期もあります。ただし，この分野は出題される学説が限られており，その意味で学習範囲は狭いです。学習理論とラベリング理論をしっかりと押さえておきましょう。マートンのアノミー論やゴフマンのスティグマの概念についての問いが肢の中に混じることもあります。

国税専門官・財務専門官・労働基準監督官

近年は出題頻度が下がりましたが，国税専門官ではこの分野はそこそこに出題されています。出題のレベルも国家一般職（旧国Ⅱ）に次ぐものですが，ただし，過去の出題を見る限り，国家一般職（旧国Ⅱ）同様この分野で出題される学説は多くなく，定番が決まっています。肢の１つに見慣れない学説が含まれることもありますが，定番をしっかり学習しておけば対処も可能です。学習理論とラベリング理論は特にしっかりとした知識を持っておきましょう。

Advice アドバイス 学習と対策

ここでの内容はあまり出題頻度の高くないものが多いですが，職種によっては比較的出題されているところもあります。出題される場合には，本章の内容とともに，デュルケームの自殺の研究（『自殺論』・第１章），マートンの緊張理論（第２章），ゴフマンのスティグマ論（第２章）なども含めて問題が出題されやすいので該当箇所も合わせてチェックしておきましょう。

第12章 1 SECTION

社会的逸脱

社会的逸脱の理論

必修問題 セクションテーマを代表する問題に挑戦！

社会的逸脱に関する重要理論ばかりを集めた良問です。まずは，ここに挙がっている諸理論をしっかり押さえましょう。

問 社会的逸脱に関する次の記述のうち，妥当なのはどれか。

（国Ⅱ1985）

1：H.ベッカーは，逸脱は特定の集団が人にアウトサイダーのラベルをはることによって作り出されるものであるとする考えを否定し，逸脱は逸脱者に固有の性質であるとした。

2：R.マートンは，「中範囲の理論」によって逸脱行為を分析し，逸脱行動は自然的衝動による表現に対する社会的統制の失敗であるとした。

3：E.レマートは，逸脱行動を社会的認知との関連で，誤って非難された行動，純粋な逸脱，隠れた逸脱に区別し，純粋な逸脱の例としての犯罪に注目した。

4：L.サーストンは，逸脱行動をアベラントと非同調に区別し，拒否する規範の正当性を攻撃し，これに代わる規範の樹立をめざすアベラント行動をとる者をアウトサイダーと呼んだ。

5：E.サザーランドは，犯罪現象を犯罪行動の側面でとらえ，いわゆる分化的接触の理論の提唱により犯罪行動の一般理論化に努力した。また彼はホワイト・カラーの犯罪を重点的に研究した。

直前復習

Guidance ガイダンス

アベラント行動と非同調行動

R.K.マートンは逸脱行動に関して，「アベラント行動」と「非同調行動」という２つの概念も提示している。

・アベラント行動 ＝「革新（改新）」，「儀礼主義」，「逃避主義」に相当する，既存の社会規範または構造的要因そのものの変革を企図しない逸脱行動

・非同調行動 ＝「反抗（反乱）」に相当する，当該社会の構造そのものを覆そうとする行動

頻出度 地上★★★ 国家一般職★★★ 特別区★★★ 国税·財務·労基★★

必修問題の解説

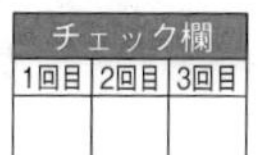

〈社会的逸脱論〉

1 × H.ベッカーは『アウトサイダーズ』(1963年)において，本肢の記述にある「逸脱は特定の集団が人にアウトサイダーのラベルを貼ることによって作り出される」というラベリング理論を提唱し，逸脱が逸脱者に固有の性質であるという病理学的見地を否定した。

2 × R.マートンは中範囲の理論の実践として逸脱行動論を提起したことで知られる。マートンは逸脱行動の背景にある社会の構造的な問題に目を向け，文化的目標と制度的手段の断絶という社会の構造的緊張状態における適応として逸脱行動が発生するという説を唱え，逸脱のタイプを革新（改新），儀礼主義，逃避主義，反抗（反乱）の4つに分類した。

3 × 本肢の記述にある「誤って非難された行動，純粋な逸脱，隠れた逸脱」という分類は，肢1のベッカーによるものである。E.レマートは，逸脱が社会的相互作用の産物であるという立場から，無自覚的な反規範的行動である第1次的逸脱と，その後の周囲の否定的反応に対して逸脱者としての自分のイメージを内面化していき，確信犯的状況にまで発展した状況および行動としての第2次的逸脱を区別したことで知られる。

4 × 本肢の記述にある「逸脱行動をアベラント（行動）と非同調（行動）に区別」したのは，肢2のマートンである。マートンは，「アベラント行動」を既存の規範・規則の存在を認めながら，制度の網をくぐり抜けるように行われる一般的な犯罪行動，「非同調行動」を既存の規範・規則の全面的変革を企図する反体制的行動として区別した。L.サーストンは「サーストン尺度」という社会調査のための統計的尺度を考案したアメリカの心理学者で，社会的逸脱の研究とは関係がない。

5 ○ アメリカにおける犯罪社会学の発展に大きな役割を果たしたE.H.サザーランドの業績に関する説明として，本肢の記述は妥当である。

第12章 社会的逸脱

正答 5

社会的逸脱
社会的逸脱の理論

1 イタリア犯罪学派

19世紀，C.ロンブローゾは，**生来犯罪人説**を論じ，犯罪者は生まれつき人格的な歪みがあり，これが後世に遺伝することによって新たな犯罪者が生み出される，という主張を展開しました。しかし，20世紀になり，社会学ではこのような逸脱者を当初から偏見を持って見る見方を批判し，「誰でも逸脱者となりうる」という考え方から，逸脱行動は「学習されたもの」である，という視角から説明しようとする理論が登場してきました。これが，学習理論です。

2 学習理論

(1) ホワイト・カラー犯罪（E.H.サザーランド）

サザーランドは，一般に犯罪行動は下層階層に多いと思われがちですが，上流中流階層の人々の中にもこのような文化は存在し，さまざまな犯罪行動（たとえば贈収賄，偽りの申告など）が行われているとして，これを**ホワイト・カラー犯罪**とよびました。ただ，上流中流階層の人びとは，自己の犯罪的行動が発見されるのをうまく逃れるすべを知っているので「犯罪行動は下層に多い」ように見えるだけであると彼は述べています。

補足

分化的（差異的）接触理論（サザーランド）
サザーランドは，犯罪行動は人々が犯罪的文化に接触する中で学習され，通常者と分離することで生じるものであるとし，犯罪を人格の歪み，情動障害の所産とみるそれまでの見方を批判しました。

(2) 非行副次（下位）文化（A.コーエン）

社会集団はそれぞれ独自の文化を持っているが，**非行副次文化**とは，非行がその不可欠の要素となっている副次文化（下位文化）のことをいいます。非行副次文化は大都市の下層階級地域の非行集団に最も典型的に見られますが，これは，下層階級出身の少年が中流階級の文化に対する反発・反動として生み出す独自の文化が非行の要素を含んでいるからであるとされます。コーエンは，このような非行副次文化を持つことから下層階級地域では非行が必然的に生じやすいとしました。

3 ラベリング理論

(1) 第１次的逸脱・第２次的逸脱（E.レマート）

レマートは，逸脱的な行動について，それが「**逸脱化される**」**過程**に注目し，逸脱行動を**第１次的逸脱**と**第２次的逸脱**に分けました。

第１次的逸脱：好奇心から麻薬を試したりするような，まだ本人にはっきりと逸脱

と意識化されていない行動

第２次的逸脱：他者から「逸脱者」として扱われ，本人も「逸脱行動を犯している」とはっきりと自覚しているような逸脱行動

レマートは，特にある人間がたまたま犯した第１次的逸脱から，他者とのかかわりの中で自己をはっきりと逸脱者と自覚する（第２次的逸脱）ようになる過程こそが社会学の中心的な課題となるとしました。

⑵ 作り出されるものとしての逸脱（H.ベッカー『アウトサイダーズ』）

ベッカーは**ラベリング理論**を初めて本格的に提示しました。社会的逸脱とは，「逸脱者」とよばれる人々に固有な性格なのではなく，社会における特定の有力・支配集団が独自の規範に基づくルールを作り，そこからはずれた何らかの行為をなした特定の人々（まだこの時点では社会的に逸脱者として認識されていない）に対して「逸脱者」としての**ラベルを貼る**ことによって作り出されるものだと主張しました。

同じようにルールをはずれた行為をしていても，社会的に影響力のない弱者には，このようなラベルが貼られやすく，これが現実の社会において社会的弱者に逸脱者が多い原因だとされます。そして，このような（逸脱者という）ラベルを貼られ，他者からそのような扱いを受けることによって自らを逸脱者として自己認識するという**逸脱的アイデンティティ**が形成されることになります。

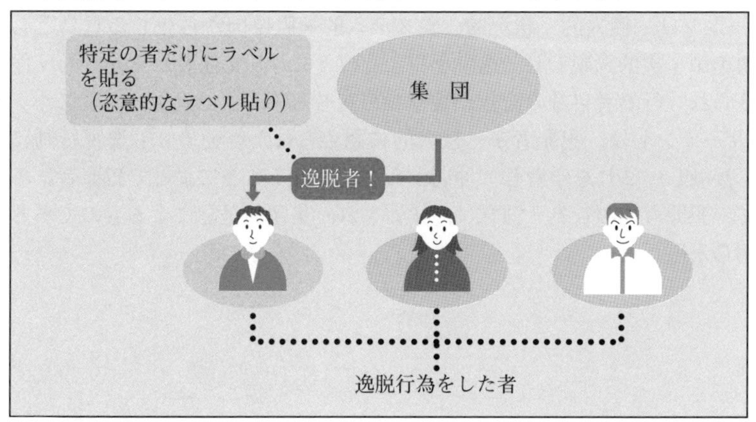

第12章 SECTION 1 社会的逸脱 社会的逸脱の理論

実践 問題 214 基本レベル

頻出度 地上★★★ 国家一般職★★★ 特別区★★★ 国税·財務·労基★★

問 社会病理と逸脱行動に関する次の記述のうち，妥当なのはどれか。

（国税2000）

1：E.デュルケームは，社会階層の固定化による社会的停滞が不満を増大させ，社会的規範の弛緩や欠如を招く結果として，人々の欲望に節度を与える社会的規制がなくなり，焦燥や欲求不満が激しく噴出する現象を「アノミー」と呼んだ。

2：E.M.レマートは，アメリカ社会の階層的構造の下では，金銭的成功が共通の目標とされながら，機会がすべての人々に与えられているわけではなく，手段的行動の制度的規範も明確でないため，革新，儀礼主義，逃避，反抗などの逸脱行動が生じやすいことを指摘した。

3：S.デ・グレージアは，社会への忠誠の基盤を「信念体系」と呼び，社会における信念体系の葛藤や崩壊によって生じる不適応に注目し，複数の信念体系の葛藤を「心理的アノミー」，支配的な信念体系の崩壊を「社会的アノミー」と呼んだ。

4：R.K.マートンは，個人的，状況的，システム的逸脱要因から生じる行為としての逸脱を第一次的逸脱とし，逸脱を犯したことに対して他者から社会的反作用が加えられ，行為者自身の変化が促されて生じる第二次的逸脱と区別した。

5：E.H.サザーランドは，犯罪者が，社会的に認められた行動よりも逸脱行動により多く接触し，これを学習して仲間から是認されることによって犯罪者になるとして，犯罪も他の行為と同様に，学習され，集団的是認によるものであることを明らかにした。

チェック欄

1回目	2回目	3回目

実践 問題 214 の解説

〈社会的逸脱論〉

1 × 前半の記述が妥当でない。E.デュルケームのいうアノミーとは，産業化等の急速な社会変動によってそれまでの秩序が崩れることによって，社会規範が弛緩ないし欠如して，個人の欲求が無規制状態となることをいう。こうしたデュルケームの所論からして，本肢中にあるような社会階層が固定化した状態においては，アノミーは生じにくいといえる。

2 × 本肢は，R.K.マートンの逸脱行動論（緊張理論）についての説明である。E.M.レマートは，ラベリング理論の祖の１人で，逸脱を第１次的逸脱と第２次的逸脱に分類した。第１次的逸脱と第２次的逸脱の内容は肢４の内容を参照。

3 × S.デ・グレージアの提唱したアノミー概念は急性アノミーと単純アノミーである。「急性アノミー」は戦争の終結時などに見られる社会の支配的な信念体系の崩壊を指し，「単純アノミー」は，複数の信念体系の葛藤状態を指す。

4 × 本肢は，レマートについての説明である。マートンの逸脱論については肢２の内容を参照。

5 ○ E.H.サザーランドの分化的（差異的）接触理論の説明である。また，サザーランドはホワイト・カラー犯罪の存在を指摘し，逸脱は下層階級のみに見られるものではないことを主張したことでも有名である。

正答 5

実践 問題 215 基本レベル

頻出度 地上★★★ 国家一般職★★★ 特別区★★★ 国税･財務･労基★★

問 アノミーに関する次の記述のうち，正しいのはどれか。 (地上1986)

1：アノミーとは社会的規範の動揺，弛緩，崩壊などの社会解体によって生じる政治的無関心のことである。

2：アノミーの語は，M.ウェーバーの『都市社会学』の自殺についての記述の中ではじめて用いられている。

3：アノミーの原因としては，産業化の進展に伴う伝統的規範秩序の解体，欲求の急速な喪失があげられる。

4：アノミーの社会心理的帰結としては，価値の葛藤，行為の目標の喪失などがある。

5：中心価値体系の崩壊により生じるのが単純アノミー，諸価値体系間の葛藤から生じるのが急性アノミーである。

チェック欄

1回目	2回目	3回目

実践 問題 215 の解説

〈アノミー〉

1 × アノミーとは，社会的規範の動揺・弛緩・崩壊などの社会解体によって生じる行為や欲求の無規制状態を意味する概念で，社会学ではE.デュルケームが最初に用いたことで知られる。これは，特に政治的無関心を指すものではない。政治的無関心を意味する用語はアパシーである。

2 × アノミーという語は，ギリシャ語で「無法律状態」を意味するanomosに由来するが，19世紀のフランスの哲学者・美学者J.M.ギュイヨーがその著書『未来の非宗教』(1887年) において「宗教的アノミー」という概念を提示し，それに影響されたデュルケームが，初期の著作である『社会分業論』(1893年) の中でアノミー的分業という言葉を用いたのが社会学では初めとされる。

3 × アノミーの原因の１つが「産業化の進展に伴う伝統的規範秩序の解体」によることは確かだが，デュルケームは著書『自殺論』(1897年) の中でそのような社会状況下で起こる人々の欲求の肥大化・無規制状態を指してアノミーという語を用いた。

4 ○ アノミーは，デュルケームが付与した意味以外に，文化的目標と制度的手段の断絶による社会構造的な緊張状態による規範の衰退（R.K.マートン）や，価値や信念体系内の混乱または崩壊による精神的な緊張状態（S.デ・グレージア）を表す概念としても理解されている。

5 × デ・グレージアは，単純アノミーを諸価値・信念体系間の葛藤により生じる人々の不安や集団からの遊離感として，また急性アノミーを敗戦や革命，または指導者の突然の死などにより生じる社会の中心的価値・信念体系の崩壊として区別している。本肢の記述では，それぞれの説明が逆になっている。

正答 4

社会的逸脱

社会的逸脱の理論

実践 問題 216 基本レベル

頻出度	地上★★★ 国家一般職★★★ 特別区★★★ 国税･財務･労基★★

問 マートンのアノミー論に関する次の記述のうち，妥当なのはどれか。

（特別区1993）

1：マートンは，アメリカ社会では，自殺が自己本位の自殺と集団本位の自殺とに分けられ，アノミーが原因となっているのは後者のみであるとした。

2：マートンは，アメリカ社会では，社会的に変化が小さく人々の生活が安定しているときには人々の欲望が刺激されず目標を喪失しやすいので，社会の変化が大きいときと比べてアノミーを生じやすいとした。

3：マートンは，アメリカ社会では，アノミーへの傾向は社会の階層の差異と無関係に生じるものであるとした。

4：マートンは，アメリカ社会では，アノミー状況における人間の行動類型として逃避，反抗および犯罪行動が挙げられるが，なかでも犯罪行動が最も高い頻度で生じるとした。

5：マートンは，アメリカ社会では，社会的に承認された成功・目標と，これを獲得するための制度的手段が万人に開かれているわけではないという現実とのギャップを指摘し，ここにアノミーへの傾向が存在しているとした。

チェック欄

1回目	2回目	3回目

実践 問題 216 の解説

〈マートンのアノミー論〉

1 × R.K.マートンのアノミー論は自殺現象についての説明ではない。著書『自殺論』において，自己本位的自殺，集団本位的自殺，アノミー的自殺，宿命的自殺という自殺の４類型を示したのは**E.デュルケーム**である。

2 × マートンは**文化的目標**とそれを達成するための**制度的手段**が現実の社会構造において断絶した状態にあることを**アノミー**と表現し，社会構造内部の緊張状態として捉えた。こうした状況は，社会構造が比較的安定している状態でも生じるが，社会の変動期よりもその可能性が高いとはいえない。肢１の解説のデュルケームの自殺論では，社会制度の急激な変化によって伝統的な社会規範が弱化している状況において，欲求の無規制状態としてのアノミーが生じるとされている。

3 × マートンのアノミー論の焦点となっている文化的目標と制度的手段の断絶は，社会の上層よりも下層においてより顕著である。したがって，**同調**という順機能的な社会への適応様式を除いた**革新**（**改新**），**儀礼主義**，**逃避主義**（**戦線離脱**），**反抗**（**反乱**）という，アノミーを要因とした４つのタイプの逆機能的な適応様式は，社会の上層よりも下層において生じやすい。

4 × マートンは，社会構造上の問題により逸脱行動が発生するというアノミー論以外に，逸脱行動の分類として**アベラント行動**と**非同調行動**の２つを区別した。アベラント行動とは既存の社会的規範を否定せず，その変革も企図しない一般の逸脱行動を意味し，アノミー論における適応様式の分類では「革新，儀礼主義，逃避主義」にあたるものをいう。対照的に，非同調行動は既存の社会的規範の全面的変革を企図するような反体制的な行動を意味し，アノミー論における分類では「反抗」にあたるものをいう。

5 ○ 肢２の解説で述べたように，本肢の説明がマートンのアノミー論の中核的部分である。

正答 5

第12章 SECTION 1 社会的逸脱

社会的逸脱の理論

実践 問題 217 応用レベル

頻出度 地上★ 国家一般職★★★ 特別区★★★ 国税·財務·労基★★

問 逸脱に関する次の記述のうち，妥当なのはどれか。 (国Ⅱ1999)

1：一般に社会にはさまざまな規範がある。たとえば，①慣習，②習律（モーレス），③法などが，それに含まれる。このような規範に同調しない行為のことを，社会学では逸脱（deviance）とよぶ。たとえば，犯罪，非行，中毒（アルコール，薬物その他），自殺，家出，蒸発などはこの具体的な事例である。

2：社会の成員が，日常的に反復することで，社会的に正当化される行為の様式を慣習という。たとえば，伝統はそれに含まれる。これに対して，慣習が社会の安定のために必要であるという信念を伴ったものが習律である。したがって，一般に習律よりも慣習からの逸脱行為のほうが，強いサンクションを招く。

3：社会的規範の動揺や崩壊によって生じる，行為や欲求の無規制状態のことをアノミーという。この言葉は，無法律状態を意味するギリシア語に由来する。それを最初に社会学の概念として定式化したのは，R.マートンである。彼は，アノミー状態の下では，逸脱行為が生じやすいことを理論的に解明した。

4：逸脱の研究の中には，社会が逸脱者にレッテルを貼ること（ラベリング）を問題にする立場がある。たとえば，一度窃盗を働いた者が，「また窃盗を働くだろう」と決めつけられることは，そこで言うレッテルに当たる。E.ゴッフマンは，「正常」から逸脱していると評価される属性をステッカーと呼んだ。

5：非行（delinquency）とは本来，逸脱行為の全般を包括し得る用語である。しかし，一般には少年非行を指す言葉として用いられる。日本の少年法では，非行少年を①犯罪者，②触法者，③虞犯者の３つに区別している。このうち③の虞犯者とは，過去に犯罪者や触法者として処分されたことのある者を指す。

チェック欄

1回目	2回目	3回目

実践 問題 217 の解説

〈社会的逸脱論〉

1 ○ どの社会においてもメンバーが守るべき行動の基準が存在するが，これを規範という。規範には，本肢にあるように慣習，習律〈モーレス〉，法などいくつかのものがある（そのほかに道徳など）。社会学では，こういった規範に同調しない行為のことを「逸脱（deviance）」とよぶが，それには，犯罪，非行，自殺などさまざまなものが含まれる。

2 × 慣習と習律に関する説明は妥当である（ただし，習律〈モーレス〉に対する語は，習俗〈フォークウェイズ〉を用いるほうが普通である）。しかし，本肢では最後の文章が妥当でない。習律（モーレス）は，社会の中で特に安定のために必要である，という信念を伴っているものであるから，これに対する逸脱行為には（慣習に対するよりも）強いサンクションが加えられるといえる。

3 × アノミーという語について説明した2番目の文章までは妥当だが，この概念を社会学の用語として最初に定式化したのは，E.デュルケームである。

4 × 本肢がいうように逸脱研究の中には，逸脱行動をする者よりも，そういった者に対して（逸脱者という）ラベルを貼る集団の側の行動を問題とし，これを研究の中心に置こうとする立場がある。これをラベリング理論という。本肢では，最後の文章が妥当でなく，E.ゴフマン（ゴッフマン）は，特定の人物が持つ「正常から逸脱していると評価される属性」をスティグマとよんだ。

5 × 本肢のいうように一般に「非行」という語は，少年非行を指すものとして用いられているが，本肢では最後の文章の虞犯者の説明が妥当でない。日本の少年法では，非行少年は，①犯罪少年（14歳以上20歳未満で犯罪を犯した少年），②触法少年（14歳未満で，刑罰法令に触れる行為をしたが，刑事責任年齢に達しないため刑法上の責任を問われない少年），③虞犯少年（保護者の正当な監督に服しない性癖がある，自己または他人の徳性を害する性癖があるなどの事由で，将来犯罪行為を起こすおそれのある少年）の3つが挙げられている。

正答 1

社会的逸脱

社会的逸脱の理論

実践 問題 218 応用レベル

頻出度	地上★	国家一般職★★★	特別区★★★
	国税·財務·労基★★		

問 逸脱行動研究に関する次の記述のうち，妥当なのはどれか。 (国Ⅱ2005)

1：シカゴ学派の社会解体論は，警察などの社会統制機関の機能低下が，犯罪や非行の原因であると論じる。

2：E.サザーランドの分化的接触理論は，マス・メディアに接触することで，逸脱行動が学習され，組織化される点を強調した。

3：R.マートンのアノミー論は，社会システムが個人に提供する文化的目標と制度的手段との乖離が，逸脱行動の原因であると論じる。

4：H.ベッカーのラベリング理論は，少年が，逸脱下位文化に接触するだけで，周囲から逸脱者の仲間であるとみなされていく社会過程を論じた。

5：E.レマートのいう第二次的逸脱とは，最初の逸脱行為が発覚しなかったために，繰り返して行われるようになった逸脱行為を指す。

直前復習

チェック欄

1回目	2回目	3回目

実践 問題 218 の解説

〈社会的逸脱論〉

1 × 社会解体論の説明として適切でない。社会解体とは社会的秩序が十分維持されていない状態を指すが，この場合，警察などの社会統制機関の機能低下だけが問題にされるのではなく，社会慣習や道徳の衰退によるものも含むのである。社会解体という概念はシカゴ学派のR.パークやE.W.バージェスらが盛んに用いている。

2 × E.H.サザーランドが学習理論の立場から分化的（差異的）接触理論を提示したことは事実であるが，逸脱行動の学習がマス・メディアによるという本肢の記述は正しくない。

3 ○ R.K.マートンは，E.デュルケームのアノミーという概念を用いて，社会的逸脱を説明した。

4 × 本肢は，H.ベッカーのラベリング理論ではなく，A.コーエンの非行副次（下位）文化に関する記述である。

5 × E.レマートが社会的逸脱を第1次的逸脱と第2次的逸脱の2つに分類したことは正しいが，第2次的逸脱の説明が正しくない。レマートによれば，**第1次逸脱とは，本人にはっきりと逸脱が意識されていない状態**で，**第2次逸脱とは，本人も逸脱行動をはっきりと自覚しているような逸脱行動**である。

正答 3

第12章 SECTION 1 社会的逸脱

社会的逸脱の理論

実践 問題 219 応用レベル

頻出度	地上★	国家一般職★★★	特別区★★★
	国税·財務·労基★★		

問 逸脱に関する次の記述のうち，妥当なのはどれか。 (国Ⅱ2003)

1：従来，犯罪問題として念頭に置かれていたのは，街頭犯罪や暴力犯罪など，主として下層階級に多くみられる犯罪であった。それに対して，E.サザーランドは，横領，贈収賄，価格操作などホワイトカラーがその地位を利用して行う犯罪を「ホワイトカラーの犯罪」として分析し，犯罪研究に階級的バイアスがあったことに注意を促した。

2：R.K.マートンは，アメリカ社会において文化的目標と制度的手段との乖離がアノミーを生み出しているとして，こうした社会状態に直面する個人の適応類型を提示している。彼は，例えば，文化的目標は受容するが制度的手段を拒否する類型を「革新」，文化的目標と制度的手段の両方を拒否する類型を「儀礼主義」と呼んでいる。

3：A.コーエンは，下層階級出身の少年が，中産階級出身の少年とは異なった問題に直面し，そこから独特の非行下位文化が形成されると論じた。非行下位文化においては，中産階級の価値の多くはせん望の的となり，禁欲主義や個人的努力などが称揚される。この意味で，逸脱は，中産階級の価値への「過剰同調」として表れるのである。

4：非行少年は，同調行動をとる少年と全く異なる下位文化に属しているわけではなく，ふだんは同調行動をとりながら，盛り場などの特定の場所において時折，非行に走る。F.スラッシャーは，このような少年ギャング集団の行動特性を「ドリフト（漂流）」ととらえ，環境の整備だけでは非行は防止できないと主張した。

5：ある少年が周囲の人々から「良い子」であるとみなされると，その少年はその期待にこたえて実際に良い子になり，「不良」とみなされると実際に不良になる。H.ベッカーは，このような「自己破壊的予言」に着目して，「不良」といった逸脱ラベルをはられることが，逸脱行動の発生原因となるという「ラベリング理論」を提唱した。

チェック欄

1回目	2回目	3回目

実践 問題 219 の解説

〈社会的逸脱論〉

1 ○ E.H.サザーランドのホワイト・カラー犯罪論は，従来，下層階層の非合法的行動ばかりに注目していた犯罪研究に警鐘を鳴らし，中上流階層の非合法な行動への注目を促した。

2 × 最後の儀礼主義に関する説明が妥当でない。R.K.マートンによれば儀礼主義は文化的目標は拒否するが，制度的手段は受容する行動様式である。「文化的目標と制度的手段の両方を拒否する類型」は逃避主義である。

3 × 第2文以下が妥当でない。非行副次（下位）文化とは，下層階級地域の少年の非行集団に見られるものであり，「非行がその不可欠の要素となっているような文化」である。それは，中産階級の文化に対する反発・反動として形成されるものであり，破壊主義･短絡的快楽主義などを特徴としている。こうした文化を受け入れた少年たちは，ほとんど良心の呵責なく非行を犯してしまう。A.コーエンは，このような**非行副次（下位）文化論から下層階級出身の少年たちに非行・犯罪的行動が多い**ことを説明したのである。

4 × ドリフト（漂流）理論に関する説明は妥当である。しかし，この理論を主張したのは，F.スラッシャーではなくD.マッツァである。スラッシャーは，シカゴ学派の一員であり，『ギャング』（R.パークの指導の下に行われた都市生活調査の記録）の著者として知られる人物である。

5 × 本肢の説明はほとんどが妥当である。ただ，第1文にある「ある少年が周囲の人々から……実際に不良になる」というのは予言の自己破壊（自己破壊的予言）ではなく予言の自己成就（自己成就的予言）である。なお，H.ベッカーのラベリング理論のポイントとして，「従来の非行する側への注目から（非行少年という）ラベルを貼る側への注目」という点と並んで，本肢の後半にある「不良というラベルを貼られることで（それを内面化し）本当に不良となってしまう」という「逸脱的アイデンティティの形成過程への注目」という点も覚えておいてほしい。

正答 1

社会的逸脱

社会的逸脱の理論

実践 問題 220 応用レベル

頻出度	地上★ 国家一般職★★★ 特別区★★★ 国税·財務·労基★★

問 逸脱行動に関する記述として，妥当なのはどれか。 (特別区2011)

1：マートンは，文化的に制度化された成功目標とその達成に利用できる手段や機会との間の調和的な関係が崩れる状態をアノミーとし，このような下で犯罪などの逸脱行動が発生すると考えた。

2：ハーシは，社会集団はこれを犯せば逸脱となるような規則を設け，それを特定の人々に適用し，彼らにアウトサイダーのレッテルをはることによって，逸脱を生み出すと定義した。

3：コーエンは，スティグマとは，ある社会における好ましくない違いであり，この違いに基づいてスティグマを負った者に対する敵意が正当化され，又は当人の危険性や劣等性が説明され，その結果，様々な差別が行われるとした。

4：ベッカーは，人の社会的なつながりを愛着，投資，まきこみ，規範観念の4つの要素に分解し，青少年を対象とした自己申告データを使って，そのそれぞれが非行に対する抑制効果を持つという仮説を検証した。

5：ゴフマンは，青少年の非行集団に共通して見られる文化を分析し，それがアメリカ社会において支配的な中流階層の行動基準に対抗して形成された下流階層の集団的問題解決の様式であるとした。

チェック欄

1回目	2回目	3回目

実践 問題 220 の解説

〈社会的逸脱論〉

1 ○ R.K.マートンは文化的目標と制度的手段の乖離が社会的規範の衰退（アノミー）をもたらすとし，この2つの要素の組合せから，人々がとる逸脱行動様式を5つに分類した。＋は受容，－は拒否，±は古いものを拒否し新しいものを受容することを表す。

	文化的目標	制度的手段	適応様式	具体例
①	＋	＋	同　調	エリート
②	＋	－	革新（改新）	麻薬密売人
③	－	＋	儀礼主義	組織に埋没する人
④	－	－	逃避主義	薬物中毒者
⑤	±	±	反抗（反乱）	革命運動家

2 × これはT.ハーシの理論ではなく，ラベリング理論についての説明である。ハーシは，少年がなぜ非行に走るかではなく，非行に走らない子は何が引き止める要因となっているかという視点から，周りの人々との愛着，投資，巻き込み，規範概念の4つの社会的なつながりがその要因となっているとするボンド理論を提唱した。

3 × スティグマの概念はA.コーエンではなく，E.ゴフマンが提唱したものである。コーエンは，非行が不可欠の要素となっている文化を非行副次（下位）文化とよび，大都市の下層階層地域の非行少年たちにこれが典型的に見いだされるとした。彼らはアメリカ社会において支配的である中流階層の行動基準に対する反発からこのような非行文化を形成し，そのことによって下層階層の青少年に非行が多いことを説明した。

4 × これはH.ベッカーについてではなく，ハーシの学説について説明したものである。ベッカーは著書『アウトサイダーズ』で，社会的逸脱は，社会における特定の有力・支配集団が自らの価値基準によってルールを作り，そこから逸脱している人々にアウトサイダーのレッテルを貼ることによって生み出されるとした。**彼のこの著作はラベリング理論を体系化したものとして社会学史上重要なものである。**

5 × これはコーエンについての説明である。スティグマの概念はゴフマンの著書『スティグマの社会学』で提示されたものである。ゴフマンはスティグマを，社会的に好ましくない違いであり，身体上の障害や個人の性格上の欠点，人種，宗教，性別などの属性がスティグマとなりうるとした。そして，それを負っている者が劣等感を感じたり，そうした者に対する敵意が周囲で形成されると捉えた。

正答 1

第12章 社会的逸脱

第12章 SECTION 1 社会的逸脱 社会的逸脱の理論

実践 問題 221 応用レベル

頻出度	地上★	国家一般職★★★	特別区★★★
	国税·財務·労基★★		

問 逸脱理論に関する記述として妥当なのはどれか。　(国税・労基2022)

1：É.デュルケムは，非行サブカルチャーについて，中産階級的な価値が支配する社会に対する労働者階級の非行少年の反動形成によって生まれるものであるとし，彼らは，非行集団内部での地位の獲得ではなく，富の獲得のために犯罪に走ると主張した。

2：H.S.ベッカーは，『アウトサイダーズ』において，社会集団は，これを犯せば逸脱となるような規則を設け，それを特定の人々に適用し，彼らにアウトサイダーのレッテルを貼ることによって，逸脱を生み出すというラベリング論を提唱した。

3：R.K.マートンは，非行少年自身による自らの逸脱行動に対する合理化・正当化の方法として，五つの様式をとる中和の技術論を提唱した。その五つの様式の中で，仲間に対する忠誠の証としての非行であると合理化することを「責任の回避」とした。

4：G.M.サイクスとD.マッツァは，社会的絆の強弱によって非行の原因を説明したボンド理論を提唱し，その社会的絆には「愛着」,「投資」,「巻き込み」,「規範観念」の四つの要素があるとした。そのうち,「巻き込み」とは，両親・学校・仲間との情緒的つながりのことである。

5：E.H.サザランドは，自殺の社会的要因に注目し，自殺の三つの類型を提示した。その三つの類型の中で，道徳的秩序の崩壊によって，人々の欲求が無規制状態に陥ることで，不満や焦燥や幻滅を感じた人々が持つ自殺への志向性を「集団本位的自殺」とした。

実践 問題 221 の解説

チェック欄

1回目	2回目	3回目

〈社会的逸脱論〉

1 × これはA.コーエンの**非行副次文化論**についての説明である。コーエンは，非行問題が特に社会の下層階層に属する家庭の子どもたちの間で顕著に現れる点に着目し，彼らの社会的行動の裏にある価値観が，中産階層的な価値や規範に対して反動的に形成されることを指摘し，こうした副次文化に接触し，これに同調的な関係を持つことによって，少年の非行化が進むという説を唱えた。

2 ○ H.S.ベッカーは『アウトサイダーズ』において，ジャズ音楽家の世界におけるマリファナ常用を調査し，逸脱行動を行う人間を，①純粋な逸脱者，②隠れた逸脱者，そして，③誤って告発された人々に分類した。また，同著において社会集団は，それに違反することが逸脱となるようなルールを設け，そのルールを特定の人々に適用し，彼らにアウトサイダーとしてのラベルを貼ることによって，意図的に逸脱を創り上げると指摘した。

3 × 中和の技術論（中和理論）はG.M.サイクスとD.マッツァが唱えたものである。この説では，非行を行う少年が他の非行少年や犯罪者と自己を同一化しているとは仮定せず，むしろ社会的規範の内面化を中和する技術を身につけた少年たちが，自己の反社会的行動を合理化・正当化することを可能にし，そうした行動に踏み切るとしている。ただし，本肢にある「仲間に対する忠誠の証としての非行」は，「より高度な忠誠心への訴え」である。なお，R.K.マートンは，社会的逸脱として「ストレイン理論」を提唱している。

4 × ボンド（紐帯）理論はT.ハーシが唱えた学説である。ハーシは，青少年は社会的絆が断ち切られることによって非行に走りやすくなるとし，その社会的絆として，本肢にある4つを挙げた。ただし，両親・学校・仲間との情緒的つながりは「愛着」であり，「巻き込み」とは，周りの人々が青少年を合法的な社会活動に参加させることをいう。

5 × E.H.サザーランド（サザランド）は「分化的接触理論」を提唱し，「ホワイト・カラー犯罪」の存在を指摘した犯罪社会学者で，本肢にある，自殺の社会的要因に注目し，自殺の諸類型を提示したのはE.デュルケーム（デュルケム）である。ただし，道徳的秩序の崩壊によって，人々の欲求が無規制状態に陥ることで，不満や焦燥や幻滅を感じた人々が持つ自殺への志向性は「集団本位的自殺」ではなく，「アノミー的自殺」である。なお，デュルケームの自殺の諸類型については「宿命的自殺」を数えずに3類型とすることもあるので，その点では本肢の説明は誤ってはいない。

正答 2

実践 問題 222 応用レベル

頻出度 地上★ 国家一般職★★★ 特別区★★★ 国税･財務･労基★★

問 E.H.サザーランドの唱えた「ホワイトカラー犯罪」という概念に関する説明として妥当なのは次のうちどれか。 (国Ⅱ1984)

1：ホワイトカラー層がその高度な専門技術の能力を駆使して行う犯罪を概念化するためには，情報処理などに関する社会的行動を類型化しなければならない，という主張に基づくものである。

2：新中間層による犯罪を概念化するためには，違法行為としての犯罪と反社会的行為としての犯罪を明確に区別し，前者の概念に基づく理論的な精緻化が必要ということで案出された。

3：独占状態にある産業界の指導者，経営者が悪質な法律違反をしていると同時に，その逸脱行為が罪悪視されないような社会体制の病理を解明するために案出された。

4：社会を有機体ととらえ，その病理を社会解体においてみるいわゆる社会病理学の概念で，ホワイトカラー層の資本家層に対する反抗意識をその犯罪分析の基本視角にすえている。

5：ホワイトカラーの犯罪の構造的要因を分析するためには，資本家階級と労働者階級の階級闘争を視野に入れなければならないという点が強調された概念である。

チェック欄

1回目	2回目	3回目

実践 問題 222 の解説

〈サザーランドのホワイト・カラー犯罪説〉

1 × E.H.サザーランドの分化的（差異的）接触理論によれば，犯罪行動は，すでに違法行為に手を染めている人々との接触を通じ，その特殊な行動様式の学習の結果として行われるようになる。サザーランドはこの理論に基づいてホワイト・カラーによる犯罪を検証したが，本肢にあるような「情報処理などに関する」技術を駆使する犯罪は，サザーランドが1949年に『ホワイト・カラーの犯罪』を著した当時，それほど顕著でなかった。

2 × 管理的・非肉体的労働に従事する新中間層，すなわちホワイト・カラーの犯罪は，違法行為としての側面だけでなく反社会的行為としての側面も同時に備えている。ちなみに，サザーランドはホワイト・カラー犯罪を「名望ある社会的地位の高い人物が職業上犯す犯罪であり，違法行動である」と定義しているが，**サザーランドの主な関心はホワイト・カラー犯罪についての理論化ではなく，それが反社会的行動としての認識にはつながらなかった当時のアメリカ社会の制度的問題を明らかにすること**にあった。

3 ○ サザーランドはシカゴ学派の社会学者の１人で，犯罪に関するサザーランドの研究は，アメリカにおける犯罪社会学の普及に大きな役割を果たしたことで知られる。サザーランドの著書『ホワイト・カラーの犯罪』は，それまで犯罪を社会の下層部における社会病理として捉えがちだった犯罪研究の分野に，社会のエリート層による一連の巧妙な違法的行為を社会的問題として認識する視点を提起した。

4 × 「社会解体」という概念は，サザーランドより前の犯罪研究においてしばしば用いられた。同名の著書を著した社会学者・犯罪研究者のM.A.エリオットとF.E.メリルは，健全な社会と病理的な社会の区別を明確にし，非行や犯罪を社会の健全化の妨げとなる病理的存在（社会病理）として扱ったことで知られ，そのアプローチは肢３の解説でも述べたように，（サザーランドとは対照的に）社会の下層部に焦点を当てるものであった。

5 × サザーランドの視点は，本肢の記述にあるようなマルクス主義的イデオロギーに基づくものではない。

正答 3

社会的逸脱の理論

社会的逸脱

実践 問題 223 応用レベル

頻出度 地上★ 国家一般職★★★ 特別区★★★ 国税·財務·労基★★

問 R.K.マートンが論じた逸脱行動に関する次の記述のうち，最も妥当なのはどれか。（国家一般職2023）

1：20世紀前半の米国で生じた急激な産業化の過程で伝統的な社会規範が崩壊した結果，アノミーが生じ，これによって逸脱行動が引き起こされたと述べた。この中範囲の理論によって，アノミー概念が社会学で初めて提唱された。

2：一定量の犯罪の存在は健全な社会にとって不可欠であり，犯罪が全くない社会は異常であるという犯罪常態説を唱えた。この際，何を犯罪とみなすかは社会が決めると述べ，E.M.レマートらとともにラベリング論を提唱した。

3：犯罪は制度的手段を通じて達成されるとし，収賄や横領などの制度的な犯罪を行うことが可能な中産階級による犯罪に着目した。この研究によって，犯罪は下層階級で生じやすいとされる通念は否定され，中産階級でホワイトカラー犯罪が多発していることが立証された。

4：逸脱行動の原因を個人の心理に求めるのではなく，社会構造に求め，その社会で望ましいとされている文化的目標と人々が置かれている現実との落差が，人を犯罪へと駆り立てるとした。

5：勤勉や節約という当時の米国社会が掲げていた文化的目標から逸脱した人々がアノミー状態に陥り，窃盗や詐欺などの逸脱行動をすると考えた。特に，社会との間の絆を失った人々にこうした傾向がみられるとし，ボンド（絆）理論を提唱した。

チェック欄		
1回目	2回目	3回目

実践 問題 223 の解説

〈マートンのアノミー論〉

1 × アノミー概念を社会学で最初に提示したのは**E.デュルケーム**である。彼は，ヨーロッパの近代において，急激な産業化の過程で伝統的な社会規範が崩壊したことを論じ，そうした状態をアノミーとよんだ。デュルケームはアノミー概念を用いて，**『社会分業論』**において，有機的連帯が形成されない近代産業社会のあり方を**アノミー的分業**として分析した。また，**『自殺論』**において，過度に自由になった現代における自殺を**アノミー的自殺**とよんだ。

2 × 犯罪常態説を唱えたのはデュルケームである。デュルケームの学説は**E.M.レマート**らの**ラベリング（理）論**に強い影響を与えた。ただし，マートンはラベリング論の提唱者ではない。ラベリング論の代表的な理論家としては，レマートのほかに**H.ベッカー**がいる。

3 × 「制度的手段」とはマートンの逸脱行動論において重要な用語であるが，肢にある説明は**E.H.サザーランド**の**「ホワイト・カラー犯罪」**によりあてはまる。マートンのいう「制度的手段」とは，その社会で認められた「文化的目標」を達成するための正当な手段のことで，人々は文化的目標を社会から植え付けられていながら，それを実現する制度的手段が平等に配分されていないことが社会的逸脱の生じる原因であるとされる（肢４の解説参照）。

4 ○ **R.K.マートン**は，社会的逸脱の原因を，その社会で望ましいとされている**「文化的目標」**と，それを達成するために人々に与えられている制度的手段との格差が逸脱行動を生み出すとし，**「制度的手段」**がすべての人々に平等には与えられていないアメリカの社会構造を批判した。彼は社会的逸脱を，文化的目標と制度的手段を個々人がそれぞれ受け入れるか否かの組合せによって，同調，革新（改新），儀礼主義，逃避主義，反抗（反乱）の５類型に分類した。

5 × マートンもまた**M.ウェーバー**と同様にプロテスタントが資本主義に果たした役割を高く評価している。その意味で第１文は正しい。しかし，**ボンド理論**（絆理論）を唱えたのは**T.ハーシ**である。彼は，愛着，投資，巻き込み，規範概念の４つからなる社会的な結び付きが失われるとき，青少年は非行に走ることを論じた。

正答 4

第12章 SECTION 1 社会的逸脱 社会的逸脱の理論

実践 問題 224 応用レベル

頻出度 地上★ 国家一般職★★★ 特別区★★★ 国税·財務·労基★★

問 病気と医療に関する次の記述のうち，妥当なのはどれか。 (国Ⅱ2002)

1：一般に病気とは，通常の生活を営むのに必要とされる身体上又は精神上の能力に異常が生じる状態を指す。そして，医療とは，そのような状態から人間を回復させるための専門的援助をいう。したがって，病気や医療は，純粋に医学的な概念である。それらをめぐる研究の余地は，社会学的にはほとんどない。

2：T.パーソンズは，社会的役割という視点から，病気や医療をめぐる社会学的分析を行った。彼は，病人を正規の社会的役割を免除される存在としてとらえる。彼はこのような役割を病人役割（sick role）という。いったん病人になると学校や会社を休むことが正当化されるのは，これと関連している。

3：S.ソンタグは，病人が社会的な隠喩（メタファー）として機能するという。これは病気のイメージによって，病人が差別や偏見の対象になることを問題にしたものである。かつては，病気が，病人に対する道徳的な懲罰と理解された時代もある。しかし，現代では，このような問題は一掃されたといってよい。

4：現在の病院は，慈善施設の一つとしての施療院に起源を持つといわれる。それが医学の発達を背景に，医療サーヴィスの機関として組織されていった。I.イリイチは，人間の生活全般に医療がかかわるようになることを「医療化」と呼ぶ。彼は，それを人間生活を豊じょうにするものとして積極的に評価する。

5：最近の医療をめぐる議論の中では，医師の裁量権に対する患者の自己決定権が問題にされることが少なくない。医師が患者に治療の内容を説明し，同意を得ることをインフォームド・コンセントという。平成7（1995）年の医療法の改正によって，我が国でもインフォームド・コンセントが法制化された。

チェック欄

1回目	2回目	3回目

実践 問題 224 の解説

〈病気と医療〉

1 × 最後の「したがって，病気や医療は，純粋に医学的な概念である……」以降の記述が妥当でない。たとえば，どのような状態や行為が精神上の「病い」とされるかは社会によって異なっている。このことを想起してみればわかるように，「精神病」とは，社会学の立場からすれば，社会規範からの逸脱行動の一形態であって，患者の側の身体的・精神的欠陥というよりも社会の側の統制・反作用が問題であるということになる。

2 ○ T.パーソンズの**患者役割理論**についての記述である。パーソンズは「役割」を社会的な地位と自我とを媒介するものと捉えており，病人役割もその1つであるとした。

3 × 肢前半は正しいが，最後の「現代では，このような問題は一掃されたといってよい」という記述が妥当でないことは，常識に照らしても明らかだろう。たとえばAIDS（後天性免疫不全症候群）は，医学的に見れば単に免疫機能が低下するだけだが，特に性行為を通して感染した場合には不道徳の象徴とされ，非常に強い**スティグマ**が付与される。

4 × 最後の「彼は，それを人間生活を豊じょうにするものとして積極的に評価する」という記述が不適切である。過去においては妊娠・出産は正常かつ日常生活の1つの出来事にすぎなかったが，現在では医療機関で取り扱われることが多い。**I.イリイチは，このような近代社会の「医療化」を人間の自律性を損なうものとして否定的に捉えた。**

5 × **インフォームド・コンセント**は「説明に基づく同意」などと訳され，本肢前半の説明は妥当である。しかしながら，インフォームド・コンセントは1997（平成9）年の医療法の改正によって法制化されているため誤りである。

正答 2

第12章 社会的逸脱

章末 CHECK　? Question

Q1 C.ロンブローゾに始まるイタリア犯罪学派は遺伝による「生来犯罪人説」を唱えた。

Q2 E.H.サザーランドは，上流・中流階級には下層階級とは異なった種類の犯罪が多く行われることを見いだし，エリート犯罪と名づけた。

Q3 A.コーエンは，下層階級においては，上流階級の文化への反発・反動が非行を醸造する文化環境を形成しやすくしているとした。

Q4 ラベリング理論では，何が逸脱行為とされるかは社会がどのような行為に逸脱のラベルを貼るかによって決定されるとした。

Q5 E.レマートは好奇心からなされ，本人がはっきりと逸脱とは自覚していないものを第1次的逸脱とよんだ。

Q6 H.ベッカーは社会的逸脱とは，社会の特定の有力・支配集団が独自の規範に基づいてルールを設定し，それからはずれた者を「逸脱者」とレッテルを貼っているにすぎないとした。

Q7 R.K.マートンはアノミーを，目的を実現するための手段の有効性のみに没入し，手段の正当性が忘却された状態とした。

Q8 R.K.マートンは所属する社会の文化によって定義づけられた「文化的目標」とそれを達成するための「制度的手段」の2つの要因から逸脱行動を分析した。

Q9 「単純アノミー」とは，社会の成員の大半が共有している価値体系内で，その中心的要素の崩壊によって，社会不安や混乱が生じることをいう。

Q10 E.ゴフマンは，ある人間が有する身体上の好ましくない特徴を「スティグマ」と名づけた。

Q11 T.ハーシの統制理論によれば，人々はなぜ犯罪・非行に走らないのかの理由として，個人と社会をつなぐ「紐帯（ボンド)」の存在が強調されている。

Q12 社会は行為者が役割行動に違反して行動するとき，これに制裁を加える。これをT.パーソンズは社会化とよんだ。

A1	○	19世紀には，先天的，遺伝的な要因によって社会的逸脱者は生まれると考えられた。しかし，20世紀にはこうした考えは批判されていった。
A2	×	E.H.サザーランドは上流・中流階級の犯罪をホワイト・カラー犯罪とよんだ。
A3	○	このような文化をA.コーエンは「非行副次文化」とよんだ。
A4	○	ラベリング論の重要な理論家としてはE.レマートやH.ベッカーらがいる。
A5	○	一方，E.レマートは，周りからも逸脱者とみなされ，本人も逸脱を自覚しているものを第2次的逸脱とよんだ。
A6	○	H.ベッカーは，何が社会的逸脱とされるかはレッテルを貼る側のいかんによるとされるとし，ラベリング理論を大成した。
A7	○	R.K.マートンはE.デュルケームのアノミー論を展開し，独自のアノミー概念から社会的逸脱を分析した。
A8	○	R.K.マートンは社会的逸脱を，文化的目標と制度的手段の2つの要因から分析し，①同調，②革新（改新），③儀礼主義，④逃避主義，⑤反抗（反乱）の5つに類型化した。
A9	×	これはS.デ・グレージアによる急性アノミーの記述であり，単純アノミーとは，社会の中の複数の価値体系に矛盾・葛藤があり，人々の行為を方向づける正統な指導原理が欠如していることをいう。
A10	×	E.ゴフマンのいう「スティグマ」は身体上の好ましくない特徴のみを指すのではない。たとえば，個人の性格や，思想・信教もスティグマとなりうる。
A11	○	T.ハーシは，統制理論・ボンド理論の提唱者として知られ，人々を順法的世界・順法的態度につなぎとめる絆（ボンド）として，「愛着」「投資」「巻き込み」「規範観念」の4つが示されている。
A12	×	T.パーソンズはこれを社会化ではなく，社会制裁とよんだ。

memo

第13章 社会調査

SECTION

① 社会調査の技法
② 社会調査の歴史

第13章 社会調査

出題傾向の分析と対策

試験名	地　上			国家一般職（旧国Ⅱ）			特別区			国税・財務・労基		
年　度	15-17	18-20	21-23	15-17	18-20	21-23	15-17	18-20	21-23	15-17	18-20	21-23
出題数 / セクション	1	2		2	1	2	1	1	1	1		1
社会調査の技法	★	★★		★★	★	★★	★	★	★			★
社会調査の歴史										★		

（注）１つの問題において複数の分野が出題されることがあるため，星の数の合計と出題数とが一致しないことがあります。

地方上級

もともと社会調査の分野は国家一般職（旧国Ⅱ）で出題頻度が非常に高く，ほかの試験種では最近までほとんど出題されてきませんでした。しかし，近年では国家一般職（旧国Ⅱ）以外の試験種でも社会調査についての出題が増加しており，市役所Ｂ日程では，2017年から３年間連続で出題されています。社会調査の種類，質問紙法の留意点などについて簡単な知識は持っておいたほうが無難といえるでしょう。

国家一般職（旧国家Ⅱ種）

もともと社会調査の分野は国家一般職（旧国Ⅱ）で出題頻度が非常に高く，ほかの試験種では最近までほとんど出題されてきませんでした。特に国家一般職は難易度も高く，過去には統計調査のデータの分析についての出題も見られました。まず，社会調査の種類とそれぞれの長所・短所，質問紙法の留意点といったことを十分に理解し，それから統計調査のデータの分析についての知識を学習していくとよいでしょう。セクション②の社会調査の歴史については，肢の１つとして混じる程度で出題頻度も多くありませんし，インプットにある知識で十分だと思われます。

特別区

特別区でも近年，社会調査は頻出となってきています。社会調査の種類とそれぞれの長所・短所，質問紙法の留意点といったことを理解しましょう。統計学の知識が必要となる，統計調査のデータの分析に関する出題は特別区ではなされていませんので，その部分の学習は特にしなくてもよいでしょう。

国税専門官・財務専門官・労働基準監督官

近年では国家専門職でも社会調査に関する出題がなされるようになり，統計調査のデータの分析といった統計学の基礎知識が必要な出題も見られるなど難易度も高いものとなっています。まず，社会調査の種類とそれぞれの長所・短所，質問紙法の留意点といったことを十分に理解し，それから統計調査のデータの分析についての知識を学習していくとよいと思います。セクション②の社会調査の歴史については，出題頻度も多くありませんし，インプットにある知識で十分でしょう。

Advice アドバイス 学習と対策

社会調査は国家一般職（旧国Ⅱ）以外の試験種ではこれまであまり出題されていませんでした。しかし，国家一般職（旧国Ⅱ）以外でも出題数が増加し，重要な分野になってきています。また，社会調査の歴史（セクション②）の中で重要な調査（ミドルタウン調査など）は，家族や都市の研究史に関する問題でも出題されることがあり，大変重要です。

社会調査

社会調査の技法

必修問題 セクションテーマを代表する問題に挑戦！

社会調査の技法と歴史の両方を肢に含めた問題です。社会調査についてはしばしばその技法が問われる問題が多いですが，歴史もしっかり押さえておきたいです。

問 社会調査に関する記述として，妥当なのはどれか。（特別区2010）

1：悉皆調査は，観察法又は集団面接調査の方法により，調査対象範囲となったもの全員を調査するもので，マス・メディアが行う選挙や政治に関する世論調査に多く用いられる。

2：無作為抽出法は，母集団を代表するサンプルを選定するという配慮をせず，調査者の都合で，通行人やたまたまそこに居合わせた人などを対象者として選定する方法である。

3：参与観察法は，観察者が被観察者と同じ社会生活に参与して，内側からその実態や実情をつぶさに体験しながら観察する方法であり，ホワイトの「ストリート・コーナー・ソサエティ」が知られている。

4：国勢調査などの基本的センサスは，調査員が対象者と面接して調査票に従って質問し，回答を調査員が記入する配票調査法で，留め置き調査法ともいわれる。

5：ストゥーファーは，人々の態度変容に対するマス・メディアの影響力を知ろうとした研究で，オピニオン・リーダーの存在を明らかにし，大量データを利用した社会調査の事例として「ピープルズ・チョイス」を著した。

Guidance ガイダンス 社会調査方法の長所・短所

それぞれの社会調査方法には長所と短所がある。たとえば，全数調査は標本誤差が生じない代わりに時間や費用がかかるのに対し，標本調査では時間や費用を節約できる分，標本誤差が発生してしまう。また，参与観察法と非参与観察法では，前者は後者に比べて，調査対象に密着する分，より肉薄して調査することができるが，調査対象との距離が近いために研究の客観性を保つことが後者より難しくなる。社会調査の方法を選択するとき，こうしたそれぞれの方法の長所，短所を押さえておくことは重要となる。

頻出度	地上★★　国家一般職★★★　特別区★★★　国税·財務·労基★★

チェック欄		
1回目	2回目	3回目

必修問題の解説

〈社会調査〉

1 × 悉皆調査とは，**調査対象（母集団）のすべての個人を調査するもので全数調査ともよばれる**。観察法や集団面接調査以外の調査方法でも，母集団に属する全数を調査するのであれば全数調査である。また，マス・メディアが行う**選挙や政治に関する世論調査では，母集団から標本（サンプル）を抽出する部分調査（標本調査）が用いられるのが普通**である。

2 × 無作為抽出法とは，**確率統計の手法を用いて母集団から無作為（すなわち調査者の主観的な標本抽出がなされないようにという意味）に標本を抽出する方法**である。よって，それは母集団全体に含まれる諸要素の割合を反映するように数学的にサンプリングが行われるのであり，「母集団を代表するサンプルを選定するという配慮をせず」という本肢の記述は間違いである。また，通行人やたまたまそこに居合わせた人などを調査の対象とすることはサンプルに偏りが生じるという点で，無作為抽出とはいえない。

3 ○ **観察法は，諸条件を統制して観察を行う統制観察法と，諸条件の統制を行わずにありのままに観察を行う非統制観察法に分けられる**。参与観察法は後者に含まれる手法で，観察対象となる集団に観察者自身が入り込んで行う調査のことを指す。W.F.ホワイトの『ストリート·コーナー·ソサエティ』は参与観察法による社会調査の古典で，**イタリア系移民のスラム社会における非行少年のネットワークを調査者自身がそこに参与して調査したもの**である。なお，調査者が観察対象の集団に入り込まずに観察する方法は非参与観察法とよばれる。

4 × わが国の国勢調査は，**5年に1度行われ，全数調査，留置法，常住地主義（10月1日現在で3カ月以上そこに住んでいる者），世帯単位，事実調査等の特徴を持つ**。わが国の国勢調査は調査票の配布·回収に留置法をとっているが，これは調査員が調査票を調査対象者に直接配布し，一定期間後に直接回収に来る方法である。調査員が対象者と面接し，回答を調査員が記入するのは面接調査であり，国勢調査はこの方法をとってはいない。

5 × マス・メディアが人々の態度変容にどのような影響を与えるかを調査し，オピニオン・リーダーの重要性を明らかにしたのはP.ラザースフェルドらである。彼らは1940年のアメリカ大統領選挙における人々の投票行動をオハイオ州のエリー郡で行い（エリー調査），それをのちに著書『ピープルズ·チョイス』にまとめた。それによれば，**人々はマス・メディアからよりも，その人々が属する集団で主導的役割を果たすオピニオン・リーダーから情報を受け取る**（コミュニケーションの2段の流れ説）とされる。

正答 3

第13章 社会調査

第13章 SECTION 1

社会調査

社会調査の技法

社会調査は，①理論および過去の研究･調査の検討，②調査の計画と準備，③データの蒐集，④データの整理・分析と検定，といった過程を経ます。どのような調査方法を選ぶかは，調査内容，調査対象の特性や調査の条件などに合わせて，この過程，とりわけ②で決定されます。

1 社会調査の方法

(1) 社会調査の分類

社会調査の全体像

（1）調査対象の範囲による区別
- 全数調査（悉皆調査）
- 部分調査（標本調査）
  - 無作為抽出法（確率標本抽出法，ランダム・サンプリング）
  - 有意抽出法（非確率標本抽出法）

（2）手続・接近方法による区別
- 統計的方法（統計調査法）
- 事例的方法（事例研究法）

（3）調査内容による区別
- 意識調査
- 事実調査

（4）時間軸から見た区別
- 横断的調査
- 縦断的調査

（5）データの収集法による区別
- 観察法
  - 統制観察
  - 非統制観察
    - 参与観察
    - 非参与観察
- 質問紙法
  - 自計式質問紙
  - 他計式質問紙
    - 制限回答式
    - 自由回答式
      - 留置法（とめおきほう）（配票法）
      - 郵送法
      - 電話法
      - 集合調査法
- 面接法
  - 指示面接
  - 非指示面接
- ドキュメント（文献）法

ミニ知識

パネル調査

縦断的調査のうち，「特に同一の調査対象に対して」反復して調査を実施するものをパネル調査という。パネル調査は，同一の対象を重ねて調査することで意見，態度などの時間的な変化を捉えられるという長所を持っている。

コーホート分析

コーホートとは同時出生集団のことである。同一コーホートを追うことで，年齢，時系列に沿った縦断的分析が可能となり，またさらにコーホート間を比較することで世代ごとの横断的分析が可能となる。

⑵　部分調査（標本調査）の手法

部分調査（標本調査）は標本の抽出の仕方によって，さらに無作為抽出法（ランダム・サンプリング法，確率標本抽出法）と有意抽出法（非確率標本抽出法）とに分けられます。

⒜　無作為抽出法（ランダム・サンプリング法，確率標本抽出法）

確率・統計的手法を用いて母集団の中の要素（個人）がすべて等しい確率で抽出されるように標本抽出を行うこと

単純無作為抽出法	母集団のすべての個体に番号をふり，必要な標本数の分の番号を乱数表から選び出し，標本とする方法
系統抽出法(等間隔抽出法)	母集団の全要素に通し番号を付け，この番号から一定の間隔の番号の標本を選んでいく方法
層化抽出法	母集団を属性ごとに層化し，そこから無作為抽出する方法
多段抽出法（副次抽出法）	母集団を複数の下位集団に分け，この中からいくつかを抽出し，その下位集団から標本を抽出する方法

⒝　有意抽出法

有意抽出法は，母集団の中から調査者が母集団を代表すると判断した標本を主観的に選ぶ手法

⑶　質問紙構成上の注意点

質問紙を作成する際，以下のようなものは避けなければなりません。

①ダブルバーレル質問：1つの質問文に2つ以上の論点を含んでいる質問文のこと。
②キャリーオーバー効果：質問文の配列の順序が回答に影響を及ぼすこと。
③ステレオタイプ化された言葉

社会調査
社会調査の技法

実践 問題 225 基本レベル

頻出度 地上★★ 国家一般職★★★ 特別区★★★ 国税·財務·労基★★

問 社会調査法に関する次の記述のうち，妥当なのはどれか。 (地上1994)

1：郵送調査は，被調査者が広範囲に散らばっているような場合に適しているが，回収率が低いという問題点がある。

2：調査票の質問項目は，いろいろな角度からの意見をとらえられるように，回答に時間がかかってもよいから，できるだけ多くするのがよい。

3：面接調査では，面接者は，被面接者に好感をもたれる必要はないので，できるだけ事務的に調査を行うことが要求される。

4：電話調査は，調査者も被調査者もリラックスして臨めるので，相当程度に複雑な質問もできる点で優れている。

5：難しい質問は被調査者が疲れていない一番最初に置き，答えやすい質問や易しい質問は，最初に置かず，後半だけに置くのがよい。

チェック欄

1回目	2回目	3回目

実践 問題 225 の解説

〈社会調査〉

1 ○ 本肢の記述にあるように，郵送調査の利点として「被調査者が広範囲に散らばっているような場合」に手軽にアクセスできることや，調査全体のコストが低く抑えられることなどが挙げられるが，「回収率が低いという問題点」は避けることができない。

2 × 調査票（質問紙）の質問項目としてどれぐらいの数が適当かは調査の目的や内容，規模によっても異なるが，本肢の記述のように「回答に時間がかかってもよいから，できるだけ多くするのがよい」とはいえない。回答者が個々の質問に対してきちんと回答してくれるかどうかがデータの質を左右することになるので，回答者に負担がかかり，無回答が増える可能性のあるような複雑な調査は一般に被調査者に好まれない。

3 × 面接調査は，調査員があらかじめ用意された調査票をもとに，質問を読み上げ，被調査者の口頭による回答を記録していく指示的面接と，調査者が被調査者に対して非形式的なインタビュー（自由な質問）を行う非指示的面接の２種類に大別される。いずれの方法においても調査者が回答者からよい印象を持たれ，良好な人間関係（ラポール）が生まれるよう工夫するほうが，回答者から正直な回答を得やすく，データの質も高くなる。したがって，本肢の記述のように「できるだけ事務的に調査を行うこと」は一般に好まれない。

4 × 電話調査については，本肢の記述のように「調査者も被調査者もリラックスして臨める」という利点がある反面，電話で相手に質問するので時間のかかる「複雑な質問」を行ううえでは適さない。複雑な質問は回答者の態度を変化させることにつながりやすく，その後の回答内容に影響を及ぼすからである。

5 × 調査票における質問の配列については，一般に「難しい質問」や回答者が抵抗感を抱くような質問は最初には置かず，比較的「答えやすい質問」を最初に置いてウォーミング・アップさせるのが望ましい。ただし，重要な質問に関してはあまり後ろに置くと，回答に飽きた頃にあたってしまう可能性があるので，注意する必要がある。

正答 1

社会調査
社会調査の技法

実践 問題 226 基本レベル

頻出度	地上★★ 国家一般職★★★ 特別区★★★ 国税·財務·労基★★

問 社会調査に関する記述のうち，妥当なのはどれか。 (労基1998)

1：社会調査の方法は，量的な統計的調査と質的な事例研究法に分けられるが，前者では調査そのものが対象の行動や考え方に影響を与えてしまうことがないので回答を誘導することはできないのに対し，後者では回答を誘導して都合のいい結果を導くことができる。

2：サンプリング調査の場合，調査の対象（標本）数を増やすほど統計的には標本誤差を小さくし，社会（母集団）の実態をより正確に捉えられるが，より多くの対象を調査すればそれだけ回収や集計に費用や時間がかかるため，サンプル数はこうした制約と許容する誤差率とを考慮して決定される。

3：調査票の中の質問項目が同じならば，質問する順番によって回答が変わることはないので，質問の順番は，内容を問わず，なるべく答えやすいものから答えにくいものの順に並べておくことが回答率を上げるためにも望ましい。

4：調査票の作成においては，一つの質問項目に複数の調査内容を盛り込んで質問数をできる限り少なくしたほうが，記入者の負担が軽減されるし，調査者の持つ仮説を直接検証できることが多い。

5：「国勢調査」など国の行う指定統計については，その成果が国民に還元され利用されることが最重要であることから，統計法で，回収された調査票は目的を問わず国民が自由に再集計できることが定められており，最近では調査票ごとの回答内容も電子情報化してインターネットで提供されている。

チェック欄 1回目 2回目 3回目

実践 問題 226 の解説

〈社会調査〉

1 × 社会調査の方法は，データをどのようなかたちで収集するかによって統計的調査と事例研究法に分けることができる。したがって，本肢の前半は妥当だが，統計的調査においても調査によって，対象の行動や考え方に影響を与えることがある。たとえば，**前の質問文の内容が次の質問文の回答に影響を与える**というキャリーオーバー効果や「悪徳商法」「過激な団体」といった表現を用いることによって，その**イメージにより回答に影響を与える**というステレオタイプ化された質問文などはその例である。また，社会調査においては，「回答を誘導して都合のいい結果を導くこと」はしてはならない。

2 ○ サンプリング（標本）調査の場合，抽出したサンプルから得られた値が実際の母集団の値と完全に一致することは難しく，どうしてもズレを生じてしまう。このような標本抽出に伴う誤差を標本誤差という。こうした標本誤差を完全になくすことはできないが，確率標本抽出法（無作為抽出法）による場合，**標本数を増やしていくと，標本の分布は母集団のそれに近づいていくので，こうした誤差を十分に小さくすることができる**。一方，非確率標本抽出法の場合にはランダムな標本抽出を行っていないので，母集団の分布に近づくかどうかをいうことはできない。

3 × **前の項目の質問内容が次の質問に対する回答に影響を与える**ことをキャリーオーバー効果という。このような現象は，得られたデータが被調査者の意見を正しく反映しないことになってしまうので，避けなければならない。

4 × **１つの質問項目に複数の調査内容（論点）を含んだもの**をダブルバーレル質問という。このような質問文に対しては，回答者がどちらの論点に対して答えたのかわからなくなってしまうので，質問文を作るときに避けなければならない。

5 × 統計法では肢のような内容は定められていない。また，国勢調査の調査票は，総務省統計局のセンターで集計されるが，調査データについて，各項目などについての集計データは公表されているものの，記入された個別の実際の調査票については公開されていない。よって，「最近では調査票ごとの回答内容も電子情報化してインターネットで提供されている」も誤りである。

正答 2

第13章 SECTION 1 社会調査 社会調査の技法

実践 問題 227 基本レベル

頻出度	地上★★　国家一般職★★★　特別区★★★ 国税·財務·労基★★

問 社会調査の代表的方法として，面接調査法，配票調査法，郵送調査法，電話調査法がある。ア～オはそれらに関する説明であるが，調査法名を表すA，B，Cの組合せとして正しいのはどれか。（労基1999）

ア：B以外の方法には，調査対象者以外の者の影響を排除できているか不明であるというデメリットがある。

イ：プライバシーの保護という観点では，Cが最も優れているが，Aについても工夫によりかなりの程度保護が可能である。

ウ：調査に要する日数については，工夫次第でそれぞれ短縮が可能であるが，一定限度以上の短縮が困難なのはCと考えられる。

エ：調査費用の観点からは，Cが一般に最も廉価となると考えられる。

オ：複雑な内容の調査については，Bが最も望ましいと考えられる。

	A	B	C
1：	配票調査法	面接調査法	郵送調査法
2：	郵送調査法	面接調査法	電話調査法
3：	面接調査法	電話調査法	配票調査法
4：	電話調査法	配票調査法	郵送調査法
5：	配票調査法	郵送調査法	電話調査法

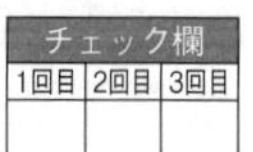

実践 問題 227 の解説

〈社会調査〉

アにある「調査対象者以外の者の影響」というのは，調査対象者が質問に対して回答する際の本人以外の影響ということである。たとえば，質問に対する回答の際に家族などが近くにいれば，家族の意見が回答に反映されてしまう場合がある。

ア～オの説明を順番に見ていくと，アから，Bは**面接調査法**とわかる。面接であれば，回答者本人かどうかを正確に把握することが可能になる。また，直接会話のできる面接調査であれば，複雑な内容について調査することも可能である。プライバシー保護という点では**郵送調査法**（C）が優れており，廉価であるが，当然往復分の日数がかかってしまうので一定時間が必要になる。**配票調査法**（A）も，匿名にして回収方法を工夫するとか，回答したものを封筒に入れて封をさせるなどの整備をすれば，プライバシーを保護することができる。よって，正解は肢1である。

正答 1

第13章 SECTION 1 社会調査

社会調査の技法

実践 問題 228 基本レベル

頻出度	地上★★	国家一般職★★★	特別区★★★
	国税･財務･労基★★		

問 社会調査の方法に関する記述として，妥当なのはどれか。　(特別区2019)

1：参与観察法とは，調査者自らが，調査の対象である集団に成員として参加し，そこの人々と生活を共にしながら観察する調査法であり，この代表例として，W.F.ホワイトが著した「ストリート・コーナー・ソサエティ」がある。

2：統制的観察法とは，調査対象者や観察方法を統制して観察する調査法であるが，条件を統制することには限界があり，非統制的観察に比べて客観性が低下するという欠点がある。

3：留置法とは，調査員が調査対象者を訪問して調査票を配布し，一定期間内に記入してもらい，調査員が再び訪問して回収する調査法であり，回収時に面接をせず調査対象者本人が記入したかどうかを確認できるという利点がある。

4：面接調査法とは，調査員が調査対象者と対面して質問し，回答を調査対象者が調査票に記入する調査法であり，調査対象者との間に友好的な関係を成立させることなく，スムーズに回答を引き出すことが必要である。

5：雪だるま式抽出法とは，個人の生涯を社会的文脈において詳細に記録したものを資料として研究する調査法であり，この代表例として，トマスとズナニエツキが著した「ヨーロッパとアメリカにおけるポーランド農民」がある。

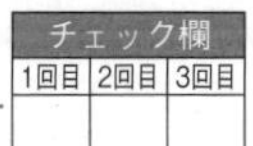

実践 問題 228 の解説

〈社会調査〉

1 ○ 参与観察法の説明として正しい。また，本肢にあるとおり，W.F.ホワイトの『ストリート・コーナー・ソサエティ』はこの方法による代表的な社会調査である。ホワイトは，イタリア系移民のスラム社会に入り込み，非行少年たちが街頭にたむろしているだけに見えながら，相互に緊密なネットワークを作り出し，情報交換や扶助を行っていることを，彼らと生活をともにしながら聞き取りの中で明らかにしていった。

2 × 「非統制的観察に比べて客観性が低下する」という記述が誤り。むしろ，非統制的観察法のほうが，調査対象者や観察方法を統制できない分，さまざまな要因が入り込むため，そのうちのどれが結果に影響しているのかを見いだすのがより困難となる。その意味で非統制的観察法のほうが，客観性が低下するといえる。

3 × 「回収時に面接をせず調査対象者本人が記入したかどうかを確認できるという利点がある」が誤り。留置法の場合，調査員は調査対象者が調査票に記入する場に立ち会わないため，誰が記載したかを，調査対象者本人への面接など何らかのかたちで確認しなければ把握することはできない。

4 × 調査対象者との間の友好的な関係をラポールというが，面接調査においては，このラポールをいかに調査対象者との間に確立するかが重要となる。調査対象者にしてみれば，信頼のおけない調査員に自分のことを話したくはないわけであり，よってスムーズに回答を引き出すためには彼らとの間にラポールを築くことが必要となる。

5 × これは雪だるま式抽出法ではなく，生活史（ライフ・ヒストリー）法についての説明であり，W.I.トマスとF.W.ズナニエッ（ツ）キの『ヨーロッパとアメリカにおけるポーランド農民』もこの方法による調査である。雪だるま式抽出法はスノーボール・サンプリングともいい，ある調査対象者から次の対象者を紹介してもらい，雪だるま式に標本を増やしていく標本抽出方法である。

第13章 社会調査

正答 1

第13章 SECTION 1 社会調査

社会調査の技法

実践 問題 229 応用レベル

頻出度	地上★ 国家一般職★★★ 特別区★★★ 国税·財務·労基★★

問 社会調査法に関する次の記述のうち，最も妥当なのはどれか。 (国Ⅱ2009)

1：擬似相関とは，二つの変数間に見つけられた相関が，直接的な因果関係によるものではなく，両方の変数と相関する第3の変数の存在によって生み出されたことを意味する。

2：層化抽出法とは，所得水準などの指標により社会階層を分類し，その上で無作為抽出によりサンプルを選ぶ方法であり，社会階層別の因果関係の差を説明するためのサンプリング方法である。

3：スノーボール・サンプリングとは，広告宣伝を行って調査対象を募り，それが口コミで広がることで，雪だるま式に大量の調査協力者を獲得する方法である。

4：ラポールとは，調査者が観察対象である個人・集団の置かれた文脈を正確に理解した上で，その発言・行動を適切に解釈できるだけの背景知識を獲得していることを意味する。

5：キャリーオーバー効果とは，質問用紙調査などを実施する際に，その直前に発生した予期せぬ事件の強い印象などが，回答の傾向に影響を与えることをいう。

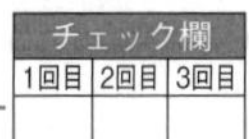

実践 問題 229 の解説

〈社会調査〉

1 ○ 擬似相関とは，**2つの変数の間にあたかも相関があるかのように見えることである**。これは**両者と関連を持つ第3の変数によって生み出される**。たとえば，プールに行く人が多い日はジュースがよく売れるといった統計データが出ている場合，プール場でのジュースの売れ行きが直接的に数字を押し上げているのではなく，外が暑いという第3の変数によっているのである。

2 × 層化抽出法とは，**母集団をいくつかの層にあらかじめ分け，各層から標本を抽出する方法**である。各層とはたとえば年齢や出身地域などであり，そこから各層の母集団に占める割合を反映して抽出すれば，標本の層構成を母集団のそれと近似させることができる。これがこの調査方法を採用する目的であって，社会階層別の因果関係の差を説明するためではない。

3 × スノーボール・サンプリングとは**被調査者から次の被調査者を紹介してもらい，あたかも雪だるまが大きくなるように調査対象者を増やしていく方法**である。よって，「広告宣伝を行って調査対象を募り，それが口コミで広がること」を指すものではない。

4 × ラポールとは**調査者と被調査者との友好的関係を指す言葉**である。事例調査などで個別の聞き取りによって調査が行われる場合，ラポールが形成されていないと被調査者から十分に情報が得られない場合がある。調査者と被調査者の間にラポールが形成されることによって，調査者は被調査者の個人・集団の置かれた文脈を理解したり，発言や行動の背景知識を獲得したりすることも結果として可能となるのであって，こうした背景知識を獲得すること自体がラポールなのではない。

5 × キャリーオーバー効果とは，**質問紙において，前の質問が後の質問に影響を与えること**を指す。たとえば，「本大学に女子学生が多いことをどう思いますか」という質問の前に，「女性の高学歴化は少子化につながると思いますか」という質問を置けば，後に置かれた質問の回答が前の質問によって歪められる可能性が出てくる。よって，社会調査においてはキャリーオーバー効果が生じないように配慮しなければならないとされる。

正答 1

第13章 SECTION 1 社会調査 社会調査の技法

実践 問題 230 応用レベル

頻出度	地上★	国家一般職★★★	特別区★★★
	国税･財務･労基★★		

問 社会調査に関する次の記述のうち，妥当なのはどれか。 (国Ⅱ1996)

1：わが国において農村社会学で行われてきた農村調査は特定の地域社会内の個々人を対象にその意識や態度を調べるものであり，地域社会そのものを調査対象とする事例調査（ケーススタディ）とは異なる。

2：面接や郵送により多数の被調査者から得た答えを集計して統計解析を行う調査を統計的調査という。この調査においては多数の被調査者に標準化された形式で一律の質問をする必要があるため必ず質問紙をもちいて調査を行う。

3：統計的調査には個人の意識，態度，意見を尋ねることによって住民や国民の意見分布を知ることを目的とする意識調査と個人や世帯についての客観的事実を尋ねることによってそれらの分布を知ることを目的とする事実調査とがあり，国勢調査は前者の例である。

4：無作為抽出法（ランダムサンプリング）とは，母集団の中から調査対象を無計画に抽出するものであり，抽出の手続は簡便であるが，抽出の際の誤差を理論的に計算することができないという欠点がある。

5：わが国においては第2次世界大戦以前から各新聞社による世論調査が頻繁に行われていた。また大正9年にはヨーロッパ諸国に先駆けて国勢調査が開始された。

実践 問題 230 の解説

チェック欄

1回目	2回目	3回目

〈社会調査〉

1 × わが国の農村社会学を代表する有賀喜左衛門や鈴木栄太郎の研究は，家族同士が作り上げる家族間の関係，組織に注目しながら，実際の家族や村落の事例研究を通して日本の家族間の構造や村落の社会構造を明らかにしようとするものであった。このような，農村社会の実態調査の中からその社会構造を明らかにしようとする態度は，戦後，福武直らによって受け継がれた。

2 ○ 統計的調査は，狭義には本肢のような定義で理解され，データ収集のための技法も質問紙を用いることが常識とされている。ただし，社会学においても小集団研究のように被調査者ではなく，調査者自身がデータを記録する統制観察をもとに統計的分析を行う調査もあり，広義の統計的方法にはこちらも含められる場合がある。

3 × 社会調査を大別すると，調査の対象となる事象の内容によって「主観的意識に関するもの（意識調査）」と「客観的事実に関するもの（事実調査）」に分けることができる。国勢調査は個人や世帯に関する客観的事実を調べ，それらを統計的に解釈する調査であり，後者の例と考えるのが妥当である。

4 × 標本（サンプル）調査（部分調査）による誤差（標本誤差）を理論的に測定できることが，無作為抽出法の最大の利点であり，**標本調査では無作為抽出を行うことが原則**とされている。

5 × 世論調査の本格的な統計的手法が確立されたのは1935年にアメリカでG.H.ギャラップが世論調査研究所を創設したことによるとされる。世論調査の手法はわが国では戦後になって導入され，新聞社などによって頻繁に行われるようになった。また，国勢調査については，1748年にスウェーデンで行われたものが最初とされ，**19世紀には欧米各国で行われるようになった**。日本ではそれらより遅れて，1920（大正９）年に初の国勢調査が行われた。

正答 2

第13章 SECTION 1

社会調査

社会調査の技法

実践 問題 231 応用レベル

頻出度　地上★　国家一般職★★★　特別区★★★　国税·財務·労基★★

問 社会調査に関する記述のうち，妥当なのはどれか。（国Ⅱ1998改題）

1：社会調査は，一定の社会事象についての現地調査がデータ収集の中心となる。具体的なデータ収集法としては，調査者が被調査者のところに直接質問紙を届け，後日回収する留め置き法がよく用いられる。この方法では，他の方法と比較して回収率が比較的高いという長所があるとされる。

2：社会調査は，調査の主体や目的によって官庁統計，市場調査（マーケティング·リサーチ），世論調査，地域調査，学術調査などに分類できる。このうちデータの収集や分析において最大限の科学的な厳密性を要求されるのが学術調査で，逆に必要最小限でよいのが市場調査である。

3：社会調査は，調査対象の範囲や規模によって，対象となる全部の標本（サンプル）を調査する全数調査（悉皆調査）と対象の一部を抽出して調査する標本調査（サンプリング調査）とに分けられる。1920（大正９）年以来５年ごとに行われている「国勢調査」は，わが国唯一の全数調査である。

4：社会調査で質問票を作成する場合には，被質問者の回答を一定の方向に誘導するためにステレオタイプ化した（社会的に固定化したプラスやマイナスの印象や評価を含む）表現を用いることが適切である。たとえば，「草の根の住民運動」や「うさぎ小屋並みの日本の住宅」といった表現がそれである。

5：社会調査で標本を抽出する方法には，確率法則の原理によらない有意抽出法（purposive selection）と確率法則の原理による無作為抽出法（random sampling）とがある。たとえば，全国の女性有職者の標本として大阪梅田周辺のＯＬ1,000人を恣意的に抽出するのは，後者の無作為抽出法に当たる。

チェック欄		
1回目	2回目	3回目

実践 問題 231 の解説

〈社会調査〉

1 ○ 社会調査におけるデータ収集法には，留置法，郵送法，電話法，集合調査法などがある。このうち**留置法は，あとから質問紙を回収するため被調査者本人が回答したかどうかがわからないという短所があるが，回収率はあとで調査者が回収に回るので比較的高いという長所がある**とされる。そのほか，郵送法，電話法，集合調査法などについても長所・短所を押さえておく必要がある。

2 × 社会調査は，調査の主体や目的によって官庁統計，市場調査（マーケティングリサーチ），世論調査，地域調査，学術調査などに分類できる。このうち学術調査は，調査対象の意見や状況を客観的に把握することが目的であるので，データの収集や分析が恣意的であってはならないが，そのほかの調査も，客観的なデータ分析を行おうとする限りデータ収集や分析において科学的な厳密性を要求される。

3 × 社会調査は，調査対象の範囲や規模によって，全数調査（悉皆調査）と標本調査（サンプリング調査）とに分けられるというのは妥当である。また，国勢調査は，国内に３カ月以上住んでいる人のすべてを調査する全数調査である。しかし，全数調査はこれに限られるものではなく，たとえば「ある企業の社員の意識調査」を企画して，社員全員に調査を行うような場合も全数調査となる。

4 × 「草の根の住民運動」「うさぎ小屋並みの日本の住宅」などのように**社会的に固定化したプラスやマイナスの印象や評価を含む表現**をステレオタイプ化された表現という。社会調査は，被調査者の意見を正しく調査結果に反映させなければならないから，質問文にこのようなステレオタイプ化された表現を用いないように注意しなければならない。

5 × 標本調査は，標本を抽出する方法によって有意抽出法と無作為抽出法（ランダム・サンプリング）とに分けることができる（一般には非確率標本抽出法と確率標本抽出法とよぶほうが普通である）。**無作為抽出法（あるいは確率標本抽出法）とは，母集団に含まれる個体が「標本（サンプル）として抽出される確率がすべて等しくなるように」計画された抽出法**である。無作為抽出法はランダム・サンプリングというが，この**「ランダム」とは，「くじ引きを行うときのように，すべての個体について，それが抽出される確率が等しい」という意味であり，「無計画」とか「いいかげん」という意味ではない**ことに注意してほしい。本肢後半，全国の女性の有職者の標本として大阪梅田周辺のＯＬを恣意的に選ぶのは，無作為抽出法ではない。

正答 1

社会調査の技法

実践 問題 232 応用レベル

頻出度 地上★ 国家一般職★★★ 特別区★★★ 国税·財務·労基★★

問 社会調査に関する次の記述のうち，妥当なのはどれか。 (国Ⅱ2002)

1：一定の社会事象についてデータを収集し，それを解析することを社会調査という。社会調査で収集されるデータは，第一次的なデータと第二次的なデータに区分される。前者は現地調査によるデータを指し，後者は文献調査によるデータを指す。一般に社会調査は，第二次的なデータの収集に主眼を置く。

2：社会調査の一つの原型は，人口の全数調査であるセンサスにあるといわれる。我が国では，大正9（1920）年以来原則として5年ごとに行われている国勢調査がこれに当たる。今日では人口以外の全数調査を指して，センサスという場合がある。例えば，農業センサスや工業センサスと呼ばれるものがこれに当たる。

3：社会調査には，統計調査（量的調査）と共に事例調査（質的調査）と呼ばれるものがある。これは一つあるいは少数の事例についてデータを収集し，それを分析する方法である。一般に，事例調査によって得られる知見は，主観性を免れない。したがって，今日では，それは科学的な知見とはみなされない。

4：社会調査で統計調査を行う場合には，通常は標本調査が行われる。これは調査対象（母集団）から一定の標本（サンプル）を抽出して，調査するものである。その際，調査者が自由に標本を抽出することを無作為抽出法（ランダム・サンプリング）という。例えば，街角でのアンケートがこれに当たる。

5：社会調査を実施するに当たっては，調査者に特有の倫理が求められる。一般にこれを調査倫理という。例えば，対象者を傷付けてはならないとか，欺いてはならないといったことがそれに当たる。もっとも，行政上の目的で実施される社会調査においては，このような倫理を堅持する必要はないといわれる。

チェック欄

1回目	2回目	3回目

実践 問題 232 の解説

〈社会調査〉

1 × 最後の「社会調査は，第二次的なデータの収集に主眼を置く」という記述が妥当でない。**社会調査では第１次的なデータ（第１次資料）の収集に主眼が置かれる**。第２次的なデータ（第２次資料）は，現地調査による第１次的なデータを省略し引用によってでき上がるため，誤解・曲解を含みがちであり，第１次的なデータに何度も立ち返って確認する作業が必要となる。

2 ○ センサスという語は（一国の）人口調査という意味で用いられてきたが，今日では本肢にあるように「農業センサス」のようなかたちでもこの語が用いられている。

3 × 最後の「したがって，今日では，それは科学的な知見とはみなされない」という部分が妥当でない。事例調査（質的調査）は，確かに主観性が入り込む危険性はあるが，比較的少数の事例を多くの側面にわたって調査でき，調査対象について深く分析できるという統計調査にはないメリットもあり，決して科学性に欠けるとはいえない。むしろ，**統計調査と事例調査とは相互補完的なもの**とみなされている。

4 × 無作為抽出法についての説明が妥当でない。無作為抽出を行ったといえるためには，母集団のすべての要素が標本として抽出される確率が等しくなっていなければならない（**無作為とは「勝手に抽出すること」ではない**）。街角でのアンケートは，たまたまそこにいた人だけを標本抽出しているにすぎず，無作為抽出を行ったとはいえない。

5 × 最後の「もっとも，行政上の目的で実施される社会調査においては……」以降が妥当でない。行政上の目的による調査にも調査倫理は要求されるし，統計法には，守秘義務・目的外利用の禁止などが規定されている。

正答 2

第13章 SECTION 1 社会調査 社会調査の技法

実践 問題 233 応用レベル

頻出度	地上★	国家一般職★★★	特別区★★★
	国税·財務·労基★★		

問 社会調査の方法に関する記述として，妥当なのはどれか。 （東京都2004）

1：質問紙法のうち，面接調査は，調査員が直接対象者を訪問し，対象者から回答を聴き取って記入する方法であり，調査員自ら回答を質問紙に記入することから自計式調査に分類されている。

2：質問紙法のうち，郵送調査は，調査対象者に質問紙を郵送し一定期間後に返送してもらう方法であり，調査員が個別に訪問して質問紙を配布し一定期間後に回収する留置法に比べて，回収率が高いとされる。

3：観察法には，統制的観察と非統制的観察とがあり，このうち，統制的観察は，一定の統制と刺激が加えられた時の反応を観察するものであり，その研究例として，リンド夫妻の「ミドルタウン」があげられる。

4：観察法における非統制的観察のうち，参与観察は，観察者が被観察者と生活を共にしてその活動を観察する方法であり，参与観察の研究例として，W.F.ホワイトの「ストリート・コーナー・ソサイエティ」があげられる。

5：標本調査のうち，無作為抽出法は，ランダム・サンプリングともよばれ，母集団の中から標本を無計画に抽出するものであり，抽出作業は簡単であるが，標本誤差については理論的に計算できないとされる。

チェック欄		
1回目	2回目	3回目

実践 問題 233 の解説

〈社会調査〉

1 × 「自計式調査」が誤り。調査員自ら回答を質問紙に記入するのは**他計式調査**であり，**自計式調査**とは調査対象者が回答を記入するものである。**面接調査**は調査対象者に面接を行うが，調査員が直接対象者を訪問する場合もあれば，対象者に出向いてもらう場合もある。また，他計式調査は面接調査以外に電話調査（電話法）などが代表的である。

2 × 「回収率が高い」が誤り。**質問紙法**を質問紙の配布・回収法によって分類すると**留置法**，**郵送法**，**電話法**，**集合調査法**があるが，このうち**回収率が高めなのは留置法**であり，**国勢調査**はこれまでこの方法がとられている。郵送法は留置法に比べて少ない調査員で行え，費用が安くすむが，相手が返送してくれなければ回収できないため，回収率は低下する。

3 × 統制的観察の例としてリンド夫妻の『ミドルタウン』が挙げられているのが誤り。**『ミドルタウン』は参与観察の例**である。観察法は通常，観察の対象に対して特定の条件を統制する**統制的観察**と，条件を統制せずありのままを観察する**非統制的観察**に分類される。後者はさらに，調査対象の生活領域に調査者が入り込んで行う**参与観察法**と，入り込まないで外部から行う**非参与観察法**とに分けられる。

4 ○ **W.F.ホワイトの『ストリート・コーナー・ソサエティ』**はイタリア系移民のスラム街を調査し，そこに緊密なネットワークが存在することを明らかにしたもので，**参与観察の代表的な例**である。「ストリート・コーナー・ソサエティ」のほか，肢3の**リンド夫妻**の「**ミドルタウン調査**」，**W.L.ウォーナー**の「**ヤンキー・シティ調査**」などが，歴史的に知られた参与観察による社会調査である。

5 × 「無計画に抽出する」が誤りであり，よって，「標本誤差については理論的に計算できない」というのも間違いである。文中にもあるとおり，**無作為抽出法**は**ランダム・サンプリング**ともよばれるが，これは**決して無計画に標本を抽出するのではなく，母集団の中の要素がすべて等しい確率で抽出されるように数学的に処理するもの**である。これに対して調査者が母集団を代表すると判断した標本を主観的に選ぶ方法は**有意抽出法**とよばれる。

正答 4

第13章 SECTION 1 社会調査
社会調査の技法

実践 問題 234 応用レベル

頻出度 地上★　国家一般職★★★　特別区★★★
国税·財務·労基★★

問 社会調査における統計的検定に関する次の記述のうち，妥当なのはどれか。

(国Ⅱ2004)

1：無作為抽出標本を用いた統計的調査においては，一定の確率分布に従って標本抽出に伴う誤差が生じることが知られている。統計的検定は，標本にみられる差や関連が標本抽出誤差によるものであるかどうかを検討するためのものである。

2：無作為抽出標本を用いた統計的調査においては，拒否・不在などの理由から，回答率が100%になることはほとんどない。統計的検定は，標本にみられる差や関連が，回答率が低いことによって生じるものであるかどうかを検討するためのものである。

3：母集団全体を調査する全数調査においては，標本抽出誤差は生じないので，統計的検定は必要ない。しかし，回答率が低い場合には，それによる誤差が生じるので，測定されたデータにみられる差や関連が，母集団においてもみられるかどうかを検討するために統計的検定が必要となる。

4：個別面接調査法を用いた標本調査においては，調査員の特性によって測定誤差が生じることが避けられない。統計的検定は，調査員の特性によって生じる誤差を考慮してもなお，標本にみられる差や関連が，母集団においてもみられるかどうかを検討するためのものである。

5：無作為抽出標本を用いた統計的調査においては，回答者の協力度や体調などによって，測定誤差が生じることがある。統計的検定は，このような測定誤差を考慮してもなお，標本にみられる差や関連が，母集団においてもみられるかどうかを検討するためのものである。

チェック欄		
1回目	2回目	3回目

実践 問題 234 の解説

〈社会調査〉

1 ○ 一般的に，調査したい対象をすべて調査できるとは限らない。たとえば，日本の労働者に関する調査をしたいとしても，全国の労働者全員を調査するのはきわめて困難である。そこで多くの場合，**母集団**を設定し，そこから実現可能な数の**標本（サンプル）**を抽出する。**標本抽出法のうち，ある標本が選ばれる確率が，ほかのどの標本が選ばれる確率とも等しいもの**を**無作為抽出法**という。これが母集団の特徴を最も忠実に反映できる方法とされる。しかし，いくら無作為抽出による標本でも，完全に母集団と同じにはならない。そのため生じる母集団と標本のズレを**標本抽出誤差**という。本肢のいう**統計的検定**の主目的はここにある。

2 × 統計的検定は，本肢のような，標本の中での「回答者」と「非回答者」の差を調べるものではない。

3 × 全数調査は，標本を抽出することなく母集団のすべてを調査対象とするものである。しかし，このやり方でも，数値に表れた「差」や「関連」が偶然に生じたものなのか，それとも有意な数値として解釈できるのかを判断する必要がある。そのため，回答率の高低にかかわらず，統計的検定は必要である。

4 × 調査員の異なる特性は問題ではあるが，事前のトレーニングなどを経て，極力表出しないようにするのが前提である。そのため，これを取り立てて問題とし，「誤差」とみなすことは通常はない。

5 × 協力度の個人差や日による体調の違いなどが回答に反映されないように注意を払うのは，質問を作成・準備する際の重要事項である。そのため，協力度や体調などの影響は受けない，あるいは最小限であるというのが社会調査の前提である。それによって生じたものを「誤差」とはよばない。

正答 1

第13章 SECTION 1

社会調査

社会調査の技法

実践 問題 235 応用レベル

頻出度 地上★ 国家一般職★★★ 特別区★★★ 国税·財務·労基★★

問 社会調査に関する次の記述のうち，最も妥当なのはどれか。 (国Ⅱ2010)

1：無作為抽出法（ランダム・サンプリング）は，調査が困難な対象を母集団から除外した集まりから一定間隔で標本を抽出するもので，標本誤差の算定が困難であるという短所をもつ。

2：ダブルバーレル質問は，質問紙による調査において，質問文の中に回答を誘導するような表現を含んでいるものを指し，回答者がそれに影響されてしまう点で不適切な質問形式とされる。

3：ＳＳＭ調査は，事例調査やインタビューなどの質的データを時系列的に集めることによって，我が国の階層構造の変動と社会移動を分析することを目的としている。

4：参与観察とは，調査者自身が調査対象の一員として振る舞いながら観察する方法であり，対象者の内面まで観察が行き届く，事象を対象者自身にとっての意味に即して理解できるという長所をもつ。

5：生活史法とは，フィールドワーク的手法を用いて，大都市スラムの若者や各種マイノリティの生活や文化を細部にわたって記述し体系化を図る手法である。

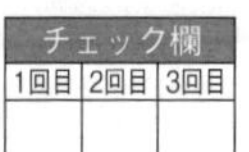

実践 問題 235 の解説

〈社会調査〉

1 × 無作為抽出法（ランダム・サンプリング）とは，**確率・統計の手法を用いて，母集団の中の要素が等しい割合で抽出されるように，母集団からランダムに標本を抽出する標本調査（部分調査）の手法**である。これは確率・統計の手法を用いているために標本誤差の算定が可能である。また，本肢にあるように**「一定間隔で標本を抽出する」というのは系統抽出法**である。

2 × ダブルバーレル質問とは，**1つの質問文の中に2つ以上の論点が含まれるような質問文**を指す。このような質問文の場合，**回答者はどちらの論点で回答してよいのか迷うことになり，結果的に正しい回答を得られなくなる。**たとえば，「あなたは酒やタバコをやりますか」といった質問文は，酒は飲むがタバコは吸わないといった回答者の場合，正しく回答できないこととなる。よって，ダブルバーレル質問は避けなければならない。

3 × ＳＳＭ調査（「社会階層と社会移動に関する全国調査」）は，**わが国で実施されている，社会階層や社会移動に関する社会調査**である。行政ではなく，わが国の社会学者によって行われており，1955（昭和30）年の第１回以降10年ごとに実施されてきた。その手法は調査票を用いて量的データを収集する統計調査で行われ，本肢にあるような「事例調査やインタビューなどの質的データ」によるものではない。なお，2005（平成17）年の第６回調査では無作為抽出によって１万４千人を調査対象としたが，調査票の回収率は４割程度であった。

4 ○ 参与観察とは観察法の１つに分類される社会調査方法で，**対象となる集団の中に調査者も参与し，観察調査を行うもの**である。一方，その集団の中に参与しないで外部から観察する方法は非参与観察とよばれる。参与観察は本肢にあるような長所を有するが，反面，調査対象と関係が強くなることによって，その集団の価値観に影響され，客観的な観察が阻害されることがあるという短所も有する。

5 × 生活史（ライフ・ヒストリー）法とは，日記や手紙，自伝などさまざまな手法を用いて個人の生活史を再構成する調査方法である。W.I.トマスとF.W.ズナニエッキの『ヨーロッパとアメリカにおけるポーランド農民』はこの手法を用いた代表的な社会調査である。**生活史法は必ずしも大都市スラムの若者や各種マイノリティの研究のみに用いられる方法ではない。**

正答 4

第13章 社会調査

実践 問題 236 応用レベル

頻出度 地上★ 国家一般職★★★ 特別区★★★ 国税·財務·労基★★

問 社会調査に関する用語についての次の記述のうち，妥当なのはどれか。

(国家一般職2015)

1：コーディングとは，集計作業を容易にするため，被調査者の回答又は資料の各標識をいくつかのカテゴリーに分類し，それらのカテゴリーに対して数字などの一定の符号を定めた上で，個々の回答を符号化する作業のことである。

2：ワーディングとは，面接の際，被調査者が回答に躊躇などしている場合，回答を促すために探りを入れる補足的な質問のことである。意識を尋ねる質問では，被調査者の考えを反映した正確な回答が得られるが，事実に関する質問に限っては回答に偏りが生じやすい。

3：パーソナル質問とは，世間一般についての被調査者の意見を尋ねる質問であり，間接質問ともいう。社会規範に関わる質問の場合，被調査者個人の深層心理を掘り下げる質問であるインパーソナル質問とパーソナル質問との間で回答分布に端的に差が現れることが多い。

4：キャリーオーバー効果とは，被調査者が，調査票の最初に記された回答上の注意事項を詳しく読むことによって，後に置かれた全ての質問に対し，自分の考えなどを偏りなく，正確に答えられるようになることであり，社会調査においては望ましい効果の一つとされている。

5：ダブルバーレル質問とは，一つの調査票において，同じ趣旨の独立した質問が二つ以上含まれていることを指す。これらの質問に対する回答がそれぞれ異なる場合，どの回答が被調査者の真の考えを反映しているのか明らかでないため，質問を一つに統合する必要がある。

チェック欄		
1回目	2回目	3回目

実践 問題 236 の解説

〈社会調査〉

1 ○ コーディングとは，調査票において，集計作業を容易にするために個々の回答を符号化することをいう。あらかじめ選択肢に数字などの記号を振っておく場合は「プリコード」，被調査者に自由に回答してもらい，それを後から調査者がコード化していく場合は「アフターコード」という。

2 × ワーディングとは，調査票における用語の表現法をいうのであり，被調査者の回答を促すための補足的な質問のことではない。同じ内容の質問でもそれを表現する言葉の選び方によっては，調査者に異なる印象を与えることもあるので，調査票におけるワーディングは非常に重要である。よって本肢の後半にある説明とは逆に，事実を尋ねる質問よりも意識を尋ねる質問において，よりワーディングは重要であり，言葉の選び方によってはその回答に偏りが生じてしまうこともある。

3 × パーソナル質問とインパーソナル質問の説明が逆となっている。パーソナル質問とは被調査者個人について尋ねる質問であり，インパーソナル質問とは世間一般について被調査者に尋ねる質問である。本肢の後半の記述に関しては正しく，社会規範についての質問の場合，インパーソナル質問の形式をとると，世間一般の意識を是認する，いわゆる優等生回答が多くなり，個々人の本心とは大きくかけ離れることがある。

4 × キャリーオーバー効果の説明が誤っている。キャリーオーバー効果とは，質問文の配列の順序が回答に影響を及ぼすことをいう。関連した内容についての質問文は近接して配列することが回答者の混乱も少なく望ましいが，その前後関係によっては先の質問が後の質問に影響を及ぼすおそれがある。よって，社会調査においては望ましい効果とすると述べている点でも本肢の記述は正しくない。

5 × ダブルバーレル質問とは，１つの調査票において同じ趣旨の質問が２つ以上含まれることではなく，１つの質問文内に２つ以上の論点が含まれていることをいう。また，本肢の後半の記述も間違っている。ダブルバーレル質問の問題点は，質問内容の焦点が曖昧になってしまうだけでなく，回答者の真意がどこにあるのかをくみ取ることも困難になってしまう，という所にある。

正答 1

第13章 SECTION 1 社会調査 社会調査の技法

実践 問題 237 応用レベル

頻出度	地上★	国家一般職★★★	特別区★★★
	国税·財務·労基★★		

問 社会調査に関する次の記述のうち，妥当なのはどれか。 (国家一般職2016)

1：参与観察では，インフォーマントと一定の距離を保ちつつ，適切な信頼関係を構築することが重要である。調査者はインフォーマントの話に虚心に耳を傾ける一方，部外者としてインフォーマントとできるだけ距離をとり，生活を共にするといった積極的な関与をしてはならない。

2：内容分析は，新聞，雑誌，テレビなどのマス・メディアが発するメッセージを扱う分析手法である。この分析では，メッセージの内容を解釈することが主たる目的になるため，計量的な分析が行われることはなく，客観性よりも妥当性が重視される。

3：郵送調査は，面接調査と比べて低コスト，広範囲で実施しやすいなどの利点があるとされている。一方で，実際に回答者本人が調査票に回答しているのかを確認することが難しいなどの欠点があるとされている。

4：統計的な社会調査では，調査標本が母集団の構成を正しく反映していることが望ましい。そのため，標本としてケースを抽出するときは，抽出がランダムになる方法を選択せず，母集団の特性を反映していると事前に推論されたケースを高い確率で抽出する方法を使う必要がある。

5：統計的な検定では，まず対立仮説の棄却／採択を判断し，棄却されたときは帰無仮説を採択するという手順を踏むこととなる。この手続は，厳密な科学的規準に則っており，採択された仮説は統計的には誤っている可能性がなく，正しいものとして受け入れなければならない。

チェック欄		
1回目	2回目	3回目

実践 問題 237 の解説

〈社会調査〉

1 × インフォーマント（被調査者）と一定の距離を保ちつつ，適切な信頼関係を構築することは，**参与観察**のみでなく，社会調査全般において重要である。しかし「部外者としてインフォーマントとできるだけ距離をとり，生活を共にするといった積極的な関与をしてはならない」のでは参与観察の意味はない。参与観察は，インフォーマントの生活空間に参与しながら調査をする方法であり，**非参与観察**よりもより深く情報を得ることができる。

2 × 「計量的な分析が行われることはなく，客観性よりも妥当性が重視される」という記述は正しくない。**内容分析**はこうしたコミュニケーションのメッセージを，たとえば単語の出題頻度や内容のカテゴリー化など，客観的かつ数量的に分析する方法であり，今日ではコンピュータを用いて解析する場合もある。なお，本肢の最初の一文についても，内容分析がマス・メディアが発するメッセージを扱うことができる分析手法であることはそのとおりであるが，それだけでなく，文書を含むコミュニケーション全般の分析に使用することが可能である。

3 ○ 本肢にあるとおり，**郵送調査**は**面接調査**と比較してより広範囲に調査しやすく，また調査員を派遣しなくて済むことから，通常はコストも少なく実施できる。解答者自身が調査票に回答しているかを確認することが困難なのは**留置法**と同様である。

4 × 本肢の第２文が正しくない。**統計調査**では，抽出は（数学的に）ランダムになるように**無作為抽出**を実施する。**母集団**の特性を反映していると事前に推論されたケースを選んで調査するのは**有意抽出法**であり，これはむしろ**事例調査**に向いている。

5 × 本肢の第１文は正しい。しかし，採択された仮説は統計的に誤っている可能性が完全になくなるわけではない。**統計的検定**においては**有意水準**が設定されるが，それはたとえば有意水準を５％と設定するならば，その検定が誤っている可能性が５％あることを表している。つまり，**帰無仮説**が真なのに棄却してしまう（これを「**第１種の誤り**」という）危険率が５％あるということである。なお，**対立仮説**が真であるのに逆に帰無仮説を採択してしまう誤りを「**第２種の誤り**」という。

正答 3

第13章 SECTION 1 社会調査 社会調査の技法

実践 問題 238 応用レベル

頻出度 地上★　国家一般職★★★　特別区★★★　国税·財務·労基★★

問 社会調査に関する次の記述のうち，妥当なのはどれか。　（国税・財務2021）

1：統計調査において，母集団の全てを調査する全数調査と，一定数を抽出して調査する標本調査がある。全数調査は誤差が生じることはないが，標本調査に比べて多額の費用を必要とするため，現在，国が行う統計調査は全て標本調査により実施されている。

2：標本調査における標本の抽出方法には，有意抽出法と無作為抽出法がある。有意抽出法では，調査する側がある意図をもって標本を選ぶ。一方，無作為抽出法は，母集団からランダムに標本を抽出するため，あらかじめ抽出間隔を定めたり，属性ごとに分けて抽出したりしてはならない。

3：調査に用いる質問紙については，質問の言い回しや配列が結果に影響を与えることが知られている。例えば，一つの質問に二つの内容が入っているために回答しにくい質問は，ダブル・コンティンジェンシー質問と呼ばれる。

4：参与観察とは，観察者が被観察者の社会生活に参加して内側からその実態を観察する手法であり，多面的な見方から調査を行うことが可能である。参与観察においては，観察される事象が自然に常態的に行われるようにしなければならないため，調査者は必ず身分を隠して調査する必要があり，被観察者と物理的あるいは心理的に隔離されなければならない。

5：質的調査とは，量的調査との対比で用いられる用語である。モノグラフ法，ライフ・ヒストリー法等のように主に記述的な方法を用いて質的データを取り扱うが，そこで得られた質的データは，数量化され，量的データに変換されることがある。

チェック欄

1回目	2回目	3回目

実践 問題 238 の解説

〈社会調査〉

1 × 最後の一文が誤りで，国勢調査は全数調査である。国勢調査は，5年ごとに実施され（ただし，末尾が0の年に大規模調査が，5の年に大規模調査よりも調査項目数の少ない簡易調査が行われる），10月1日現在で3カ月以上そこに在住する世帯のすべてが調査対象となる（常住地主義）。また，上記の条件にあてはまる場合は外国人も調査対象となる。

2 × 第1文の説明は正しい。ただし，第2文が誤りで，無作為抽出法のうち，あらかじめ抽出間隔を定めて標本を得る方法を系統抽出法，属性ごとに分けて抽出する方法を層化抽出法という。もちろん，母集団から完全にランダムで標本を抽出する単純無作為抽出法が，母集団の属性を最も正確に反映するため，最良の方法であるが，作業も膨大となるため，系統抽出法や層化抽出法などが用いられることもある。

3 × 1つの質問に2つの内容が入っているために回答しにくい質問はダブルバーレル質問といい，社会調査においては避けなければならない質問形式である。なお，ダブル・コンティンジェンシー（二重の依存性）とはT.パーソンズの概念で，一方の行為者の行為のありようが相手の行為者の反応いかんに相応しあっているという，行為の不確定状況をいう。

4 × 参与観察の手法について説明した第1文は正しい。しかし，第2文は必ずしもすべての参与観察法に該当するわけではなく，観察対象となる集団の成員の多くが調査者の身分をあらかじめ知っているような場合や，調査者自身が身分や調査理由を明かして調査するような場合もある。また，被観察者と物理的あるいは心理的に近い，あるいは近くに寄れるという点が参与観察の長所であり，この点でも本肢の記述は適切ではない。

5 ○ モノグラフ法やライフ・ヒストリー法は質的調査（事例調査）の手法の1つであるが，ここで得られた質的データを数量化し，量的データに変換することは可能である。たとえばテキスト分析では，記述的なデータを単語ごとに区切り，文章内でのそれらの使用頻度や関係性を統計的に解析することで，質的データを量的データに変換して扱うことを可能にしている。

正答 5

第13章 2 SECTION

社会調査

社会調査の歴史

必修問題 セクションテーマを代表する問題に挑戦！

社会調査の歴史を問う設題はそれほど多くはないです。しかし，出題される項目もそれほど多くはないので最低限の知識は持っておきましょう。

問 次は，社会調査に関する記述であるが，A，B，Cに当てはまるものの組合せとして最も妥当なのはどれか。（国税2010）

社会調査は，統計的研究と事例的研究とに分けられる。

統計的研究は，数理統計学的手法を用いて対象とする社会的事象の把握・分析・記述を行う調査方法であり，複数の個体からなる個体群の全体に焦点を当てている。大量の調査対象に関するデータを数量化して，［　A　］に把握し得るという利点を有するが，調査対象の限られた側面しか把握できないことや，数量化し得ないデータを得ることができない，などの欠点もある。

一方，事例的研究は，何らかの個体として切り取られた現象を研究するものである。事例的研究の利点は，数量化し得ない質的なデータをも綿密にとらえることができること，時間的変化を追求することができることなどが挙げられる。欠点としては，少数の限られた事例からしか知見が得られず，したがってその知見の普遍化には［　A　］な要素が欠落しがちであることなどが指摘される。また，事例的研究の一つに，「参与観察」と呼ばれる方法があり，［　B　］の『［　C　］』はその代表的実例として有名である。

	A	B	C
1：	客観的	ホワイト（Whyte, W.F.）	ロンドンの民衆の生活と労働
2：	客観的	ブース（Booth, C.）	ロンドンの民衆の生活と労働
3：	客観的	ホワイト（Whyte, W.F.）	ストリート・コーナー・ソサエティ
4：	主観的	ブース（Booth, C.）	ロンドンの民衆の生活と労働
5：	主観的	ホワイト（Whyte, W.F.）	ストリート・コーナー・ソサエティ

直前復習

頻出度	地上★	国家一般職★	特別区★
	国税・財務・労基★★		

チェック欄		
1回目	2回目	3回目

〈社会調査史〉

統計的研究（統計調査）とは問題文にもあるように，**数理統計学的手法を用いて，大量の調査対象に関するデータを数量化して行われる社会調査方法**である。調査データを数量化して，それを統計学の手法を用いて分析するため，調査結果の分析の客観性が数学的に保障されることになる。逆に，問題文の説明どおり，（事例的研究と異なって）調査対象の限られた側面しか捉えられず，またデータも数量化しうるものしか捉えられない。

事例的研究（事例調査）は**1つあるいは少数の調査対象に対して記述的な方法によって捉える質的調査方法**である。調査データを数量化することがないため，統計的研究のような数学的な客観性は保障されないが，しかし数量データでは捉えることのできない側面を把握することが可能である。また，1つあるいは少数の事例を詳細に研究するため，統計的研究ではわからない，さまざまな要因の関連性を捉えるなどの研究対象の深い理解が可能となる。

これらのことから，Aには「客観的」の語が入る。

BとCであるが，挙がっている肢のうち，『ロンドンの民衆の生活と労働』はC.ブースの，『ストリート・コーナー・ソサエティ』はW.F.ホワイトの著作である。ブースはロンドンにおける貧困を明らかにするために統計的方法を用い，同書をまとめた。この著作はのちのイギリスの社会福祉政策に多大な影響を与えた。一方，W.F.ホワイトの『ストリート・コーナー・ソサエティ』は，イタリア系移民のスラム街に住む少年たちのネットワークを著者自身が参与観察によって明らかにしたもので，W.L.ウォーナーの「ヤンキー・シティ調査」，リンド夫妻の「ミドルタウン調査」とともに参与観察による事例的研究の代表とされる。

それゆえ，Bは「ホワイト（Whyte,W.F.）」，Cは「ストリート・コーナー・ソサエティ」となる。

以上より，正解は肢3である。

第13章 社会調査

正答 3

第13章 SECTION 2 社会調査 社会調査の歴史

1 社会調査の歴史

(1) センサス

社会調査の起源は，古代エジプトで行われた徴税や徴兵などの行政目的によるセンサス（国勢調査）であるとされます。近代的なセンサスは19世紀には欧米各国で行われるようになりました。わが国の国勢調査が始まったのは，1920（大正９）年です。

(2) 19世紀ヨーロッパの貧困調査

19世紀後半から20世紀初期にかけて，フランスのF.ル・プレー，ドイツのE.エンゲル，イギリスのC.ブース，B.S.ラウントリー（ロウントリー）らによって当時極端な貧困状況の中にあった労働者の生活実態の調査が盛んに行われました。これらは貧困状況の改善などの社会事業的目的を持って行われる実践的な社会福祉調査（社会踏査）でした。

(3) 20世紀アメリカのシカゴ学派の都市生活調査

20世紀に入ってアメリカでは，シカゴ学派の社会学者たちによって，事例的研究が盛んに行われましたが，W.I.トマスとF.W.ズナニエッキによる『ヨーロッパとアメリカにおけるポーランド農民』は，生活史法による優れた実証研究です。その後，シカゴ学派の社会学者による都市生活に関する事例調査が相次いで行われました。

生活史法	日記，手紙，自伝などを資料として用い，個人の生い立ち，成長過程などを再構成し，分析する方法を「生活史（ライフ・ヒストリー）法」といいます。こうした手法を用いた代表的事例がW.I.トマスとF.W.ズナニエッキの『ヨーロッパとアメリカにおけるポーランド農民』です。

(4) 参与観察法によるコミュニティ調査

研究目的の社会調査として重要なものに，コミュニティの階層ごとの行動様式を記述したリンド夫妻によるミドルタウン調査，地域の社会的成層構造を明らかにしたW.L.ウォーナーによるヤンキー・シティ調査，スラム街のネットワークを調査したW.F.ホワイトによる『ストリート・コーナー・ソサエティ』などがあります。いずれも参与観察法によるコミュニティ研究の古典です。

(5) 統計調査の進展

1930年代頃になると，特にアメリカでは人々の生活水準の向上とともに市場調査や世論調査が盛んに行われるようになりました。このような調査では人々の意見や性向の動向を正確に把握する必要から，数量的なデータの収集と分析を行う統計調査が大きな発展をみることになりました。

(6) 日本における社会調査の発展

日本における社会調査の先駆として挙げられるのが，明治30年代に行われた『日本の下層社会』（横山源之助）や「職工事情」（農商務省が行った労働者調査）といった労働者の生活実態調査です。これらは資本主義の発達とともに大きな問題となりつつあった労働者の過酷な労働環境や貧困な生活状況の実態を調査する目的で行われたものでした。

その後，日本における社会調査は全体としてはきわめて低調でしたが，その中で注目すべき成果を残したのが家族と村落に関する調査です。**戸田貞三**は国勢調査のデータをもとにした家族の統計的分析を行い，また**有賀喜左衛門**，**福武直**らは家族，村落の実態調査に基づいた実証的研究を行いました。

補足

国勢調査

総務省統計局が企画・調査するもので，1920年に第１回が実施され，以後，西暦の末尾が０の年に大調査（22項目）が，末尾が５の年に簡易調査（17項目）が実施されています（1945年のみ実施されず，1947年に実施）。

《特徴》

・全数調査（外国人を含む国内の全常駐者対象）
・留置法
・常住地主義（10月１日現在でそこに３カ月以上住んでいる者）。
・世帯単位
・事実調査のみ

社会調査の歴史

実践 問題 239 基本レベル

頻出度	地上★	国家一般職★	特別区★
	国税·財務·労基★★		

問 参与観察法に関する次の記述のうち，A，B，Cに当てはまるものの組み合わせとして妥当なのはどれか。 (国税2008)

参与観察法を人類学的フィールドワークの中心的技法として初めて明確な形で打ち出したのは，ポーランド生まれの人類学者（　A　）である。彼は，ニューギニア島の近くにあるトロブリアンド諸島で，延べ2年あまりにわたる人類学的調査を行い，それをもとに記念碑的な著作『西太平洋の遠洋航海者』を1922年に発表した。彼以前にも参与観察法的な調査を行った研究者はいたのであるが，（　A　）は，この本の中で，住民の言葉を話し，かつ彼らと行動をともにして行う人類学者のイメージを誰よりも見事な文章で生き生きと描き出すことに成功した。そして，それ以来，参与観察を中心とするフィールドワークは人類学のスタンダードな方法の一つとして考えられるようになった。

参与観察は，人類学の専売特許ではない。現代社会を対象とする社会学の場合も，現場に入り込んで調査活動を行うことを身上とする，いわゆる「調査屋」たちの多くは，参与観察法を主要な技法として用いてきた。特に，都市民族誌の黄金時代といわれる1920年代から30年代にかけて活躍した（　B　）の社会学者たちの仕事は，参与観察法を用いた研究として有名である。

また，アメリカの中西部の都市を調査し，生活費の獲得方法に注目して，人を相手にするか物を相手にするかによって住民を業務階層（business class）と労務階層（working class）に分けた上で，生活費獲得，家庭管理，青少年育成など六つの側面でこの二階層がとっている対照的行動様式を記録したリンド夫妻の『（　C　）』は，参与観察を用いた研究例として代表的なものである。

	A	B	C
1：	マリノフスキー(Malinowski, B.K.)	シカゴ学派	ヤンキー·シティ
2：	マリノフスキー(Malinowski, B.K.)	シカゴ学派	ミドルタウン
3：	マリノフスキー(Malinowski, B.K.)	コロンビア学派	ヤンキー·シティ
4：	レヴィ＝ストロース(Lévi-Strauss, C.)	シカゴ学派	ミドルタウン
5：	レヴィ＝ストロース(Lévi-Strauss, C.)	コロンビア学派	ヤンキー·シティ

チェック欄

1回目	2回目	3回目

実践 問題 239 の解説

〈社会調査史〉

Aには，「マリノフスキー」が入る。彼の『西太平洋の遠洋航海者』は，トロブリアンド諸島（現在の名称はキリウィナ諸島）におけるフィールドワークに基づいて島民たちの実際の姿を生き生きと描いたことで知られる。また，彼は人類学の方法論としては**機能主義人類学の祖**として有名である。

Bには，「シカゴ学派」が入る。シカゴ学派の人々は，都市研究において**参与観察法**を重視し，実際に町へ出て観察に基づく研究を行い，これによって数多くの都市生活調査が残された。

Cには，「ミドルタウン」が入る。**リンド夫妻**はこの調査において，アメリカ中西部の平均的な都市を調査対象として，都市生活者をビジネス・クラスとワーキング・クラスに分け，その生活・行動様式の違いを詳細に記録した。

よって，正解は肢2である。

正答 2

社会調査
社会調査の歴史

実践 問題 240 応用レベル

頻出度	地上★	国家一般職★	特別区★
	国税·財務·労基★★		

問 社会調査に関する次の記述のうち，妥当なのはどれか。　(国税・財務2015)

1：量的調査とは，一般に少数の事例について全体関連的にデータ収集を行い，調査事象を分析する方法である。量的調査を用いた研究の代表例としては，H.S.ベッカーの『アウトサイダーズ』が挙げられる。

2：非統制的観察とは，観察方法を除いて一切の統制が加えられない状態で，観察者によってありのままの調査対象を観察する方法である。調査対象者の行動を全体的文脈の中で捉えることが可能とされる点で，統制的観察より観察の客観性・データの信頼性が高い。

3：参与観察法とは，調査者自身が，調査対象集団の一員として振る舞い，その中で生活しながら多角的に観察する方法である。参与観察法を用いた研究の代表例としては，W.F.ホワイトの『ストリート・コーナー・ソサエティ』が挙げられる。

4：非指示的面接（自由面接）とは，調査票（質問票）などによってあらかじめ定められた形式に従って行う面接法であり，標準化面接，構造化面接とも呼ばれる。非指示的面接では，面接者（調査員）が調査主題について精通していない者であっても正確な調査結果を得ることができる。

5：生活史法とは，調査対象となる地域を一定期間観察することにより，その地域の歴史を詳細に記述する方法である。生活史法を用いた研究の代表例としては，E.デュルケムの『自殺論』が挙げられる。

チェック欄

1回目	2回目	3回目

実践 問題 240 の解説

〈社会調査史〉

1 × 少数の事例について全体関連的にデータ収集を行うのは量的調査ではなく，質的調査である。**量的調査**とは**統計調査**のことで，大量のデータを数量化されたかたちで収集し，これを統計的に処理する手法である。一方，**質的調査**とは**事例調査**のことで，個人や集団の生活の実態に肉薄し，その個性を浮き彫りにしようとする手法である。また，**H.S.ベッカーの『アウトサイダーズ』**はマリファナ使用者やジャズ奏者にインタビューや参与観察を行ったもので，質的調査による研究である。

2 × **非統制的観察法**について説明した前半の記述は正しい。ただし，後半の「統制的観察より観察の客観性・データの信頼が高い」という記述が誤りである。**統制的観察**とは，観察の対象について特定の条件を統制し，その結果の違いなどを比較していくもので，観察条件を調査者が統制できるために観察の邪魔となる不要な要因を事前に除去することができ，非統制的観察よりも観察の客観性やデータの信頼性を高められる。

3 ○ **W.F.ホワイトの『ストリート・コーナー・ソサエティ』**は，イタリア系移民のスラム社会に入り込んで行った**参与観察法**による研究調査である。ホワイトは非行少年たちが街頭にたむろしているだけに見えながら，相互に緊密なネットワークを作り出し，情報交換や扶助を行っていることを，彼らと生活をともにしながら聞き取りの中で明らかにしていった。

4 × 調査票（質問票）などによってあらかじめ定められた形式に従って行う面接法は**指示的面接**である。**非指示的面接**とは，調査者と調査対象者とのやりとりで自由に質問していく面接法である。また，**標準化面接**や**構造化面接**ともよばれるのは指示的面接である。後半の一文も誤りで，調査対象者に自由に質問をしていく非指示的面接では，調査主題に十分精通するなど熟練した調査員のほうがより多くの情報を調査対象者から引き出すことができる。

5 × **生活史法**の説明がまったく違っている。生活史法とは**ライフ・ヒストリー法**ともいい，日記，手紙，自伝などの個人的なドキュメント（文献）を用いて，個人の生い立ち，成長過程などを再構成し，分析する方法をいう。また，**E.デュルケーム（デュルケム）の『自殺論』**は統計資料を用いた量的調査による研究であり，生活史法を用いたものではない。

正答 3

社会調査の歴史

実践 問題 241 応用レベル

頻出度	地上★	国家一般職★	特別区★
	国税·財務·労基★★		

問 社会調査や事例研究の文献に関する記述として，妥当なのはどれか。

（東京都2001）

1：マルクスは『イギリスにおける労働者階級の状態』を著し，近代資本主義が典型的に発達したイギリスの労働者階級の生活の悲惨と困窮を鋭く描写した。

2：有賀喜左衛門は『日本の下層社会』を著し，日本資本主義の確立期，しいたげられた人民の労働生活状態の実態描写を通じて，下層社会の問題を広く訴えた。

3：トマスとズナニエツキによる『欧米におけるポーランド農民』は，流入したポーランド農民の態度変容，アメリカ社会への適応不適応の過程を分析した生活史的事例研究であり，アメリカ社会学に大きな影響を与えた。

4：リンド夫妻は『ミドルタウン』を著し，アメリカ中西部の小都市についての現地調査と分析から，都市化によるコミュニティの解体過程をアーバニズムと名づけて理論化した。

5：ウォーナーによる『ヤンキー・シティ』研究のうち「近代工場の社会組織」は，ホーソン工場の実験結果として有名で，その人間関係的アプローチは労務管理の理論に画期的変化をもたらした。

チェック欄

1回目	2回目	3回目

実践 問題 241 の解説

〈社会調査史〉

1 × 『イギリスにおける労働者階級の状態』を著したのは，K.マルクスの協力者であり，科学的社会主義を唱えたF.エンゲルスである。

2 × 『日本の下層社会』を著したのは，ジャーナリストである横山源之助である。横山は本書において，資本主義が発展しつつあった明治期の下層社会の貧しい労働者の生活を克明に描いた。有賀喜左衛門は，同族団の理論を提起した社会学者である。

3 ○ W. I.トマスらの生活史（ライフ・ヒストリー）研究は，アメリカ社会学における先駆的な実証的研究で，特にシカゴ学派の事例研究に多大な影響を与えた。また，トマスは「状況の定義」論でも有名である。

4 × リンド夫妻の『ミドルタウン』は，参与観察法に基づいてアメリカ中西部の平均的な都市生活者の様相を2回にわたって調査した。**都市生活者をビジネス・クラスとワーキング・クラスの2階層に分け，両者の行動様式の違いを考察し，社会階層論の先駆となった。**本肢では後半が妥当でない。アーバニズム論を展開したのはシカゴ学派のL.ワースである。

5 × W.L.ウォーナーらによる『ヤンキー・シティ』は，全6巻に及ぶ大著であるが，「近代工場の社会組織」はその第4巻である。これは製靴工場の労働者のストライキを扱ったものであり，ホーソン実験とは関係がない。

正答 3

第13章

社会調査

章末 CHECK

? Question

Q 1 無作為抽出法とは，調査者が恣意的に標本を抽出する方法であるため，標本抽出に際して調査者の主観が混入しやすくなるといえる。

Q 2 2つ以上の論点を含む質問文のことをキャリーオーバー効果といい，回答者をとまどわせデータも曖昧なものになるので避けねばならない。

Q 3 統制観察法とは，心理学の実験のように一定の条件を制御して，結果の違いなどを比較していく観察法である。

Q 4 人類学者のフィールドワークは，統制観察的調査の典型例であるといえる。

Q 5 指示面接は，面接法のうち，調査者と調査対象者とのやりとりで自由に質問していくものである。

Q 6 コーホートとは同じ時期に出生した人々の集団のことであり，一定の社会状況を同じような年齢で経験した人々の社会意識に関する調査などで広く用いられている。

Q 7 社会調査のうち最も古いのはセンサスの類で，古代エジプトや中国などで行われた人口調査がそれである。

Q 8 19世紀にはC.ブースの労働者家族の調査や，P.G.F.ル・プレー，S.ラウントリーらの貧困調査などが実施された。

Q 9 『ストリート・コーナー・ソサエティ』はW.F.ホワイトによる非行少年のネットワークに関する調査である。

Q 10 リンド夫妻が行ったヤンキー・シティ調査は，ヤンキー・シティと仮名されたアメリカ中西部の中規模の都市の生活者たちを調査対象とした。

Q 11 わが国の国勢調査は1920年に第１回が行われ，以後，末尾が０の年に大調査，５の年に簡易調査を行っている。

Q 12 統計法に基づいて総務大臣が指定する特に重要な調査のことを指定統計といい，労働力調査や国民生活基礎調査などがそれに含まれるが，国勢調査は指定統計には含まれていない。

A1 × これは有意抽出法に対する説明である。無作為抽出法の場合は確率的手法を用いるため，調査者の恣意は入らない。

A2 × これはダブルバーレル質問である。キャリーオーバー効果とは，質問項目の順序が回答に影響を与えることをいう。

A3 ○ 統制観察法とは，調査対象に対して一定の条件を制御しながら観察によって社会的事象を把握しようとする社会調査法の手法の１つである。

A4 × 人類学などで行われるフィールドワークは非統制観察法の典型例である。非統制的観察法とは，調査の対象についてそのあるがままを観察するものである。

A5 × 指示面接は，あらかじめ定められた質問内容を定められた順序で聴いていくもの。これに対して非指示面接は，調査者と調査対象者とのやりとりで自由に質問していくもの。

A6 ○ このコーホートを調査することで共通の時代背景や社会状況の共有が及ぼす影響などを調べることができる。こうした調査をコーホート調査という。

A7 ○ なお，近代的なセンサスは18世紀中頃にデンマークで行われたのが最初とされ，19世紀にはヨーロッパ諸国で行われるようになった。

A8 × フランスの労働者の家族・家計の調査を行ったのはP.G.F.ル・プレーであり，ロンドンにおける貧困の調査を行ったのがC.ブースである。

A9 ○ W.F.ホワイトはイタリア系のスラム社会に入り込んで参与観察を行い，非行少年たちがお互いに情報交換や扶助といった緊密なネットワークを有していることを見いだした。

A10 × ヤンキー・シティ調査はW.L.ウォーナーが行ったもので，リンド夫妻が行ったのはミドルタウン調査である。

A11 ○ わが国の国勢調査の特徴として，全数調査，留置法，世帯単位，事実調査（意識調査は含まれず），常住地主義，などが挙げられる。

A12 × 国勢調査も指定統計に含まれている。

INDEX

人名索引

ア行

カ行

サ行

ヤ行

ラ行

用語索引

し

す

せ

ち

つ

て

と

参考文献

（順不同）

森岡清美・塩原勉・本間康平編　『新社会学辞典』　有斐閣　1993年
見田宗介他編　『社会学文献事典』　弘文堂　1998年
見田宗介他編　『社会学事典』　弘文堂　1988年
北川隆吉監修　『現代社会学辞典』　有信堂高文社　1984年
濱嶋朗・竹内郁郎・石川晃弘編　『社会学小辞典〔新版増補版〕』　有斐閣　2005年
塩原勉・松原治郎・大橋幸編　『社会学の基礎知識』　有斐閣　1978年
富永健一著　『社会学講義』　中央公論新社　1995年
斎藤正二著　『社会学史講義』　新評論　1977年
宮島喬編　『現代社会学〔改訂版〕』　有斐閣　2005年
森岡清美・望月嵩共著　『新しい家族社会学〔４訂版〕』　培風館　1997年
祖父江孝男著　『文化人類学入門〔増補改訂版〕』　中央公論新社　1990年

2024-2025年合格目標
公務員試験 本気で合格！ 過去問解きまくり！
⑰社会学

2019年12月５日　第１版　第１刷発行
2023年12月15日　第５版　第１刷発行
編著者●株式会社　東京リーガルマインド
LEC総合研究所　公務員試験部

発行所●株式会社　東京リーガルマインド
〒164-0001　東京都中野区中野4-11-10
アーバンネット中野ビル
LECコールセンター　0570-064-464
受付時間　平日9：30～20：00/土・祝10：00～19：00/日10：00～18：00
※このナビダイヤルは通話料お客様ご負担となります。
書店様専用受注センター　TEL 048-999-7581 / FAX 048-999-7591
受付時間　平日9：00～17：00/土・日・祝休み
www.lec-jp.com/

カバーイラスト●ざしきわらし
印刷・製本●情報印刷株式会社

ISBN978-4-8449-0783-1

スマートフォン・タブレットから簡単アクセス！ ▷▷▷

自慢のメールマガジン配信中！（登録無料）

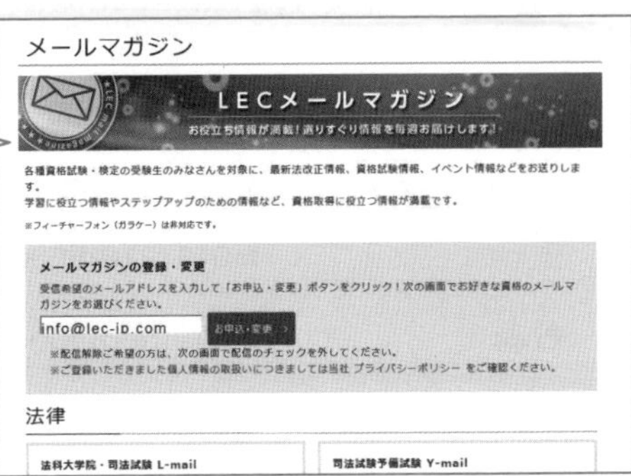

LEC講師陣が毎週配信！　最新情報やワンポイントアドバイス，改正ポイントなど合格に必要な知識をメールにて毎週配信。

www.lec-jp.com/mailmaga/

LEC E学習センター

新しい学習メディアの導入や，Ｗｅｂ学習の新機軸を発信し続けています。また，ＬＥＣで販売している講座・書籍などのご注文も，いつでも可能です。

online.lec-jp.com/

LEC 電子書籍シリーズ

LECの書籍が電子書籍に！　お使いのスマートフォンやタブレットで，いつでもどこでも学習できます。

※動作環境・機能につきましては，各電子書籍ストアにてご確認ください。

www.lec-jp.com/ebook/

LEC書籍・問題集・レジュメの紹介サイト **LEC書籍部** www.lec-jp.com/system/book/

- LECが出版している書籍・問題集・レジュメをご紹介
- 当サイトから書籍などの直接購入が可能(＊)
- 書籍の内容を確認できる「チラ読み」サービス
- 発行後に判明した誤字等の訂正情報を公開

＊商品をご購入いただく際は，事前に会員登録(無料)が必要です。
＊購入金額の合計・発送する地域によって，別途送料がかかる場合がございます。

※資格試験によっては実施していないサービスがありますので，ご了承ください。

LEC 全国学校案内

＊講座のお問合せ，受講相談は最寄りのLEC各校へ

LEC本校

北海道・東北

札　幌本校　☎011(210)5002
〒060-0004 北海道札幌市中央区北4条西5-1　アスティ45ビル

仙　台本校　☎022(380)7001
〒980-0022 宮城県仙台市青葉区五橋1-1-10　第二河北ビル

関東

渋谷駅前本校　☎03(3464)5001
〒150-0043 東京都渋谷区道玄坂2-6-17　渋東シネタワー

池　袋本校　☎03(3984)5001
〒171-0022 東京都豊島区南池袋1-25-11　第15野萩ビル

水道橋本校　☎03(3265)5001
〒101-0061 東京都千代田区神田三崎町2-2-15　Daiwa三崎町ビル

新宿エルタワー本校　☎03(5325)6001
〒163-1518 東京都新宿区西新宿1-6-1　新宿エルタワー

早稲田本校　☎03(5155)5501
〒162-0045 東京都新宿区馬場下町62　三朝庵ビル

中　野本校　☎03(5913)6005
〒164-0001 東京都中野区中野4-11-10　アーバンネット中野ビル

立　川本校　☎042(524)5001
〒190-0012 東京都立川市曙町1-14-13　立川MKビル

町　田本校　☎042(709)0581
〒194-0013 東京都町田市原町田4-5-8　MIキューブ町田イースト

横　浜本校　☎045(311)5001
〒220-0004 神奈川県横浜市西区北幸2-4-3　北幸GM21ビル

千　葉本校　☎043(222)5009
〒260-0015 千葉県千葉市中央区富士見2-3-1　塚本大千葉ビル

大　宮本校　☎048(740)5501
〒330-0802 埼玉県さいたま市大宮区宮町1-24　大宮GSビル

東海

名古屋駅前本校　☎052(586)5001
〒450-0002 愛知県名古屋市中村区名駅4-6-23　第三堀内ビル

静　岡本校　☎054(255)5001
〒420-0857 静岡県静岡市葵区御幸町3-21　ペガサート

北陸

富　山本校　☎076(443)5810
〒930-0002 富山県富山市新富町2-4-25　カーニープレイス富山

関西

梅田駅前本校　☎06(6374)5001
〒530-0013 大阪府大阪市北区茶屋町1-27　ABC-MART梅田ビル

難波駅前本校　☎06(6646)6911
〒556－0017 大阪府大阪市浪速区湊町1-4-1
大阪シティエアターミナルビル

京都駅前本校　☎075(353)9531
〒600-8216 京都府京都市下京区東洞院通七条下ル2丁目
東塩小路町680-2　木村食品ビル

四条烏丸本校　☎075(353)2531
〒600-8413　京都府京都市下京区烏丸通仏光寺下ル
大政所町680-1　第八長谷ビル

神　戸本校　☎078(325)0511
〒650-0021 兵庫県神戸市中央区三宮町1-1-2　三宮セントラルビル

中国・四国

岡　山本校　☎086(227)5001
〒700-0901 岡山県岡山市北区本町10-22　本町ビル

広　島本校　☎082(511)7001
〒730-0011 広島県広島市中区基町11-13　合人社広島紙屋町アネクス

山　口本校　☎083(921)8911
〒753-0814 山口県山口市吉敷下東 3-4-7　リアライズⅢ

高　松本校　☎087(851)3411
〒760-0023 香川県高松市寿町2-4-20　高松センタービル

松　山本校　☎089(961)1333
〒790-0003 愛媛県松山市三番町7-13-13　ミツネビルディング

九州・沖縄

福　岡本校　☎092(715)5001
〒810-0001 福岡県福岡市中央区天神4-4-11　天神ショッパーズ福岡

那　覇本校　☎098(867)5001
〒902-0067 沖縄県那覇市安里2-9-10　丸姫産業第2ビル

EYE関西

EYE 大阪本校　☎06(7222)3655
〒530-0013　大阪府大阪市北区茶屋町1-27　ABC-MART梅田ビル

EYE 京都本校　☎075(353)2531
〒600-8413　京都府京都市下京区烏丸通仏光寺下ル
大政所町680-1　第八長谷ビル

LEC提携校

＊提携校はLECとは別の経営母体が運営をしております。
＊提携校は実施講座およびサービスにおいてLECと異なる部分がございます。

北海道・東北

八戸中央校【提携校】 ☎0178(47)5011
〒031-0035　青森県八戸市寺横町13　第1朋友ビル　新教育センター内

弘前校【提携校】 ☎0172(55)8831
〒036-8093　青森県弘前市城東中央1-5-2
まなびの森　弘前城東予備校内

秋田校【提携校】 ☎018(863)9341
〒010-0964　秋田県秋田市八橋鯲沼町1-60
株式会社アキタシステムマネジメント内

関東

水戸校【提携校】 ☎029(297)6611
〒310-0912　茨城県水戸市見川2-3092-3

所沢校【提携校】 ☎050(6865)6996
〒359-0037　埼玉県所沢市くすのき台3-18-4　所沢K・Sビル
合同会社LPエデュケーション内

東京駅八重洲口校【提携校】 ☎03(3527)9304
〒103-0027　東京都中央区日本橋3-7-7　日本橋アーバンビル
グランデスク内

日本橋校【提携校】 ☎03(6661)1188
〒103-0025　東京都中央区日本橋茅場町2-5-6　日本橋大江戸ビル
株式会社大江戸コンサルタント内

東海

沼津校【提携校】 ☎055(928)4621
〒410-0048　静岡県沼津市新宿町3-15　萩原ビル
M-netパソコンスクール沼津校内

北陸

新潟校【提携校】 ☎025(240)7781
〒950-0901　新潟県新潟市中央区弁天3-2-20　弁天501ビル
株式会社大江戸コンサルタント内

金沢校【提携校】 ☎076(237)3925
〒920-8217　石川県金沢市近岡町845-1　株式会社アイ・アイ・ピー金沢内

福井南校【提携校】 ☎0776(35)8230
〒918-8114　福井県福井市羽水2-701　株式会社ヒューマン・デザイン内

関西

和歌山駅前校【提携校】 ☎073(402)2888
〒640-8342　和歌山県和歌山市友田町2-145
KEG教育センタービル　株式会社KEGキャリア・アカデミー内

中国・四国

松江殿町校【提携校】 ☎0852(31)1661
〒690-0887　島根県松江市殿町517　アルファステイツ殿町
山路イングリッシュスクール内

岩国駅前校【提携校】 ☎0827(23)7424
〒740-0018　山口県岩国市麻里布町1-3-3　岡村ビル　英光学院内

新居浜駅前校【提携校】 ☎0897(32)5356
〒792-0812　愛媛県新居浜市坂井町2-3-8　パルティフジ新居浜駅前店内

九州・沖縄

佐世保駅前校【提携校】 ☎0956(22)8623
〒857-0862　長崎県佐世保市白南風町5-15　智翔館内

日野校【提携校】 ☎0956(48)2239
〒858-0925　長崎県佐世保市椎木町336-1　智翔館日野校内

長崎駅前校【提携校】 ☎095(895)5917
〒850-0057 長崎県長崎市大黒町10-10　KoKoRoビル
minatoコワーキングスペース内

沖縄プラザハウス校【提携校】 ☎098(989)5909
〒904-0023　沖縄県沖縄市久保田3-1-11
プラザハウス　フェアモール　有限会社スキップヒューマンワーク内

※上記は2023年11月1日現在のものです。

書籍の訂正情報について

このたびは，弊社発行書籍をご購入いただき，誠にありがとうございます。
万が一誤りの箇所がございましたら，以下の方法にてご確認ください。

1 訂正情報の確認方法

書籍発行後に判明した訂正情報を順次掲載しております。
下記Webサイトよりご確認ください。

www.lec-jp.com/system/correct/

2 ご連絡方法

上記Webサイトに訂正情報の掲載がない場合は，下記Webサイトの入力フォームよりご連絡ください。

lec.jp/system/soudan/web.html

フォームのご入力にあたりましては，「Web教材・サービスのご利用について」の最下部の「ご質問内容」に下記事項をご記載ください。

- 対象書籍名（○○年版，第○版の記載がある書籍は併せてご記載ください）
- ご指摘箇所（具体的にページ数と内容の記載をお願いいたします）

ご連絡期限は，次の改訂版の発行日までとさせていただきます。
また，改訂版を発行しない書籍は，販売終了日までとさせていただきます。

※上記「2ご連絡方法」のフォームをご利用になれない場合は，①書籍名，②発行年月日，③ご指摘箇所，を記載の上，郵送にて下記送付先にご送付ください。確認した上で，内容理解の妨げとなる誤りについては，訂正情報として掲載させていただきます。なお，郵送でご連絡いただいた場合は個別に返信しておりません。

送付先：〒164-0001 東京都中野区中野4-11-10 アーバンネット中野ビル
株式会社東京リーガルマインド 出版部 訂正情報係

- 誤りの箇所のご連絡以外の書籍の内容に関する質問は受け付けておりません。
また，書籍の内容に関する解説，受験指導等は一切行っておりませんので，あらかじめご了承ください。
- お電話でのお問合せは受け付けておりません。

講座・資料のお問合せ・お申込み

LECコールセンター 携帯OK 0570-064-464

受付時間：平日9:30～20:00/土・祝10:00～19:00/日10:00～18:00

※このナビダイヤルの通話料はお客様のご負担となります。
※このナビダイヤルは講座のお申込みや資料のご請求に関するお問合せ専用ですので，書籍の正誤に関するご質問をいただいた場合，上記「2ご連絡方法」のフォームをご案内させていただきます。